KLASSIKER DER GESCHICHTSSCHREIBUNG

PHAIDON

C. SUETONIUS TRANQUILLUS
SÄMTLICHE ERHALTENE WERKE

Unter Zugrundelegung der Übertragung von
Adolf Stahr
neu bearbeitet von Franz Schön und Gerhard Waldherr

Mit einer Einführung von
Franz Schön

PHAIDON

Satz: Typobauer Filmsatz GmbH, Ostfildern
Gesamtherstellung: SVS, Stuttgart
ISBN 3-88851-065-1

INHALTSVERZEICHNIS

Vorwort IX

Einführung XI

I. Kaiserbiographien
Caesar 3
Augustus 53
Tiberius 123
Caligula 169
Claudius 209
Nero 243
Galba 283
Otho 299
Vitellius 309
Vespasian 323
Titus 341
Domitian 349

II. Bedeutende Persönlichkeiten 367
Philologen 369
Rhetoren 385
Dichter 393
Vergil 395
Horaz 403
Terenz 407
Lukan 411

III. Anmerkungen 413
Caesar 415
Augustus 438
Tiberius 471
Caligula 495
Claudius 510
Nero 520
Galba 536
Otho 540
Vitellius 542
Vespasian 548
Titus 552
Domitian 554
Philologen und Rhetoren 559
Vergil 568
Horaz 572
Terenz 573
Lukan 576

Erläuterungen von Fachausdrücken 577

Stammbäume 587

Ausgewählte Literatur 589

VORWORT

Die vorliegende Übersetzung der Werke Suetons enthält neben den Lebensbeschreibungen der römischen Kaiser von Caesar bis Domitian die noch erhaltenen Teile der ursprünglich sehr umfangreichen Schrift „Bedeutende Persönlichkeiten", nämlich die Kapitel über die Grammatiker und Rhetoren, sowie einen Abschnitt aus dem Kapitel über die Dichter. Von letzterem sind durch den römischen Grammatiker Donatus die Viten des Horaz, Terenz, Lukan und des Vergil überliefert.

Wie die meisten modernen Übersetzungen der Kaiserbiographien Suetons ist auch diese Ausgabe der aus der Mitte des 19. Jahrhunderts stammenden und immer wieder neu aufgelegten Übersetzung von Adolf Stahr verpflichtet. Stellenweise rückt sie jedoch auch stark von dieser Vorlage ab. Der erste Teil der Übersetzung (bis Caligula Kap. 23) wurde von Franz Schön, der zweite von Gerhard Waldherr angefertigt. Die Bearbeiter haben sich aufeinander abgestimmt und sind nach denselben Kriterien verfahren. Vor allem galt es das antiquierte Deutsch der Übersetzung aus dem vorigen Jahrhundert in eine flüssige, lesbare Form zu bringen. Trotzdem wurde aber auf eine möglichst wortgetreue Übersetzung Wert gelegt und die Konstruktion des lateinischen Originals in der Regel beibehalten. Paraphrasierende Zusätze, die bei Stahr gelegentlich vorkommen, wurden vermieden. Beim Kommentar zu den Kaiserbiographien blieb die Vorlage von Stahr weitgehend unberücksichtigt. Auf Bemerkungen, wie man sie bei Stahr findet, die Bezüge zur Gegenwart oder jüngeren Vergangenheit herstellen, haben die Bearbeiter absichtlich verzichtet. So wurde auch nicht der fragwürdige Versuch unternommen, Geldbeträge in römischen Sesterzen auf die moderne

Währung der D-Mark umzurechnen. Im wesentlichen konzentriert sich der Kommentar auf die Interpretation und Erläuterung von Begriffen und Namen. Auf unterschiedliche Forschungsansichten zu wichtigen Punkten wurde zwar hingewiesen, doch eine Aufzählung oder Diskussion von Fachliteratur konnte im Rahmen dieses Kommentars nicht erfolgen. Es sei in diesem Zusammenhang auf Fachlexika (z.B. „Paulys Realencyclopädie der classischen Altertumswissenschaft“, „Der Kleine Pauly“ etc.) und auf das Literaturverzeichnis am Ende des Buches verwiesen. Gelegentlich wurden Parallelstellen bei anderen antiken Autoren angeführt, wenn sie Wesentliches zu dem von Sueton geschilderten Sachverhalt beitrugen.

Von den Fragmenten aus der Schrift über „Bedeutende Persönlichkeiten“ haben die beiden Bearbeiter gemeinsam eine Neuübersetzung angefertigt. Als Original für die „Grammatiker und Rhetoren“ diente die Ausgabe von G. Brugnoli (Leipzig 1963). Für die Vita des Vergil wurde der Text von E. Diehl (Bonn 1911), für die Lebensbeschreibungen der anderen Dichter die Edition von A. Rostagni (Turin 1964) zugrundegelegt. Den Kommentar zur Übersetzung hat G. Waldherr verfaßt.

Den Zugang zum Werk Suetons soll eine kurze Einführung erleichtern. Nach allgemeinen Bemerkungen über die Rolle von Literatur und Geschichtsschreibung im Prinzipat mit besonderer Berücksichtigung der Schaffensperiode Suetons unter Traian und Hadrian wird auf das Leben und Wirken des Schriftstellers übergeleitet, dem sich eine Würdigung der beiden hier in Übersetzung vorgelegten Schriften anschließt. Es folgt ein kurzer Überblick des umfangreichen, nicht mehr erhaltenen Gesamtwerks Suetons und schließlich wird sein Nachwirken bis in unsere Tage aufgezeigt.

Um auch dem in der Antike weniger bewanderten Leser die Lektüre des Suetons zu erleichtern, haben die Bearbeiter häufig vorkommende Fachbegriffe in einem Anhang zusammengefaßt und erläutert. Zur Verdeutlichung der sehr verwickelten Verwandtschaftsverhältnisse des iulisch-claudischen Kaiserhauses wurde eine Stammtafel entworfen. Abgerundet wird dieses Buch durch ein Verzeichnis der wichtigsten Literatur zu Sueton, das als Ausgangspunkt für eine eindringlichere Beschäftigung mit dem antiken Autor herangezogen werden kann.

EINFÜHRUNG

Nach den großen Leistungen der römischen Literatur und Geschichtsschreibung in der ausgehenden Republik ist seit dem Erscheinen des Geschichtswerks des Livius im ersten nachchristlichen Jahrhundert ein allgemeiner Rückschritt auf dem Gebiet der römischen Historiographie zu beobachten. Auch den Zeitgenossen war bewußt, daß ihr Jahrhundert nur wenige bedeutendere Autoren hervorgebracht hatte.

Um die Wende zum zweiten Jahrhundert erhält jedoch der Literaturbetrieb in Rom und im Reich einen neuen Auftrieb. Die bissigen Satiren Iuvenals und die Kunstbriefe Plinius' des Jüngeren geben einen guten Einblick in das geistige und gesellschaftliche Leben der Zeit. In der Geschichtsschreibung wird mit den Werken des Tacitus ein neuer Höhepunkt erreicht. In diese Zeit des allgemeinen kulturellen Aufschwungs fällt auch das Wirken Suetons. Von seinem umfangreichen Schaffen sind uns neben einer Schrift über berühmte Männer als sein bedeutendstes Werk die „Caesarenleben" erhalten, das die römische Geschichte von Caesar bis Domitian anhand der Biographien der Kaiser deutlich werden läßt. Diese Literaturgattung, die den jeweiligen Herrscher, von dem die Geschicke des Staates weitgehend abhingen, in den Mittelpunkt der Betrachtung rückte, hat auch nach Sueton zahlreiche Nachahmer gefunden.

Der Auftrieb, den die Literatur unter Nerva, Traian und Hadrian erfuhr, war teilweise auf die allgemeine Förderung von Kunst und Wissenschaft durch diese Kaiser zurückzuführen; so hat etwa Traian in Rom den Grundstein für die Bibliotheca Ulpia gelegt und den berühmten Redner Dio Chrysostomus aus Prusa, der unter den Verfolgungen Domitians zu leiden hatte, nach Kräften unterstützt und ausgezeichnet. Hadrian zeigte neben seinem allgemeinen Interesse für die geschichtliche Vergangenheit eine besondere Vorliebe für die griechische Kultur. Um die griechische Philosophie auch in Rom heimisch zu machen, gründete er nach dem Vorbild des alexandrinischen Museions das Athenaeum, an dem Lehrstühle für griechische Grammatik und Literatur eingerichtet wurden. Allein eine vom Staat mit reichlichen finanziellen Mitteln vorangetriebene Kulturpolitik – eine solche hatte es ja auch unter den vorausgegangenen Herrschern gegeben – reichte nicht aus, um dem geistigen Leben zu einer neuen Blüte zu verhelfen. Das Hauptverdienst dieser neuen Epoche war, daß nach einer Phase der massiven Unterdrückung des freien Wortes, die unter Domitian ihren Höhepunkt erreichte, ein Klima entstanden war, in dem es die Menschen wieder wagten, offen ihre Meinung zu äußern, ohne Verfolgung und Unterdrückung fürchten zu müssen. Tacitus verleiht diesem neuen Zeitgefühl wiedergewonnener Freiheit Ausdruck in der Einleitung zu seinen Historien, indem er bemerkt, „sie sind ja so selten, die glücklichen Zeiten, wo es möglich ist zu denken, was man will, und zu sagen, was man denkt".

Der Verlust der Pluralität der Meinungen ging mit der Etablierung des Prinzipats durch Augustus einher. Es war nicht mehr die Aufgabe eines Historikers, wirkliche Vorgänge zu beschreiben, Umstände und Handlungen zu ergründen, sondern vielmehr diese der Öffentlichkeit so zur Kenntnis zu bringen, wie sie für die politischen Zwecke der Reichsführung gerade dienlich waren. Nicht auf die historische Wahrheit, sondern auf ihre propagandistische Verkleidung kam es an. Schon Augustus erwies sich mit viel Taktgefühl und Diskretion als ein Meister in der Regie der öffentlichen Meinung, während dann unter seinen Nachfolgern eine viel plumpere und aufdringlichere Propaganda mit zunehmender adulatorischer Tonart feststellbar wurde. In der Republik stammten die schriftlichen Hinterlassenschaften zu Themen der Zeit meist von Männern, die selbst am politischen Leben aktiv mitwirkten und regen Anteil nahmen und sich daher in erster Linie als Politiker und weniger als Schriftsteller verstanden. In der Kaiserzeit gab es in Rom zwar keine eigenen Beamten, etwa nach dem Vorbild der alexandrinischen Bibliothekare, die die kaiserliche Politik von Berufs wegen zu propagieren hatten; wer jedoch Zeitgeschichte schreiben wollte, hatte in der Regel selbst keinen Einfluß auf die aktuelle Politik, und auch sein Spielraum, eine von der offiziellen Linie abweichende Meinung zu vertreten, war sehr eingeengt. Tacitus faßt den Wandel der Geschichtsschreibung der Republik zu der in der Kaiserzeit in folgende Worte:

> „Die frühere Zeit, nämlich die seit der Gründung Roms verflossenen 820 Jahre, haben viele Schriftsteller behandelt; solange es dabei um die Geschiche des römischen Volkes ging, geschah es mit ebensoviel Beredsamkeit wie Freimut. Nach der Schlacht bei Aktium aber und nachdem die Fülle der Macht einer Einzelpersönlichkeit übertragen wurde, verschwanden jene hervorragenden Schriftstellertalente; zugleich damit wurde die Wahrheit mehr und mehr entstellt, vor allem aus mangelndem Verständnis für das einem ja fremd gewordene Gemeinwesen, sodann aus üblem Hang zur Schmeichelei oder aus Haß gegen die Machthaber" (Historien 1,1; übers. J. Bors).

Auch die seit Augustus mit viel Propaganda vorgetragene Ideologie, durch das Prinzipat sei in Wahrheit die Demokratie mit ihren alten Werten erneuert worden, konnte die führenden Schichten nicht davon abbringen, ganz im Gegensatz dazu die Kaiserherrschaft mit dem Verlust der geistigen und politischen Freiheit als den Höhepunkt in einer verhängnisvollen Entwicklung zu betrachten. Pessimismus und Dekadenzdenken blieben daher vorherrschend, und da die Möglichkeiten fehlten, selbst etwas politisch zu bewirken, machten sich mit der Zeit Fatalismus und Gleichgültigkeit gegenüber dem politischen Geschehen breit. Solche politischen Verhältnisse waren kein guter Nährboden für hervorragende historische Werke.

Während sich in der augusteischen Zeit die senatorische Geschichtsschreibung etwas von ihrem alten Freimut bewahren konnte und Augustus erst am Ende seiner Regierung gegen manche Literaten vorging, setzten unter seinem Nachfolger Tiberius Repression und Verfolgung in verstärktem Maße ein, obwohl gerade dieser Herrscher zunächst die Regierung mit dem Vorsatz angetreten hatte, die Meinungsfreiheit der sogenannten *res publica restituta* so wenig wie möglich anzutasten. Der Dichter Aulius Saturninus wurde wegen einiger Verse auf Tiberius vom Kapitol hinabgestürzt, Sex. Paconianus im Kerker erdrosselt und der hochangesehene Deklamator Mamercus Scaurus wegen verfänglicher Anspielungen in seiner Tragödie „Atreus" ins Verderben gestürzt. Auch der Historiker Cremutius Cordus, der in einer Schrift über Brutus und Cassius die Caesarmörder zu loben gewagt hatte, mußte dafür mit seinem Leben bezahlen. Zwar wurden diese Männer unter Caligula rehabilitiert, doch hat dies weniger mit wiedergewonnener Meinungsfreiheit zu tun, als vielmehr mit dem Haß, den der Kaiser seinem Vorgänger entgegenbrachte (Suet. Cal. 16); denn schon bald ließ er die Werke von Horaz, Vergil und Livius aus den öffentlichen Bibliotheken entfernen (Suet. Cal. 34) und schickte den Redner Carrinas Secundus wegen einer Schrift gegen die Tyrannen in die Verbannung. Es wäre wohl ein Hohn auf die Freiheit, darin etwas Erfreuliches zu sehen, wenn ein Herrscher seinen Vorgänger nicht schützt und ihn mit Absicht dem aufgestauten Haß der Nachwelt preisgibt. Noch heute überwiegt bei Herrschern, die von ihren Nachfolgern verdammt wurden, ein negatives Geschichtsbild, während solche, deren Andenken hochgehalten wurde, eine viel positivere Beurteilung erfahren. Die Verfolgung von Philosophen und Schriftstellern setzte sich auch in der zweiten Hälfte des ersten Jahrhunderts fort und erreichte unter Domitian einen unrühmlichen Höhepunkt; so wurden etwa die Rhetoren Iunius Aurulenus Rusticus und Herrenius Senecio hingerichtet, weil sie Lobschriften auf die dem flavischen Kaiserhaus verhaßten Stoiker Thrasea Paetus und Helvidius Priscus verfaßten. Zur Vertreibung von Philosophen kam es 89 n. Chr. und dann wieder einige Jahre später. Oft genügte nur ein nichtiger Vorwand oder eine Denunziation, um einen Schriftsteller dem Tod preiszugeben.

Für Autoren, die nicht Kopf und Kragen riskieren wollten, war ein gewisses Maß an Anpassung notwendig und unvermeidlich, zumal man auch durch einen „Märtyrertod" für den Staat so gut wie nichts erreichen konnte. Mit einer solchen Auffassung rechtfertigt auch Tacitus die politische Karriere seines Schwiegervaters Agricola.

„Er (Agricola) forderte nicht in Trotz und eitlem Brüsten mit der Freiheit Ruhm und Schicksal heraus. Denen, die gewöhnlich das Verbotene bewundern, möge gesagt sein, daß auch unter schlechten Kaisern große Männer leben können, und daß Fügsamkeit und Bescheidenheit, wenn Energie und Kraft zur Seite stehen, bis zu eben der Höhe des Ruhms emporsteigen, bis zu der die meisten durch Schroffheit, aber zu keinem Nutzen für das Gemeinwesen, mit einem effektvollen Tod berühmt geworden sind" (Agricola 42; übers. K. Büchner).

So mancher Schriftsteller war aufgrund bescheidener finanzieller Verhältnisse auf die Unterstützung von Gönnern angewiesen. Dazu eigneten sich vor allem einflußreiche Leute am Hof und am besten der Kaiser selbst. Durch eine finanzielle Abhängigkeit vom Kaiserhaus haben sich jedoch die Autoren selbst jeglichen Spielraums für Kritik am Staat beraubt, sondern fühlten sich vielmehr zu Lob und Preis ihres Mäzens verpflichtet.

Neben der Gefahr von Repressalien durch die Regierung ergaben sich für die Historiker mit der Einrichtung des Prinzipats weitere Schwierigkeiten. Es schien ihnen nämlich überhaupt an einem geeigneten Stoff für ihre Werke zu mangeln. So gibt Plinius d.J. auf die Frage, warum er kein Geschichtswerk verfasse, zur Antwort:

„Immerhin überlege Dir schon jetzt, welche Zeiten ich am besten angreifen könnte. Alte, schon von anderen behandelte? Da ist die Forschungsarbeit getan, aber der Vergleich unbequem. Unberührtes und Neues? Schwere Anstöße und wenig Dank" (Briefe 5,8,12; übers. H. Kasten).

Auch Tacitus beklagte sich darüber, daß es im Gegensatz zur republikanischen Zeit in der Kaiserzeit nichts Außergewöhnliches mehr zu berichten gäbe:

„Daß sehr vieles von dem, was ich berichtet habe und noch berichten werde, vielleicht unbedeutend und ohne historisches Gewicht erscheinen mag, weiß ich wohl: aber niemand darf meine Annalen mit den Schriften der Männer vergleichen, die die Geschichte der Frühzeit des römischen Volkes dargestellt haben. Jene konnten von gewaltigen Kriegen, der Eroberung von Städten, von geschlagenen und gefangengenommenen Königen oder, wenn sie einmal die inneren Verhältnisse in den Vordergrund treten ließen, von den Auseinandersetzungen der Konsuln mit den Tribunen, von Acker- und Getreidegesetzen, von den Kämpfen der Plebs mit den Optimaten erzählen, unbeschränkt in ihrem Spielraum: meine Aufgabe ist eng begrenzt und bringt keinen Ruhm; es herrschte ja stetiger oder nur wenig gestörter Friede, traurig waren die Zustände in Rom, und der Prinzeps war nicht auf eine Erweiterung des Reiches bedacht. Trotzdem wird es wohl nicht ohne Nutzen sein, jene auf den ersten Blick belanglosen Ereignisse genauer zu betrachten, weil sich aus ihnen oft Anstöße zu bedeutenden Vorgängen entwickelten" (Annalen 4,32; übers. E. Heller).

Wenn die Historiker darüber klagen, daß es ihnen an geeignetem Stoff fehle, so ist dies aber wohl weniger darauf zurückzuführen, daß sich in der Kaiserzeit nichts Interessantes mehr ereignet hätte, sondern vielmehr auf die Überlieferungslage, die sich mit den neuen geschichtlichen Ausgangsbedingungen grundlegend geändert hatte. Da die Geschicke des Staates im wesentlichen von einer Einzelpersönlichkeit bestimmt wurden, blieb den Historikern ein Einblick in die politischen Entscheidungsprozesse und Hintergründe verschlossen. Je mehr der Senat an Bedeutung verlor, um so geringer wurde auch der Quellenwert der Senatsprotokolle. Die vielen Geheimnisse des Staates (*„inscitia rei publicae“*) erschwerten aber nicht nur die Arbeit des Historikers bei seiner Suche nach Wahrheit, sondern ließen bei den von politischer Mitsprache ausgeschlossenen Führungsschichten allmählich überhaupt das Interesse am Staat erlahmen und damit auch die Nachfrage an zeitgeschichtlichen Werken sinken. Treffend schildert Cassius Dio, wie der mangelnde Einblick in den Staat der Wahrheit Abbruch tat:

„Denn früher wurden bekanntlich sämtliche Vorkommnisse, und mochten sie sich selbst in weiter Ferne zutragen, vor den Senat und das Volk gebracht. Und so erfuhren alle davon, und viele berichteten schriftlich darüber, wodurch sich die Wahrheit über den Ablauf der Dinge, auch wenn Furcht und Gunst, Freundschaft und Feindschaft noch so sehr die Darstellungen einiger verfärbten, bis zu einem gewissen Grade wenigstens bei den anderen Geschichtsschreibern, welche die nämlichen Gegenstände behandelten, sowie in den öffentlichen Aufzeichnungen feststellen ließ. Doch seit jener Zeit begann man die meisten Ereignisse heimlich und verborgen zu behandeln, und wenn trotzdem einige Dinge zufällig in die Öffentlickeit drangen, so finden sie keinen Glauben, weil man sie jedenfalls auf ihren Wahrheitsgehalt nicht prüfen kann; denn man argwöhnt, daß sich alle Worte und Taten nur nach den Wünschen der jeweiligen Machthaber und ihrer Anhänger richten. Und so schwatzt man von vielen Dingen, die sich gar nicht zutrugen, während man von anderen, was sich bestimmt ereignet, nichts weiß; jedenfalls laufen fast sämtliche Geschehnisse in einer Version um, die sich mit den Tatsachen nicht deckt“ (53,19,2ff.; übers. O. Veh).

Während der Zeit der Republik griffen vorwiegend die jungen Adeligen zu Geschichtswerken, um daraus Erkenntnisse für das eigene politische Leben zu gewinnen. Mit dem Prinzipat wurde aber, wie bereits betont, die Zahl der Staatsbürger, die an politischen Entscheidungen mitzuwirken hatten, stark begrenzt, wodurch auch das allgemeine Interesse an historischer Literatur schwand. Die Geschichtsschreibung der Kaiserzeit zielte daher weniger auf den politischen Nutzen ab, sondern wollte mit ihren Werken eine möglichst breite Schicht des gebildeten Bürgertums unterhalten. Nicht mehr der historischen Wahrheit, sondern dem literarischen Genuß galt die Priorität. Dementsprechend propagierte auch der Rhetor Quintilian in seiner Schrift „Erziehung zum Rhetor", daß die Historiographie noch mehr der Dichtung angenähert werden müsse.

Gerade zu Zeiten, in denen offene Kritik nicht ertragen wurde, scheuten sich manche Autoren, Geschichte zu schreiben, und wichen auf andere Literaturgattungen aus. So sagt Maternus im Dialog des Tacitus (11 f.), er habe sich mangels Entfaltungsmöglichkeiten durch die monarchische Staatsform für die Dichtung, insbesondere für die Tragödie, entschieden, wo zumindest durch versteckte Anspielungen auf Mißstände der Gegenwart aufmerksam gemacht werden konnte. Eine andere Möglichkeit, einer Konfrontation mit dem Staat aus dem Weg zu gehen, war, Geschichte längst vergangener Epochen mit wenig aktuellem Stoff zu behandeln, wie etwa Curtius Rufus, der eine Geschichte über Alexander den Großen schrieb. Selbst ein Tacitus scheute sich, trotz der relativen Freizügigkeit während seiner Schaffensperiode, über die Gegenwart zu schreiben, und ließ seine Historien mit dem Tod Domitians enden. Zwar war es schon gefährlich genug, die Zeit des Prinzipats zu behandeln, doch erweiterte sich der Handlungsspielraum um so mehr, je weiter man zurückging. Es ist wohl nicht zufällig, daß mit Beginn des Prinzipats, als das Interesse am Staat, an der Geschichte und Geschichtsschreibung zu schwinden begann, sich viele Gelehrte der Fachschriftstellerei zuwandten. Gerade im ersten nachchristlichen Jahrhundert ist auf diesem Gebiet viel geleistet worden. Vitruv hat über Architektur und Technik geschrieben, Celsus eine Enzyklopädie angelegt, Frontin eine Schrift über die Wasserleitungen verfaßt, Columella Bücher über Landwirtschaft und Vulkanismus geschrieben. Der Philosoph Seneca hat sich auch mit naturwissenschaftlichen Untersuchungen beschäftigt und Manilius sich mit Fragen der Astronomie auseinandergesetzt. Am bekanntesten ist jedoch die Naturgeschichte Plinius' des Älteren, die als Hauptgrundlage für unsere Kenntnis antiker Kunst und Geographie dient.

Trotz der relativen Liberalität, die sich um die Wende zum zweiten Jahrhundert breitmachte und dem freien Wort wieder einen größeren Spielraum verschaffte, sind die Verhältnisse nicht mit denen in der Republik zu vergleichen. Wenn nun zwar auch ein größeres Maß an Kritik an den bestehenden Verhältnissen und am Prinzipat an sich möglich war, so hat sich im grundsätzlichen an der eben geschilderten Rolle von Literatur und Geschichtsschreibung im Staat wenig geändert. Auch ein Autor wie Sueton läßt sich nur durch das neue Geschichtsverständnis der Kaiserzeit richtig begreifen.

Vom Leben des C. Suetonius Tranquillus haben sich nur sehr spärliche Nachrichten erhalten. Neben einigen Notizen in seinem „Caesarenleben" sind die Briefe seines Freundes Plinius des Jüngeren die einzige Quelle, die es ermöglicht, über Person und Charakter Suetons ein genaueres Bild zu gewinnen. Auch eine 1951 bei Hippo Regius (heute Hippone in Ostalgerien) gefundene Inschrift, die von den Bewohnern der Stadt dem Sueton gewidmet worden war, vermochte das Wissen um den Gelehrten nicht wesentlich zu erweitern. Zumindest könnte man aber daraus die Vermutung ableiten, daß Sueton im nordafrikanischen Hippo geboren wurde. Das genaue Jahr seiner Geburt steht nicht fest, doch gibt uns Sueton einige Anhaltspunkte. In der Biographie des Nero (57) berichtet er, daß er, als zwanzig Jahre nach dem Tod des Kaisers eine Person auftrat, die für sich beanspruchte, Nero zu sein, ein junger Mann *(adulescens)* war. Demnach müßte Sueton im Jahre 88 n. Chr. zwischen 15 und 30 Jahre alt gewesen sein. In der Biographie des Domitian (12) gibt es aber noch einen weiteren Anhaltspunkt, durch den sich der Zeitraum noch näher eingrenzen läßt. Sueton erzählt von einem peinlichen Erlebnis bei der Erhebung der Judensteuer, die für die Benutzung des Tempels eingezogen wurde. Er sei nämlich noch ein ganz junger Mann *(adulescentulus)* gewesen, als er mitansehen mußte, wie ein neunzigjähriger Greis von einem Kollegium untersucht wurde, ob er beschnitten sei. Es ist durchaus wahrscheinlich, daß dieser Vorfall in den zweiten sehr negativ dargestellten Regierungsabschnitt Domitians fällt. Außerdem bemerkt Sueton ausdrücklich, daß sich Domitian lange von Habgier und Geiz ferngehalten habe (Dom. 9). Man darf deshalb davon ausgehen, daß sich das Ereignis so um das Jahr 88 zugetragen hat und Sueton als *„adulescentulus"* ungefähr 18 Jahre alt war. Im allgemeinen wird daher das Geburtsjahr Suetons um das Jahr 70 n.Chr. festgesetzt. Dieser Zeitpunkt steht auch in Übereinstimmung zu Plinius dem Jüngeren, dessen Geburtsjahr 63 n.Chr. wir kennen, und der Sueton als seinen Kameraden *(contubernalis)* bezeichnet. Der Altersunterschied zwischen den beiden kann daher nicht allzu groß gewesen sein.

Seinen Großvater erwähnt Sueton einmal in der Caligulavita (19), ohne daß wir Näheres über ihn erfahren, außer daß er zu den Kreisen am Kaiserhof gute Beziehungen gehabt haben mußte. Über seinen Vater Laetus berichtet Sueton (Otho 10), daß er 69 n.Chr. an der Schlacht von Betriacum zwischen Otho und Vitellius teilgenommen hatte. Er kämpfte an der Seite Othos und bekleidete den Rang eines ritterlichen Tribunen *(tribunus angusticlavus)* in der 13. Legion. Demnach stammten die Suetonii aus der neuen Provinzialaristokratie, die dem Ritterstand zuzurechnen war.

Von der Jugend Suetons wissen wir wenig. Er dürfte eine standesgemäße Erziehung erhalten haben und nach dem Abschluß der Grundschule, wie damals für die jungen vornehmen Leute üblich, in griechischer und in lateinischer Literatur und Rhetorik ausgebildet worden sein. In seiner Lukanvita bemerkt Sueton, daß auch er Vorlesungen besucht hatte, in denen die Gedichte dieses Epikers behandelt wurden. Aus seiner Einleitung zu den „Philologen" (4) geht ferner hervor, daß ihm auch der Rhetoriklehrer Princeps bekannt war. Es heißt dort: „Wenigstens erinnere ich mich, daß in meiner Jugend ein Mann namens Princeps abwechselnd an einem Tag zur Übung einen Vortrag hielt und an dem anderen ein Thema erörterte."

Der weitere Lebensweg Suetons war bestimmt durch seine Freundschaft zu Plinius dem Jüngeren, der ihn sowohl ideell als auch materiell nach Kräften unterstützte. Aus seinen Briefen wird uns etwas vom Charakter und von der Psyche Suetons vermittelt. Am Anfang seiner Laufbahn war Sueton als Rechtsanwalt in Rom tätig. Von Plinius (Briefe 1,18) erfahren wir, daß Sueton ihn gebeten habe, wegen eines unheilvollen Traums die Verschiebung eines Prozesses zu bewirken. Plinius entgegnete ihm darauf, daß auch er einmal vor einem Prozeß einen schlimmen Traum gehabt habe, die Sache jedoch ein glückliches Ende genommen hätte und er gerade durch die damals gehaltene Rede großes Aufsehen erregt hätte. Trotzdem wolle er sich mit allen Mitteln für einen anderen Prozeßtermin einsetzen. Aus heutiger moderner und aufgeklärter Sicht ist man wohl leicht versucht, ein solches Verhalten als naiv zu belächeln. Doch man muß bedenken, daß gerade im ersten nachchristlichen Jahrhundert der Aberglaube nicht nur beim gemeinen Volk, sondern auch bei den oberen Schichten stark verbreitet war. Auch die verhältnismäßig langen Passagen über Vorahnungen und Schicksalsglauben in Suetons Kaiserbiographien sind nicht nur eine Vorliebe des Autors, sondern entsprechen durchaus dem Zeitgeschmack.

Vermutlich hat Sueton den Beruf des Anwalts nicht sehr lange ausgeübt; zumindest wird er in einem Brief des Plinius an Baebius Hispanus, der um das Jahr 97 zu datieren ist, als *„scholasticus"* bezeichnet, woraus man schließen könnte, daß er sich nun ausschließlich den wissenschaftlichen Studien hingab; ob er daneben auch noch Unterricht erteilte, muß dahingestellt bleiben. Überhaupt ist dieser Brief, in dem Plinius seinem Schützling ein kleines Landgut zu vermitteln sucht, das eindrucksvollste Zeugnis, das uns einen Einblick in die Persönlichkeit Suetons vermittelt:

„Mein Freund Tranquillus möchte das Gütchen kaufen, das angeblich ein Bekannter von Dir feilbietet. Sorg' doch bitte dafür, daß er es für einen angemessenen Preis erhält, denn nur so wird er Freude an seinem Kauf haben. Ein schlechter Tausch ist ja stets fatal, hauptsächlich aber deshalb, weil er dem neuen Herrn den Vorwurf der Torheit zu machen scheint.

Bei diesem Gütchen reizt manches den Geschmack meines Tranquillus, wenn nur der Preis ihm zusagt: die Nähe der Stadt, der bequeme Weg, das annehmbare Gutshaus, das Ausmaß des Grund und Bodens, das eher Zerstreuung als Ablenkung bietet. Ferner genügt den Herren Wissenschaftlern, wie er einer ist, reichlich so viel Land, daß sie ihren Kopf erleichtern, ihre Augen erholen, an der Grenze entlangschleichen, einen einzigen Pfad begehen, all ihre Weinstöcke kennen und ihre Bäumchen zählen können.

Dies alles sage ich Dir, damit Dir recht bewußt wird, wie dankbar er mir, wie dankbar ich Dir sein werde, wenn er das Gütchen, das sich durch solche Beigaben empfiehlt, zu einem so erträglichen Preis erwirbt, daß für Reue kein Platz bleibt" (Plin. Briefe 1,23; übers. H. Kasten).

Mit einem kleinen Schuß Ironie entwirft hier Plinius das Bild eines mit sich zufriedenen, weltfremden Stubengelehrten, der mit geschäftlichen Dingen weniger gut umzugehen versteht und in relativ bescheidenen Verhältnissen lebt. Sicherlich war es auch die materielle Situation Suetons, die Plinius dazu veranlaßte, ihm ein öffentliches Amt, nämlich das Militärtribunat, zu verschaffen. Wie wir wissen, hatte bereits Suetons Vater diesen Posten inne. Die Bekleidung von drei Offizierstellen (die sog. *tres militiae*) war normalerweise eine notwendige Voraussetzung für die Karriere im kaiserlichen Verwaltungsdienst. Sueton verzichtete jedoch auf die Stelle beim Militär und bat Plinius, sie seinem Verwandten Cesenius Silvanus zu übertragen. Selbst aus dem wenigen, das wir über Sueton wissen, läßt sich leicht nachvollziehen, daß sich der Wissenschaftler für eine militärische Laufbahn nur schwer erwärmen lassen konnte. Dies sah wohl auch Plinius ein, und da der Name Suetons noch nicht in die Stammrolle seiner Einheit eingetragen worden war, konnte er den Wunsch seines Schützlings leicht erfüllen (vgl. Briefe 3,8).

Ein Brief des Plinius aus der Zeit um 105 n. Chr. eröffnet uns einen kleinen Einblick in das wissenschaftliche Arbeiten Suetons:

„Löse doch endlich das Versprechen meiner Elfsilber ein, die sich unseren gemeinsamen Freunden für das Erscheinen Deiner Schriften verbürgt haben! Tagtäglich werden sie gemahnt, bedroht, und schon fehlt nicht viel, daß sie sich gezwungen sehen, eine Vollstreckungsvollmacht zu erwirken. Ich bin ja selbst ein Zauderer, wenn es ums Edieren geht, aber Du stellst meine Unentschlossenheit in den Schatten. Mach' also endlich Schluß mit diesem ewigen Aufschieben, oder sei gefaßt, daß meine Hinkjamben Dir diese Deine Werke, die meine Elfsilber Dir mit Schmeicheleien nicht entlocken konnten, durch Scheltreden abtrotzen! Dein Werk ist fix und fertig und die Feile kann es nicht mehr verschönern, sondern nur noch entstellen. Laß mich Deinen Namen auf dem Titelblatt sehen, laß mich hören, daß die Bücher meines Tranquillus vervielfältigt, gelesen und verkauft werden! Es ist nur recht und billig, wenn ich in unsrer ganz auf Gegenseitigkeit beruhenden Liebe an Dir dieselbe Freude habe, wie Du an mir" (Briefe 5,10).

Offensichtlich hatte sich Sueton nun auf sein Landgut zurückgezogen und widmete sich ganz der Wissenschaft. Gelobt werden sein Fleiß und seine Akribie, mit der er seine Arbeit betreibt. Doch seine Übergenauigkeit hält ihn davon ab, zu publizieren. Um welches sehnsüchtig von ihm erwartete Werk es sich in diesem Brief handelt, läßt sich nicht feststellen. Es wird aber auch deutlich, daß man Sueton starkes Interesse entgegenbrachte und er bereits einen großen Bekanntheitsgrad erreicht hatte.

Reich ist jedoch Sueton durch seine Schriftstellerei nicht geworden. Nur so ist es zu verstehen, daß sich sein Mäzen Plinius bei Kaiser Traian um 112 n. Chr. für die Gewährung des „Dreikinderrechts" *(ius trium liberorum)* verwendete (Briefe 10,94). Dieses Recht verschaffte Familien mit mindestens drei Kindern Privilegien bei Steuern und der Annahme von Erbschaften. In besonderen Fällen konnte es jedoch auch an Personen verliehen werden, wenn die formalen Voraussetzungen nicht gegeben waren. Traian gibt zwar dem Gesuch des Plinius statt, betont aber ausdrücklich, daß er mit der Erteilung von Ausnahmegenehmigungen sehr sparsam verfahre und er durch seine Großzügigkeit Sueton eine ganz besondere Ehre erweise.

Mit dem Tod des Plinius um das Jahr 113 n. Chr. versiegt für uns eine wichtige Informationsquelle über das Leben Suetons. Zum Kreise des Plinius gehörte auch C. Septicius Clarus, ein bei Hofe überaus einflußreicher Mann, dem sowohl Plinius seine Briefe als auch Sueton seine Caesarenleben (vgl. Caes. Anm. 1) widmeten. Septicius wurde anstelle von Plinius zum Gönner und Förderer Suetons und hatte wohl maßgeblichen Anteil daran, daß dieser in den Dienst der kaiserlichen Verwaltung treten konnte. Aus einer im nordafrikanischen Hippo gefundenen Inschrift (vgl. S. XVIII) wissen wir, daß er vielleicht sogar noch in traianischer Zeit das Amt eines *a studiis* und *a bibliothecis* bekleidete. Unter dem Posten des *a studiis*, der im ersten nachchristlichen Jahrhundert mit Freigelassenen und mit Sueton möglicherweise erstmals mit einem Ritter besetzt worden war, hat man eine Art „Kultusministerium" zu verstehen. Der Amtsinhaber war aber wohl weniger ein Beirat des Kaisers in wissenschaftlichen Studien, sondern hatte vielmehr das für die Regententätigkeit und Rechtssprechung notwendige wissenschaftliche und archivalische Material zu beschaffen. Die Stelle des *a bibliothecis*, die die Verwaltung der gesamten kaiserlichen Bibliotheken umfaßte, gab es bereits seit claudischer Zeit. Mit der Gründung der Bibliotheca Ulpia durch Traian gewann das Amt weiter an Bedeutung. Vermutlich hat man damals die Stelle aufgespalten und die wissenschaftliche Leitung der Bibliotheken von den äußeren Verwaltungsaufgaben des *procurator bibliothecarum* abgetrennt. Möglicherweise hat Sueton das

Amt des *a studiis* und *a bibliothecis* nicht hintereinander bekleidet, sondern seine Tätigkeit als *a studiis* umfaßte auch die wissenschaftlichen Angelegenheiten der Bibliotheken. Mit der Übernahme in den Staatsdienst dürften auch die finanziellen Schwierigkeiten Suetons behoben gewesen sein. Sein Posten wird ihm ein Jahresgehalt von zweihunderttausend Sesterzen eingebracht haben. Wie die Inschrift aus Hippo und in Übereinstimmung dazu eine Notiz bei den Scriptores Historiae Augustae (Vita Hadrians 1,11,3) bezeugen, avanciert er unter Hadrian zum *ab epistulis*, während sein Freund Septicius das Kommando der Prätorianergarde übernahm. Als *ab epistulis* war Sueton – wie es durch die Amtsbezeichnung bereits ausgedrückt ist – für den kaiserlichen Briefverkehr verantwortlich. Er leitete die Korrespondenz mit den Beamten, Kommunen und hochgestellten Privatpersonen. Von seinem Amt gingen die kaiserlichen Befehle zu den Provinzstatthaltern und zum Militär, wurden Offizierspatente ausgefertigt, Privilegien vergeben und Beamte benachrichtigt; auch der Verkehr mit den ausländischen Gesandtschaften ist zum großen Teil über seine Dienststelle gelaufen. Für den Antiquar und Wissenschaftler Sueton muß es fast wie die Erfüllung eines Traumes gewesen sein, daß ihm in seiner Eigenschaft als „Staatssekretär" der Zugang zu den Archiven offenstand und er Einblick in alle möglichen Dokumente und Akten nehmen konnte, seien es offizielle Verträge, der private Briefwechsel der Kaiser, Testamente oder die Konzeptpapiere von den Gedichten Neros. Selbst die Verschlüsselung der von den Kaisern in Geheimschrift verfaßten Aufzeichnungen vermochte er zu knacken. So manches für einen Außenstehenden nicht zugängliche Material hat Eingang in Suetons Caesarenleben gefunden. Die Informationen, die uns Sueton darin überliefert – mögen sie auch manchmal als belanglos erscheinen – haben einen sehr hohen Wahrheitsgehalt, da es Sueton angesichts der gewaltigen Stoffülle, die ihm zur Verfügung stand, im Gegensatz zu den Biographen der späteren Zeit nicht nötig hatte, sich eigenen Phantasien hinzugeben.

Dem Aufstieg zu einem der bedeutendsten Posten in der kaiserlichen Verwaltung folgte im Jahre 122 v. Chr. ein jäher Sturz. Sueton und sein Freund Septicius wurden zusammen mit einer Reihe anderer Beamter aus dem Staatsdienst entfernt, weil sie, wie wir in der

Historia Augusta (a.O.) lesen, gegenüber der Kaiserin Sabina die Hofetikette verletzt hätten. Was sich im einzelnen zugetragen hatte, bleibt im Dunkeln. Mit der Entlassung Suetons versiegen auch die antiken Nachrichten über ihn. Im Jahre 161 n.Chr. wird zwar in einem Brief des M. Cornelius Fronto ein Tranquillus erwähnt, aber es ist äußerst zweifelhaft, ob es sich dabei um Sueton handelt. Aus dem gewaltigen Œuvre, das Sueton hinterlassen hatte, muß man schließen, daß er ein hohes Alter erreichte, zumal er ja offensichtlich eher zu den Wissenschaftlern gehörte, die sich mit dem Publizieren Zeit ließen (vgl. S. XXI Plin. Briefe 5,10). Erhalten geblieben sind von seinem Werk, sieht man von einigen kleineren Fragmenten ab, die „Caesarenleben" und ein Teil seiner Schrift „Über berühmte Männer", und zwar die Rubrik über die römischen Grammatiker und Rhetoren und die Lebensbeschreibungen einiger Dichter.

Wollen wir uns nun dem Hauptwerk Suetons, den Caesarenleben – auch Kaiserbiographien genannt – zuwenden, in denen uns der Autor über die Zeit von Caesar bis Domitian berichtet. Wenn Sueton für seine Darstellung die Form der Biographie wählte und damit jeweils die Person, die die Geschicke des Staates weitgehend bestimmte, nämlich den Kaiser, in den Mittelpunkt seiner Betrachtungen rückte, kommt er damit dem allgemeinen Interesse seiner Zeit entgegen, das sich weniger um hohe Politik kümmerte, sondern sich auf den Herrscher und die Vorgänge am Hof richtete. Der Prinzipat brachte es mit sich, daß sich auch die traditionelle Geschichtsschreibung nun vorwiegend mit einer Einzelpersönlichkeit auseinanderzusetzen hatte. In den Annalen des Tacitus (4,33) lesen wir, daß es in einer Demokratie dem Historiker darauf ankomme, sich auf die Geistesverfassung des Volkes zu konzentrieren, während in einer Aristokratie das für die führende Schicht zuträfe. Da wir jetzt praktisch in einer Monarchie leben, meint Tacitus, müsse man nun die Mentalität und die nähere Umgebung des Kaisers eingehender untersuchen.

In der Frühzeit der römischen Republik hatten herausragende Taten von Einzelpersönlichkeiten zurückzutreten und wurden den Leistungen der Gesamtheit des römischen Volkes zugute gerechnet. So berichtet der alte Cato in seinem Geschichtswerk nur von Taten, während er die Namen der handelnden Personen bewußt verschweigt. Aber schon im zweiten Punischen Krieg überragen einzelne Führerpersönlichkeiten die übrigen Politiker. Ein halbes Jahrhundert später hängen die Geschicke Roms weitgehend von Männern ab, die sich über die althergebrachten Grundsätze der Staatsordnung erhoben hatten. In der Literatur findet das Sichdurchsetzen von Individuen in den autobiographischen Darstellungen von so bedeutenden Männern wie Sulla, Lucullus, Lutatius Catullus, Aemilius Scaurus und Rutilius Rufus seinen Niederschlag. Der Sieg Caesars bedeutet den endgültigen Durchbruch des Individuums gegenüber der alten Staatsverfassung. Da in der neuen Staatsordnung, dem Prinzipat, das Individuum an der Spitze des Staates und der Staat selbst in einem großen Maße identisch waren, ist es verständlich, daß im Rom der damaligen Zeit ein breites Interesse für das Leben und Wirken der Kaiser vorhanden war.

Sueton hat seine Kaiserbiographien seinem Freund und Gönner Septicius Clarus gewidmet (vgl. Caes. Anm. 1), der zur selben Zeit, als Sueton die kaiserliche Kanzlei leitete, Vorsteher der Prätorianergarde war. Da für das Werk umfangreiche Archivstudien notwendig waren, die Sueton nur aufgrund seiner Beamtenstellung durchzuführen vermochte, und er ja offensichtlich nicht gerade zu den Schnellschreibern gehörte (vgl. Plin. Briefe 5,10), dürfte das Werk nicht vor 122 n. Chr. verfaßt worden sein, als die beiden ihren unrühmlichen Abschied aus dem Staatsdienst nehmen mußten.

Die älteste Handschrift von den Kaiserbiographien, die sich erhalten hat, stammt aus dem 9. Jahrhundert. Ursprünglich war das Werk in acht Bücher aufgegliedert. Die ersten sechs Bücher umfaßten jeweils nur die Vita eines Kaisers, nämlich Caesar, Augustus, Tiberius, Caligula, Claudius und Nero, die siebente Vita enthielt die Kaiser Galba, Otho und Vitellius, während die Flavier, nämlich Vespasian, Titus und Domitian, in der achten Vita zusammengefaßt wurden.

Von der Vita Caesars abgesehen, die bis zu Kap. 44 einen chronologischen Abriß der Ereignisse bietet, sind die anderen Viten im großen und ganzen immer nach dem gleichen Schema angelegt, das die vier Hauptpunkte „Namen, Taten, Lebensführung und Tod" umfaßt. Um dieses Schema im einzelnen zu explizieren, wird im allgemeinen die Vita des Augustus als Beispiel gewählt, weil es dort am deutlichsten ausgeprägt ist. In Kapitel 1–8 werden Familie, Eltern, Geburt, Kindheit und Jugend des Augustus in chronologischer Reihenfolge dargestellt. Kapitel 9 verrät uns Näheres über das Gliederungsprinzip Suetons. Es heißt hier nämlich: „Nachdem ich eine Zusammenfassung seines (Augustus') Leben gegeben habe, will ich nun die einzelnen Abschnitte gesondert und nicht chronologisch, sondern nach der inneren Zusammengehörigkeit ausführlich behandeln, da sich nur so mehr Klarheit darüber gewinnen läßt." Das Geschehen wird demnach in einzelne Rubriken aufgegliedert. Kap. 9–60 berichten von der militärischen und bürgerlichen Tätigkeit des Augustus. Kap. 60–93 handeln vom Privatleben des Kaisers. Abgeschlossen wird die Vita von einem chronologischen Teil, in dem wir von der Stellung des Augustus zu Religion und Aberglauben, über seinen Tod, das Begräbnis, seine Apotheose und sein Testament erfahren.

Das Mittelstück einer Vita ist jeweils in eine Reihe von Unterabteilungen nach Sachgebieten *(per species)* aufgegliedert. In die Rubrik „öffentlicher Bereich" fallen etwa die Abschnitte Kriege, Verwaltung, Gesetzgebung, soziale Reformen etc. Die Rubrik „Persönliches" spaltet sich in persönliche Eigenschaften, Tugenden, Milde, Freigebigkeit, Laster, Habgier, Lebensführung, Verhältnis zu Familie, Freunden, Freien und Freigelassenen auf. Als Unterrubriken fungieren auch „das Gute", das ein Kaiser vollbracht hat, auf der einen, und „das Schlechte" auf der anderen Seite. Manche Viten sind ganz nach diesem Schema aufgebaut, wie etwa die Tiberiusvita, in der uns in Kap. 26–40 ein „guter" Herrscher und in Kap. 41–67 der „grausame Tyrann" vorgestellt wird.

Überall in den Kaiserbiographien spürt der Leser, daß als Autor ein fleißiger Antiquar und Sammler am Werk war, der eine Menge von Tatsachen und Dingen in einer Art Zettelkastensystem nach bestimmten Gesichtspunkten ordnete und sein Material mehr oder weniger unverarbeitet seinen Lesern vorsetzt. Ein solches Buchhalterverfahren legt aber an sich schon dem Autor Zwänge auf. Durch diese Art der Stoffdarstellung werden historische Zusammenhänge vernachlässigt, Verallgemeinerungen gezogen und wichtige Varianten außer acht gelassen, Zusammenhänge einfach zerschnitten und Tatsachen zurechtgebogen, damit sie in das vorgefertigte Schema passen. Wie durch Suetons Rasterverfahren der Wahrheit Abbruch getan wird, sei lediglich an zwei Beispielen aufgezeigt. In der Vita des Tiberius berichtet Sueton in Kap. 41 vom Rückzug des Kaisers auf die Insel Capri. Von diesem Zeitpunkt an habe sich Tiberius nicht mehr um die Staatsgeschäfte in Rom gekümmert. Mag diese Feststellung im Prinzip auch zutreffend sein, so ist aber ein Großteil der von Sueton angeführten Vorwürfe in eine frühere, in die „gute" Zeit des Herrschers zu datieren. Wie historische Zusammenhänge einfach ignoriert werden, zeigt auch die Vita Neros. In Kap. 16 stellt der Autor die Bautätigkeit des Kaisers als besonders rühmlich heraus, während er ihm in Kap. 38 vorhält, er selbst habe Rom angezündet, um seine Bauwut befriedigen zu können.

Die Biographien Suetons haben demnach mit dem, was man unter einer modernen politischen Biographie versteht, wenig zu tun. Dem Biographen von heute muß es darum gehen, in den räumlichen und zeitlichen Bedingungen der Umwelt die äußere und innere Entwicklung eines Menschen darzustellen. Psychologie, Charakterologie und der Entwicklungsgedanke spielen dabei eine große Rolle. In den Kaiserbiographien Suetons läßt es allein schon die hier angewandte Rubrikentechnik nicht zu, das Werden einer Persönlichkeit in ihrem politischen Umfeld aufzuzeigen; stattdessen wird ein mehr oder weniger statisches Bild dargeboten.

Um den Caesarenleben Suetons gerecht zu werden, dürfen wir aber nicht moderne Maßstäbe ansetzen, sondern müssen versuchen, das Werk aus der Tradition der antiken Biographie zu begreifen. Die ersten Formen biographischen Schrifttums in Rom waren die *tituli*, die sich bei den im Atrium der vornehmen Römer aufgestellten Totenmasken befanden. Es handelte sich dabei um kurze Inschriften, die von den wichtigsten Taten des Verstorbenen Zeugnis ablegten. Als eine andere Vorstufe der Biographie könnte man die *laudationes funebres* (Leichenreden) ansehen. Obwohl sich bei den beiden Literaturtypen ein Gliederungsprinzip ergab, das der Einteilung Suetons nach Rubriken ähnlich ist, dürfte der direkte Einfluß auf das suetonische Werk eher gering gewesen sein. Maßgebender war vielmehr die griechische Biographie, die eine lange Tradition hat, die bis auf Aristoteles zurückreicht. Dieser Frühform der Biographie gaben die Schüler des Aristoteles, die Peripatetiker, ihren Namen. Die peripatetische Biographie kannte kein festgelegtes Schema. In einer flüssigen fortlaufenden Erzählung sollte dem Leser ein umfassender Gesamteindruck von einer Persönlichkeit vermittelt werden. Da es weniger auf Details und Fakten ankam, sondern auf die Komponierfähigkeit des Autors, wird diese Biographie auch als „künstlerische" Biographie bezeichnet. Aus ihr entwickelte die alexandrinische Schule eine neue Art von Biographie, die den Leser nicht unterhalten, sondern belehren wollte. Als Hauptaufgabe sahen die Autoren dieser „wissenschaftlichen" Biographie, möglichst alle verfügbaren Nachrichten über eine Person zusammenzustellen und das umfangreiche Material in einzelne Rubriken einzuteilen. Durch den Gelehrten M. Terentius Varro (116–27 v. Chr.) ist die Biographie der Alexandriner in Rom heimisch gemacht worden. Mit der alexandrinischen Biographie wurde ursprünglich das Leben von Literaten und Philosophen beschrieben. Sueton hat in seinen Kaiserbiographien die Methode der literarischen Biographie auf die politische Ebene übertragen. Die durch diese Form der Biographie bedingte statische Betrachtungsweise erscheint bei den Lebensbeschreibungen von Philosophen und Literaten durchaus akzeptabel, wird aber, wenn es sich um politische Persönlichkeiten handelt, als unvorteilhaft empfunden, da diese zu sehr losgelöst von ihrem politischen Hintergrund erscheinen.

Man muß jedoch bedenken, daß sich Sueton keinesfalls als Politiker und Historiker verstand, sondern als Grammatiker und Wissenschaftler. Wenn auch für die Historiker unserer Zeit die Kaiserbiographien zu einer wichtigen Geschichtsquelle geworden sind, darf man nicht übersehen, daß Sueton selbst seine Caesarenleben nicht als Geschichtswerk betrachtete. Für Sueton machte es keinen Unterschied, ob er wie in seiner Schrift „Bedeutende Persönlichkeiten" das Leben von Rhetoren, Dichtern, Historikern und Philosophen beschrieb oder wie in seinen Caesarenleben das von Kaisern. Er konnte daher auch keinen Anlaß dafür sehen, seine Arbeitsmethode zu ändern.

Will man das Werk Suetons mit dem seines Zeitgenossen Tacitus vergleichen, so muß man dabei bedenken, daß es sich um die Produkte zweier grundverschiedener Menschen handelt. Dem Wissenschaftler Sueton steht der Staatsmann und Politiker Tacitus gegenüber, der sich auch in seinen Schriften nicht verleugnen kann. Tacitus bezieht Stellung zu den von ihm vorgebrachten Fakten und unterzieht sie einer ständigen Reflexion. In seinem „Agricola" hat Tacitus ebenfalls eine Biographie hinterlassen; doch in ihr gehen Biographisches und Historie eine Synthese ein. Vor dem Hintergrund der Eroberung Britanniens versteht es der Autor, die Person des Agricola deutlich werden zu lassen.

Etwa zur gleichen Zeit schreibt auch der Grieche Plutarch Biographien, die aber im Unterschied zu Suetons Werk die Tradition der Peripatetiker fortsetzen. Plutarch verzichtet weitgehend auf ein festes Schema und legt auf die künstlerische Gestaltung des Stoffes den Schwerpunkt. Über die Taten seiner Helden berichtet er nur insoweit, als dadurch auf ihren Charakter geschlossen werden kann.

Über die ästhetische Qualität von Suetons Kaiserbiographien mag man zwar streiten, für die moderne Geschichtswissenschaft sind sie aber nicht zuletzt deshalb von so unschätzbarem Wert, weil der Autor in ihnen eine Fülle von Fakten aus unterschiedlichsten Quellen bewahrt hat. In seiner Funktion als kaiserlicher Privatsekretär gelangte Sueton an Aktenmaterial, das den meisten seiner Zeitgenossen verschlossen blieb.

Zu den wichtigsten Quellen aus den Archiven gehörten die Senatsprotokolle (*acta senatus*, *acta patrum*, *commentarii senatus*), deren Veröffentlichung einst Caesar veranlaßte. Doch zu Beginn des Prinzipats steckte wohl noch zu viel politische Brisanz in den Berichten von den Senatssitzungen, so daß Augustus ihre Publikation einstellen ließ. Erst unter Tiberius wurde sie wiederaufgenommen, als der Senat noch weiter an Bedeutung verloren hatte. Alle diese Schriften über einen Zeitraum von mehr als hundert Jahren konnte Sueton einsehen. Dazu kam die „Staatszeitung" *(acta diurna, acta urbis)*, ein offizielles Nachrichtenorgan, das wichtige Berichte über Vorgänge am Hof und Senat enthielt, sowie über Prozesse und laufende Bauvorhaben informierte. Sueton hatte auch Zugang zu den streng geheimen *commentarii principales*. Diese umfaßten vertrauliche, persönliche Aufzeichnungen und Memoiren der Kaiser, sowie Protokolle, Exzerpte aller Art und Entwürfe von Reden. Damit wurde Sueton gleichsam zum Staatsgeheimnisträger. So manches aus diesem Material fand Eingang in seine Kaiserbiographien, das sonst nie an die Öffentlichkeit gelangt wäre.

Neben dem Archivmaterial zog Sueton auch die geschichtliche Literatur seiner Zeit heran. Zahlreiche Zitate, besonders aus seinen ersten beiden Viten, machen deutlich, daß er Livius, Asinius Pollio, Tanusius Geminus und andere Historiker benutzte, deren Werke verlorengegangen sind. Dank seiner wissenschaftlichen Genauigkeit und seiner Rubrikentechnik zitiert er diese Autoren unverfälscht und wörtlich und hat uns auf diese Weise winzige Bruchstücke ihrer Werke bewahrt. Von der Vita des Tiberius an werden die Autorenzitate Suetons spärlicher, bis sie dann nach der Vita des Claudius gänzlich verschwinden. Von nun an ist Suetons wichtigste Quelle die mündliche Überlieferung seiner Zeit.

Alle nur verfügbaren Informationen zu den Kaisern, angefangen von Skandalgeschichten über Anekdoten bis zu dem Klatsch der Hofschranzen von der übelsten Sorte, scheint Sueton gesammelt zu haben. Ohne Unterschied und Gewichtung verzeichnet er Urkunden und Zeugnisse von Gewährsmännern ersten Ranges genauso in seinen Rubriken wie Berichte von ganz zweifelhafter Glaubwürdigkeit. Das Detail, der einzelne Beleg, hat für Sueton an sich schon einen solchen Wert, daß er es nicht für notwendig erachtet, über die gesammelten Fakten Reflexionen anzustellen, zu verknüpfen oder zu deuten. Die von Tacitus geprägte Maxime, er schreibe *„sine ira et studio"* trifft viel eher für Sueton zu. Freilich will Tacitus lediglich damit ausdrücken, daß er sich um eine objektive Stellungnahme bemühe, während Sueton auf eine solche überhaupt verzichtet. Nur an wenigen Stellen geht er über ein kritikloses Darbieten seiner Quellen hinaus, wie etwa in der Caligulavita Kap. 8, wo es um den Geburtsort des Kaisers geht. Fast wie eine moderne wissenschaftliche Abhandlung liest sich dieser Abschnitt. Mit Hilfe der *„acta"* und einem Brief des Augustus widerlegt er die Thesen des Cn. Gaetulicus und des Plinius Secundus, Caligula sei in Tibur bzw. Ambiatinus geboren, und bringt überzeugende Argumente, die für Antium sprechen. Wie ein kritischer Historiker stellt er die Primärquelle – „wir müssen also, was allein übrigbleibt, der Beweiskraft der öffentlichen Urkunde folgen" – über die Berichte aus der historischen Literatur. In den meisten Fällen bezieht jedoch Sueton keine Stellung zu dem von ihm gesammelten Material. Wenn sich auch in die Kaiserbiographien viel Absonderliches und sicherlich auch Unwahres eingeschlichen hat, so liegt das an dem zweifelhaften Quellenmaterial, das Sueton zusammengestellt hat. Keinesfalls darf man jedoch seine wissenschaftliche Integrität in Frage stellen und ihm vorhalten, er habe nach Belieben hinzuerfunden und seine Vorlagen absichtlich verfälscht. Gerade Stellen wie etwa das Vierkaiserjahr 68/69 n. Chr., die sich für eine Gegenüberstellung mit den gleichzeitigen Werken des Tacitus und Plutarch eignen, lassen ein hohes Maß an Übereinstimmung erkennen.

Gelegentlich wird die Frage aufgeworfen, ob sich in den Kaiserbiographien eine bestimmte Kaiserideologie des Autors verberge, ob Sueton ein Bild von den Kaisern zeichne, das für die Angehörigen seines Standes, des Ritterstandes, typisch sei. Aus dem bisher Gesagten wird jedoch deutlich, daß Suetons Biographien im wesentlichen eine unter bestimmten Überschriften geordnete Sammlung von Fakten sind, die aber nicht wie etwa bei Plutarch Gestalt annehmen, um ein lebendiges Bild von einer Persönlichkeit entstehen zu lassen. Einem Autor, der seinen Stoff nicht selektiert, ihn weder verfälscht noch kritisiert und ihn mehr oder weniger so wiedergibt, wie er ihn vorfindet, kann man kaum eine politische Tendenz unterstellen.

Die vor allem durch die frühere Forschung negative Bewertung der Kaiserbiographien ist in letzter Zeit etwas korrigiert worden. Man ist offensichtlich eher dazu geneigt, das, was man an Suetons Werk als Mangel empfindet, nicht der Schwäche des Autors anzulasten, sondern auf die biographische Konzeption zurückzuführen, die dem Autor Hindernisse auferlegte und der „Kategorie" vor dem historischen Werden den Vorrang gab. Viele Details, die Sueton gesammelt hat, würden die traditionellen Historiker wie Tacitus als unvereinbar mit den Prinzipien der Geschichtsschreibung zurückweisen. Mag sich unter diesen Informationen auch eine Menge

Klatsch und wertloses Material befinden, so hat uns der Biograph Sueton in seinen Caesarenleben doch eine Fülle von „Realia" bewahrt, aus denen schemenhaft eine Kulturgeschichte der Periode von Caesar bis Domitian erkennbar wird. Sueton trägt auf seine Weise zur Bereicherung historischer Raritäten bei, sei es was Rechtswesen und Verwaltung betrifft oder auf dem Gebiet der Spiele und der Bautätigkeit oder ganz generell, was mit dem täglichen Leben zusammenhängt. Sueton stellt über seine Fakten keine Reflexionen an und gibt kein explizites Urteil ab. Man darf ihm das aber nicht von vornherein zum Vorwurf machen. Er setzte nämlich bei seinen Lesern ein gewisses Grundwissen um die Geschichte bereits voraus. Vieles ist bei Sueton nur implizit angedeutet; wer jedoch sensibel genug war, konnte durch manche von Sueton gemachte Angaben einen Rückbezug auf bestimmte Themen herstellen und so zu einem eigenen Urteil gelangen.

In die vorliegende Ausgabe wurden neben den Caesarenleben die noch erhaltenen Teile von Suetons Werk „Bedeutende Persönlichkeiten"*(de viris illustribus)* aufgenommen. Den Namen dieser wohl umfangreichsten Schrift Suetons überliefert der Kirchenvater Hieronymus in einem gleichnamigen Opus, in dem er die christlichen Schriftsteller behandelt. Hieronymus betont darin ausdrücklich, daß er sich für seine Arbeit Sueton zum Vorbild genommen hat. Der Titel der beiden Werke steht ganz in der Tradition der alexandrinischen Biographie (vgl. S. XXIII) und wurde regelmäßig für Sammlungen von Lebensbeschreibungen hervorragender Persönlichkeiten auf dem Gebiete der Literatur verwendet. Einzelheiten über das Werk Suetons lassen sich aus einer anderen Schrift des Hieronymus, dem Chronikon, einer Übersetzung der Chronik des Eusebius, erschließen. Hieronymus gibt in der Vorrede zu seinem Buch an, daß er in seiner Vorlage fast nichts über römische Literatur fand und deshalb auf Sueton zurückgegriffen hätte. In der Tat überschreiten die von ihm angegebenen literarischen Nachrichten bis auf einige wenige Fälle, für die Eutrop als Quelle in Frage kommt, nicht den Zeitraum des Sueton. Bei der von Hieronymus benutzten Schrift kann es sich nur um „Die bedeutende Persönlichkeiten" handeln. Es gibt keinen Grund anzunehmen, warum Hieronymus das Gliederungsprinzip seiner Vorlage wesentlich verändert haben sollte. Hieronymus gliedert den Stoff in sechs Kategorien auf, nämlich in Dichter, Redner, Historiker, Philosophen, Grammatiker, Rhetoren, und gibt für jede Gruppe die entsprechenden Autoren an.

Die Frage nach der Entstehungszeit von Suetons Werk ist nicht leicht zu beantworten. Möglicherweise handelt es sich um das erste größere Werk des Autors und ist mit dem von Plinius im Jahre 105 so sehnsüchtig erwarteten (Plin. Briefe 5,10) identisch. Vermutlich hat Sueton in seinem Werk keine noch lebenden Schriftsteller aufgenommen, da Plinius, Tacitus und Iuvenal in der Liste des Hieronymus fehlen. Der terminus ante quem wäre demnach das Todesjahr des Plinius 113 n.Chr. Sueton könnte aber auch überhaupt, wie bei seinen Kaiserbiographien, die Regierungszeit des Domitian als oberste Zeitgrenze festgesetzt haben. Allerdings scheint der in der Liste des Hieronymus vorkommende Iulius Tiro erst 105 n.Chr. gestorben zu sein, wenngleich seine Hauptschaffensperiode sicherlich unter Domitian war. Endgültiges läßt sich über die Entstehungszeit des Werkes ohnehin nicht sagen, da Hieronymus nicht alle von Sueton bearbeiteten Autoren überliefert hat.

Die Quelle, die Sueton für sein Werk benutzte, dürften zum großen Teil literarischer Natur gewesen sein. In erster Linie ist dabei an Varro mit seiner Schrift „Über die Dichter" und an die direkten Vorläufer Suetons, Nepos, Santra und Hyginus, zu denken, die ebenfalls Bücher über „berühmte Männer" verfaßt hatten. Sueton schöpfte auch aus Asconius und Fenestella und aus den Kommentatoren, die in ihren Einleitungen auf das Leben der von ihnen bearbeiteten Autoren eingingen. Direkt oder indirekt durch die genannten Schriftsteller beeinflußten sein Werk die Griechen Karystos, Aristoxenes, Satyros und Hermippos. Bis zu einem gewissen Grade wird Sueton auch private Briefe, öffentliche Dokumente, persönliche Erinnerung und die mündliche Überlieferung für sein Werk berücksichtigt haben.

Als Mitte des 15. Jahrhunderts der italienische Gelehrte Enoch von Ascoli bei einer Reise durch Deutschland und Dänemark in Hersfeld ein Manuskript entdeckte, das neben zwei Schriften von Tacitus, dem „Dialog" und der „Germania", noch eine weitere Abhandlung mit dem Titel „Philologen und Rhetoren" enthielt, war man einem Teil von Suetons Werk „Bedeutende Persönlichkeiten" auf die Spur gekommen. Die Urheberschaft Suetons steht zweifelsfrei fest, da sich ein großes Maß an Übereinstimmung bei den Suetonexzerpten von Hieronymus und Gellius (Attische Nächte 15.11) ergibt. Im Gegensatz zu seinem Benützer Hieronymus hat jedoch Sueton die Philologen offensichtlich in eine Kategorie mit den Rhetoren zusammengefaßt, wobei sich aber eine schroffe Zweiteilung erkennen läßt. Die Schrift wird eingeleitet mit einer Liste der Philologen und Rhetoren; daran schließt sich eine Abhandlung über den Ursprung und die Entwicklung der grammatischen Studien in Rom, dann werden die Beziehungen zwischen Grammatik und Rhetorik erörtert. Es folgt die Besprechung der einzelnen Grammatiker. Im zweiten Teil geht es um die Rhetorik. Nach einer kurzen Einführung in die Geschichte und Methode der Rhetorik geht der Autor zur Besprechung der einzelnen Vertreter des Faches über. Nachdem aber nur fünf Personen von der Liste am Anfang behandelt sind, bricht die Schrift ab.

Es wurde bereits gezeigt, wie die literarische Biographie der Alexandriner von Sueton in seinen Kaiserbiographien auf die historisch-politische Ebene übertragen wurde. In den „Philologen und Rhetoren" finden wir sie in ihrer ursprünglichen Form wieder. Auch hier treten die negativen Seiten dieses Genres deutlich zutage. Suetons Schrift ist alles andere als eine literarhistorische Arbeit im modernen Sinne. Wie in den Kaiserbiographien findet sich Wichtiges neben Unwichtigem, werden die einzelnen Bausteine als lose Versatzstücke ohne jede innere Bindung aneinandergereiht. Es wird zwar von der Tätigkeit der Gelehrten – was und wieviel sie geleistet haben – berichtet, eine tiefergehende Anschauung, welche grundsätzlichen Ideen sie in der Öffentlichkeit und in ihren Werken vertraten, kommt jedoch nicht zum Ausdruck. Die Viten der einzelnen Philologen und Rhetoren wurden ähnlich den Caesarenleben nach einem bestimmten sich mehr oder weniger immer wiederholenden Schubladensystem aufgegliedert. Zuerst berichtet Sueton über Geburt, Abstammung und soziale Stellung der betreffenden Person, dann über ihre Studien und Betätigung bis zum Erwachsenwerden, schließlich über die Beziehungen zu anderen Persönlichkeiten;

dann wird ihr Aussehen und Charakter geschildert; es folgen nun Angaben über Besitz und materielle Verhältnisse; schließlich folgt die Aufzählung der Werke, und zuletzt ist vom Tod die Rede, mit allem was damit zusammenhängt, wie Begräbnis, Testament und Erben.

Im folgenden soll nun kurz auf die restlichen von Hieronymus angezeigten Kategorien der „Bedeutenden Persönlichkeiten" Suetons – Dichter, Redner, Historiker, Philosophen – eingegangen und auf weitere Quellen hingewiesen werden, in denen sich Auszüge von Suetons Schrift befinden.

Zu dem Abschnitt über die Dichter führt Hieronymus eine Liste von 33 Namen an. Der Lehrer des Hieronymus, Donatus, verfaßte einige Kommentare zu römischen Dichtern, denen er die Vita des jeweiligen Autors voranstellte. Vier dieser Viten, nämlich die Vita des Terenz, Horaz, Lukan und die des Vergil fanden in dieser Ausgabe der Werke Suetons Berücksichtigung, weil ihre Urheberschaft mit ziemlicher Sicherheit auf diesen Autor zurückzuführen ist.

In der Vita des Terenz beruft sich Donatus ausdrücklich auf Sueton als Autor. Für die Lebensbeschreibung des Horaz gibt Donatus zwar keine Quellen an; ausschlaggebend dafür, sie dem Sueton zuzurechnen, sind neben stilistischen Kriterien deutliche Hinweise auf Sueton bei den Horazscholiasten (vgl. Porphyrios, Briefe 2,1,1). Auch die Vita des Lukan kann aufgrund wörtlicher Übereinstimmung mit dem Auszug des Hieronymus nur von Sueton stammen. Die Lebensbeschreibung des Vergil ist bei Donatus wohl nicht in ihrer ursprünglichen Form erhalten. Wenn sich auch an einer Stelle eine Abweichung zum Exzerpt des Hieronymus ergibt, lassen die übrigen Übereinstimmungen den Schluß zu, daß die Vita in ihren wesentlichen Bestandteilen suetonisch ist. Auch die Komposition und der Stil entsprechen ganz der Art Suetons. Es ist aber wohl nicht die ganze Schrift des Donatus über Vergil, sondern nur der erste Teil, in dem es um das Leben des Dichters geht, dem Sueton zuzuschreiben, während der letzte Abschnitt, der als Einführung zu Vergils „Hirtengedichte" anzusehen ist, aus Donats eigener Feder stammen dürfte.

Möglicherweise gehen auch das Leben des Tibull und das Leben des Persius auf Sueton zurück. Die eine Schrift ist aber zu fragmentarisch, um genauere Schlüsse ziehen zu können, die andere erwähnt ausdrücklich Valerius Probus als Verfasser, ist aber diesem möglicherweise nur untergeschoben worden.

Aus der Rubrik der Redner überliefert Hieronymus die Namen von 15 Personen. Von diesen ist die Lebensbeschreibung des Passenius Crispus in den *scholia Pithoeana* zu Iuvenal (4,81) erhalten. Obwohl der Scholiast keine Quellen angibt, könnte es sich dabei um eine Hinterlassenschaft Suetons handeln. Unter den Historikern führt Hieronymus sechs Namen an, darunter Plinius d. Älteren. Es spricht viel dafür, daß die mit den Pliniushandschriften überlieferte Vita am Anfang des Werkes auf Sueton zurückgeht. Zu den von Hieronymus in der Rubrik der Philosophen angeführten drei Personen kennen wir keine weiteren Informationen aus der Hand Suetons.

Um zu einem gerechten Urteil zu gelangen und die Leistung Suetons richtig würdigen zu können, sei an dieser Stelle noch kurz auf das reiche nicht erhaltene Schrifttum des Autors eingegangen. Wenn sich auch über die Qualität dieser Schriften nichts mehr sagen läßt, so zeigt allein schon der Umfang, mit welchem Fleiß und Sammeleifer der Gelehrte zu Werke ging. Die meisten Titel seiner Bücher sind uns durch das byzantinische Suda-Lexikon aus dem 10. Jahrhundert unter dem Stichwort Τράγκυλλος überliefert. Das gewaltige Schaffen Suetons läßt sich in vier Arbeitsgebiete aufteilen: Historie, Altertumskunde, Naturgeschichte und Sprachwissenschaft.

Die zum historischen Teil von Suetons Werk gehörenden Kaiserbiographien und die „Bedeutenden Persönlichkeiten" wurden bereits erörtert. Iohannes Lydus (um 550 n. Chr.) weist in seinem Werk „Über die Beamten" auf eine Schrift mit dem Titel „Über berühmte Hetären" hin. Sueton soll darin weit in die graue Vorzeit bis zur mythischen Königin der Lyder Omphale zurückgegangen sein. Von einer anderen Schrift Suetons „Über berühmte Könige" *(„de regibus")* erfahren wir durch einen Brief des Pontius Paulinus an Ausonius, dem drei Bücher der besagten Schrift beigelegt waren, die Paulinus in Versform umgearbeitet hatte. „Über Ciceros politisches Verhalten" ist eine Erwiderung Suetons auf die sechs Bücher des Grammatikers Didymus gegen Cicero. Sueton war offensichtlich ein Anhänger und Verehrer Ciceros.

Auf dem antiquarischen, altertumskundlichen Feld fühlte sich Sueton wohl am meisten zuhause. Denn hier konnte seine Vorliebe für das Sammeln und Aufzeichnen von Fakten am ehesten Frucht bringen. Seine Abhandlung „Über das römische Jahr" geht wohl im wesentlichen auf die Forschungen von Varro und Verrius Flaccus zurück und diente später Censorius, Macrobius und Solinus als Quelle. Sueton hat auch zwei Werke über Spiele geschrieben. Von dem einen, „Über die Spiele der Griechen", das in griechisch verfaßt war, sind in vier Handschriften Bruchstücke erhalten, bei dem anderen „Über die römischen Festspiele" handelt es sich wohl um dieselbe Schrift, die Gellius als *„ludicra historia"* zitiert. Die Abhandlung diente als Grundlage für die „Spiele" Tertullians *(„de spectaculis")* und dürfte nach denselben Kriterien gegliedert gewesen sein. Von der Existenz einer anderen interessanten Schrift Suetons „Über die öffentlichen Ämter" erfahren wir durch Ps.-Aurelius. Wahrscheinlich ist sie in der Zeit verfaßt worden, als Sueton Leiter der kaiserlichen Kanzlei war und Hadrian eine umfassende Neuorganisation der öffentlichen Ämter durchgeführt hatte. Über die Studien Suetons „Über die Kleider" und „Über römische Gebräuche und Sitten" lassen sich keine detaillierten Angaben machen.

In den Bereich der Naturkunde gehört das in der antiken Literatur (Priscianus, Isidorus, Gellius) öfters zitierte Suetonische Werk *„Pratum"* bzw. *„Prata"*. Die wenigen Bruchstücke, die uns davon bewahrt geblieben sind, erlauben nur den Schluß, daß es darin um Themen geht, die den Menschen, die Zeit und die Natur behandeln. Es muß völlig offen bleiben, ob es sich bei den *„Prata"* um ein großangelegtes systematisches Werk handelt. Möglicherweise ist die von Servius bezeugte Studie Suetons „Über die körperlichen Gebrechen" *(„de vitiis corporalibus")* ein Teil dieses Werkes.

Zu den sprachwissenschaftlichen Arbeiten Suetons gehört eine auf griechisch verfaßte Studie „Über die Schmähwörter", von der ein größeres Bruchstück überliefert ist. In einer ähnlichen Rubrikentechnik wie bei den Kaiserbiographien gliedert Sueton den Stoff nach Autoren und einzelnen Sachgruppen auf. Von seiner Schrift „Über die Zeichen in den Schriften" ist uns ebenfalls ein Auszug überliefert. Die griechischen Philologen hatten zu Bearbeitung und

Emendation von Texten bestimmte Zeichen erfunden. Sueton erläutert die Bedeutung und den Gebrauch dieser Zeichen. In einem Buch „Über Verschiedenes" *(„de rebus variis")* setzt sich Sueton mit Problemen der Grammatik auseinander.

Die Bedeutung, die das gewaltige Werk Suetons für die Nachwelt hatte, sollte man nicht unterschätzen. Suetons umfangreiche Materialsammlungen zu den unterschiedlichsten Themen lieferten für Autoren der folgenden Generationen Grundstoff und Anregungen für eigene Werke. Daß die Wirkung Suetons nicht auf einen engen Umkreis um Rom beschränkt blieb, sondern sich auch auf den griechischen Bereich erstreckte und bis ins Mittelalter hineinreichte, wird eindrucksvoll durch das aus dem 10. Jahrhundert stammende Suda-Lexikon dokumentiert, durch das zumindest die Titel eines Großteils seiner Werke mit kleinen Auszügen daraus erhalten geblieben sind. Von den Gelehrten unterschiedlichster Fachrichtungen wurden die Arbeiten Suetons gelesen und exzerpiert. So gehen etwa die im Mittelalter entstandenen Schriften „Über die Natur der Dinge" *(„de naturis rerum")* und „Über die Eigentümlichkeiten der Dinge" *(„de proprietatibus rerum")* im wesentlichen auf die naturkundlichen Studien Suetons zurück. Sueton gab die Vorlage für Tertullians „Spiele" *(„de spectaculis")*, lieferte Stoff für die Antiquare Censorius und Macrobius und beeinflußte Kommentatoren wie Servius und die Scholiasten zu Horaz, Germanicus, Lukan und Iuvenal. Auch die Grammatik und Glossographie schöpfte aus seinem Werk.

Die nachhaltigste Wirkung hinterließ Sueton jedoch als Biograph. Er war der erste, der Lebensbeschreibungen über die römischen Kaiser verfaßte. Offensichtlich traf er mit seinen Kaiserbiographien, die voll sind von Anekdoten, Histörchen und frivolen Anspielungen, genau den Geschmack der Zeit. Jedenfalls hat das Werk – sowohl was Form als auch Inhalt angehen – zahlreiche Nachahmer gefunden. Überhaupt wurde in der Folgezeit Geschichte überwiegend nur noch in der Form von Biographien geschrieben. Als der unmittelbare Nachfolger Suetons ist der Biograph und Historiker Marius Maximus (165–230) zu betrachten, der die auf Suetons Kaiserbiographien folgenden zwölf Kaiser, Nerva bis einschließlich Elagabal, behandelte. Dieses Werk, das ganz nach dem Muster Suetons aufgebaut ist, ist leider nicht erhalten. Verlorengegangen sind auch die Schriften des Aelius Cordus und einer Vielzahl unbedeutender Biographen. Ganz in der Tradition Suetons steht die sogenannte „Historia Augusta", eine Sammlung von Caesarenviten aus dem 4. Jahrhundert, die von Hadrian bis Carinus reichen und angeblich von sechs Verfassern stammen. Die Verfasser der „Historia Augusta" haben mit der gleichen rubrizierenden Technik den Stoff in einzelne Sachgebiete aufgegliedert wie Sueton. Was aber die Offenlegung der Intimsphäre des Kaisers, den Klatsch und die Intrigen am Hof angeht, übertreffen sie ihr Vorbild bei weitem. Hier zeigt sich ein wichtiger Unterschied zu Sueton. Während letzterer darum bemüht war, wahrheitsgemäß – wenn auch aus noch so zweifelhaften Quellen – zu berichten, zeichnen sich die Verfasser der „Historia Augusta" gerade dadurch aus, daß sie nach Belieben fabulieren, erfinden und fälschen. Auch die 360 n. Chr. von Aurelius Victor verfaßte Schrift „Über die Kaiser" *(„de Caesaribus")* ist dem Sueton verpflichtet. Der erste Teil des Werkes, der mit Domitian schließt, ist ein Auszug aus Suetons Kaiserbiographien. Im zweiten Teil werden die Kaiser von dieser Zeit an bis 361 behandelt. Im Gegensatz zu Sueton versucht jedoch Victor die Handlungen und Charaktere der Kaiser in einem engen Wechselbezug zu schildern. Es ergibt sich daraus eine Verwandtschaft zur moralischen Geschichtsschreibung des Sallust. Erst die Epitome des Victor aus dem 5. Jahrhundert läßt eine Anlehnung an Sueton wieder stärker erkennen.

Auch für die Geschichtsschreiber – griechische wie lateinische –, die die Form der Darstellung des Sueton nicht übernahmen, waren die Kaiserbiographien eine viel benutzte Quelle. Es schöpften aus ihr Polyaenus, Cassius Dio, Eutropius, Orosius, Lydus und andere. Der Dichter Ausonius hat sogar Suetons Caesarenleben in Versform umgeschrieben.

In der kirchlichen Literatur hat Sueton z. B. auf die Biographie des Ambrosius von Paulinus eingewirkt, was sich vor allem im Aufbau des Werkes zeigt. Im Gegensatz dazu orientieren sich aber die in der Spätantike aufkommenden Heiligenlegenden weniger an den Biographien Suetons, sondern vielmehr an denen des Plutarch, an einer Form der Biographie, die in ihren Wurzeln auf die Schule der Peripatetiker zurückreicht. In diesen Legenden wird das Leben der Heiligen chronologisch geschildert und anhand ihrer Taten ihr Charakter entwickelt. Der Suetonischen Tradition verhaftet sind jedoch wieder die Lebensbeschreibungen christlicher Schriftsteller, wie etwa „Die bedeutenden Persönlichkeiten" des Hieronymus, der, wie wir bereits zeigen konnten, die gleichnamige Schrift Suetons zum Vorbild nahm. Auf ihm fußen wiederum die ähnlich gestalteten Werke des Gennadius von Massilia, des Isidorus von Sevilla und des Ildefons von Toledo.

Im Zeitalter Karls des Großen las man am Hofe neben Caesar und Livius sicherlich auch Sueton, der durch Alkuin dort bekanntgemacht worden sein dürfte. Wir wissen, daß der Berater und Vertraute des Kaisers Einhard in Fulda eine Suetonhandschrift studierte, von der sich alle erhaltenen Suetonhandschriften herleiten. Nach dem Tode Karls verfaßte Einhard eine Vita des Kaisers, die sich durch eine starke Anlehnung an den antiken Biographen auszeichnet.

Im ausgehenden Mittelalter und in der Renaissance wurde das Bild von der römischen Kaiserzeit weitgehend durch Suetons Kaiserbiographien geprägt. Petrarca schätzte Sueton als zuverlässige Quelle, wenngleich er in seiner Schrift „Über berühmte Männer" das Gliederungsprinzip nach Sachgruppen nicht übernimmt. Dante ließ sich von Suetons Beschreibungen der äußeren Erscheinung der Kaiser inspirieren. Büsten, die man zu jener Zeit von den römischen Kaisern herstellen ließ, wurden nach den Angaben Suetons gefertigt. Die Biographien Suetons haben bisher viele Schriftsteller angeregt und den Stoff für zahlreiche Werke der Literatur, besonders für historische Romane, geliefert. Auch so mancher Drehbuchautor unserer Zeit ist bei Sueton schon fündig geworden.

Franz Schön

I.

KAISERBIOGRAPHIEN

CAESAR

1. Als er sechzehn Jahre alt war, verlor er seinen Vater.[1] Im folgenden Jahr wurde er zum Priester des Iupiter bestimmt;[2] da löste er die Verbindung mit Cossutia auf, die zwar nur einer Familie des Ritterstandes angehörte, aber sehr reich war, und mit der er schon als Knabe verlobt worden war. Dann nahm er die Cornelia, die Tochter des Cinna[3], der viermal Consul gewesen war, zur Frau, die ihm bald eine Tochter Iulia[4] schenkte. Er ließ sich aber unter gar keinen Umständen von dem Diktator Sulla[5] zu einer Scheidung von ihr bewegen. Zur Strafe dafür verlor er sein Priesteramt, die Mitgift seiner Gattin und die Familienerbschaften und wurde zum Anhänger der Gegenpartei erklärt, so daß er sich gezwungen sah, sich aus der Öffentlichkeit zurückzuziehen und trotz eines sich immer mehr verschlimmernden viertägigen Fiebers fast Nacht für Nacht seine Schlupfwinkel zu wechseln und sich mit Geld von den auf ihn angesetzten Spürhunden loskaufen mußte. Das ging solange, bis er durch Vermittlung der Vestalischen Jungfrauen[6] und durch Mamercus Aemilius[7] und Aurelius Cotta[8], seine Verwandten und Verschwägerten, Begnadigung erhielt. Es ist allgemein bekannt, daß Sulla, nachdem er die Bitten befreundeter und angesehener Männer eine Zeitlang abgeschlagen hatte, aber diese sich hartnäckig dafür einsetzten, doch endlich nachgegeben hat und – sei es durch göttliche Eingebung oder durch irgendwelche Vermutung – in die Worte ausbrach: „so sollen sie halt ihren Willen haben, wenn sie nur wissen, daß der, dessen Wohlbefinden sie so sehr wünschten, einmal der Partei der Aristokraten, die sie doch mit ihm zusammen gemeinsam verteidigt hätten, den Untergang bringen wird. Denn in Caesar stecken viele Männer wie Marius.[9]"

2. Den ersten Kriegsdienst[10] leistete er in Asien[11] in der Gefolgschaft des Prätors Marcus Thermus.[12] Als er von diesem nach Bithynien[13] abgeordnet wurde, um die Flotte herbeizuholen, hielt er sich übermäßig lange bei Nikomedes[14] auf, nicht ohne das Gerede, mit dem König unsittliche Beziehungen zu haben; dieses Gerücht hat sich dadurch verstärkt, daß er innerhalb weniger Tage wieder nach Bithynien zurückkam unter dem Vorwand, eine Geldsumme eintreiben zu müssen, die man einem Freigelassenen, seinem Klienten, schulde. Die übrige Zeit seines Kriegsdienstes stand er in besserem Ruf, und er wurde sogar von Thermus bei der Erstürmung von Mytilene[15] mit der Bürgerkrone[16] ausgezeichnet.

3. Er stand auch noch im Militärdienst unter Servilius Isauricus[17] in Kilikien[18], jedoch nur kurze Zeit. Denn auf die Nachricht von Sullas Tod und in der Hoffnung auf eine neue politische Auseinandersetzung, die durch Marcus Lepidus[19] in Bewegung gekommen ist, kehrte er eiligst nach Rom zurück. Er ließ sich jedoch, obwohl ihn die günstigen Angebote dazu reizten, nicht in ein Bündnis mit Lepidus ein, da er seinen politischen Fähigkeiten nicht traute und die Gelegenheit nicht so günstig fand, wie er angenommen hatte.

4. Übrigens klagte er, nachdem der Aufstand beigelegt war, den Cornelius Dolabella, einen ehemaligen Konsul[20], der einen Triumph gefeiert hatte, auf Schadenersatz wegen Erpressung an. Nach dessen Freisprechung beschloß er, sich etwas nach Rhodos zurückzuziehen, um einerseits dem gegen ihn geschürten Haß aus dem Weg zu gehen und andererseits um dort in aller Muße und Ruhe sich dem Unterricht des Apollonius Molo[21], des damals berühmtesten Lehrers der Beredsamkeit, widmen zu können. Auf der Fahrt dorthin wurde er, als es schon Winter war, bei der Insel Pharmacusa[22] von Seeräubern gefangen und mußte bei ihnen, mit dem größten Widerwillen, fast vierzig Tage mit nur einem Arzt und zwei Kammerdienern bleiben. Denn sein übriges Gefolge und seine Dienerschaft hatte er gleich anfangs zur Beschaffung der Geldmittel für seine Auslösung weggeschickt. Als dann die fünfzig Talente bezahlt waren und er an der Küste in Freiheit gesetzt worden war, brachte er umgehend eine Flotte auf und verfolgte die Seeräuber sofort nach ihrer Abfahrt; und als er sie in seine Gewalt gebracht hatte, ließ er sie hinrichten, wie er

ihnen öfter im Scherz gedroht hatte. Als darauf Mithridates[23] die benachbarten Gebiete verwüstete, setzte er von Rhodos, wohin er sich begeben hatte, nach Asien über, damit es nicht den Anschein hätte, als sitze er müßig da, während Bundesgenossen in Gefahr seien, hob Hilfstruppen aus, vertrieb den Befehlshaber des Königs aus der Provinz und erhielt so die bereits wankenden und unschlüssigen Städte im Gehorsam gegen Rom.

5. Während seines Militärtribunats, das erste Ehrenamt, das ihm nach seiner Rückkehr nach Rom durch ein Votum des Volkes zuteil wurde, unterstützte er die Bemühungen derer, die die von Sulla beschränkte Gewalt der Volkstribunen wiederherstellen wollten, sehr energisch. Auch dem L. Cinna, dem Bruder seiner Frau, und allen, die beim Aufstand des Lepidus[24] mit ihm auf dessen Seite standen und nach dem Tode des Konsuls bei Sertorius[25] Zuflucht genommen hatten, ermöglichte er durch die Plotische Gesetzesvorlage[26] die Rückkehr in die Stadt und hielt auch selbst eine Rede in der Volksversammlung über diese Maßnahme.

6. Als Quästor hielt er nach dem Tode seiner Tante Iulia[27] und seiner Gemahlin Cornelia nach alter Sitte jeweils eine Lobrede auf der Rednerbühne des Forums. In der Lobrede auf seine Tante berichtet er über ihren Stammbaum und den seines Vaters mütterlicher- und väterlicherseits folgendermaßen: „Meiner Tante Iulia mütterliches Geschlecht stammt von Königen, das väterliche ist mit den unsterblichen Göttern verwandt. Denn von Ancus Marcius[28] stammen die Marcischen Könige, deren Namen meine Mutter führte, von Venus kommen die Iulier[29], zu deren Geschlecht unsere Familie gehört. Es ist also in diesem Geschlecht sowohl die Unverletzlichkeit der Könige, die auf Erden die meiste Macht haben, als auch die Heiligkeit der Götter, in deren Macht selbst die Könige sind. An Cornelias Stelle heiratete er dann die Pompeia, eine Tochter des Quintus Pompeius und Enkelin L. Sullas, von der er sich später scheiden ließ wegen des Verdachts, daß sie mit Publius Clodius[30] ehebrecherische Beziehungen gehabt habe. Tatsächlich hielt sich das Gerücht, daß er während einer religiösen Feier in Frauenkleidern sich bei ihr eingeschlichen habe, so hartnäckig, daß der Senat sich veranlaßt sah, eine Untersuchung wegen Entweihung eines Gottesdienstes anzuordnen.[31]

7. Als Quästor fiel ihm die Provinz Hispania Ulterior[32] zu. Während er dort im Auftrag des Prätors die Gemeinden römischer Bürger besuchte um Recht zu sprechen, seufzte er nach seiner Ankunft in Gades[33] beim Anblick eines Bildes Alexanders des Großen beim Herkulestempel schwer auf und, als ob er seiner Tatenlosigkeit überdrüssig sei, weil er noch nichts Bemerkenswertes vollbracht habe in einem Alter, wo Alexander schon die ganze Welt bezwungen hatte, forderte er dringend seine sofortige Entlassung, um so bald als möglich jede Gelegenheit zu größeren Unternehmungen in der Stadt ergreifen zu können. Als ihn ein Traumbild in der folgenden Nacht völlig in Verwirrung brachte – er hatte nämlich geträumt, er habe mit seiner Mutter geschlechtlich verkehrt – weckten die Traumdeuter in ihm größte Hoffnung, indem sie den Traum so auslegten, daß dadurch die Herrschaft über die ganze Welt angekündigt werde, da die Mutter, die er ihm hingegeben gesehen habe, keine andere sei als die Erde, die ja als die Mutter aller gelte.

8. So verließ er also vorzeitig die Provinz und begab sich in die latinischen Kolonien[34], die sich gerade um die Erlangung des Bürgerrechts bemühten; und er hätte sie vielleicht zu einem kühnen Unternehmen ermuntert, wenn die Konsuln nicht die für Kilikien[35] ausgehobenen Legionen gerade deshalb ein Weilchen zurückgehalten hätten.

9. Nichtsdestoweniger brachte er es bald zu größeren Unternehmungen in der Stadt selbst. Denn wenige Tage vor seinem Amtsantritt als Ädil geriet er in den Verdacht, sich mit dem ehemaligen Konsul Marcus Crassus[36] sowie mit Publius Sulla[37] und L. Autronius[38], die nach der Konsulatswahl wegen Amtserschleichung verurteilt worden waren, in eine Verschwörung eingelassen zu haben mit der Absicht, anfangs des Jahres den Senat anzugreifen und bestimmte Mitglieder niederzumachen;[39] daraufhin sollte dann Crassus die Diktatur an sich reißen, er selbst von ihm zum magister equitum[40] ernannt und nach Umgestaltung der Verfassung in ihrem Sinne Sulla und Autronius wieder in das Konsulat eingesetzt werden. Diese Verschwörung erwähnen Tanusius Geminus[41] in seiner Historia, Marcus Bibulus[42] in seinen Edikten und C. Curio der Vater[43] in seinen Reden. Sie scheint auch Cicero[44] anzudeuten, wenn er in

einem Brief an Axius[45] schreibt, Caesar habe als Konsul das Reich gefestigt, worüber er sich schon als Ädil Gedanken machte. Tanusius fügt hinzu, Crassus habe sich, aus Reue oder aus Furcht, an dem für den Mord festgesetzten Tag nicht eingefunden, und so habe dann auch Caesar das Zeichen, das er nach der Vereinbarung geben sollte, nicht gegeben. Es sei vereinbart worden, sagt Curio, daß er die Toga von der Schulter werfen sollte. Derselbe Curio, aber auch M. Actorius Naso, berichten, daß er sich auch mit dem jungen Gnaeus Piso[46] abgesprochen habe, dem gerade wegen des Verdachts einer in der Stadt angezettelten Verschwörung von sich aus außer der Reihe die Provinz Spanien übertragen worden sei. Man sei übereingekommen, daß sie zu gleicher Zeit, jener von auswärts und er selbst in Rom, den Umsturz herbeiführen sollten, mit Hilfe der Ambronen und Transpadaner[47]; nur durch Pisos Tod sei der Plan der beiden vereitelt worden.

10. Während seiner Ädilenzeit verschönerte er außer dem Komitium[48], dem Forum und den Basiliken[49] auch das Kapitol mit provisorisch errichteten Säulengängen, in denen bei der Überfülle von Gegenständen ein Teil der Geräte ausgestellt werden sollte. Tiergefechte aber und Spiele gab er sowohl zusammen mit seinem Amtsgenossen als auch für sich allein, was zur Folge hatte, daß er auch für den gemeinsam geleisteten Aufwand allein den Dank erntete und daß sein Amtsgenosse Marcus Bibulus[50] nicht verhehlte, es gehe ihm genauso wie dem Pollux; wie nämlich der den Zwillingsbrüdern auf dem Forum errichtete Tempel immer nur der des Castor genannt werde[51], so heiße auch seine und Caesars Freigebigkeit immer allein nur die des Caesar. Als Zugabe veranstaltete Caesar außerdem noch ein Fechterspiel, jedoch mit etwas weniger Paaren als vorgesehen war; denn da die zahlreiche von überallher aufgebotene Dienerschaft seine Gegner in Schrecken setzte, wurde die Zahl der Fechter gesetzlich festgesetzt, über die hinaus niemand in Rom mehr halten durfte.

11. Nachdem er sich die Gunst des Volkes erworben hatte, versuchte er durch einen Teil der Tribunen, daß ihm Ägypten als Provinz durch einen Volksbeschluß übertragen werde; als ihm die Möglichkeit zu diesem außerordentlichen Kommando dadurch geboten wurde, daß die Alexandriner ihren König, dem der Senat den

Titel „Bundesgenosse und Freund“ verliehen hatte, vertrieben hatten, wurde jedoch diese Sache allgemein mißbilligt.[52] Er konnte sich auch nicht durchsetzen, weil die Partei der Aristokraten sich dagegen stellte; um nun deren Ansehen auf jede nur mögliche Weise zu schmälern, stellte er die Denkmäler des Gaius Marius[53] für die Siege über Iugurtha[54] und über die Cimbern und Teutonen[55], die Sulla unlängst hatte zerstören lassen, wieder her und rechnete bei der gerichtlichen Untersuchung der Meuchelmörder auch die dazu, die bei den Proskriptionen des Sulla für abgelieferte Köpfe römischer Bürger Gelder aus der Staatskasse erhalten hatten, obwohl sie durch die Cornelischen Gesetze von einer Strafverfolgung ausgenommen waren.[56]

12. Ebenso veranlaßte er, den Gaius Rabirius wegen Hochverrats vor Gericht zu stellen, mit dessen Hilfe hauptsächlich der Senat einige Jahre zuvor den aufrührerischen Tribun Lucus Saturninus in Schranken gehalten hatte;[57] und als er selbst durch das Los zum Richter des Angeklagten bestellt wurde, war er so leidenschaftlich bestrebt, ihn zu verurteilen, daß diesem, als er beim Volk Berufung einlegte, nichts mehr von Nutzen war als die Unerbittlichkeit des Richters.

13. Da er die Hoffnung auf die Provinz aufgegeben hatte[58], bewarb er sich um das höchste Priesteramt[59], nicht ohne kostspieligen Aufwand für eine Bestechung, obwohl er seine hohen Schulden bedenken mußte. Während er sich am Morgen zur Wahl begab, soll er seiner Mutter, als sie ihn zum Abschied küßte, vorausgesagt haben, daß er nur als Oberpriester nach Hause zurückkehren werde. Und so siegte er tatsächlich über seine zwei einflußreichen Mitbewerber[60], die ihn an Alter und Dienststellung weit übertrafen, so klar, daß er selbst in ihren Wahlkreisen mehr Stimmen erhielt als beide in allen zusammen.

14. Als nach seiner Wahl zum Prätor[61] der gesamte Senat nach Aufdeckung der Verschwörung des Catilina[62] für die Teilnehmer an dem Verbrechen die Todesstrafe beantragte, war er der einzige, der dafür stimmte, daß man ihr Vermögen einziehen und sie auf die Landstädte verteilen und dort bewachen sollte. Ja, er machte denen, die für strengere Strafen waren, durch wiederholte Hinweise auf den

großen Haß, der ihnen dafür in Zukunft beim römischen Volk bleiben würde, eine solche Angst, daß der erst ernannte Konsul Decimus Silanus[63] sich dazu herbeiließ, seine Entscheidung, die er ja ohne Schande nicht zurücknehmen konnte, durch eine mildere Auslegung zu ändern, gleichsam als hätte man sie härter aufgefaßt, als er sie gemeint hatte. Und Caesar hätte sich tatsächlich durchgesetzt, da er bereits die Mehrheit der Senatoren, unter ihnen auch Cicero, den Bruder des Konsuls[64], auf seine Seite gezogen hatte, wenn nicht die Rede des M. Cato[65] den wankenden Senat wieder gestärkt hätte. Aber nicht einmal jetzt ließ er von seinem Einspruch ab, bis eine Abteilung römischer Ritter, die bewaffnet als Schutzwache aufgestellt war, ihn mit dem Tode bedrohte, da er allzu leidenschaftlich auf seinem Standpunkt beharrte. Es wurden sogar Schwerter gezogen und so drohend gegen ihn gezückt, daß die unmittelbar neben ihm Sitzenden zurückwichen und nur wenige durch Umarmen und Vorhalten der Toga ihn kaum schützen konnten. Dieser Vorfall hat ihn so erschüttert, daß er nicht nur nachgab, sondern sich auch für den Rest des Jahres von der Kurie fern hielt.

15. Gleich am ersten Tag seiner Prätur[66] berief er den Quintus Catulus[67] zu einer Untersuchung beim Volk über die Wiederherstellung des Kapitols, während er gleichzeitig einen Antrag durch öffentlichen Anschlag bekanntmachte, in dem er dieses Geschäft an einen anderen übertrug. Da er sich jedoch der Einmütigkeit der Aristokraten nicht gewachsen fühlte, die, wie er sehen konnte, sofort nach dem Ehrengeleit für die neuen Konsuln in großer Zahl und fest entschlossen zum Widerstand sich getroffen hatten, zog er diesen Antrag zurück.

16. Im übrigen erwies er sich als ein recht hartnäckiger Förderer und Vorkämpfer des Volkstribunen Caecilius Metellus[68], als dieser gegen das Interzessionsrecht seiner Kollegen ganz aufrührerische Gesetze einbrachte, bis beide durch einen Senatsbeschluß ihrer Tätigkeit im Staatsdienst enthoben wurden. Dessen ungeachtet hatte er den Mut, in seinem Amt zu bleiben und Recht zu sprechen; als er aber erfuhr, daß man bereit sei, mit Waffengewalt gegen ihn vorzugehen, entließ er seine Liktoren, legte seine Amtstracht ab und suchte heimlich in seiner Wohnung Zuflucht, um sich den Umständen entspre-

chend ruhig zu verhalten. Selbst die Volksmenge, die zwei Tage später ganz von sich aus dort zusammenströmte und mit lautem Getöse ihren Beistand zur Erhaltung seiner Amtswürde anbot, beruhigte er. Da man das nicht erwartet hatte, ließ der Senat, der sich gerade wegen dieser Zusammenrottung eiligst versammelt hatte, ihm durch die angesehensten Männer seinen Dank abstatten; dann wurde er in die Kurie eingeführt und unter ehrenvollsten Lobsprüchen wieder in seine Rechte eingesetzt.

17. Ein anderes Mal kam er wieder in eine gefährliche Lage, als sein Name unter den Genossen des Catilina[69] genannt worden war, und zwar von dem Denunzianten Lucius Vettius[70] beim Untersuchungsrichter Novius Niger[71] und im Senat von Quintus Curius[72], dem man eine Belohnung aus Staatsmitteln zuerkannt hatte, weil er zuerst die geheimen Pläne der Verschwörer aufgedeckt hatte. Curius behauptete, es von Catilina erfahren zu haben; Vettius wollte sogar einen eigenhändigen Brief von ihm an Catilina vorweisen. Das konnte nun Caesar auf gar keinen Fall mehr hinnehmen; und da er unter Berufung auf eine Zeugenaussage von Cicero nachweisen konnte, daß er von sich aus bestimmte Anzeigen über die Verschwörung ihm überbracht habe, erreichte er, daß Curius die Belohnung nicht erhielt; Vettius aber wurde nach Durchführung der Pfändung und durch Wegnahme seines Hausrats hart getroffen, in der Volksversammlung vor der Rednerbühne fast zerrissen und schließlich ins Gefängnis geworfen. Das gleiche geschah mit dem Untersuchungsrichter Novius, weil er eine Klage gegen eine höhere Amtsgewalt zugelassen hatte.

18. Als ihm nach Ablauf seiner Prätur durch das Los Hispania Ulterior[73] als Provinz zugefallen war, machte er sich von seinen Gläubigern[74], die ihn nicht abreisen lassen wollten, durch Stellung von Bürgen los, reiste jedoch, ganz gegen den gewohnten Brauch und die gesetzliche Bestimmung, noch bevor er die entsprechenden Anweisungen und Mittel für seine Provinz erhalten hatte, dorthin ab; es ist jedoch unklar, ob aus Furcht vor einer gerichtlichen Untersuchung, die zu Hause schon eingeleitet wurde, oder aus dem Bestreben, möglichst früh den dringenden Bitten der Bundesgenossen entgegenzukommen. Nachdem er Ruhe und Ordnung in der Pro-

vinz hergestellt hatte, verließ er sie mit der gleichen Eile, ohne seinen Nachfolger abzuwarten, um seinen Triumph zu feiern und sich um das Konsulat zu bewerben. Da jedoch, nachdem der Wahltag schon festgesetzt war, er nur berücksichtigt werden konnte, wenn er als Privatmann die Stadt betreten würde, und da sein Bemühen, für sich eine Ausnahme von den gesetzlichen Bestimmungen zu erlangen, auf vielfachen Widerspruch stieß, sah er sich gezwungen, den Triumph fallen zu lassen, um nicht von der Bewerbung um das Konsulat ausgeschlossen zu werden.[75]

19. Von seinen zwei Mitbewerbern Lucius Lucceius[76] und Marcus Bibulus[77] zog er den Lucceius auf seine Seite mit der Vereinbarung, daß dieser, da er zwar weniger Einfluß besitze, dafür aber viel Geld habe, den Wahlmännern Geld von sich, aber im Namen beider, versprechen sollte. Als die Aristokraten davon erfuhren, bedrängten sie den Bibulus, ebensoviel zu bieten, weil sie befürchteten, daß Caesar in dieser so hohen Stellung mit einem völlig gleichgesinnten Kollegen das Äußerste wagen werde; und sehr viele steuerten Geldbeträge bei, wobei nicht einmal Cato[78] in Abrede stellte, daß diese Bestechung im Interesse des Staates liege. So wurde er also mit Bibulus zum Konsul gewählt. Aus dem gleichen Grund gaben sich die Aristokraten alle Mühe, daß den künftigen Konsuln nur Bereiche mit ganz unbedeutenden Geschäften, das heißt die Betreuung von Wäldern und Viehweiden, zugeteilt würden. Diese ungerechte Behandlung war für ihn hauptsächlich der Anlaß, sich durch alle möglichen Gefälligkeiten an Gnaeus Pompeius anzuschließen[79], der mit dem Senat auf Kriegsfuß stand, weil dieser nach dem Sieg über den König Mithridates[80] nur allzu zaghaft seine Leistungen bestätigte. Er brachte es auch fertig, daß sich Pompeius mit Crassus[81] wieder versöhnte, einem alten Gegner aus der Zeit ihres Konsulats, das sie in höchster Zwietracht miteinander verwaltet hatten. Und er ging mit beiden ein Bündnis ein, mit der Absicht, daß nichts im Staat geschehen sollte, was einem von den dreien mißfallen würde.

20. Nach Antritt des Amtes[82] war seine allererste Verordnung, daß über alle Verhandlungen im Senat und auch vor dem Volk täglich Aufzeichnungen zu führen und zu veröffentlichen sind.[83] Auch führte er den alten Brauch wieder ein, daß in dem Monat, in dem er die

Amtsgewalt nicht habe, ein Amtsdiener vor ihm gehen und die Liktoren hinten folgen sollten. Als sein Gesetzentwurf über die Akkerverteilung öffentlich bekanntgemacht wurde, verjagte er seinen Amtsgenossen, der dagegen Einspruch erhob, mit Waffengewalt vom Forum. Als sich dieser am nächsten Tag im Senat beklagte, aber niemand fand, der gewagt hätte, über eine solche Gewalttat eine Vorlage einzureichen oder seine Meinung zu äußern, obwohl das häufig bei weit harmloseren Unruhen geschehen war, da brachte er ihn zu solcher Verzweiflung, daß er bis zur Niederlegung seiner Amtsgewalt sich zu Hause verborgen hielt und nur durch schriftliche Bekanntmachung Einspruch erheben konnte. Seitdem führte Caesar alle Staatsgeschäfte allein und nach seinem Gutdünken aus, so daß manche Spaßvögel schrieben, wenn sie etwas im Scherz als Zeugen unterzeichneten, der Fall sei nicht unter den Konsuln Caesar und Bibulus, sondern unter den Konsuln Iulius und Caesar geschehen, indem sie die gleiche Person zweimal mit Namen und Zunamen voransetzten. Auch waren bald die folgenden Verse in aller Munde:

> Nicht unter Bibulus, nein, es geschah unter Caesar die Sache,
> Denn unter Bibulus ist nichts, das ich wüßte, gescheh'n.

Das Stellatische Feld[84], von unseren Vorfahren als Staatsgut feierlich erklärt, sowie das Kampanische Ackerland, das man den Eigentümern gegen Pachtzins an den Staat gelassen hatte, verteilte er ohne Verlosung unter etwa zwanzigtausend Bürger, die drei oder mehr Kinder hatten. Die Steuerpächter, die um Nachlaß baten, entlastete er durch Erlassen eines Drittels ihres Pachtzinses, warnte sie jedoch öffentlich, bei der Neuverpachtung zu übermäßige Gebote zu machen. Auch sonst erfüllte er alle Wünsche, ohne daß jemand dagegen sprach; und wenn es jemand wagte, wurde er sofort abgeschreckt. Marcus Cato[85] ließ er, als er Einspruch erhob, durch einen Liktor aus der Kurie zerren und ins Gefängnis abführen. Den Lucius Lucullus, der ein allzu freies Wort des Widerspruchs wagte[86], jagte er durch Schikane eine solche Angst ein, daß er ihn kniefällig um Verzeihung bat. Als Cicero vor Gericht über die Zeitverhältnisse klagte, verhalf er dessen Todfeind Publius Clodius, der sich schon lange vergebens bemühte, von den Patriziern zu den Plebeiern überzutreten, am gleichen Tag um die neunte Stunde zu diesem Wechsel.[87] Schließlich brachte er den Vettius[88] als Vergeltung gegen die gesamte Partei seiner politischen Gegner mit Bestechungen dazu, daß er öffentlich erklärte, er sei von gewissen Leuten zum Mord an Pompeius angestachelt worden und daß er, als man ihn vor die Rednerbühne führte, die vorher verabredeten Namen der Anstifter auch nannte. Als jedoch der eine oder andere ohne Wirkung und nicht ohne den Verdacht eines Betrugs genannt wurde, hatte Caesar keine Hoffnung mehr, daß der übereilte Plan gelingen könnte und ließ daher wahrscheinlich den Denunzianten mit Gift aus dem Weg räumen.

21. Zur selben Zeit heiratete er die Calpurnia, eine Tochter des L. Piso[89], der ihm im Konsulat nachfolgen sollte und vermählte seine Tochter Iulia mit Gnaeus Pompeius, nachdem er die Verlobung mit Servilius Caepio aufgelöst hatte[90], mit dessen Unterstützung er hauptsächlich noch kurz vorher den Bibulus bekämpft hatte. Seit dieser Verwandtschaft begann er, wie bisher den Crassus, jetzt den Pompeius immer zuerst zur Abgabe seiner Meinung aufzurufen, obwohl es so üblich war, daß der Konsul die Reihenfolge der Befragung, die er am ersten Januar festgelegt hatte, das ganze Jahr über einhielt.

22. So hatte er mit Empfehlung seines Schwiegervaters und des Schwiegersohns den Vorzug, sich aus der Anzahl der Provinzen Gallien auszusuchen, das durch seine günstige Lage und sonstige Vorteile die geeignete Grundlage zur Erlangung von Triumphen bietet. Und zwar erhielt er zunächst durch das Gesetz des Vatinius Gallia Cisalpina und als Beigabe Illyrien; aber bald durch den Senat auch Gallia Comata[91]; denn die Senatoren fürchteten, wenn sie es ihm verweigerten, würde das Volk ihm auch diese Provinz geben. Diese freudige Stimmung machte ihn so überheblich, daß er es sich nicht verkneifen konnte, einige Tage darauf vor der Vollversammlung der Kurie sich zu brüsten, er habe trotz des Unwillens und des Gejammers seiner Gegner erreicht, was er sich gewünscht habe, und werde daher von nun an allen auf dem Kopf herumtanzen. Als darauf jemand höhnisch sagte, daß das für eine Frau keine leichte Sache sein werde[92], antwortete er, indem er auf den Scherz einging, auch in Syrien habe eine Semiramis[93] regiert und einen großen Teil von Asien hätten einst die Amazonen[94] beherrscht.

23. Nachdem Caesar sein Konsulat zu Ende geführt hatte, beantragten die Prätoren Gaius Memmius[95] und Lucius Domitius[96], die Amtshandlungen zu untersuchen. Caesar überließ die Entscheidung darüber dem Senat, und als dieser den Antrag nicht annahm und drei Tage mit erfolglosen Streitereien vergangen waren, reiste er in seine Provinz ab. Aber gleich darauf wurde sein Quästor zu einer Vorentscheidung wegen einiger Vergehen gerichtlich belangt. Bald wurde auch er selbst von dem Volkstribunen Lucius Antistius[97] vor Gericht geladen und er konnte erst nach Berufung an das Kollegium der Tribunen durchsetzen, daß er, solange er in Staatsangelegenheiten von Rom abwesend sei, nicht angeklagt werden durfte. Um also in Zukunft sicher zu gehen, hielt er es für seine Hauptaufgabe, sich immer die Beamten jedes Jahres zu verpflichten und von den Bewerbern niemanden zu unterstützen oder zu einem Amt kommen zu lassen, der sich ihm gegenüber nicht verpflichtet hätte, in seiner Abwesenheit für ihn einzutreten. Er hatte keine Bedenken, für diese Abmachung von manchen einen Eid und sogar eine schriftliche Erklärung zu verlangen.

24. Als aber Lucius Domitius als Bewerber um das Konsulat öffentlich drohte, er werde als Konsul das durchsetzen, was er als Prätor nicht gekonnt hatte, und ihm sein Heer wegnehmen, da ließ Caesar Crassus und Pompeius zu sich nach Luca[98] kommen, einer Stadt in seiner Provinz, und drängte sie zu dem Entschluß, um den Domitius auszuschalten, sich noch einmal um das Konsulat zu bewerben.[99] Und tatsächlich erreichte er mit Hilfe der beiden, daß sein Kommando für fünf weitere Jahre verlängert wurde. So wurde sein Selbstvertrauen gestärkt, daß er die vom Staat übernommenen Legionen noch durch andere ergänzte, die er aus seiner eigenen Tasche anwarb.[100] Eine davon bildete er sogar aus transalpinischen Eingeborenen und benannte sie mit einem gallischen Wort; sie hieß nämlich Alauda.[101] Er brachte den Soldaten römische Kriegszucht und Lebensweise bei und verlieh später jedem das römische Bürgerrecht. Seitdem ließ er sich keine Gelegenheit zu einem Krieg entgehen, auch nicht wenn er ungerecht und gefährlich war, und griff ebenso verbündete wie feindliche und wilde Volksstämme ohne jeden Grund an. Das ging so weit, daß der Senat in einem Fall den Be-

schluß faßte, eine Untersuchungskommission nach Gallien zu schikken, und einige Senatsmitglieder sogar der Meinung waren, ihn den Feinden ausliefern zu müssen. Da jedoch seine Unternehmungen alle günstig ausgingen, wurden ihm öfter Dankfeste[102] zuerkannt und für mehr Tage als je einem anderen.

25. Während seines neunjährigen Kommandos[103] hat er in etwa folgende Leistungen erbracht: Ganz Gallien, das von den Pyrenäen, den Alpen und dem Berg Gebenna[104], von Rhein und Rhone umschlossen wird, in einem Umfang von drei Millionen zweihunderttausend Schritt[105], ohne die verbündeten Städte und solche, die sich besonders verdient gemacht haben, hat er vollständig zur römischen Provinz gemacht und mit einer Jahressteuer von vierzig Millionen Sesterzen belastet. Die Germanen, die jenseits des Rheins wohnen, hat er als erster Römer nach Überbrückung des Flusses angegriffen und ihnen schwere Niederlagen beigebracht. Auch die Britannen hat er angegriffen, die bisher noch unbekannt waren, und nach ihrer Unterwerfung Geld und Geiseln verlangt. Bei so vielen Erfolgen mußte er nur dreimal, und sonst nie, einen Mißerfolg hinnehmen: in Britannien, als fast seine ganze Flotte bei einem gewaltigen Sturm zugrunde ging[106], dann in Gallien bei Gergovia[107], wo eine Legion vernichtet wurde und schließlich im Gebiet der Germanen, als seine Legaten Titurius und Aurunculeius[108] hinterlistig niedergemacht wurden.

26. Zur selben Zeit verlor er zuerst seine Mutter[109], dann seine Tochter und nicht viel später einen Enkel.[110] Da inzwischen wegen der Ermordung des Publius Clodius[111] in der Stadt Unruhen ausgebrochen waren, hatte der Senat beschlossen, daß nur ein Konsul, und zwar Gnaeus Pompeius, ernannt werden sollte. Da vereinbarte Caesar mit den Volkstribunen, die ihn zum Amtsgenossen des Pompeius bestimmten, sie möchten dafür lieber beim Volk beantragen, daß ihm, da die Zeit seines Kommandos sowieso allmählich abläuft, die Möglichkeit gegeben werde, sich trotz seiner Abwesenheit für sein zweites Konsulat zu bewerben, um nicht vorzeitig und ohne Beendigung des Krieges seine Provinz verlassen zu müssen. Als er das erreicht hatte, war sein Streben voller Hoffnung bereits auf höhere Ziele gerichtet. Deshalb ließ er sich sowohl amtlich als auch privat keine Möglichkeit entgehen, durch Geschenke und Gefälligkeiten

jeder Art alle möglichen Leute für sich zu gewinnen. Er begann aus den Beutegeldern mit dem Bau eines Forums, wovon der Bauplatz allein schon über hundert Millionen Sesterzen kostete. Dem Volk versprach er, zur Gedächtnisfeier für seine Tochter ein Fechterspiel und ein Festessen, was vor ihm noch niemand getan hatte. Damit die Spannung um so größer sei, ließ er die Speisen, obwohl er die Zubereitung an die Lebensmittellieferanten vergeben hatte, auch von seiner Hausdienerschaft großartig herrichten. Wenn beim Auftreten bekannter Gladiatoren die Zuschauer für einen Kampf auf Leben und Tod stimmten, ließ er sie gewaltsam aus der Arena nehmen und für sich zurückstellen. Anfänger ließ er nicht in der Fechterschule oder von Lehrmeistern, sondern in Privathäusern von römischen Rittern und sogar von Senatoren, die im Umgang mit Waffen Erfahrung hatten, ausbilden. Er bat diese dringend, wie aus seinen Briefen hervorgeht, den Unterricht für jeden einzelnen zu übernehmen und den Auszubildenden persönlich Anweisungen zu geben. Den Sold seiner Legionen verdoppelte er für alle Zeit. Die Verpflegung gab er aus, so oft genug Vorrat vorhanden war, auch ohne Rücksicht auf das ihnen zustehende Maß und manchmal schenkte er jedem Mann einen Sklaven aus der Beute.

27. Um die verwandtschaftlichen und freundschaftlichen Beziehungen mit Pompeius zu festigen[112], bot ihm Caesar die Octavia, eine Enkelin seiner Schwester, die mit Gaius Marcellus[113] verheiratet war, zur Ehe an, während er selbst sich um die Hand der Tochter von Pompeius bewarb, die für Faustus Sulla[114] bestimmt war. Außerdem machte er die ganze Umgebung des Pompeius und sogar einen großen Teil des Senats durch zinslose oder nur mit sehr niedrigen Zinsen gewährte Darlehen von sich abhängig. Er ließ auch Leuten aus den übrigen Ständen, die auf Einladung oder von sich aus zu ihm kamen, reichlich Spenden zukommen, darunter auch Freigelassenen und Sklaven, je nachdem, wie sie bei ihrem Herrn oder Patron beliebt waren. Zu dieser Zeit war Caesar für die Angeklagten und Verschuldeten oder für die verschwenderische Jugend die einzige und rascheste Hilfe, wenn nicht die Vergehen oder die Schulden und die Verschwendungssucht schlimmer waren, als daß er ihnen hätte helfen können. Zu diesen Leuten sagte er immer ganz deutlich und offen, nur ein Bürgeraufstand könne sie noch retten.

28. Mit dem gleichen Eifer war Caesar bestrebt, die Könige und Provinzen auf der ganzen Welt für sich zu gewinnen. So bot er den einen Tausende von Gefangenen zum Geschenk, anderen sandte er ohne Ermächtigung des Senats und des Volkes Hilfstruppen, wohin und so oft sie nur wollten, und außerdem stattete er noch die bedeutendsten Städte in Italien, Gallien und Spanien, sowie in Asien und Griechenland mit großartigen Bauwerken aus. Als schon alle Welt in höchster Bestürzung sich darüber Gedanken machte, wohin das alles noch führen sollte, da ließ endlich der Konsul Marcus Claudius Marcellus[115] bekannt machen, daß er über eine Sache berichten werde, die von größter Bedeutung für den Staat sei. Dann beantragte er beim Senat, daß Caesar vorzeitig abgelöst werden sollte, da ja nach Beendigung des Krieges jetzt Frieden herrsche und das siegreiche Heer aufgelöst werden müsse. Nach einem weiteren Antrag sollte bei der Konsulwahl auf den abwesenden Caesar keine Rücksicht genommen werden, weil doch Pompeius auf unrechtmäßige Weise und nicht durch einen Volksbeschluß das betreffende Gesetz später abgeändert habe. Als er nämlich den Gesetzesantrag „über das Recht der Beamten" stellte, hatte er in dem Abschnitt, in dem er Abwesende von der Bewerbung um die Ämter ausschloß, aus Vergeßlichkeit auch Caesar davon nicht ausgenommen. Erst später, als das Gesetz bereits in Erz geprägt und im Archiv deponiert war, verbesserte er seinen Irrtum. Aber Marcellus war damit nicht zufrieden, Caesar seine Provinz und das eben erwähnte Privileg wegzunehmen, er stellte vielmehr noch einen Antrag, daß nämlich den Kolonisten, die Caesar nach dem Vatinischen Gesetz[116] in Novum Comum[117] angesiedelt hatte, das römische Bürgerrecht wieder genommen werde, weil es in eigensüchtiger Absicht und nicht im Sinne des Gesetzes verliehen worden sei.

29. Über diese Absichten äußerst empört und von seiner Ansicht fest überzeugt, die man oft von ihm gehört haben soll, daß es nämlich schwieriger sei, ihn, den ersten Mann im Staate, vom ersten Rang auf den zweiten zu stoßen, als vom zweiten auf den letzten, setzte Caesar teils durch den Einspruch der Tribunen, teils mit Hilfe des anderen Konsuls Servius Sulpicius diesen Maßnahmen energischen Widerstand entgegen. Als auch im folgenden Jahr Gaius Mar-

cellus[118], der seinem Vetter Marcus im Konsulat gefolgt war, die gleichen Absichten verfolgte, gewann Caesar für eine Unsumme Geld dessen Amtsgenossen Aemilius Paulus[119] und den äußerst gewalttätigen Volkstribunen Gaius Curio[120] zu seiner Verteidigung. Als er aber sehen mußte, daß man in allem mit größter Hartnäckigkeit gegen ihn vorgehe und daß auch die nächsten Konsuln aus der Gegenpartei gewählt wurden[121], wandte er sich brieflich mit der Bitte an den Senat, die ihm vom Volk zugestandene Vergünstigung doch nicht zu entziehen oder auch die anderen Oberbefehlshaber von ihren Heeren abzuberufen. Er verließ sich nämlich vermutlich darauf, daß er, sobald er wollte, leichter seine Veteranen einberufen könne, als Pompeius seine neugeworbenen Soldaten. Mit seinen Gegnern trat er jedoch in Verhandlungen ein, wobei er anbot, acht Legionen und das Transalpinische Gallien abzugeben, wenn man ihm bis zum Beginn seines Konsulats zwei Legionen und die cisalpinische Provinz oder auch nur eine Legion mit Illyrien lassen würde.[122]

30. Da jedoch der Senat auf seine Bitten nicht einging und seine Gegner jede politische Vereinbarung mit ihm ablehnten, begab er sich in das diesseitige Gallien und blieb nach Abhaltung von Gerichtstagen in Ravenna[123] fest entschlossen, mit den Waffen die Entscheidung herbeizuführen, wenn der Senat gegen die für ihn eintretenden Volkstribunen schärfere Maßnahmen ergreifen sollte. Das war nämlich für ihn der Vorwand zum Bürgerkrieg. Die wirklichen Ursachen waren jedoch nach allgemeiner Ansicht ganz andere. So sagte Gnaeus Pompeius immer wieder, Caesar hätte deshalb alles in Aufruhr bringen wollen, weil er sich außerstande gesehen habe, sowohl die begonnenen Bauwerke zu Ende zu führen, als auch die Erwartungen des Volkes, die er über seine Ankunft geweckt hatte, aus seinen Privatmitteln zu erfüllen. Andere wieder sagen, er habe befürchtet, über alles, was er in seinem ersten Konsulat gegen die Auspizien, gegen die Gesetze und gegen den Einspruch der Tribunen getan habe, Rechenschaft ablegen zu müssen; denn M. Cato[124] hätte wiederholt unter Eid ausgesagt, er werde Caesar anklagen, sobald er erst sein Heer entlassen hätte. Außerdem war in der Öffentlichkeit allgemein davon die Rede, wenn er als Privatmann zurückkäme,

würde er sich, wie einst Milo[125], umgeben von Bewaffneten vor Gericht verantworten müssen. Diese Ansichten macht Asinius Pollio[126] noch glaubwürdiger, wenn er berichtet, Caesar hätte auf dem Schlachtfeld von Pharsalus[127] beim Anblick der vor ihm liegenden gefallenen Gegner wörtlich gesagt: „Das haben sie gewollt. Trotz meiner großen Leistungen wäre ich, Gaius Caesar, verurteilt worden, wenn ich nicht meine Soldaten um Hilfe gebeten hätte." Manche glauben, die seit langem geübte Gewohnheit des Befehlens hätte ihn nach genauer Abwägung seiner und der Gegner Kräfte dazu verleitet, die günstige Gelegenheit zu nutzen und die Alleinherrschaft an sich zu reißen, ein Wunschtraum seiner Jugendzeit. Dieser Meinung scheint auch Cicero[128] zu sein, wenn er im dritten Buch seiner „Pflichten" schreibt, Caesar habe ständig die Verse des Euripides (in den Phönizierinnen) im Munde geführt, die Cicero selbst so übersetzt hat:

„Soll Recht gebrochen werden, sei's ein Königsthron,
Um den man's bricht! Im übrigen sei's heilig dir!"[129]

31. Auf die Nachricht, daß der Einspruch der Tribunen erfolglos gewesen sei und sie selbst die Stadt verlassen hätten, ließ Caesar sofort insgeheim seine Kohorten vorausmarschieren. Um keinen Verdacht aufkommen zu lassen, nahm er selbst zum Schein an einem öffentlichen Schauspiel teil, prüfte genau den Bauplan für eine Fechterschule und begab sich nach seiner Gewohnheit zu einem Gelage mit zahlreichen Gästen. Dann ließ er nach Sonnenuntergang Maultiere aus der nächsten Mühle an einen Wagen anspannen und betrat mit nur wenigen Begleitern einen ganz verborgenen Weg. Als er nach dem Erlöschen der Fackeln vom Wege abkam, schweifte er lange in der Irre umher, bis er gegen Morgen jemanden fand, der ihn auf schmalen Pfaden zu Fuß wieder auf den richtigen Weg führte. Am Rubico[130], der die Grenze zu seiner Provinz war, holte er seine Kohorten wieder ein und machte hier noch einen kurzen Halt. Da überdachte er nochmal den Ernst seines Vorhabens und an seine nächste Umgebung gewandt sagte er: „Jetzt können wir noch zurück. Haben wir aber diese kleine Brücke überschritten, dann werden die Waffen alles entscheiden müssen."

32. Als Caesar noch unschlüssig war, geschah folgendes Wunderzeichen: Es erschien plötzlich ein Mann von außergewöhnlicher Größe und schöner Gestalt, der sich ganz in der Nähe setzte und auf einer Hirtenflöte spielte. Um ihn zu hören, waren außer den Hirten auch zahlreiche Soldaten von ihren Posten herbeigeeilt, unter denen auch Spielleute waren. Da entriß die Erscheinung einem davon die Trompete, sprang zum Fluß hinab und gab mit gewaltiger Lautstärke das Kriegssignal; dann eilte sie auf das andere Ufer hinüber. Darauf sagte Caesar: „Gehen wir, wohin der Götter Zeichen und der Gegner Ungerechtigkeit uns rufen! Der Würfel ist gefallen!"

33. So führte Caesar also das Heer über den Rubico, ließ es in einer Versammlung zusammentreten und stellte die aus Rom vertriebenen Tribunen, die jetzt eingetroffen waren, vor; dann flehte er seine Soldaten unter Tränen um Beistand an und zerriß dabei sein Gewand auf der Brust. Es besteht sogar die Meinung, er habe jedem einzelnen ein Einkommen wie das eines Ritters versprochen, doch beruht dies auf einem Mißverständnis. Da er nämlich im Eifer der Rede und der Ermahnung öfters den Ringfinger der linken Hand zeigte und dabei versicherte, er werde, um allen gerecht zu werden, die ihm bei der Verteidigung seiner Stellung helfen würden, auch seinen Ring freudigen Herzens hergeben, so meinten die ganz hinten Stehenden, die den Redner zwar sehen, aber nicht so gut hören konnten, Caesar habe wirklich gesagt, was sie nach seiner Geste vermuteten; und so verbreitete sich das Gerücht, er habe jedem den goldenen Ritterring mit vierhunderttausend Sesterzen versprochen.[131]

34. Die nächsten größeren Unternehmungen wurden in folgender Reihenfolge durchgeführt. Er besetzte zuerst Picenum, Umbrien und Etrurien[132], dann zwang er Lucius Domitius[133], der bei der allgemeinen Aufregung in aller Eile zu seinem Nachfolger ernannt war und Corfinium[134] besetzt hielt, sich zu ergeben, ließ ihn aber dann wieder frei. Hernach eilte er am Adriatischen Meer entlang nach Brundisium, wohin die Konsuln und Pompeius mit der Absicht geflohen waren, sich von dort aus über das Meer abzusetzen.[135] Nach vergeblichen Versuchen, sie mit allen möglichen Mitteln am Auslaufen zu hindern, kehrte er um und marschierte nach Rom, wo er die

Senatoren aufrief, seine Bemühungen um das Wohl des Staates zu unterstützen, und griff dann die Kerntruppen des Pompeius an, die unter dem Befehl der drei Legaten M. Petreius, L. Afranius und M. Varro in Spanien standen[136], nachdem er vorher die Äußerung gebrauchte, er gehe jetzt zu dem Heer ohne Führer und dann werde er sich dem Führer ohne Heer zuwenden. Zwar verzögerte die Belagerung von Massilia[137], das ihm auf dem Vormarsch die Tore verschlossen hatte, sowie großer Mangel an Lebensmitteln das Unternehmen, doch in kurzer Zeit erledigte er alles.

35. Hierauf ging Caesar nach Rom zurück, setzte dann nach Makedonien über, schlug dort den Pompeius, den er fast vier Monate lang durch starke Befestigungsanlagen eingeschlossen hatte, schließlich in der Schlacht bei Pharsalus[138] in die Flucht und verfolgte ihn bis nach Alexandria. Als er dort jedoch erfahren mußte, daß Pompeius ermordet worden war, unternahm er gegen den König Ptolemaeus[139], der, wie er merkte, auch ihm nach dem Leben trachtete, einen ganz schwierigen Krieg; denn weder die örtlichen Verhältnisse noch die Jahreszeit war für ihn günstig, im Gegenteil, mitten im Winter fand er sich eingeschlossen in der Stadt eines gut gerüsteten und äußerst schlauen Feindes, während er selbst am Notwendigsten Mangel litt und für den Krieg nicht vorbereitet war. Trotzdem ging er als Sieger hervor und überließ das Königreich Ägypten Kleopatra und ihrem jüngeren Bruder; denn er scheute sich, es zur Provinz zu machen, damit es nicht einmal für einen tatkräftigen Statthalter Anlaß zu Unruhen sein würde. Von Alexandria zog er nach Syrien und von dort nach Pontus[140], da wichtige Nachrichten über Pharnakes ihn dazu veranlaßten. Dieser war ein Sohn von Mithridates dem Großen[141] und hatte die günstige Gelegenheit zum Losschlagen benutzt und bereits durch vielfache Erfolge großes Selbstvertrauen gewonnen. Aber Caesar vernichtete ihn am fünften Tag nach seiner Ankunft, innerhalb von vier Stunden, seit er seiner ansichtig geworden war, in einer einzigen Schlacht.[142] Dabei kam er häufig auf das Glück des Pompeius zu sprechen, der den größten Teil seiner kriegerischen Lorbeeren Feinden von einer ganz unkriegerischen Art zu verdanken gehabt hätte. Hierauf besiegte er Scipio[143] und Iuba[144], die die übriggebliebenen Anhänger ihrer Partei zu neuen Taten anzufachen suchten, und dann die Söhne des Pompeius in Spanien.[145]

36. Bei allen Unternehmungen des Bürgerkriegs erlitt Caesar selbst nie eine Niederlage, nur seine Legaten machten eine Ausnahme. Von ihnen fand C. Curio[146] in Afrika den Tod, C. Antonius[147] fiel in Illyrien den Gegnern in die Hände, P. Dolabella verlor ebenfalls in Illyrien eine Flotte[148], und Cn. Domitius Calvinus[149] in Pontus ein Heer. Caesar selbst war das Kriegsglück in seinen Kämpfen immer hold, ja, nicht einmal zweifelhaft, nur mit zwei Ausnahmen. Das eine Mal bei Dyrrachium[150], wo er, als er bereits geschlagen war, aber von Pompeius nicht verfolgt wurde, sagte, daß dieser nicht zu siegen verstehe, und noch einmal in Spanien, als er in einer hoffnungslosen Lage sogar an einen Freitod dachte.

37. Nach Beendigung der Kriege feierte Caesar fünf Triumphe, vier nach dem Sieg über Scipio, alle in einem Monat, jedoch mit Unterbrechung von mehreren Tagen, und noch einen nach dem Sieg über die Söhne des Pompeius.[151] Sein erster und glänzendster Triumph war der über Gallien, dann folgte der über Alexandria, darauf der über Pontus, diesem folgte der über Afrika und der letzte war der über Spanien; jedesmal waren Prunk und Aufmachung verschieden. Am Tage des gallischen Triumphs brach am Wagen, als er am Velabrum[152] vorbeifuhr, die Achse, so daß Caesar beinahe herausgeschleudert worden wäre; unter dem Schein von Fackeln zog er zum Kapitol hinauf, wobei vierzig Elefanten auf beiden Seiten des Zuges die Leuchter trugen. Beim pontischen Triumph ließ er unter den zur Schau getragenen Gegenständen eine Inschrift mit den drei Worten „Ich kam, sah, siegte" vor sich hertragen, die sich nicht wie die übrigen auf die besonderen Kriegstaten, sondern auf die schnelle Beendigung des Krieges bezog.

38. Seinen Veteranenlegionen schenkte er als Beuteanteil: jedem Fußsoldaten außer den zweitausend Sesterzen, die er ihnen bereits am Anfang des Bürgerkrieges hatte auszahlen lassen, noch vierundzwanzigtausend Sesterzen. Außerdem wies er ihnen Grundstücke zu, aber keine zusammenhängenden, um nicht die bisherigen Eigentümer vertreiben zu müssen. Unter das Volk verteilte er je Bürger außer zehn Scheffel Getreide[153] und ebensoviel Pfund Öl[154] auch noch dreihundert Sesterzen, die er früher versprochen hatte, und dazu nochmal hundert als Verzugszinsen. Außerdem ließ er die Wohnungsmie-

ten nach, und zwar in Rom bis zu einem Betrag von jährlich zweitausend Sesterzen und in Italien, sofern sie nicht fünfhundert Sesterzen überstiegen. Dazu gab er noch ein Festmahl[155] und eine Fleischspende und nach dem spanischen Sieg zwei Frühstücke. Da er nämlich fand, daß das erste zu spärlich und seiner Freigebigkeit nicht angemessen ausgefallen war, ließ er fünf Tage später nochmal eines auftragen, das ganz ungewöhnlich üppig war.

39. Caesar veranstaltete auch Schauspiele der verschiedensten Art: Gladiatorenkämpfe, Theateraufführungen in den einzelnen Stadtteilen, und zwar durch Schauspieler aller Sprachen[156], desgleichen Zirkusvorstellungen, Athletenkämpfe und sogar ein Seegefecht. Bei dem Gladiatorenspiel auf dem Forum befanden sich unter den Fechtern Furius Leptinus, der aus einer Prätorirfamilie stammte, und Q. Calpenus, ein ehemaliger Senator und Rechtsanwalt.[157] Einen Schwertertanz führten Söhne von Fürsten aus Asien und Bithynien[158] auf. Bei den Theaterspielen trat der römische Ritter Decimus Laberius selbst in seinem Mimus[159] auf; nachdem er fünfhunderttausend Sesterzen und den goldenen Siegelring erhalten hatte, ging er von der Bühne durch die Orchestra, um seinen Platz auf den vierzehn Bänken wieder einzunehmen.[160] Bei den Zirkusspielen, für die man den Zirkus nach beiden Seiten hin erweitert und ringsum mit einem breiten Wassergraben umgeben hatte[161], zeigten junge Männer aus den vornehmsten Kreisen ihre Kunst im Führen des Vier- und Zweigespanns und im Umgang mit ihren Pferden. Das Trojakampfspiel wurde von zwei Schwadronen aufgeführt, von denen eine aus jüngeren und die andere aus älteren Knaben bestand.[162] Die Tiergefechte dauerten fünf Tage; den Schluß bildete ein Gefecht, in dem zwei Abteilungen mit je fünfhundert Mann zu Fuß, zwanzig Elefanten und dreihundert Reitern gegeneinander kämpften. Um mehr Raum für den Kampf zu schaffen, wurden die Zielsäulen[163] entfernt und an ihrer Stelle zwei einander gegenüberstehende Lager errichtet. Die Athleten bestritten ihre Wettkämpfe drei Tage lang in einem auf dem Marsfeld nur für die Dauer dieser Spiele errichteten Stadion. Bei dem Seegefecht, wozu man auf dem kleineren Codetafeld[164] einen künstlichen See angelegt hatte, führten Zwei-, Drei- und Vierruderer von der Art der tyrischen und ägyptischen Kriegsschiffe mit

starker Besatzung ihre Schaukämpfe vor. Zu all diesen Schauspielen strömte von überallher eine solche Menschenmasse zusammen, daß ein großer Teil der auswärtigen Gäste auf Straßen und Gassen in Zelten untergebracht werden mußte und oft im Gedränge viele Leute erdrückt wurden und erstickt sind, darunter sogar zwei Senatoren.

40. Hierauf ging er daran, die inneren Verhältnisse im Staat neu zu ordnen. Zunächst verbesserte er den Kalender[165], der schon lange durch Schuld der Priester, die willkürlich Tage einschalteten, so in Unordnung geraten war, daß weder das Erntefest in den Sommer noch das Winzerfest in den Herbst fiel. Zugleich glich er das Jahr dem Lauf der Sonne an, so daß es dreihundertfünfundsechzig Tage erhielt, der Schaltmonat wegfiel und alle vier Jahre ein Tag eingeschaltet wurde. Damit aber künftig vom nächsten ersten Januar an die Zeitrechnung stimmte, schob er zwischen dem November und Dezember zwei weitere Monate ein. So bestand das Jahr, in dem diese Änderungen getroffen wurden, aus fünfzehn Monaten, einschließlich des Schaltmonats, der nach der bisherigen Gewohnheit auf dieses Jahr gefallen war.

41. Ferner ergänzte Caesar den Senat, nahm neue Patrizier auf, erhöhte die Zahl der Prätoren, Ädilen und Quästoren, ja selbst der unteren Beamten. Außerdem setzte er frühere Beamte, die von den Zensoren ihrer Ämter enthoben oder durch Gerichtsspruch wegen Amtserschleichung verurteilt waren, wieder in Amt und Würden ein. Das Wahlrecht teilte er mit dem Volk auf diese Weise, daß, mit Ausnahme der Bewerber um das Konsulat, die eine Hälfte der Kandidaten nach dem Willen des Volkes, die andere nach seiner Empfehlung ernannt werden sollte. Der Wortlaut des Wahlaufrufes, den er in den einzelnen Bezirken verbreitete, lautete in Kürze: „Caesar der Diktator an die und die Tribus: Ich empfehle euch den und den, damit sie durch euere Stimmabgabe ihr Amt erhalten können.“ Zu Ehrenstellen ließ er auch Söhne von Geächteten zu. Die Gerichte beschränkte er auf zwei Gruppen von Richtern, nämlich Ritter und Senatoren, die dritte Gruppe, die Ärartribunen[166], hob er auf. Die Volkszählung ließ er nicht in der üblichen Weise und am gewohnten Platz, sondern Straße für Straße durch die Hausbesitzer durchführen.

Dabei kürzte er die Zahl der Empfänger von Brotgetreide aus öffentlichen Mitteln von dreihundertzwanzigtausend auf einhundertfünfzigtausend. Damit aber nicht diese Beschränkung einmal Anlaß zu neuen Unruhen werden könnte, bestimmte er, daß jährlich an Stelle der Verstorbenen aus der Zahl derer, die nicht mehr berücksichtigt werden konnten, vom Prätor entsprechende Ersatzleute hinzu gelost werden sollten.

42. Nachdem schon achtzigtausend Bürger in die überseeischen Kolonien ausgewandert waren, erließ Caesar eine Verordnung, um auch nach einem solchen Verlust die Einwohnerzahl Roms entsprechend hoch halten zu können. Es durfte kein Bürger über zwanzig und unter vierzig Jahren, der nicht unter dem Fahneneid stand, länger als drei Jahre ununterbrochen außerhalb von Italien sein, und kein Sohn eines Senators, außer im Gefolge eines Heeres oder als Begleiter eines Beamten, ins Ausland reisen. Außerdem mußten die Viehzüchter mindestens ein Drittel wehrhafte freigeborene Männer unter ihren Hirten haben.[167] Allen, die sich in Rom als Ärzte niedergelassen hatten, und den Lehrern der freien Künste schenkte Caesar das Bürgerrecht[168], damit sie selbst umso lieber in der Stadt blieben und andere sich um einen Aufenthalt in Rom bemühten. Was das Schuldenwesen angeht, machte Caesar alle Hoffnung auf einen gänzlichen Nachlaß, wie vielfach angeregt wurde, zunichte und ordnete schließlich an, die Schuldner sollten dadurch Genüge leisten, daß sie nach Abschätzung ihres Grundbesitzes diesen den Gläubigern zu dem Preis überlassen, um den sie ihn vor dem Bürgerkrieg erworben hatten.[169] Dabei sollte jedoch von der Schuldsumme abgezogen werden, was an Zinsen persönlich oder durch Anweisung gezahlt worden sei. Durch diese Regelung verminderte sich die Summe der Schuld um etwa ein Viertel. Sämtliche Vereine, mit Ausnahme der schon in alter Zeit gegründeten, löste er auf.[170] Die Strafen für schwere Verbrechen verschärfte er, und da bisher die Reichen sich leichter auf ein Verbrechen einlassen konnten, weil es ihnen gestattet war, ohne Schmälerung ihres Vermögens ins Exil zu gehen, so bestrafte Caesar, wie Cicero schreibt, Mörder mit Einziehung des ganzen und die übrigen Verbrecher mit dem Verlust des halben Vermögens.

43. Die Rechtsprechung übte er mit höchster Sorgfalt und Strenge aus. Der Erpressung überführte Angeklagte entfernte er sogar aus dem Senatorenstand. Die Ehe eines Mannes von prätorischem Rang mit einer Frau, die erst zwei Tage zuvor sich von ihrem bisherigen Mann getrennt hatte, erklärte er für ungültig, obwohl kein Verdacht auf Untreue bestand. Auf ausländische Waren legte er Zölle.[171] Die Benutzung von Sänften und das Tragen von Purpurgewändern und Perlenschmuck ließ er nur für bestimmte Personen und Altersgruppen und an gewissen Tagen zu. Besonders hielt er am Gesetz gegen den Luxus beim Essen fest; er ließ auf dem Lebensmittelmarkt Aufseher aufstellen, die alle gegen das Verbot eingekauften Speisen in Beschlag nehmen und zu ihm bringen mußten; manchmal schickte er auch noch Liktoren und Soldaten hinterher, um, falls den Aufsehern vielleicht etwas entgangen war, sogar die schon aufgetragenen Gerichte aus dem Speisezimmer wegzunehmen.

44. Zur Verschönerung und Versorgung der Stadt, ebenso zum Schutz und zur Erweiterung des Reiches hatte er von Tag zu Tag immer mehr und größere Pläne im Kopf: An erster Stelle war der Bau eines Marstempels, der der größte werden sollte, den es je gegeben hat. Für den Bauplatz sollte der See, auf dem das Schauspiel der Seeschlacht stattfand, zugeschüttet und eingeebnet werden[172]; desgleichen plante er ein riesiges Theater am tarpeiischen Felsen.[173] Ferner beabsichtigte er, das bürgerliche Recht zu vereinfachen und aus der unermeßlichen und verwirrenden Masse von Gesetzen jeweils das Beste und Notwendigste in ganz wenigen Büchern zusammenzufassen und möglichst umfassende Bibliotheken mit griechischen und lateinischen Werken der Öffentlichkeit zur Verfügung zu stellen; Anschaffung und Betreuung der Bücher sollte Marcus Varro[174] übertragen werden. Außerdem hatte er noch folgende Planungen vor: Trockenlegung der Pontinischen Sümpfe[175], Ablassen des Fuciner Sees[176], Bau einer Straße vom Adriatischen Meer über den Kamm des Apennin bis zum Tiber, Durchstechung des Isthmus[177], Zurückdrängen der Daker[178], die sich bis nach Pontus[179] und Thrakien[180] ausgebreitet hatten. Schließlich wollte er von Kleinarmenien[181] aus sich mit den Parthern[182] in einen Krieg einlassen, aber erst dann eine entscheidende Schlacht wagen, wenn er vorher sie in

kleineren Kämpfen genügend kennengelernt hätte. Mitten in solchen Unternehmungen und Überlegungen überraschte ihn der Tod.[183] Doch bevor ich darauf zu sprechen komme, wird es nicht unangemessen sein, über seine äußere Erscheinung, seine Kleidung, seine Lebensweise und seinen Charakter, ebenso über seine Leistungen im Staatsdienst und im Kriege in den wichtigsten Punkten zu berichten.

45. Caesar wird dargestellt als ein Mann von hohem Wuchs, weißer Hautfarbe, starken Gliedern, einem etwas vollen Gesicht, schwarzen, lebhaften Augen; sein Gesundheitszustand war gut, abgesehen davon, daß er in der letzten Zeit öfter an plötzlichen Ohnmachten und unruhigen Träumen zu leiden hatte. Auch hat er zweimal bei einer öffentlichen Versammlung einen epileptischen Anfall erlitten.[184] In der Körperpflege war er etwas zu pedantisch; so ließ er sich nicht nur sorgfältig die Haare schneiden und rasieren, sondern, wie ihm einige nachgesagt haben, sogar die einzelnen Körperhaare auszupfen. Daher konnte er sich nur schwer mit der Entstellung seines Äußeren durch seine Glatze abfinden, zumal er deswegen oft von Seiten seiner Gegner Witze über sich ergehen lassen mußte. Deshalb war er gewohnt, seine spärlichen Haare von hinten über den Scheitel nach vorne zu kämmen; und von allen Ehrungen, die ihm Senat und Volk zuerkannt hatten, nahm er keine lieber an oder nahm sie lieber in Anspruch als das Recht, ständig einen Lorbeerkranz tragen zu dürfen. Auch in bezug auf seine Kleidung soll er aufgefallen sein. Seine Senatorentoga mit dem breiten Purpursaum war nämlich bis zu den Händen hin mit Fransen besetzt, und er trug sie nie anders als mit einem Gürtel darüber, und zwar nur ganz lose geschnallt. Von daher stammt der Ausspruch des Sulla, der die Aristokraten oftmals warnte, sich vor dem schlecht gegürteten Burschen in acht zu nehmen.

46. Caesar hatte zuerst seine Wohnung in der Suburastraße[185], nach seiner Wahl zum Oberpriester jedoch in einem staatlichen Gebäude in der Heiligen Straße. Er soll ein Freund von Eleganz und großem Aufwand gewesen sein, wie vielfach berichtet wird. Ein Landhaus in der Gegend des Nemisees[186], dessen Bau er von Grund auf angefangen und mit großen Kosten fertiggestellt hatte, ließ er, weil es nicht ganz seinem Geschmack entsprochen hatte, wieder

völlig niederreißen, obschon er damals noch ein unbedeutender Mann und tief verschuldet war. Auf seinen Feldzügen soll er Fußböden aus Mosaiksteinen und Marmorfliesen mitgeführt haben.

47. Nach Britannien soll Caesar in der Hoffnung, dort Perlen zu finden, gegangen sein; wenn er ihre Größe verglich, wog er sie manchmal mit eigener Hand ab. Edelsteine, getriebene Gefäße aus Edelmetall, Statuen und alte Gemälde kaufte er stets leidenschaftlich gern. Für Sklaven mit guter Figur und feiner Bildung zahlte er so ungeheuere Preise, worüber er sich sogar selbst schämte, daß er verbot, die Beträge in den Kassenbüchern zu buchen.

48. In den Provinzen hielt er ein Gastmahl ständig an zwei Tafeln ab: eine mit den höheren Militärs und den gebildeten Griechen seines Gefolges, die andere mit römischen Zivilpersonen und Vertretern des Provinzadels. Auf Einhaltung von Zucht und Ordnung unter seiner Dienerschaft in kleinen wie in größeren Dingen achtete er genau und so streng, daß er einen Bäcker, der seinen Gästen heimlich ein anderes Brot vorsetzte als ihm selbst, fesseln ließ und einen liebgewonnenen Freigelassenen wegen Ehebruchs mit der Frau eines römischen Ritters mit dem Tod bestrafte, obwohl niemand Klage erhob.

49. Dem Ruf seiner Unbescholtenheit schadete nichts, außer sein Verkehr mit Nikomedes[187], und doch blieb jener Vorwurf schwer und dauernd auf ihm haften und setzte ihn allseitiger Schmähung aus. Ich möchte die allzu bekannten Verse des Calvus Licinius am liebsten übergehen:[188]

– Was nur Bithynien
Und Caesars Buhler je besessen hat.

Auch an die Reden im Senat von Dolabella[189] und Curio des Vaters[190] möchte ich nicht erinnern, wo Dolabella ihn „die königliche Maitresse", „die Matratze des Königsbettes", Curio gar „den Stall des Nikomedes" und „bithynisches Bordell" genannt hat. Ich will auch von den Bekanntmachungen des Bibulus[191] absehen, in denen er seinen Kollegen öffentlich als „bithynische Königin" bezeichnete und spöttisch meinte, ihm sei früher ein König am Herzen gelegen und jetzt ein Königreich. Zu dieser Zeit grüßte, wie Marcus Brutus erzählt, auch ein gewisser Octavius[192], der wegen seiner geistigen Störung sich einen freieren Witz erlauben konnte, in großer Gesellschaft Caesar als Königin, nachdem er Pompeius zum König ernannt hatte. C. Memmius[193] beschuldigte ihn sogar, bei einer gut besuchten Tischgesellschaft, an der auch einige Geschäftsleute aus der Stadt, deren Namen er angibt, teilnahmen, mit anderen Lustknaben dem Nikomedes als Mundgeschenk gedient zu haben. Cicero aber begnügte sich nicht damit, in einem seiner Briefe zu schreiben, Caesar sei von Leibwächtern in das königliche Schlafgemach geführt worden und habe im Purpurgewand im goldenen Bett geschlafen und so sei die Blüte seiner Jugend, des Sprößlings der Venus, in Bithynien besudelt worden. Als Caesar einmal im Senat die Sache der Nysa vertrat, der Tochter des Nikomedes, und sich dabei auf die ihm vom König erwiesenen Dienste berief, sagte Cicero sogar zu ihm: „Nimm das bitte zurück. Es ist ja bekannt, was er dir und was du ihm erwiesen hast." Bei dem gallischen Triumph endlich ließen seine Soldaten unter anderen Liedern, wie sie sie spaßhalber singen, wenn sie den Triumphwagen begleiten, auch folgenden allbekannten Vers hören:

> Gallien bezwang der Caesar, den Caesar einst Nikomedes.
> Seht, Caesar triumphiert jetzt, der ganz Gallien bezwang!
> Nikomedes aber triumphiert nicht, der den Caesar bezwang.

50. Es besteht allgemein die Ansicht, daß Caesar sich gern in Liebesabenteuer einließ und dafür viel Geld ausgab. So soll er auch viele angesehene Frauen verführt haben, darunter die Postumia des Servius Sulpicius[194], die Lollia des Aulus Gabinius[195], die Tertulla des Marcus Crassus, sogar die Mucia, die Frau des Cn. Pompeius. Wenigstens hat Pompeius von den beiden Curio, Vater und Sohn[196], den Vorwurf hören müssen, daß er später aus Machtgier die Tochter des Mannes[197] geheiratet habe, um dessentwillen er seine Frau verstoßen, die ihm drei Kinder geboren, und den er oft seufzend seinen Aegisthus[198] genannt hatte. Vor allen anderen aber liebte er die Mutter des Marcus Brutus, Servilia, der er schon während seines ersten Konsulats einen Perlenschmuck für sechs Millionen Sesterzen kaufte, und der er auch im Bürgerkrieg, außer anderen Schenkungen, in den

öffentlichen Versteigerungen sehr bedeutende Landgüter für einen Spottpreis zuschlug. Als sich nun viele über den niedrigen Preis wunderten, äußerte sich Cicero recht witzig: „Ihr sollt wissen, der Kauf ist umso besser, weil die Tertia abgezogen ist!“[199] Man glaubte nämlich, Servilia möchte auch ihre Tochter Tertia an Caesar verkuppeln.

51. Nicht einmal in den Provinzen waren die Ehefrauen vor ihm sicher, wie das folgende Distichon zeigt, das von den Soldaten gleichfalls beim gallischen Triumph gesungen wurde:

> Stadtbewohner, paßt auf euere Frauen auf! Den kahlen Buhler
> bringen wir herbei. Gold, das du in Gallien verhurt hast,
> nahmst du hier auf Pump.

52. Auch zu Königinnen hatte Caesar Liebesbeziehungen; zum Beispiel zu Eunoe, der Gattin des Maurenkönigs Bogud[200], der er sowie ihrem Gatten häufig unermeßliche Geschenke machte, wie Naso[201] schreibt. Am meisten aber liebte er Kleopatra[202], in deren Gesellschaft er oft ein Gelage bis in den frühen Morgen hinzog. Mit ihr wäre er auf ihrem Luxusschiff Thalamegos durch ganz Ägypten bis fast nach Äthiopien gefahren, wenn ihm nicht sein Heer die Gefolgschaft verweigert hätte. Schließlich lud er sie nach Rom ein, überhäufte sie beim Abschied mit den höchsten Ehrungen und Geschenken und war damit einverstanden, ihrem Sohn seinen Namen zu geben.[203] Dieser war nach Berichten einiger griechischer Schriftsteller auch tatsächlich Caesars Ebenbild an Gestalt und Gang. M. Antonius versicherte dem Senat, daß Caesar das Kind sogar anerkannt habe, was übrigens auch C. Metius[204], C. Oppius und die anderen Freunde Caesars wußten. Doch hat Gaius Oppius eine Schrift herausgebracht, in der er beweisen wollte, es sei nicht Caesars Sohn, den Kleopatra dafür ausgegeben habe, als ob das Ganze überhaupt einer Rechtfertigung und Verteidigung bedurft hätte.[205] Der Volkstribun Helvius Cinna[206] äußerte vielen gegenüber, er habe ein fertig abgefaßtes Gesetz in Händen gehabt, das er auf Caesars Befehl in dessen Abwesenheit veröffentlichen sollte. Nach diesem sollte es Caesar, um Kinder zu zeugen, freistehen, alle Frauen zu heiraten, welche und so viele er wolle. Um überhaupt keinen Zweifel aufkom-

men zu lassen, daß er wegen der widernatürlichen Unzucht und seiner ehebrecherischen Beziehungen in überaus schlechtem Ruf stand, erinnere ich, daß Curio der Vater ihn in einer seiner Reden „den Mann aller Weiber und das Weib aller Männer" nennt.[207]

53. Seine Mäßigkeit im Weintrinken haben nicht einmal seine Gegner in Abrede gestellt. So lautet ein Wort Catos[208], Caesar sei als einziger von allen nüchtern an den Umsturz der Republik gegangen. In bezug auf das Essen war Caesar nach der Meinung des Gaius Oppius recht anspruchslos, wie aus seiner Erzählung hervorgeht: Als einmal von einem Gastgeber statt frischem Öl altes gereicht wurde und alle Gäste dies zurückwiesen, nahm nur Caesar reichlicher als üblich davon. Er wollte nicht den Eindruck erwecken, als ob er dem Gastgeber Nachlässigkeit oder Mangel an Bildung vorwerfe.

54. Uneigennützigkeit bewies Caesar weder in seinen Kriegs- noch in seinen Zivilämtern. Wie einige Schriftsteller in ihren Aufzeichnungen nachgewiesen haben, nahm er in Spanien als Prokonsul von den Verbündeten Geld an, das zur Bezahlung seiner Schulden zusammengebettelt wurde; außerdem plünderte er sogar in Lusitanien[209] einige Städte, wie ein Feind, obschon sie sich keinerlei Ungehorsams schuldig gemacht und ihm bei seiner Ankunft sofort die Tore geöffnet hatten. In Gallien raubte er die mit Weihegeschenken vollgefüllten Heiligtümer und Tempel der Götter aus und zerstörte die Städte öfter wegen der Beute als wegen eines Vergehens. So kam es, daß er bald Gold in Überfluß hatte und es sogar für dreitausend Sesterzen das Pfund in ganz Italien und in den Provinzen wie eine Ware feilbieten ließ.[210] In seinem ersten Konsulat stahl er dreitausend Pfund Gold aus dem Kapitol und ersetzte es durch ebensoviel vergoldetes Kupfer. Er verkaufte Bündnisse und Königreiche, wie er zum Beispiel Ptolemaeus allein an die sechstausend Talente in seinem und des Pompeius Namen abnahm.[211] Später bestritt er die drückenden Kosten der Bürgerkriege und den Aufwand für die Triumphe und öffentlichen Feste durch offensichtliche Erpressungen und Tempelraub.

55. In der Beredsamkeit und Kriegskunst hat Caesar den Ruhm der vortrefflichsten Männer erreicht oder sogar übertroffen. Seit seiner Anklage Dolabellas[212] zählte man ihn im Publikum zweifellos

zu den vorzüglichsten Anwälten. Jedenfalls sagt Cicero in der an Brutus gerichteten Schrift bei der Aufzählung der Redner, er sehe keinen, vor dem Caesar zurückstehen müßte, und fügt noch hinzu, Caesar besitze eine gewählte, glänzende, ja selbst erhabene, sozusagen eine adelige Weise des Ausdrucks und Vortrags[213]; in einem Brief an Cornelius Nepos[214] drückt er sich über ihn mit den Worten aus: „Wie? Welchen Redner von allen, die nichts als Redner gewesen sind, willst du diesem vorziehen? Wer ist ihm überlegen an Schärfe oder an Reichtum der Gedanken? Wer an Ausschmückung oder Eleganz des Ausdrucks?“ Als Vorbild in der Redekunst hat er scheinbar in seiner Jugend Caesar Strabo gewählt, aus dessen Rede „Für die Sardinier“ er sogar manche Stellen wörtlich in seine Divinationsrede übernommen hat.[215] Beim Vortrag soll seine Stimme klangvoll gewesen sein, seine Körperbewegungen und seine Gesten lebhaft, nicht ohne einen gewissen Charme. Er hat einige Reden hinterlassen, darunter jedoch mehrere unechte. Die Rede „Für Quintus Metellus“ hält Augustus mit Fug und Recht eher für eine Aufzeichnung durch Schnellschreiber, die den Worten des Redners nur schlecht folgen konnten, als für eine Ausgabe von Caesar selbst.[216] Denn auf einigen Exemplaren finde ich nicht einmal die richtige Aufschrift „Rede für Metellus“, sondern „Rede, die Caesar für Metellus verfaßt hat“, wo doch Caesar in ihr die sprechende Person ist, die den Metellus und sich gegen die Anschuldigungen ihrer gemeinsamen Widersacher verteidigt. Auch die Rede „Vor den Soldaten in Spanien“ hält Augustus schwerlich für ein Werk Caesars; doch gibt es zwei unter diesem Titel: eine, die er vor der ersten Schlacht, die andere, die er vor Beginn der zweiten gehalten haben soll. Darüber sagt Asinius Pollio[217], Caesar hätte nicht einmal mehr Zeit gehabt für eine Ansprache an seine Soldaten, so plötzlich sei der Überfall der Feinde gewesen.

56. Caesar hinterließ auch Tagebücher über seine Taten im Gallischen und im Bürgerkrieg gegen Pompeius. Aber wer der Verfasser des „Alexandrinischen“, „Afrikanischen“ und „Spanischen Krieges“ gewesen ist, ist nicht sicher. Einige halten Oppius[218] für den Verfasser, andere wieder Hirtius, der auch das letzte unvollendete Buch des „Gallischen Krieges“ ergänzt haben soll.[219] Über Caesars Tagebücher sagt Cicero in dem zuvor erwähnten „Brutus“[220]: „Er hat Tagebü-

cher geschrieben, die das höchste Lob verdienen: sie sind einfach, korrekt und anmutig; alles schmückende Beiwerk ist wie ein hüllendes Kleid abgestreift. Und doch hat er, während er anderen nur Material zu einer wirklichen Geschichtsdarstellung liefern wollte, vielleicht nur Dummköpfen einen Gefallen erwiesen, die etwa auf den Gedanken kommen könnten, seine schlichte Darstellung mit ihren Friseurkünsten aufzuputzen; Leute mit gesundem Menschenverstand jedoch hat er vom Schreiben abgeschreckt." Von denselben Tagebüchern hebt Hirtius rühmend hervor: „Durch das allgemeine Urteil werden sie so einhellig anerkannt, daß es den Anschein hat, als sei durch sie den Schriftstellern die Möglichkeit, denselben Gegenstand zu behandeln, eher genommen als gegeben. Und doch ist unsere Bewunderung noch größer als die des übrigen Publikums. Denn dieses weiß nur, wie vortrefflich und korrekt, wir aber auch, wie leicht und wie schnell er sie niedergeschrieben hat." Pollio Asinius[221] rügt ihren Mangel an Genauigkeit und unverfälschter Wahrheit, weil Caesar einerseits vieles, was andere unter seinem Kommando getan, ohne Prüfung geglaubt und manche seiner eigenen Taten, sei es absichtlich oder aus Vergeßlichkeit, falsch dargestellt habe; daher glaubt er, daß Caesar vorhatte, sie umzuarbeiten und zu verbessern. Ferner gibt es von Caesar ein Werk „Von der Analogie"[222] in zwei Büchern, ein weiteres, ebenfalls in zwei Büchern, „Anticato"[223] und außerdem ein Gedicht mit der Überschrift „Die Reise".[224] Das erste dieser Werke verfaßte er beim Übergang über die Alpen, als er aus dem diesseitigen Gallien, wo er Gerichtstage abgehalten hatte, zu seinem Heer zurückkehrte, das zweite um die Zeit der Schlacht bei Munda und das letzte auf einer Reise von Rom nach Südspanien, die er in nur 24 Tagen zurückgelegt hatte. Auch Briefe von ihm an den Senat sind noch vorhanden; er war scheinbar der erste, der solchen Briefen die Form eines blattweise zusammengelegten Tagebuchs gab, während früher Konsuln und Heerführer nur Briefe, die in breiten Spalten, quer zur Länge der Papierrolle geschrieben waren, absendeten.[225] Es gibt auch noch Briefe von ihm an Cicero, ebenso an seine Vertrauten über Familienangelegenheiten, in denen er das, was geheim bleiben sollte, verschlüsselt geschrieben hat, d.h. die Reihenfolge der Buchstaben wurde so umgestellt, daß daraus kein Wort gebildet werden konnte. Will jemand die Schrift entziffern und richtig lesen, so muß er immer den vierten Buchstaben des Alphabets, also D für A und so fort, an die Stelle des wirklich geschriebenen setzen. Außerdem gibt es noch einige Werke, die er schon als Knabe und als junger Mann verfaßt haben soll, wie z. B. „Das Lob des Herkules", die Tragödie „Ödipus" und „Gesammelte Sinnsprüche". Augustus verbot jedoch die Veröffentlichung dieser kleinen Schriften in einem ganz kurzen und einfachen Brief an Pompeius Macer, den er mit der Oberaufsicht über die öffentlichen Bibliotheken betraut hatte.[226]

57. In der Handhabung der Waffen und im Reiten hatte Caesar viel Erfahrung; Anstrengungen konnte er mit unglaublicher Ausdauer ertragen. Auf dem Marsch ritt er manchmal, öfter aber ging er zu Fuß voraus, ob in glühender Hitze oder bei strömendem Regen. Die weitesten Wege legte er in unglaublicher Geschwindigkeit zurück, und zwar auf einem gemieteten Reisewagen und ohne viel Gepäck, jeden Tag hunderttausend Schritt.[227] Wenn er an einem Fluß aufgehalten wurde, überschwamm er ihn oder setzte auf aufgeblasenen Schläuchen über, so daß er oft die von ihm vorausgesandten Melder überholte.

58. Bei seinen unternommenen Feldzügen ist schwer zu sagen, was größer war: seine Vorsicht oder seine Kühnheit. Sein Heer führte er nie durch ein Gelände, das der Gefahr eines Überfalls ausgesetzt war, ohne vorher die örtliche Lage genau zu prüfen; auch nach Britannien setzte er erst dann über, als er von sich aus die Häfen, die Möglichkeiten zur Überfahrt und einen geeigneten Anlegeplatz auf der Insel erforscht hatte. Es war derselbe Caesar, der auf die Nachricht, sein Lager in Germanien sei von den Feinden eingeschlossen, sich durch die feindlichen Posten in gallischer Kleidung bis zu seinen Leuten durchgeschlagen hat. Von Brundisium setzte er nach Dyrrachium zwischen den feindlichen Flotten mitten im Winter über[228]; als seine Truppen, denen er Befehl gegeben hatte, sofort nachzukommen, längere Zeit ausblieben und er vergeblich einen Boten nach dem anderen abgesandt hatte, um ihre Ankunft zu beschleunigen, da bestieg er endlich selbst heimlich bei Nacht ganz allein und mit verhülltem Haupt ein kleines Fahrzeug und gab sich

dem Steuermann nicht eher zu erkennen und erlaubte ihm nicht eher dem Unwetter auszuweichen bis die Wellen ihn beinahe verschlungen hatten.[229]

59. Nicht einmal durch das religiöse Gewissen ließ sich Caesar jemals von einem Unternehmen abschrecken oder in der Ausführung aufhalten. Auch als ihm beim Opfern das Opfertier vom Altar entfloh, schob er doch den Feldzug gegen Scipio und Iuba nicht auf[230]; nachdem er gar noch beim Aussteigen aus dem Schiff stolperte und zu Boden fiel, wandte er sofort das Vorzeichen zum Guten und rief aus: „Ich halte dich fest, Afrika." Um jedoch die Weissagungen, nach denen der Name der Scipionen in dieser Provinz nach Bestimmung des Schicksals als glückbringend und unüberwindlich galt, ins Lächerliche zu ziehen, führte er in seinem Lager ein ganz verächtliches Subjekt aus dem Geschlecht der Cornelier mit sich, das wegen seines liederlichen Lebens den Schimpfnamen Salvito[231] erhalten hatte.

60. Einen Kampf nahm Caesar nicht erst nach vorausgegangener Planung auf, sondern immer, wenn sich gerade eine Gelegenheit dazu ergab, oft unmittelbar aus dem Marsch heraus, manchmal auch bei scheußlichstem Wetter, wo man am wenigsten damit rechnete. Und erst gegen Ende seiner Laufbahn hatte er eher Bedenken, sich in einen Kampf einzulassen, weil er meinte, je öfter er gesiegt habe, um so weniger dürfte er das Glück in Versuchung führen und durch keinen Sieg würde er so viel gewinnen, wie er durch einen Unglücksfall verlieren könnte. Nie schlug er einen Feind, ohne ihm auch sein Lager zu nehmen; daher ließ er den eingeschüchterten Gegnern keine Zeit sich zu sammeln. Wenn der Ausgang einer Schlacht zweifelhaft war, pflegte er die Reitpferde zurückzuschikken, sein eigenes zuerst, damit jede Möglichkeit zur Flucht genommen wurde und alle um so mehr gezwungen waren, standzuhalten.

61. Das Pferd Caesars fiel besonders auf; denn es hatte fast menschliche Füße und die Hufe waren zehenartig gespalten. Dieses Pferd, das im eigenen Stall geboren war, zog er mit großer Sorgfalt auf, da die Wahrsager vorausgesagt hatten, daß es für seinen Herrn die Weltherrschaft bedeute. Er war der erste, der es bestieg, da es sonst keinen Reiter dulden wollte; später widmete er diesem Tier sogar ein Standbild vor dem Tempel der Venus Genetrix.[232]

62. Wenn die Schlachtordnung ins Wanken geriet, brachte Caesar sie oft ganz allein wieder zum Stehen. Er trat den Soldaten, die fliehen wollten, entgegen, hielt einzelne fest, packte sie bei der Kehle und richtete sie so wieder gegen den Feind. Oft waren sie schon in einer solchen Aufregung, daß zum Beispiel ein Adlerträger, den er auf der Flucht aufhalten wollte, ihn mit der eisernen Spitze der Fahnenstange bedrohte, oder daß ein anderer, den er festhielt, das Feldzeichen in seinen Händen ließ.

63. Seine Unerschrockenheit dürfte nicht undeutlich, vielmehr sogar in höherem Maße durch folgende Taten bewiesen sein. Als Caesar nach der Schlacht bei Pharsalus[233] seine Truppen bereits vorausgeschickt hatte und er selbst auf einem kleinen Transportschiff über die Meerenge des Hellespont fuhr, da kam ihm L. Cassius[234] von der Gegenpartei mit zehn Kriegsschiffen entgegen. Er ergriff aber nicht die Flucht, sondern fuhr ganz nahe an ihn heran und forderte ihn zur Übergabe auf, worauf sich Cassius tatsächlich auf Gnade und Ungnade ergab.

64. In Alexandria wurde er bei der Belagerung einer Brücke durch einen plötzlichen Ausfall der Feinde in ein Boot gedrängt, in das sich auch eine große Anzahl seiner Leute hineinstürzte. Daher sprang er ins Meer, schwamm etwa zweihundert Schritte[235] und rettete sich so auf das nächste Schiff. Dabei hielt er seine Schriften, die er bei sich hatte, mit der linken Hand hoch, damit sie nicht naß wurden, und zog seinen Feldherrnmantel mit den Zähnen nach, um ihn nicht als Beute in die Hände des Feindes fallen zu lassen.

65. Den Soldaten beurteilte er weder nach dem Charakter noch nach seinen äußeren Glücksgütern, sondern einzig und allein nach seinen Fähigkeiten und behandelte ihn ebenso streng wie nachsichtig. Nicht überall und zu jeder Zeit ließ er Strenge walten, sondern nur, wenn der Feind in der Nähe war. Aber dann forderte er strengste Manneszucht, und zwar so, daß er seinen Soldaten weder zum Aufbruch noch zur Schlacht Zeit oder Stunde bekanntgab. Dagegen hat er sie so ausgebildet, daß sie jeden Augenblick marschfertig und kampfbereit auch unerwartet einen Befehl ausführen konnten. Diese Übung ließ er häufig auch ohne besondere Veranlassung zur Probe durchführen, besonders bei Regen und an Festtagen. Auch forderte

er seine Soldaten auf, ihn genau zu beobachten und machte sich dann plötzlich bei Tag oder bei Nacht davon, verlängerte auch den Marsch, um die, welche ihm zu spät nachgefolgt waren, zu ermüden.

66. Wenn ein Gerücht von der Übermacht des Feindes die Soldaten erschreckt hatte, so pflegte er ihren Mut nicht dadurch aufzurichten, daß er sie leugnete oder verringerte, sondern daß er sie noch übertrieb und eher noch etwas dazudichtete. So ließ er zum Beispiel, als das erwartete Anrücken Iubas[236] Schrecken erregte, seine Soldaten zusammenkommen und sprach zu ihnen: „Ihr sollt wissen, in ganz wenigen Tagen wird der König hier sein mit zehn Legionen, dreißigtausend Reitern, hunderttausend Leichtbewaffneten und dreihundert Elefanten. Darum sollen gewisse Leute aufhören, sich weiter mit Forschen und Vermutungen den Kopf zu zerbrechen, und mir, der ich genau Bescheid weiß, Glauben schenken, oder ich werde sie sonst auf das älteste Schiff verfrachten und fahren lassen, wohin sie Wind und Wellen treiben.

67. Caesar verfolgte weder alle Vergehen, noch bestrafte er sie im Verhältnis zu ihrer Schwere. Nur Fahnenflucht und Meuterei verfolgte und bestrafte er mit äußerster Strenge; bei den anderen Vergehen drückte er gewöhnlich ein Auge zu. Manchmal erließ er ihnen nach einem großen, siegreichen Kampf den gewöhnlichen Dienst und gab ihnen alle Freiheit, ungebunden auszuschweifen, wobei er mit Stolz zu äußern pflegte, seine Soldaten könnten, auch wenn sie sich gesalbt hätten, gut kämpfen. In der Versammlung redete er sie nicht mit „Soldaten", sondern mit dem ihren Ohren mehr schmeichelnden Namen „Kameraden" an.[237] Er hielt so viel auf äußeren Schmuck, daß er sie mit silber- und goldverzierten Waffen ausstattete, teils wegen des glänzenden Aussehens, teils damit sie aus Angst vor ihrem Verlust desto hartnäckiger kämpften. Ja, er liebte sie sogar mit solcher Hingabe, daß er nach der Nachricht von der Niederlage des Titurius Bart und Haare wachsen und nicht eher wieder abnehmen und schneiden ließ, bis er sich gerächt hatte.[238] Dadurch verschaffte er sich bei ihnen größte Ergebenheit und Tapferkeit.

68. Als Caesar den Bürgerkrieg begann, erboten sich die Zenturionen jeder Legion, je einen Reiter zu stellen, und sämtliche Soldaten, ihm umsonst, ohne Verpflegung und Sold, ihre Dienste zu

leisten, wobei die Wohlhabenderen die Versorgung der Minderbemittelten auf sich nahmen. Auch kam während der ganzen langen Zeit überhaupt kein Fall von Untreue vor, ja viele, die in Gefangenschaft geraten waren, wiesen das Anerbieten, ihnen das Leben zu schenken, wenn sie gegen ihn kämpfen wollten, zurück. Hunger und sonstige Drangsale ertrugen sie nicht nur, wenn sie belagert wurden, sondern auch, wenn sie selbst andere belagerten, mit solcher Ausdauer, daß Pompeius, als er in der Befestigungsanlage Caesars bei Dyrrachium[239] eine Art Brot aus Kräutern[240] sah, mit dem die Soldaten ihr Leben fristeten, in die Worte ausbrach, da habe er es ja mit wilden Tieren zu tun. Dann befahl er, es schnell beiseite zu schaffen und sonst niemandem mehr zu zeigen, damit nicht durch solche Ausdauer und Standhaftigkeit des Feindes der Mut seiner Leute gebrochen würde. Ein Beweis für die große Tapferkeit der Soldaten Caesars war die Tatsache, daß sie, als sie nur einmal bei Dyrrachium eine Schlacht verloren hatten, dazu noch eine Strafe für sich verlangten, so daß der Feldherr sie mehr trösten als bestrafen mußte. In den übrigen Schlachten besiegten sie ohne Schwierigkeit zahlreiche feindliche Truppen, obwohl sie selbst vielfach in der Minderzahl waren. Ja, eine einzige Kohorte der sechsten Legion[241] hielt als Besatzung eines Kastells mehrere Stunden lang die Angriffe von vier Legionen des Pompeius aus und wurde fast bis auf den letzten Mann von einer Unmenge feindlicher Pfeile niedergestreckt; davon fand man hundertdreißigtausend innerhalb des Walles. Das ist kein Wunder, wenn man die Heldentaten einzelner Leute betrachtet, z. B. die des Zenturio Cassius Scaeva oder des Soldaten Gaius Acilius, um von den anderen ganz zu schweigen. Scaeva behauptete seinen Posten am Tor des ihm zur Bewachung überlassenen Kastells auch dann noch, als ihm bereits ein Auge ausgeschossen, Hüfte und Schulter durchbohrt und sein Schild von hundertzwanzig Pfeilschüssen durchlöchert war. Als Acilius in einem Seegefecht bei Massilia[242] mit der rechten Hand nach dem Hinterdeck eines feindlichen Schiffes greifen wollte, wurde sie ihm abgehauen. Dann sprang er, wie der bei den Griechen immer wieder rühmend hervorgehobene Kynegiros, auf das Schiff und trieb die Feinde mit der Stachelspitze seines Schildbuckels vor sich her.[243]

69. Meuterei hat es in den zehn Jahren der gallischen Kriege überhaupt nicht gegeben, im Bürgerkrieg nur ein paarmal; doch nahmen die Soldaten jedesmal schnell wieder ihren Dienst auf, nicht so sehr infolge der Nachsicht ihres Feldherrn als wegen seines Ansehens. Denn er gab nie den Aufrührern nach, er trat ihnen sogar stets offen entgegen. So entließ er die ganze neunte Legion bei Placentia[244], obwohl Pompeius noch unter Waffen stand, mit Schimpf und Schande aus dem Dienst. Nur ungern und erst nach dringenden Bitten, nicht ohne vorher die Rädelsführer bestraft zu haben, setzte er sie wieder in den früheren Stand ein.

70. Als die Soldaten der zehnten Legion in Rom unter heftigen Drohungen, ja, unter Gefährdung der Stadt selbst, ihren Abschied und ihre Belohnungen forderten, während gerade in Afrika der Krieg entbrannte, ging Caesar, ungeachtet der dringenden Warnungen seiner Freunde, ohne Zögern zu ihnen und entließ sie aus dem Dienst. Aber durch das einzige Wort „Quiriten"[245], mit dem er sie statt „Soldaten" ansprach, hat er sie so leicht umgestimmt und auf seine Seite gebracht, daß sie sofort erwiderten, sie seien Soldaten, und ihm trotz seiner Einwände freiwillig nach Afrika folgten. Aber dessenungeachtet bestrafte er jeden der Haupträdelsführer mit dem Verlust seines Beuteanteils und Abzug eines Drittels des für ihn bestimmten Landbesitzes.

71. An Zuneigung und Zuverlässigkeit gegenüber seinen Klienten ließ Caesar es schon als junger Mann nicht fehlen. Bei der Verteidigung des jungen Adeligen Masintha gegen den König Hiempsal hatte er sich so aufgeregt, daß er dem Sohn des Königs, Iuba, bei einem Wortwechsel in den Bart griff.[246] Als Masintha dann verurteilt worden war, den geforderten Tribut zu zahlen, entriß er ihn sofort den Leuten, die ihn in Haft nehmen wollten und hielt ihn lange bei sich verborgen. Und als er bald darauf nach Ablauf seiner Prätur[247] nach Spanien abreiste, brachte er ihn zwischen den Leuten, die ihm das Ehrengeleit gaben und seinen Liktoren auf seiner eigenen Sänfte von Rom weg.

72. Seine Freunde behandelte Caesar stets mit größter Gefälligkeit und Nachsicht. Als z.B. Gaius Oppius[248], der ihn auf einer Reise durch eine waldreiche Gegend begleitete, unterwegs plötzlich krank

wurde, überließ er ihm die einzige vorhandene Unterkunft in einer Hütte und verbrachte selbst die Nacht auf der Erde unter freiem Himmel. Als er aber zur Macht kam, beförderte er einige Leute trotz ihrer niederen Herkunft in die höchsten Ehrenämter. Als man ihm deswegen Vorwürfe machte, bekannte er ganz offen, wenn er die Hilfe von Landstreichern und Mördern zur Sicherung seiner Stellung in Anspruch genommen hätte, so würde er sich selbst gegen solche in gleicher Weise dankbar zeigen.

73. Feindschaften dagegen nahm er nie so ernst, daß er sie nicht gern bei gebotener Gelegenheit wieder beigelegt hätte. Gaius Memmius, der ihn in seinen Reden scharf angegriffen hatte und dem er mit nicht minderer Härte schriftlich erwidert hatte, leistete er auch als Stimmwerber bald gute Dienste bei der Bewerbung um das Konsulat.[249] Dem Gaius Calvus[250], der nach Veröffentlichung seiner boshaften Epigramme durch Vermittlung von Freunden sich wieder mit ihm auszusöhnen suchte, schrieb er ganz von selbst, und sogar zuerst. Den Valerius Catullus, der durch seine Verse auf Mamurra seine eigene Person, wie Caesar offen zugab, dauernd gebrandmarkt hatte, lud er an demselben Tag, an dem ihn jener um Verzeihung bat, zu Tische und hielt auch nach wie vor die Gastfreundschaft aufrecht.[251]

74. Aber auch wenn Caesar strafte, zeigte sich sein von Natur aus sehr mildes Wesen. Den Piraten, die ihn gefangen genommen hatten, hatte er unter Eid den Kreuzestod angedroht. Als er sie in seine Gewalt brachte, ließ er sie jedoch zuerst erwürgen und dann erst ans Kreuz schlagen.[252] Cornelius Phagita hatte ihn einst, als er krank in seinem Versteck lag, bei Nacht überfallen. Um nicht an Sulla ausgeliefert zu werden, mußte er Lösegeld zahlen und entkam so nur mit Mühe und Not.[253] Aber trotzdem brachte es Caesar nie über sich, Phagita etwas anzutun. Seinen Sekretär, den Sklaven Philemon, der sich seinen Feinden gegenüber erboten hatte, ihn zu vergiften, bestrafte er nur einfach mit dem Tode. Publius Clodius hatte seine Gemahlin Pompeia zu verführen versucht und war deshalb wegen eines Vergehens gegen die religiösen Sitten angeklagt.[254] Als Caesar als Zeuge geladen wurde, erklärte er, ihm sei nicht das Geringste bekannt geworden, obwohl seine Mutter Aurelia[255] und seine

Schwester Iulia[256] vor denselben Richtern bereits alles wahrheitsgemäß ausgesagt hatten. Auf die Frage, warum er dann seine Frau verstoßen habe, erwiderte er: „Weil ich der Ansicht bin, daß meine Angehörigen ebenso vom Verdacht frei sein müssen wie von einem Verbrechen.“

75. Die Selbstbeherrschung und Milde, die er im Verlauf wie auch nach dem siegreichen Ende des Bürgerkrieges an den Tag legte, war wirklich bewundernswert. Während Pompeius bekanntgab, er werde jeden als Feind ansehen, der sich nicht an die Republik anschließe, verkündete Caesar öffentlich, er werde alle, die sich neutral verhielten, zu seinen Freunden zählen. Allen aber, denen er auf Empfehlung von Pompeius Offiziersstellen verschafft hatte, stellte er frei, zu ihm überzutreten. Als man bei Ilerda[257] über eine Kapitulation in Verhandlungen getreten war und infolgedessen ein ständiger freundschaftlicher Verkehr zwischen beiden Lagern stattfand, ließen Afranius und Petreius[258], die es plötzlich bereuten, sich in Unterhandlungen eingelassen zu haben, alle gerade in ihrem Lager befindlichen Iulianer festnehmen und hinrichten; Caesar dagegen konnte sich nicht entschließen, Gleiches mit Gleichem zu vergelten. Bei Pharsalus[259] erließ er den Befehl, die Zivilbevölkerung zu schonen, und gab hernach jedem seiner Leute die Erlaubnis, nach ihrer Wahl einen Mann von der Gegenpartei das Leben zu retten. Man wird auch niemanden finden, der, außer im Kampf, anderswie ums Leben gekommen ist, nur mit Ausnahme von Afranius, Faustus[260] und des jungen Lucius Caesar.[261] Aber nicht einmal diese wurden, wie man glaubt, auf seinen Befehl getötet; und doch hatten die beiden ersten, nachdem er sie bereits einmal begnadigt hatte, wieder die Waffen gegen ihn ergriffen, und der letztere hatte nicht nur Freigelassene und Sklaven Caesars auf die grausamste Weise hinmorden, sondern sogar die von Caesar für die Volksschauspiele beschafften wilden Tiere umbringen lassen. Schließlich erlaubte er auch in der letzten Zeit seines Lebens allen, die er noch nicht ausdrücklich begnadigt hatte, nach Italien zurückzukehren und Zivil- und Militärämter zu übernehmen. Ja sogar die vom Volk niedergerissenen Statuen des Lucius Sulla und des Pompeius ließ er wieder aufstellen. Auch feindselige Planungen und Äußerungen gegen ihn wollte er später lieber ver-

hindern als dagegen mit Strafen einschreiten. So verfolgte er denn auch aufgedeckte Verschwörungen und nächtliche Versammlungen nicht weiter, als daß er öffentlich erklärte, sie seien ihm bekannt; und wenn jemand abfällig über ihn redete, begnügte er sich mit einer Warnung in öffentlicher Versammlung, so weiterzumachen. Die empfindliche Kränkung seiner Ehre durch das äußerst gehässige Pamphlet des Aulus Caecina und die höchst verleumderischen Gedichte des Pitholaus nahm er gelassen hin, wie ein einfacher Bürger.[262]

76. Doch seine übrigen Handlungen und Reden wiegen schwer genug, um das Urteil zu rechtfertigen, daß er seine Herrschergewalt mißbraucht und den gewaltsamen Tod mit Recht erlitten hat. Denn er begnügte sich nicht damit, alle ihm im Übermaß angetragenen Ehrungen anzunehmen, nämlich die ständige Wiederwahl zum Konsul, die Diktatur auf Lebenszeit, das oberste Sittenrichteramt, dazu den Vornamen „Imperator", den Beinamen „Vater des Vaterlandes", die Aufstellung seines Standbildes unter den Königen und den Thronsitz in der Orchestra[263]; sondern er ließ es auch geschehen, daß man ihm Ehren zuerkannte, die jedes vernünftige Maß auch der höchsten menschlichen Würde übersteigen: den goldenen Sessel[264] in der Kurie und im Gerichtshof, einen Götterwagen mit einer Tragbahre darauf für seine bei der Prozession im Zirkus mit den Götterbildern mitgeführte Bildsäule, Tempel, Altäre, Aufstellung seines Bildnisses neben den Götterbildern, einen Platz an der für die Götter bestimmten Festtafel, einen eigenen Flamen[265], eine eigene Klasse von Priestern des Pan[266] und die Benennung eines Monats nach seinem Namen.[267] Alle Ehrenämter nahm und vergab Caesar nach Gutdünken. Sein drittes und viertes Konsulat[268] führte er nur dem Namen nach; er begnügte sich mit der Amtsgewalt des Diktators, die man ihm zugleich mit den Konsulaten zuerkannt hatte. In beiden Jahren ernannte er für die drei letzten Monate je zwei Konsuln als seine Stellvertreter[269], und zwar regelte er das so, daß er in der Zwischenzeit gar keine Wahltage[270] abhielt, außer für die Ernennung des Tribunen und Volksädilen, und an Stelle der Prätoren Präfekten ernannte, die während seiner Abwesenheit die Stadtverwaltung übernehmen mußten. Als einmal, am letzten Tag des Jahres, der eine

Konsul plötzlich starb, verlieh er einem Bewerber das frei gewordene Amt noch für die wenigen Stunden.[271] Mit derselben Willkür vergab er, entgegen der bisherigen Übung, Staatsämter auf mehrere Jahre, verlieh zehn Männern, die nur Prätoren gewesen waren, konsularische Ehrenrechte und nahm Neubürger, darunter sogar einige gallische Halbbarbaren, in den Senat auf. Außerdem betraute er mit der Verwaltung des Münzwesens und der Staatseinnahmen seine eigenen Sklaven. Das Kommando über die drei Legionen, die er in Alexandria stehen ließ, übergab er seinem Buhler, dem Sohn seines Freigelassenen Rufinus.

77. Einen Beweis seiner nicht unbedeutenden Überheblichkeit gab Caesar, wie Titus Ampius[272] schreibt, in seinen Äußerungen vor aller Öffentlichkeit: „Die Republik sei ein Nichts, ein bloßer Name ohne Körper und sichtbare Gestalt." – „Sulla habe das ABC der Politik nicht gekannt, sonst hätte er die Diktatur[273] nicht niedergelegt." – „Die Leute müßten schon mit mehr Überlegung mit ihm sprechen und seine Aussagen als Gesetze hinnehmen." Ja, er ging in seiner Vermessenheit so weit, daß er einem Zeichendeuter bei Gelegenheit eines Opfers auf die Meldung, die Eingeweide seien unerfreulich und es fehle das Herz, zur Antwort gab: „Sie würden schon erfreulicher werden, sobald er es nur wolle, und überhaupt dürfe man kein Wunderzeichen darin sehen, wenn ein Vieh kein Herz habe."

78. Einen besonderen und für ihn unheilvollen Haß zog er sich am meisten bei folgendem Anlaß zu. Er empfing nämlich das gesamte Kollegium der Senatoren, als sie ihm eine Anzahl für ihn höchst ehrenvoller Beschlüsse überbringen wollten, im Sitzen in der Vorhalle des Tempels der Venus Genetrix.[274] Einige meinen, er habe aufstehen wollen, sei aber von Cornelius Balbus[275] zurückgehalten worden, andere dagegen, er habe gar nicht einmal den Versuch gemacht, sondern habe vielmehr Gaius Trebatius[276], der ihm einen Wink gab, sich zu erheben, einen nicht gerade freundlichen Blick zugeworfen. Dieses Verhalten schien um so unerträglicher, weil Caesar selbst, als bei seinem Triumphzug der Volkstribun Pontius Aquila[277] in dem Augenblick, wo der Triumphwagen vor den Sitzen der Tribunen vorbeifuhr, als einziger nicht aufgestanden war, voller

Entrüstung ausgerufen haben soll: „So fordere denn, Aquila, die Republik von mir zurück, Tribun!" So hat er dann auch mehrere Tage hintereinander alle Gnadenerweise nur mit der Einschränkung bewilligt: „Wenn anders Pontius Aquila keinen Einspruch erhebt."

79. Außer dieser so deutlichen Schande der Mißachtung des Senats hat sich Caesar noch etwas mit viel größerer Arroganz geleistet. Als nämlich am Opferfest der Latiner[278] bei seiner Rückkehr in die Stadt unter übertriebenen und ungewöhnlichen Zurufen des Volkes ein Mann aus der Menge seiner Statue einen Lorbeerkranz mit herumgebundenem weißen Band[279] aufsetzte, rissen die Volkstribunen Epidius Marullus und Caesetius Flavus das Band von dem Kranz ab und ließen den Menschen verhaften. Doch Caesar machte den Tribunen heftige Vorwürfe und enthob sie ihres Amtes, sei es, daß er sich gekränkt fühlte wegen der unglücklich verlaufenen Anregung seiner Erhebung zum König, oder daß, wie er selbst vorgab, ihm dadurch der Ruhm weggenommen worden sei, die Königskrone ausgeschlagen zu haben. Und doch blieb trotz allem die üble Nachrede, daß er es auf den Königsthron abgesehen habe, auf ihm sitzen, obgleich er dem Volk, das ihn als König begrüßte, zur Antwort gab, er sei Caesar, nicht König. Ebenso wies er am Fest der Luperkalien[280] auf dem Forum das Diadem zurück, das ihm der Konsul Antonius[281] mehrmals aufsetzen wollte, und ließ es auf das Kapitol bringen und dem Iupiter Optimus Maximus weihen. Ja, es verbreitete sich hartnäckig das Gerücht, Caesar werde nach Alexandria oder nach Ilium[282] übersiedeln, zugleich das Machtzentrum des Reiches dorthin verlegen, da Italien durch die übermäßigen Truppenaushebungen geschwächt sei, und die Verwaltung der Stadt seinen Freunden überlassen. Schon in der nächsten Senatssitzung werde Lucius Cotta[283], einer von den fünfzehn Männern, die die Sibyllinischen Bücher[284] bewahren, den Antrag stellen, Caesar zum König zu ernennen, da in den genannten Schicksalsbüchern geschrieben stehe, die Parther[285] könnten nur von einem König besiegt werden.

80. Das war für die Verschworenen der Grund, früher loszuschlagen, als ursprünglich geplant war, um einem solchen Antrag nicht zustimmen zu müssen. Daher wurden die Beratungen, die bisher verstreut stattgefunden hatten und an denen oft nur zwei oder drei

Leute teilgenommen hatten, jetzt in einer allgemeinen Versammlung abgehalten; denn auch das Volk war mit den gegenwärtigen Verhältnissen nicht mehr zufrieden, sondern lehnte insgeheim und auch ganz offen jede Form einer unumschränkten Herrschaft ab und verlangte einen Retter aus dieser Lage. So sah man nach der Aufnahme von Ausländern in den Senat folgende Bekanntmachung angeschlagen:[286] „Von Amts wegen! Daß ja keiner sich dazu herbeiläßt, einem neuen Senator den Weg zur Kurie zu zeigen!" Auch konnte man überall die Verse singen hören:

> Im Triumph hat Caesar Gallier, doch ins Rathaus auch geführt,
> Gallier legten ab die Hosen, taten an den Purpurstreif.[287]

Als Quintus Maximus[288], dem er an seiner Stelle für drei Monate das Konsulat übertragen hatte, in das Theater eintrat, und der Liktor, wie es Brauch war, dem Volk sein „Hab acht!" zurief, erhob sich von allen Seiten der Ruf: „Der ist gar nicht Konsul!" Als Caesar die Volkstribunen Caesetius und Murullus abgesetzt hatte[289], fand man bei den nächsten Wahlversammlungen zahlreiche Stimmzettel von Leuten, die sie als Kandidaten für die Konsulatswahlen aufstellen wollten. Auf das Standbild des Lucius Brutus[290] hat ein Schmierfink geschrieben: „Wenn du doch noch leben würdest!" und ebenso auf das von Caesar:[291]

> Brutus, der vertrieb die Könige, unser erster Konsul wurde;
> Dieser, der vertrieb die Konsuln, unser König wurde zuletzt!

An der Verschwörung beteiligten sich mehr als sechzig Männer; davon waren Gaius Cassius[292] und Marcus und Decimus Brutus[293] die führenden Köpfe. Zuerst waren sie unschlüssig, ob sie ihn auf dem Marsfeld während der Wahlversammlungen, wenn er die Tribus zur Stimmabgabe aufrief, mit verteilten Rollen von der Brücke[294] stürzen, unten auffangen und niedermachen oder ob sie ihn auf der Heiligen Straße oder am Eingang zum Theater[295] überfallen sollten. Als aber eine Senatssitzung auf den fünfzehnten März in der Kurie des Pompeius angesetzt wurde, gab man lieber diesem Zeitpunkt und diesem Ort den Vorzug.

81. Caesar wurde indessen der bevorstehende gewaltsame Tod durch deutliche Vorzeichen angekündigt. Als wenige Monate zuvor

in der Kolonie Capua[296] die Kolonisten, die durch das Iulische Gesetz dorthin übergesiedelt waren, zum Aufbau ihrer Landhäuser uralte Gräber aufgruben – und dies taten sie um so eifriger, weil sie beim Durchsuchen eine große Menge kunstvoller Gefäße von alter Meisterarbeit fanden – entdeckte man in einem Grabmal, in dem Capys, der Gründer von Capua, bestattet sein soll, eine eherne Tafel mit einer griechischen Inschrift mit folgender Bedeutung: „Wenn einmal die Gebeine des Capys ans Licht kommen, werde ein Sproß von Ilium von der Hand seiner Blutsverwandten ermordet, sein Tod aber bald durch schreckliche Heimsuchungen Italiens gerächt werden."[297] Diese Tatsache kann man nicht ohne weiteres für eine Fabel oder für erfunden halten; denn dafür bürgt Cornelius Balbus[298], Caesars vertrautester Freund. Einige Tage darauf mußte Caesar erfahren, daß die Pferde, die er beim Übergang über den Rubico[299] den Göttern geweiht und ohne Wärter frei laufenlassen hatte, überhaupt nicht mehr fressen wollten und reichlich Tränen vergießen würden. Beim Opfern warnte ihn der Zeichendeuter Spurinna, er sollte auf eine Gefahr achten, die nicht später als bis zum 15. März eintreten werde. Einen Tag vorher aber konnte man sehen, wie eine Schar verschiedener Vögel aus einem nahegelegenen Hain einen Zaunkönig, der mit einem Lorbeerzweiglein in die Pompeianische Kurie flog, verfolgte und dort in Stücke zerriß. In der dem Tag seiner Ermordung vorhergehenden Nacht sah auch Caesar selbst im Traum sich mehrmals über den Wolken schweben und dann wieder einmal, wie er dem Jupiter die rechte Hand reichte; auch seine Gattin Calpurnia sah im Traum, wie der Giebel des Hauses einstürzte und wie man ihren Gemahl in ihren Armen erdolchte; zugleich sprangen plötzlich von selbst die Türen des Schlafzimmers weit auf. Wegen dieses beunruhigenden Traumes, aber auch weil er sich nicht recht wohl fühlte, war Caesar längere Zeit unentschlossen, ob er nicht lieber zu Hause bleiben und das aufschieben sollte, was er im Senat vortragen wollte. Endlich aber machte er sich etwa um die fünfte Stunde[300] auf den Weg, weil ihm Decimus Brutus[301] vorhielt, doch den zahlreich versammelten und bereits längere Zeit auf ihn wartenden Senat nicht länger vergeblich sitzen zu lassen. Unterwegs wurde ihm von jemandem ein Schriftstück überreicht, das ihm den geplanten Anschlag verraten hätte; er steckte es jedoch zu den übrigen Schriften, die er in der linken Hand hielt, weil er es erst später lesen wollte. Als er darauf beim Opfer keinen glücklichen Ausgang erzielen konnte, obwohl man mehrere Opfertiere geschlachtet hatte, setzte er sich über alle Bedenken hinweg und ging in die Kurie. Dort spottete er über Spurinna und stellte ihn als falschen Propheten hin, weil die Iden des März ohne jeden Schaden für ihn gekommen seien, worauf jener warnend erwiderte, sie seien wohl gekommen, aber noch nicht vorüber.

82. Als Caesar Platz nahm, stellten sich die Verschworenen, scheinbar um ihm ihre Ehrerbietung zu erweisen, im Kreise um ihn herum. Da trat sogleich Tullius Cimber[302], der die erste Rolle übernommen hatte, näher an ihn heran, als wenn er ihn um etwas bitten wollte. Da Caesar abwinkte und durch eine Handbewegung auf eine andere Zeit verwies, faßte ihn Cimber auf beiden Schultern an der Toga; da rief Caesar aus: „Das ist ja Gewalt"; gleichzeitig verwundete ihn der eine Casca[303] mit einem Dolchstich von hinten etwas unterhalb der Kehle. Caesar ergriff Cascas Arm und durchstach ihn mit dem Schreibgriffel und als er aufspringen wollte, wurde er durch einen weiteren Stich zurückgehalten. Sobald er nun sehen mußte, daß von allen Seiten Dolche gegen ihn gezückt wurden, verhüllte er mit der Toga sein Gesicht und zog zugleich mit der linken Hand den Faltenbausch bis zu den Knöcheln nieder, damit er anständig mit verhülltem Unterkörper fallen würde; und in dieser Haltung wurde er mit dreiundzwanzig Stichen getroffen. Nur beim ersten Stoß ließ er einen Seufzer, aber sonst keinen Laut, vernehmen. Es gibt zwar Berichte, daß er Marcus Brutus, als er sich auf Caesar stürzte, auf griechisch zugerufen haben soll: „Auch du mein Sohn?"[304] Da alle sich fluchtartig zerstreut hatten, blieb Caesar eine Zeitlang tot liegen, bis endlich drei armselige Sklaven den Leichnam in einer Sänfte, aus der ein Arm heraushing, in sein Haus zurückbrachten. Und doch wurde von so vielen Stichwunden nach Ansicht seines Leibarztes Antistius nur eine für tödlich befunden, nämlich die zweite, die er in der Brust erhalten hatte. Die Verschwörer hatten ursprünglich vor, die Leiche des Ermordeten in den Tiber zu schleifen, sein Vermögen einzuziehen und seine Verordnungen außer Kraft zu setzen, aber aus

Furcht vor dem Konsul Marcus Antonius[305] und dem *magister equitum*[306] Lepidus[307] nahmen sie davon Abstand.

83. So wurde auf Verlangen seines Schwiegervaters Lucius Piso[308] das Testament, das Caesar am 13. September des vorhergehenden Jahres auf seinem Landgut bei Lavicum[309] abgefaßt und bei der ältesten Vestalin[310] hinterlegt hatte, eröffnet und im Hause des Antonius verlesen. Quintus Tubero[311] berichtet darüber: Caesar habe in der Zeit vor seinem ersten Konsulat bis zum Ausbruch des Bürgerkrieges in seinen mehrmals erneuerten Testamenten immer Gnaeus Pompeius als Erben eingesetzt und dies seinen Soldaten vor versammelter Mannschaft mitgeteilt. Aber in seinem letzten Testament setzte er die drei Enkel seiner Schwestern als Erben ein, und zwar Gaius Octavius[312] mit drei Viertel, Lucius Pinarius und Quintus Pedius[313] mit dem übrigen Viertel seiner Hinterlassenschaft. Am Schluß des Testaments nahm er Gaius Octavius sogar durch Adoption in seine Familie auf und verlieh ihm seinen Namen. Viele seiner Mörder ernannte er zum Vormund seines Sohnes für den Fall, daß ihm ein solcher geboren würde. Sogar Decimus Brutus[314] fand sich unter den Zweiterben.[315] Dem Volk vermachte er seine Parkanlagen am Tiber für den öffentlichen Zugang und für jeden einzelnen Bürger außerdem noch dreihundert Sesterzen.

84. Als die Leichenfeier angesagt war, wurde der Scheiterhaufen auf dem Marsfeld nahe bei dem Grabmal der Iulia[316] errichtet und vor der Rednerbühne ein vergoldetes Modell des Tempels der Venus Genetrix[317] aufgestellt; darin stand ein elfenbeinernes Bett, das mit goldverbrämten Purpurdecken belegt war, und zu Häupten dieses eine Siegessäule mit dem Gewand, das Caesar bei seiner Ermordung getragen hatte. Wer Leichengeschenke spenden wollte, wurde angewiesen, sie auf jedem beliebigen Weg, ohne Rücksicht auf eine bestimmte Ordnung, auf das Marsfeld zu bringen, weil der Tag für einen geordneten Leichenzug nicht auszureichen schien. Zwischen den Leichenspielen wurden Verse aus Pacuvius' „Waffengericht", die sich dem Mitgefühl und dem Haß über seine Ermordung anpaßten, gesungen, wie z. B.:

„So hab' ich denn gerettet meine Mörder mir!"[318]

und andere mit einem ähnlichen Sinn aus der „Elektra" des Atilius.[319] An Stelle der Leichenrede ließ der Konsul Antonius durch einen Herold den Beschluß des Senats verlesen, durch den dieser Caesar alle göttlichen wie menschlichen Ehren zuerkannt hatte, ebenso den Eid, durch den alle Senatsmitglieder sich zum Schutze dieses einen Mannes verpflichtet hatten. Er selbst fügte nur ganz wenige Worte hinzu. Das Leichenbett vor der Rednerbühne trugen Beamte und ehemalige Amtsinhaber zum Forum hinab. Während nun einige die Leiche im Heiligtum des Kapitolinischen Jupiter, andere in der Kurie des Pompeius verbrennen wollten, erschienen plötzlich zwei Unbekannte mit Schwertern an der Seite und zwei Wurfspießen in den Händen und entzündeten mit Wachsfackeln das Feuer. Und sofort schleppte die Menge der Umstehenden dürres Reisig, Gerichtsbänke und Richterstühle, und was außerdem für eine Leichengabe zur Hand war, zusammen. Die Flötenspieler und Schauspieler legten die Gewänder ab, die sie von dem Gepränge der früheren Triumphzüge zu der gegenwärtigen Feier angelegt hatten, zerrissen sie und warfen sie in die Flammen, ebenso die Veteranen ihre Waffen, unter deren Schmuck sie die Leichenfeier begingen; auch viele Hausfrauen opferten auf die gleiche Weise die Schmuckstücke, die sie trugen, sowie die goldenen Kapseln und die purpurverbrämte Toga ihrer Kinder.[320] Während dieser großen Staatstrauer konnte man auch bei den vielen Ausländern, die in Rom wohnten, gruppenweise je nach ihrer Sitte Trauergesänge hören, besonders bei den Juden[321], die sogar viele Nächte hintereinander die Verbrennungsstätte besuchten.

85. Das Volk stürmte unmittelbar von der Leichenfeier mit Fakkeln gegen das Haus des Brutus und Cassius; nur mit Mühe konnten die aufgebrachten Menschen von dort zurückgetrieben werden. Unterwegs ermordeten sie den Helvius Cinna[322], der ihnen gerade entgegen kam, und trugen seinen Kopf auf eine Lanze geheftet in der Stadt herum. Man hielt ihn nämlich durch eine Verwechslung des Namens für den Cornelius Cinna[323], den sie gerade suchen wollten, weil er tags zuvor in einer öffentlichen Versammlung Caesar scharf angegriffen hatte. Später errichtete man auf dem Forum eine fast zwanzig Fuß hohe Säule aus numidischem Marmor[324] mit der Inschrift: „Dem Vater des Vaterlandes!"[325] Lange Zeit noch pflegte

man bei ihr zu opfern, Gelübde abzulegen und gewisse Streitsachen durch einen Eid bei Caesars Namen zu schlichten.

86. Bei manchen der Seinen hinterließ Caesar die Vermutung, er habe nicht länger leben wollen und nicht für sich vorgesorgt, weil er sich zuletzt einer weniger guten Gesundheit erfreute; deshalb habe er auch die Mahnungen der Vorzeichen und die Warnungen seiner Freunde mißachtet. Manche Leute meinen, er habe im Vertrauen auf den oben erwähnten Senatsbeschluß und Eid auch die spanische Leibwache, die ihn bisher mit blankem Schwert überallhin begleitete, entfernt. Andere vermuten wieder im Gegenteil, er habe sich lieber den von allen Seiten drohenden Nachstellungen ein für allemal preisgeben wollen als immer davor auf der Hut sein zu müssen. Wieder andere erzählen, er habe oft gesagt, es sei weniger in seinem als im Interesse des Staates, daß er am Leben bliebe. Er habe bereits Macht und Ruhm im Übermaß erlangt; der Staat werde, wenn ihm etwas zustoßen sollte, keine Ruhe finden und von noch schlimmeren Bürgerkriegen heimgesucht werden.

87. Darin sind sich fast alle vollkommen einig, daß ein solcher Tod ihm beinahe erwünscht gekommen sei. Denn als er einmal bei Xenophon[326] gelesen hatte, daß Cyrus auf seinem Sterbebett einige Anordnungen für seine Bestattung gegeben habe, hatte er seinen Widerwillen gegen ein so langsames Sterben ausgedrückt und sich einen plötzlichen und schnellen Tod gewünscht. Und als am Tag vor seiner Ermordung in der Unterhaltung während des Essens bei Marcus Lepidus[327] die Rede darauf kam, welches Lebensende am erträglichsten sei, hatte er dem plötzlichen und unerwarteten Tod den Vorzug gegeben.

88. Caesar starb im sechsundfünfzigsten Lebensjahr. Er wurde unter die Zahl der Götter aufgenommen, aber nicht nur durch Verkündung eines Beschlusses, sondern auch aus innerer Überzeugung des Volkes. Während der Festspiele, die gleich nach seiner Aufnahme unter die Götter sein Erbe Augustus ihm zu Ehren aufführen ließ, leuchtete sieben Tage lang ein Komet am Himmel, der um die elfte Stunde[328] aufging. Allgemein glaubte man, das sei die Seele des in den Himmel aufgenommenen Caesar; deshalb wird seinem Bildnis immer ein Stern über dem Scheitel hinzugefügt. Die Kurie, in der er

ermordet worden war, wurde nach einem Beschluß verschlossen, und die Iden des März „Tag des Vatermordes“ genannt, und niemals sollte an diesem Tag eine Senatssitzung stattfinden.

89. Von seinen Mördern überlebte ihn kaum einer länger als drei Jahre, und keiner starb eines natürlichen Todes. Nachdem sie alle verurteilt waren, kam der eine auf diese, der andere auf jene Weise um, ein Teil durch Schiffbruch, ein anderer in der Schlacht. Einige nahmen sich mit demselben Dolch, mit dem sie Caesar erstochen hatten, das Leben.

AUGUSTUS

Vieles weist darauf hin, daß das Octavische Geschlecht[1] schon von alters her zu den angesehensten in Velitrae[2] gehörte. Denn schon in grauer Vorzeit wurde dort ein Stadtteil in dem belebtesten Viertel der Octavische genannt und ein Altar gezeigt, den ein Octavius eingeweiht hatte. Dieser war nämlich als Anführer in einem Nachbarkrieg gerade dabei, die heiligen Handlungen für Mars[3] vorzunehmen, als die Botschaft von einem plötzlichen Einfall der Feinde kam. Da riß er die noch halb rohen Eingeweide vom Opferfeuer weg, zerschnitt sie zum Opfermahle und eilte so zur Schlacht, aus der er siegreich zurückkehrte. Auch hatte noch zu Lebzeiten des Augustus ein Gemeindebeschluß bestanden, welcher anordnete, daß auch künftig auf eben dieselbe Weise die Eingeweide dem Mars dargebracht, das übrige Fleisch des Opfertiers aber den Octaviern abgeliefert werden sollte.

2. Dieses Geschlecht, welches vom König Tarquinius Priscus[4] unter die weniger bedeutenden römischen Geschlechter in den Senat aufgenommen und bald darauf von Servius Tullius[5] unter die Zahl der patrizischen versetzt worden war, ging im Laufe der Zeit zum Plebeierstande über und kehrte erst nach einer langen Zwischenzeit durch den vergöttlichten Iulius Caesar[6] wieder zum Patriziat zurück.[7] Der erste dieses Geschlechts, welcher durch Volkswahl ein Staatsamt erhielt, war Gaius Rufus. Als er den Rang eines Quästors erreicht hatte, zeugte er zwei Söhne, Cnaeus und Gaius, von denen die beiden Linien der Octavierfamilie abstammten, deren Schicksal so verschieden verlief. Cnaeus nämlich und seine sämtlichen Nachkommen haben alle die höchsten Staatsämter bekleidet; Gaius dagegen und seine Abkömmlinge verblieben, sei es Zufall oder eigene

Wahl, fortwährend im Ritterstande, bis auf den Vater des Augustus. Der Urgroßvater des Augustus kämpfte im zweiten Punischen Krieg als Tribun in Sizilien unter dem Kommando des Aemilius Papus.[8] Der Großvater begnügte sich, Munizipalämter zu bekleiden, und erreichte gestützt auf ein großes Vermögen in behaglichster Ruhe ein hohes Alter. Doch dies kann man bei anderen lesen. Augustus selbst sagt nichts weiter als daß er von einer alten reichbegüterten Familie aus dem Ritterstande abstamme, in welcher sein Vater der erste Senator gewesen sei. Marcus Antonius[9] wirft ihm vor, sein Urgroßvater sei Freigelassener aus dem Thurinergau[10] und von Beruf Seiler, sein Großvater ein Geldwechsler gewesen. Weiteres habe ich über die Vorfahren des Augustus von väterlicher Seite nicht gefunden.

3. Sein Vater Gaius Octavius besaß von Jugend an großes Vermögen und Ansehen, und ich muß mich daher wundern, daß auch von diesem einige Schriftsteller[11] berichtet haben, er sei ein Geldwechsler, ja sogar einer von denen gewesen, deren Vermittlung man sich beim Stimmenhandel auf dem Marsfeld bediente. Denn von frühester Jugend an im ererbten Besitz eines sehr bedeutenden Vermögens gelangte er selbst nicht nur leicht zu hohen Staatsämtern, sondern verwaltete sie auch vortrefflich. Nach seiner Prätur fiel ihm durch Los Makedonien als Provinz zu, und auf seiner Reise dorthin vernichtete er unterwegs, vom Senat damit in außerordentlicher Mission beauftragt, die letzten Reste der Scharen des Spartacus und Catilina, welche das Thurinische Gebiet besetzt hielten. Seine Provinz verwaltete er ebenso gerecht wie tapfer.[12] Er schlug die Besser und Thraker[13] in einer großen Schlacht. Wie er seine Verbündeten behandelte, geht aus den Briefen des M. Cicero hervor, in denen dieser seinen Bruder Quintus[14], der zur selben Zeit als Statthalter der Provinz Asien nicht gerade den besten Ruf genoß, dringend ermahnt, sich seinen Nachbar Octavius in der Sorge für das Wohl der Bundesgenossen zum Vorbild zu nehmen.

4. Auf seiner Rückkehr von Makedonien ereilte ihn der Tod, noch bevor er sich als Bewerber für das Konsulat melden konnte.[15] Er hinterließ drei Kinder, die ältere Octavia, die er mit der Ancharia, die jüngere Octavia und den Augustus, die er mit der Atia gezeugt hatte.[16] Die Atia war eine Tochter des Marcus Atius Balbus und der

Iulia, der Schwester Gaius Caesars. Balbus stammte von väterlicher Seite aus einem Geschlecht von Aricia[17] und hatte eine große Zahl von Ahnen senatorischen Ranges; von mütterlicher Seite war er ganz nahe verwandt mit Pompeius Magnus.[18] Er bekleidete die Prätur und war dann Mitglied des Kollegiums der zwanzig Männer, welches infolge des Iulischen Gesetzes das kampanische Landgebiet unter das Volk verteilte.[19] Der zuvor erwähnte Antonius jedoch, der auch auf Augustus' mütterliche Abkunft verächtlich herabsieht, wirft ihm vor, sein Urgroßvater sei von afrikanischer Abstammung gewesen und habe bald einen Salbenhandel, bald das Müllerhandwerk zu Aricia betrieben. Cassius von Parma[20] behandelt nun gar den Augustus in einem Brief nicht nur als den Enkel eines Müllers, sondern sogar eines armseligen Pfennigwechslers. Er sagt nämlich: „Deine Mutter war Mehl aus der erbärmlichsten Mühle von Aricia, das der nerulonensische[21] Gassenbankier mit seinen vom Geldwechseln schmutzigen Händen formte."

5. Geboren wurde August unter dem Konsulat des Marcus Tullius Cicero und des Marcus Antonius[22] am 23. September kurz vor Sonnenaufgang im Palatinischen Stadtquartier „Bei den Stierköpfen", wo jetzt ein ihm geweihtes Heiligtum steht, das erst einige Zeit nach seinem Tode errichtet wurde. Wie in den Senatsprotokollen zu lesen ist[23], führte nämlich ein junger Patrizier, Gaius Laetorius, zu seinem Ehebruchsdelikt außer seiner Jugend und Herkunft auch den Umstand beim Senat als strafmildernd an, daß er der Besitzer und sozusagen der Pförtner der heiligen Stelle sei, die der vergöttlichte Augustus zuerst bei seiner Geburt berührt habe, und bat, man möge ihn aus Rücksicht auf diese gleichsam zu seinem Erbe und Eigentum gehörende Gottheit begnadigen[24]; daraufhin wurde der Beschluß gefaßt, diesen Teil des Hauses in ein Heiligtum umzuwandeln.

6. Das Zimmer, in dem Augustus seine früheste Kindheit verbrachte, wird noch jetzt auf dem Landgut seiner Großeltern bei Velitrae[25] gezeigt. Es ist sehr klein, einer Vorratskammer ähnlich, und in der Nachbarschaft glaubt man, daß er hier auch geboren sei. Diesen Raum ohne besonderen Grund und ohne Ehrfurcht zu betreten, gilt als Frevel, und es herrschte ein alter Glaube, daß den Blicken derer, die ihn leichtsinnig betreten, dort Schauriges und Furchtbares

erscheine. Auch wurde dieser Glaube bald bestätigt. Denn als ein neuer Besitzer des Landhauses, sei es zufällig oder aus reinem Wagemut, dort sein Nachtlager genommen hatte, geschah es, daß er nach wenigen Stunden plötzlich durch eine unsichtbare Gestalt hinausgeworfen und halbtot samt seinem Bett vor der Tür gefunden wurde.

7. Dem Kind wurde der Beiname Thurinus gegeben, sei es zur Erinnerung an die Herkunft seiner Ahnen oder weil kurz nach seiner Geburt sein Vater in der Gegend von Thurii gegen die flüchtigen Sklavenhaufen so glücklich gekämpft hatte.[26] Dafür, daß er wirklich den Beinamen Thurinus geführt hatte, vermag ich einen sehr sicheren Beweis beizubringen. Ich habe nämlich ein kleines Bild aus Erz, das ihn als Knaben darstellt, erworben, auf dem mit eisernen, bereits stark verblaßten Buchstaben dieser Name eingeschrieben ist. Dieses Bild, das ich unserem Kaiser[27] schenkte, wird jetzt unter den Laren seines Schlafkabinetts verehrt. Aber auch von Marcus Antonius wird er in den Briefen zum Spott oft Thurinus genannt, worauf er selbst immer nur mit der Bemerkung erwidert, er wundere sich, daß man ihm aus einem früheren Namen einen Schimpf mache. Später nahm er den Beinamen Gaius Caesar und dann den Beinamen Augustus an, den ersteren einer testamentarischen Verfügung seines Großonkels zufolge, den letzteren nach dem Antrag des Senators Munatius Plancus[28], da sich gegen den Vorschlag einiger, daß er gleichsam als zweiter Erbauer Roms den Namen Romulus[29] führen müsse, die Ansicht durchsetzte, ihn lieber Augustus zu nennen, da dieser Name nicht nur ein völlig neuer, sondern auch ungleich erhabener sei, weil ja auch die heiligen Orte, an welchen von den Auguren eine Weihezeremonie vorgenommen wird, „geweihte" (augusta) heißen, von dem Wort „Glücksfülle" (auctus) oder von dem Verhalten oder Fressen der Vögel (avium gestus gustusve), wie auch Ennius mit folgenden Worten lehrt:[30]

> Augusto augurio postquam inclyta condita Roma est.
> (Als das erhabene Rom mit geweihtem Augurium erbaut war).

8. Im fünften Jahr verlor er den Vater; im zwölften hielt er seiner verstorbenen Großmutter Iulia die öffentliche Lobrede.[31] Vier Jahre später[32], nachdem er bereits die Männertoga angelegt hatte, wurde er

bei Caesars afrikanischem Triumph[33] mit militärischen Ehrengeschenken ausgezeichnet, obwohl er seiner Jugend wegen an dem Krieg gar nicht teilgenommen hatte. Dagegen erwarb er sich bald darauf bei seinem Großonkel, als dieser nach Spanien gegen die Söhne des Pompeius[34] zog, große Verdienste, in dem er, von einer schweren Krankheit noch nicht richtig erholt, diesem zu Fuß nachfolgte, mit einer ganz geringen Begleitung, auf Wegen, die von feindlichen Streifen unsicher gemacht wurden; zuvor hatte er obendrein noch einen Schiffbruch erlitten. Außer der bei dieser Reise bewiesenen Tatkraft fand auch sein ihm angeborener Charakter Anerkennung. Als Caesar nach der Unterwerfung Spaniens den Feldzugsplan gegen die Daker und dann gegen die Parther vorbereitete[35], war er nach Apollonia[36] vorausgeschickt worden, wo er sich einstweilen in Muße den Wissenschaften widmete. Als er die Kunde erhielt, daß Caesar ermordet und er von ihm zum Erben eingesetzt sei, schwankte er eine Zeitlang, ob er nicht den Beistand der nächsten Legionen in Anspruch nehmen sollte, verwarf aber diesen Entschluß als übereilt und verfrüht und ging schließlich nach Rom zurück, wo er trotz der Bedenken seiner Mutter und trotz des dringenden Abratens seines Stiefvaters, des Konsularen Marcius Philippus[37], die Erbschaft antrat. Von dieser Zeit an stellte er große Heere auf und herrschte, zuerst mit Marcus Antonius[38] und Marcus Lepidus[39], dann nur noch mit Antonius zwölf Jahre lang und zuletzt vierundvierzig Jahre lang allein über die Republik.

9. Nachdem ich eine Zusammenfassung seines Lebens gegeben habe, will ich nun die einzelnen Abschnitte gesondert und nicht chronologisch, sondern nach der inneren Zusammengehörigkeit ausführlich behandeln, da sich nur so mehr Klarheit darüber gewinnen läßt. Er hat fünf Bürgerkriege geführt, den Mutinensischen, Philippischen, Perusinischen, Sizilischen und Aktischen; den ersten und letzten gegen Marcus Antonius, den zweiten gegen Brutus und Cassius, den dritten gegen Lucius Antonius, den Bruder des Triumvirs, den vierten gegen Sextus Pompeius, den Sohn des Cnaeus.[40]

10. Anlaß und Ursache aller Kriege führte er darauf zurück, daß es vor allem seine Pflicht sei, den Tod seines Großonkels zu rächen und alle dessen Einrichtungen aufrecht zu erhalten; und so beschloß er

denn zuerst, gleich nachdem er aus Apollonia nach Rom zurückgekommen war, den Brutus und Cassius[41] mit Gewalt, noch ehe sie etwas ahnten, dann – als sie sich der vorausgesehenen Gefahr durch die Flucht entzogen hatten – auf dem Wege der Gesetze anzugreifen und sie in Abwesenheit des Mordes anzuklagen. Zunächst gab er selbst die Spiele[42] für Caesars Sieg, da diejenigen, welche dazu amtlich verpflichtet waren, es nicht zu tun wagten. Und um auch alles übrige noch energischer durchsetzen zu können, meldete er sich als Bewerber um die Stelle eines eben verstorbenen Volkstribunen[43], obschon er Patrizier und noch nicht Senator war.[44] Da sich jedoch der Konsul Marcus Antonius, von dem er gerade eine besondere Unterstützung erhofft hatte, seinem Vorhaben widersetzte und ihm in jedem Falle nicht einmal zum gewöhnlichsten allgemeinen Recht verhalf, es sei denn auf Grundlage einer Vereinbarung gegen hohe Geldsummen, ging er zur Partei der Optimaten[45] über. Er merkte nämlich, daß Antonius bei ihnen verhaßt war, besonders weil er Decimus Brutus[46] in Mutina[47] belagerte und ihn mit Waffengewalt aus der Provinz, welche Caesar ihm verliehen, und in deren Kommando ihn der Senat bestätigt hatte, zu vertreiben suchte. Er setzte also, auf Zureden von Parteigenossen, Meuchelmörder gegen ihn an, und als der Anschlag entdeckt wurde, brachte er aus Furcht vor den Folgen zu seinem eigenen Schutze und dem der Republik mit den größten Geldgeschenken die Veteranen auf seine Seite. Er erhielt darauf ein proprätorisches Kommando über dieses Heer und den Auftrag, mit Hirtius[48] und Pansa[49], welche das Konsulat übernommen hatten, dem Decimus Brutus zu Hilfe zu eilen. Den ihm aufgetragenen Krieg beendete er binnen drei Monaten durch zwei Schlachten. In der ersten ergriff er, wie Antonius berichtet, die Flucht und kam erst nach zwei Tagen ohne Feldherrnmantel und Pferd wieder zum Vorschein. Dagegen steht es hinreichend fest, daß er in der folgenden nicht nur als Feldherr, sondern auch als Soldat seine Pflicht tat, und daß er sogar mitten im Kampf dem schwer verwundeten Adlerträger seiner Legion den Adler abnahm und ihn lange auf seinen Schultern trug.

11. Da in diesem Krieg Hirtius während der Schlacht, Pansa einige Zeit darauf an seiner Verwundung starb, ging das Gerücht, beide

seien auf sein Anstiften getötet worden, damit, wenn Antonius geschlagen und die Republik ihrer beiden Konsuln beraubt sei, er als alleiniger Sieger drei Heere unter seinem Befehl vereinen könnte. Pansas Tod erregte in der Tat solchen Verdacht, daß sein Arzt Glyko gefangen genommen wurde, weil er angeblich die Wunde vergiftet habe. Aquilius Niger[50] berichtet außerdem noch, der andere Konsul Hirtius sei von Octavius selbst im Getümmel der Schlacht getötet worden.

12. Wie er nun aber erfuhr, daß Antonius nach seiner Flucht im Lager des Lepidus Aufnahme gefunden hätte und die übrigen Feldherren und Heere auf seine Seite getreten seien, verließ er, ohne lange zu zögern, die Partei der Optimaten, indem er als Vorwand für seinen Sinneswandel die Handlungen und Worte gewisser Leute in ihrem wahren Sachverhalt verdrehte, wie etwa, daß die einen ihn einen Knaben genannt, andere geäußert hätten, man müsse ihn erst zu Ehren kommen lassen und ihn dann nach „oben" schaffen[51], und daß weder ihm noch seinen Veteranen die angemessene Dankbarkeit entgegengebracht worden sei. Und um zu beweisen, wie sehr es ihn reue, sich der früheren Partei angeschlossen zu haben, legte er den Einwohnern der Stadt Nursia[52] eine ungeheure Geldstrafe auf und als sie nicht imstande waren diese zu bezahlen, vertrieb er sie aus der Stadt, weil sie den bei Mutina gefallenen Bürgern auf Stadtkosten ein Grabdenkmal mit der Aufschrift errichtet hatten: „Sie fielen für die Freiheit."

13. Nachdem er sich mit Antonius und Lepidus verbündet hatte[53], beendigte er, trotz seiner Krankheit und Körperschwäche auch den Philippischen[54] Krieg durch eine Doppelschlacht. Im ersten Treffen mußte er sein Lager aufgeben und konnte sich nur mit Mühe zum Flügel des Antonius flüchten. Im Anschluß an seinen Sieg war er alles andere als maßvoll. Das Haupt des Marcus Brutus schickte er nach Rom, um es vor die Bildsäule Caesars werfen zu lassen. Gegen die vornehmsten Gefangenen wütete er und stieß die schlimmsten Beleidigungen aus. Ja es heißt, er habe einem, der ihn auf den Knien um ein ordentliches Begräbnis bat, die Antwort gegeben: „Dafür würden schon die Vögel sorgen!" Von anderen, Vater und Sohn, die um ihr Leben flehten, habe er verlangt, durch Los oder durch Mor-

raspiel[55] entscheiden zu lassen, welcher von den beiden weiterleben dürfe. Vor seinen Augen habe er beide sterben sehen, da, als der Vater sich freiwillig dem Henker ausgeliefert hatte, auch der Sohn in den Freitod ging. Daher überhäuften ihn auch die übrigen, unter ihnen Marcus Favonius[56], jener Anhänger Catos[57], als sie gefesselt vorgeführt wurden, in aller Öffentlichkeit mit den wildesten Beschimpfungen, den Antonius grüßten sie aber mit Achtung. Als nach dem Sieg die Kompetenzbereiche aufgeteilt wurden, übernahm Antonius die Verwaltung des Orient, er selbst die Rückführung der Veteranen nach Italien und die Zuteilung von Ländereien aus Munizipalbesitz an sie. Dabei machte er sich weder bei den Veteranen noch bei den Grundbesitzern beliebt, da diese klagten, daß man sie von ihrem Grund und Boden vertreibe[58], jene aber, daß sie nicht entsprechend der in Aussicht gestellten Belohnung behandelt würden.

14. Um dieselbe Zeit zwang er den Lucius Antonius, der im Vertrauen auf das Konsulat, welches er bekleidete, und auf die Macht seines Bruders Unruhen anzettelte, sich nach Perusia[59] zu flüchten und brachte ihn durch Hunger zur Übergabe, geriet jedoch selbst sowohl vor als während des Krieges in große Gefahr.[60] Als er nämlich bei einem Schauspiel einen gemeinen Soldaten, der auf den Ritterbänken[61] seinen Platz genommen hatte, durch einen Polizeidiener[62] wegschaffen ließ und seine Gegner das Gerücht verbreiteten, er habe den Mann unmittelbar darauf unter Martern hinrichten lassen, fehlte nicht viel, daß er bei dem Auflauf der erbosten Soldateska getötet worden wäre. Sein Glück war, daß der Vermißte plötzlich heil und gesund zum Vorschein kam. In der Nähe der Stadtmauern von Perusia wäre er aber beinahe, als er ein Opfer vollzog, von einer Schar von Gladiatoren gefangen worden, welche gerade aus der Stadt einen Ausfall gemacht hatten.

15. Nach der Einnahme von Perusia ließ er sehr viele hinrichten, wobei er die, welche Verzeihung zu erbitten oder Entschuldigungen vorzubringen wagten, immer nur mit dem einen Wort unterbrach: „Es muß gestorben werden.“ Einige berichten: er habe von denen, die sich ergeben hatten, dreihundert aus dem Ritter- und Senatorenstande auslesen und sie an einem dem vergöttlichten Iulius errichteten Altar am 15. März wie Opfertiere schlachten lassen. Es hat sogar

einige gegeben, die erzählten, dieses ganze Kriegsunternehmen sei ein abgekartetes Spiel gewesen, damit sich die heimlichen Gegner und alle, die mehr aus Furcht als aus gutem Willen sich ruhig verhielten, im Vertrauen auf einen Anführer wie Lucius Antonius, bloßstellen und er in die Lage versetzt würde, mit den konfiszierten Gütern der Besiegten seinen Veteranen die versprochenen Belohnungen auszuzahlen.

16. Einer der ersten Kriege, die Augustus begann, war der Sizilische.[63] Dieser schleppte sich aber mit mehreren Unterbrechungen lange hin, bald weil die Flotten erneuert werden mußten, von denen er zwei durch Sturm und Schiffbruch[64], und zwar mitten im Sommer, verloren hatte, bald weil er Frieden schließen mußte[65], da das Volk wegen der abgeschnittenen Zufuhren und der steigenden Hungersnot danach heftig verlangte. Schließlich ließ er, nachdem er neue Schiffe gebaut und zwanzigtausend Sklaven freigelassen und sie als Ruderer verpflichtet hatte, den Iulischen Hafen bei Baiae anlegen, indem er den Lukriner- und Avernersee mit dem Meer verband.[66] Hier übte er mit seiner Flotte den ganzen Winter hindurch und schlug dann den Pompeius zwischen Myle und Naulochus.[67] Um die Stunde der Schlacht überfiel ihn plötzlich ein so tiefer Schlaf, daß ihn seine Freunde aufwecken mußten, um das Zeichen zum Kampfe zu geben. Dies hat, wie ich glauben möchte, dem Antonius den Grund für den Vorwurf geliefert, er habe nicht einmal mit festem Auge die geordnete Schlachtreihe anzuschauen vermocht, sondern sei auf dem Rücken, den Blick gegen den Himmel gerichtet, stumpfsinnig dagelegen und nicht eher aufgestanden und seinen Soldaten vor die Augen getreten, als bis die feindlichen Schiffe von Marcus Agrippa[68] völlig in die Flucht geschlagen worden seien. Andere beschuldigen ihn seiner Worte und Taten, da er angeblich nach dem Verlust seiner Flotten im Sturmwetter ausgerufen habe, er werde auch gegen den Willen Neptuns[69] siegen, und er am nächstfolgenden Tag der Zirkusspiele das Bild des Gottes beim feierlichen Festzug nicht mitgenommen habe. Auch ist es nicht so von ungefähr, daß er in diesem Kriege mehr und größere Gefahren zu bestehen hatte, als in irgendeinem anderen. So wurde er bei der Landeoperation seines Heeres in Sizilien[70], als er zu dem noch auf dem Festland verbliebenen Teil

seiner Truppen zurückkehrte, ganz unversehens von Demochares und Apollophanes, den Unterbefehlshabern des Pompeius, mit überlegener Macht überfallen und entkam ihnen nur mit knapper Not auf einem einzigen Schiff. Ein andermal, als er bei Lokri[71] vorbei zu Fuß nach Rhegium[72] ging und beim Anblick Pompeianischer Zweiruderer, die dicht an der Küste vorbeisegelten und die er für die seinigen hielt, zum Ufer hinabstieg, wurde er beinahe gefangen genommen. Bei seiner Flucht auf unwegsamen Pfaden versuchte ihn damals auch ein Sklave seines Begleiters Aemilius Paulus zu ermorden. Dieser konnte es nämlich nicht verschmerzen, daß der Vater Paulus einst von ihm gerächt worden war, und sah nun eine günstige Gelegenheit für seine Rache kommen.[73] – Nach der Flucht des Pompeius nahm er dem einen seiner beiden Kollegen, dem Lepidus[74], den er aus Afrika zu Hilfe gerufen hatte und der nun im Vertrauen auf seine zwanzig Legionen überheblich wurde und mit heftigen Drohungen eine führende Stellung für sich im Staat beanspruchte, das Heer ab, schenkte ihm aber auf sein demütiges Bitten das Leben und verbannte ihn für immer nach Circei.[75]

17. Die Verbindung mit Marcus Antonius, die stets schwankend und unsicher gewesen und durch verschiedene Verständigungsversuche nur schlecht wiederhergestellt worden war[76], brach er endlich vollständig ab. Und um zu beweisen, wie sehr dieser von römischem Wesen entartet sei, ließ er dessen in Rom zurückgelassenes Testament, in welchem er sogar die Kinder der Kleopatra zu Erben eingesetzt hatte, aufbrechen und in öffentlicher Versammlung vorlesen. Nachdem dieser zum Staatsfeind erklärt worden war, gab er allen Freunden und Verwandten des Antonius die Möglichkeit, sich von diesem zu distanzieren, so unter anderen sogar dem Gaius Sosius[77] und dem Cnaeus Domitius[78], die damals noch Konsuln waren. Weil die Einwohner von Bononia[79] von alters her in der Klientel der Antonier standen, erließ er ihnen sogar öffentlich den Eid, mit welchem ganz Italien für seine Sache Treue schwören mußte. Nicht lange darauf siegte er in der Seeschlacht bei Actium[80], wo der Entscheidungskampf bis in die Nacht dauerte, so daß der Sieger auf dem Schiff übernachten mußte. Kaum hatte er sich von Actium nach Samos[81] in die Winterquartiere begeben, da wurde er durch die

Botschaft beunruhigt, Soldaten, die er nach seinem Sieg aus allen Legionen zu einer Einheit zusammengestellt und nach Brundisium[82] vorausgeschickt hatte, seien im Aufstand und forderten Belohnungen und Entlassung aus dem Militärdienst. Er eilte daraufhin nach Italien zurück. Auf seiner Überfahrt hatte er zweimal mit schwerem Sturmwetter zu kämpfen; zuerst zwischen den Vorgebirgen der Peloponnes[83] und Ätoliens[84] und dann wieder bei den Keraunischen Gebirgen[85], – und beide Male ging ein Teil seiner Galeeren zugrunde und diejenige, an deren Bord er sich befand, verlor Takelage und Steuerruder. In Brundisium blieb er nicht länger als siebenundzwanzig Tage bis er die Anliegen der Soldaten geregelt hatte; dann ging er auf einem Umweg über Kleinasien und Syrien nach Ägypten und eroberte nach kurzer Belagerung Alexandria[86], wohin Antonius mit Kleopatra[87] geflüchtet war. Den Antonius, der zu spät um Friedensverhandlungen nachgesucht hatte, trieb er in den Selbstmord und fand ihn nur noch tot vor. Die Kleopatra, die er gar zu gern für seinen Triumph lebend haben wollte, brachte er zu Psyllern[88], die das Gift aussaugen sollten, weil man glaubte, daß sie an dem Biße einer Natter gestorben sei. Beiden erwies er die Ehre, zusammen bestattet zu werden und das Grabmal, das sie für sich selbst zu erbauen angefangen hatten, ließ er vollenden. Den jungen Antonius, den älteren der beiden von Fulvia geborenen Söhne, ließ er von der Bildsäule des vergöttlichten Caesars, wohin sich jener nach vielen vergeblichen Bitten geflüchtet hatte, herunterreißen und töten. Ebenso ließ er den auf der Flucht ergriffenen Caesarion hinrichten, von dem Kleopatra stolz behauptete, er sei ihr Sohn von Caesar.[89] Die übrigen Kinder des Antonius und der Kleopatra ließ er, als wären sie seine eigenen Verwandten, nicht nur am Leben, sondern ließ ihnen auch bald, jedem den Umständen entsprechend, Unterhalt und Förderung angedeihen.

18. Um dieselbe Zeit nahm Augustus den Sarg und die Leiche Alexanders des Großen in Augenschein, die er aus ihrer Gruft heben und vor sich hatte bringen lassen, und bezeigte seine Verehrung, indem er ihm eine goldene Krone aufsetzte und mit Blumen bestreute.[90] Auf die Frage aber, ob er vielleicht auch das Ptolemaion[91] anzuschauen wünsche, gab er zur Antwort, einen König, nicht Lei-

chen habe er zu sehen gewünscht. Um Ägypten, das er in eine römische Provinz[92] umgewandelt hatte, noch fruchtbarer und ergiebiger für den Kornbedarf Roms zu machen, ließ er alle Bewässerungskanäle, in welche der Nil einströmt, weil sie wegen ihres hohen Alters verschlammt waren, durch seine Soldaten reinigen. Und damit das Gedenken an seinen Sieg bei Actium auch von der Nachwelt besonders gefeiert werde, gründete er bei Actium die Stadt Nikopolis[93], stiftete dort Festspiele, welche alle fünf Jahre abgehalten werden sollten, ließ den alten Tempel des Apollo erweitern und weihte den Platz, an dem sein Lager gestanden hatte, nachdem er ihn mit Schiffstrophäen ausgeschmückt hatte, dem Neptun und Mars zum Heiligtum.

19. Danach unterdrückte er zu verschiedenen Zeiten Umsturzversuche bereits in der Entstehungsphase und zahlreiche Verschwörungen, die, noch ehe sie sich ausbreiten konnten, aufgedeckt wurden, so z.B. die des jungen Lepidus[94], dann die des Varro Murena und des Fannius Caepio[95], bald darauf die des Marcus Egnatius[96], sodann die des Plautius Rufus[97] und des Lucius Paullus[98], des Mannes seiner Enkelin.[99] Ferner die Verschwörung[100] des Lucius Audasius, der wegen Testamentsfälschung angeklagt und obendrein aufgrund seines hohen Alters und seiner körperlichen Verfassung nicht mehr ganz bei Verstand war; desgleichen die des Asinius Epicadus, eines halben Ausländers, dessen Familie aus dem Parthinischen[101] stammte, endlich gar das Unternehmen des Telephus, eines Sklaven, der bei einer vornehmen Frau Nomenklator[102] war; denn auch an Verschwörungen und Gefahren von seiten der Menschen niedrigsten Standes sollte es ihm nicht fehlen. Audasius und Epicadus hatten vor, seine Tochter Iulia und seinen Enkel Agrippa von den Inseln[103], auf denen sie festgehalten wurden, gewaltsam zu den Heeren zu entführen; Telephus, der die Herrschaft durch eine Prophezeiung für sich bestimmt glaubte, hatte beabsichtigt, ihn selbst und den Senat anzugreifen. Ja, einmal wurde sogar bei Nacht dicht bei seinem Schlafgemach ein Marketender vom illyrischen Heer, der die Türwächter zu täuschen gewußt hatte, mit einem Jagdmesser an der Seite ergriffen; ob der Mensch wahnsinnig gewesen sei oder sich nur so gestellt habe, bleibt ungewiß; denn auch mit der Folter konnte man aus ihm nichts herausbringen.

20. Auswärtige Kriege hat Augustus in eigener Person überhaupt nur zwei geführt, den Dalmatischen[104], als er noch ein junger Mann war, und nach dem Sieg über Antonius den Kantabrischen.[105] Im Dalmatischen wurde er sogar verwundet, in der einen Schlacht, als er von einem Stein am rechten Knie getroffen wurde, und in einer anderen, als er sich beim Einsturz einer Brücke einen Schenkel und beide Arme verletzte. Die übrigen Kriege ließ er durch seine Unterfeldherren führen, doch so, daß er bei einigen, den Pannonischen und Germanischen, entweder selbst zeitweise einschritt oder sich doch nicht weit vom Kriegsschauplatz aufhielt, indem er sich von Rom aus bald nach Ravenna[106], bald bis nach Mailand oder Aquileia[107] begab.

21. Unterworfen hat er teils persönlich, teils unter seinen Auspizien Kantabrien[108], Aquitanien[109], Pannonien[110], Dalmatien[111] mit ganz Illyrien, ebenso Rätien[112] und die Vindeliker[113] und Salasser[114], zwei Alpenvölker. Ferner bot er den Einfällen der Daker[115] Einhalt, von denen er eine große Anzahl von Truppen zusammen mit drei Heerführern tötete, und drängte die Germanen bis über die Elbe zurück[116]; von diesen führte er die Sueben und Sigambrer, die sich ergaben, nach Gallien und siedelte sie in den an den Rhein grenzenden Landstrichen an.[117] Auch andere unruhige Völkerschaften brachte er zum Gehorsam zurück. Jedoch bekriegte er ein Volk nur, wenn ein gerechter und unvermeidbarer Grund vorlag, und war überhaupt von dem Bestreben bei jeder sich bietenden Möglichkeit, das Reich oder seinen Kriegsruhm zu mehren, so weit entfernt, daß er vielmehr von einigen Barbarenfürsten im Tempel des rächenden Mars den Schwur abzulegen verlangte: daß sie Frieden und Freundschaft, um welche sie baten, auch halten wollten, und von anderen sogar als eine neue Art von Geiseln Frauen zu erhalten versuchte, weil er die Erfahrung machte, daß die Barbaren sich um ihre männlichen Geiseln nicht viel kümmerten; – und doch gab er ihnen allen immer die Möglichkeit, die Geiseln nach Belieben wieder auszulösen. Selbst über Völker, die sich wiederholt oder in einer besonders wortbrüchigen Weise erhoben, verhängte er nie eine härtere Strafe, als daß er die von ihnen, welche in Kriegsgefangenschaft gerieten, mit der Bestimmung in die Sklaverei verkaufte, daß sie nicht in der

Nähe ihres Vaterlandes als Sklaven dienen und innerhalb dreißig Jahren nicht freigegeben werden durften. Durch den Ruf solcher Menschlichkeit und maßvollen Verhaltens bewog er selbst die Inder und Skythen[118], Völker, die man bis dahin bloß vom Hörensagen kannte, ohne jede Veranlassung durch Gesandte um seine und des römischen Volkes Freundschaft nachzusuchen. Auch die Parther[119] überließen ihm nicht nur auf seinen Anspruch bereitwillig Armenien[120], sondern gaben auch die Feldzeichen, welche sie dem Marcus Crassus[121] und Marcus Antonius[122] abgenommen hatten, auf seine Forderung wieder heraus und boten obendrein Geiseln an; ja sie gingen so weit, daß sie unter den mehrfachen Bewerbern um den parthischen Thron nur den von ihm erkorenen anerkannten.

22. Den Ianus Quirinus, der seit Gründung der Stadt vor seiner Zeit nur zweimal geschlossen worden war, schloß er innerhalb eines viel kürzeren Zeitraumes dreimal, nachdem er zu Land und auf dem Meer den Frieden hergestellt hatte.[123] Im kleinen Triumph zog er zweimal in die Stadt ein, das erste Mal nach dem Philippischen, dann wieder nach dem Sizilischen Krieg. Große Triumphe hat er drei gehalten, den Dalmatischen, Aktischen und Alexandrinischen, von denen jeder drei Tage lang dauerte.

23. Schwere Schlappen und Niederlagen erlitt Augustus überhaupt nur zwei und beide in keinem anderen Land als Germanien, nämlich die des Lollius[124] und die des Varus.[125] Bei der Lollianischen war die Schande größer als der tatsächliche Verlust, die Varianische dagegen war fast vernichtend für das Reich, indem drei Legionen mit dem Oberbefehlshaber, den Unterfeldherren und sämtlichen Hilfstruppen untergingen. Als er diese Nachricht erhalten hatte, ließ er die ganze Stadt durch Wachmannschaften besetzen, damit kein Aufruhr entstehe, und verlängerte sämtlichen Provinzialstatthaltern ihr Kommando, um durch erfahrene und mit den örtlichen Verhältnissen vertraute Männer die Bundesgenossen des Reiches in Gehorsam zu halten. Zugleich gelobte er dem besten und höchsten Jupiter große Spiele, wenn er den Staat wieder in einen besseren Zustand versetzt hätte, wie das im Kimbrischen[126] und Marsischen[127] Kriege gleichfalls geschehen war. Ja, es heißt, seine Niedergeschlagenheit sei so groß gewesen, daß er monatelang Haupthaar und Bart wachsen

ließ und wiederholt den Kopf mit dem Ausruf gegen die Türen stieß: „Quinctilius Varus, gib die Legionen zurück!" und daß er den Jahrestag der Niederlage stets als einen Klage- und Trauertag begangen hat.

24. Im Heerwesen traf er mannigfache Änderungen und neue Einrichtungen, sowie er auch auf manchen alten Brauch zurückgriff. Die Disziplin handhabte er aufs strengste. Selbst ein Legat erhielt nur unter besonderen Umständen und erst in den Wintermonaten von ihm die Erlaubnis, seine Frau zu besuchen. Einen römischen Ritter verkaufte er als Sklaven und ließ seine Güter öffentlich versteigern, weil dieser seinen beiden heranwachsenden Söhnen, um sie dem Kriegsdienst zu entziehen, die Daumen verstümmelt hatte. Da er jedoch sah, daß zu befürchten war, daß die Steuerpächter[128] ihn kauften, schlug er ihn einem seiner Freigelassenen zu, damit ihn dieser aufs Land schicke und ihn dort wie einen Freien leben lasse. Die ganze zehnte Legion, welche nur widerwillig gehorcht hatte, entließ er mit Schimpf und Schande aus dem Dienst und andere Legionen, welche in ungeziemender Weise ihre Entlassung gefordert hatten, verabschiedete er ohne die üblichen Belohnungen für ausgediente Soldaten. Kohorten[129], welche vor dem Feind gewichen waren, dezimierte er und ließ ihnen nur Gerste als Verpflegung.[130] Zenturionen[131], die ihren Posten verlassen hatten, strafte er wie ganz gemeine Soldaten mit dem Tode. Für andere Arten von Vergehen belegte er sie mit verschiedenen beschämenden Strafen, wie etwa einen ganzen Tag über vor dem Feldherrnzelt zu stehen, manchmal in der Tunica und ohne Gürtel, zuweilen auch mit einer Meßstange oder auch mit einem Rasenstück in der Hand.

25. Auch nannte er nach den Bürgerkriegen nie irgendwelche Truppenangehörige Kameraden, weder auf Versammlungen noch in schriftlichen Erlassen, sondern einfach „Soldaten" und duldete nicht, daß sie von seinen Söhnen und Stiefsöhnen[132], wenn sie das Kommando hatten, anders bezeichnet wurden, weil er der Ansicht war, daß darin eine größere Schmeichelei lag als es die Militärdisziplin oder die gegenwärtige ruhige politische Lage oder seine und seines Hauses Würde erforderten. Außer für den Dienst in Rom selbst bei Feuersbrünsten und wenn man bei teueren Kornpreisen Unruhen

befürchtete, nahm er nur zweimal in seinem Leben Freigelassene als Soldaten: einmal zum Schutz der an Illyrien grenzenden Kolonien und das zweite Mal zur Absicherung des Rheinufers.[133] Er setzte sie, ehemalige Sklaven reicher Männer und Frauen, die in aller Eile freigelassen wurden, im Kampf als erste Abteilung ein, hielt sie getrennt von den freigeborenen Soldaten und gab ihnen auch nicht dieselbe Bewaffnung. An militärischen Auszeichnungen verlieh er viel lieber Brustschmuck, Halsketten und sonstige Geschenke aus Gold und Silber als Wall- oder Mauerkronen[134], welche einen ungleich höheren Ehrenwert hatten. Diese vergab er überaus sparsam, ohne jede berechnende Absichten, und deshalb oft auch gemeinen Soldaten. Dem Marcus Agrippa[135] verlieh er wegen seines Seesieges bei Sizilien eine blaue Fahne. Nur den Feldherren, welche bereits selbst Triumphe gefeiert hatten, glaubte er, obschon sie seine Feldzüge mitgemacht und seine Siege miterkämpft hatten, keine Auszeichnungen zukommen lassen zu dürfen, da sie selbst einmal das Recht besessen hätten, diese nach ihrem Belieben zu verleihen. Seine Ansicht war, daß nichts weniger zu einem vollkommenen Feldherrn passe als Übereilung und Verwegenheit. Daher waren seine Lieblingssprüche:

> „Eile mit Weile"
> „Besser ist ein wohlbedächtiger, als ein kühner Feldherr"[136]

sowie

> „Schnell genug geschieht was ordentlich geschieht!"

Auf eine Schlacht oder einen Krieg solle man sich nur dann einlassen, wenn die Hoffnung auf Gewinn offensichtlich größer sei, als die Furcht vor Verlust. „Denn", pflegte er zu sagen, „die, welche einen ganz kleinen Gewinn nicht auch mit nur einem sehr geringen Risiko zu erreichen suchen, glichen denen, die mit einem goldenen Angelhaken fischten. Wenn dieser abreißt, könnte nämlich der Schaden durch keinen Fang ausgeglichen werden.

26. An Magistratsämtern und Ehrenstellen bekleidete Augustus einige vor der gesetzlichen Zeit[137], einige von ganz neuer Art und auf Lebenszeit. Des Konsulats bemächtigte er sich schon im Alter von zwanzig Jahren[138], indem er seine Legionen wie ein Staatsfeind bis in

die Nähe der Stadt heranführte und Abgeordnete sandte, die es für ihn im Namen der Armee fordern mußten. Als der Senat nun Bedenken zeigte, warf der Zenturio Cornelius, der Leiter der Delegation, seinen Mantel zurück, zeigte auf den Griff seines Schwertes und sagte entschlossen: „Dieser wird es tun, wenn ihr es nicht tut." Das zweite Konsulat bekleidete er neun Jahre später, das dritte nach einem Jahr Unterbrechung, die folgenden alle hintereinander bis zum elften.[139] Nachdem er dann viele abgeschlagen hatte, obwohl sie ihm angetragen wurden, bewarb er sich nach einem großen Zwischenraum von siebzehn Jahren um das zwölfte und zwei Jahre darauf um das dreizehnte[140], um im angesehensten Staatsamt seine Söhne Gaius und Lucius[141] bei ihrem ersten Auftreten als Volljährige aufs Forum führen zu können. Die fünf mittleren Konsulate, vom sechsten bis elften, bekleidete er das ganze Jahr lang, die übrigen teils neun, teils auch nur sechs, vier und drei Monate, das zweite sogar nur einige Stunden lang. Denn kaum hatte er am ersten Januar vor dem Tempel des Kapitolinischen Jupiter eine Zeitlang auf dem kurulischen Stuhl den Vorsitz geführt, legte er sein Ehrenamt nieder und ernannte einen Stellvertreter. Auch trat er nicht alle Konsulate zu Rom an, sondern das vierte in Asien, das fünfte auf der Insel Samos[142], das achte und neunte zu Tarraco.[143]

27. Das Triumvirat zur Neugestaltung der Staatsverfassung bekleidete er zehn Jahre lang.[144] Hier widersetzte er sich zwar geraume Zeit seinen Kollegen, Proskriptionen[145] durchzuführen; als man sie aber einmal begonnen hatte, übte er sie härter als die beiden anderen. Denn während sie häufig bei manchen Persönlichkeiten ein Ohr für Gnade und Bitten hatten, bestand er allein darauf, daß keiner geschont werde; ja, er ächtete selbst seinen Vormund Gaius Toranius, der zusammen mit seinem Vater Octavius Ädil gewesen war. Iunius Saturninus erzählt außerdem noch: „Als nach Beendigung der Proskriptionen sich Marcus Lepidus[146] im Senat für das Vergangene entschuldigt und Hoffnung auf Milde für die Zukunft gemacht hatte, weil schon genug gestraft worden sei, habe Augustus im Gegensatz dazu erklärt, daß er ein Maßhalten bei den Proskriptionen nur insoweit zugestanden habe, als er sich dadurch eine völlig freie Hand für die Zukunft bewahre." Aus Reue über sein hartnäckiges

Verhalten verlieh er aber später dem Titus Vinius Philopoemen, weil er einst seinen geächteten Patron versteckt haben soll, die Ritterwürde.[147] Gerade in der Zeit seiner Triumviratsgewalt zog er vielfachen Haß auf sich. So ließ er bei einer Rede vor seinen Soldaten, zu der auch eine Schar Zivilisten zugelassen war, den römischen Ritter Pinarius, als ihm aufgefallen war, daß sich dieser Notizen gemacht hatte, als einen Spitzel und Spion auf der Stelle niedermachen. Den Tedius Afer, der bereits zum Konsul gewählt war, versetzte er durch seine Drohungen, weil dieser mit einer boshaften Äußerung eine seiner Handlungen kritisiert hatte, in einen solchen Schrecken, daß er sich in den Tiber stürzte. Den Prätor Quintus Gallius, der zu Ehren des Octavius seine Aufwartung machte und von seinem Kleid verdeckt eine zweiseitige Schreibtafel[148] hielt, verdächtigte er, ein Schwert zu verbergen. Er traute sich nicht sogleich eine Untersuchung vorzunehmen, weil ja auch etwas anderes gefunden werden könnte, ließ ihn aber nach einiger Zeit von Zenturionen und Soldaten von seinem Richterstuhl zerren, wie einen Sklaven auf die Folter spannen und, obwohl er nichts gestand, töten, nachdem er ihm zuvor mit eigener Hand die Augen ausgestochen hatte.[149] Er selbst stellt jedoch die Sache so dar, als habe jener auf einer von ihm eigens erbetenen Audienz ihn angegriffen, sei dafür von ihm ins Gefängnis geworfen, später wieder freigelassen und aus Rom verbannt worden und schließlich zur See oder durch Straßenräuber umgekommen.

Die tribunizische Gewalt übernahm er auf Lebenszeit[150]; zweimal jedoch und zwar jedesmal auf fünf Jahre, wählte er sich einen Amtsgehilfen.[151] Gleichfalls auf Lebenszeit übernahm er das Aufsichtsamt über Sitten und Gesetze, und kraft desselben hielt er, ohne den Ehrentitel eines Zensors zu führen, dreimal den Zensus des Volkes ab, das erste und dritte Mal mit einem Kollegen, das zweite Mal allein.

28. An eine Wiederherstellung der Republik hat er zweimal gedacht. Das erste Mal sogleich nach der Unterwerfung des Antonius, als er sich daran erinnerte, daß ihm von diesem des öfteren vorgeworfen worden war, es liege nur an ihm, daß die Republik nicht wiederhergestellt werde[152], das zweite Mal aus Unmut über eine langwierige Krankheit[153], als er sogar die höchsten Beamten und den

Senat zu sich in sein Haus kommen ließ und ihnen das Staatshaushaltsbuch[154] übergab. Die Erwägung jedoch, daß er sowohl als Privatmann nicht mehr ohne Gefahr würde leben können als auch der Staat dem Regiment einer Clique überlassen werden würde, bestärkten ihn in seinem Entschluß, das Ruder in der Hand zu behalten; und es ist nicht leicht zu sagen, ob ihm mehr der Erfolg als der gute Wille recht gab. Diesen guten Willen brachte er zum wiederholten Male zum Ausdruck und bezeugte ihn auch in einem Edikt mit folgenden Worten: „Es möge mir vergönnt sein, die Republik heil und sicher auf ihrer Grundlage zu verankern und dafür den Lohn zu erhalten, den ich erstrebe, nämlich als der Schöpfer der besten Verfassung bezeichnet zu werden und im Sterben die Hoffnung mit mir ins Grab zu nehmen, daß die von mir gelegten Grundlagen der Republik fest auf ihrem Stand bleiben werden." Und in der Tat machte er sich diesen Wunsch zu eigen, indem er sich auf jede nur erdenkliche Weise anstrengte, daß niemand mit der neuen Lage der Dinge unzufrieden sein solle.

Die Hauptstadt, die nicht der Würde ihrer Herrschaft entsprechend ausgestattet war und die vielfach von Überschwemmungen und Feuersbrünsten heimgesucht wurde[155], verschönerte er dermaßen, daß er sich mit Recht rühmen durfte, er habe eine Stadt aus Marmor hinterlassen, eine Stadt, die er aus Ziegel übernommen habe. Für ihre Sicherheit auch in der Zukunft tat er alles nur menschenmögliche.

29. Augustus errichtete sehr viele öffentliche Bauwerke, von denen die bedeutendsten etwa das Forum[156] mit dem Tempel des rächenden Mars[157], der Apollotempel[158] auf dem Palatinhügel und der Tempel des donnernden Jupiter[159] auf dem Kapitol sind. Zur Erbauung des Forums bewog ihn die große Zahl von Menschen und Gerichtsverhandlungen, für die ein drittes Forum notwendig schien, da die vorhandenen zwei nicht ausreichten. Es wurde daher etwas eilig und noch vor Vollendung des Marstempels für die Öffentlichkeit freigegeben und dabei bestimmt, daß hier im besondern die öffentlichen Kriminalgerichte und die Wahlen der Richter durch das Los vorgenommen werden sollten.[160] Den Tempel des Mars zu bauen, hatte er im Philippischen Krieg gelobt, den er, um seinen

Vater zu rächen, unternommen hatte. Er ordnete daher an, daß hier der Senat über Kriege und Triumphe beraten, daß die, welche ein Kommando in den Provinzen antraten, hier verabschiedet und nach einer siegreichen Rückkehr auch hier die Insignien ihrer Triumphe niederlegen sollten. Den Tempel des Apollo ließ er an der Seite des Palatinischen Wohnpalastes erstehen, wo durch einen Blitzschlag nach der Deutung der Haruspices[161] der Gott diesen Bau selbst gefordert hatte. Er fügte diesem Säulengänge zusammen mit einer lateinischen und griechischen Bibliothek hinzu; auch hielt er dort in seinen älteren Tagen oft Senatssitzungen und nahm auch die Musterung der Richterabteilungen vor. Dem donnernden Jupiter weihte er den Tempel anläßlich seiner Rettung aus Todesgefahr als im Kantabrischen Krieg[162] bei einer nächtlichen Reise ein Blitz dicht bei seiner Sänfte niedergefahren war und einen Sklaven, der die Leuchte voraustrug, getötet hatte. Einige Bauwerke errichtete er auch unter fremdem Namen, nämlich im Namen seiner Enkel, seiner Gemahlin und Schwester: wie den Portikus und die Basilika des Gaius und Lucius[163], desgleichen die beiden Portiken der Livia und Octavia[164] und das Theater des Marcellus.[165] Aber auch die übrigen bedeutenden Männer forderte er wiederholt auf, jeder nach seinem Vermögen die Stadt mit öffentlichen Denkmälern, sei es mit neuen oder durch Ausbesserung und Verschönerung bereits vorhandener, auszuschmücken; und in der Tat entfalteten viele eine rege Bautätigkeit. So wurde von Marcius Philippus[166] der Tempel des Musenführers Herkules[167], von Lucius Cornificius[168] der Tempel der Diana[169], von Asinius Pollio[170] das Atrium der Libertas[171], von Munatius Plancus[172] der Tempel des Saturnus[173], von Cornelius Balbus[174] ein Theater[175], von Statilius Taurus[176] das Amphitheater[177] und endlich von Marcus Agrippa eine ganze Reihe hervorragender Bauten errichtet.[178]

30. Das ganze Stadtgebiet teilte er in Regionen und Straßenbezirke ein und traf zugleich die Einrichtung, daß über jene alljährlich durch das Los bestimmte Behörden, über diese wiederum von der Einwohnerschaft jedes Straßenbezirks gewählte Bezirksmeister die Aufsicht führen sollten.[179] Gegen Feuersbrünste führte er nachts Wachstationen und Wächter ein.[180] Um den Überschwemmungen Einhalt zu gebieten, ließ er das Bett des Tiber, das schon lange durch

Schutt und Verbauung des Ufers verengt war, erweitern und reinigen. Damit die Stadt Rom von allen Seiten leichter zu erreichen sei, übernahm er selbst die Aufgabe, die Via Flaminia bis nach Ariminum auszubauen.[181] Den anderen Feldherren, welche Triumphe gefeiert hatten, übertrug er die Anlage der übrigen Straßen aus den Mitteln ihrer Beutegelder. Heilige Gebäude, welche wegen ihres Alters eingestürzt oder durch Feuersbrunst zerstört worden waren, stellte er wieder her und stattete sie wie die übrigen mit kostspieligen Geschenken aus.[182] So legte er allein in den Tempelschatz des Kapitolinischen Jupiter in einer einzigen Schenkung sechzehntausend Pfund Gold und kostbare Steine und Perlen im Werte von einer halben Million Sesterzen nieder.

31. Sobald er aber das Oberpriesteramt, das er dem Lepidus, solange dieser lebte, nicht hatte entziehen wollen, nach dessen Tod übernommen hatte[183], ließ er alles, was an Weissagungsbüchern, sowohl griechischen als lateinischen, von entweder völlig unbekannten oder unglaubwürdigen Verfassern im Umlauf war, über zweitausend Bände, von überallher zusammentragen und verbrennen. Nur die Sibyllinischen behielt er zurück, und auch diese nur in Auswahl, und bewahrte sie in zwei vergoldeten Schränkchen unter dem Sockel des Palatinischen Apollo auf.[184] Den vom vergöttlichten Iulius festgelegten Kalender[185], der später durch Nachlässigkeit durcheinander und in Unordnung gebracht wurde, stellte er in seiner ursprünglichen Einteilung wieder her; dabei benannte er statt des Septembers, in welchem er geboren war, den Monat Sextilis mit seinem Beinamen[186], weil er in diesem Monat sein erstes Konsulat[187] und ausgezeichnete Siege[188] gewonnen hatte. Er vergrößerte die Zahl und das Ansehen, aber auch die Einkünfte der Priester, besonders was die Vestalinnen[189] betrifft; und als einmal an die Stelle einer verstorbenen eine andere gewählt werden mußte und viele Väter um die Gunst nachsuchten, ihre Töchter nicht zum Losen stellen zu müssen, beteuerte er mit einem Schwur: wenn irgendeine seiner eigenen Enkeltöchter das entsprechende Alter[190] hätte, würde er sie freiwillig dargebracht haben. Auch von alten heiligen Bräuchen, von denen man im Laufe der Zeit abgekommen war, führte er manches wieder ein, so z.B. das Augurium des Staatswohls[191], das Priestertum des Flamen

Dialis[192], die Luperkalienfeier[193], die Hundertjahrspiele[194] und die Kompitalienfeste[195]. Am Luperkalienfest verbot er unbärtigen Burschen die Teilnahme an dem Festlauf; desgleichen verbot er Jugendlichen beiderlei Geschlechts bei den Hundertjahrspielen nächtliche Veranstaltungen zu besuchen, außer in Begleitung eines erwachsenen Verwandten. Ferner führte er ein, die Laren an den Wegkreuzungen zweimal im Jahr zu bekränzen, einmal mit Frühlings- und einmal mit Sommerblumen.[196] Gleich nach den Göttern erwies er die höchste Ehre den großen Heerführern, welche die Macht des römischen Volkes von der niedrigsten auf die höchste Stufe gebracht hatten. Darum erneuerte er die Bauwerke jedes einzelnen unter Beibehaltung der alten Inschriften, stellte ihre Statuen in der Gestalt des Triumphators in den beiden Säulenhallen seines Forums auf[197] und gab in einem Edikt bekannt, er habe hiermit beabsichtigt, daß gleichsam an dem Abbild jener sowohl er selbst, solange er lebe, als auch die Staatsoberhäupter der kommenden Generationen von den Bürgern gemessen werden könnten. Auch die Statue des Pompeius ließ er aus der Kurie, in welcher Caesar ermordet worden war, fortschaffen und unter einem marmornen Ianusbogen gegenüber der Säulenhalle des Theaters des Pompeius aufstellen.[198]

32. Der größte Teil der schlimmsten Mißstände zum Verderben des Gemeinwohls hatte aufgrund von Gewöhnung und infolge der Gesetzlosigkeit während der Bürgerkriege bestanden oder sich schon während des Friedens eingeschlichen. Denn es zeigten sich in aller Öffentlichkeit Landstreicher in großer Zahl, die angeblich zum Selbstschutz ein Schwert am Gurt trugen, und auf dem Lande wurden Reisende, einerlei ob Sklaven oder Freie, beraubt und verschwanden in den Arbeitshäusern der Großgrundbesitzer; überall rotteten sich Interessengruppen unter dem Namen eines neuen Vereins[199] zusammen, um alle möglichen Straftaten zu begehen. Augustus bot durch Einrichtung von Wachposten an geeigneten Stellen der Landstreicherei Einhalt, ließ die Arbeitshäuser kontrollieren und die Vereine, bis auf die alten und rechtmäßigen, auflösen; die Verzeichnisse derer, welche von alter Zeit her Schuldner der Staatskasse waren und die einen Hauptstoff für Verleumdungen bildeten, verbrannte er; stadteigene Grundstücke, deren Besitzrecht von privater

Seite angezweifelt wurde, erkannte er festen Besitzern zu. Alle Namen von Angeklagten, deren Prozeß sich lange verschleppt hatte und aus deren mißlicher Lage nur ihren Feinden Befriedigung erwuchs, strich er von der Prozeßliste unter der Bedingung, daß jedem, der dieselbe Klage gegen einen solchen wieder aufnehmen wolle, wenn er den Prozeß verlor, dieselbe Strafe treffen sollte, die jenen getroffen hätte. Damit aber kein Verbrechen unbestraft durchschlüpfe und kein Rechtsfall sich allzusehr in die Länge ziehe, setzte er dreißig weitere Tage, die sonst für öffentliche Spiele vorgesehen waren, für gerichtliche Untersuchungen fest. Die drei bisherigen Richterdekurien vermehrte er durch eine vierte, die aus Staatsbürgern bestand, deren Vermögen geringer war, und die deshalb die Dekurie der Zweihunderter hieß und über weniger wichtige Dinge zu richten hatte.[200] Als Richter nahm er schon Personen vom fünfundzwanzigsten Lebensjahre auf, also um fünf Jahre früher als sonst üblich. Und da viele die Übernahme des Richteramts ablehnten, machte er gerade noch das Zugeständnis, daß jede einzelne Dekurie abwechselnd ein Jahr aussetzen dürfe und daß im November und Dezember allgemeine Gerichtsferien stattfinden sollten.

33. Augustus sprach selbst fleißig Recht, zuweilen bis in die Nacht hinein[201]; wenn er nicht ganz wohl war, in seiner vor dem Tribunal aufgestellten Sänfte, ja auch wohl zu Hause auf seinem Lager. Seine Rechtsentscheide waren aber nicht nur äußerst sorgfältig durchdacht, sondern auch von großer Milde; so wird erzählt, daß er einem Angeklagten, der des Vatermordes überführt wurde, um ihn vor der Strafe des Einnähens in einen Sack[202], die nur über Geständige verhängt wird, zu retten, die Frage so gestellt habe: „Nicht wahr, du hast deinen Vater nicht umgebracht?“ Als über eine Testamentsfälschung verhandelt wurde und alle Zeugen nach dem Cornelischen Gesetz[203] mitschuldig waren, gab er den Gerichtsbeisitzern nicht nur die beiden Stimmtäfelchen der Lossprechung und der Verdammung, sondern auch noch ein drittes der Verzeihung für diejenigen, die sich erwiesenermaßen durch Betrug oder Irrtum zur Unterschrift hätten verleiten lassen. Die Appellationen der in Rom einen Prozeß führenden Parteien übertrug er jährlich den Prätoren der Hauptstadt, die der Provinzialen dagegen Männern, welche die Konsulwürde beklei-

det hatten und von denen er jeweils einen für jede Provinz mit diesen Rechtsfällen betraute.

34. An den Gesetzen nahm er eine allgemeine Revision vor und setzte einige von neuem in Kraft, wie das Gesetz über den Luxus[204], über Ehebruch und Verletzung der Sittsamkeit[205], über Amtserschleichung[206], über die Förderung der Ehen in den verschiedenen Ständen.[207] Da er aber diesem letzteren strengere Bestimmungen als den übrigen hinzugefügt hatte, so konnte er es gegen den allgemeinen Widerstand nur durchbringen, indem er schließlich einen Teil der Strafen, wenn auch nicht ganz aufhob, so doch milderte, für eine Wiederverheiratung eine Frist von drei Jahren zugestand und die Belohnungen erhöhte. Als nun trotzdem bei einem öffentlichen Schauspiel die versammelte Ritterschaft hartnäckig die Abschaffung des Gesetzes forderte, da ließ er die Kinder des Germanicus[208] holen, nahm einige zu sich, während ihr Vater die anderen auf den Schoß nahm, und zeigte sie so dem Volke, indem er durch seine Gebärde und Mimik zu verstehen gab, es sollte ihnen nicht schwer fallen, dem Beispiele eines so jungen Vaters zu folgen. Und als er merkte, daß man den Sinn seines Gesetzes durch Verlobung mit unreifen Bräuten und häufigen Wechsel der Ehebündnisse umging, kürzte er die Zeit des Brautstandes ab und schränkte die Ehescheidungen ein.[209]

35. Die aufgeblähte Zahl von Senatoren – es waren nämlich über tausend vorhanden, darunter mehrere höchst unwürdige und erst nach Caesars Tod durch Gunst oder für Geld aufgenommene, die man im Volksmund die Orcusmitglieder nannte[210] – diese Vielzahl brachte er von einem mißgestalteten und unförmlichen Haufen wieder auf den früheren Stand mit dem alten Glanz zurück, indem er zwei Wahlen durchführte. Bei der ersten entschied der Senat selbst, indem jedes Mitglied einen Mann wählte; bei der zweiten traf er und Agrippa[211] die Auswahl.[212] Bei diesem Vorgang soll er mit einem Panzer unter dem Gewand und einem Schwert an der Seite den Vorsitz geführt haben, während zehn Freunde von senatorischem Rang und großer Körperkraft um seinen Sessel standen. Cordus Cremutius[213] schreibt, daß damals kein Senator auch nur zur Audienz vorgelassen worden sei, außer einzeln und nachdem man zuvor seine Kleider durchsucht hatte. Einige brachte er dahin, selbst auf ihre

Stellen in Bescheidenheit zu verzichten, und ließ ihnen dann das Recht, ihr Senatorenkleid zu tragen, ihren Ehrenplatz im Theater und das Vorrecht, bei öffentlichen Festmahlen an gesonderten Plätzen zu speisen. Damit die gewählten und anerkannten Senatoren ihre Aufgaben gewissenhafter und mit weniger Unlust wahrnahmen, setzte er fest, daß jeder Senator, bevor er Platz nahm, erst am Altar des Gottes, in dessen Tempel gerade die Versammlung gehalten wurde[214], ein Opfer von Weihrauch und ungemischtem Wein brachte und daß ferner nur zweimal jeden Monat, an den Kalenden und Iden, eine ordentliche Sitzung stattfand, sowie auch, daß im September und Oktober nur eine bestimmte, durch das Los ausgewählte Anzahl von Mitgliedern, die zur Abfassung der Beschlüsse ausreichte, anwesend zu sein brauchte. Er ließ für sich alle halbe Jahre durch das Los Ausschüsse wählen[215], um mit ihnen über die Gegenstände vorher zu beraten, die dem Plenum des Senats vorzulegen waren. Das Votum über eine wichtige Angelegenheit holte er nicht, wie es üblich war, der Reihenfolge nach ein[216], sondern wie es ihm gerade gefiel, damit eben jeder in gleicher Weise seinen Geist anstrengen mußte, wie wenn man eher seine eigene Meinung äußern dürfte, als lediglich zustimmen müßte.

36. Zu den vielen anderen Anordnungen, die er traf, gehörte auch folgende: Er verbot, die Protokolle der Senatsversammlungen zu veröffentlichen[217], ferner, daß die Magistratspersonen sofort nach Niederlegung ihres Ehrenamtes in die Provinzen geschickt wurden. Den Prokonsuln setzte er zur Anschaffung von Maultieren und Zelten, die ihnen früher auf Staatskosten geliefert wurden, eine bestimmte Geldsumme fest; die Aufsicht über die Staatskasse nahm er den städtischen Quästoren und übertrug sie ehemaligen oder sich noch im Amt befindlichen Prätoren und die Berufung des Zentumviralgerichts[218], mit der sonst die ehemaligen Quästoren betraut waren, übergab er den Dezemvirn.[219]

37. Um aber möglichst viele an der Staatsverwaltung zu beteiligen, ersann er neue Ämter, so die Aufsicht über öffentliche Arbeiten, über den Straßenbau und die Wasserversorgung, über die Reinhaltung des Tiberbettes, über die Getreideverteilung an das Volk, ferner die Stadtpräfektur, ein Triumvirat für die Senatorenwahl, ein ande-

res für die Musterung der Ritterschwadronen, so oft diese Funktionen nötig sein mochten. Die Wahl der Zensoren, die man über einen längeren Zeitraum nicht mehr durchgeführt hatte, führte er wieder ein und vermehrte die Zahl der Prätoren.[220] Auch stellte er die Forderung, daß ihm jedesmal, wenn man ihm das Konsulat übertrage, zwei Kollegen statt eines gegeben würden; doch setzte er dies nicht durch, da man allgemein dagegen war: Es sei so schon eine Einschränkung seiner Hoheit, daß er dieses Ehrenamt nicht allein, sondern gemeinschaftlich mit einem zweiten bekleide.

38. Nicht minder freigebig erwies sich Augustus in der Belohnung kriegerischer Verdienste; über dreißig Generälen gestand er vollständige Triumphe zu, noch weit mehreren triumphalische Auszeichnungen.[221] Den Söhnen der Senatoren erlaubte er, um sie früh in die Staatslaufbahn einzuführen, sofort mit dem Anlegen der Männertoga auch die „breiten Streifen" zu tragen und den Sitzungen des Senates beizuwohnen; und wenn sie in den Militärdienst eintraten, gab er ihnen nicht nur die Stellen von Legionstribunen, sondern auch von Alenpräfekten.[222] Ja, um möglichst alle zur Militärausbildung heranziehen zu können, stellte er meistens zwei junge Senatoren an die Spitze von je einer Reiterabteilung. Die Abteilungen der Ritter musterte er häufig und führte nach langer Unterbrechung die Sitte des festlichen Paradeaufzuges nach dem Kapitol wieder ein.[223] Dagegen erlaubte er nicht, daß bei diesem Aufzug ein Ritter, wie das bisher üblich gewesen war, von seinem Ankläger [vom Pferd oder aus der Reihe] gezogen werden durfte, wohl aber gestattete er denjenigen Mitgliedern des Ritterstandes, die durch ihr hohes Alter oder ein körperliches Gebrechen behindert waren, teilzunehmen, ihr Pferd in der Reihe voraus führen zu lassen und beim Ausruf [des Zensors] zu Fuß vorzutreten und die Antwort zu geben. Auch erlaubte er denen, welche über fünfunddreißig Jahre alt waren, wenn sie es wollten, das Ritterpferd[224] abzugeben.

39. Nachdem ihm der Senat zehn Gehilfen zur Seite gestellt hatte, ließ er jeden Ritter Rechenschaft über seinen Lebenswandel ablegen; von denen, die er für schuldig befand, ließ er die einen mit Geldbußen, die anderen mit Ehrenstrafen, wieder andere mit allen möglichen Verwarnungen bestrafen. Die mildeste Art einer solchen Ver-

warnung war die Übergabe einer Schreibtafel vor den Augen der Öffentlichkeit, die jeder stillschweigend auf der Stelle lesen mußte. Einige wurden auch beanstandet, weil sie Geld zu geringeren Zinsen aufgenommen und zu höheren wieder verliehen hatten.

40. Wenn sich für die Wahlen zum Volkstribunat keine Senatoren als Kandidaten zur Verfügung stellten, wählte er diese aus dem Kreis der römischen Ritter und stellte ihnen nach Ablauf ihrer Amtszeit frei, in welchem der beiden Stände sie verbleiben möchten. Da ferner sehr viele Mitglieder des Ritterstandes, deren Vermögen im Laufe der Bürgerkriege sehr geschmälert worden war[225], aus Furcht vor der von den Theatergesetzen bestimmten Strafe nicht wagten, ihre Rangplätze im Theater einzunehmen, erließ er die Bekanntmachung, daß jene Strafbestimmung auf diejenigen keine Anwendung finde, die selbst oder deren Väter irgend einmal das ritterliche Vermögen besessen hätten. Die Volkszählung nahm er straßenweise vor; und damit das Volk zu den Getreidespenden nicht allzuhäufig von seiner Arbeit abgerufen würde, bestimmte er, daß dreimal jährlich Berechtigungsmarken auf je vier Monate ausgegeben würden. Da jedoch das Volk nur ungern auf die alte Gewohnheit verzichtete, gab er später wieder nach, daß jeder seine einzelne Monatsanweisung erhielt. Auch das alte Recht der Wahlversammlungen führte er wieder ein; und während er den Stimmenkauf durch vielfache Strafen in Grenzen hielt, verteilte er an seine Tribusgenossen, die Mitglieder der Fabischen und Scaptischen Tribus[226], damit sie an keinen Kandidaten irgendwelche Forderungen stellten, jedem einzelnen aus seiner Tasche tausend Sesterzen. Da er es außerdem für wichtig erachtete, das Volk gesund und vor jeder Vermischung mit dem Blut von Fremden und Sklaven rein zu erhalten, verlieh er das Bürgerrecht nur sehr sparsam und setzte auch der Freilassung Schranken. Dem Tiberius, der sich für einen griechischen Klienten verwendete, schrieb er zurück, er werde demselben das Bürgerrecht nur dann verleihen, wenn er persönlich vorspreche und ihn überzeugen und berechtigte Gründe für sein Gesuch vorbringen könne. Der Livia[227], die für einen tributpflichtigen Gallier das Bürgerrecht erbat, erteile er eine Absage, schlug aber vor, jenem die Abgabenfreiheit zu verleihen. Denn er wollte, sagte er, lieber zulassen, daß der Staatsschatz

einen Verlust erleide, als daß mit der Ehre des römischen Bürgerrechts verschwenderisch umgegangen werde. Was die Sklaven angeht, gab er sich nicht damit zufrieden, durch zahlreiche Erschwernisse Freilassungen verhindert und durch weitere Maßnahmen das Recht auf Vollbürgerschaft genommen zu haben[228]; denn den genauen Bestimmungen über Anzahl, rechtliche Stellung und besondere Kennzeichen derer, die freigelassen werden sollten, fügte er auch noch hinzu, daß keiner der irgendwann einmal mit Fessel oder Folter bestraft wurde, durch irgendeine Form von Freilassung das römische Bürgerrecht erhalten könne. Selbst die altrömische Tracht und Kleidung suchte er wieder einzuführen; und als er einmal bei einer Volksversammlung eine große Menge von Anwesenden in dunkelfarbigen Mänteln[229] erblickte, rief er unwillig aus: „Siehe da:

Römergeschlecht, die Beherrscher der Welt, und das Volk
in der Toga!“[230]

und gab sofort den Ädilen den Auftrag, künftig keinen auf dem Forum und in der Nähe davon zu dulden, der nicht den Mantel ablege und in der Toga erscheine.

41. Freigebigkeit bewies Augustus bei passenden Gelegenheiten häufig gegenüber allen Ständen. Als er beim Alexandrinischen Triumph[231] den königlichen Schatz nach Rom gebracht hatte, kam dadurch so viel Geld in Umlauf, daß der Zins sank und die Grundstücke beträchtlich im Preis stiegen.[232] So oft später aus dem Erlös der Konfiskationen Geld reichlich in der Kasse war, lieh er es zinsfrei auf bestimmte Zeit an solche aus, die eine Bürgschaft in doppelter Höhe bieten konnten. Das Mindestvermögen der Senatoren hob er an und setzte es von achthunderttausend auf zwölfhunderttausend Sesterzen. Denen, die nicht so viel besaßen, schoß er das Fehlende zu. Geldspenden an das Volk verteilte er häufig, doch fast immer ganz unterschiedliche Beträge, bald vier-, bald dreihundert, einigemale auch nur zweihundertundfünfzig Sesterzen pro Mann. Dabei überging er selbst nicht die jüngeren Knaben, von denen sonst keiner vor dem elften Jahr etwas zu bekommen pflegte. Auch Getreide ließ er bei angespannter Versorgungslage zu sehr geringem Preis, oft ganz umsonst, an die einzelnen Leute verteilen und verdoppelte auch die Bezugskarten für Geldspenden.

42. Als Beweis aber, daß dem Prinzeps mehr am tatsächlichen Wohlergehen seines Volkes als am Buhlen um dessen Gunst lag, dienen seine strengen Worte, die er einmal dem über Mangel und hohen Preis des Weines klagenden Volk gab: sein Schwiegersohn Agrippa habe durch mehrere Wasserleitungen ausreichend dafür gesorgt, daß niemand Durst zu leiden brauche.[233] Ein anderes Mal, als das Volk eine bereits versprochene Geldspende verlangte, gab er zur Antwort: er sei ein Mann von Wort; und bei einer anderen Gelegenheit, als es eine nicht versprochene Spende ungestüm forderte, bezeichnete er solches Verhalten in einem öffentlichen Edikt als Gemeinheit und Unverschämtheit und verkündete, daß er das Geschenk nicht geben werde, obwohl er es ursprünglich beabsichtigt hatte. Mit gleichem Ernst und gleicher Energie erklärte er, als er einmal in Erfahrung gebracht hatte, daß zu einer bevorstehenden Geldspende viele Sklaven freigelassen und in die Bürgerlisten eingereiht worden seien, nur die, denen eine Spende versprochen sei, werden etwas erhalten; und zugleich gab er den übrigen weniger, als er versprochen hatte, damit der dafür bestimmte Betrag ausreiche. Einmal ließ er bei einer großen Mißernte, als Abhilfe schwierig war, die den Fechtmeistern und Sklavenhändlern gehörenden Sklaven und alle Fremden mit Ausnahme der Ärzte und Lehrer, sowie generell einen Teil der Sklaven aus der Stadt vertreiben. Als sich schließlich die Versorgungslage wieder gebessert hatte, habe er, so schrieb er, sich vorgenommen, die öffentlichen Getreidespenden für immer abzuschaffen, weil die sichere Hoffnung auf dieselben dazu verleite, die Äcker nicht mehr zu bestellen; aber er habe von der Durchführung dieser Maßnahme Abstand genommen, weil er überzeugt gewesen sei, daß nach seinem Tode aus Streben nach Volksgunst die alte Spendenpraxis über kurz oder lang wieder eingeführt würde. So begnügte er sich, in dieser Angelegenheit besonders maßvoll vorzugehen, so daß er auf die Interessen der Landwirte und Kornhändler gleiche Rücksicht nahm wie auf das Volk.

43. Mit den Schauspielen, welche er dem Volke gab, übertraf er sowohl an Zahl als an Abwechslung und Pracht alle früheren. Er selbst berichtet, daß er öffentliche Schauspiele in seinem eigenen Namen viermal[234], für andere Magistratspersonen, die entweder ab-

wesend oder unvermögend waren, dreiundzwanzigmal veranstaltet habe, und zwar nicht selten in den verschiedenen Stadtbezirken und auf mehreren Bühnen durch Schauspieler aller Sprachen. Fechterspiele gab er nicht nur auf dem Forum und im Amphitheater, sondern auch im Zirkus und in den Septen[235]; bisweilen ließ er es auch nur bei einer Tierhetze bewenden. Auch Wettkämpfe der Athleten gab er auf dem Marsfeld, denen das Volk auf hölzernen Tribünen zuschaute, desgleichen ein Seegefecht, wozu er nahe beim Tiber einen See graben ließ, wo sich jetzt der Park der Caesaren befindet.[236] Da an den Tagen solcher Spiele nur wenige zu Hause blieben, ließ er in allen Teilen der Stadt Wachtposten aufstellen, um sie vor Raubgesindel zu schützen. Im Zirkus ließ er Wagenlenker, Schnelläufer und Tierkämpfer auftreten; zuweilen waren dies junge Leute aus den ersten Adelsfamilien.[237] Aber auch das Troiaspiel[238] der jüngeren und älteren Knaben veranstaltete er häufig, weil er es für eine alte und passende Tradition hielt, auf diese Weise die Talente des jungen Adels bekannt zu machen. Als bei diesem Festspiel Gaius Nonius Asprenas[239] sich durch einen Sturz Verletzungen zugezogen hatte, beschenkte ihn Augustus mit einer goldenen Halskette (*torques*) und erlaubte ihm für sich und seine Nachkommen den Beinamen Torquatus zu führen. Doch stellte er bald darauf diese Art von Schauspielen ganz ein, nachdem der Redner Asinius Pollio[240] über einen Unglücksfall seines Enkels Aeserninus, der einen Beinbruch erlitten hatte, im Senat heftige und bittere Klage erhoben hatte. Auch bei den Bühnenaufführungen und den Gladiatorspielen ließ er zuweilen sogar römische Ritter auftreten, aber noch bevor es durch einen Senatsbeschluß verboten wurde. Später ließ er nur noch einmal den Lucius, einen jungen Mann von edler Geburt, auftreten, nur um ihn [dem Volk] zu zeigen, weil er nicht einmal zwei Fuß groß und nur siebzehn Pfund schwer war, aber eine gewaltige Stimme hatte. An einem solchen Schauspieltag ließ er auch die Geiseln der Parther[241], die damals zum erstenmal gesandt wurden, mitten durch die Arena zur Tribüne führen und wies ihnen die zweite Sitzbank oberhalb von ihm an. So oft außer solchen Schauspieltagen irgend etwas nie Gesehenes oder sonst Sehenswertes nach Rom gebracht wurde, pflegte er es eigens an irgend einem Ort dem Volk öffentlich zur

Schau zu bieten, so z.B. ein Rhinozeros bei den Septen[242], einen Tiger auf dem Theater, eine Schlange von fünfzig Ellen auf dem Komitium.[243] Bei der Feier eines von ihm gelobten Zirkusspiels traf es sich, daß er plötzlich erkrankte und daher liegend in einer Sänfte den Zug der Götterwagen anführte, und ein anderes Mal passierte es bei den Wettkämpfen, mit denen er das Theater des Marcellus[244] einweihte, daß sein Thronsessel (die Sella Curulis) auseinanderbrach und er nach hinten stürzte. Als bei einem Fechterspiel, das seine Enkel gaben, die Zuschauer aus Furcht vor dem Einsturz der Tribüne in Panik gerieten und in keiner Weise zurückzuhalten und zu beruhigen waren, verließ er seinen Platz und setzte sich an der Stelle nieder, die als am meisten gefährdet galt.

44. Das überaus hemmungslose und ausgelassene Benehmen bei den Schauspielen stellte er ab und schaffte wieder Ordnung. Den Anlaß dazu gab die beleidigende Behandlung eines Senators, dem bei den stark besuchten Spielen von Puteoli[245] niemand auf den überfüllten Rängen einen Platz angeboten hatte. Er ließ also einen Senatsbeschluß fassen, daß überall, wo ein öffentliches Schauspiel gegeben würde, die erste Sitzreihe für die Senatoren vorbehalten sein sollte, und den Gesandten der freien und verbündeten Nationen in Rom gestattete er nicht mehr in der Orchestra[246] ihre Plätze einzunehmen, da ihm aufgefallen sei, daß zu solchen Missionen manchmal auch Freigelassene herangezogen würden. Das Militär trennte er [im Theater] vom Volk. Den verheirateten Männern aus dem niederen Volk wies er besondere Sitzreihen an, den Knaben, die noch das Knabenkleid trugen[247], eine eigene Abteilung und eine andere dicht daneben ihren Pädagogen; auch bestimmte er, daß kein schmutziges Volk in der Mitte des Theaters sitzen sollte. Den Frauen erlaubte er bei den Fechterspielen, bei denen sonst nach alter Sitte Männer und Frauen gemischt saßen, nur von den höher gelegenen Sitzreihen aus zuzuschauen. Nur den Vestalinnen[248] gab er einen eigenen Platz im Theater gegenüber dem Tribunal des Prätors.[249] Von den Athletenvorstellungen aber hielt er das ganze weibliche Geschlecht so strikt fern, daß er bei den Pontifikalspielen[250] den vom [Publikum] geforderten Auftritt eines Faustkämpferpaares auf die Morgenstunden des nächsten Tages verschob und durch Edikt bekanntmachte, daß Frauen vor der fünften Stunde nicht ins Theater kommen dürften.[251]

45. Er selbst schaute gewöhnlich den Zirkusspielen aus den oberen Stockwerken der Häuser seiner Freunde oder Freigelassenen zu; manchmal jedoch verfolgte er sie von einem Polstersitz aus, auf dem er zusammen mit Frau und Kindern Platz nahm. Dem Schauspiel blieb er oft viele Stunden, zuweilen ganze Tage fern, doch nie ohne sich zu entschuldigen und die Personen vorzuschlagen, die statt seiner dabei den Vorsitz übernehmen sollten. So oft er aber anwesend war, beschäftigte er sich nie mit anderen Dingen; sei es, um ein Gerede in der Öffentlichkeit zu vermeiden, das ihn an die Kritik der Leute an seinen Vater Caesar erinnerte, weil dieser während des Schauspiels Briefe und Eingaben las oder beantwortete, oder sei es aus lauter Interesse am Schauspiel, oder aus purer Freude, die er nie verbarg und oft freimütig bekannte. Daher pflegte er denn auch bei Gladiatorenkämpfen und Schauspielen, die von anderen veranstaltet wurden, aus seiner Tasche noch besondere Geschenke und Belohnungen häufig und reichlich zu verteilen, und besuchte nie einen griechischen Wettkampf, ohne jeden Mitwirkenden nach seinem Verdienst zu belohnen. Mit großem Interesse schaute er den Faustkämpfern zu, am liebsten den latinischen, und nicht nur den eigentlichen Berufskämpfern, die er auch mit den griechischen kämpfen ließ, sondern auch dem Stadtvolk, das in kleinen Gruppen in den engen Gassen der Stadt aufeinander einschlug und ganz und gar dilettantisch kämpfte. Schließlich widmete er allen, die sich mit eigenen Darbietungen an den öffentlichen Schauspielen beteiligten, eine besondere Aufmerksamkeit. Den Athleten bestätigte und erweiterte er ihre Privilegien. Er verbot Gladiatoren auf Leben und Tod kämpfen zu lassen. Gegen Schauspieler durften die Magistrate nicht mehr wie bisher kraft eines alten Gesetzes an jedem Ort und zu jeder Zeit mit Strafen einschreiten, sondern nur zur Zeit der Spiele und auf dem Theater. Nichtsdestoweniger ließ er die Wettkämpfer, wenn sie in den Hallen übten, immer strengstens beaufsichtigen und die Gladiatorenkämpfe überwachen. So schritt er gegen die Zügellosigkeit der Schauspieler so streng ein, daß er den Togaschauspieler[252] Stephanio, von dem er in Erfahrung gebracht hatte, daß er sich von einer als Knabe gekleideten und geschorenen römischen Frau bei Tische bedienen lasse, durch drei Theater mit Ruten peitschen und dann aus der Stadt jagen ließ

und er den Pantomimen Hylas, über den der Prätor Klage führte, im Atrium seines Hauses vor aller Öffentlichkeit auspeitschen ließ, ja daß er den Pylades aus Rom und ganz Italien entfernte, weil er auf einen Zuschauer, von dem er ausgepfiffen wurde, mit dem Finger gezeigt und ihn dadurch zum Gegenstand der öffentlichen Aufmerksamkeit gemacht hatte.[253]

46. Nachdem er so die Hauptstadt und die hauptstädtischen Verhältnisse geordnet hatte, bevölkerte er Italien durch die Gründung von achtundzwanzig Kolonien[254], die er vielfach mit öffentlichen Bauwerken und Einkünften aus Steuern ausstattete, ja selbst teilweise an Rechten und Ehren der Hauptstadt gewissermaßen gleichstellte, indem er ein besonderes Wahlverfahren ausdachte, demzufolge die Dekurionen[255] der Koloniestädte, jeder in seiner eigenen Kolonie, die Wahl der hauptstädtischen Magistrate durchführten und am Tag der Wahl in Rom die Stimmen versiegelt dorthin sandten. Und damit es überall [in diesen Kolonien] nicht an einer Schicht von Adeligen und an Nachwuchs bei der Masse des Volkes fehle, verlieh er denen, die sich um eine Offizierstelle in der Reiterei bewarben, wenn sie von ihrer Stadt empfohlen wurden, den Ritterrang und beschenkte auf seinen Reisen durch die Landdistrikte die Väter aus dem einfachen Volk, die ihm ihre Söhne und Töchter vorstellten, für jedes Kind mit tausend Sesterzen.

47. Was die Provinzen anbelangt, so übernahm Augustus selbst die bedeutendsten, welche durch jährlich wechselnde Befehlshaber nicht leicht und nicht mit Sicherheit regiert werden konnten[256]; die übrigen ließ er unter die Prokonsuln verlosen. Doch auch bei diesen verfügte er manchmal einen Wechsel in der Verwaltung und die meisten der beiden Arten von Provinzen besuchte er von Zeit zu Zeit persönlich. Einigen Städten, die Bündnispartner waren, aber durch ihre Zügellosigkeit am Rande des Unterganges standen, nahm er ihre Freiheit; anderen, die von Schulden gedrückt wurden, verschaffte er Erleichterung, baute die durch Erdbeben zerstörten wieder neu auf und beschenkte solche, die Verdienste um das römische Volk vorweisen konnten, mit dem latinischen Recht[257] oder auch mit dem Bürgerrecht. Auch gibt es meines Wissens keine Provinz, mit Ausnahme von Afrika und Sardinien, die er nicht selbst

besucht hat. An den Besuch der letzteren, zu dem er sich nach der Besiegung des Sextus Pompeius von Sizilien aus anschickte, hinderten ihn damals andauernde und extrem heftige Stürme; und später fand sich keine Gelegenheit oder Veranlassung, dorthin zu gehen.

48. Die Königreiche, deren er sich durch Kriegsrecht bemächtigt hatte, gab er mit wenigen Ausnahmen entweder ihren früheren Besitzern zurück oder überließ sie ausländischen Herrschern. Die verbündeten Könige verband er auch untereinander durch Verwandtschaftsverhältnisse, stets als ein bereiter Vermittler und Förderer solcher Beziehungen und Freundschaften; ja, er sorgte für sie alle insgesamt nicht anders, als wären sie Glieder und Teile des Reiches, setzte auch gewöhnlich für minderjährige oder geistesschwache Herrscher bis zu ihrer Volljährigkeit oder Genesung einen Vormund ein und ließ die Kinder sehr vieler Fürsten mit den seinigen zusammen erziehen und unterrichten.

49. Was die Armee anbelangt, so verteilte er die Legionen und Hilfstruppen provinzweise. Von der Flotte stationierte er die eine Abteilung zu Misenum[258] und die andere zu Ravenna[259], zum Schutz des oberen[260] und des unteren Meeres.[261] Eine bestimmte Zahl von Truppen behielt er teils zum Schutze der Hauptstadt[262], teils als eigene Leibwache; dagegen entließ er das Korps der Kalagurritaner[263], das er bis zur Besiegung des Antonius, und ebenso das Korps der Germanen, das er bis zur Niederlage des Varus[264] unter seinen Leibwächtern um sich gehabt hatte. Doch beließ er nie mehr als drei Kohorten in der Stadt[265], und zwar ohne daß sie in einem eigenen Lager untergebracht waren. Die übrigen entließ er regelmäßig in ihre Sommer- und Winterlager bei den benachbarten Städten. Alle Soldaten im Reich band er an eine feste Norm der Dienstzeit[266] und der Entschädigungen, indem er die Dienstjahre sowie auch die Abfindungen nach der Entlassung nach dem Rang eines jeden genau festlegte, damit die Soldaten weder durch allzulange Dienstzeit noch durch materielle Not nach der Verabschiedung zu Unruhen aufgereizt werden könnten. Um ferner auf Dauer und ohne Schwierigkeit die Unkosten während der aktiven Dienstzeit und danach decken zu können, richtete er eine mit eigenen neuen Einkünften[267] ausgestattete Kriegskasse ein. Und um schneller und unter der Hand Meldung

und Bericht von dem, was in jeder Provinz vorging, erhalten zu können, stationierte er auf allen Heerstraßen in geringen Abständen zuerst junge Männer als Kuriere, später setzte er Fahrzeuge dafür ein.[268] Letzteres fand er zweckmäßiger, weil er dadurch die, welche ihm von Ort und Stelle Berichte überbrachten, zugleich, wenn es not tat, persönlich ausfragen konnte.

50. Zum Siegeln von Beglaubigungsbescheinigungen[269], Schreiben und Privatbriefen bediente er sich anfangs einer Sphinx[270], später des Bildnisses Alexanders des Großen, zuletzt des seinigen, das Dioskorides[271] eigenhändig geschnitten hatte, und mit dem auch seine Nachfolger weiterhin gesiegelt haben. In seinen Briefen vermerkte er als Datumangabe nicht nur die Stunde des Tages, sondern auch die der Nacht, in welcher sie geschrieben wurden.

51. Von seiner Milde und Bürgernähe gibt es viele schlagende Beweise. Um nicht ausführlich aufzuzählen, wie vielen und welchen Personen verschiedener Parteien er nach ihrer Begnadigung und Rehabilitierung eine führende Stellung im Staat einnehmen ließ, sei hier nur an Iunius Novatus und Cassius Patavinus, zwei Männer aus dem niederen Volk, erinnert. So begnügte er sich, den einen mit einer Geldbuße, den anderen mit einer harmlosen Verbannung zu bestrafen, obwohl jener im Namen des jungen Agrippa einen höchst beleidigenden Brief gegen ihn publiziert, dieser bei einem gut besuchten Gastmahle laut bekannt hatte, es fehle ihm weder an Lust, noch an Mut, den Augustus zu ermorden.[272] Bei einer gerichtlichen Untersuchung, als gegen Aemilius Aelianus aus Corduba[273] unter anderen Anschuldigungen als Hauptanklagepunkt vorgebracht wurde, er rede fortwährend schlecht über Caesar, wandte sich letzterer gegen den Ankläger und entgegnete ihm mit der gleichen Erregung: „Ich wünschte wohl, daß du mir das bewiesest. Ich werde dann den Aelianus fühlen lassen, daß ich gleichfalls eine Zunge habe, denn ich werde ihm noch mehr nachreden." Und damit ließ er nicht nur für den Augenblick, sondern für immer die ganze Untersuchung fallen. Auch dem Tiberius, der sich über dieselbe Sache mit noch größerer Heftigkeit in einem Brief an ihn beschwerte, schrieb er zurück: „Laß dich, mein bester Tiberius, von deiner ungestümen Jugend nicht dazu verleiten, sich so sehr über Leute zu ärgern, die

von mir übel reden! Denn es genügt, wenn wir die Sicherheit haben, daß uns niemand Übles tun kann."

52. Tempel ließ er sich in keiner Provinz weihen, außer wenn sein Name und der der [Göttin] Roma in Zusammenhang gebracht wurden, obschon er wußte, daß dergleichen Ehre sogar seinen Prokonsuln erwiesen wurde.[274] In der Hauptstadt dagegen wies er solche Ehren durchweg zurück; ja, er ließ selbst die silbernen Statuen, die man ihm früher gesetzt hatte, einschmelzen und weihte aus dem Erlös dem Palatinischen Apollo[275] dreifüßige Opferbecken von Gold.

53. Die Diktatur, die ihm das Volk mit aller Gewalt aufdrängen wollte, konnte er nur durch sein inständiges Bitten abwenden, indem er auf die Knie fiel, die Toga von den Schultern warf und die Brust entblößte.[276]

Den Titel „Herr" wies er stets als eine Beschimpfung und Beleidigung mit Abscheu zurück.[277] Als einmal, während er sich ein Theaterstück anschaute, in einer Posse die Worte „oh der milde und gütige Herr" vorkamen und sämtliche Anwesenden diese Worte mit Beifall unterstrichen, gleichsam, als wären sie auf ihn zu beziehen, wies er nicht nur auf der Stelle durch Mimik und Gebärden diese unangebrachten Schmeichelanreden zurück, sondern rügte sie auch am Tag darauf in einem besonderen Edikt und ließ sich später nicht einmal von seinen Kindern und Enkeln weder im Scherz noch im Ernst mit Herr anreden, ja er verbot ihnen auch, sich untereinander solcher Schmeicheleien zu bedienen. Absichtlich legte er bei seinen Reisen Abfahrt und Ankunft aus und nach der Hauptstadt oder einer Provinzialstadt immer auf den Abend oder die Nacht, um niemandem durch das offizielle Protokoll Umstände zu machen. Während seines Konsulats ließ er sich in der Öffentlichkeit meist zu Fuß, sonst aber häufig in einer ganz offenen Sänfte sehen. An allgemeinen Besuchstagen gestattete er auch Leuten aus dem niederen Volk Zutritt und nahm die Wünsche der zu ihm kommenden Besucher mit solcher Freundlichkeit entgegen, daß er einmal einen Bittsteller im Scherz tadelte, er reiche ihm seine Bittschrift mit solcher Ängstlichkeit, wie einem Elefanten ein Geldstück. An den Versammlungstagen des Senats begrüßte er die Senatoren immer nur in der Kurie[278], und zwar auf ihren Sitzen und jeden einzeln, ohne daß ihm dabei jemand die Namen vorsagen mußte. Ebenso hatte er die Gewohnheit, beim Verlassen der Versammlung, wobei alle sitzen bleiben durften, Lebewohl zu sagen. Gesellschaftlichen Umgang pflegte er mit vielen; und erst im hohen Alter und als er einmal bei einer Verlobungsfeier in der Menge hin und her gestoßen wurde, hörte er auf, zu den Festtagen eines jeden zu gehen. Obwohl Gallus Cerrinius nicht gerade zu seinen näheren Freunden gehörte, besuchte er ihn dennoch, als dieser plötzlich von Blindheit befallen den Entschluß gefaßt hatte, sich deshalb zu Tode zu hungern, und bewog ihn durch seinen tröstenden Zuspruch, am Leben zu bleiben.

54. Wenn Augustus im Senat sprach, ist es vorgekommen, daß ihm jemand zurief: „Ich habe nicht verstanden!" und ein anderer verlauten ließ: „Ich würde dir widersprechen, wenn ich dürfte!" Manchmal, wenn er wegen des scharfen Wortwechsels der streitenden Parteien sich voll Ärger aus der Kurie entfernte, griffen ihn einige mit den Worten an, es werde denn doch den Senatoren wohl noch erlaubt sein, über den Staat zu reden. Bei der Wahl der Mitglieder des Senats[279], bei der jeder Senator einen anderen bestimmen durfte, wählte Antistius Labeo[280] den Marcus Lepidus[281], einen alten und sich damals noch im Exil befindlichen politischen Gegner des Augustus und als er von diesem gefragt wurde, ob es nicht vielleicht noch würdigere Männer gäbe, gab er lediglich zur Antwort: „Jeder habe sein eigenes Urteil!" Und doch gereichte solche Offenheit oder solcher Eigensinn niemals irgend jemandem zum Schaden.

55. Sogar die über ihn im Senat hin und wieder verbreiteten Schmähschriften flößten ihm weder Besorgnis ein, noch kümmerte er sich viel um ihre Widerlegung. Ja, er ließ nicht einmal Nachforschungen über ihre Verfasser anstellen, sondern begnügte sich damit, zu erklären, daß in Zukunft gegen diejenigen Ermittlungen eingeleitet werden sollen, die Schmähschriften oder Spottgedichte, auf wen auch immer, unter fremdem Namen veröffentlichen würden.

56. Auch den gehässigen oder frivolen Spottreden gewisser Personen widersprach er in einem Edikt. Trotzdem schritt er aber gegen einen Senatsbeschluß ein, der die in den Testamenten häufig vorkommenden boshaften Äußerungen verhindern sollte.[282] So oft er bei den Wahlen der Magistrate dabei war, ging er mit den von ihm

vorgeschlagenen Bewerbern bei den einzelnen Tribus umher und bat nach althergebrachter Sitte um ihre Stimmen. Auch er gab seine Stimme wie ein Mann aus dem Volk in seiner Tribus ab. Als Zeuge vor Gericht nahm er es mit Gelassenheit, verhört und widerlegt zu werden. Sein Forum[283] gestaltete er kleiner als ursprünglich geplant, weil er es nicht übers Herz bringen konnte, die nächstgelegenen Häuser ihren Besitzern wegzunehmen. Nie empfahl er seine Söhne dem Volke, ohne dabei hinzuzufügen: „wenn sie es verdienen werden". Als diese einmal noch mit der Knabentoga bekleidet im Theater erschienen und sich alle von ihren Sitzen erhoben und stehend Beifall klatschten, kritisierte er ein solches Verhalten aufs strengste.

Allerdings wollte er, daß seine Freunde groß und einflußreich im Staate seien, daß aber trotzdem für sie das gleiche Recht wie für alle anderen auch gelten und dieselben Gerichte zuständig sein sollten. Als ein ihm sehr nahe stehender Mann, Asprenas Nonius[284], von Cassius Severus[285] wegen Giftmordes vor Gericht gebracht wurde, fragte er den Senat um seine Ansicht, wie er sich verhalten solle. Er könne sich nämlich zu keiner Entscheidung durchringen, weil er fürchte, wenn er dem Angeklagten beistehe, könne die Meinung entstehen, er wolle ihn den Gesetzen entreißen, wenn er es aber nicht tue, habe es den Anschein, als lasse er seinen Freund im Stich und verurteile ihn schon im voraus; mit dem Einverständnis aller nahm er dann einige Stunden auf der Anwaltsbank Platz, verhielt sich aber schweigend und gab nicht einmal die übliche Belobigungsrede [für den Angeklagten] ab. Auch seinen Klienten leistete er vor Gericht Beistand, wie etwa einem gewissen Scutarius, der einst unter ihm Evocatus[286] war und gegen den jetzt eine Beleidigungsklage erhoben wurde. Nur einen einzigen Angeklagten entzog er dem Zugriff der Justiz; und auch diesen nur durch dringende Bitten, mit denen er vor Gericht den Ankläger gewann. Es war dies jener Castricius, der ihm einst von der Verschwörung Murenas[287] Anzeige erstattet hatte.

57. Welche Beliebtheit ihm ein solches Verhalten einbrachte, läßt sich leicht begreifen. Von den Senatsbeschlüssen will ich gar nicht reden, weil es hier den Anschein haben kann, Zwang oder Schmeichelei seien dabei im Spiel gewesen. Die römischen Ritter feierten alljährlich aus eigenem Antrieb und einhellig immer zwei Tage lang

sein Geburtsfest. Alle Stände warfen jährlich aufgrund eines Gelübdes für sein Wohlergehen ein Geldstück in den Lacus Curtius.[288] Desgleichen brachten sie ihm am ersten Januar, selbst wenn er abwesend war, auf dem Kapitol eine Neujahrsgabe dar, von deren Erlös er die kostbarsten Götterbilder kaufte, die er dann in den verschiedenen Stadtvierteln aufstellen ließ, wie den Apollo Sandaliarius und den Jupiter Tragoedus und viele andere.[289] Zum Wiederaufbau seines Hauses auf dem Palatin, das durch einen Brand zerstört worden war[290], brachten die Veteranen, die Dekurien[291], die Tribus und ebenso auch einzelne aus allen Schichten des Volkes freiwillig jeder nach seinem Vermögen Geldbeträge zusammen, wobei er von der Gesamtsumme nur kleine Haufen entnahm und von keinem mehr als einen Denar einbehielt. Wenn er aus der Provinz zurückkehrte, empfing man ihn nicht nur mit Glückwünschen, sondern auch mit feierlichen Gesängen. Auch achtete man sorgsam darauf, daß, so oft er die Stadt betrat, kein Todesurteil vollzogen wurde.

58. Den Beinamen Vater des Vaterlandes übertrug ihm das gesamte Volk ebenso unerwartet wie einstimmig.[292] Zuerst die Plebeier, und zwar zunächst durch eine nach Antium[293] gesandte Abordnung; sodann, weil er die Ehre ablehnte, bei seinem Einzug in Rom, als sie sich mit Lorbeerzweigen bekränzt zum Festakt versammelt hatten. Darauf folgte der Senat in der Kurie, und zwar weder durch ein Dekret, noch durch Akklamation, sondern durch den Mund des Valerius Messalla[294], der im Auftrag sämtlicher Kollegen folgende Worte an ihn richtete: „Glück und Heil, Caesar Augustus, dir und deinem Hause! – denn wir glauben, daß wir mit diesem Wunsch auch zugleich dauerhaftes Glück für den Staat und Freude für diese Stadt erbitten. Der Senat, in Übereinstimmung mit dem römischen Volke, grüßt dich als Vater des Vaterlandes!" Ihm antwortete mit Tränen in den Augen Augustus mit folgenden Worten (ich führe nämlich, wie vorhin des Messalla, so jetzt auch des Augustus eigene Worte an): „Alle meine Wünsche gingen in Erfüllung, ihr versammelten Väter, was kann ich da noch anders von den unsterblichen Göttern erflehen, als daß es mir vergönnt sein möge, diese eure einmütige Liebe bis an mein Lebensende mir zu bewahren!"

59. Seinem Arzt Antonius Musa[295], durch dessen Hilfe er von

einer gefährlichen Krankheit geheilt worden war, errichtete man aus gesammelten Spenden ein Standbild neben der Bildsäule des Aeskulap.[296] Gar manche Hausväter verfügten in ihrem Testament, daß von ihren Erben Opfertiere – diesen wurden Plakate mit den genauen Bestimmungen vorangetragen – aufs Kapitol geführt werden und daß dort von eben diesen Erben in ihren Namen ein Dankesopfer dargebracht werde für die Erfüllung ihres Wunsches, vor Augustus aus dem Leben geschieden zu sein. Manche Stadtgemeinden Italiens machten den Tag, an dem Augustus zuerst ihre Stadt besucht hatte, zum Jahresanfang. Sehr viele Provinzen stifteten außer Tempeln und Altären zu seiner Ehre auch in fast allen Städten Festspiele, die alle fünf Jahre gefeiert wurden.

60. Befreundete und verbündete Könige, und zwar jeder einzeln für sich in seinem Reiche, gründeten ihm zu Ehren Städte, die Caesarea[297] hießen, und alle schlossen sich zusammen, den in alter Zeit in Athen begonnenen Bau des Tempels des Olympischen Jupiter[298] auf gemeinsame Kosten zu vollenden und ihn dem Genius[299] des Augustus zu weihen. Oft verließen sie ihr Herrschaftsgebiet; da waren sie ihm nicht nur zu Rom, sondern auch wenn er die Provinzen bereiste, in römischer Bürgertracht, ohne königliche Insignien wie Klienten täglich zu Diensten.

61. Da ich nun im bisherigen gezeigt habe, wie sich Augustus als Feldherr und Staatsbeamter sowie an oberster Stelle des weltbeherrschenden Staates im Krieg und Frieden bewährt hat, will ich jetzt von seinem Privat- und Familienleben berichten, in welcher Weise und unter welchen Zeichen der Vorsehung er in seiner Familie von seiner Jugend bis zum Tage seines Todes gelebt hat. Die Mutter verlor er im ersten Konsulat[300], seine Schwester Octavia[301], als er im vierundfünfzigsten Lebensjahr stand. Beiden erwies er auch nach ihrem Tod alle möglichen Ehren, zumal er sie ja schon zu ihren Lebzeiten höchst achtungsvoll behandelt hatte.

62. Augustus war als junger Mann mit der Tochter des Publius Servilius Isauricus[302] verlobt. Aber nachdem er seinen ersten Zwist mit Antonius begraben hatte[303], heiratete er auf das Drängen der Soldaten beider Seiten, die die Verbindung auch durch verwandtschaftliche Bande gefestigt sehen wollten, dessen Stieftochter Clau-

dia, die Tochter der Fulvia[304] aus der Ehe mit P. Clodius[305], obwohl sie damals noch kaum im heiratsfähigen Alter war.[306] Er ließ sich aber wegen Spannungen mit seiner Schwiegermutter Fulvia wieder von ihr, als sie noch Jungfrau war, scheiden, ohne sie berührt zu haben. Bald darauf nahm er die Scribonia zur Frau, die früher zweimal mit Männern konsularischen Ranges verheiratet war und von einem Kinder hatte.[307] Auch von dieser schied er sich, weil er, wie er selbst schreibt, ihren abartigen Charakter nicht länger ertragen konnte, und entführte alsbald dem Tiberius Nero[308] seine Frau Livia Drusilla, obschon diese bereits schwanger war; und er verehrte sie und blieb ihr treu bis an sein Lebensende.[309]

63. Von der Scribonia hatte er die Iulia[310], von der Livia gar keine Kinder, obwohl er sich so sehr welche wünschte. Ein Kind, das sie empfangen hatte, kam zu früh zur Welt. Die Iulia verheiratete er zuerst mit Marcellus[311], dem Sohn seiner Schwester Octavia[312], der eben erst aus dem Knabenalter getreten war, dann, als dieser verstarb, mit Marcus Agrippa, indem er seine Schwester durch Bitten bewog, ihm ihren Schwiegersohn zu überlassen. Agrippa hatte nämlich damals die eine der beiden Schwestern, Marcella, zur Frau und Kinder von ihr.[313] Als auch dieser starb, wählte er, nachdem er sich lange sogar im Ritterstand nach Partien umgesehen hatte, seinen Stiefsohn Tiberius[314] zu Iulias Gatten aus und zwang diesen, seiner hochschwangeren Frau, von der er bereits ein Kind hatte, den Scheidebrief zu geben.[315] Marcus Antonius schreibt, Augustus habe zuerst die Iulia seinem Sohn Antonius verlobt, darauf dem Getenkönig Cotiso, und gleichzeitig habe er auch für sich um eine Tochter des Königs angehalten.[316]

64. Aus der Ehe der Iulia mit Agrippa hatte er drei Enkel: Gaius, Lucius und Agrippa, und zwei Enkelinnen: die (jüngere) Iulia und die Agrippina.[317] Die Iulia verheiratete er mit Lucius Paulus[318], dem Sohn des Zensor, die Agrippina mit Germanicus[319], dem Neffen seiner Schwester. Den Gaius und Lucius adoptierte er, nachdem er sie vorher zu Hause von ihrem Vater mittels „Kauf durch Geld und Waage" erhalten hatte[320], ließ sie schon in jungen Jahren in den Dienst des Staates treten und, nachdem sie zuvor zum Konsulat designiert worden waren[321], die Provinzen bereisen und die verschie-

denen Heere besuchen. Seine Tochter und seine Enkelinnen erzog er so [streng], daß er sie sogar zum Wollespinnen anhielt und daß er ihnen untersagte, etwas zu reden oder zu tun, was nicht an die Öffentlichkeit dringen durfte und nicht in die täglichen Hofberichte aufgenommen werden konnte. Von dem Verkehr mit der Außenwelt hielt er sie so sehr fern, daß er einmal dem Lucius Vinicius[322], einem ehrbaren jungen Mann von edler Abstammung, schrieb, er habe wenig Anstand, daß er nach Baiae[323] gekommen sei, um seiner Tochter aufzuwarten. Seinen Enkeln brachte er Lesen, Schreiben und anderes Grundwissen größtenteils selbst bei und er ließ es sich ganz besonders angelegen sein, daß sie seine eigene Handschrift nachahmen konnten. Wenn er mit ihnen speiste, so saßen sie auf dem Seitenpolster des Trikliniums[324]; auf Reisen fuhren sie ihm stets voraus oder ritten neben ihm her.

65. Aber mitten in seiner freudigen Zuversicht auf seine Nachkommen und ihre Erziehung verließ ihn das Glück seines Hauses. Die beiden Iulia, die Tochter und die Enkelin, die sich durch einen äußerst unmoralischen Lebenswandel in Verruf gebracht hatten, verbannte er.[325] Den Gaius und Lucius verlor er beide innerhalb von achtzehn Monaten; Gaius starb in Lykien, Lucius in Massilia.[326] Den dritten Enkel Agrippa adoptierte er zusammen mit seinem Stiefsohn Tiberius auf dem Forum vor den versammelten Kurien.[327] Von diesen beiden verstieß er schon nach kurzer Zeit den Agrippa wegen seines gemeinen und wilden Charakters und verbannte ihn nach Surrentum.[328] Doch den Tod der Seinen konnte er leichter ertragen als die Schande. Den Verlust des Gaius und Lucius nahm er ziemlich ungebrochenen Mutes hin; über seine Tochter aber erstattete er Bericht an den Senat und ließ in seiner Abwesenheit durch den Quästor eine Schrift verlesen. Überhaupt mied er aus Schamgefühl lange Zeit jeden Umgang mit Menschen und dachte sogar daran, seine Tochter töten zu lassen. Zumindest äußerte er, als um diese Zeit eine der Vertrauten Iulias, die Freigelassene Phoebe, ihrem Leben durch Erhängen ein Ende machte, er wäre lieber der Vater der Phoebe gewesen. Der verbannten Tochter verbot er den Genuß von Wein und jede Art von aufwendigem Lebensstil. Kein Mensch, weder Freier noch Sklave, durfte ihr nahen, ohne vorher seine Erlaubnis eingeholt

zu haben; und zwar ließ er sich bei jedem zuvor über Alter, Statur, Gesichtsfarbe, besondere Kennzeichen und Narben des Körpers genaue Auskunft geben. Nach einem Zeitraum von fünf Jahren versetzte er sie schließlich von der Insel auf das Festland Italiens[329] und ließ das Los ihrer Gefangenschaft etwas mildern. Durch nichts ließ er sich aber dazu bewegen, sie vollständig zurückzurufen; und als das römische Volk nach wiederholten Bitten einmal heftiger als sonst ihn bestürmte, erwiderte er auf einer öffentlichen Versammlung, er wünsche ihnen nur solche Töchter und solche Gattinnen. Ein Kind, das seine Enkelin Iulia nach ihrer Verurteilung gebar, verbot er anzuerkennen und aufzuziehen.[330] Den Agrippa, der nicht fügsamer, sondern täglich nur unvernünftiger wurde, ließ er auf eine Insel bringen und obendrein durch einen Trupp Soldaten eng bewachen.[331] Auch verfügte er mittels eines Senatsbeschlusses, daß er für immer dort gefangen gehalten werden sollte. Und so oft die Rede auf diesen oder auf eine der beiden Iulia kam, seufzte er gewöhnlich nur und zitierte folgenden griechischen Vers:

> Wär' ich doch ehelos geblieben und kinderlos einsam gestorben![332]

Auch nannte er sie nicht anders, als seine drei Eiterbeulen oder seine drei Krebsgeschwüre.

66. Freundschaften schloß er nicht leicht, hielt aber an ihnen ohne Schwanken fest und wußte nicht nur gute Eigenschaften und Verdienste eines jeden zu würdigen, sondern auch die Fehler und Vergehen zu ertragen, wenn sie ein gewisses Maß nicht überschritten. Denn man wird aus seinem Freundeskreis kaum jemanden finden, der in Ungnade gefallen ist, mit Ausnahme des Salvidienus Rufus, den er bis zum Konsulat, und des Cornelius Gallus, den er bis zur Präfektur von Ägypten aufsteigen ließ und die beide aus niedrigsten Verhältnissen stammten. Den ersteren, der einen Aufstand gegen ihn anzettelte, übergab er dem Senat zur Verurteilung[333]; dem anderen, der sich undankbar und böswillig gegen ihn gezeigt hatte, untersagte er den Zutritt zu seinem Hof und den Aufenthalt in seinen Provinzen.[334] Aber auch als Gallus durch die Anzeigen seiner Kläger und die Beschlüsse des Senats in den Tod getrieben worden war, lobte Augustus zwar den Pflichteifer derer, die um sein Wohlergehen in Aufre-

gung geraten waren, vergoß aber auch Tränen wegen dieses Mannes und beklagte sich, daß es ihm allein nicht erlaubt sei, so wie er wolle, seinen Freunden zu zürnen. Seine übrigen Freunde genossen, jeder an der Spitze seines Standes, Einfluß und Reichtum bis an ihr Lebensende, obwohl es auch zu Spannungen im Verhältnis mit ihm kam. So ließen manchmal die Unbeirrbarkeit des M. Agrippa[335] und die Verschwiegenheit des Maecenas[336], um nur diese beiden zu nennen, zu wünschen übrig. Denn nur auf den leisen Verdacht hin, Augustus zeige ihm die kalte Schulter, und weil er sich dem Marcellus[337] nachgesetzt glaubte, ließ jener alles liegen und stehen und zog sich nach Mytilene[338] zurück; der andere aber hatte das Geheimnis der entdeckten Verschwörung Murenas[339] an seine Frau Terentia ausgeplaudert.[340] Auch verlangte Augustus seinerseits von seinen Freunden Beweise ihres Wohlwollens gegen ihn, sowohl nach ihrem Tod als auch zu ihren Lebzeiten. Denn obwohl er keineswegs nach Erbschaften strebte – als ein Mann der sich weigerte, vom Vermächtnis eines Unbekannten etwas anzunehmen – so wog er aber doch die Aussagen im Testament seiner Freunde genauestens ab und verbarg nicht seinen Schmerz, wenn jemand in seinem letzten Willen nur selten oder ohne ehrenvolle Worte über ihn sprach, aber auch nicht seine Freude, wenn sich einer dankbar und liebevoll äußerte. Erbschaften oder Erbschaftsanteile, die ihm von irgendwelchen Eltern vermacht worden waren, pflegte er entweder sofort an ihre Kinder abzutreten oder, wenn diese noch unmündig waren, am Tage ihrer Volljährigkeit, wenn es Söhne, oder am Tage ihrer Verheiratung, wenn es Töchter waren, mit Zins zurückzugeben.

67. Als Patron und als Herr war er ebenso streng als umgänglich und gütig, und viele Freigelassene, wie z.B. Licinius[341], Celadus[342] und andere, erfreuten sich seiner Achtung und seines Vertrauens. Seinen Sklaven Cosmus, der sich sehr schlimme Reden über ihn erlaubte, ließ er zur Strafe lediglich in den Bock legen. Als sein Hausverwalter Diomedes ihn einmal bei einem gemeinsamen Spaziergang aus Furcht vor einem plötzlich anrennenden wilden Eber im Stich ließ, wollte er darin eher Ängstlichkeit als ein schuldhaftes Verhalten erkennen und machte aus der Angelegenheit, die keineswegs ungefährlich war, einen Scherz, weil ja keine böse Ab-

sicht dahintersteckte. Es war aber derselbe Mann, der den Proculus, einen seiner liebsten Freigelassenen, zum Selbstmord trieb, als es aufkam, daß er mit vornehmen Frauen im Ehebruch lebte. Seinem Sekretär Thallus ließ er, weil er für die Auslieferung eines Briefes fünfhundert Denare als Bestechungsgeld angenommen hatte, die Beine verstümmeln. Den Hofmeister und die Diener seines Sohnes Gaius[343], welche dessen Krankheit und Tod dazu benutzt hatten, in der Provinz durch Grausamkeiten und Erpressungen zu wüten, ließ er mit schweren Gewichten am Halse in den Fluß werfen.

68. Als ganz junger Mensch wurde ihm vielerlei Verwerfliches nachgesagt. Sextus Pompeius verhöhnte ihn als weibischen Weichling; Marcus Antonius sagte ihm nach, er habe die Adoption von seinem Onkel durch Prostitution erkauft; Lucius[344], der Bruder des Marcus, behauptete von ihm, er habe seine „Keuschheit", an der sich schon Caesar bedient hatte, auch dem Aulus Hirtius[345] in Spanien für dreihunderttausend Sesterzen dargeboten und um das Haar an seinen Schenkeln weicher zu machen, dieses häufig mit glühenden Nußschalen angesengt. Aber auch das gesamte an einem Festspieltag versammelte Volk legte einmal einen auf der Bühne vorgetragenen Vers zu seiner Beschimpfung aus und unterstrich die Aussage durch großen Beifall. Es heißt darin nämlich von einem die Pauke schlagenden Priester der Göttermutter:

> „Sieh, wie dieser Weichling mit dem Finger hier den Kreis regiert!"[346]

69. Seine Liebschaften mit verheirateten Frauen stellen jedenfalls selbst seine eigenen Freunde nicht in Abrede, wenngleich sie ihn allerdings damit hinreichend entschuldigten, hier sei nicht Wollust, sondern das politische Kalkül ausschlaggebend gewesen, damit er um so leichter die Absichten seiner Gegner durch ihre Frauen auskundschaften könne. Marcus Antonius wirft ihm außer der übereilten Heirat mit der Livia auch noch die Geschichte mit der Frau eines Mannes von konsularischem Range vor, die er in Gegenwart ihres Gatten aus dem Speisesaal ins Schlafzimmer geführt und darauf mit geröteten Ohrläppchen und in Unordnung gebrachter Frisur wieder zur Tafel zurückgeführt habe; desgleichen hält ihm Antonius vor, daß er die Scribonia[347] deshalb verstoßen habe, weil sie ihrem Kum-

mer über den außergewöhnlich großen Einfluß seiner Mätresse[348] zu deutlich Ausdruck gab, und daß er seine Freunde als Kuppler benutzt habe, die verheiratete Frauen und erwachsene Jungfrauen ausfindig machen und nackt in Augenschein nehmen sollten, wie wenn sie beim Sklavenhändler Thoranius zum Verkauf anstünden. Auch schreibt ihm Antonius einmal aus der Zeit, als ihre Beziehung noch freundschaftlich und die Feindschaft und politische Gegnerschaft noch nicht offen zutage getreten war, folgendes: „Was hat dich [gegen mich] verändert? Etwa, daß ich bei der Königin schlafe?[349] Sie ist meine Frau. Habe ich denn erst jetzt damit angefangen oder nicht vielmehr schon vor neun Jahren? Und du, schläfst du nur bei der Drusilla? Ich wette auf dein Leben, daß du, wenn du diesen Brief liest, bereits die Tertulla oder die Terentilla[350] oder die Rufilla oder die Salvia Titisennia oder alle zusammen gehabt hast. Und ist es überhaupt von Belang, wo und mit wem du deine Lust befriedigst?“

70. Auch über eine geheime Tischgesellschaft, die man die „Gesellschaft der Zwölf-Götter“ nannte, fabelte man viel in den Stadtgesprächen. Die Gäste sollten in der Tracht der Götter und Göttinnen bei Tische gelegen und Augustus selbst im Ornat des Apoll aufgetreten sein[351]; so lautet der Vorwurf nicht nur in den Briefen des Antonius, wo die Namen der einzelnen mit den bittersten Bemerkungen aufgezählt sind, sondern auch in jenen allbekannten Versen eines anonymen Autors:

> Als der Tisch den ersten dieser Choragen[352] an sich brachte, da sah Mallia[353] sechs Götter und sechs Göttinnen. Während Caesar mit göttlicher Täuschung den Apoll spielt, während er beim Festessen die neuen Liebschaften der Göttlichen feiert, wandten sich alle Himmlischen von der Erde ab und selbst Jupiter floh vor den goldenen Thronen.

Verstärkt wurde das Gerede von dieser Tischgesellschaft durch die damals in der Stadt herrschende sehr große Hungersnot, und tags darauf rief man bei seinem Erscheinen auf der Straße laut, alles Brotkorn hätten die Götter aufgegessen und Caesar sei der richtige Apoll, aber der Apoll Tortor.[354] Unter diesem Beinamen wurde nämlich dieser Gott in einem gewissen Stadtteil verehrt. – Gerügt wurde er auch wegen seiner übergroßen Gier nach kostbarem Hausrat und korinthischen Gefäßen sowie wegen seines Hangs zum Würfelspiel. Denn zur Zeit der Ächtungen schrieb man an seine Statue:

> Mein Vater war ein Argentarius, ich bin ein Korinthiarius![355],

weil die Meinung verbreitet war, daß er manche nur wegen ihrer korinthischen Gefäße auf die Liste der Geächteten setzen ließ; und später im Sizilischen Krieg[356] brachte man gegen ihn das Epigramm in Umlauf:

> Nachdem er zweimal zu Meer besiegt die Schiffe verlor, treibt er,
> Um endlich einmal zu siegen, das Würfelspiel!

71. Von diesen, soll man sagen, Anschuldigungen oder boshaften Verleumdungen hat er den üblen Ruf der Unzucht am leichtesten durch die Keuschheit seines damaligen und auch späteren Lebens widerlegt; ebenso den Vorwurf eines aufwendigen Lebensstils. Er hat nämlich nach der Eroberung Alexandrias[357], mit Ausnahme eines einzigen murrinischen Kelches[358], von dem gesamten königlichen Hausrat für sich nichts zurückbehalten und bald darauf auch das zum täglichen Gebrauch dienende goldene Tafelgeschirr samt und sonders einschmelzen lassen. In den Netzen der Frauenliebe dagegen blieb er sein Leben lang verstrickt und war auch in späteren Jahren, wie es heißt, darauf aus gewesen, junge Mädchen zu mißbrauchen, die er von überall her, sogar durch Vermittlung seiner eigenen Frau, sich zu verschaffen wußte. Das Gerede über sein Würfelspiel berührte ihn in keiner Weise und er spielte noch als alter Mann unbefangen und ohne Heimlichkeit zu seinem Vergnügen, und zwar nicht nur im Monat Dezember[359], sondern auch an anderen Fest- und Werktagen. Und darüber gibt es auch gar keinen Zweifel. In einem eigenhändig geschriebenen Brief [an Tiberius] sagt er: „Mein lieber Tiberius, meine Tischgesellschaft war die dir bekannte, dazu kamen noch Vinicius[360] und Silius Vater[361] als außergewöhnliche Gäste. Bei der Tafel haben wir, wie es sich eben für uns alte Leute gehört, sowohl gestern wie heute unser Spielchen gemacht. Wir würfelten nämlich so, daß, wer den Hund oder den Sechser warf, für jeden Würfel einen Denar in den Pott setzen mußte, und wer die Venus warf, das Ganze bekam.“[362] – Wieder in einem anderen Brief heißt es: „Wir haben, lieber Tiberius, das Fest der Minerva[363] recht heiter

verlebt. Wir haben nämlich alle Tage gespielt und das Würfelbrett nicht kalt werden lassen. Dein Bruder hat dabei ein großes Geschrei vollbracht; zu guter Letzt hat er aber gar nicht viel verloren, sondern sich aus seinen großen Verlusten allmählich wider Erwarten herausgearbeitet. Ich habe zwanzigtausend Sesterzen verloren, doch nur, weil ich überaus großmütig gespielt habe, wie das gewöhnlich meine Art ist. Denn wenn ich alle die nachgelassenen Würfe eingefordert oder das behalten hätte, was ich den einzelnen Mitspielern geschenkt habe, so hätte ich wohl an die fünfzigtausend gewonnen gehabt. Aber es ist mir so lieber. Denn meine Freigebigkeit wird mich zu himmlischem Ruhm emportragen." An seine Tochter schrieb er: „Ich schicke dir hier zweihundertfünfzig Denare, die Summe, welche ich jedem meiner Gäste gegeben habe, wenn sie bei Tisch miteinander würfeln oder paar und unpaar spielen wollten."[364] Es steht aber außer Zweifel, daß er in den übrigen Lebensbereichen höchste Enthaltsamkeit übte und ohne den Verdacht eines Fehlers war.

72. Seine Wohnung war zuerst am römischen Forum oberhalb der Stiegengasse der Ringschmiede[365] in dem Haus, das einmal dem Redner Calvus[366] gehört hatte, später auf dem Palatium[367], aber auch dort nur in dem bescheidenen Hortensischen Haus[368], das weder durch seine räumlichen Ausmaße noch durch eine prunkvolle Ausstattung in die Augen fiel. Es hatte nur kurze Säulenhallen von albanischem Peperin[369] und in den Zimmern keinen Schmuck von Marmor oder kunstvollen Mosaikböden. Und er bewohnte in diesem Haus über vierzig Jahre lang im Sommer und Winter ein und dasselbe Schlafzimmer.[370] Obgleich er aus Erfahrung wußte, daß die Stadt im Winter seiner Gesundheit keineswegs zuträglich war, verbrachte er den Winter durchwegs in der Stadt. Wollte er einmal etwas alleine und ungestört arbeiten, so hatte er dazu eine besondere hochgelegene Wohnung, die er sein Syrakus[371] und sein Atelier zu nennen pflegte. Dorthin oder in eine nahe bei der Stadt gelegenen Villa eines seiner Freigelassenen begab er sich dann also. Wenn er ans Krankenbett gebunden war, nahm er gewöhnlich im Haus des Maecenas Quartier.[372] Wenn er sich zur Erholung zurückzog, bevorzugte er die Küste und die Inseln Kampaniens[373] oder auch die der Hauptstadt nahe gelegenen Landstädte Lanuvium[374] und Praeneste[375] sowie

Tibur[376], wo er auch in den Portiken des Herkulestempels sehr oft zu Gericht saß. Große und prächtige Herrensitze konnte er nicht leiden. Das von seiner Enkelin Iulia mit verschwenderischer Pracht erbaute Landhaus ließ er sogar bis auf den Grund niederreißen und seine eigenen, so bescheiden sie auch waren, schmückte er weniger mit Statuen und Gemälden aus, sondern verschönerte sie mit Spazierwegen und Parkanlagen, sowie mit Altertümern und bemerkenswerten Raritäten; so befinden sich in seinem Landhaus auf der Insel Capri[377] noch jetzt Riesenknochen ungeheurer Land- und Seetiere, welche man Gigantenknochen und Heroenwaffen nennt.

73. Die Sparsamkeit bei seiner Wohnungseinrichtung und seinem Hausrat läßt sich auch jetzt noch an den erhaltenen Betten und Tischen erkennen, wovon das meiste kaum den Ansprüchen eines gewöhnlichen Privatmanns genügt. Er soll sogar auf einem nur niedrigen und schlecht gepolsterten Bett geschlafen haben. Als Kleidung trug er fast immer nur sein Hauskleid, das ihm Gattin, Schwester, Tochter und Enkelinnen anfertigten. Seine Toga war weder zu eng, noch zu weit; der Purpurstreifen an ihr weder zu breit noch zu schmal[378], dagegen trug er etwas erhöhte Sohlen, um größer zu erscheinen. Seine Amtskleider und seine Schuhe mußten sich stets in seinem Schlafzimmer befinden und für plötzliche und unerwartete Fälle bereit sein.

74. Bankette hielt er regelmäßig und dabei ließ er immer ein vollständiges Mahl servieren; auch achtete er bei der Wahl seiner Gäste genau auf Rang und Charakter. Valerius Messala[379] erzählt, daß nie ein Mann freigelassenen Standes von ihm zur Tafel zugelassen wurde, mit Ausnahme des Menas[380], der jedoch, nachdem er die Flotte des Sextus Pompeius verraten hatte, die Rechte eines Freigeborenen bekommen hatte. Augustus selbst schreibt, er habe einmal einen Mann eingeladen, in dessen Villa er übernachten wollte und der früher einmal seine Ordonanz gewesen sei. Zur Tafel kam er manchmal später als die übrigen und verließ sie auch früher, doch durften die Gäste die Tafel eröffnen, bevor er Platz nahm, und blieben auch weiter sitzen, wenn er sich zurückgezogen hatte. Das Mahl bestand meist nur aus drei, wenn es hoch herging aus sechs Gängen; aber wenn der Aufwand auch nicht übermäßig groß war, so

herrschte doch eine äußerst gesellige Atmosphäre; denn er brachte die Schweigenden oder nur sehr leise miteinander Sprechenden zu einem gemeinsamen Gespräch, gab Einlagen nicht nur durch Vorleser und Schauspieler, sondern sogar durch gewöhnliche Possenreißer vom Zirkus und noch häufiger durch sogenannte Moralprediger.[381]

75. Feste und feierliche Jahrestage feierte Augustus mit großer Freigebigkeit, bisweilen jedoch nur mit irgend einem Scherz. So pflegte er am Saturnalienfeste[382], und wenn es ihm sonst gerade einfiel, bald Geschenke an Kleidung, Gold- und Silbergeschirr, bald Münzen verschiedenster Prägungen, auch alte königliche[383] und ausländische, zu verteilen, zuweilen gab er aber auch gar nichts außer Decken aus Ziegenhaar, Schwämme, Rührlöffel, Zangen und dergleichen mehr, mit unklaren und zweideutigen Inschriften. Auch pflegte er bei einem Gastmahl manchmal Lose, für die man Gegenstände von ganz unterschiedlichem Wert erhielt, und Gemälde, von denen nur die Rückseite zu sehen war, zu versteigern und durch den ungewissen Ausgang die Hoffnung der Käufer bald zu enttäuschen und bald zu erfüllen. Die Gäste boten dabei tischweise und hatten so zusammen Gewinn und Verlust zu tragen.

76. An Speisen – denn auch dies möchte ich nicht unerwähnt lassen – genoß er überaus wenig und meist nur Hausmannskost. Schwarzbrot, Sardellen, mit der Hand gepreßter Kuhkäse und frische Feigen von Baumsorten, die zweimal im Jahr tragen, waren seine Lieblingsgerichte. Dabei pflegte er auch vor der Hauptmahlzeit zu jeder Zeit und an jedem Orte, sobald er Appetit verspürte, zu essen. Er sagt darüber einmal in seinen Briefen folgende Worte: „Wir haben im Wagen etwas Brot und Datteln genossen..." und an einer anderen Stelle: „Auf der Rückkehr nach Hause von der Regia[384] habe ich in meiner Sänfte eine Unze Brot mit einigen harthäutigen Weinbeeren gegessen..." und wieder an einer anderen Stelle: „Kein Jude, mein lieber Tiberius, hält sein Fasten am Sabbat strenger, als ich es heute gehalten habe; denn erst im Bad, eine Stunde nach Sonnenuntergang, habe ich, bevor ich mich salben ließ, zwei Bissen zu mir genommen. Infolge dieser unregelmäßigen Eßgewohnheiten speiste er manchmal entweder vor Beginn oder nach Aufhebung der Tafel alleine, während er bei Tisch selbst nichts anrührte.

77. Auch im Genuß von Wein war er von Natur aus höchst zurückhaltend. Im Lager von Mutina[385] trank er während der Hauptmahlzeit, wie Cornelius Nepos[386] erzählt, gewöhnlich nur dreimal. Später ging er, selbst wenn er sich recht gütlich tat, nicht über sechs Sextansgläser[387]; oder wenn er ja einmal darüber hinausging, so pflegte er sich zu übergeben. Am liebsten trank er rätischen Wein.[388] Zwischen den Mahlzeiten trank er selten. Statt eines Getränkes nahm er ein in kaltes Wasser getauchtes Brot oder ein Stück Wassermelone, einen Lattichstengel oder frisches oder getrocknetes Obst von weinartigem Geschmack zu sich.

78. Nach dem Mittagessen pflegte er mit seinen Kleidern und Schuhen, die er gerade anhatte, und mit unbedeckten Füßen ein wenig zu ruhen, wobei er die Hand vor die Augen hielt. Nach der Abendmahlzeit zog er sich auf sein Arbeitssofa zurück. Dort blieb er tief in die Nacht hinein, bis er die restlichen Tagesgeschäfte vollständig oder zum größten Teil erledigt hatte. Dann begab er sich in sein Schlafzimmer, wo er nicht mehr als höchstens sieben Stunden schlief und auch diese nicht in einem durch, sondern wachte vielmehr während dieses Zeitraums drei- bis viermal auf. Konnte er nach einer solchen Störung, wie es manchmal vorkam, nicht wieder einschlafen, so ließ er Vorleser oder Geschichtenerzähler an sein Bett kommen und sich wieder zum Einschlafen bringen, und schlief dann bis in den Tag hinein. Auch wachte er in finsterer Nacht nie, ohne daß jemand bei ihm saß. Frühes Aufstehen war ihm zuwider und wenn er sich wegen eines Geschäfts oder eines Opfers früher wecken lassen mußte, so übernachtete er gewöhnlich der Bequemlichkeit halber bei irgendeinem Bekannten, der ein Haus ganz in der Nähe des jeweiligen Ortes hatte. So schlief er auch oft aus Schlafmangel ein, während er durch die Straßen getragen wurde und während der Pausen, wenn man die Sänfte absetzte.

79. Augustus hatte eine außerordentlich gute Figur und besaß über alle Altersstufen hinweg großen Charme, obwohl er alle Toilettenkünste verschmähte und bei der Haarpflege so unbekümmert war, daß er sich in der Eile von mehreren Friseuren zugleich bearbeiten und sich den Bart bald mit der Schere, bald mit dem Messer abnehmen ließ und gleichzeitig entweder etwas las oder auch schrieb.

Sein Gesichtsausdruck war, mochte der nun reden oder schweigen, von solcher Ruhe und Heiterkeit, daß ein gallischer Häuptling einmal seinen Landsleuten gestand, er sei durch diesen sanften Ausdruck gehindert und von seinem Plan abgehalten worden, ihn beim Übergang über die Alpen, als er unter dem Vorwand einer Mitteilung in seine Nähe gelangt war, in einen Abgrund hinabzustoßen. Seine Augen waren hell und glänzend; er mochte gerne, daß man glaubte, sie strahlten eine gewisse göttliche Kraft aus, und freute sich, wenn jemand, der ihn scharf anblickte, wie von der Sonne geblendet das Gesicht zu Boden neigte; doch sah er im Alter mit dem linken Auge weniger gut. Seine Zähne waren lückenhaft, klein und schadhaft, sein Haar sanft gewellt und dunkelblond, die Augenbrauen zusammengewachsen, die Ohren mittelgroß, die Nase oben vorstehend, aber nach innen gebogen, seine Hautfarbe ein Gemisch von dunkelbraun und weiß; seine Statur war klein – (Iulius Marathus[389], sein Freigelassener, gibt sie in seiner Biographie mit fünfdreiviertel Fuß[390] an) –; doch durch die Schönheit und das Ebenmaß seiner Gliedmaßen wurde dieser Mangel verdeckt, der nur im direkten Vergleich mit einem Größeren, der neben ihm stand, erkennbar war.

80. Sein Körper war, wie erzählt wird, mit Flecken übersät; seine Muttermale waren so über Brust und Unterleib verteilt, daß sie in Form, Ordnung und Zahl dem Sternbild des Großen Bären glichen. Er hatte auch Schwielen, die infolge ständigen Kratzens und durch heftigen Gebrauch der Badebürste sich zu vielfältigen Formen eines Hautausschlags entwickelten. Hüftgelenk, Schenkel und Wade der linken Seite waren weniger kräftig, als die der rechten, weswegen er auch oft hinkte, stellte sich aber durch Sandbäder und Schilfumschläge immer wieder her. Auch fühlte er zuweilen im rechten Zeigefinger eine solche Schwäche, daß er den steifen, von Kälte erstarrten Finger nur mühsam mit Hilfe eines umgelegten hornenen Reifs zum Schreiben gebrauchen konnte. Auch klagte er manchmal über Blasenbeschwerden; die davon herrührenden Schmerzen wurden erst dann leichter, wenn die Steine mit dem Urin abgingen.

81. Schwere und gefährliche Krankheiten hat er im Laufe seines Lebens mehrere durchgemacht, besonders die nach Beendigung des Kantabrischen Feldzuges[391], bei der durch Absonderungen seine

Leber vergiftet wurde. Er geriet darüber so in Verzweiflung, daß er es für notwendig hielt, sich einer der allgemeinen Medizin zuwiderlaufenden und zweifelhaften Heilmethode zu unterwerfen. Da nämlich warme Umschläge nichts nützten, ließ er sich notgedrungen auf den Rat des Antonius Musa[392] hin mit kalten behandeln. Manche Krankheiten machte er jährlich und zu bestimmten immer wiederkehrenden Zeiten durch. So litt er um die Zeit seines Geburtstages[393] fast regelmäßig an nervöser Erschöpfung und während ihn bei Frühlingsanfang eine Entzündung des Zwerchfells heimsuchte, litt er bei stürmischem Südwind am Schnupfen. Daher vermochte sein arg mitgenommener Körper weder Kälte noch Hitze ohne Beschwerden zu ertragen.

82. Im Winter schützte er sich durch vier übereinander angezogene Tuniken und eine dicke Toga, dazu durch ein Hemd und eine Brustbinde aus Wolle und durch Beinkleider und Strümpfe. Im Sommer schlief er bei offenen Türen oft im Innenhof neben einem Springbrunnen, oder er ließ sich auch von jemandem Kühlung zufächeln. Sonne konnte er nicht einmal im Winter ertragen und ging deshalb selbst zu Hause nie im Freien ohne Sonnenhut spazieren. Reisen machte er in der Sänfte, meist bei Nacht, und zwar langsam und in kurzen Etappen, so daß er nach Praeneste oder Tibur zwei Tage brauchte; und wo immer es möglich war, den Seeweg zu nehmen, reiste er lieber zu Schiff.[394] Seinen so schwächlichen Körper hielt er durch gewissenhafte Pflege aufrecht, besonders dadurch, daß er selten badete. Salben ließ er sich öfter, schwitzte dann am Feuer und ließ sich darauf mit lauem oder von starker Sonnenhitze erwärmtem Wasser übergießen. So oft er aber seiner Nerven wegen warme Seesalzbäder oder albulische Quellbäder[395] nehmen mußte, begnügte er sich damit, daß er, in seiner hölzernen Badewanne sitzend, die er mit einem spanischen Worte „Dureta" zu nennen pflegte, Hände und Füße abwechselnd bewegte.

83. Die militärischen Übungen auf dem Marsfeld mit Pferden und Waffen gab er gleich nach den Bürgerkriegen auf und ging stattdessen anfangs zum Spiel mit kleinen und großen Bällen über, bald tat er nichts anderes mehr als auszureiten und spazieren zu gehen, wobei er, in einen Überwurf von Leder oder Linnen einge-

hüllt, den letzten Teil der Strecke in kleinen Sprüngen lief. Zur geistigen Entspannung fischte er auch mit der Angel oder spielte mit Würfeln oder mit Spielkügelchen und Nüssen in Gesellschaft kleiner Sklavenknaben, an denen er wegen ihres schönen Aussehens und ihrer Gesprächigkeit Gefallen fand und die er deshalb aus allen Gegenden der Erde, besonders aus Syrien und Mauretanien[396] herbeischaffen ließ. Denn vor Zwergwüchsigen und Verkrüppelten und vor allem, was in diese Richtung geht, hatte er eine Abscheu, weil sie ihm als Spottgeburten der Natur und als Vorboten allen Unheils erschienen.

84. Die Redekunst und die übrigen freien Künste[397] übte er von früher Jugend an mit großem Eifer und höchstem Fleiß. Im Mutinensischen Krieg[398] soll er, trotz der so schwierigen Lage der Dinge, täglich gelesen, geschrieben und Redeübungen gehalten haben. In der Folgezeit sprach er weder im Senat noch zum Volk oder zum Heer, ohne vorher die Rede einstudiert und schriftlich ausgearbeitet zu haben, obwohl er, wenn es darauf ankam, aus dem Stegreif reden konnte. Um ferner nicht in Gefahr zu geraten, einen Gedächtnisfehler zu begehen oder Zeit mit Auswendiglernen zu verschwenden, machte er es sich zum Grundsatz, alles abzulesen. Auch bei Besprechungen mit einzelnen Leuten, ja sogar bei wichtigeren mit seiner Gemahlin Livia[399], stützte er sich auf Aufzeichnungen aus seinem Notizbuch, um nicht aus dem Stegreif zu viel oder zu wenig zu sagen. Seine Aussprache hatte einen angenehmen und etwas eigentümlichen Klang, auch übte er sich darin regelmäßig bei einem Stimmlehrer. Zuweilen jedoch, wenn er an Halsbeschwerden litt, ließ er seine Reden an das Volk durch einen Herold vortragen.

85. Augustus hat viele Schriften über verschiedene Themen in Prosa verfaßt, aus denen er manches im engeren Kreis seiner Freunde, wie in einem Hörsaal, vortrug[400], so z. B. die „Entgegnung zu Brutus' Schrift über Cato".[401] Als er aus diesem Buch schon einen großen Teil vorgelesen hatte, ging ihm – er war nämlich schon im forgeschrittenen Alter – die Kraft aus; daraufhin ließ er den Tiberius weiter lesen; ferner schrieb er „Ermunterungen zur Philosophie" und „Eigene Lebenserinnerungen"[402] in dreizehn Bänden, die aber nur bis in die Zeit der Kantabrischen Kriege[403] reichen. In der Poesie machte

er nur leichte Versuche. Es existiert von ihm nur ein in Hexametern verfaßtes Buch mit dem Titel „Sizilien“, das über diese Insel handelt; desgleichen gibt es noch ein zweites von ebenso bescheidenem Umfang, die „Epigramme“, die er meist im Bad zu entwerfen pflegte. Eine Tragödie Aiax, die er mit großem Elan begonnen hatte, vernichtete er, da ihm die Darstellung nicht gelingen wollte, und gab seinen Freunden, die sich erkundigten, was der Aiax mache, die Antwort, sein Aiax sei in den Schwamm gefallen.[404]

86. Im sprachlichen Ausdruck strebte er nach geschmackvoller Wahl der Worte und Einfachheit der Diktion und vermied alle unpassenden Ausdrücke, jeglichen gekünstelten Stil und, wie er sich einmal ausdrückt, „den Modergeruch veralteter Wortformen“. Überhaupt verwandte er die höchste Sorgfalt darauf, den Gedanken möglichst klar auszudrücken. Um dies leichter zu erreichen, und um den Leser und Hörer nirgends zu verwirren und aufzuhalten, hatte er keine Bedenken, bei Städtenamen die Präpositionen hinzuzufügen und Konjunktionen öfters zu wiederholen. Wenn man auf diese verzichtet, wird zwar der Stil gefällig, aber doch etwas Unklarheit hervorgerufen. Gegen die modernen Puristen wie gegen die gesuchten Altertümler, die beide gerade die entgegengesetzten Fehler machten, hatte er die gleiche Abneigung und nicht selten mußten sie sich sarkastische Kritik von ihm gefallen lassen, besonders sein lieber Maecenas[405], über dessen „parfümiertes Stilgekräusel“, wie er sich ausdrückt, er sich in einem fort lustig macht und es durch parodierende Nachahmung verspottet. Aber auch den Tiberius schont er nicht, der zuweilen nach ungewöhnlichen und veralteten Ausdrükken hascht. Den Marcus Antonius schimpft er gar einen Verrückten, weil sich über das, was er schrieb, die Leute eher wunderten, als daß sie es verstanden. Dann fügt er in seinem Spott über dessen schlechte und inkonsequente Art und Weise bei der Wahl der richtigen Form des Ausdrucks hinzu: „Und du, du bist im Zweifel, ob du den Cimber Annius und den Verranius Flaccus[406] nachahmen und Worte gebrauchen sollst, die Gaius Sallustius[407] aus Catos „Anfängen“[408] sich exzerpiert hat, oder ob du lieber den gedankenleeren Wortschwall der Redner der Asiatischen Schule[409] bei uns einbürgern sollst!“ Zu einem anderen Brief, in dem er die guten Anlagen seiner Enkelin

Agrippina[410] lobt, sagt er: „Du mußt darauf achten, dich weder schriftlich noch mündlich schwerfällig auszudrücken."

87. In der Sprache des täglichen Verkehrs gebrauchte er, wie die von ihm eigenhändig geschriebenen Briefe bezeugen, gewisse Ausdrücke sehr oft und auf eigentümliche Weise. Dazu gehört, daß er, um auszudrücken, jemand werde niemals Zahlung leisten, immer wieder die Redensart gebraucht, „dieser werde an den griechischen Kalenden bezahlen".[411] Wenn er dazu ermunterte, die Gegenwart so zu nehmen wie sie ist, sagte er: „Seien wir zufrieden mit dem Cato, den wir haben!"[412] Um die Schnelligkeit einer eilig betriebenen Sache auszudrücken, gebrauchte er die Phrase: „Schneller als man Spargel kocht." Für töricht (*stultus*) sagte er regelmäßig „stockdumm" (*baceolus*), für schwarz (*pullus*) „schwarzfarbig" (*pulleiaceus*), für verrückt (*cerritus*) „tollhausreif" (*vacerrosus*); ferner gebrauchte er „den Katzenjammer haben" (*vapide se habere*) für sich schlecht befinden, und „sich wie ein welker Kohl fühlen" (*betizare*), für abgespannt sein, was der Volksmund auch „wie trockenes Gemüse sein" (*lachanizare*) bezeichnet. Desgleichen sagte er wir seien (*simus*) statt wir sind (*sumus*) und *domos* als Genetivus Singularis für *domuos*[413]; und zwar verwendet er die beiden letzten Eigenheiten stets ohne Ausnahme, damit nicht jemand etwa diese Gewohnheit für einen Schreibfehler halte. Ferner habe ich auch in seiner Handschrift unter anderem folgende Besonderheiten bemerkt: er trennt die Wörter nicht und trägt nicht die am Ende einer Zeile überzähligen Buchstaben auf die nächste über, sondern setzte sie gleich an Ort und Stelle unter das Wort, zu dem sie gehören, und verbindet sie mit demselben durch einen Hakenzug.

88. Mit der Orthographie, d.h. mit der von den Grammatikern eingeführten vorschriftsmäßigen Rechtschreibung, nahm er es nicht sehr genau, sondern er scheint vielmehr der Ansicht derer gefolgt zu sein, die glauben, man müsse genau so schreiben wie man spreche. Daß er übrigens häufig nicht nur Buchstaben, sondern auch Silben verwechselt oder ausläßt, das sind Schreibfehler, die jedem unterlaufen können. Ich würde diesen Umstand gar nicht anführen, wenn es da nicht zu meiner Verwunderung eine Stelle bei einigen Schriftstellern gäbe, die besagt, er habe einmal einen Legaten von konsulari-

schem Rang deshalb für unwissend und ungebildet gehalten und ihm einen Amtsnachfolger geschickt, weil er in der Handschrift dieses Mannes *ixi* statt *ipsi* geschrieben fand. So oft er in Chiffren schreibt, setzt er *b* für *a*, *c* für *b* und so weiter durch die folgenden Buchstaben des Alphabets; für *x* aber setzt er ein doppeltes *a*.[414]

89. Nicht geringeren Fleiß verwandte er auf die griechische Sprache und Literatur und auch hier mit bedeutendem Erfolg. Sein Lehrer im griechischen Stil und Ausdruck war Apollodorus von Pergamon[415], den er, obwohl dieser bereits hochbetagt war, auch auf seine Reise nach Apollonia[416] als junger Mann von Rom mitgenommen hatte. Ferner gelangte er zu einer vielseitigen Bildung durch seinen Umgang mit dem Philosophen Areus[417] und mit dessen Söhnen Dionysius und Nikanor, doch sprach er das Griechische nicht fließend und getraute sich auch nicht selbst etwas in dieser Sprache zu verfassen. Erforderten dies jedoch die Umstände, so machte er seine Aufzeichnungen auf lateinisch und gab sie jemandem zum Übersetzen. In der poetischen Literatur war er jedoch sehr bewandert, fand auch Gefallen an der Alten Komödie[418] und ließ deren Stücke oft an öffentlichen Schauspieltagen aufführen. Bei seiner Lektüre der Schriftsteller beider Sprachen richtete er sein Augenmerk vorzugsweise auf heilsame Beispiele und Lehren für das öffentliche wie das private Leben, die er sich wörtlich exzerpierte und häufig an die Angehörigen seines Hauses oder auch an die Befehlshaber der Heere und Provinzen oder an die Beamten der Hauptstadt sandte, je nachdem jeder für sich eine Ermahnung nötig hatte. Sogar ganze Schriften las er im Senat vor und machte sie dem Volk durch Edikte bekannt, wie zum Beispiel die Rede des Quintus Metellus[419] „Über die Anhebung der Geburtenzahlen" und die des Rutilius[420] „Über die Bauordnung", um das Volk desto mehr zu überzeugen, daß beide Angelegenheiten nicht von ihm als ersten ins Auge gefaßt worden seien, sondern sich schon die Vorfahren darum gekümmert hätten. Die Begabten seiner Zeit förderte er auf jede Weise. Er war ein wohlwollender und geduldiger Zuhörer von Vorlesungen, nicht nur bei Gedichten und Geschichtswerken, sondern auch bei Reden und Dialogen. Doch konnte er es nicht dulden, daß über ihn selbst etwas geschrieben wurde, es sei denn auf ernste Weise und von

erstklassigen Schriftstellern; ja, er gab sogar den Prätoren die Weisung, seinen Namen bei rhetorischen Wettbewerben nicht mißbrauchen zu lassen.

90. Von seinem Verhältnis zu Religion und Aberglauben ist uns folgendes berichtet worden. Vor Donner und Blitz hatte er, seit er einmal, wie wir bereits erzählt haben, bei einer nächtlichen Reise durch einen dicht bei ihm einschlagenden Blitz erschreckt worden war, eine übertriebene Angst. Daher hatte er als Gegenmittel stets und überall ein Robbenfell bei sich und zog sich beim ersten Anzeichen eines stärkeren Gewitters in ein tiefes Gewölbe zurück.

91. Auf Träume achtete er sehr genau, sowohl auf seine eigenen, als auf die anderer von ihm. Obwohl er bei Philippi[421] beschlossen hatte, wegen seines schlechten Gesundheitszustandes sein Zelt nicht zu verlassen, tat er dies trotzdem, weil ihn der Traum eines Freundes warnte; und es war zu seinem Glück, denn nach der Einnahme des Lagers wurde seine Sänfte, in der Annahme, daß der bettlägerige Augustus darin zurückgeblieben sei, von den heranstürmenden Feinden durchstoßen und zerrissen. Er selbst hatte den ganzen Frühling hindurch immer viele furchtbare Träume, die sich aber als leer und ohne Bedeutung erwiesen, in der übrigen Zeit des Jahres wenigere, die aber dafür öfter eintrafen. Zu der Zeit, als er den von ihm geweihten Tempel des Jupiter Tonans[422] häufig besuchte, träumte er einmal, der Kapitolinische Jupiter beklage sich, ihm würden seine Verehrer entzogen und er habe darauf die Antwort gegeben, der Jupiter Tonans sei ihm nur als Türhüter beigegeben. Und deshalb ließ er denn auch am Giebel des Jupiter-Tonans-Tempel Glocken anbringen, weil diese gewöhnlich an Haustüren hingen. Ebenfalls aufgrund eines nächtlichen Traumes pflegte er auch alljährlich an einem bestimmten Tag vom Volk Almosen zu erbetteln, wobei er denen, die ein As spendeten, die hohle Hand entgegenstreckte.[423]

92. Ganz fest glaubte Augustus an gewisse göttliche Andeutungen und Vorzeichen. Wenn man ihm morgens die Schuhe verkehrt, den linken statt des rechten, anzog, sah er darin ein Zeichen für ein bevorstehendes Unheil. Wenn an einem Tag, an dem er eine Reise zu Land oder zu Wasser antrat, starker Tau gefallen war, war dies eine freudige Andeutung für eine baldige und glückliche Rückkehr.

Aber auch ungewöhnliche Naturerscheinungen machten einen sehr großen Eindruck auf ihn. Eine vor seinem Haus aus einer Mauer zwischen den Fugen der Steine aufgegangene junge Palme versetzte er sofort in das Compluvium[424], wo die Hausgötter stehen, und trug alle mögliche Sorge für ihr Gedeihen. Auf der Insel Capri[425] hätten die schon welk zur Erde niederhängenden Zweige einer uralten Steineiche bei seiner Ankunft wieder neu ausgetrieben. Er freute sich darüber so sehr, daß er diese Insel von der Stadtgemeinde Neapel für die Insel Aenaria eintauschte.[426] Auch auf gewisse Tage achtete er sorgfältig; so trat er am Tag nach den Nundinen[427] nie eine Reise an und begann nichts Wichtiges am Tag der Nonen[428], und zwar allein aus dem Grund, weil, wie er an Tiberius schreibt, schon allein der üble Klang des Namens Unheil bedeute.

93. Von fremden Religionsbräuchen hielt er die alten und vor langer Zeit eingeführten in eben dem Maße heilig, wie er alle übrigen verachtete. Er hatte sich in Athen in die Mysterien einweihen lassen[429], und als er später einmal in Rom bei einer öffentlichen Gerichtsversammlung über ein Privileg der attischen Cerespriester[430] zu entscheiden hatte und gewisse Geheimpunkte der Mysterien zur Sprache gebracht werden mußten, ließ er das Richterkollegium und die versammelten Zuhörer entfernen und verhörte die streitenden Parteien alleine. Dagegen hielt er es, als er Ägypten bereiste, nicht der Mühe wert, einen kleinen Umweg zu nehmen, um den Apis[431] zu besuchen; und er lobte ausdrücklich seinen Enkel Gaius[432], daß er, als er an Judaea vorbeizog, in Jerusalem keine Opfer dargebracht hatte.

94. Da ich einmal auf diese Dinge gekommen bin, ist es angebracht, an dieser Stelle einzuflechten, was sich vor seiner Geburt, an seinem Geburtstag[433], und danach ereignete, woraus sich bereits seine künftige Größe und sein dauerhaftes Glück erhoffen und erkennen ließ. In seiner Vaterstadt Velitrae[434] war schon in grauer Vorzeit, als der Blitz einen Teil der Stadtmauer traf, daran die Weissagung geknüpft worden, ein Bürger dieser Stadt werde sich einst der höchsten Gewalt bemächtigen; und im Vertrauen darauf hatten die Velitriner nicht nur damals, sondern auch später öfters fast bis an die Grenze ihrer Vernichtung Krieg mit den Römern geführt. Erst das spätere

Geschehen brachte es ans Licht, daß jenes Vorzeichen auf die Macht des Augustus hingedeutet habe. Iulius Marathus[435] berichtet, wenige Monate vor der Geburt des Augustus sei an einem öffentlichen Ort in Rom ein Wunderzeichen geschehen, durch das wiederholt verkündet wurde, die Natur sei dabei, dem römischen Volk einen König zu gebären, worauf der erschreckte Senat den Beschluß gefaßt habe, es solle kein in diesem Jahr geborenes Kind aufgezogen werden; aber die Senatoren, deren Frauen schwanger waren, hätten, weil jeder die Hoffnung auf sich bezog, verhindert, daß der Beschluß in Kraft gesetzt wurde. In den griechisch geschriebenen „Theologischen Abhandlungen" des Asclepiades von Mendes[436] lese ich, Atia[437] habe sich um Mitternacht zu einem heiligen Opfer in den Tempel des Apoll begeben und sei dort in ihrer Sänfte, während die übrigen Frauen schliefen, auch ein wenig eingeschlafen. Da sei plötzlich eine Schlange zu ihr in die Sänfte gekrochen und habe sich bald darauf wieder entfernt. Als sie selbst aufgewacht war, habe sie sich wie nach dem ehelichen Beischlaf gereinigt; und sofort habe sich auf ihrem Körper ein Flecken gezeigt, der wie eine Schlange gestaltet und nicht zu entfernen war, so daß sie seitdem keine öffentlichen Bäder mehr besuchte; neun Monate darauf habe sie Augustus geboren, der deswegen für einen Sohn Apolls gehalten wurde.[438] Zugleich träumte Atia kurz vor ihrer Niederkunft, daß ihre Eingeweide zu den Gestirnen schwebten und sich über den ganzen Umfang von Himmel und Erde ausbreiteten. Auch der Vater des Augustus, Octavius[439] träumte, daß aus dem Schoß der Atia der Strahlenglanz der Sonne sich erhebe. Am Tage seiner Geburt, als gerade über die Verschwörung des Catilina in der Kurie verhandelt wurde[440] und Octavius wegen der Niederkunft seiner Frau etwas zu spät in der Sitzung erschien, kam es zu der allgemein bekannten Prophezeiung des Nigidius Figulus.[441] Als dieser nämlich den Grund für die Verzögerung und zugleich die Stunde der Geburt erfuhr, erklärte er, in dieser Stunde sei dem Erdkreis der Herr geboren. Als Octavius später durch die öden Landstriche Thrakiens[442] mit seinem Heer zog und in einem dem Liber Pater[443] geweihten Hain der Barbaren das Orakel über seinen Sohn befragte, wurde dieselbe Prophezeiung von den Priestern bekräftigt. Denn als Wein über den Altar gegossen wurde, loderte die

Flamme so stark auf, daß sie über den Giebel des Tempels bis zum Himmel aufstieg. Ein ähnliches Wunderzeichen hatte sich überhaupt nur bei Alexander dem Großen ereignet, als dieser an denselben Altären opferte. Gleich in der darauffolgenden Nacht glaubte er auch seinen Sohn zu sehen in übermenschlicher Größe mit Blitz und Szepter, sowie im Prunkgewand des Jupiter Optimus Maximus und mit einer Strahlenkrone hoch thronend auf einem mit Lorbeeren geschmückten Wagen, den zwölf glänzendweiße Rosse zogen. Wie in einer Schrift des C. Drusus[444] zu lesen ist, war er einmal als ganz kleines Kind am Morgen plötzlich verschwunden, nachdem ihn die Amme am Abend zuvor an einem ebenen Ort in die Wiege gelegt hatte. Nach langem Suchen wurde er schließlich auf einem sehr hohen Turm in Richtung der aufgehenden Sonne liegend gefunden. Als er zu sprechen begann, gebot er einmal auf dem großväterlichen Landgut nahe der Stadt den zufällig Lärm verursachenden Fröschen zu schweigen; und seitdem behauptet man, würden dort keine Frösche mehr quaken. Als er beim vierten Meilenstein der Kampanischen Straße[445] in einem Wäldchen sein zweites Frühstück hielt, riß ihm unversehens ein Adler das Brot aus der Hand, schwang sich damit hoch in die Lüfte und gab es ihm dann, sanft niederschwebend, ebenso unvermutet wieder zurück. In den beiden Nächten nach der Einweihung des Kapitols hatte Quintus Catulus[446] folgende Träume: in der ersten Nacht träumte er, daß der Jupiter Optimus Maximus von mehreren Knaben, die in der Nähe des Altars spielten, einen beiseite genommen und ihm das Bild der Göttin Roma, das er auf der Hand trug, in den Schoß gelegt habe; in der zweiten Nacht dagegen sah er im Traum denselben Knaben auf dem Schoß des Kapitolinischen Jupiter sitzen, und als er ihn herunterziehen wollte, wurde er durch die Mahnung des Gottes daran gehindert mit der Bemerkung, daß dieser Knabe zum Wohl des Staates erzogen werde. Als ihm am folgenden Tag Augustus begegnete, der ihm sonst völlig unbekannt war, sah er ihn nicht ohne Staunen an und sagte, dieser sei das leibhafte Abbild des Knaben, von dem er geträumt habe. Einige erzählen den ersten der beiden Träume des Catulus anders, nämlich so, als habe Jupiter aus der Mitte mehrerer Knaben, die ihn um einen Vormund baten, auf einen hingedeutet, dem sie alle ihre Wünsche mitteilen sollten, und als dieser seine Finger küßte, habe er den Kuß erwidert, indem er sie an seinen Mund drückte. Als Marcus Cicero[447] einmal den Iulius Caesar auf das Kapitol begleitete, erzählte er gerade einigen Freunden, er habe in der vergangenen Nacht geträumt, ein Knabe von lieblicher Gestalt werde an einer goldenen Kette vom Himmel herabgelassen und trete vor das Portal des Kapitols, wo ihm dann der Jupiter eine Geißel gereicht habe. Mitten in dieser Erzählung erblickte er den Augustus, der ihm, wie den meisten Anwesenden, noch unbekannt war und den sein Onkel Caesar zu der Opferfeier hatte herbeikommen lassen; da versicherte er, das sei derselbe Knabe, dessen Bild ihm während des Schlafes erschienen sei. – Als Augustus zum erstenmal die *toga virilis*[448] anlegte, fielen ihm die an der Tunika angebrachten Streifen[449] zu Füßen, weil auf beiden Seiten die Naht aufgegangen war. Dies deuteten manche als ein Zeichen, daß der Stand, dessen Kennzeichen diese Streifen sind, einmal unter seine Herrschaft kommen werde. Als der vergöttlichte Iulius Caesar bei Munda[450] einen Wald abholzen ließ, um das Lager aufzuschlagen, befahl er, eine im Wald gefundene Palme als günstiges Zeichen für einen Sieg stehen zu lassen. Ein Schößling, der sofort aus dieser Palme hervortrieb, wuchs in wenigen Tagen zu solcher Höhe empor, daß er nicht nur dem Mutterstamm gleichkam, sondern diesen sogar überwucherte und Tauben[451] auf ihm ihre Nester bauten, obwohl sonst diese Vogelart Bäume mit harten und rauhen Blättern überwiegend meidet. Besonders durch jenes Vorzeichen, erzählt man, soll Caesar bestimmt worden sein, keinen anderen als den Enkel seiner Schwester[452] zu seinem Nachfolger zu wählen. – Während seines einsamen Aufenthaltes in Apollonia[453] war er einmal in Begleitung des Agrippa[454] auf die Sternwarte des Astrologen Theogenes gestiegen. Als nun dem Agrippa, der den Astrologen zuerst befragte, große und fast unglaubliche Dinge geweissagt wurden, verschwieg er selbst hartnäckig seine Geburtsstunde und wollte sie einfach nicht preisgeben aus Furcht und Scham, daß die seine für weniger bedeutungsvoll gehalten würde. Als er sie schließlich auf vieles Zureden ungern und zögernd angegeben hatte, sprang Theogenes auf und fiel vor ihm auf die Knie. Seitdem hatte Augustus so großes Vertrauen in sein Schicksal, daß er das Sternzeichen, in dem er geboren wurde, öffentlich bekanntgab und eine Silbermünze mit dem Bild des Steinbocks, unter welchem er geboren war, prägen ließ.[455]

95. Als er nach Caesars Ermordung von Apollonia zurückkehrte und in die Stadt einzog, umgab plötzlich bei heiterem und wolkenlosem Himmel ein Kreis in der Art eines Regenbogens die Scheibe der Sonne; und unmittelbar darauf wurde das Grabmal von Caesars Tochter Iulia[456] durch einen Blitz getroffen. In seinem ersten Konsulat[457] zeigten sich ihm, als er den Vogelflug beobachtete, zwölf Geier, wie dem Romulus;[458] und beim Opfer erschien die Leber bei allen Opfertieren von der unteren Seite her nach innen eingeschlagen, was kein Kundiger anders deuten konnte, als daß dadurch Glück und große Erfolge prophezeit werden.

96. Sogar über den Ausgang aller Kriege hat Augustus immer vorher gewisse Vorahnungen gehabt. Als die Triumvirn ihre Truppen bei Bononia[459] vereinigt hatten, setzte sich ein Adler auf sein Zelt und verletzte zwei von beiden Seiten angreifende Raben so schwer, daß sie zu Boden fielen. Das ganze Heer deutete diesen Vorgang als den zukünftigen Zwist des Augustus mit seinen Kollegen, genau wie er dann auch tatsächlich eintraf; ebenso sagte es auch den Ausgang voraus. Bei Philippi[460] verkündete ihm ein Thessalier[461] den bevorstehenden Sieg im Auftrag des göttlichen Caesar, der ihm auf einem abgelegenen Weg erschienen sei. Als bei Perusia[462] sein Opfer unter keinem guten Stern stand und er deshalb den Befehl gegeben hatte, die Zahl der Opfertiere zu erhöhen, machten die Feinde plötzlich einen Ausfall und nahmen alle Opfergeräte mit den Tieren weg. Die Opferpriester erklärten daraufhin einmütig, daß Gefahren und Unheil, die ihm beim Opfer verkündet wurden, gänzlich auf die zurückfallen würden, in deren Besitz sich die Eingeweide der Tiere befänden. Und genauso geschah es. Am Tage vor der Seeschlacht bei Sizilien[463] hüpfte, als er am Ufer spazieren ging, ein Fisch aus dem Meer und blieb vor seinen Füßen liegen. Als er sich bei Actium[464] von der Uferhöhe niedersteigend zu seiner in Schlachtordnung aufgestellten Flotte begab, begegnete ihm ein Eseltreiber mit seinem Esel, von denen der Mann Eutychus[465] und das Tier Nikon[466] hieß. Nach seinem Sieg stellte er das eherne Standbild von den beiden in dem Tempel auf, den er an der Stelle seines Lagers erbaute.

97. Auch sein Tod, über den ich nun reden werde, und seine Aufnahme unter die Götter nach dem Tod sind durch ganz eindeutige Zeichen vorher angekündigt worden. Als er auf dem Marsfeld vor dem zahlreich versammelten Volk das fünfjährige Reinigungsopfer[467] abhielt, flog ein Adler mehrmals um ihn herum und schwang sich dann auf den in der Nähe stehenden Tempel, wo er sich über dem Namen des Agrippa und zwar über dem ersten Buchstaben niedersetzte.[468] Sobald Augustus dies bemerkte, beauftragte er seinen Kollegen Tiberius, die Gelübde anzukündigen, die, wie es der Brauch ist, für die nächsten fünf Jahre übernommen werden sollten. Denn obwohl diese bereits schriftlich auf Tafeln festgehalten waren, wollte er selbst nicht etwas auf sich nehmen, was er nicht mehr werde einlösen können. Um dieselbe Zeit wurde durch einen Blitzstrahl aus der Inschrift seines Standbildes der erste Buchstabe seines Namens weggeschmolzen. Die Zeichendeuter gaben darauf zur Antwort, er werde nur noch hundert Tage leben; denn für diese Zahl stehe der Buchstabe C, und er werde unter die Götter aufgenommen werden, weil Aesar, der restliche Teil des Namen Caesar, auf etruskisch Gott heiße. So war er gerade dabei, den Tiberius nach Illyrien zu senden und wollte ihn bis Benevent[469] begleiten, wurde aber durch seine Richtertätigkeit in immer neuen Prozessen, bei denen die Entscheidung des Kaisers angerufen wurde, aufgehalten; daraufhin tat er folgenden Ausspruch, der später selbst zu den Prophezeiungen gerechnet wurde: ‚er wolle jetzt nicht mehr länger in Rom bleiben, auch wenn alles ihn aufzuhalten suche'. So trat er denn sofort die Reise an und gelangte bis Astura.[470] Als er von dort entgegen seiner Gewohnheit wegen des günstigen Windes noch in der Nacht mit dem Schiff abfuhr, zog er sich einen Durchfall zu, was zum Ausbruch seiner Erkrankung führte.

98. Dann segelte er die Küsten Kampaniens und der vorgelagerten Inseln entlang und legte schließlich einen Aufenthalt von vier Tagen auf Capri[471] ein, wo er sich bei Ruhe und guter Laune so recht entspannte. Als er gerade an der Bucht von Puteoli[472] vorbeifuhr, hatten Passagiere und Matrosen eines alexandrinischen Schiffes, das eben erst eingelaufen war, alle im Festtagsgewand, mit Kränzen auf dem Haupt und Weihrauch opfernd, ihn mit Glückwünschen und

mit den höchsten Lobesworten überhäuft: dank seiner lebten sie, dank seiner führen sie zur See, dank seiner genössen sie Freiheit und Wohlstand. Er freute sich darüber dermaßen, daß er jedem seiner Reisegefährten vierzig Goldstücke[473] schenkte, verlangte aber von jedem zu schwören, den gespendeten Betrag nur für den Kauf alexandrinischer Waren[474] zu verwenden. Auch an allen folgenden Tagen teilte er Geschenke verschiedener Art aus, vor allem römische Togen und griechische Mäntel, allerdings unter der Bedingung, daß die Römer griechisch, die Griechen römisch sprechen und gekleidet gehen sollten. Auch schaute er gerne bei den gymnastischen Übungen der griechischen Ephebenvereine[475] zu, die auf Capri schon vor langer Zeit eingerichtet wurden und von denen es noch eine große Zahl gab. Er gab diesen Vereinen nicht nur ein Festessen und erlaubte es ihnen nicht nur, sondern forderte sie sogar dazu auf, sich allerlei Späße herauszunehmen und die Waren, die zur Verteilung an das Volk bestimmt waren, nämlich Obst, Nahrungsmittel und Dinge aller Art, zu rauben; mit einem Wort, er gönnte sich jede Art von Fröhlichkeit. Eine in der Nähe von Capri liegende Insel nannte er Apragopolis[476], weil einige aus seinem Gefolge sich dorthin zurückgezogen hatten und ein müßiges Leben führten. Er hatte die Gewohnheit, einen von seinen Lieblingen, namens Masgabas, mit dem griechischen Namen Ktistes[477] zu nennen, als ob dieser der Stifter der Insel wäre. Als er von seinem Speisezimmer aus sah, daß das Grab dieses Masgabas, der vor einem Jahr gestorben war, von einer großen Menschenmenge mit vielen Fakeln besucht wurde, da deklamierte er laut folgenden aus dem Stegreif gedichteten griechischen Vers:

Des Stifters Grabmahl seh' ich hell vom Fackelglanz.

Darauf wandte er sich zu dem ihm gegenübersitzenden Thrasyllus[478], einem Griechen aus dem Gefolge des Tiberius, der von der Sache nichts wußte, und fragte ihn, von welchem Dichter seiner Ansicht nach der Vers wohl sei. Da dieser zögerte, fügte er sofort einen zweiten hinzu:

Du siehst, man ehrt den Masgabas mit Lichterschein.

und fragte ihn auch nach dem Verfasser dieses Verses. Als nun der Gefragte nichts weiter erwiderte, als die Verse seien vortrefflich, von wem sie auch stammen mögen, da mußte er laut lachen und war zu zahlreichen Späßen aufgelegt. Bald darauf setzte er nach Neapel über, und obwohl er immer noch an seiner Darmkrankheit litt und sein Gesundheitszustand Schwankungen unterworfen war, sah er sich trotzdem die zu seinen Ehren alle fünf Jahre veranstalteten sportlichen Wettkämpfe bis zu Ende an und begab sich dann mit Tiberius zu dem festgelegten Reiseziel.[479] Auf der Rückreise aber verschlimmerte sich seine Krankheit sehr und er mußte sich schließlich in Nola[480] zu Bett legen. Dorthin ließ er den Tiberius von seiner Reise zurückberufen und hatte eine lange geheime Unterredung mit ihm; darauf befaßte er sich mit keinem wichtigeren Geschäft mehr.

99. An seinem letzten Lebenstag erkundigte sich Augustus wiederholt danach, ob wegen seines Zustandes in den Städten bereits Unruhen entstanden seien, ließ sich einen Spiegel reichen, das Haar kämmen und die eingefallenen Wangen wieder herrichten. Dann richtete er an die vorgelassenen Freunde die Frage, ob sie nicht meinten, er habe das Schauspiel des Lebens gut gespielt, und fügte dann auf griechisch die übliche Schlußformel hinzu:

> Hat das Ganze euch gefallen, nun so klatschet Beifall unserm Spiel,
> Und entlaßt uns alle nun mit Dank.[481]

Darauf verabschiedete er alle, und während er die eben aus Rom Ankommenden nach dem Befinden der kranken Tochter des Drusus[482] fragte, verschied er plötzlich in den Armen der Livia[483] mit den Worten: „Livia, gedenke unserer glücklichen Ehe und lebe wohl!" Das Schicksal gab ihm einen sanften Tod, wie er ihn sich immer gewünscht hatte. Denn fast immer, wenn er vernommen hatte, daß jemand schnell und ohne Schmerzen verstorben war, erbat er von den Göttern für sich und die Seinen eine ähnliche „Euthanasie"[484] (gewöhnlich gebrauchte er nämlich dieses Wort). Nur ein einziges Zeichen von Geistesabwesenheit gab er, bevor er seinen Geist aushauchte, indem er plötzlich erschreckt auffuhr und klagte, er werde von vierzig jungen Männern fortgeschleppt. Auch das war indessen vielmehr eine Vorahnung als ein Schwinden seiner Geisteskraft; denn ebensoviele Soldaten seiner Leibwache[485] waren es, die den Leichnam hinaustrugen.

100. Er starb in demselben Gemach, in dem sein Vater Octavius gestorben war, unter dem Konsulat des Sextus Pompeius und des Sextus Appuleius, am 19. August in der neunten Tagesstunde, fünfunddreißig Tage vor seinem sechsundsiebzigsten Geburtstag.[486] Die Leiche trugen die Dekurionen der Munizipal- und Koloniestädte[487] von Nola[488] nach Bovillae[489], und zwar der Jahreszeit wegen bei Nacht; tagsüber wurde sie in der Basilika oder in dem Haupttempel der jeweiligen Stadt niedergelegt. Von Bovillae an übernahmen Angehörige des Ritterstandes die Leiche und trugen sie nach Rom, wo sie im Vorraum seines Hauses aufgebahrt wurde. Die Senatoren überboten sich geradezu in ihrem Bemühen, die Leichenfeier besonders prunkvoll zu gestalten und sein Andenken in Ehren zu halten, so daß einige unter vielen anderen Wünschen den Antrag stellten, der Leichenzug solle durch das Triumphtor[490] ziehen, während das Bild der Victoria, das in der Kurie steht, ihm vorausgetragen und Kinder beiderlei Geschlechts aus den vornehmsten Familien das Trauerlied singen sollten. Andere beantragten, am Begräbnistag die goldenen Ringe[491] abzulegen und dafür eiserne anzustecken, einige wollten, daß die Priester der obersten Kollegien die Gebeine aufsammeln sollten. Einer befürwortete sogar, den Namen des Monats August auf den September zu übertragen, weil Augustus in diesem geboren, in jenem aber gestorben sei; ein anderer schlug vor, den ganzen Zeitabschnitt vom Tage seiner Geburt bis zu seinem Ende das Augustische Zeitalter zu benennen und unter diesem Namen im Kalender zu verzeichnen. Doch bewahrte man schließlich bei den Ehrungen das rechte Maß, und es wurden ihm zwei Lobreden gehalten, die eine von Tiberius vor dem Tempel des vergöttlichten Iulius[492] und die andere von der alten Rednerbühne[493] des Forums herab von Drusus, dem Sohn des Tiberius. Senatoren trugen den Leichnam auf ihren Schultern zum Marsfeld, wo die Verbrennung stattfand. Auch fehlte es nicht an einem Mann – er war von prätorischem Rang –, der eidlich bezeugte, er habe die Gestalt des Verbrannten zum Himmel emporsteigen sehen.[494] Seine sterblichen Überreste sammelten die Vornehmsten des Ritterstandes, in der bloßen Tunika, ohne Gürtel und mit nackten Füßen, und setzten sie im Mausoleum bei. Diesen Bau hatte er zwischen der Flaminischen Straße und dem Tiberufer in

seinem sechsten Konsulat[495] errichtet und ihn mit einem Park und Spazierwegen umgeben, die schon damals der Öffentlichkeit zur Benutzung freigegeben worden waren.[496]

101. Sein Testament, das er ein Jahr und vier Monate vor seinem Tod am dritten April unter dem Konsulat des Lucius Plancus und Gaius Silius[497] verfaßt und in zwei Ausfertigungen, teils eigenhändig, teils durch die Hand der Freigelassenen Polybius und Hilarion, geschrieben hatte, händigten nun die Vestalischen Jungfrauen aus, bei denen es hinterlegt war, mit drei anderen in gleicher Weise versiegelten Schriftrollen.[498] Alle diese Schriftstücke wurden im Senat geöffnet und verlesen. Als Haupterben setzte er den Tiberius mit sieben Zwölfteln und Livia mit einem Drittel ein, welche beide zugleich seinen Namen annehmen mußten; als Erben zweiten Grades bestimmte er den Drusus, den Sohn des Tiberius mit einem Drittel des letzten Zwölftels und den Rest davon vermachte er dem Germanicus[499] und dessen drei Kindern männlichen Geschlechts; Erben dritten Grades waren seine Verwandten und zahlreiche Freunde. Dem römischen Volk vermachte er vierzig Millionen Sesterzen, den Tribus drei und eine halbe Million, jedem Prätorianer tausend, jedem Soldaten der städtischen Kohorten fünfhundert und jedem Legionssoldaten dreihundert Sesterzen. Er verfügte, die Gesamtsumme, die er zu diesem Zweck stets gesondert in seiner Kasse zurückgelegt hatte, sofort bar auszuzahlen. Die übrigen Legate waren von unterschiedlicher Größe und einige erreichten zwanzigtausend Sesterzen. Für ihre Auszahlung legte er eine Frist von einem Jahr fest, wobei er sich mit dem geringen Umfang seines Vermögens entschuldigte; auch bekannte er, daß auf seine Erben nur hundertundfünfzig Millionen kommen würden, obwohl er im Laufe der letzten zwanzig Jahre vierzehnhundert Millionen durch die testamentarischen Verfügungen seiner Freunde eingenommen habe; doch habe er fast diese ganze Summe zusammen mit allen übrigen Erbschaften, so auch die beiden von väterlicher Seite, zum Wohl des Staates verwandt. Er verbot, die beiden Iulia[500], seine Tochter und seine Enkelin, nach ihrem Tod in seinem Grab beizusetzen. Von den drei [oben erwähnten] Schriftstücken enthielt das eine Anordnungen über seine Bestattung, das zweite ein Verzeichnis seiner Taten, welches in eherne Tafeln graviert

und vor dem Mausoleum aufgestellt werden sollte[501], das dritte eine statistische Übersicht über das ganze Reich, wieviel Militär überall unter den Fahnen stand, wieviel Gelder sich in der staatlichen und kaiserlichen Kasse befanden und was an Zoll- und Steuereinnahmen vorhanden war. Zugleich hatte er auch die Namen der Freigelassenen und Sklaven beigefügt, von denen man darüber Rechenschaft fordern konnte.

TIBERIUS

1. Das patrizische Geschlecht der Claudier[1] – daneben gab es noch das plebeische, an Einfluß und Ansehen nicht minder bedeutend – stammt aus dem Sabinerstädtchen Regilli.[2] Von da wanderten die Claudier unter der Führung des Titus Tatius[3], eines Genossen des Romulus[4], oder, was eher zutrifft, unter dem Stammesführer Atta Claudius[5] mit einer großen Schar von Angehörigen in das eben erst aufgebaute Rom aus. Etwa sechs Jahre nach Vertreibung der Könige[6] wurden sie dann vom Senat in den patrizischen Stand aufgenommen und erhielten von Staats wegen für ihre Angehörigen ein Stück Land jenseits des Anio[7] und für sich eine Grabstätte am Fuße des Kapitols. Im Laufe der Zeit brachte man es schließlich auf 28 Konsulate, fünf Diktaturen, sieben Zensuren, sechs große und zwei kleine Triumphe.[8] Von den verschiedenen Vor- und Zunamen, die sie führten, wurde einstimmig der Vorname Lucius gestrichen, seitdem von zwei Verwandten mit diesem Namen einer des Straßenraubs und ein anderer des Mordes überführt wurde. Dagegen wurde unter die Beinamen auch der Name Nero aufgenommen, der in sabinischer Sprache soviel wie tapfer und tüchtig bedeutet.

2. Viele von den Claudiern haben sich große Verdienste um den Staat erworben, aber auch nicht wenige haben sich schwere Vergehen zuschulden kommen lassen. Um nur das Wichtigste zu erwähnen: Es war Appius Claudius, der von einem Bündnis mit König Pyrrhus[9] als unheilvoll abriet.[10] Claudius Caudex war der erste, der mit einer Flotte über die Meerenge setzte und die Punier aus Sizilien vertrieb.[11] Claudius Nero schlug den von Spanien mit einem riesigen Truppenaufgebot heranrückenden Hasdrubal vernichtend, ehe er sich mit seinem Bruder Hannibal vereinigen konnte.[12] Als dagegen

Claudius Regillanus[13], einer der für die Abfassung der Gesetze verantwortlichen „decemviri“[14], eine frei geborene Jungfrau[15] vergewaltigen wollte, war dies für die Plebs ein Anlaß, sich gegen die Patrizier zu erheben. Claudius Drusus[16] ließ sich bei Forum Appii[17] eine Statue mit einem Diadem[18] setzen und versuchte mit Hilfe seiner Gefolgschaft die Herrschaft über Italien an sich zu reißen. Claudius Pulcher ließ bei Sizilien die Hühner, die bei den Auspizien nicht das Futter nehmen wollten, ohne religiöse Skrupel ins Meer werfen, damit sie saufen sollten, wenn sie schon nicht fressen wollten, und begann dann die Seeschlacht. Als er nach der Niederlage vom Senat aufgefordert wurde, einen Diktator zu ernennen, trieb er zum zweiten Male gleichsam seinen Spott mit dem Staat im entscheidenden Augenblick der Gefahr, indem er seinen Amtsdiener Glycias dazu ernannte.[19] Auch bei den Frauen sind Beispiele ebenso verschiedener Art nachzuweisen. Von dem gleichen Geschlecht gab es eine Claudia, die das im Tiber auf einer Untiefe festgefahrene Schiff mit heiligen Gegenständen der Idäischen Göttermutter[20] herauszog, nachdem sie laut gebetet hatte, so gewiß sie eine Jungfrau sei, möge das Schiff wieder flott werden. Es war noch eine andere Claudia, die wegen Verletzung der Hoheit des Volkes – ungewöhnlich für eine Frau – vor Gericht gestellt wurde[21], weil sie, als ihr Wagen einmal bei einem großen Volksgedränge nur langsam vorwärts kam, laut gewünscht hatte, es möchte doch ihr Bruder Pulcher wieder lebendig werden und aufs neue eine Flotte verlieren[22], damit das Gesindel in Rom weniger würde. Außerdem ist allgemein bekannt, daß alle Claudier – nur mit Ausnahme des Publius Clodius, der, um Ciceros[23] Verbannung durchzusetzen, sich von einem noch dazu jüngeren Plebeier adoptieren ließ – jederzeit eifrige Aristokraten gewesen sind, die den Alleinanspruch auf den Machteinfluß der Patrizier erhoben haben.[24] Zudem waren sie dem einfachen Volk gegenüber so gewalttätig und starrsinnig, daß es keiner von ihnen über sich brachte, vor Gericht, selbst wenn es um Leben und Tod ging, Trauerkleider anzulegen oder beim Volk um Gnade zu bitten, ja daß manche sich in Zank und Streit sogar an den Volkstribunen tätlich vergriffen haben.[25] Sogar eine Vestalin (wieder eine andere Claudia) stieg zu ihrem Bruder, der ohne Genehmigung des Volkes einen Triumphzug hielt, auf den

Wagen und begleitete ihn bis zum Kapitol, damit kein Tribun den Zug verbieten oder dagegen einschreiten konnte.[26]

3. Von diesem Stamme leitet Tiberius Caesar seinen Ursprung her und zwar von beiden Seiten. Väterlicherseits geht seine Abstammung zurück auf Tiberius Nero[27], mütterlicherseits auf Appius Pulcher[28], welche beide Söhne des Appius Caecus[29] waren. Er gehörte auch zur Familie der Livier, weil sein Großvater mütterlicherseits durch Adoption in diese aufgenommen worden war. Diese Familie war zwar plebeisch, stand aber doch in hohem Ansehen, da sie acht Konsulate, zwei Zensuren, drei Triumphe, dazu einen Diktator und einen *magister equitum*[30] aufzuweisen hatte; Berühmtheit erlangte sie durch ausgezeichnete Männer, wie besonders Salinator und die *Drusi*. Salinator brachte als Zensor sämtliche Tribus in den Geruch von Gesinnungslosigkeit, weil sie, obwohl sie ihn nach seinem ersten Konsulat zu einer Geldbuße verurteilt hatten, ein zweites Konsulat und das Zensoramt verliehen hatten.[31] Drusus erhielt diesen Beinamen für sich und seine Nachkommen, weil er im Zweikampf den feindlichen Anführer Drausus erledigt hatte.[32] Auch soll er als Prätor aus der Provinz Gallien das Gold wieder zurückgebracht haben, das den Senonen einmal bei der Blockade des Kapitols ausgezahlt und ihnen dann nicht, wie die Sage geht, von Camillus wieder gewaltsam abgenommen worden war.[33] Sein Urenkel[34], der wegen seiner gegen die Gracchen[35] geleisteten außerordentlichen Dienste die Bezeichnung „Schirmherr des Senats" erhielt, hinterließ einen Sohn[36], den in einer Zeit ähnlicher innerer Spaltung, obgleich er auf verschiedenen Gebieten große Leistungen erbrachte, die Gegenpartei dennoch heimtückisch umbringen ließ.

4. Tiberius' Vater[37], Quästor unter Gaius Caesar, trug als Befehlshaber der Flotte im Alexandrinischen Krieg sehr viel zum Sieg bei.[38] Daher wurde er an die Stelle des Publius Scipio auch als Pontifex eingesetzt[39] und mit der Leitung der Kolonisierung in Gallien, worunter sich auch die Orte Narbo[40] undArelate[41] befanden, beauftragt. Trotzdem stimmte er nach der Ermordung Caesars[42], als alle im Senat aus Furcht vor Unruhen für eine Amnestie waren, sogar dafür, über eine Belohnung der Tyrannenmörder zu beraten. Er verwaltete sodann das Amt des Prätors[43], als zu Ende seiner Amtszeit ein Streit

unter den Triumviren ausbrach. Da blieb er über die gesetzmäßige Zeit hinaus im Amt und folgte dem Konsul Lucius Antonius[44], dem Bruder des Triumvirs, nach Perusia[45] und als sich die übrigen bereits alle ergeben hatten, hielt er sich allein bei Parteifreunden auf und setzte sich zuerst nach Praeneste[46], dann nach Neapel ab; von da floh er weiter nach Sizilien, nachdem er ohne Erfolg die Sklaven zur Freiheit aufgerufen hatte. Aber aus Unmut darüber, daß ihn Sextus Pompeius[47] nicht sogleich empfangen hatte und ihm das Führen der Fasces[48] untersagte, setzte er zu Marcus Antonius nach Achaia[49] über. Mit diesem kehrte er dann, als der Friede bald überall wiederhergestellt war, nach Rom zurück, wo er seine Frau Livia Drusilla[50], die gerade schwanger war und ihm vorher schon einen Sohn geboren hatte, an Augustus auf dessen Bitten abtrat. Nicht lange darauf starb er und hinterließ zwei Söhne, Tiberius und Drusus[51], beide mit dem Namen Nero.

5. Manche Leute hielten Fundi[52] für den Geburtsort des Tiberius, wobei sie der wenig stichhaltigen Vermutung nachgingen, weil seine Großmutter mütterlicherseits[53] aus Fundi stammte und weil bald durch Senatsbeschluß dort ein Bild der Felicitas[54] aufgestellt worden sei. Aber wie die meisten Schriftsteller zuverlässig berichten, ist er in Rom auf dem Palatin am 16. November geboren unter dem zweiten Konsulat des M. Aemilius Lepidus und dem Konsulat des L. Munatius Plancus[55] während des Krieges von Philippi.[56] Denn so ist es in den Jahrbüchern und im öffentlichen Tagesbericht[57] aufgezeichnet. Doch fehlt es auch nicht an Gewährsmännern, die ihn teils früher unter den Konsuln Hirtius und Pansa[58], teils ein Jahr später unter dem Konsulat des Servilius Isauricus und L. Antonius[59] für geboren halten.

6. Seine früheste Kindheit und Jugend waren voll Mühsal und Anstrengung, weil er seine Eltern überallhin auf ihrer Flucht begleiten mußte. So hat er sie denn bei Neapel, als sie sich bei einem feindlichen Überfall heimlich auf ihr Schiff retten wollten, durch sein Wimmern zweimal fast verraten; einmal, als er von der Brust seiner Amme und dann, als er aus den Armen seiner Mutter hastig von Leuten weggenommen wurde, die in diesem Augenblick der Gefahr den schwachen Frauen ihre Last abnehmen wollten. Auch durch

Sizilien und Achaia[60] wurde er mitherumgeführt und den Lakedämoniern[61], die unter dem Patronat der Claudier standen, öffentlich anvertraut. Als man von da bei Nacht abreiste, geriet er in Lebensgefahr, als plötzlich ringsherum ein Waldbrand ausbrach, der die ganze Reisegesellschaft derart einschloß, daß Livias Kleid und Kopfhaar zum Teil versengt wurden. Die Geschenke, die er von Pompeia, der Schwester des Sextus Pompeius, in Sizilien erhielt, einen Mantel mit einer Spange, desgleichen die goldenen Amulettkapseln[62], sind noch erhalten und werden noch heute in Baiae[63] gezeigt. Nach der Rückkehr in die Stadt wurde er von dem Senator M. Gallius durch ein Testament adoptiert und übernahm das Erbe, legte aber den Namen bald wieder ab, weil Gallius auf der Seite der Gegner des Augustus gestanden hatte. Im Alter von neun Jahren hielt er für seinen verstorbenen Vater auf dem Forum die Laudatio.[64] Als er dann zum jungen Mann heranwuchs, begleitete er beim Triumph über Actium[65] den Wagen des Augustus auf dem linken Zügelpferd, während Marcellus[66], der Sohn der Octavia[67], auf dem rechten ritt. Er führte auch die Aufsicht bei den Aktischen Spielen und beim Troiaspiel[68] im Zircus, wo er die Reiterabteilung der älteren Knaben anführte.

7. Nachdem Tiberius die Männertoga angelegt hatte, war der Verlauf seiner ganzen Jugend und der dazwischen liegenden Zeit bis zum Beginn seines Prinzipats ungefähr folgendermaßen. Zunächst veranstaltete er ein Festspiel für Gladiatoren zum Gedächtnis an seinen Vater und ein zweites zum Gedenken seines Großvaters Drusus[69] zu verschiedenen Zeiten und an verschiedenen Orten, das erste auf dem Forum, das zweite im Amphitheater, wobei er auch ehemalige Fechter für ein Handgeld von hunderttausend Sesterzen wieder auftreten ließ. Auch öffentliche Schauspiele hielt er ab, jedoch in seiner Abwesenheit, lauter großartige Veranstaltungen, auf Kosten seiner Mutter und seines Stiefvaters. Er heiratete die Agrippina[70], eine Tochter des Marcus Agrippa[71] und Enkelin des römischen Ritters Caecilius Atticus[72], an den die Briefe Cicero's gerichtet sind. Doch als sie ihm schon einen Sohn Drusus[73] geboren hatte, sah er sich gezwungen, obwohl er gut mit ihr lebte und sie wieder von ihm schwanger war, sie zu verstoßen[74] und unverzüglich die Iulia[75], die

Tochter des Augustus, zu heiraten. Er tat es unter großem Kummer, da er sehr an Agrippina hing, während er das Wesen der Iulia nicht leiden konnte, die es, wie er wußte, schon zu Lebzeiten ihres früheren Mannes auf ihn abgesehen hatte, was man schlechthin auch unter den Leuten munkelte. Es tat ihm aber nach der Scheidung leid, daß er die Agrippina verstoßen hatte, und das einzige Mal, als er sie bei einer zufälligen Begegnung sah, schaute er ihr mit so starren und feuchten Augen nach, daß man aufpassen mußte, daß sie ihm jemals wieder unter die Augen kam. Mit Iulia lebte er anfangs einträchtig und in gegenseitiger Zuneigung; doch bald zerwarf er sich mit ihr und zwar so heftig, daß er sich für immer vom Ehebett trennte, nachdem das Unterpfand ihrer Liebe, ein gemeinsamer Sohn, der in Aquileia[76] geboren wurde, schon als kleines Kind aus dem Leben geschieden war. Seinen Bruder Drusus verlor er in Germanien; dessen Leichnam überführte er nach Rom, wobei er auf dem ganzen Marsch ihm zu Fuß voranschritt.[77]

8. Als erste Tätigkeit im öffentlichen Dienst verteidigte Tiberius den König Archelaus[78], die Bewohner von Trallia[79] und die Thessalier[80] in verschiedenen Prozessen bei den Gerichtsverhandlungen des Augustus. Er setzte sich für die durch ein Erdbeben geschädigten Bewohner von Laodicea, Thyatira[81] und Chios[82], die den Staat um Hilfe angingen, beim Senat ein. Den Fannius Caepio, der sich mit Varro Murena gegen Augustus in eine Verschwörung eingelassen hatte, klagte er vor Gericht wegen Hochverrat an und setzte seine Verurteilung durch.[83] Dazwischen erledigte er noch zwei weitere Aufgaben: er besorgte die Beschaffung des Brotgetreides, das ziemlich knapp geworden war, und ließ in ganz Italien die Arbeitshäuser untersuchen, deren Aufseher in Mißkredit gekommen waren wegen des Verdachts, daß sie Menschen abfangen und festhalten würden und zwar nicht nur Reisende, sondern auch solche, die die Angst vor dem Militärdienst in derartige Schlupfwinkel getrieben hatte.

9. Seinen ersten Kriegsdienst leistete Tiberius im Kantabrischen Feldzug[84] als Militärtribun. Dann führte er ein Heer nach dem Orient, setzte Tigranes wieder als König von Armenien ein und zeichnete ihn vor dem Tribunal mit dem Diadem aus.[85] Er gewann

auch die Feldzeichen wieder zurück, die die Parther dem Crassus abgenommen hatten.[86] Darauf verwaltete er fast ein Jahr lang die Provinz Gallia Comata[87], wo wegen der Einfälle der Barbaren und der Zwietracht der Stammesfürsten Unruhe herrschte. Hernach führte er Krieg gegen die Räter und Vindeliker, dann gegen die Pannonier und schließlich gegen die Germanen. Im Krieg gegen Rätien und Vindelikien unterwarf er die Alpenvölker[88], im Pannonischen Krieg die Breuker und Dalmater.[89] Im Germanenkrieg verlegte er vierzigtausend von den Unterworfenen nach Gallien, wo er sie neben dem Rheinufer fest ansiedelte.[90] Aus diesem Anlaß zog er im kleinen Triumph mit Wagen in die Stadt ein. Nach der Meinung einiger Schriftsteller war er der erste, dem die Insignien des Triumphes verliehen wurden, eine neue Art von Ehrung, die bis dahin noch niemandem zuteil geworden war.[91] Den Dienst in den Staatsämtern begann er schon, bevor er das vorgeschriebene Alter erreicht hatte und durchlief sie beinahe ohne Unterbrechung, nämlich Quästur[92], Prätur[93] und Konsulat.[94] Nach kurzer Zwischenzeit wurde er zum zweiten Mal Konsul[95] und erhielt auch das Amt eines Volkstribunen auf fünf Jahre.[96]

10. Inmitten dieser Erfolge faßte Tiberius plötzlich im besten Alter und bei ungebrochener Gesundheit den Entschluß abzutreten und sich möglichst weit vom Mittelpunkt des Geschehens zu entfernen: es ist unklar, ob aus Widerwillen gegen seine Frau, die er weder anzuklagen noch zu verstoßen wagte, aber doch nicht länger ertragen konnte, oder ob er, um eine Abneigung gegen seine ununterbrochene Tätigkeit zu vermeiden, sein Ansehen durch die Abwesenheit bewahren und sogar mehren wollte, für den Fall, daß ihn einmal der Staat wieder brauchen sollte. Manche sind der Ansicht, er habe für die bereits erwachsenen Kinder des Augustus[97] die Stellung und sozusagen den Besitz des von ihm lange beanspruchten zweiten Ranges freiwillig abgetreten, nach dem Beispiel des M. Agrippa, der, als M. Marcellus für die öffentlichen Ämter heranstand, sich nach Mytilene zurückzog, um nicht den Anschein zu erwecken, als stehe er durch seine Anwesenheit im Wege oder arbeite dagegen.[98] Diesen Grund hat Tiberius auch, allerdings erst später, geltend gemacht. Damals jedoch schützte er bei seiner Bitte um Beurlaubung

Überdruß an den Ämtern und Erholungsbedürfnis vor; und er schenkte weder den dringenden Bitten seiner Mutter noch den Vorhaltungen seines Stiefvaters Gehör, der selbst im Senat darüber klagte, daß man ihn im Stich lasse. Als man ihn zu hartnäckig von seinem Vorhaben abbringen wollte, nahm er sogar vier Tage lang keine Nahrung zu sich. Nachdem er endlich die Erlaubnis zur Abreise erhielt, ließ er Frau und Sohn[99] in Rom zurück und begab sich unverzüglich nach Ostia[100]; dabei erwiderte er seinen Begleitern mit keinem Wort und küßte beim Abschied nur wenige.

11. Während Tiberius von Ostia an der Küste von Kampanien entlang fuhr, hielt er ein wenig an, als er die Nachricht von einem Schwächeanfall des Augustus erhielt. Als sich aber das Gerücht verbreitete, daß er sich nur deswegen aufhalte, weil jetzt die Aussicht für größere Erfolge günstig sei, fuhr er unverzüglich bei günstigem Wetter weiter nach Rhodos; von der Schönheit und der gesunden Luft der Insel war er schon damals eingenommen, als er dort bei seiner Rückkehr aus Armenien angehalten hatte. Hier begnügte er sich mit einer bescheidenen Wohnung und einem nicht viel größeren Landgut, führte eine durchaus bürgerliche Lebensweise, ging ohne Liktor[101] oder Amtsdiener bisweilen im Gymnasium[102] auf und ab, wo er mit den minder gebildeten Griechen über die verschiedensten Probleme auf fast gleicher Stufe Gespräche führte. Einmal hatte er morgens, als er den Tagesablauf festlegte, so nebenbei die Absicht geäußert, er möchte alle Kranken in der Stadt besuchen. Dies wurde jedoch von seiner Umgebung mißverstanden; denn man ließ alle Kranken in eine öffentliche Halle bringen und nach der Art ihrer Krankheit ordnen. Von diesem unerwarteten Geschehen war er daher sehr betroffen und er war sich lange im unklaren, wie er sich verhalten sollte, bis er schließlich an jeden einzelnen herantrat und sich wegen des Vorkommnisses entschuldigte, selbst gegenüber noch so geringen und ganz unbekannten Leuten. Nur der folgende Fall – und sonst keiner mehr – ist festgehalten, wo er das Recht der Amtsgewalt eines Tribunen offensichtlich ausgeübt hat. Bei den Vorlesungen und in den Hörsälen der öffentlichen Lehrer war er ständiger Gast; als unter den disputierenden Parteien der Sophisten[103] ein ernsthafter Streit ausbrach, wollte er vermitteln und trat dabei scheinbar

mehr für die eine Partei ein; da geschah es, daß ihn einer mit beleidigenden Vorwürfen angriff. Dann ging er gemächlich nach Hause und erschien plötzlich wieder mit seinen Amtsdienern, ließ den Lästerer durch einen Ausrufer vor Gericht laden und dann in das Gefängnis werfen.

Darauf erhielt Tiberius die Nachricht, daß seine Gemahlin Iulia wegen ihres ausschweifenden und ehebrecherischen Lebenswandels verurteilt und die Ehe in seinem Namen nach dem Willen des Augustus geschieden worden sei.[104] Obwohl er sich über die Nachricht freute, hielt er es doch für seine Pflicht, nach Möglichkeit für sie als Tochter bei ihrem Vater in zahlreichen Briefen ein gutes Wort einzulegen und ihr, ob nun verdient oder nicht, alles, was er ihr je geschenkt hatte, als ihr Eigentum zu belassen. Als seine Amtszeit als Volkstribun abgelaufen war[105], gab er endlich zu, daß er durch seine Trennung von Rom nur vermeiden wollte, in den Verdacht zu kommen, mit Gaius und Lucius wegen ihrer Stellung zu wetteifern[106]; daher bat er, nachdem ja von dieser Seite keine Gefahr mehr bestehe und die beiden mit eigener Kraft den zweiten Platz im Staat ohne Schwierigkeiten behaupten, um die Erlaubnis, seine Angehörigen wiedersehen zu dürfen, nach denen er sich so sehr sehne. Aber er konnte sich nicht durchsetzen und wurde dazu noch zurechtgewiesen, er möge sich um die Seinen weiter keine Sorgen machen, die er so eigennützig verlassen hätte.

12. So blieb er denn gegen seinen Willen auf Rhodos, nachdem er nur mühsam durch Vermittlung seiner Mutter erreicht hatte, daß seine Abwesenheit, um seine entehrende Zurechtweisung zu verschleiern, zum Schein mit der Übernahme der Aufgaben eines Legaten[107] für Augustus begründet wurde. In der Tat führte er damals nicht nur ein Leben als Privatmann, sondern benahm sich auch recht ergeben und ängstlich, zog sich in das Landesinnere zurück und vermied die Aufmerksamkeiten der Vorbeifahrenden, die ihn sonst häufig aufsuchten. Denn es war kaum einer als Beamter im militärischen oder zivilen Auftrag unterwegs, ohne einen Abstecher nach Rhodos zu machen. Und dazu gab es noch Anlaß zu größerer Besorgnis. Denn anläßlich eines Besuches bei seinem Stiefsohn Gaius in Samos[108], dem Oberbefehlshaber der Gebiete des Orients, merkte

er, daß ihm dieser infolge der Verleumdungen des M. Lollius[109], des Führers seines Gefolges, recht entfremdet war. Er geriet sogar in den Verdacht, durch Vermittlung bestimmter Zenturionen, die ihm ihre Stellung verdanken, nach ihrer Rückkehr aus dem Urlaub an mehrere Leute zweideutige Aufträge gegeben zu haben, die offensichtlich die Gesinnung von einzelnen für einen Umsturz gewinnen sollten. Als er von diesem Verdacht von Augustus in Kenntnis gesetzt wurde, stellte er unverzüglich den dringenden Antrag, jemanden, gleich welchen Standes, mit der Überwachung seiner Handlungen und Gespräche zu beauftragen.

13. Selbst die gewohnten Reit- und Waffenübungen gab Tiberius auf und ließ sich herbei, die heimische Kleidung abzulegen und dafür den griechischen Mantel[110] und Sandalen zu tragen. In solcher Verfassung verharrte er fast zwei Jahre, während er von Tag zu Tag immer mehr an Ansehen und Achtung verlor, so daß die Bürger von Nemausus sogar seine Bilder und Statuen niederrissen[111]; und als einmal bei einem Gastmahl im engsten Kreis die Rede auf ihn kam, erhob sich einer von den Gästen und erbot sich gegenüber Gaius, wenn dieser den Auftrag geben sollte, sofort nach Rhodos zu fahren und den Kopf des Verbannten – denn so nannte man ihn – mitzubringen. Vornehmlich durch diese jetzt nicht mehr nur befürchtete, sondern tatsächlich kritische Lage sah er sich genötigt, sowohl selbst wie auch durch seine Mutter mit den dringendsten Bitten um die Erlaubnis seiner Rückkehr nachzusuchen; er erreichte sie dann auch, zum Teil auch begünstigt durch einen Zufall. Augustus hatte sich nämlich vorgenommen, in dieser Sache ohne Einverständnis seines älteren Sohnes nichts zu entscheiden. Dieser stand gerade zu der Zeit in einem ziemlich gespannten Verhältnis zu M. Lollius und war daher gegenüber seinem Stiefvater gefällig und nachgiebig. Da also Gaius seine Erlaubnis gab, wurde er zurückberufen, allerdings unter der Bedingung, daß er sich nicht an der Regierung beteilige und sich nicht politisch betätige.

14. Seine Rückkehr erfolgte acht Jahre nach seiner Trennung[112] unter großer und sicherer Erwartung der kommenden Ereignisse, die er durch Wunderzeichen und Verheißungen vom Beginn seines Lebens an angekündigt hatte. Denn als Livia mit ihm schwanger war

und aus verschiedenen Vorzeichen herausbringen wollte, ob sie einen Knaben zur Welt bringen werde, hat sie auch einmal ein Ei aus dem Nest einer Bruthenne genommen und es abwechselnd mit ihren Kammerfrauen solange in der Hand erwärmt, bis ein Hähnchen mit einem auffallend wie mit einem Helmbusch geschmückten Kamm ausschlüpfte. Noch als Kind hat der Astrologe Scribonius schon eine glänzende Zukunft verheißen, er werde sogar einmal König sein, jedoch ohne Diadem; damals wußte man natürlich noch nichts von der Macht der Caesaren.

Als er dann später auf seinem ersten Feldzug das Heer durch Makedonien nach Syrien führte, geschah es, daß bei Philippi[113] von den vor Jahren geweihten Altären der siegreichen Legionen von selbst Flammen aufloderten; und bald darauf, als er unterwegs nach Illyricum nahe bei Patavium[114] das Orakel des Geryon[115] aufsuchte und dort durch den Orakelspruch angewiesen wurde, wegen der von ihm gestellten Fragen goldene Würfel in die Quelle des Aponus[116] zu werfen, traf es sich, daß seine Würfel die höchste Zahl zeigten; auch heute noch sind diese Würfel unter dem Wasser zu sehen. Einige Tage jedoch vor seiner Rückberufung ließ sich ein Adler, was man auf Rhodos noch nie gesehen hatte, auf dem Giebel seines Hauses nieder; und am Tage, vor dem die Nachricht von seiner Rückkehr einging, schien es ihm beim Wechseln der Kleider, als ob seine Tunika brenne.[117] Auch den Astrologen Thrasyllus[118], den er als Lehrer für Philosophie in sein Gefolge aufgenommen hatte, stellte er ernsthaft auf die Probe, als ihm dieser mit Bestimmtheit versicherte, das in der Ferne sichtbare Schiff bringe ihm eine erfreuliche Nachricht; er hatte sich nämlich gerade in diesem Augenblick entschlossen, nachdem sich seine Lage immer unsicherer und entgegen den Weissagungen entwickelt hatte, ihn als falschen Propheten und gefährlichen Mitwisser seiner Geheimnisse in das Meer zu stürzen, während sie gerade zusammen spazierengingen.

15. Nach seiner Rückkehr nach Rom und nach der Einführung seines Sohnes Drusus[119] in den Vorbereitungsdienst für die öffentliche Tätigkeit zog Tiberius sofort vom Stadtteil Carinae[120] aus dem Haus des Pompeius in den Park des Maecenas im Stadtteil Esquiliae um.[121]

Dort gab er sich der vollständigen Ruhe hin, wobei er nur seine

Privatgeschäfte besorgte und keine öffentliche Tätigkeit ausübte. Als aber Gaius und Lucius innerhalb eines Zeitraumes von drei Jahren der Tod hinwegraffte[122], wird er von Augustus zugleich mit deren Bruder M. Agrippa[123] an Kindes Statt angenommen[124], nachdem er selbst genötigt war, Germanicus[125], den Sohn seines Bruders, zu adoptieren. Und tatsächlich betätigte er sich seitdem nicht mehr als Familienoberhaupt und bestand in keiner Weise auf dem Recht das er ja durch die Adoption verloren hatte. So verschenkte er nichts, ließ keine Sklaven frei, und nahm sogar eine Erbschaft oder ein Vermächtnis nur an, wenn die Einnahmen dem Sondergut[126] zugerechnet wurden. Seit dieser Zeit wurde nichts versäumt, sein Ansehen zu steigern; und als dann Agrippa seiner Ansprüche für verlustig erklärt und verbannt worden war[127], da war es schon sicher, daß auf ihm allein die Hoffnung der Nachfolge ruhte.

16. Tiberius erhielt wieder das Amt eines Volkstribunen auf fünf Jahre und wurde beauftragt[128], Ruhe und Ordnung in Germanien wieder herzustellen.[129] Die Abgesandten der Parther wurden angewiesen, nach Erledigung ihres Auftrags bei Augustus in Rom auch Tiberius in der Provinz aufzusuchen. Dann brachte ihm die Nachricht vom Abfall Illyricums die Sorge eines neuen Krieges, des schwersten aller auswärtigen Kriege seit der Zeit der punischen Kriege; er führte ihn mit fünfzehn Legionen und der gleichen Anzahl von Hilfstruppen drei Jahre lang unter schwierigen Verhältnissen aller Art und bei größtem Mangel an Lebensmittel.[130] Und obwohl er öfter zurückgerufen wurde, führte er dennoch den Krieg weiter in der Befürchtung, ein so benachbarter und übermächtiger Feind könnte bei einem Zurückweichen seinerseits die Offensive ergreifen. Seine Ausdauer hat sich auch glänzend gelohnt; denn schließlich hat er das ganze Illyricum, das sich zwischen Italien, Noricum[131], Thrakien[132] und Makedonien und zwischen der Donau und dem Adriatischen Meer erstreckt, vollständig besiegt und unter die Oberhoheit der Römer gebracht.

17. Dieser Ruhm wurde noch durch den günstigen Zeitpunkt wesentlich gesteigert. Denn fast zur gleichen Zeit ging Quinctilius Varus mit drei Legionen in Germanien zugrunde[133], wobei niemand zweifelte, daß sich die siegreichen Germanen mit den Pannoniern

verbündet hätten, wenn nicht vorher Illyricum vollständig niedergeworfen worden wäre. Aus diesem Grunde wurde ihm ein Triumph zuerkannt und zahlreiche hohe Ehrenbezeigungen. Manche waren sogar der Meinung, daß er den Beinamen „Pannonicus“ erhalten sollte, andere waren für „Invictus“ als Beinamen, einige für „Pius“.[134] Aber mit der Verleihung eines dieser Beinamen war Augustus nicht einverstanden, wobei er die feste Versicherung gab, Tiberius werde mit dem Beinamen zufrieden sein, den er nach seinem Tode erhalten werde. Den Triumph vertagte Tiberius in Anbetracht der Varusniederlage. Aber dennoch hielt er mit der Praetexta bekleidet und mit Lorbeer bekränzt seinen Einzug in die Stadt[135], bestieg im Beisein des Senats das in den Septen[136] errichtete Tribunal und nahm in der Mitte zwischen den beiden Konsuln zusammen mit Augustus Platz; von da wurde er, nachdem er das Volk begrüßt hatte, feierlich zu den Tempeln geleitet.

18. Im nächsten Jahr[137] ging er wieder nach Germanien und da er zu der Überzeugung kam, daß die Varusniederlage nur durch Unbesonnenheit und Nachlässigkeit des Heerführers geschehen sei, unternahm er nichts ohne Mitwirkung des Kriegsrats; obwohl sonst immer nur sein Urteil maßgebend war und er sich auf sich allein verließ, besprach er damals gegen seine Gewohnheit den Plan des Feldzugs mit mehreren Leuten. Auch seine Aufsichtspflicht übte er genauer aus als gewohnt. Beim Rheinübergang ließ er den gesamten Troß, den er auf ein bestimmtes Maß beschränkt hatte, nicht eher übersetzen, bis er vom Ufer aus die Ladung der Fahrzeuge genau untersucht hatte, damit nur genehmigte und unbedingt notwendige Güter befördert wurden. Jenseits des Rheins richtete er seine Lebensweise dann so ein, daß er auf dem bloßen Rasen sitzend das Essen einnahm, oft ohne Zelt die Nacht zubrachte, die Anordnungen für den folgenden Tag und für den Fall eines unerwarteten Auftrages immer schriftlich durch Anschlag bekanntgab; dabei fügte er die Aufforderung hinzu, daß jeder, der irgendwelche Bedenken hätte, sich unmittelbar an ihn ohne einen Vermittler wenden sollte, selbst zu jeder Stunde in der Nacht.

19. Auf Disziplin war Tiberius sehr streng bedacht, nachdem er Zurechtweisungen und alle Arten von entehrenden Strafen wieder

eingeführt hatte; so wurde sogar ein Legionslegat[138] mit Schimpf und Schande bestraft, weil er einige Soldaten mit seinem Freigelassenen zum Jagen auf das andere Ufer geschickt hatte. Obwohl er sich sonst nur ganz wenig dem Schicksal und Zufall überließ, ließ er sich mit ziemlicher Regelmäßigkeit in einen Kampf nur ein, so oft, wenn er bei Nacht arbeitete, plötzlich und ohne fremdes Zutun die Lampe herabfiel und auslöschte; er verließ sich auf dieses Vorzeichen, wie er sagte, weil es sich nach den Erfahrungen seiner Vorfahren bei jedem militärischen Unternehmen äußerst bewährt hatte. Aber nach dem günstigen Ausgang des Feldzugs fehlte nicht viel und er wäre von einem Brukterer[139] ermordet worden, der sich in seiner nächsten Umgebung aufhielt; durch sein unruhiges Verhalten hatte er sich jedoch verraten und wurde dann durch Foltern zum Geständnis des beabsichtigten Verbrechens erpreßt.

20. Von Germanien kehrte Tiberius nach zwei Jahren in die Stadt zurück, wo er den Triumph, den er aufgeschoben hatte, unter dem Geleit seiner Legaten abhielt[140], für die er die Triumphauszeichnungen[141] erwirkt hatte. Bevor er zum Kapitol einbog, stieg er vom Wagen und ließ sich vor seinem Vater auf die Knie nieder, der den Vorsitz führte. Bato, den Anführer der Pannonier[142], beschenkte er reichlich und versetzte ihn nach Ravenna[143] zum Dank dafür, daß er ihn einmal, als er mit seinem Heer in einem Engpaß eingeschlossen war, hatte entkommen lassen. Hierauf gab er für das Volk ein Frühstück auf tausend Tischen und ein Geldgeschenk von je dreihundert Sesterzen für jeden Bürger. Zugleich weihte er den Tempel der Concordia[144] sowie den des Castor und Pollux[145] in seinem und seines Bruders Namen aus dem Ertrag der Beute.

21. Nicht lange darauf wurde durch Vermittlung der Konsuln ein Gesetz erlassen, das ihm gemeinsam mit Augustus die Verwaltung der Provinzen und zugleich die Durchführung des Zensus übertrug.[146] Am Ende der Zensur brach[147] er dann nach Illyricum auf. Als er unterwegs umgehend zurückberufen wurde, traf er Augustus zwar gesundheitlich schon schwer angeschlagen, aber noch am Leben an und war mit ihm unter vier Augen den ganzen Tag beisammen.[148] Ich weiß, daß man allgemein glaubt, nachdem Tiberius nach der geheimen Besprechung herausgekommen war, hätten

die Kammerdiener eine Äußerung des Augustus aufgefangen: „Unglückliches römisches Volk, das zwischen solchen Kinnbacken langsam zermalmt werden wird." Auch das ist mir keineswegs unbekannt, daß einige berichtet haben, Augustus habe ganz offen und unverhohlen seinen verderblichen Charakter so sehr mißbilligt, daß er bisweilen ein ungezwungenes und heiteres Gespräch abgebrochen habe, wenn Tiberius unvermutet dazukam; er habe aber auf die dringenden Bitten seiner Gattin die Adoption[149] nicht ablehnen wollen, vielleicht sogar auch von seinem Ehrgeiz angetrieben, daß man ihn bei einem solchen Nachfolger eher wieder als Herrscher zurückwünschen würde. Doch kann ich mich nicht zu der Überzeugung leiten lassen, ein so überaus umsichtiger und kluger Herrscher könnte, zumal bei einer so wichtigen Sache, unüberlegt gehandelt haben; vielmehr glaube ich, daß er nach reiflicher Abwägung der Fehler und Vorzüge des Tiberius die guten Eigenschaften für überwiegend gehalten habe, da er vor versammeltem Volk eidlich versichert habe, er adoptiere ihn im Interesse des Staates, und da er ihn in einigen Briefen als den erfahrensten Kriegsherrn und die einzige Stütze des römischen Volkes feierte. Aus diesen füge ich zum Beweis hier einige Zitate an[150]: „Lebe wohl, liebster Tiberius, mache deine Sache gut, für mich und die Musen, bester Feldherr." – „Liebster, so möge ich glücklich sein, tapferster Mann und vortrefflicher Führer, lebe wohl!" Ein weiteres Zitat: „Was den Plan für deinen Sommerfeldzug betrifft: In der Tat, mein Tiberius, ich bin der Meinung, daß unter solch schwierigen Umständen und bei so großer Mutlosigkeit der Truppen sich niemand klüger hätte verhalten können, als du es getan hast. Auch stimmen alle zu, die bei dir gewesen sind, daß jener bekannte Vers von dir gelten kann:

> ‚Ein einziger Mann hat uns den Staat durch wachsame Sorge
> gerettet.'[151]

Ob nun etwas geschieht, worüber man ganz genau nachdenken muß oder ob ich mich über etwas sehr ärgern muß, immer sehne ich mich nach meinem Tiberius und dabei fällt mir dann jener Vers von Homer ein:

> ‚Wenn mich dieser geleitet, sogar aus flammendem Feuer
> kehrten wir beide zurück, so weise versteht er zu raten.'[152]

Wenn ich höre und lese, daß du durch die andauernden Strapazen ganz erledigt bist, so schaudere ich, Gott strafe mich, am ganzen Körper zusammen; ich bitte dich, schone dich doch, damit nicht die Nachricht von deiner schweren Erkrankung mir und deiner Mutter den Tod bringt und das römische Volk für den Bestand seines Reiches fürchten muß. – Es kommt nicht darauf an, ob es mir gut geht oder nicht, wenn es dir nicht gut geht. – Ich flehe zu den Göttern, daß sie dich uns erhalten und daß sie dich jetzt und immer gesund sein lassen, wenn sie nicht voll Haß gegen das römische Volk sind."

22. Das Hinscheiden des Augustus machte er nicht eher bekannt, als bis der junge Agrippa aus dem Wege geräumt war.[153] Diesen brachte der ihm als Leibwächter beigegebene Kriegstribun um, nachdem er die kaiserliche Order gelesen hatte, die ihm dazu den Befehl erteilte. Was diese Order betrifft, hat man gezweifelt, ob Augustus sie noch auf dem Sterbebett hinterlassen, um einen Anlaß zu Unruhen nach seinem Tode zu vermeiden, oder ob Livia sie in Augustus' Namen, und zwar mit oder ohne Wissen des Tiberius, diktiert habe. Tiberius seinerseits gab dem Tribunen, als er ihm die Ausführung des Befehls meldete, zur Antwort, er habe nichts befohlen und er werde sich vielmehr vor dem Senat rechtfertigen müssen, womit er sich begreiflicherweise für den Augenblick dem Haß entziehen wollte; denn später ließ er die Sache durch Stillschweigen in Vergessenheit geraten.

23. Nachdem Tiberius darauf kraft seiner tribunizischen Amtsgewalt den Senat einberufen und mit seiner Ansprache begonnen hatte, überfiel ihn urplötzlich wie von tiefem Schmerz überwältigt ein heftiges Schluchzen und er sprach den Wunsch aus, es möchte ihm außer der Stimme auch der Atem versagen; dann reichte er die Aufzeichnung der Rede seinem Sohn Drusus[154], um sie zu Ende zu lesen. Hierauf ließ er das Testament des Augustus hereinbringen und von einem Freigelassenen vorlesen, wobei von den Testamentszeugen nur die mit Senatorenrang hinzugelassen wurden, während die anderen ihre Unterschriften außerhalb der Kurie bestätigen mußten. Der Anfang des Testaments lautete: „Da mir nun einmal ein schreckliches Schicksal meine Söhne Gaius und Lucius entrissen hat[155], so soll Tiberius Caesar zur Hälfte und einem Sechstel mein Erbe sein."[156]

Gerade dadurch aber wurde der Verdacht derer bestärkt, welche der Meinung waren, daß er Tiberius mehr aus Not als aus freier Entscheidung zum Nachfolger bestimmt habe, da er sich einer solchen Äußerung nicht hatte enthalten können.

24. Obgleich Tiberius ohne Bedenken sofort von der obersten Gewalt Besitz ergriffen hatte und sie auch ausübte, indem er die kaiserliche Palastwache, das heißt die Macht und das Ansehen der Herrschaft, sich zulegte, so wies er doch lange Zeit den Prinzipat mit unverschämter Schauspielerei von sich ab, indem er bald den zuredenden Freunden tadelnd erklärte, sie wüßten gar nicht, was für ein Ungeheuer die Herrschaft sei, und bald den ihm mit Bitten zu Füßen fallenden Senat durch zweideutige Antworten und kluges Zaudern im Ungewissen ließ, bis endlich einigen der Geduldsfaden riß und einer in der Aufregung laut ausrief: „Entweder soll er die Regierungsmacht ausüben oder er soll die Finger davon lassen." Ein anderer machte ihm persönlich den Vorwurf, die anderen Leute würden allmählich das leisten, was sie versprochen haben, er aber verspreche nur, was er bereits ausführt. Endlich übernahm er die Regierungsgewalt, gleichsam unter Zwang und mit der Klage, man bürde ihm eine bejammernswerte und drückende Knechtschaft auf; aber er ließ dennoch die Hoffnung offen, sie einmal wieder niederzulegen. Seine eigenen Worte lauten so: „– bis ich den Zeitpunkt erreiche, wo ihr es für richtig haltet, mir in meinem Alter etwas Ruhe zu gönnen."

25. Der Grund seines Zögerns war die Furcht vor den von allen Seiten her drohenden Gefahren, wie er denn öfters äußerte, er halte einen Wolf bei den Ohren.[157] So hatte bereits ein Sklave Agrippas, mit Namen Clemens[158], eine nicht zu verachtende Mannschaft aufgeboten, um seinen Herrn zu rächen, während L. Scribonius Libo[159], ein Mann von Adel, heimlich einen Umsturz organisierte und ein Soldatenaufstand zu gleicher Zeit in Illyricum und Germanien ausbrach.[160] Beide Heere stellten viele außerordentliche Forderungen, vor allem verlangten sie Gleichstellung im Sold mit den Prätorianern.[161] Die Soldaten des germanischen Heeres weigerten sich sogar, einen Herrscher anzuerkennen, den sie nicht gewählt hätten, und bedrängten ganz energisch den Germanicus, der zu der Zeit ihr Befehlshaber war, er möchte die Staatsführung an sich reißen, ob-

wohl er sich hartnäckig dagegen sträubte.[162] Da Tiberius vor diesem letzten Fall am meisten Angst hatte, verlangte er für sich in der Ausübung der Staatsgeschäfte nur einen Teil, den der Senat bestimmen sollte, da kein Mensch allein in der Lage wäre, der gesamten Aufgabe zu genügen, ohne einen oder auch mehrere Mitarbeiter. Er stellte sich sogar krank, damit Germanicus um so gelassener eine baldige Nachfolge oder doch wenigstens eine Teilnahme am Prinzipat erwarten würde. Nach Beilegung der Soldatenaufstände brachte er auch Clemens[163] hinterlistig in seine Gewalt. Um nicht gleich zu Beginn seines Amtes mit allzu harten Maßnahmen vorgehen zu müssen, erhob er gegen Libo[164] erst im zweiten Jahr Anklage vor dem Senat, während er sich in der Zwischenzeit nur mit der Überwachung begnügte. So ließ er z.B., als Libo unter Priestern ein Opfer feierte, ihm statt des Opfermessers ein Messer aus Blei in die Hände spielen und als er einmal um eine vertrauliche Unterredung bat, gewährte er sie ihm nur unter Beisein seines Sohnes Drusus und hielt, während sie auf und ab gingen, seine rechte Hand fest, als ob er sich darauf stützen wollte, bis zur Beendigung der Unterredung.

26. Jedoch frei von Furcht lebte Tiberius anfangs durchaus leutselig und beinahe wie ein Privatmann. Von den zahlreichen und höchsten Ehrungen nahm er nur ganz wenige und bescheidene an. Seinen Geburtstag[165], der zeitlich auf die plebeischen Zirkusspiele fiel, ließ er kaum durch Hinzufügen eines einzigen Zweigespanns ehren. Tempel und Flamines[166] ihm zuzuerkennen, untersagte er; selbst Statuen und Bilder durften nur mit seiner Erlaubnis aufgestellt werden und diese gab er nur unter der Bedingung, daß sie nicht zwischen Götterbildern, sondern nur zwischen den Verzierungen der Tempel gesetzt würden. Ebenso lehnte er den Eid auf seine Amtshandlungen ab[167] und verhinderte, daß der Monat September „Tiberius“ und der Oktober „Livius“ genannt werden sollte. Auch den Vornamen „Imperator“[168] und den Beinamen „Vater des Vaterlandes“[169] sowie die Bürgerkrone[170] in der Vorhalle seines Hauses lehnte er ab. Sogar den Namen „Augustus“[171], den er doch ererbt hatte, fügte er nur in seinen Briefen an Könige und Fürsten bei. Auch übernahm er nicht öfter als dreimal in der ganzen Zeit das Konsulat[172], einmal nur einige Tage, dann drei Monate und das dritte Mal in seiner Abwesenheit[173] bis zum 15. Mai.

27. Schmeicheleien wies Tiberius so energisch zurück, daß er keinen Senator, ob nun aus dienstlichen Gründen oder wegen eines anderen Geschäftes, an seine Sänfte herantreten ließ; von einem Konsularen, der sich entschuldigen und dabei kniefällig bitten wollte, wandte er sich so energisch ab, daß er rücklings hinfiel. Selbst wenn bei einer zwanglosen Unterhaltung oder einer zusammenhängenden Rede ein zu schmeichelhafter Ausdruck über ihn gebraucht wurde, unterbrach er sofort die Rede, brachte seinen Tadel an und berichtigte umgehend den gebrauchten Ausdruck. Als ihn einmal jemand mit „Herr"[174] anredete, verbat er sich weiterhin eine solche Anrede, da er dies als Beleidigung ansehe. Als ein anderer von seinen heiligen Geschäften redete und wieder ein anderer sagte, daß er auf seine Veranlassung sich an den Senat gewandt habe, nötigte er sie, ihre Ausdrücke zu ändern und statt „Veranlassung" „Empfehlung", statt „heilige" „mühsame" zu sagen.

28. Aber auch gegen Schmähungen, böse Gerüchte und Spottgedichte gegen sich und die Seinen verhielt er sich sicher und gelassen; dabei gebrauchte er wiederholt die Äußerung: „in einem freien Staat müßten auch Sprache und Meinung frei sein." Und als einmal der Senat eine gerichtliche Untersuchung solcher Vergehen und Übeltäter dringend verlangte, sagte er: „Wir haben nicht so viel Zeit, daß wir uns in noch mehr Geschäfte verwickeln könnten. – Wenn ihr einmal dieses Fenster geöffnet habt, werdet ihr bald nichts anderes mehr zu tun haben. Alle persönlichen Feindschaften werden unter diesem Vorwand den Weg zu uns finden." Es gibt auch noch von ihm einen recht leutseligen Ausspruch im Senat: „Sollte er anders gesprochen haben, so werde ich dafür sorgen, daß ich meine Handlungen und Reden verantworten kann; sollte er aber [auf seiner Gehässigkeit] bestehen, so werde [auch] ich ihn hassen."

29. Diese Tatsache war um so bemerkenswerter, weil er selbst in höflicher Ehrerbietung gegen einzelne und gegen die Gesamtheit fast die Grenzen der Leutseligkeit überschritten hatte. Als er einmal in der Kurie mit Q. Haterius verschiedener Meinung war, sagte er: „Verzeihe mir bitte, wenn ich mich wie ein Senator etwas zu frei gegen dich geäußert habe." Darauf richtete er seine Worte an alle: „Ich habe es jetzt und auch sonst schon öfters ausgesprochen, daß ein

guter und um das Gemeinwohl besorgter Herrscher, den ihr mit so großer und unbeschränkter Machtfülle ausgestattet habt, verpflichtet ist, dem Senat dienstbar zu sein, oftmals der gesamten Bürgerschaft und häufig auch einzelnen Leuten. Diese Äußerung bereue ich keineswegs: ich habe an euch bisher immer gute, zufriedene und mir wohlgesinnte Herren gehabt und habe sie noch."

30. Ja, er führte sogar einen gewissen äußeren Schein von Freiheit ein, dem Senat und den Beamten blieb dabei ihr altes Ansehen und ihre Amtsgewalt erhalten. Es gab keine so unwichtige oder so bedeutende Sache im öffentlichen und privaten Bereich, über die nicht im Senat berichtet wurde: über Zölle und Monopole, über Errichtung oder Instandsetzung von Bauwerken, sogar über Einberufung oder Verabschiedung von Soldaten und über die Aushebung von Legionen und Hilfstruppen, schließlich über Verlängerung der Militärkommandos, über die Besetzung der Befehlshaberstellen in außerordentlichen Kriegsfällen, über Inhalt und Form der Antwortschreiben auf die Briefe von Königen. Einen Reiteroberst[175], der wegen Vergewaltigung und Raubüberfällen angeklagt war, zwang er, sich vor dem Senat zu verteidigen. Die Kurie betrat er immer nur allein; als er sich einmal während einer Krankheit auf einer Sänfte hereintragen ließ, schickte er sofort seine Begleiter weg.

31. Wenn Entscheidungen entgegen seiner Ansicht getroffen wurden, erhob er nicht einmal Einspruch. Obwohl er dafür eintrat, daß ein bereits gewählter Beamter nicht auswärts sein dürfe, um sich an Ort und Stelle auf sein Amt vorzubereiten, erhielt ein designierter Prätor eine Gesandtschaft in persönlichen Angelegenheiten.[176] In einem anderen Fall, als er dafür stimmte, den Trebianern[177] zu gestatten, eine ihnen für den Bau eines neuen Theaters vermachte Geldsumme zur Befestigung einer Straße zu verwenden, konnte er nicht verhindern, daß der Wille des Erblassers durchgesetzt wurde. Als einmal über einen Senatsbeschluß zufällig abgestimmt wurde und er auf die Seite trat, wo die Minderzahl war, folgte ihm niemand. Auch die übrigen Angelegenheiten wurden nur über die Behörden und mit ordentlichem Recht geregelt, wobei das Ansehen der Konsuln so groß war, daß z.B. Gesandte aus Afrika sich an sie mit der Klage wenden konnten, sie würden vom Caesar, zu dem sie abgesandt

seien, hingehalten. Das war auch nicht zu verwundern, da allgemein bekannt war, daß sogar Tiberius selbst vor ihnen aufstand oder auf der Straße zur Seite trat.

32. Konsulare[178], die als Befehlshaber im Heeresdienst eingesetzt waren, wies er streng zurecht, weil sie ihre Erfolge dem Senat nicht schriftlich meldeten und weil sie über eine beabsichtigte Verleihung gewisser militärischer Auszeichnungen erst an ihn berichteten, als ob sie die Befugnis nicht für alle Verleihungen hätten.[179] Einen Prätor belobte er, weil er beim Antritt seines Amtes den alten Brauch wieder eingeführt hatte, bei seiner Rede in der Volksversammlung seiner Vorfahren zu gedenken. An der Leichenfeier gewisser angesehener Leute nahm er häufig bis zum Scheiterhaufen teil. Eine gleiche wohlwollende Haltung zeigte er auch gegenüber Personen und Sachen von geringerer Bedeutung. Als er einmal Magistratspersonen von Rhodos herbeizitiert hatte, weil sie Staatsurkunden ohne Unterschrift an ihn gesandt hatten, äußerte er kein Wort des Tadels, ließ nur die Unterschrift nachholen und schickte sie wieder zurück. Der Grammatiker Diogenes[180], der auf Rhodos nur am Sabbat[181] Sprechtage zu halten gewohnt war, hatte ihn einmal, als er zu ihm kam, um ihn außer der Reihe zu hören, nicht vorgelassen und ihn durch seinen Sklaven auf den siebenten Tag vertröstet. Als dieser dann später in Rom schon vor seiner Haustüre stand, um ihm seine Aufwartung zu machen, tat Tiberius weiter nichts, als daß er ihn dazu aufforderte, nach sieben Jahren wiederzukommen. Den Statthaltern, die ihn überreden wollten, die Steuern in den Provinzen zu erhöhen[182], schrieb er zurück, Aufgabe eines guten Hirten sei, die Schafe zu scheren, aber nicht das Fell abzuziehen.

33. Nach und nach kehrte Tiberius den Herrn heraus; wenn er sich auch lange von verschiedener Seite zeigte, so war er doch öfter eher zuvorkommend und auf das allgemeine Wohl bedacht. Zunächst legte er sich nur da ins Mittel, wo es galt, Unrechtes zu verhindern. Daher hob er einige Verordnungen des Senates auf, bot sich den richterlichen Behörden als Ratgeber an und nahm daneben oder ihnen gegenüber auf der vorderen Seite Platz; und wenn man munkelte, man werde einen Angeklagten aus Gefälligkeit laufen lassen, war er plötzlich da und wies die Richter von der ebenen Zuschauer-

fläche aus oder auch vom Tribunal des Untersuchungsrichters herab auf die Gesetze, ihren Amtseid und das Vergehen, über das sie gerade entscheiden sollten, hin. Auch suchte er die öffentliche Moral, wo sie durch Gleichgültigkeit oder schlechte Gewohnheit zusammenzubrechen drohte, wieder in Ordnung zu bringen.

34. Den Aufwand für die Schau- und Fechterspiele schränkte er ein, indem er die Besoldung der Schauspieler kürzte und die Gladiatorenpaare auf eine bestimmte Zahl reduzierte. Er beschwerte sich energisch, daß die Preise für Korinthische Gefäße[183] ins Unermeßliche anstiegen und für drei Meerbarben dreißigtausend Sesterzen gezahlt werden müßten, und er sprach sich dafür aus, den Luxus im Hausrat zu beschränken und den Marktpreis der Lebensmittel alljährlich durch eine Verordnung des Senats zu regeln. Zugleich erhielten die Ädilen den Auftrag, den Betrieb in Küchen und Kneipen so stark einzuschränken, daß nicht einmal mehr Backwerk zum Verkauf ausgestellt werden durfte.[184] Und um die öffentliche Sparsamkeit auch durch sein Beispiel zu fördern, ließ er selbst bei festlichen Gelagen Speisen vom vorherigen Tag und nur halb aufgegessene Gerichte wieder vorsetzen, einmal sogar einen halben Eber, wobei er versicherte, es sei genau der gleiche, wie der ganze. Den täglichen Begrüßungskuß[185] verbot er durch eine Verordnung, ebenso durften Neujahrsgeschenke nicht über den 1. Januar hinaus ausgetauscht werden. Gewöhnlich erstattete er ein Neujahrsgeschenk wieder zum vierfachen Wert zurück und zwar eigenhändig; dann aber ärgerte er sich darüber, daß er von denen, die am Festtag keine Gelegenheit zu einer Unterredung mit ihm hatten, den ganzen Monat belästigt wurde und schaffte diesen Brauch ab.

35. Tiberius gab auch den Anstoß dazu, daß gegen Ehefrauen, die einen unsittlichen Lebenswandel führten, die aber niemand öffentlich anklagte, ihre Angehörigen nach alter Sitte entsprechend dem Urteil der Familie einschreiten sollten. Einen römischen Ritter entband er von seinem Eid, so daß er seine Frau, die er beim Ehebruch mit seinem Schwiegersohn ertappt hatte, entlassen konnte; denn er hatte vorher geschworen, daß er sie niemals verstoßen werde. Frauen mit üblem Ruf waren darauf aus, sich als Dirnen öffentlich anzumelden, damit ihnen, um den gesetzlichen Strafen zu entgehen, die

Rechtsstellung und die Würde der Frau aberkannt würde; und die ganz verkommenen jungen Menschen aus beiden Ständen nahmen oft gerne den Makel einer entehrenden Verurteilung auf sich, um nicht durch einen Senatsbeschluß gehindert zu werden, als Schauspieler und Fechter öffentlich aufzutreten.[186] Diese und die vorher genannten Frauen bestrafte Tiberius alle mit Verbannung, damit niemand mehr auf einen solchen Schwindel verfallen konnte. Einem Senator sprach er die Senatorenwürde ab, als er erfahren hatte, daß dieser sich kurz vor dem ersten Juli auf seinen Landsitz begeben habe, um nach diesem Tag seine Stadtwohnung zu einem niedrigeren Preis mieten zu können. Einen Quästor setzte er ab, weil er seine Frau, die er am Tag vor der Verlosung der Quästorenstellen geheiratet hatte, am nächsten Tag wieder verstoßen hat.[187]

36. Die Ausübung fremdländischer religiöser Bräuche, besonders der ägyptischen und jüdischen Riten unterdrückte er; dabei wurden die Anhänger dieses Aberglaubens gezwungen, die gottesdienstlichen Gewänder mitsamt dem ganzen Gerät zu verbrennen. Die jungen Juden ließ er unter dem Vorwand des Kriegsdienstes in Provinzen mit ziemlich rauhem Klima verbringen. Die übrigen Angehörigen dieses Volkes und solche, die einem ähnlichen Glauben anhingen, verbannte er aus der Stadt unter Strafandrohung dauernder Sklaverei, wenn sie der Anordnung nicht folgten.[188] Auch die Astrologen vertrieb er; doch wenn sie inständig baten und ihre Kunst aufzugeben versprachen, durften sie mit gütiger Erlaubnis bleiben.[189]

37. Seine besondere Sorge galt dem Schutz der öffentlichen Sicherheit vor Landstreichern und Straßenräubern und vor der Willkür von Aufständischen. Er erhöhte die Zahl der über ganz Italien stationierten Militärposten. In Rom ließ er Kasernen errichten, damit die Prätorianerkohorten, die vorher ohne festen Standort und auf verschiedene Quartiere verstreut waren, besser zusammengehalten werden konnten.[190] Wenn Volksaufstände ausbrachen, schritt er energisch dagegen ein und sorgte ernstlich vor, daß keine neuen ausbrachen. Als es einmal im Theater bei einem Streit zu einem Totschlag kam, schickte er die Wortführer der streitenden Parteien und die Schauspieler, deretwegen der Streit ausbrach, in die Verbannung und konnte durch keinerlei Bitten des Volkes mehr dazu ge-

bracht werden, sie wieder zurückzurufen. Als der Pöbel von Pollentia[191] den Leichenzug eines Primipilars nicht eher vom Marktplatz weggelassen hatte, bis man die Erben gewaltsam zur Zahlung einer Geldsumme für ein Fechterspiel erpreßt hatte, ließ er eine Kohorte von Rom aus und noch eine aus dem Gebiet des Königs Cottius[192], wobei der eigentliche Grund des Marsches verheimlicht wurde, überraschend mit blanken Waffen und unter dem lauten Schall der Kommandos durch die verschiedenen Tore in die Festung einrücken und den größten Teil des Volkes und des Gemeinderats für immer ins Gefängnis werfen. Auch das Recht und den Brauch der bestehenden Freistätten schaffte er ab.[193] Den Einwohnern von Kyzikos, die sich Gewalttätigkeiten gegen römische Bürger erlaubt hatten, sprach er insgesamt die Freiheit ab[194], die sie sich im Mithridatischen Krieg[195] erworben hatten. Feindliche Erhebungen ließ er, ohne selbst nachher einen Feldzug zu unternehmen, durch seine Legaten niederhalten und auch das nur nach langem Zögern und notgedrungen. Feindlich gesinnte und verdächtige Könige drängte er mehr durch Drohungen und Beschwerden als mit Gewaltanwendung zurück. Einige lockte er mit schmeichelhaften Versprechungen zu sich und ließ sie dann nicht mehr zurück, wie zum Beispiel Marobod aus Germanien[196], den Thraker Rhascuporis[197] und Archelaus von Kappadokien[198], dessen Herrschaftsgebiet er auch zu einer römischen Provinz machte.

38. Zwei Jahre lang nach seinem Regierungsantritt setzte Tiberius keinen Fuß vor das Stadttor[199]; in der folgenden Zeit kam er nur in die benachbarten Städte und höchstens bis nach Antium[200], aber auch das nur ganz selten und für wenige Tage, obwohl er oft angekündigt hatte, daß er auch die Provinzen und die Heere besichtigen wolle, und fast jedes Jahr Reisevorbereitungen traf, Fahrzeuge beschlagnahmen, Reiseproviant in den Provinzstädten und Kolonien bereit halten und schließlich sogar Gelübde für eine glückliche Reise und Heimkehr ablegen ließ, so daß man ihn im Volksmund schon scherzhaft „Kallipides“ nannte, der, wie es im griechischen Sprichwort heißt, „immer läuft und keine Elle weiterkommt.“

39. Jedoch nach dem Verlust seiner beiden Söhne, wovon Germanicus in Syrien und Drusus in Rom den Tod gefunden hatte[201], zog er sich in die Abgeschiedenheit von Kampanien zurück, wobei fast

alle fest davon überzeugt waren und auch darüber sprachen, daß er nicht mehr zurückkehren oder sogar bald sterben werde. Beides traf beinahe so ein; denn er kehrte bis auf weiteres nicht mehr nach Rom zurück und als er wenige Tage nach seiner Ankunft bei Terracina[202] in seinem Landhaus mit Namen „Grotte“[203] gerade beim Essen war, stürzten mehrere gewaltige Blöcke zufällig von dem überhängenden Felsen herab, wodurch viele von den Gästen und Dienern erschlagen wurden, während er wider Erwarten mit dem Leben davonkam.

40. Tiberius reiste durch ganz Kampanien und als er in Capua das Kapitol und in Nola den Tempel des Augustus eingeweiht hatte[204], was er als Grund seiner Reise vorgetäuscht hatte, begab er sich nach der Insel Capri, die ihm hauptsächlich deshalb gefiel, da man nur an einer einzigen und noch dazu kleinen Hafenbucht landen konnte und sie sonst ringsum von steil abfallenden riesigen Felswänden und dem unergründlichen Meer umgeben war.[205] Als unmittelbar darauf das Volk mit dringenden Bitten ständig nach ihm rief anläßlich des Unglücks bei Fidenae[206], wo über zwanzigtausend Menschen bei einem Fechterschauspiel durch den Einsturz des Amphitheaters umgekommen waren, kehrte er wieder auf das Festland zurück und gab allen die Gelegenheit, sich an ihn zu wenden; dies erwartete man von ihm um so mehr, als er bei seiner Abreise aus der Stadt ausdrücklich angeordnet hatte, ihn nicht zu belästigen, und auch auf der ganzen Reise niemanden zu sich gelassen hatte.

41. Nach seiner Rückkehr auf die Insel vernachlässigte er jedoch seine Staatsaufgaben so sehr, daß er fortan die Dekurien der Ritter[207] nicht wieder ergänzte, keinen Wechsel bei den Militärtribunen und Präfekten mehr vornahm und die Statthalterposten in den Provinzen nicht neu besetzte, Spanien und Syrien einige Jahre ohne konsularische Legaten ließ und sich nicht darum kümmerte, daß Armenien von den Parthern[208], Mösien von den Dakern und Sarmaten[209] überfallen und Gallien von den Germanen[210] heimgesucht wurde, zur größten Schande und nicht geringeren Gefahr für das Reich.

42. Indessen ließ Tiberius jetzt endlich in der Abgeschiedenheit völlig ungebunden und sozusagen den Augen der Bürger entrückt allen seinen Lastern, die er lange nur mühsam nicht merken lassen hatte, auf einmal völlig freien Lauf; davon will ich jetzt im einzelnen

von Anfang an berichten. Schon zu Beginn seines Militärdienstes nannte man ihn im Lager auch damals wegen seiner allzu großen Gier nach Wein statt Tiberius Biberius[211], statt Claudius Caldius[212] und statt Nero Mero[213]. Als Prinzeps verbrachte er später einmal, gerade als er sich mit der Verbesserung der öffentlichen Moral befaßte, zusammen mit Pomponius Flaccus[214] und L. Piso[215] eine Nacht und zwei Tage nacheinander mit Schmausen und Trinken; dann übertrug er umgehend dem einen die Provinz Syrien, dem anderen die Präfektur der Stadt[216], wobei er sie auch in den Ernennungsschreiben als „seine liebsten Genossen aller schönen Stunden" bezeichnete. Bei Sestius Gallus, einem wollüstigen und verschwenderischen alten Mann, den schon Augustus mit einer entehrenden Strafe belegt und den er selbst wenige Tage zuvor im Senat streng gerügt hatte, sagte er sich zum Essen an unter der Voraussetzung, daß er nichts von seiner gewohnten Lebensweise ändere oder weglasse, daß nämlich nackte Mädchen beim Essen bedienen sollten. Einen ganz namenlosen Kandidaten des Quästoramts zog er den adeligsten Mitbewerbern vor, weil dieser beim Gelage auf sein Zutrinken hin einen Krug[217] Wein ausgetrunken hatte. Dem Asellius Sabinus[218] schenkte er zweihunderttausend Sesterzen für einen Dialog, in dem dieser als Partner einen Pilz, eine Schnepfe, eine Auster und einen Krammetsvogel auftreten ließ, die sich um den Vorrang stritten. Schließlich führte er ein neues Hofamt für Vergnügungen ein, das er mit dem römischen Ritter T. Caesonius Priscus besetzte.

43. In seiner Abgeschiedenheit auf Capri aber kam Tiberius auf den Gedanken, sogar sein Sofazimmer als Platz für heimliche Ausschweifungen zu benützen, in dem ganze Scharen von überall zusammengesuchten Mädchen und Lustknaben und Erfinder neuer Methoden widernatürlichen Beischlafs, die er „Spintrier", das heißt „unzüchtige Männer", nannte, in Dreierreihe verbunden, miteinander vor seinen Augen Unzucht treiben mußten, um seine nachlassenden Lustgefühle anzuregen. Seine vielerorts eingerichteten Schlafgemächer schmückte er mit gemalten und plastischen Darstellungen aufreizender Bilder und Figuren aus und versah sie mit Schriften der Elephantis[219], damit jeder beim Ausüben der Unzucht ein Muster für die vorgeschriebene Weise haben sollte. Auch in Parkanlagen und

Hainen ließ er nach seinen Plänen an vielen Stellen sogenannte Venusplätze anlegen, wo in Grotten und Felshöhlen junge Leute beiderlei Geschlechts als Panisken[220] und Nymphen[221] verkleidet zur Wollust einluden. Daher nannte man ihn auch bereits ganz offen im Volksmund, mit Verdrehung des Namens der Insel, „Caprineus".[222]

44. Aber noch Schlimmeres und Schändlicheres mußte Tiberius sich nachsagen lassen, was man kaum erzählen oder hören, geschweige denn glauben kann; er hat nämlich Knaben in ganz zartem Alter, die er seine Fischchen nannte, angeleitet, ihm beim Baden zwischen den Oberschenkeln zu sein und zu spielen, indem sie ihn durch Lecken mit der Zunge und durch Beißen allmählich befriedigten; ja sogar etwas kräftigere, aber doch noch nicht der Mutterbrust entwöhnte Kleinkinder legte er an sein Glied so wie an eine Brust. Diese Art von geschlechtlicher Befriedigung lag ihm freilich mehr aufgrund seiner Veranlagung und seines Alters. Und so hat er denn auch das [bekannte] Bild des Parrasius[223], das Atalante darstellt, wie sie dem Meleager mit dem Mund Lustgefühle erregt[224], und das ihm mit dem Vorbehalt vermacht worden war, daß er, falls er an der Darstellung Anstoß nähme, eine Million Sesterzen statt des Bildes erhalten solle, nicht nur der Geldsumme vorgezogen, sondern es sogar in seinem Schlafzimmer aufgestellt. Auch wird davon berichtet, er sei einmal beim Opfern von der schönen Gestalt eines Dieners, der das Rauchfaß vorantrug, so erregt worden, daß er sich nicht enthalten konnte, fast gleichzeitig mit Ende der Zeremonie ihn sofort beiseite zu nehmen und zusammen mit seinem Bruder, einem Flötenspieler, zu mißbrauchen; später hat er dann beiden, weil sie sich gegenseitig wegen dieser Schandtat Vorwürfe machten, die Beine zerschlagen lassen.

45. Wie sehr Tiberius gewohnt war, auch Frauen, und zwar aus den angesehensten Kreisen, hemmungslos zu mißbrauchen, zeigte sich am deutlichsten an dem unglücklichen Ende einer gewissen Mallonia, die sich, als sie ihm zugeführt worden war, ganz entschieden weigerte, ihm länger gefügig zu sein; da gab er sie den Denunzianten preis und hörte nicht einmal vor Gericht auf, sie eindringlich zu fragen, ob sie denn nicht ihre Weigerung bereue, bis sie sich schließlich aus dem Gericht nach Hause losriß, wo sie sich einen

Dolch ins Herz stieß, nachdem sie noch „dem alten stinkenden Bock" mit lauter Stimme seine widernatürlichen Lüste vorgeworfen hatte. Daher wurde in einem atellanischen Nachspiel[225] bei den nächsten Schauspielen folgender Ausspruch mit größtem Beifall aufgenommen, der sich dann überall verbreitet hat: „Der alte Bock beleckt den Ziegen die Natur."

46. Mit dem Geld ging Tiberius sparsam um, ja sogar geizig. So gab er seinen Begleitern auf Reisen und Feldzügen als Unterhalt nie ein festes Gehalt, sondern nur Tagegelder. Nur einmal zeigte er sich freigebig, weil sein Stiefvater die Kosten trug. Da bildete er je nach Rang drei Klassen und verteilte an die Angehörigen der ersten sechshunderttausend Sesterzen, an die der zweiten vierhunderttausend und an die der dritten, die er nicht als Freunde, sondern als „Griechen" bezeichnete, zweihunderttausend.

47. Während seiner ganzen Regierungszeit hat Tiberius weder irgendwelche Prachtbauten ausgeführt – denn die einzigen, die er unternommen hatte, den Augustustempel[226] und den Wiederaufbau des Pompeiustheaters[227] hinterließ er nach so vielen Jahren unvollendet[228] – noch gab er überhaupt jemals ein Schauspiel, wie er auch an denen, die von anderen veranstaltet wurden, nur ganz selten teilnahm, um nicht mit Bitten angegangen zu werden, zumindest seit er genötigt worden war, dem Schauspieler Actius die Freiheit zu schenken. Als einigen in Not geratenen Senatoren eine Unterstützung gewährt worden war, lehnte er, um nicht diese Hilfsmaßnahme auf noch mehr Senatoren ausdehnen zu müssen, künftig jede weitere Unterstützung ab, wenn sie nicht vor dem Senat stichhaltige Gründe für ihre Notlage glaubhaft vorbringen konnten. Auf diese Weise schreckte er viele infolge scheuer Zurückhaltung ab, unter ihnen auch den Hortalus, einen Enkel des Redners Quintus Hortensius[229], der bei einem sehr bescheidenen Vermögen mit Genehmigung des Augustus geheiratet und vier Kinder hatte.[230]

48. Überhaupt übte er nur zweimal einen Akt allgemeiner Wohltätigkeit aus; einmal als er zinslose Darlehen im Gesamtbetrag von hundert Millionen Sesterzen auf drei Jahre gewährte und noch einmal, als er gewissen Besitzern von Mietshäusern, die auf dem Caeliushügel abgebrannt waren[231] den Wert der Häuser ersetzte. Zur ersten

Maßnahme nötigte ihn das Hilfegeschrei des Volkes zur Zeit einer großen Geldknappheit, als er durch einen Senatsbeschluß verfügt hatte, daß die Geldverleiher zwei Drittel ihres Vermögens in Grund und Boden anlegen und die Schuldner ebensoviel von ihren Schulden tilgen sollten, aber dennoch die Krise nicht behoben werden konnte. Die andere Maßnahme galt der Linderung der furchtbaren Not dieser Zeit. Doch diese gute Tat bewertete er so hoch, daß er die Umbenennung des Caeliushügels in Augustushügel anordnete. Nachdem er die den Soldaten von Augustus vermachten Legate[232] zum zweifachen Betrag hatte auszahlen lassen, gab er ihnen weiterhin niemals mehr eine Spende. Eine Ausnahme war, daß er jedem von den Prätorianern tausend Denare schenkte, weil sie sich dem Seianus[233] nicht angeschlossen hatten, und daß er den syrischen Legionen einige Geldgeschenke zukommen ließ, weil sie allein nicht Seianus' Bildnis im Fahnenheiligtum verehrt hatten. Selbst Veteranen verabschiedete er nur ganz selten, indem er wegen ihres Alters auf ihren Tod und für den Todesfall auf die sich dadurch ergebende Ersparnis spekulierte. Nicht einmal die Provinzen bedachte er mit einer Unterstützung irgendwelcher Art, mit Ausnahme von Asien, als dessen Städte durch ein Erdbeben zerstört worden waren.[234]

49. Im weiteren Verlauf der Zeit befaßte sich Tiberius sogar mit Räubereien. Tatsache ist, daß er den Augur Cn. Lentulus[235], der das größte Vermögen seiner Zeit besaß, durch Furcht und Angst zum Lebensüberdruß getrieben hat, damit dieser ja niemand anderen mehr als ihn selbst vor seinem Tode zum Erben einsetzen konnte. Ebenso ist bekannt, daß er Lepida, eine sehr edle Frau, zu Gunsten des Quirinus, eines steinreichen und kinderlosen Konsularen, verurteilen ließ, als dieser sie zwanzig Jahre nach ihrer Scheidung eines früheren Giftanschlags anklagte.[236] Außerdem wissen wir, daß er in Gallien, Spanien, Syrien und Griechenland das Vermögen von Personen von höchstem Rang unter so nichtssagenden und unverschämten Anschuldigungen einziehen ließ, daß manchen kein anderer Vorwurf gemacht werden konnte, als daß sie einen Teil ihres Vermögens in Form von Bargeld hätten.[237] Auch sehr vielen Stadtgemeinden und Privaten nahm er ihren alten Anspruch auf Abgabenfreiheit und ihre Bergwerks- und Zollrechte und sogar den Partherkönig Vonones[238],

der sich, aus seinem Land vertrieben, sozusagen in den Schutz des römischen Volkes mit einem riesigen Schatz nach Antiochien begeben hatte, ließ er hinterlistigerweise berauben und umbringen.

50. Den Haß gegen seine Verwandten zeigte Tiberius zuerst an seinem Bruder Drusus[239] auf, als er einen Brief von ihm veröffentlichte, in dem dieser mit ihm verhandelte, wie man den Augustus zur Wiederherstellung der alten Freiheit zwingen könnte. Später ließ er dann seine Abneigung auch den anderen spüren. Weit davon entfernt, seiner Gattin Iulia[240] in der Verbannung etwas Verbindlichkeit und menschliche Nachsicht zu erweisen, was doch das Mindeste gewesen wäre, verbot er ihr, deren Lebensraum nach der Bestimmung ihres Vaters nur auf eine Stadt beschränkt war, sogar den Ausgang aus dem Hause und den Umgang mit Menschen. Er betrog sie auch noch um das vom Vater zugestandene Sondervermögen[241] und die bisher gezahlte Jahresrente unter dem Vorwand des allgemeinen Rechts, weil Augustus darüber in seinem Testament nichts verfügt hätte. Gegen seine Mutter Livia[242] hatte er eine starke Abneigung, weil er fürchtete, daß sie einen gleichen Anteil an der Macht beanspruchen könnte; so vermied er einen ständigen Verkehr mit ihr, ebenso längere Gespräche unter vier Augen, um nicht den Anschein zu erwecken, als ließe er sich von ihrem Rat leiten, den er doch manchmal brauchte und dann auch gewöhnlich befolgte. Zudem ärgerte er sich darüber, daß im Senat vereinbart wurde, seinen Titeln neben der Bezeichnung „Sohn des Augustus" auch „Sohn der Livia" hinzuzufügen. Deshalb duldete er auch nicht, wenn man sie „Landesmutter" nannte oder ihr sonst eine ehrende Auszeichnung öffentlich verlieh. Er warnte sie auch wiederholt davor, sich in wichtige und für Frauen unpassende Geschäfte einzumischen, besonders seit er gesehen hatte, daß sie bei einem in der Nähe des Vestatempels ausgebrochenen Feuer sogar persönlich am Brandplatz erschien und Volk und Soldaten zu stärkerer Hilfeleistung ermunterte, wie sie es zu Lebzeiten ihres Gemahls gewohnt war.

51. Von da an kam es zu offener Feindschaft, und zwar, wie man sagt, aus folgendem Anlaß. Als sie immer wieder darauf bestand, einen Mann, dem das Bürgerrecht verliehen worden war, in die Richterdekurien[243] aufzunehmen, erklärte er, daß er das nur unter

der Bedingung tun werde, wenn sie einverstanden sei, im Protokoll den Vermerk hinzufügen zu lassen, daß er dazu von seiner Mutter erpreßt worden sei. Voll Aufregung darüber holte sie aus ihrem Heiligtum[244] einige alte an sie gerichtete Briefe des Augustus hervor, worin es um die Bissigkeit und das unverträgliche Wesen des Tiberius ging, und las sie ihm vor. Daß sie die Briefe so lange aufbewahrt hatte und ihm sie jetzt so drohend vorhielt, verdroß ihn derart, daß dies, wie manche meinen, von den Gründen für seinen Weggang von Rom der Hauptgrund gewesen sein soll. Jedenfalls hat er sie die ganzen drei Jahre, die seine Mutter während seiner Abwesenheit noch lebte[245], überhaupt nur einmal gesehen, und zwar nicht länger als an einem Tag ganz wenige Stunden. Und auch bald nachher machte er sich nicht die Mühe, sie auf dem Krankenbett zu besuchen. Als sie dann starb, ließ er hoffen, daß er zur Leichenfeier komme; als aber infolge der Verzögerung von mehreren Tagen der Leichnam in Verwesung und schließlich in Fäulnis überging und deshalb die Bestattung stattfinden mußte, verbot er, sie zur Gottheit zu erheben mit der Begründung, daß sie es selbst so verfügt hätte. Auch ihr Testament ließ er für null und nichtig erklären[246] und alle ihre Freunde, selbst die, denen sie auf dem Sterbebett die Besorgung ihres Leichenbegängnisses aufgetragen hatte, ließ er innerhalb kurzer Zeit in Ungnade fallen; einen von ihnen, einen Mann aus dem Ritterstand, verurteilte er sogar zur Zwangsarbeit in einer Wassertretmühle.

52. Von seinen Söhnen liebte Tiberius weder den leiblichen Sohn Drusus[247] noch den Adoptivsohn Germanicus[248] mit väterlicher Zuneigung. Dem einen war er wegen seiner Fehler nicht gut gesinnt; denn Drusus führte einen allzu unbeständigen und lockeren Lebenswandel; so nahm er sich auch seinen Tod nicht einmal besonders zu Herzen, sondern ging fast unmittelbar nach der Leichenfeier wieder an seine gewohnten Geschäfte, wobei er einen längeren Stillstand der Gerichte verbot.[249] Er gab sogar den Abgeordneten von Ilium[250], die ihm etwas spät ihr Beileid bezeigten, als sei das Gedenken an seinen Schmerz schon in Vergessenheit geraten, die spöttische Antwort, auch er spreche ihnen sein Beileid aus, weil sie ihren trefflichen Mitbürger Hektor[251] verloren hätten. Gegen Germanicus hegte er eine solche Eifersucht, daß er seine herrlichen Taten als überflüssig

herabsetzte und seine glänzenden Siege tadelte, wie wenn sie für den Staat nachteilig wären. Als Germanicus sich dann erst gar wegen einer gewaltigen und plötzlichen Hungersnot, ohne ihn gefragt zu haben, nach Alexandria begab, beklagte er sich darüber im Senat.[252] Sogar an seinem Tod sei Tiberius schuld gewesen, so glaubt man, und zwar mit Hilfe von Cn. Piso[253], des Legaten von Syrien; und manche meinen, dieser hätte, als er dann später dieses Verbrechens angeklagt wurde, die Beweise für den ihm erteilten Befehl beibringen können, wenn sie nicht insgeheim beseitigt worden wären.[254] Daher konnte man an vielen Orten den öffentlichen Anschlag lesen und ganze Nächte hindurch immer wieder den Ausruf hören: „Gib uns den Germanicus wieder." Diesen Verdacht bestärkte er später selbst dadurch, daß er auch die Gattin und die Kinder des Germanicus auf grausame Weise ins Verderben stürzte.

53. Als sich seine Schwiegertochter Agrippina[255] nach dem Tod ihres Gatten allzu freimütig beklagte, nahm er sie bei der Hand und zitierte den griechischen Vers: „Wenn du nicht herrschest, mein Töchterchen, glaubst du, daß dir da unrecht geschieht?" Dann würdigte er sie bald überhaupt keines Gesprächs mehr. Als sie aber gar einmal bei Tische von den Früchten, die er ihr anbot, nicht zu kosten wagte, lud er sie nicht mehr zum Essen, indem er vorgab, sie beschuldige ihn, daß er sie vergiften wolle. Und doch war beides eine abgekartete Sache, daß er seinerseits sie durch das Anbieten der Frucht auf die Probe stellen wollte, während sie sich vor dem gewissermaßen sicheren Tod in acht nehmen mußte. Schließlich beschuldigte er sie, daß sie bald zum Standbild des Augustus, bald zum Heer Zuflucht nehmen wollte und verbannte sie daher auf die Insel Pandateria[256]; und als sie ihm Vorwürfe machte, ließ er sie durch einen Zenturio züchtigen, wobei ihr ein Auge ausgeschlagen wurde. Dann hinwiederum ließ er ihr, als sie sich freiwillig zum Hungertod entschloß, gewaltsam den Mund ausdehnen und die Speisen hineinstopfen. Als sie aber bei ihrem Vorsatz blieb und auch starb, verfolgte er sie noch über das Grab hinaus auf ganz gehässige Weise; er trat nämlich dafür ein, sogar ihren Geburtstag unter die Unglückstage einzureihen. Auch rechnete er es ihr als eine Gnade an, daß er sie nicht mit dem Strick erdrosseln und in die Gemonien[257] habe hinabwerfen

lassen; und er hatte nichts dagegen, daß ihm für eine solche Gnade durch einen Senatsbeschluß noch gedankt und dem Kapitolinischen Jupiter ein goldenes Weihegeschenk geopfert wurde.

54. Da Tiberius von Germanicus drei Enkel[258], Nero, Drusus und Gaius, und von Drusus einen, den Tiberius[259], hatte, so empfahl er nach dem Verlust seiner Söhne die beiden ältesten Kinder des Germanicus, Nero und Drusus, dem Senat[260] und feierte den Tag ihrer Einkleidung mit der Männertoga[261] mit einem Geschenk für das Volk. Sobald er jedoch erfuhr, daß am Jahresanfang auch für ihr Wohl in der Öffentlichkeit Gelübde dargebracht worden seien, wies er den Senat darauf hin, daß solche Auszeichnungen nur bewährten und älteren Männern zugesprochen werden dürfen. Und von dem Zeitpunkt an, zu dem er seine innere Einstellung geoffenbart hatte, gab er sie den Anschuldigungen aller Leute preis und brachte sie mit allerlei List dazu, daß sie sich zu heftigen Vorwürfen hinreißen ließen, damit man sie dann anzeigen konnte. Daraufhin klagte er sie schriftlich an, wobei er sie noch mit den bittersten Schmähungen überhäufte, ließ sie für seine Feinde erklären und brachte sie schließlich durch den Hungertod ums Leben, Nero auf der Insel Pontia[262], Drusus in den untersten Gewölben des Palatiums.[263] Man glaubt, Nero sei zum Freitod dadurch genötigt worden, daß ihm ein Henker, anscheinend im Auftrag des Senats, immer wieder Strick und Haken zeigte. Dem Drusus aber sei die Nahrung in einem solchen Maße entzogen worden, daß er versuchte, die Füllung seines Kissens zu verzehren. Die Überreste von beiden seien dann so verstreut worden, daß sie nirgends mehr aufgelesen werden konnten.

55. Neben seinen alten Freunden und Vertrauten hatte Tiberius sich zwanzig Männer aus dem Kreis der hochgestellten Persönlichkeiten der Bürgerschaft als Ratgeber bei den Staatsgeschäften ausgesucht. Von diesen allen ließ er kaum zwei oder drei unbehelligt, alle übrigen vernichtete er, jeden aus einem anderen Grund; unter ihnen riß Aelius Seianus[264] viele mit in das Verderben. Diesen hatte er zur höchsten Machtposition nicht so sehr aus Wohlwollen emporgehoben, als vielmehr aus dem Grunde, um einen Helfer zu haben bei seinen hinterlistigen Anschlägen gegen die Kinder des Germanicus[265] und um seinem leiblichen Enkel[266] von Seiten seines Sohnes Drusus die Thronfolge zu sichern.

56. Nicht milder behandelte Tiberius seine griechischen Gesellschafter, bei denen er sich gewöhnlich noch am meisten wohlfühlte. Als er einmal einen gewissen Zeno, der sich in einer etwas ausgefallenen Sprache unterhielt, gefragt hatte, was das für ein so widerwärtiger Dialekt sei, und er die Antwort erhielt, es sei der dorische, da verbannte er ihn nach Cinaria[267], weil er glaubte, es sei eine Anspielung auf seine frühere Zurückgezogenheit[268], da nämlich die Rhodier auch dorisch sprechen. Er hatte die Gewohnheit, aus seiner täglichen Lektüre bei Tisch Fragen vorzulegen; als er erfahren hatte, daß der Grammatiker Seleucus sich bei seinen Kammerdienern immer genau erkundigte, mit welchen Schriftstellern er sich jeweils befasse und so immer vorbereitet kommen könne, da entfernte er ihn zunächst aus seinem Freundeskreis und trieb ihn dann sogar in den Tod.

57. Seine wilde und gefühllose Natur blieb nicht einmal im Kindesalter verborgen; Theodorus von Gadara[269], sein Rhetoriklehrer, hat sie scheinbar als erster scharfsinnig durchschaut und einen sehr treffenden Vergleich angestellt, indem er ihn zuweilen, wenn er ihn zu tadeln hatte, auf griechisch „einen mit Blut getränkten Lehmklumpen" nannte. Aber noch viel stärker trat seine Natur nach der Übernahme des Prinzipats hervor, selbst schon zu Anfang seiner Regierungszeit, als er noch die Gunst der Menschen durch einen Anschein von Mäßigung gewinnen wollte. Einen Possenreißer, der beim Vorbeiziehen eines Leichenzuges dem Toten mit lauter Stimme den Auftrag zugerufen hatte, er solle dem Augustus melden, daß die Legate, die er dem Volk hinterlassen hat[270], immer noch nicht ausgezahlt würden, ließ er sich vorführen, das ihm zustehende Geld auszahlen und ihn dann zur Hinrichtung abführen, um nun seinem Vater die Wahrheit berichten zu können. Nicht lange darauf drohte er im Senat einem gewissen Pompeius, einem römischen Ritter, der in einer bestimmten Angelegenheit hartnäckig leugnete, mit dem Kerker und gab ihm die Versicherung, es werde noch geschehen, daß aus einem Pompeius ein Pompeianer werde; ein bitterer Hohn, womit er den Namen des Mannes und zugleich das alte Mißgeschick der [Pompeianischen] Partei traf.[271]

58. Um dieselbe Zeit war es auch, als Tiberius auf die Anfrage des Prätors, ob er das Gericht für Majestätsbeleidigung einberufen lasse,

die Antwort gab, die Gesetze müßten angewendet werden[272]; und er wendete sie auf ganz schreckliche Weise an. Es hatte einmal jemand einer Statue des Augustus den Kopf abgenommen, um den eines anderen daraufzusetzen. Die Sache wurde im Senat verhandelt, und da man zu keinem Ergebnis kam, wurde durch die Folter eine Entscheidung herbeigeführt. Als darauf der Angeklagte verurteilt worden war, ging allmählich diese Art der böswilligen Anklagen so weit, daß schon folgendes ein todeswürdiges Verbrechen war: in der Nähe eines Augustusbildes seinen Sklaven zu schlagen und seine Kleider zu wechseln, ein Geldstück oder einen Ring mit dem Bild des Augustus auf die Toilette oder in ein Bordell mitzunehmen oder über irgendeinem Wort oder einer Tat des Augustus auch nur einen leisen Tadel auszusprechen. Ja sogar der war verloren, der sich eine Ehrenbezeigung in seiner Kolonie an dem Tag erweisen ließ, an dem schon früher Augustus ausgezeichnet worden war.

59. Außerdem beging er unter dem Schein von Würde und der Verbesserung der Sitten, in Wirklichkeit aber um seinem natürlichen Bedürfnis zu genügen, noch eine solche Anzahl grausamer und empörender Taten, daß manche auch in kleinen Versen seine gegenwärtigen Schandtaten brandmarkten und die künftigen ankündigten:

> Gefühlloser Unhold du! Soll alles ich drängen in ein Wort?
> Sterben will ich, wenn je lieben die Mutter dich kann.

> Du bist kein Ritter! – Warum? – Nicht Hunderttausend Vermögen
> Hast du; und fragst du: „Was denn?" – „Blick' auf dein rhodisch Exil!"[273]

> Du hast die Zeiten Saturns, die goldnen, o Caesar, verwandelt.
> Denn so lange du lebst, werden sie eiserne sein.[274]

> Wein verschmäht er, weil jetzt nach Blute dürstet der Unmensch,
> Das er so gierig trinkt, wie er sonst Firnewein trank.

> Blick auf den Sulla[275], der „glücklich" für sich, nicht, o Römer, für dich war,
> Und auf den Marius[276] auch blick, da er kehrte nach Rom;
> Auch auf die Hände Antons[277], der die Bürgerkriege entzündet,
> Blicke, wie er sie in Blut wieder und wieder getaucht; –
> Dann sprich: „Roma ist hin!" Denn blutig herrschen wird jeder,
> Der, vom Exile zurückkehrend, zur Herrschaft gelangt.[278]

Diese Verse wollte er anfangs so aufgenommen wissen, als rührten sie von solchen her, die mit seinen Maßnahmen unzufrieden wären, und als würden sie nicht so sehr aus voller Überzeugung, als vielmehr aus Ärger und Unmut verfaßt, wobei er immer wieder sagte: „Mögen sie nur hassen, wenn sie mir nur recht geben müssen." Später bewies er freilich selbst, daß diese Verse wahr und vollkommen richtig waren.

60. Wenige Tage nachdem er Capri betreten hatte, ließ er einem Fischer, der ihm, als er sich gerade der Einsamkeit überließ, eine ausgewachsene Seebarbe ganz unversehens als Geschenk dargeboten hatte, mit demselben Fisch das Gesicht tüchtig abreiben; er war nämlich erschrocken, daß der Mann vom hinteren Teil der Insel her über steiles und unwegsames Gelände zu ihm emporgeklettert war. Als er sich während des Strafvollzugs gerade noch freute, daß er nicht auch einen ungewöhnlich großen Heuschreckenkrebs, den er ebenfalls gefangen hatte, als Geschenk angeboten habe, befahl Tiberius, ihm auch mit dem Krebs das Gesicht zu zerfleischen. Einen Soldaten seiner Leibwache bestrafte er mit dem Tode, weil er einen Pfau aus dem Garten gestohlen hatte. Als auf einer Reise die Sänfte, in der er getragen wurde, in ein Dornengestrüpp geriet, ließ er den kaiserlichen Vorläufer, einen Zenturio der ersten Kohorten, auf den Boden werfen und beinahe zu Tode peitschen.

61. Bald ließ er sich zu allen möglichen Grausamkeiten herbei, wobei es ihm nie an einer Gelegenheit mangelte, insofern, als er die Freunde und selbst die Bekannten zuerst seiner Mutter, dann seiner Enkel und seiner Schwiegertochter und schließlich die des Seianus[279] verfolgte. Nach dessen Untergang trat er wohl am grausamsten in Erscheinung. Daraus ging deutlich hervor, daß er gewöhnlich selbst nicht so sehr von Seianus angetrieben worden war, als daß ihm vielmehr Seianus nur die gesuchten Gelegenheiten verschafft hatte. Gleichwohl war er so vermessen, in den Memoiren, die er über sein Leben in den Hauptpunkten gestrafft verfaßt hat, zu schreiben, er habe den Seianus gestraft, weil er in Erfahrung gebracht habe, daß er gegen die Kinder seines Sohnes Germanicus[280] wüte; dabei hat er selbst den einen, als Seianus schon verdächtig, den anderen, als er bereits erledigt war, ums Leben gebracht. Seine grausamen Taten einzeln zu verfolgen, würde zu weit führen. Es wird genügen, die

verschiedenen Arten als einzelne Beispiele aufzuzählen. Es gab keinen Tag, an dem nicht eine Strafe vollzogen wurde, nicht einmal einen Gedenk- oder Feiertag. Manche wurden sogar am Neujahrstag[281] hingerichtet. Viele wurden mitsamt ihren Frauen und sogar mit ihren Kindern angeklagt und verurteilt. Den Angehörigen war verboten, ihre zum Tode verurteilten Verwandten zu betrauern. Für die Ankläger wurden außerordentliche Belohnungen ausgesetzt, manchmal auch für die Zeugen. Keinem Denunzianten wurde Glaubwürdigkeit abgesprochen. Jedes Verbrechen wurde für todeswürdig erachtet, auch wenn es sich nur um ein paar einfache Worte ohne jeden Hintergedanken handelte. Einem Dichter wurde zum Vorwurf gemacht, daß er in einem Trauerspiel den Agamemnon[282] durch Schandtaten angegriffen hatte; ebenso wurde einem Historiker[283] als Verbrechen vorgehalten, daß er Brutus und Cassius[284] die „letzten Römer" genannt hatte. Gegen diese Schriftsteller wurde sofort mit einer Strafe vorgegangen und ihre Schriften wurden vernichtet, obwohl sie einige Jahre vorher für gut befunden und sogar in Gegenwart des Augustus öffentlich vorgetragen worden waren. Manchen Gefangenen wurde nicht nur der Trost wissenschaftlicher Betätigung, sondern sogar jede Möglichkeit zu einem Gespräch oder einem Besuch untersagt. Wenn Leute zu ihrem Prozeß geladen wurden, brachten sie sich zum Teil selbst zu Hause tödliche Wunden bei, weil sie ihrer Verurteilung sicher waren und der Quälerei und der entehrenden Strafe entgehen wollten; zum Teil nahmen sie mitten in der Kurie Gift; und dennoch wurden sie, nachdem man ihre Wunden verbunden hatte, halbtot und noch mit dem Tode ringend in den Kerker geschleppt. Alle Verurteilten wurden mit einem Haken geschleift und die Gemonien[285] hinabgestürzt; zwanzig Personen wurden an einem Tag so behandelt, unter ihnen Frauen und Kinder. Unreife Mädchen wurden, da es nach alter Sitte ein Frevel wäre, eine Jungfrau zu erdrosseln, zuvor vom Henker geschändet und dann erwürgt. Wer freiwillig sterben wollte, wurde mit Gewalt gezwungen, am Leben zu bleiben. Denn den Tod hielt Tiberius für eine so milde Strafe, daß er auf die Nachricht hin, einer von den Angeklagten, Carnulius mit Namen, habe den Tod vorweg genommen, nur in die Worte ausbrach: „Carnulius ist mir entschlüpft." Und als ihn einmal bei der Musterung der Gefangenen einer bat, das Verfahren zu beschleunigen, gab er zur Antwort: „Ich habe mich noch nicht mit dir versöhnt." Ein Konsular hat in seine Aufzeichnungen folgende Episode aufgenommen: Bei einem gut besuchten Gastmahl, an dem er selbst teilnahm, ist einmal Tiberius ganz plötzlich und mit lauter Stimme von einem Zwerg, der unter den Possenreißern am Tisch stand, die Frage gestellt worden, warum der wegen Majestätsbeleidigung angeklagte Paconius immer noch am Leben sei; darauf hat ihn zwar der Kaiser sofort wegen seiner vorlauten Äußerung streng getadelt, aber schon wenige Tage später hat er an den Senat geschrieben, über die Bestrafung des Paconius möglichst bald zu entscheiden.

62. Seine Grausamkeit steigerte sich noch mehr, als er durch die Untersuchung über den Tod seines Sohnes Drusus völlig außer sich geriet. Er war der Meinung gewesen, Drusus hätte wegen seiner Unmäßigkeit durch eine Krankheit den Tod gefunden; sobald er dann aber erfuhr, daß er hinterlistig mit Gift von seiner Gattin Livilla und von Seianus beseitigt worden sei[286], gab es für niemanden mehr Schonung vor Folter und Tod. Von dieser gerichtlichen Untersuchung allein war er ganze Tage hindurch so sehr in Anspruch genommen, daß er, als er die Nachricht von der Ankunft eines rhodischen Gastfreundes erhielt, den er durch einen vertraulichen Brief nach Rom beordert hatte, diesen unverzüglich auf die Folter spannen ließ, als ob er an der Untersuchung beteiligt wäre; als dann der Irrtum aufgedeckt wurde, ließ er ihn sogar töten, damit er das ihm zugefügte Unrecht nicht unter das Volk bringen konnte. Seine Hinrichtungsstätte zeigt man noch auf Capri, von wo Tiberius die Verurteilten nach langen, ausgesuchten Martern in seiner Gegenwart ins Meer hinabstürzen ließ, während unten eine Schar von Matrosen die Leichen auffing und mit Stangen und Rudern völlig zerschlug, damit keine Spur eines letzten Lebenszeichens mehr blieb. Unter allen Arten von Martern hatte er sich auch diese ausgedacht: Durch reichlichen Genuß von Wein ließ er die Leute hinterlistigerweise betäuben und dann plötzlich das Glied der Männer abbinden, so daß die festangezogenen Schnüre und zugleich der zurückgehaltene Harn entsetzliche Qualen verursachten. Hätte ihn nicht der Tod

überrascht und hätte nicht Thrasyllus[287] mit Absicht, wie es heißt, ihn dazu gedrängt, manche Hinrichtungen in der Hoffnung auf ein längeres Leben aufzuschieben, so würde er wahrscheinlich noch weit mehr Menschen getötet und selbst seine noch übrigen Enkel nicht verschont haben, zumal da er den Gaius[288] bereits für verdächtig hielt und den Tiberius verachtete, weil er aus einem Ehebruch hervorgegangen war.[289] Und er hatte nicht unrecht; denn immer wieder pries er Priamus[290] glücklich, weil er die Seinen alle überlebt habe.

63. Was Tiberius inzwischen für ein Leben geführt hat, nicht nur von allen gehaßt und verabscheut, sondern auch in ständiger Angst und sogar Schmähungen ausgesetzt, darüber gibt es zahlreiche Beweise. So verbot er, die Zeichendeuter im geheimen und ohne Zeugen zu befragen. Ja, sogar die der Stadt benachbarten Orakel versuchte er aufzuheben. Aber von der Erhabenheit der Orakelstäbchen in Praeneste[291] wurde er so in Schrecken versetzt, daß er davon abließ. Als er sie nämlich versiegelt nach Rom bringen ließ, fand man sie nicht eher wieder im Kasten, bis dieser in den Tempel zurückgebracht war. Zwei Konsulare, die er nach ihrer Ernennung zu Provinzialgouverneuren nicht von seiner Seite fortzulassen wagte, hielt er so lange fest, bis er ihnen nach einigen Jahren Nachfolger für ihre Tätigkeit geben konnte, während er ihnen in der Zwischenzeit ihren Amtstitel beließ und ihnen auch ständig viele Aufträge erteilte, die sie durch Legaten und Gehilfen ausführen ließen.

64. Seine Schwiegertochter[292] und seine Enkel[293] ließ Tiberius nach ihrer Verurteilung nie anders als gefesselt und in einer geschlossenen Sänfte von Ort zu Ort bringen, wobei ein Soldat verhindern mußte, daß sich Leute, die entgegen kamen oder vorbei gingen, nach ihnen umsehen oder gar stehen bleiben konnten.

65. Den Seianus[294], der heimlich einen Umsturz vorbereitete, hat Tiberius endlich doch zu Fall gebracht, und zwar mehr durch List und Trug als durch kaiserliche Autorität, obwohl er schon mit ansehen mußte, wie dessen Geburtstag öffentlich gefeiert und seine goldenen Standbilder überall verehrt wurden. Er hat ihn nämlich zunächst, um ihn unter dem Vorwand einer Ehrenbezeigung aus seiner Nähe entfernen zu können, als Amtskollegen in seinem fünften Konsulat angenommen[295], das er nach einer langen Zwischenzeit in

seiner Abwesenheit eigens zu diesem Zweck übernommen hatte. Dann aber hinterging er ihn, indem er ihm Hoffnung machte auf verwandtschaftliche Beziehung[296] und auf die tribunizische Amtsgewalt[297], und beschuldigte ihn ganz unerwartet in einem schmählichen und unverschämten Schreiben, insofern als er unter anderem an den Senat mit der Bitte herantrat, er möchte doch einen von den Konsuln mit dem Auftrag entsenden, ihn, den alten einsamen Mann, mit militärischem Geleit vor den Senat zu führen. Da er auch unter diesen Umständen der Sache nicht traute und einen Aufruhr befürchtete, hatte er vorsorglich angeordnet, seinen Enkel Drusus[298], den er immer noch in Rom im Gefängnis festhielt, freizulassen, wenn es die Lage erforderte, und als Befehlshaber einzusetzen. Sogar Schiffe hatte er segelfertig machen lassen, da er auch eine Flucht zu irgendwelchen Legionen in Erwägung zog, während er von der höchsten Felsenspitze der Insel aus immer wieder nach den Zeichen Ausschau[299] hielt, die er, um nicht auf seine Boten warten zu müssen, je nach dem Ausgang der Dinge, von ferne her zu geben angeordnet hatte. Doch selbst nach der Unterdrückung der Verschwörung des Seianus fühlte er sich keineswegs sicherer und ausgeglichener und verließ die nächsten neun Monate sein Landhaus nicht, die sogenannte Jupitervilla.[300]

66. Überdies beunruhigten sein beängstigtes Herz die vielfachen Schmähungen, die ihn von allen Seiten trafen, wobei ihm die Verurteilten jede Schandtat in seiner Gegenwart oder durch Schmähschriften, die sie auf die Sitze der Senatoren in der Orchestra[301] legten, an den Kopf warfen. Darauf reagierte er auf ganz verschiedene Weise. Bald wünschte er aus Schamgefühl, daß das alles unbekannt und geheim bleiben sollte, dann wieder hielt er nicht viel von solchen Vorwürfen, deckte sie von selber auf und ließ sie sogar veröffentlichen. Ja, sogar der Partherkönig Artabanus[302] hat ihn in einem Brief herabgesetzt, indem er ihm seine an Verwandten und Freunden verübten Mordtaten, seine Faulheit und Schwelgerei vorwarf und ihm den Rat gab, durch einen freiwilligen Tod dem tiefsten und höchst verdienten Haß seiner Mitbürger Genugtuung zu leisten.

67. Zuletzt wurde er seiner völlig überdrüssig und faßte beinahe das gesamte Ausmaß seines inneren Elends in den Worten des folgen-

den Briefanfangs zusammen: „Was ich euch schreiben soll, Senatoren, oder wie ich schreiben soll oder was ich überhaupt nicht schreiben soll zu diesem Zeitpunkt – die Götter und Göttinnen mögen mich noch elender sterben lassen, als ich mich jetzt schon täglich sterben fühle, wenn ich es weiß."[303] Manche sind der Meinung, er habe das alles durch seine Gabe, die Zukunft zu erkennen, schon vorausgewußt und lange vorher vorausgesehen, welch bitterer Haß und welche Schande ihn einmal treffen würden; darum habe er auch gleich bei seinem Regierungsantritt den Titel „Vater des Vaterlandes"[304] und den Eid auf seine Verordnungen hartnäckig zurückgewiesen, damit die Schande nicht um so größer sei, wenn er später solcher Ehren für unwürdig befunden würde. In der Tat kann man das auch aus seiner Rede, die er über beide Gegenstände gehalten hat, wohl folgern, z.B. wenn er an der einen Stelle sagt, er werde sich immer gleich bleiben und seinen Charakter nie ändern, solange er bei gesundem Menschenverstand sei; aber man müsse grundsätzlich verhüten, daß sich der Senat für die Handlungen eines einzelnen Menschen verpflichtet fühle, der sich durch irgendeinen Zufall wieder ändern könnte. Und wieder an einer anderen Stelle sagt er, „wenn ihr jemals an meinem Charakter und meiner Hingabe für euch Zweifel haben solltet – bevor das geschieht, möchte ich lieber, daß mich der Tod vor eurer Meinungsänderung bewahrt – so wird mir der Titel Vater des Vaterlandes nicht zur Ehre gereichen, euch aber wird euere Unbesonnenheit vorgehalten werden, weil ihr mir diesen Beinamen entweder damals ohne Grund verliehen oder euer Urteil über mich später leichtsinnig geändert habt."

68. Tiberius war körperlich groß und stark, sein Wuchs ging etwas über die Normalgröße hinaus. Brust und Schultern waren breit und auch die übrigen Glieder bis zu den Füßen hinab ebenmäßig und wohlproportioniert. Seine linke Hand war beweglicher und kräftiger und deren Gelenke so stark, daß er einen frischen und gesunden Apfel mit dem Finger durchbohren und den Kopf eines Knaben oder sogar eines jungen Mannes durch Schnellen mit den Fingern verletzen konnte. Seine Hautfarbe war weiß, das Haupthaar am Hinterkopf tiefer herabwallend, so daß es auch den Nacken noch

bedeckte, wie es in seiner Familie üblich war. Sein Gesicht war edel, jedoch traten darin häufig plötzliche Schwellungen auf; er hatte übergroße Augen, die wunderbarerweise auch bei Nacht und im Finstern sehen konnten, aber nur für kurze Zeit und gleich wenn sie sich nach dem Schlaf geöffnet hatten; dann wurden sie allmählich wieder schwächer. Er schritt einher mit steifem, nach hinten gebogenen Nacken und fast zusammengezogener Miene; meist war er schweigsam, auch mit seiner nächsten Umgebung sprach er kein Wort oder nur ganz selten und dann in einer sehr langsamen Weise und nicht ohne einem gewissen lässigen Gebärdespiel der Finger. Alle diese Eigenschaften hat schon Augustus als lästig und als Zeichen von Überheblichkeit an ihm kritisiert und oft vor dem Senat und dem Volk zu entschuldigen versucht mit der Bemerkung, es seien naturgegebene Charakterfehler, aber keine Mängel an Herzensbildung. Tiberius erfreute sich einer äußerst günstigen Gesundheit, die auch fast während seiner ganzen Regierungszeit anhielt, obschon er sie seit seinem dreißigsten Lebensjahr nach eigenem Gutdünken pflegte, ohne ärztliche Hilfe oder Beratung.

69. Von den Göttern und deren Verehrung hielt Tiberius nicht viel, da er der Astrologie ergeben und fest überzeugt war, daß alles vom Schicksal bestimmt werde. Donnerschläge jedoch flößten ihm große Angst ein, und sobald der Himmel etwas unruhig wurde, trug er immer einen Lorbeerkranz auf dem Haupt, weil behauptet wurde, daß dieses Laub vom Blitz nicht getroffen werde.

70. Die Literaturwissenschaft beider Sprachen[305] betrieb er mit großem Eifer. In der lateinischen Redekunst schloß er sich dem Corvinus Messalla[306] an, den er in seinen jungen Jahren, obschon dieser bereits ein alter Mann war, sehr geschätzt hatte. Doch verwässerte er durch gesuchte Ziererei und übertriebene Pedanterie seinen Stil, so daß er bedeutend besser aus dem Stegreif als vorbereitet sprach. Er verfaßte auch ein lyrisches Gedicht mit dem Titel „Klagegesang über L. Caesars Tod". Auch machte er griechische Gedichte, in denen er den Euphorion[307], Rhianus[308] und Parthenius[309] nachahmte, Dichter, an denen er großen Gefallen fand und deren Schriften und Bilder er in den öffentlichen Bibliotheken zwischen den alten bekannten Autoren aufstellen ließ, weshalb auch zahlreiche

Gelehrte viel über diese Dichter veröffentlichten und ihm widmeten. Am meisten war er um die Kenntnis der Mythologie besorgt, und zwar bis zur Geschmacklosigkeit und Lächerlichkeit. Denn auch die Philologen, denen er sich, wie gesagt, besonders gern anzuschließen suchte[310], stellte er mit Fragen folgender Art auf die Probe, wie etwa, wer die Mutter der Hecuba[311] gewesen sei, wie Achilles unter den Mädchen geheißen habe[312], was für Lieder die Sirenen[313] gesungen hätten. Und am ersten Tag, an dem er nach dem Tode des Augustus die Kurie betrat, brachte er, um gleichzeitig seiner Pflicht zu Dankbarkeit und Ehrfurcht zu genügen, nach dem Vorbild des Minos[314] ein Opfer dar mit Weihrauch und Wein, jedoch ohne Flötenbegleitung, so wie jener einst beim Tode seines Sohnes.

71. Obwohl er die griechische Sprache beherrschte und sich gewandt und leicht ausdrücken konnte, bediente er sich ihrer doch keineswegs unbeschränkt. Am meisten hielt er sich im Senat zurück, und zwar so sehr, daß er einmal, als er das Wort *„monopolium“*[315] sagen wollte, sich entschuldigte, daß er ein Fremdwort gebrauchen müsse. Ja, als in einem Senatsbeschluß einmal das griechische Wort *„emblema“*[316] vorkam, war er der Meinung, daß das Wort geändert und durch ein einheimisches ersetzt werden müsse oder, wenn man keines finde, der Sachverhalt lieber durch eine Umschreibung mit mehreren Wörtern ausgedrückt werden sollte. Einem Soldaten, der auf griechisch zu einer Zeugenaussage gebeten wurde, verbot er, anders als lateinisch auf die Fragen zu antworten.

72. Nur zweimal während der ganzen Zeit seiner Zurückgezogenheit machte Tiberius den Versuch, nach Rom zurückzukehren. Das eine Mal fuhr er in einem Dreiruderer bis an die Gärten in der Nähe der Naumachia[317], während er am Tiberufer einen Militärposten aufstellte, der etwa entgegenkommende Personen entfernen mußte. Das zweite Mal kam er auf der Appischen Straße[318] bis zum siebenten Meilenstein[319] heran. Er kehrte jedoch jedesmal wieder um, nachdem er nur aus der Ferne einen Blick auf die Mauern der Stadt geworfen hatte, ohne sie zu betreten. Beim ersten Mal weiß man nicht warum, das zweite Mal erschreckte ihn ein Vorzeichen. Er hatte nämlich zum Zeitvertreib eine große Schlange; als er diese nach seiner Gewohnheit eigenhändig füttern wollte und sie von Ameisen

verzehrt fand, war das für ihn eine Warnung, sich vor der Übermacht der Menge in acht zu nehmen. Er kehrte also eiligst nach Kampanien zurück; dabei erlitt er in Astura[320] einen Schwächeanfall, von dem er sich wieder etwas erholte, so daß er seine Reise bis Circei[321] fortsetzen konnte. Um nun seine Schwäche nicht zu verraten, wohnte er den Lagerspielen nicht nur bei, sondern schoß sogar selbst mit Wurfspießen von oben herab auf einen in die Arena gelassenen Eber. Aber sogleich spürte er einen stechenden Schmerz in der Seite und als ihn starker Schweiß überkam, da erfaßte ihn ein Luftzug, so daß sich durch einen Rückfall seine Krankheit noch verschlimmerte. Trotzdem hielt er noch eine geraume Zeit durch, obschon er bis nach Misenum[322] weiterfuhr und nichts in der Reihenfolge des Tagesablaufs ausließ, ja nicht einmal seine ausschweifenden Gelage und die sonstigen Lustbarkeiten, teils aus Mangel an Selbstbeherrschung und teils aus Verstellung. So hat er denn auch seinen Arzt Charikles, der in Urlaub gehen wollte und beim Abschiednehmen vom Gastmahl seine Hand ergriffen hatte, um sie zu küssen, in der Meinung, er wolle ihm den Puls fühlen, dazu ermuntert, noch zu bleiben und wieder an der Tafel Platz zu nehmen, und hat so das Gelage hinausgezogen. Ebenso behielt er auch da seine Gewohnheit bei, mitten im Speisezimmer stehend im Beisein eines Liktors[323] beim Verabschieden jeden einzeln namentlich anzusprechen.

73. Als Tiberius inzwischen in den Senatsprotokollen[324] gelesen hatte, gewisse Angeklagte seien entlassen und nicht einmal verhört worden, obwohl er über sie nur oberflächlich und nichts weiter geschrieben hatte, als daß sie angezeigt worden seien, entschloß er sich aus Ärger über die ihm zugefügte Mißachtung, auf jede nur mögliche Weise wieder nach Capri zurückzukehren, da er nur von einem sicheren Ort aus etwas dagegen unternehmen wollte. Er wurde jedoch durch ungünstiges Wetter und die fortschreitende Krankheit davon zurückgehalten und starb bald darauf in der Villa Lucullana[325] im achtundsiebzigsten Lebensjahr, im dreiundzwanzigsten Jahr seiner Regierung, am 16. März, unter dem Konsulat des Cn. Acerronius Proculus und des C. Pontius Nigrinus.[326] Manche glauben, es sei ihm von Gaius[327] ein langsam wirkendes Gift gegeben worden. Andere sind der Meinung, man habe ihm, als das Fieber

zufällig nachließ, Nahrung verweigert, obwohl er danach verlangte. Einige behaupten, er sei mit einem Kissen erstickt worden, als er den ihm auf dem Sterbebett bereits abgezogenen Ring[328] wieder verlangte, nachdem er wieder zu sich kam. Seneca[329] schreibt, er habe, als er sein Ende nahe fühlte, sich selbst den Ring abgezogen, als wenn er ihn jemandem übergeben wollte, und ihn eine Zeitlang gehalten; dann habe er ihn wieder an den Finger gesteckt und sei mit zusammengepreßter Hand lange unbeweglich dagelegen; plötzlich habe er seine Diener gerufen und, als niemand antwortete, sei er aufgestanden und nicht weit von seinem Bett tot zu Boden gestürzt, da ihn seine Kräfte verließen.

74. An seinem letzten Geburtstag hatte Tiberius geträumt, der Temenitische Apollo[330], ein kolossales und hervorragendes Kunstwerk, das er von Syrakus nach Rom hatte bringen lassen, um es in der Bibliothek eines neuen Tempels aufzustellen, sei ihm erschienen und habe ihm versichert, daß er unmöglich von ihm aufgestellt und geweiht werden könnte. Wenige Tage vor seinem Tod stürzte der Leuchtturm auf Capri durch ein Erdbeben in sich zusammen; und zu Misenum fing die Staubasche, die von dem zur Erwärmung des Speisezimmers angelegten Kohlefeuer und der glimmenden Asche noch geblieben und schon längst erloschen und erkaltet war, plötzlich mit Beginn des Abends wieder an aufzuglühen und leuchtete lang anhaltend bis tief in die Nacht hinein.

75. Sein Tod versetzte das Volk in einen solchen Freudentaumel, daß auf die erste Nachricht hin alles durcheinander lief, bald mit dem Ruf, „in den Tiber mit dem Tiberius“, bald unter Anrufung der Erdgöttin und der Götter der Unterwelt, daß sie dem Toten nur einen Platz unter den Verdammten zuweisen möchten, während wieder andere den Leichnam mit Haken und Gemonien[331] bedrohten, erbittert nicht nur durch die Erinnerung an seine frühere Grausamkeit, sondern auch durch eine ganz neue Abscheulichkeit. Da nämlich nach einem Senatsbeschluß[332] die Todesstrafe der Verurteilten immer erst am zehnten Tag nach der Urteilsverkündung vollzogen werden durfte, wollte es der Zufall, daß die Hinrichtung einiger Verurteilter an dem Tag stattfinden sollte, an dem die Nachricht von Tiberius' Tod eintraf. Da nun Gaius noch weit weg von Rom war

und auch sonst niemand da war, an den man sich mit Fragen hätte wenden können, erwürgten die Wächter, um nicht gegen den Senatsbeschluß zu handeln, diese Unglücklichen, obwohl sie um Gnade flehten, und warfen sie in die Gemonien. Daher hat sich der Haß noch mehr gesteigert, da sogar nach dem Tod des Tyrannen seine Grausamkeit noch weiter zu bestehen schien. Als sich der Zug mit der Leiche von Misenum aus in Bewegung setzte, schrieen viele mit lauter Stimme, man solle sie lieber nach Atella[333] schaffen und dort im Amphitheater etwas anbraten. Der Leichnam wurde jedoch von den Soldaten nach Rom gebracht und dort in einem Staatsbegräbnis verbrannt.

76. Ein Testament hatte Tiberius zwei Jahre zuvor gemacht, und zwar in zweifacher Ausfertigung, jedoch mit dem gleichen Wortlaut; die eine hatte er eigenhändig geschrieben, die andere von einem Freigelassenen schreiben lassen.[334] In diesem Testament setzte er seine Enkel, Gaius[335], Sohn des Germanicus, und Tiberius[336], Sohn des Drusus, zu gleichen Teilen als Erben ein, mit dem Recht der gegenseitigen Nachfolge. Er gab auch Legate für eine Menge Leute, darunter waren die Vestalischen Jungfrauen[337], aber auch die Soldaten insgesamt, jeder einzelne Mann aus dem Volke und ganz besonders die Aufseher der Stadtbezirke.[338]

CALIGULA

1. Germanicus[1], der Vater Gaius Caesars, Sohn des Drusus[2] und der jüngeren Antonia[3] wurde später von Tiberius, seinem Onkel väterlicherseits, adoptiert.[4] Er bekleidete fünf Jahre vor der gesetzlichen Zeit die Quästur[5] und danach sofort das Konsulat.[6] Hierauf bekam er den Oberbefehl über das in Germanien stehende Heer. Als auf die Nachricht vom Tode des Augustus sich alle Legionen hartnäckig weigerten, den Tiberius als Nachfolger anzuerkennen, und ihm selbst die oberste Gewalt anboten, wies er ihr Ansinnen, sei es aus Pflichttreue oder aufgrund seiner Charakterfestigkeit, zurück[7]; bald darauf feierte er nach einem vollständigen Sieg über seine Feinde einen Triumph in Rom.[8] Dann wurde er zum zweiten Male zum Konsul gewählt[9]; doch noch bevor er sein Amt antreten konnte, wurde er in den Orient geschickt, um dort die politischen Verhältnisse zu ordnen. Als er den König von Armenien[10] besiegt und Kappadokien zur römischen Provinz gemacht hatte[11], starb er nach längerer Krankheit in seinem vierunddreißigsten Lebensjahr[12] zu Antiochia[13], wobei sich der Verdacht, er sei vergiftet worden, nicht ausräumen ließ. Denn außer den blauen Flecken, die seinen ganzen Körper bedeckten, und dem Schaum, der ihm vom Munde floß, fand man nach Verbrennung des Leichnams auch das Herz unter den Gebeinen unversehrt; man glaubte nämlich, daß dieses Organ so beschaffen sei, daß ihm, wenn es mit Gift in Berührung kommt, das Feuer nichts anhaben kann.

2. Nach allgemeiner Ansicht starb er als ein Opfer des Tiberius, der sich dabei des Gnaeus Piso als Helfershelfer bediente, welcher um dieselbe Zeit Statthalter in Syrien war und der kein Hehl daraus machte, daß es für ihn nur zwei Möglichkeiten gebe, entweder den

Vater oder den Sohn zum Feind zu haben. So beleidigte er selbst den kranken Germanicus in Wort und Tat auf das heftigste und ohne jegliches Maß. Deswegen wurde er bei seiner Rückkehr nach Rom vom Volk beinahe in Stücke zerrissen und vom Senat zum Tode verurteilt.[14]

3. Germanicus war, was hinreichend bekannt ist, wie kein anderer mit allen Vorzügen des Körpers und des Geistes ausgestattet. Seine Schönheit und Körperkraft waren unvergleichlich, seine Begabung in griechischer und lateinischer Beredsamkeit, sowie in den Wissenschaften hervorragend, er besaß eine einzigartige Liebenswürdigkeit, ein bewundernswertes nachhaltiges Streben, sich die Gunst der Menschen zu erwerben und ihre Liebe zu gewinnen. Nur die etwas zu hageren Schenkel stimmten mit seinem schönen Äußeren nicht recht überein, doch gewannen auch diese allmählich an Kraft und Fülle durch tägliches Reiten nach dem Essen. Oft tötete er den Feind im Nahkampf. Gerichtsreden hielt er sogar noch, nachdem er bereits die triumphalischen Ehren erlangt hatte; und außer anderen bleibenden Zeugnissen seiner Studien hat er auch griechische Komödien[15] hinterlassen. Daheim wie im Ausland war sein Verhalten bürgerlich schlicht, und er betrat die freien und verbündeten Städte stets ohne Begleitung von Liktoren.[16] Wo er Grabmäler berühmter Männer fand, brachte er ihren Manen[17] Totenopfer dar. Als er die alten und verstreuten sterblichen Überreste der bei der Varusschlacht Gefallenen in einem gemeinsamen Grab bestatten lassen wollte, war er der erste, der daran ging, sie mit eigener Hand aufzusammeln und zusammenzutragen.[18] Selbst gegen seine Widersacher, wer sie auch sein mochten und aus welchen Gründen auch immer er sie sich zu Feinden gemacht haben mag, war er so mild und arglos, daß sogar gegen den Piso, der seine Erlasse aufhob und seine Klienten mißhandelte, nicht eher ein Gefühl des Zornes in ihm aufkam, bis er in Erfahrung gebracht hatte, daß dieser ihm mit Gift und Zauberei nach dem Leben trachte; und selbst da ging er nicht weiter, als daß er ihm nach der Sitte der Vorfahren die Freundschaft aufkündigte und seine Hausgenossen beauftragte, ihn zu rächen, falls ihm etwas zustoßen sollte.

4. Für diese trefflichen Eigenschaften erntete er reichsten Lohn. Er

wurde von den Seinen so geschätzt und geliebt, daß Augustus – von den übrigen Verwandten ganz zu schweigen – lange überlegte, ob er nicht ihn zu seinem Nachfolger bestimmen sollte, und ihn schließlich von Tiberius adoptieren ließ.[19] Beim Volk war er so beliebt, daß er, wie aus vielen Berichten hervorgeht, wenn er irgendwo ankam oder aus irgendeinem Ort abreiste, wegen der Masse der zusammenströmenden oder ihn begleitenden Menschen manchmal in Lebensgefahr geriet, ja daß sogar, als er aus Germanien nach Unterdrückung des Aufruhrs heimkehrte, sämtliche Prätorianerkohorten zu seinem Empfang ausrückten, obwohl nur zwei dazu den Befehl erhalten hatten, das ganze römische Volk aber, ohne Unterschied des Geschlechts, Alters und Standes, ihm bis zum zwanzigsten Meilenstein[20] entgegenströmte.

5. Aber noch viel großartiger und beständiger war das Urteil über ihn bei und nach seinem Tod. An seinem Sterbetag[21] schleuderte man Steine gegen die Tempel, stürzte Altäre um, manche warfen ihre Hausgötter auf die Straße und setzten die von ihren Ehefrauen geborenen Kinder aus. Ja, es heißt, daß selbst fremde Völker, die untereinander oder mit uns Krieg führten, wie bei einer allgemeinen Trauer um einen der Ihrigen, Waffenruhe vereinbarten. Manche Könige kleinerer Länder hätten als Zeichen höchster Trauer sich den Bart abnehmen und ihren Frauen die Haare abschneiden lassen und sogar der Großkönig[22] habe deswegen auf die Jagd und die gemeinsamen Mahlzeiten mit seinen Magnaten verzichtet, was bei den Parthern so viel bedeutet wie bei uns das Schließen der Gerichtshöfe.[23]

6. Als in Rom auf die erste Kunde von Germanicus' Erkrankung die bestürzte und zutiefst betrübte Einwohnerschaft auf weitere Nachrichten wartete und als sich plötzlich gegen Abend – man weiß nicht durch wen – das Gerücht verbreitete, er sei genesen, da stürzte sofort alles mit Fackeln und Opfertieren zum Kapitol, und die Leute drückten beinahe die Tempeltüren ein, denn sie konnten den Drang, ihre Gelübde zu erfüllen, nicht zurückhalten. Tiberius wurde durch das Jubelgeschrei der einander Glückwünschenden aus dem Schlaf gerissen und überall hörte man sie immer wieder singen:

Heil dir, Rom! Heil dir, Vaterland! Heil unserem Germanicus!

Als aber nun schließlich doch bekannt wurde, daß sich das Schicksal an ihm erfüllt hatte, da konnte durch keine Trostworte, durch keine Edikte der öffentlichen Trauer Einhalt geboten werden, und sie dauerte sogar während der Festtage im Dezember[24] an. Den Ruhm des Dahingeschiedenen und die Sehnsucht des Volkes nach ihm steigerte noch die schreckliche Zeit, die nach ihm folgte, da nämlich nicht ohne Grund überall die Meinung herrschte, durch die Achtung und Scheu vor ihm sei die Grausamkeit des Tiberius im Zaume gehalten worden, die bald darauf zum Ausbruch kam.

7. Verheiratet war Germanicus mit Agrippina[25], der Tochter Agrippas[26] und der Iulia[27], von der er neun Kinder hatte[28]; zwei davon starben bereits im frühen Kindesalter[29], eines, das von ganz besonderer Liebenswürdigkeit war, schon als kleiner Knabe.[30] Ein Bild dieses Jungen in der Gestalt des Cupido[31] brachte Livia[32] im Tempel der kapitolinischen Venus[33] als Weihegabe dar, während Augustus eine Kopie davon in seinem Schlafzimmer aufstellte, die er, so oft er den Raum betrat, zu küssen pflegte. Die anderen überlebten den Vater, drei Mädchen: Agrippina[34], Livilla[35], Drusilla[36], alle drei ein Jahr im Alter auseinander, und ebensoviele Knaben[37]: Nero, Drusus und Gaius Caesar. Den Nero und Drusus erklärte der Senat auf die Anklage des Tiberius zu Staatsfeinden.

8. Gaius Caesar wurde am einunddreißigsten August unter dem Konsulat seines Vaters und des Gaius Fonteius Capito geboren.[38] Wo er geboren ist, ist wegen der verschiedenen Überlieferungen ungewiß. Gnaeus Lentulus Gaetulicus[39] läßt ihn zu Tibur[40], Plinius Secundus[41] im Lande der Treverer[42] in Ambiatarius[43], einem Dorf oberhalb von Confluentes[44] zur Welt kommen und fügt als Beweis hinzu, man zeige dort Altäre mit der Inschrift: „Anläßlich der Geburt von Agrippinas Kind". Ein paar Verschen, die bald nach seiner Thronbesteigung in aller Munde waren, deuten an, daß er beim Heer im Winterlager geboren wurde:

> Mitten im Lager geboren, im Feld beim Vater erzogen,
> das war doch schon ein Zeichen, daß er zum Fürsten bestimmt war!

Ich finde in den amtlichen Urkunden[45], daß er zu Antium[46] geboren ist. Dem Gaetulicus widerspricht Plinius, dieser habe aus Kriecherei gelogen, um zur Verherrlichung des jungen, ruhmreichen Fürsten noch hinzufügen zu können, er stamme aus einer dem Herkules heiligen Stadt; diese Lüge ist um so dreister, da nämlich tatsächlich ein Jahr zuvor dem Germanicus in Tibur ein Sohn geboren worden war, der gleichfalls den Namen Gaius Caesar erhalten hatte. Über diesen liebenswürdigen Jungen und seinen frühen Tod haben wir bereits weiter oben gesprochen.[47] Gegen Plinius sprechen chronologische Gesichtspunkte. Denn alle Schriftsteller, die über die Regierungszeit des Augustus berichten, stimmen darin überein, daß Gaius bereits geboren war, als Germanicus im Anschluß an sein Konsulat[48] nach Gallien geschickt wurde. Auch dürfte Plinius' Ansicht durch die Altarinschrift nicht gestützt werden, da Agrippina in jener Gegend zweimal eine Tochter auf die Welt gebracht hat und da jede Geburt, ohne Unterschied des Geschlechts, „*puerperium*" genannt wird, weil nämlich die Alten auch ein Mädchen „*puera*", wie andererseits wieder auch einen Knaben „*puellus*" nannten. Es existiert ferner noch ein Brief des Augustus, den er wenige Monate vor seinem Tod an seine Enkelin Agrippina[49] geschrieben hat und in dem er sich über eben diesen Gaius – denn das war damals das einzige noch lebende Kind dieses Namens – folgendermaßen äußert: „Ich habe gestern mit Talarius[50] und Asellius[51] vereinbart, daß sie den jungen Gaius am 18. Mai, so die Götter wollen, begleiten sollen. Außerdem schicke ich mit ihm aus meiner Dienerschaft einen Arzt, den Germanicus, wie ich ihm bereits geschrieben habe, wenn er will, behalten kann. Lebe wohl meine Agrippina und trage Sorge, daß du gesund zu deinem Germanicus kommst." Hieraus geht, meine ich, vollkommen klar hervor, daß Gaius dort nicht hat geboren werden können, wohin er schon fast als Zweijähriger von Rom aus gebracht worden ist. Auch die Glaubwürdigkeit jener zuvor erwähnten Verschen wird durch eben diese Umstände entkräftet, und das um so mehr, da ihr Verfasser unbekannt ist. Es bleibt also nichts anderes übrig, als der Beweiskraft der öffentlichen Urkunde zu folgen, zumal Gaius Antium stets allen anderen Gegenden und Aufenthaltsorten vorgezogen und es wie seine Geburtsstätte geliebt hat; er soll sogar aus Überdruß an Rom beabsichtigt haben, den Sitz der Regierung und des Hofes dorthin zu verlegen.

9. Den Beinamen Caligula verdankte er einem Soldatenwitz, weil

er in der Uniform eines gemeinen Soldaten im Feldlager erzogen wurde.[52] Wie sehr er außerdem infolge dieses Umgangs mit den Soldaten von Kindheit an ihre Zuneigung und Gunst gewann, wurde besonders deutlich, als er die nach dem Tod des Augustus meuternde und immer mehr in Wut geratende Soldateska allein – worüber kein Zweifel besteht – durch seine bloße Gegenwart beruhigte. Ihre Wut legte sich nicht eher, bis sie gemerkt hatten, daß er sich wegen der Gefahr eines Aufstandes aus dem Lager entfernte und sich dem Schutz der nächsten Stadt anvertrauen wollte. Da erst wurden sie von Reue ergriffen, holten den Wagen ein und hielten ihn zurück und baten inständig, ihnen weitere Schmach zu ersparen.[53]

10. Caligula begleitete seinen Vater auch auf dem syrischen Feldzug.[54] Nach seiner Rückkehr lebte er anfangs bei seiner Mutter und nach deren Verbannung bei seiner Urgroßmutter Livia Augusta.[55] Nach ihrem Tod hielt er, obwohl er damals noch die Knabentoga trug, die Leichenrede. Er kam darauf zu seiner Großmutter Antonia[56]; und von dort ließ ihn, als er im neunzehnten Lebensjahr war, Tiberius nach Capri zu sich kommen, wo er am gleichen Tag die Männertoga[57] anlegte und den Bart das erste Mal schor, doch ohne daß irgend eine Ehrung stattgefunden hätte wie bei dem Tirocinium[58] seiner Brüder. Obwohl er hier mit aller List und Tücke in Versuchung geführt wurde von Leuten, die ihn provozieren und zum Klagen bewegen wollten, gab er sich bei keiner Gelegenheit eine Blöße; ebenso schien er das Schicksal der Seinen vergessen zu haben, als ob keinem von ihnen etwas geschehen wäre. Alles was er zu erdulden hatte, ließ er mit unglaublicher Verstellung an sich vorüber gehen und verhielt sich gegenüber seinem Großvater und dessen Umgebung so unterwürfig, daß man nicht zu Unrecht von ihm sagte, es habe nie einen besseren Sklaven und nie einen schlechteren Herrn gegeben.

11. Dennoch konnte er seinen natürlichen Hang zu Grausamkeiten und Schandtaten schon damals nicht so im Zaum halten; so schaute er ganz begeistert bei Folterungen und Hinrichtungen der zum Tode Verurteilten zu, besuchte in den Nächten, mit einer Perücke vermummt und in einem langen Kleid, Kneipen und Stätten

der Unzucht und nahm lebhaften Anteil an theatralischen Ballett- und Gesangskünsten. Letzteres sah ihm Tiberius gerne nach, wenn dadurch seine wilde Sinnesart gemildert werden könnte; denn diese hatte der überaus scharfsinnige Greis so genau durchschaut, daß er öfters bemerkte, Gaius sei zu seinem und aller Verderben am Leben geblieben, sowie, er erziehe dem römischen Volke eine Natter und einen Phaethon[59] für den Erdkreis.

12. Nicht viel später heiratete er Iunia Claudilla[60], die Tochter des Marcus Silanus[61], eines Mannes von altem Adel. Dann wurde er anstelle seines Bruders Drusus zum Augur ernannt[62], aber noch ehe er sein Amt antrat, „als ein vortreffliches Beispiel eines braven und begabten Mannes" zum Oberpriester befördert.[63] Als der Hof von allen übrigen Männern, auf die man sich hätte stützen können, verlassen und völlig vereinsamt war, und als Seian[64] verdächtigt und bald darauf gestürzt wurde, da machte man allmählich dem Caligula Hoffnung auf die Thronfolge. Um diese Aussicht noch zu verstärken, verführte er, nachdem er die Iunia im Kindbett verloren hatte, die Ennia Naevia, die Gattin des Macro[65], des damaligen Befehlshabers der Prätorianerkohorten, zum Ehebruch und versprach ihr, sie zu heiraten, sobald er die Herrschaft erlangt habe und bekräftigte dieses Versprechen durch einen Schwur und eine eigenhändige schriftliche Erklärung. Mit Hilfe dieser Frau schmeichelte er sich bei Macro ein und brachte, wie einige meinen, dem Tiberius Gift bei; dann ließ er ihm, als er noch atmete, den Ring vom Finger ziehen, und weil es schien, als würde dieser versuchen ihn festzuhalten, ließ er ein Kissen auf ihn werfen und drückte ihm sogar mit eigener Hand die Kehle zu. Einen Freigelassenen, der über die Gräßlichkeit dieser Tat laut aufschrie, ließ er auf der Stelle kreuzigen. Dieser Hergang ist um so wahrscheinlicher, da mehrere Schriftsteller bezeugen, daß er selbst später zugegeben habe, den Mord zwar nicht vollzogen, aber doch geplant zu haben. Denn er habe sich, so oft er auf seine kindliche Liebe zu sprechen kam, ständig gerühmt, wie er, um den Mord an seiner Mutter und seinen Brüdern zu rächen, mit einem Dolch in das Gemach des schlafenden Tiberius eingedrungen sei und schließlich vom Mitleid überwältigt, die Waffe weggeworfen und sich entfernt habe. Obwohl jener den Vorfall bemerkt hatte, habe er nicht ge-

wagt, eine Untersuchung anzustellen oder eine Strafe zu verhängen.[66]

13. So gelangte Caligula auf den Thron und erfüllte damit den Wunsch des römischen Volkes, oder ich kann wohl sagen, des Menschengeschlechts. Nicht nur für den größten Teil der Provinzialen und Soldaten war er, weil ihn die meisten als Kind gekannt hatten, der so stark herbeigesehnte Fürst, sondern auch für die gesamte Bevölkerung Roms wegen des Andenkens an seinen Vater Germanicus und des Mitleids mit seiner fast ganz ausgerotteten Familie. Sobald er daher von Misenum[67] aufbrach, war der ganze Weg, obwohl er im Trauergewand den Leichenzug des Tiberius begleitete, mit Altären, Opfertieren und brennenden Fackeln gesäumt und eine dichtgedrängte Schar ungemein fröhlicher Menschen strömte ihm entgegen, die ihm alle möglichen Glückwünsche zuriefen und ihn bald „Stern", bald „Hähnchen", bald „Püppchen", bald „Schoßkind" nannten.

14. Als er nun in Rom eingezogen war[68], wurde sofort der letzte Wille des Tiberius, der neben Caligula seinen zweiten, noch im Knabenalter stehenden Enkel[69] testamentarisch zum Miterben eingesetzt hatte, für ungültig erklärt und dem Caligula einstimmig vom Senat und dem gewaltsam in die Kurie eindringenden Volk die vollständige Regierungsgewalt übertragen. So groß war die allgemeine Freude, daß in den nächsten, nicht einmal vollen drei Monaten über hundertsechzigtausend Opfertiere geschlachtet worden sein sollen. Als er dann wenige Tage später sich auf die der kampanischen Küste vorgelagerten Inseln[70] begab, wurden Gelübde für seine glückliche Rückkehr abgelegt, wobei man auch nicht die geringste Gelegenheit ausließ, um zu bekunden, wie sehr man sich um sein Wohlergehen sorgte und kümmerte. Und als er gar zufällig krank wurde, durchwachte das Volk ganze Nächte in der Nähe es Palatiums[71]; ja, es fanden sich sogar Leute, welche mit Waffen für die Gesundung des Kranken zu kämpfen bereit waren, und andere, die durch öffentlichen Anschlag versprachen, für seine Genesung ihr Leben zu opfern. Zu dieser maßlosen Liebe der römischen Bürger gesellte sich auch eine bemerkenswerte Zuneigung der Ausländer. So bemühte sich der Partherkönig Artabanus[72], der gegen Tiberius stets Haß und

Verachtung zur Schau getragen hatte, von sich aus um seine Freundschaft und kam zu einer Besprechung mit dem konsularischen Legaten, überquerte den Euphrat und erwies den römischen Legionsadlern und Feldzeichen, sowie den Bildnissen der Kaiser seine Verehrung.

15. Doch auch Caligula selbst steigerte seine Beliebtheit bei den Menschen, indem er dem Volk alle möglichen Gefälligkeiten erwies. Nachdem er dem Tiberius unter reichlich vergossenen Tränen vor der Volksversammlung die Leichenrede gehalten und ihn prächtig bestattet hatte[73], eilte er, um seine Liebe noch stärker zum Ausdruck zu bringen, trotz des stürmischen Wetters nach Pandataria und zu den Pontia-Inseln, um die Asche seiner Mutter[74] und seines Bruders[75] [nach Rom] zu überführen. Er betrat ihre Grabstätten mit frommer Verehrung und barg die sterblichen Überreste mit eigener Hand in den Urnen. Mit gleichem theatralischen Gepränge führte er diese auf seinem Zweiruderer, an dessen Heck er eine Standarte befestigt hatte, nach Ostia[76] und von da den Tiber aufwärts nach Rom und ließ sie durch die angesehensten Mitglieder des Ritterstandes um die Mittagszeit unter reger Anteilnahme der Bevölkerung auf zwei Tragbahren in das Mausoleum[77] bringen. Er stiftete ferner von Staats wegen jährlich ein religiöses Totenfest und darüberhinaus zum Andenken an seine Mutter Zirkusspiele und einen Staatswagen, auf dem ihr Bild in feierlicher Prozession mitgeführt werden sollte. Zum Gedächtnis an seinen Vater gab er dem Septembermonat den Namen Germanicus. Danach übertrug er alle Ehren, die jemals der Livia Augusta[78] zuteil geworden waren, durch einen einzigen Senatsbeschluß auf seine Großmutter Antonia.[79] Seinen Onkel Claudius, der bis dahin lediglich den Rang eines römischen Ritters hatte, machte er zu seinem Kollegen im Konsulat. Seinen Bruder Tiberius[80] adoptierte er an dem Tag, an dem dieser die Männertoga anlegte, und gab ihm den Titel *‚princeps iuventutis‘*.[81] Was seine Schwestern[82] angeht, ließ er den Beschluß herbeiführen, daß allen Eidesformeln die Worte hinzugefügt werden sollten: „Auch will ich mich selbst und meine Kinder nicht lieber haben, als ich den Gaius und seine Schwestern liebe“, und allen Vorträgen der Konsuln die Eingangsworte: „Segen und Heil dem Gaius und seinen Schwestern!“ Mit gleicher Volks-

freundlichkeit ließ er alle Verurteilten und Verbannten begnadigen und alle Strafprozesse, die noch aus früherer Zeit anstanden, niederschlagen. Die Protokolle, die sich auf die Prozesse seiner Mutter und Brüder bezogen, ließ er, damit keiner der Kläger oder Zeugen künftig mehr etwas zu fürchten hätte, auf das Forum bringen und verbrennen, nachdem er zuvor laut die Götter zu Zeugen angerufen hatte, daß er davon weder etwas in die Hand genommen, noch gelesen habe. Die schriftliche Anzeige eines Anschlags auf sein Leben, die ihm jemand überreichte, nahm er nicht entgegen, sondern versicherte vielmehr, er habe nichts getan, wofür ihn jemand hassen könnte und fügte hinzu, für Denunzianten habe er keine Ohren.

16. Die „Spintrier"[83], die Helfershelfer des Tiberius bei seinen perversen Ausschweifungen, beabsichtigte er zu ertränken, ließ sich aber schließlich auf vielfaches Bitten hin dazu bewegen, sie lediglich aus der Stadt zu verbannen. Die Schriften des Titus Labienus[84], Cordus Cremutius[85] und Cassius Severus[86], die durch Senatsbeschluß der Vernichtung preisgegeben worden waren, erlaubte er wieder hervorzuholen, sie zu verbreiten und aus ihnen vorzulesen, weil es sehr in seinem Interesse läge, daß alles, was geschehe, der Nachwelt überliefert werde. Die statistischen Übersichten zu Militärstärke und Finanzlage des Reiches, die Augustus vorzulegen pflegte[87], wovon aber Tiberius wieder abgekommen war, gab er wieder öffentlich bekannt. Den Magistraten gestattete er eine freie Rechtssprechung, ohne daß eine Appellation an ihn möglich war.[88] Die römischen Ritter musterte er streng und sorgfältig, ohne jedoch das rechte Maß zu überschreiten. Allen, die etwas Verwerfliches oder Schändliches begangen hatten, nahm er in aller Öffentlichkeit das Ritterpferd, andere dagegen, die sich geringerer Vergehen schuldig gemacht hatten, überging er einfach mit Stillschweigen, wenn ihre Namen aufgerufen wurden. Um die Arbeit der Richter zu erleichtern, fügte er den bestehenden vier Dekurien eine fünfte hinzu.[89] Er versuchte sogar dem Volk das Wahlrecht zurückzugeben, indem er die alten Komitien wieder ins Leben rief. Obwohl das Testament des Tiberius für ungültig erklärt worden war, zahlte Caligula die darin festgelegten Legate getreu und ohne Schikane aus. Dies galt auch für die Legate aus dem Testament der Iulia Augusta[90], über das sich seiner-

zeit Tiberius hinweggesetzt hatte. Italien erließ er die Versteigerungsabgabe von einem halben Prozent des Erlöses. Vielen ersetzte er den erlittenen Brandschaden; und wenn er Könige wieder in ihr Reich einsetzte, erstattete er ihnen die Steuergelder in voller Höhe und die anderen Einnahmen, die er in der Zwischenzeit erhielt, so etwa dem Antiochus von Kommagene[91] die eingezogene Summe von hundert Millionen Sesterzen. Und damit man um so deutlicher sehe, daß er sich für jede gute Tat erkenntlich zeige, schenkte er einer Frau aus dem Stand der Freigelassenen achtzigtausend Sesterzen, weil sie selbst unter schlimmsten Folterqualen keine Aussage gegen ihren Patron gemacht hatte, der eines Verbrechens angeklagt war. Wegen dieser Taten wurde ihm unter anderen Ehrungen ein goldener Schild verliehen, den jährlich an einem bestimmten Tag die Priesterkollegien auf das Kapitol tragen sollten; diesen folgte in der Prozession der Senat und die vornehmen Knaben und Mädchen, die eigens für diesen Anlaß komponierte Loblieder auf die Tugenden Caligulas sangen. Ferner wurde beschlossen, daß der Tag seiner Regierungsübernahme Parilia genannt werden sollte, gleichsam um zu zeigen, daß an diesem Tag die Stadt zum zweiten Mal gegründet worden sei.[92]

17. Konsul ist Caligula viermal gewesen.[93] Das erste Mal vom ersten Juli an für zwei Monate, das zweite Mal für dreißig Tage vom ersten Januar an, das dritte Mal bis zum dreizehnten Januar und das vierte Mal nur bis zum siebenten des Monats. Die beiden letzten Konsulate bekleidete er in zwei aufeinanderfolgenden Jahren; das dritte trat er zu Lugdunum[94] allein an, nicht, wie einige meinen, aus Hochmut und Nachlässigkeit, sondern weil er in seiner Abwesenheit von Rom nicht wissen konnte, daß sein Kollege am ersten Januar verstorben war. Geldspenden gab er dem Volk zweimal[95], und zwar dreihundert Sesterzen pro Person. Ebensooft gab er dem Senat und dem Ritterstand, sowie den Frauen und Kindern beider Stände ein überaus reichliches Festessen[96]; bei dem zweiten Bankett verteilte er obendrein Staatskleider unter die Männer und an die Frauen und Kinder purpur- und scharlachfarbene Binden. Und um den vom Staat festgelegten Zeitraum für ausgelassene Feste für immer zu verlängern, fügte er zu den Feiertagen der Saturnalien[97] noch einen Tag hinzu, den er den Tag der Jugend nannte.

18. Gladiatorenspiele gab er mehrere, teils im Amphitheater des Taurus[98], teils in den Septen[99], bei denen er zugleich Scharen der auserlesensten afrikanischen und kampanischen Faustkämpfer auftreten ließ. Doch führte er bei diesen Spielen nicht immer den Vorsitz, sondern übertrug diesen manchmal auch den Beamten oder seinen Freunden. Auch veranstaltete er häufig Theatervorstellungen, die ganz verschiedenartig waren und an allen möglichen Orten aufgeführt wurden; zuweilen gab er auch Nachtvorstellungen, wo dann die ganze Stadt mit Fackeln erleuchtet war. Ferner ließ er Geschenke verschiedener Art unter das Volk werfen und an jeden Bürger einen Speisekorb mit Eßwaren verteilen. Bei einer solchen Speisung schickte er einmal einem ihm gegenübersitzenden römischen Ritter, den er bei guter Laune und mit großem Appetit essen sah, auch seine eigene Portion und einem Senator aus demselben Grund ein Schreiben, in dem er ihn zum außerordentlichen Prätor ernannte. Auch Zirkusspiele veranstaltete er sehr viele, die vom frühen Morgen bis spätabends dauerten und bei denen bald eine Jagd auf afrikanische Raubtiere, bald eine Aufführung des Troiaspiels[100] eingeschoben wurde; bei einigen besonders prächtigen dieser Zirkusspiele ließ er die Rennbahn mit rotem Zinnober und grünen Bergkristallen (Malachit) bestreuen und ausschließlich Wagenlenker aus dem Senatorenstand auftreten. Einmal gab er solche Zirkusspiele ganz unerwartet, als ihn, während er gerade aus dem Haus des Gelos[101] die Zirkusausstattung in Augenschein nahm, einige Personen aus den benachbarten Logen[102] darum baten.

19. Außerdem dachte er sich eine ganz neue und unerhörte Art von Schauspielerei aus. Er ließ über die zwischen Baiae[103] und den Ufermauern von Puteoli[104] liegende Bucht, die eine Ausdehnung von ungefähr 3600 Schritt[105] hat, eine Brücke schlagen, indem er aus der ganzen Gegend Lastschiffe zusammenzog und sie in doppelter Reihe an ihren Ankern befestigte; darüber legte er einen Erdwall und richtete alles so her, daß es wie die Via Appia[106] aussah. Über diese Brücke zog er in zwei aufeinanderfolgenden Tagen hin und zurück. Am ersten Tag auf einem reichgeschirrten Roß, geschmückt mit einem Eichenkranz, einem kleinen Lederschild und einem Schwert und in einem goldenen Mantel[107]; den Tag darauf im Gewand eines

Wagenlenkers auf einem zweispännigen Wagen, der von berühmten Rennpferden gezogen wurde. Vor ihm her ging der junge Darius[108], eine der parthischen Geiseln; begleitet wurde er von einem Trupp Prätorianer und einer Schar von Freunden auf ihren Wagen. Ich weiß, daß die meisten geglaubt haben, Gaius habe sich diese Brücke nur ausgedacht, um dem Xerxes nachzueifern, der zum großen Erstaunen der Menschen den viel engeren Hellespont überbrückt hatte[109], andere wieder meinen, er habe Germanien und Britannien, gegen die er einen Krieg beabsichtigte[110], durch die Kunde von einem ungeheueren Werk in Schrecken versetzen wollen. Aber ich habe als Knabe meinen Großvater oft erzählen hören, Caligula habe den eigentlichen Grund für dieses Bauwerk aus dem engsten Kreis am Hof erfahren. Der Astrologe Thrasyllus[111] soll nämlich einmal, als sich Tiberius um einen Nachfolger Sorgen machte und dafür seinen eigenen Enkel in Betracht zog, versichert haben, Gaius werde ebensowenig Kaiser werden, wie er die Bucht von Baiae zu Pferd überqueren könne.

20. Auch außerhalb Italiens veranstaltete er Spiele, auf Sizilien in Syrakus die „astyschen“[112] und in Gallien zu Lyon[113] Spiele verschiedenster Art, wobei es auch einen Wettstreit in griechischer und römischer Beredsamkeit gab. Bei diesem Wettkampf mußten die Unterlegenen den Siegern die Preisgelder zahlen und Lobreden auf sie verfassen. Die am schlechtesten abgeschnitten hatten, mußten, was sie geschrieben hatten, mit einem Schwamm oder ihrer Zunge abwischen, es sei denn, sie wollten lieber mit dem Stock verprügelt oder im nahen Fluß untergetaucht werden.

21. Die unter Tiberius nur halb vollendeten Bauwerke, den Tempel des Augustus[114] und das Theater des Pompeius[115], führte er zu Ende. Er selbst begann dagegen die Wasserleitung von Tivoli her und das Amphitheater neben den Septen.[116] Von diesen Vorhaben wurde das erstere von seinem Nachfolger Claudius vollendet[117], das andere aufgegeben. In Syrakus ließ er die aus Altersgründen eingestürzten Stadtmauern und die baufälligen Tempel wieder herstellen. Er hatte auch den Plan gefaßt, in Samos[118] die Königsburg des Polykrates[119] wieder aufzubauen, in Milet[120] den Tempel des Didymeischen Apollo[121] zu vollenden, auf der Höhe der Alpen eine Stadt zu

gründen, vor allen Dingen aber die Landenge von Achaia zu durchstechen; er hatte dorthin bereits einen Primipilaren gesandt, der die für den Bau nötigen Vermessungen vornehmen sollte.[122]

22. Soweit vom Fürsten Caligula, nun muß ich vom Ungeheuer erzählen. Er hatte bereits mehrere Beinamen angenommen – er ließ sich nämlich der „Fromme", der „Sohn des Lagers", der „Vater der Armee", der „beste und größte Caesar" nennen –, als er mehrere Könige, die in die Stadt Rom gekommen waren, um ihre Aufwartung zu machen, an seiner Tafel über ihre adelige Abstammung miteinander streiten hörte. Da rief er auf griechisch:

„Einer sei Herrscher! Einer nur König!"[123]

und fast hätte er sich sofort das Diadem aufgesetzt und dadurch auch äußerlich sichtbar gemacht, daß er das Prinzipat in aller Form in ein Königtum umwandelte. Als man ihn aber darauf aufmerksam machte, daß er ja bereits hoch über allen Fürsten und Königen stehe, begann er daraus für sich einen Anspruch auf göttliche Majestät abzuleiten. So gab er den Auftrag, die in religiöser und künstlerischer Hinsicht wertvollsten Götterbilder, unter ihnen auch das des Olympischen Jupiter[124], von Griechenland nach Rom zu bringen, um diesen die Köpfe abnehmen und den seinen darauf setzen zu lassen. Er erweiterte ferner einen Teil des Palatiums bis zum Forum und verwandelte dabei den Tempel des Kastor und Pollux[125] in die Eingangshalle des Kaiserpalastes; er selbst stellte sich manchmal zwischen die Brudergottheiten und bot sich so den Hereinkommenden als ein anzubetendes Wesen dar; und manche begrüßten ihn als Jupiter Latiaris.[126] Sogar einen eigenen Tempel stiftete er seiner Gottheit mit Priestern und ganz erlesenen Opfertieren. In dem Tempel befand sich ein goldenes, lebensgroßes Standbild von ihm, das täglich mit dem Gewand bekleidet wurde, das er selbst trug. Um die Leitung dieser Priesterschaft bemühten sich alle reichen Leute mit Ehrgeiz und den größten Geldaufwendungen, worin sie sich gegenseitig zu überbieten suchten. Die Opfertiere waren Flamingos, Pfaue, Auerhähne, numidische Hühner, Perlhühner und Fasane, wobei aber an einem Tag nur von der gleichen Art geopfert werden durfte. In den hellen Vollmondnächten lud er die Mondgöttin Luna regelmäßig zu

Umarmung und Beilager ein, bei Tag dagegen hielt er heimliche Unterredungen mit dem Kapitolinischen Jupiter, indem er ihm bald ins Ohr flüsterte und ihm umgekehrt sein Ohr hinhielt, und bald sprach und sogar mit ihm zankte. Denn einmal hörte man ihn drohend auf griechisch die Worte ausstoßen:

„Heb du mich oder ich dich!“[127]

Schließlich habe sich Caligula, wie er selbst erzählte, von Gott dazu bewegen lassen, dessen Einladung, bei ihm zu wohnen, anzunehmen. Daraufhin baute er über den Tempel des göttlichen Augustus[128] eine Brücke und stellte so eine Verbindung zwischen Palatium und Kapitol her. Bald darauf ließ er jedoch, um Gott noch näher zu sein, auf dem Platz vor dem Kapitol den Grund zu einem neuen Palast legen.

23. Er wollte wegen der nicht standesgemäßen Abstammung des Agrippa weder als dessen Enkel gelten noch so genannt werden und wurde sehr zornig, wenn jemand diesen, sei es in Reden oder in Gedichten, in die kaiserliche Familie einreihte.[129] Statt dessen hob er vielmehr rühmend hervor, daß seine Mutter einem Inzest, den Augustus mit seiner Tochter Iulia begangen hatte, ihr Dasein verdankte. Noch nicht zufrieden mit dieser Beschimpfung des Augustus, verbot er, die Siege von Actium und Sizilien[130] weiterhin mit Festen zu feiern, da sie für das römische Volk verderblich und unheilbringend gewesen seien. Der Livia Augusta[131], seiner Urgroßmutter, die er öfters einen „Odysseus im Weiberrock“[132] nannte, erlaubte er sich sogar in einem Brief an den Senat niedrige Geburt vorzuwerfen, indem er behauptete, ihr Großvater mütterlicherseits sei nur Gemeinderat in Fundi[133] gewesen, während doch aus öffentlichen Urkunden hervorgeht, daß er in Rom Ämter bekleidet hatte. Seiner Großmutter Antonia[134], die um eine geheime Unterredung bat, gestand er diese nur unter der Bedingung zu, daß der Prätorianerpräfekt Macro[135] zugegen sei; durch solche Gemeinheiten und Kränkungen wurde er mitschuldig an ihrem Tod. Manche glauben sogar, er habe ihr Gift gegeben. Auch erwies er ihr, als sie gestorben war, keinerlei Ehre und betrachtete vom Speisezimmer aus ihren in der Ferne brennenden Scheiterhaufen. Seinen ahnungslosen Cousin Tiberius[136] ließ er unversehens durch einen zu ihm gesandten Militärtri-

bunen ums Leben bringen; desgleichen trieb er seinen Schwiegervater Silanus[137] dazu, sich mit einem Rasiermesser die Kehle durchzuschneiden. Als Vorwand dafür brachte er bei Silanus vor, er habe ihn, als er bei stürmischem Wetter zur See fuhr, nicht begleiten wollen, sondern sei in der Hoffnung zurückgeblieben, sich Roms bemächtigen zu können, falls dem Kaiser bei dem Unwetter etwas zustieße. Bei Tiberius, dieser habe, wie der Geruch verriet, ein Gegengift genommen, um sich gegen Caligulas Gifte zu schützen. Dabei wollte Silanus nur die ihm unerträgliche Seekrankheit und die Beschwerlichkeit der Seefahrt vermeiden und Tiberius hatte nur gegen einen anhaltenden und sich verschlimmernden Husten Medizin eingenommen. Was seinen Onkel Claudius betrifft, so ließ er ihn nur am Leben, um seinen Spott mit ihm treiben zu können.[138]

24. Mit allen seinen Schwestern trieb er Unzucht und ließ sie vor aller Welt an der Tafel eine um die andere neben sich unterhalb Platz nehmen, während seine Gattin oberhalb lag. Drusilla[139], eine seiner Schwestern, soll er, als er selbst noch ein Knabe war, geschändet haben und sogar einmal mit ihr von seiner Großmutter Antonia, bei der beide erzogen wurden, ertappt worden sein. Später, nachdem sie den Konsularen Lucius Cassius Longinus[140] geheiratet hatte, entführte er sie ihm und behandelte sie offen als seine rechtmäßige Ehefrau. Er setzte sie sogar, als er krank wurde, zur Erbin seines Vermögens und des Reiches ein. Als sie starb, verordnete er einen allgemeinen Stillstand der Geschäfte, währenddessen es bei Todesstrafe verboten war, zu lachen, zu baden und mit Eltern, Gattin oder Kindern gemeinsam zu essen. Er selbst floh, von seinem Schmerz überwältigt, Hals über Kopf aus Rom, durchirrte Kampanien und ging nach Syrakus, von wo er wieder ebenso eilig zurückkehrte und mit ungeschnittenem Bart und Haupthaar in Rom eintraf. Auch schwor er seitdem während seines ganzen Lebens bei den wichtigsten Angelegenheiten, ja selbst wenn er zum Volk oder zu den Soldaten sprach, nie anders als „bei der Gottheit der Drusilla". Seine anderen Schwestern liebte und verehrte er nicht mit ähnlicher Leidenschaft; gab er sie doch mehrmals sogar seinen Lustknaben preis. Desto leichter konnte er sie im Prozeß gegen Aemilius Lepidus[141] wegen Ehebruchs und Mitwisserschaft um eine Verschwörung gegen ihn

verurteilen. Auch veröffentlichte er nicht nur die Briefe aller Verschworenen, die er sich durch Hinterlist und allerlei Verführungskünste verschafft hatte, sondern weihte auch drei zu seiner Ermordung bestimmte Schwerter mit einer Inschrift dem Mars Ultor.[142]

25. Bei seinen Ehen ist schwer zu entscheiden, was schimpflicher war, die Art, wie er sie schloß und fortführte, oder wie er sie auflöste. Als Livia Orestilla mit Gaius Piso Hochzeit hielt, erschien er selbst zur Trauung, dann befahl er jedoch, sie in seinen Palast zu führen, verließ sie dann wieder nach einigen Tagen und verbannte sie zwei Jahre später, weil sie in der Zwischenzeit angeblich den Umgang mit ihrem früheren Ehemann wieder aufgenommen hatte. Eine andere Erzählung lautet, er habe beim Hochzeitsmahl, zu dem er eingeladen war, dem ihm gegenübersitzenden Piso gesagt: „Laß dir nicht einfallen, meine Frau zu belästigen", darauf habe er sie sofort von der Tafel weggeführt und am folgenden Tag durch Edikt bekannt gemacht, er hätte sich seine Frau nach dem Beispiel des Romulus und Augustus geholt.[143] Lollia Paullina, Gattin des Konsularen Gaius Memmius, der ein Heer kommandierte, ließ er auf die Bemerkung hin, ihre Großmutter sei einst eine sehr schöne Frau gewesen, sofort aus der Provinz herbeiholen, ihr Gatte mußte sie ihm überlassen und er heiratete sie, schickte sie aber nach kurzer Zeit wieder fort und verbot ihr, je wieder mit einem Mann zu schlafen. Caesonia[144], die weder schön noch jung war und schon von einem anderen Mann drei Töchter hatte, aber der Genußsucht und allen Ausschweifungen hemmungslos ergeben war, liebte er brennend sogar über einen längeren Zeitraum. Er ließ sie oft mit Kriegsmantel, Helm und Schild ihm zur Seite reiten und zeigte sie so den Soldaten, seinen Freunden sogar nackt. Nach ihrer Entbindung beehrte er sie mit dem Titel seiner Gemahlin, indem er sich an ein und demselben Tag zu ihrem Gatten und zum Vater des von ihr geborenen Kindes erklärte. Das Kind aber, das er Iulia Drusilla nannte, ließ er zu den Tempeln aller Göttinnen tragen, setzte es dann der Minerva auf den Schoß und empfahl das körperliche Wohlergehen und die Erziehung des Kindes ihrer Obhut. Und nichts machte ihn so sicher, daß das Kind von ihm sei als dessen Wildheit, die schon in diesem zarten Alter so groß war, daß es mit den Fingern Gesicht und Augen der mit ihm spielenden Kinder zerkratzte.

26. Nach diesen Begebenheiten dürfte es unwichtig und uninteressant sein, noch zu erzählen, wie er seine Verwandten und Freunde behandelte, z.B. Ptolemaeus, König Iubas Sohn[145], seinen eigenen Vetter – denn auch Ptolemaeus war ein Enkel des Marcus Antonius, von dessen Tochter Selene – und vor allen selbst den Macro und die Ennia[146], die ihm zum Thron verholfen hatten. Sie alle tötete er auf schreckliche Weise anstatt ihnen zu gewähren, was sie als Verwandte verlangen oder wegen ihrer Verdienste um ihn erwarten durften. Um nichts ehrerbietiger oder milder behandelte er den Senat. Senatoren, welche die höchsten Ehrenstellen bekleidet hatten, ließ er in der Toga mehrere Meilen neben seinem Wagen herlaufen oder, während er speiste, hinter seinem Sofa oder zu seinen Füßen, wie Sklaven mit einem Leinenschurz bekleidet, aufwarten. Andere, die er heimlich hatte umbringen lassen, ließ er dessen ungeachtet, als ob sie noch am Leben wären, weiter im Senat namentlich aufrufen und verbreitete dann nach einigen Tagen die Lüge, sie hätten Selbstmord begangen. Die Konsuln, welche versäumt hatten, eine Proklamation zu seinem Geburtstag zu erlassen, enthob er ihres Amtes, so daß der Staat drei Tage lang ohne seine höchsten Beamten war. Seinen Quästor, dessen Name in Zusammenhang mit einer Verschwörung gebracht worden war, ließ er geißeln, nachdem ihm die Kleider vom Leibe gerissen und sie den geißelnden Soldaten unter die Füße geschoben worden waren, damit diese beim Zuschlagen einen festen Stand hätten. Mit gleichem Hochmut und Gewalttätigkeit verhielt er sich gegen die übrigen Stände. Als einmal das Geräusch der Leute, welche schon um Mitternacht die Freiplätze im Zirkus besetzten, seine Ruhe störte, ließ er sie alle mit Knüppeln vertreiben. Bei diesem Gedränge wurden mehr als zwanzig römische Ritter und ebensoviele vornehme Damen, nebst einer Unmenge anderer Leute erdrückt. Um zwischen Volk und Ritterstand Zwietracht zu säen, pflegte er bei den Theatervorstellungen die Freiplätze früh auszuteilen, damit die Ritterplätze von den untersten Volksklassen besetzt würden. Bei den Gladiatorenspielen ließ er zuweilen, wenn die Sonne am heißesten brannte, die Sonnendächer zurückziehen, während niemand aus dem Theater gelassen wurde. Dann wurde die übliche Besetzung solcher Spiele entfernt und es erschienen dafür

halbtote Tiere und als Kämpfer ganz elende altersschwache Fechter sowie ehrenwerte Familienväter, die aber irgendein körperliches Gebrechen hatten. Ja, zuweilen schloß er die Kornspeicher und kündigte dem Volk Hunger an.

27. Die Grausamkeit seiner Natur äußerte sich besonders durch folgende Handlungen: Als einmal das Fleisch zur Fütterung der für ein Tiergefecht angeschafften Raubtiere zu teuer war, benannte er Verbrecher, die den wilden Tieren zum Fraß vorgeworfen werden sollten. Bei der Musterung, welche er deshalb in allen Gefängnissen vornahm, warf er bei keinem einzigen der Gefangenen auch nur einen Blick auf dessen Strafregister, sondern blieb nur mitten in der Halle stehen und befahl, die Gefangenen „von einem Kahlkopf bis zum anderen abzuführen".[147] Einen Mann, der für die Errettung des Kaisers aus schwerer Krankheit gelobt hatte, als Gladiator aufzutreten, zwang er, sein Gelübde zu erfüllen. Er selbst schaute zu, wie er den Schwertkampf bestand, und entließ ihn erst, nachdem er gesiegt hatte, auf vielfältiges Bitten hin. Einen zweiten, der aus gleicher Ursache gelobt hatte, er wolle sterben, wenn der Kaiser wieder genese[148], und der jetzt zögerte, sein Gelöbnis zu erfüllen, übergab er seinen Sklaven, die ihn, mit Zweigen und mit der Opferbinde geschmückt, durch die Straßen führen und zur Erfüllung seines Gelübdes auffordern mußten, bis man ihn endlich vom Wall[149] hinabstürzte. Viele geachtete Männer ließ er brandmarken und verurteilte sie dann zur Arbeit in den Bergwerken, zum Straßenbau oder zum Kampf mit wilden Tieren; manche sperrte er wie wilde Tiere in Käfige ein, wo sie gezwungen waren, auf allen vieren zu kriechen, oder ließ sie mitten durchsägen. Und das alles keineswegs immer wegen schwerer Vergehen, sondern nur, weil sie sich etwa über ein von ihm veranstaltetes Gladiatorenspiel geringschätzend geäußert oder nie bei seinem Genius geschworen hatten. Väter zwang er, der Hinrichtung ihrer Kinder beizuwohnen, und einem, der sich mit Krankheit entschuldigte, schickte er eine Sänfte. Einen anderen lud er unmittelbar nach der Hinrichtung des Sohnes zu Tisch und versuchte ihn mit aller möglichen Freundlichkeit zu Heiterkeit und Scherzen zu bewegen. Einen Aufseher der Fechterspiele und Tierhetzen ließ er mehrere Tage hintereinander vor seinen Augen mit Ket-

ten peitschen und tötete ihn nicht eher, bis ihm der Geruch des in Fäulnis übergegangenen Gehirns lästig wurde. Den Verfasser einer Atellanenkomödie[150] ließ er wegen eines einzigen Verses, der eine zweideutige Anspielung enthielt, mitten in der Arena des Amphitheaters verbrennen. Einen römischen Ritter, der den wilden Tieren vorgeworfen werden sollte, aber wiederholt seine Unschuld laut beteuerte, ließ er aus der Arena führen, ihm die Zunge herausschneiden und ihn sodann wieder zurückbringen.

28. Einmal fragte er einen Mann, der aus langem Exil zurückgerufen worden war, was er in der Verbannung gewöhnlich getan habe? Dieser antwortete nun aus Schmeichelei: „Ich habe immer zu den Göttern gebetet, daß, wie auch geschehen, Tiberius sterben und du Kaiser werden möchtest!" Da schickte er, in der Meinung, daß auch die von ihm Verbannten seinen Tod wünschten, zu allen Inseln Leute, welche alle töten mußten. Als er einmal einen Senator in Stücke reißen lassen wollte, stiftete er Leute an, welche diesen, als er in die Kurie trat, plötzlich mit dem Zuruf „Staatsfeind" angreifen und, nachdem sie ihn mit ihren Schreibgriffeln durchbohrt hatten, den übrigen zum Zerreißen überlassen mußten. Darauf gab er sich nicht eher zufrieden, bis er die zerstückelten, durch die Straßen geschleiften Glieder und Eingeweide vor sich aufgehäuft sah.

29. Die Grausamkeit seiner Handlungen unterstrich er noch durch die Abscheulichkeit seiner Reden. Häufig hörte man ihn sagen, „nichts lobe und preise er an seinem Naturell so sehr als" – um seinen eigenen Ausdruck zu brauchen – „seine Adiatrepsia", das heißt seine Schamlosigkeit. Seiner Großmutter Antonia[151], die ihn einmal ermahnte, gab er, als sei es noch nicht genug, daß er nicht gehorchte, zur Antwort: „Bedenke, daß mir alles und gegen alle zu tun erlaubt ist!" Als er seinen Cousin [Tiberius][152], den er im Verdacht hatte, sich aus Furcht vor Vergiftung durch Gegengift zu schützen, ermorden lassen wollte, rief er aus: „Was, Gegengift gegen den Caesar?" Seinen Schwestern, die er verbannt hatte, drohte er, er besitze nicht bloß Inseln, sondern auch Schwerter. Einen Mann im Range eines Prätors, der sich seiner Gesundheit wegen nach Antikyra[153] begeben hatte und von dort aus mehrmals um Urlaubsverlängerung nachsuchte, befahl er zu töten und fügte hinzu, es sei ein Aderlaß nötig, da

die Nieswurz schon so lange nicht geholfen habe. Jedesmal wenn er alle zehn Tage die Liste der hinzurichtenden Gefangenen unterschrieb, pflegte er zu sagen, er bringe seine Rechnung ins reine. Als er einmal eine Anzahl Gallier und Griechen gleichzeitig verurteilt hatte, rühmte er sich, er habe Gallogräzien unterworfen.

30. Man kann sagen, niemals ließ er jemanden auf andere Weise, als mit vielen kleinen Streichen hinrichten, wobei er jedesmal, was schon bekannt war, den Henker mahnte: „Triff ihn so, daß er das Sterben fühlt!" Als einmal aus Verwechslung des Namens ein anderer als der von ihm bestimmte hingerichtet worden war, sagte er: „Auch der hat es verdient!" Häufig prahlte er mit dem bekannten Ausspruch des tragischen Dichters:

„Mögen sie hassen, wenn sie nur fürchten!"[154]

Häufig griff er ohne Unterschied sämtliche Senatoren an und nannte sie Klienten Seians[155] und Spitzel seiner Mutter und Brüder, wobei er die Schriftstücke zum Vorschein brachte, welche er angeblich früher verbrannt hatte.[156] Die Grausamkeit des Tiberius rechtfertigte er als notwendig, da er so vielen Anschuldigern doch habe glauben müssen. Gegen die Ritter lästerte er wegen ihrer Leidenschaft für Theater und Arena beständig. Voller Wut über das Publikum, das einmal beim Wettrennen eine andere Partei als er begünstigte, rief er aus: „O wenn das römische Volk doch nur *einen* Hals hätte!" Als das Volk den Straßenräuber Tetrinius in der Arena zu sehen forderte, sagte er, auch die, welche nach ihm riefen, seien alle Tetrinier. Fünf Netzfechter in der Tunika waren einmal ihren Gegnern fast kampflos erlegen, als das Publikum ihren Tod forderte, ergriff einer der Besiegten wieder seinen Dreizack und tötete sämtliche Sieger. Diesen Vorfall beklagte Caligula in einem Edikt nicht nur als höchst grausam, sondern sprach auch allen, die dies mit ansehen hätten können, seine Verachtung aus.

31. Er pflegte sich sogar offen über die Zeitumstände zu beklagen, weil sich keine größeren Katastrophen ereigneten. Augustus' Regierung sei durch die Niederlage des Varus[157], die des Tiberius durch den Einsturz der Theatertribüne bei Fidenae[158] berühmt geworden; die seine drohe durch den allgemeinen Wohlstand in Vergessenheit zu geraten. Und so wünschte er wiederholt Niederlagen der Heere, Hungersnot, Pest, Feuersbrünste oder ein Erdbeben herbei.

32. Selbst in den Stunden der Erholung beim Spiel und beim Essen zeigte sich seine Grausamkeit in Worten und Taten. Oft wurden, wenn er frühstückte oder ein Gelage hielt, unter seinen Augen peinliche Verhöre mit Anwendung der Folter angestellt oder mußte ein Soldat, der Meister im Köpfen war, Gefangene enthaupten. Bei der Einweihung der Brücke in Puteoli[159], die er, wie wir erzählt haben, selbst ersonnen hatte, lud er viele Zuschauer, die am Ufer standen, auf sein Boot ein und ließ sie dann plötzlich ins Meer stürzen; einige, welche sich an die Steuerruder klammerten, ließ er mit Stangen und Rudern ins Wasser zurückstoßen. In Rom übergab er einen Sklaven, der bei einem öffentlichen Gastmahl eine Silberplatte von einem der Sofagestelle entwendet hatte, sofort dem Henker. Dieser mußte ihm die Hände abhauen und um den Hals auf die Brust hängen und ihn so an den Tischen der Schmausenden umherführen, dabei wurde eine Tafel vorangetragen, auf der der Grund für die Bestrafung stand. Einen Murmillo[160] aus der Fechtschule, der mit Holzrapieren Fechtübungen mit dem Kaiser hielt und sich freiwillig niederstoßen ließ, durchbohrte Caligula mit einem Eisendolch und stolzierte wie ein wirklicher Sieger mit einem Palmzweig umher. Einmal, als das Opfertier bereits am Altar stand, erschien er als Opferschlächter mit hochgeschürzter Toga, schwang die Opferaxt hoch in die Luft und – schlug den Opferstecher[161] (anstatt des Opfertieres) tot. Bei einem Gelage brach er einmal unvermittelt in Lachen aus. Als die beiden Konsuln, welche neben ihm lagen, ihn höflich fragten, worüber er denn lache, erwiderte er: „Worüber sonst, als daß ich euch beiden auf einen Wink von mir die Kehle durchschneiden lassen kann."

33. Zu seinen verschiedenen „Späßen" gehört auch, daß er vor einem Jupiterstandbild einmal den tragischen Schauspieler Apelles fragte, wer ihm größer scheine, und, als der einen Augenblick mit der Antwort zögerte, ihn auspeitschen ließ, dabei lobte er von Zeit zu Zeit die Stimme des um Gnade Flehenden, sie sei selbst im Jammer noch sehr lieblich. So oft er seiner Gemahlin oder seiner Geliebten den Hals küßte, pflegte er immer hinzuzufügen: „Ein so schöner Kopf wird fallen, sobald ich es befehle." Ja, zuweilen prahlte er sogar, er wolle aus seiner Caesonia[162], und wär' es durch die Folter, herausbringen, warum er sie so sehr liebe.

34. Ebenso neidisch und boshaft wie stolz und grausam, wütete er fast gegen die Menschen aller Zeiten. Die Statuen berühmter Männer, welche Augustus aus Raumnot vom Kapitol auf das Marsfeld versetzt hatte[163], ließ er umstürzen und so verstümmeln, daß man sie später nicht mit den richtigen Inschriften wieder herstellen konnte. Auch verbot er, künftig irgend einem Lebenden eine Statue oder eine Büste zu setzen, ohne ihn vorher gefragt und seine Genehmigung erhalten zu haben. Er dachte sogar daran, die Werke Homers vernichten zu lassen, denn warum, sagte er, solle ihm nicht erlaubt sein, was sich Plato erlaubt habe, der Homer aus seinem Staat hinausgeworfen hätte.[164] Auch fehlte nicht viel, und er hätte die Schriften und Büsten des Vergil und des Titus Livius[165] aus allen Bibliotheken entfernen lassen. Den ersteren pflegte er als einen Menschen ohne Geist und mit geringem Wissen, den letzteren einen nachlässigen und geschwätzigen Geschichtsschreiber zu schelten. Auch über die Rechtsgelehrten, deren Wissenschaft er völlig überflüssig machen wollte, zog er oft her und brüstete sich, er werde es – beim Herkules – soweit bringen, daß sie keine Entscheidung mehr fällen könnten ohne ihn.

35. Den ältesten Adelsfamilien nahm er ihre Abzeichen: den *Torquati* den Halsreif[166], den *Cincinnati* die Haarlocke[167], dem Gnaeus Pompeius aus dem alten Geschlecht der Pompeier den Beinamen Magnus (der Große).[168] Ptolemaeus, von dem ich berichtet habe, rief er aus seinem Königreich zu sich nach Rom und empfing ihn freundlich. Völlig unvermutet ließ er ihn dann aber ermorden, nur weil er sah, daß dieser beim Eintritt in das Amphitheater, wo Caligula ein Gladiatorenspiel gab, die Augen aller Zuschauer durch den Glanz seines prächtigen Purpurmantels auf sich zog.[169] Schöne Menschen mit starkem Haarwuchs verunstaltete er, wenn sie ihm begegneten, indem er ihnen den Kopf kahl rasieren ließ.[170] Ein gewisser Esius Proculus, Sohn eines Primipilaren, wurde wegen seiner außergewöhnlichen Körpergröße und Schönheit Koloß-Eros genannt. Diesen ließ er plötzlich während eines Gladiatorenspiels von seinem Sitz wegreißen und in die Arena führen, wo er ihn erst einem thrakischen Fechter[171] und dann einem schwerbewaffneten Gladiatoren als Kämpfer gegenüberstellte. Als er beide Male Sieger blieb, ließ er ihn

auf der Stelle fesseln und mit Lumpen bekleidet durch die Straßen führen, den Weibern zeigen und dann erwürgen. Überhaupt gab es keinen Menschen noch so niedrigen Standes oder aus noch so ärmlichen Verhältnissen, dem er nicht sein Glück neidete. Gegen den Hainkönig des Dianaheiligtums bei Aricia[172] hetzte er, weil dieser schon sehr viele Jahre die Priesterstellung innehatte, einen stärkeren Gegner. Als beim Kampfspiel ein Wagenfechter namens Porius seinem Sklaven nach einem glücklich bestandenen Kampf die Freiheit schenkte und das Volk dafür sehr lebhaft Beifall klatschte, stürzte Caligula mit solcher Hast aus dem Amphitheater, daß er auf den Zipfel seiner Toga trat und kopfüber die Stufen hinabfiel. Dabei schrie er wutentbrannt, daß das Volk, das über alle Völker herrsche, aus nichtigstem Grund einem Gladiator mehr Achtung zolle als seinen vergöttlichten Herrschern oder ihm selbst, der hier anwesend sei.

36. Er besaß selbst keinerlei Schamgefühl und schonte auch das der anderen nicht. Mit Marcus Lepidus[173], mit dem Pantomimen Mnester[174] und mit einigen in Rom lebenden Geiseln soll er Unzucht getrieben haben. Valerius Catullus, ein junger Mann aus konsularischer Familie, hat sich sogar in der Öffentlichkeit darüber beklagt, daß er von ihm entehrt und dadurch völlig entkräftet worden sei. Abgesehen vom Inzest mit seinen Schwestern und seinem altbekannten Verhältnis mit der Prostituierten Pyrallis verschonte er auch sonst nicht leicht irgendeine vornehme Dame. Oft lud er sie mit ihren Ehemännern zur Tafel, wo er sie dann, wenn sie vorübergingen, lange und aufmerksam, wie ein Sklavenhändler, betrachtete und ihnen auch wohl das Gesicht in die Höhe hob, wenn sie es aus Scham gesenkt hielten. So oft es ihm dann beliebte, verließ er das Speisezimmer und ließ die, welche ihm am besten gefallen hatte, zu sich rufen. Wenn er dann bald darauf mit den noch sichtbaren Spuren seiner Ausschweifung zurückkehrte, so lobte oder tadelte er sie vor allen Leuten, indem er die einzelnen Vorzüge oder Mängel ihres Körpers und ihres Verhaltens beim Geschlechtsverkehr aufzählte. Einigen schickte er im Namen ihrer abwesenden Ehemänner den Scheidebrief und ließ diese Ehescheidungen im Staatsanzeiger bekannt machen.

37. Seine Verschwendungssucht übertraf alles bisher Dagewesene. Er ersann ganz neue Arten von Bädern und die unsinnigsten Gerichte und Mahlzeiten. So badete er z.B. in warmen oder kalten wohlriechenden Essenzen, trank die kostbarsten in Essig aufgelösten Perlen, setzte seinen Gästen Brot und Speisen aus Gold vor, wobei er immer sagte, man müsse entweder ein sparsamer Mensch oder Kaiser sein. Ja, mehrere Tage lang warf er sogar beträchtliche Geldsummen vom Dach der Iulischen Basilika[175] unter das Volk. Auch ließ er Liburnische Jachten[176] bauen, bei denen das Heck mit Edelsteinen besetzt war, die Segel in bunten Farben schillerten und in deren weiten Räumen sich nicht nur warme Bäder, Portiken und Speisesäle, sondern auch alle Sorten von Rebstöcken und Obstbäumen fanden. Auf diesen Schiffen veranstaltete er am hellichten Tage Gelage und fuhr unter Tanzaufführungen und Musik die Küsten Kampaniens entlang. Beim Bau von Lustschlössern und Villen war sein sehnlichstes Verlangen stets darauf gerichtet, unter Vernachlässigung des gesunden Menschenverstandes vor allen Dingen das möglich zu machen, was als unmöglich bezeichnet wurde. So wurden gerade da, wo das Meer besonders unruhig und tief war, Dämme gelegt, die härtesten Felsen behauen, Ebenen zu Bergen aufgeschüttet, Berge durch Abtragung eingeebnet und alles in größter Geschwindigkeit, da jede Verzögerung mit der Todesstrafe gebüßt wurde. Und um nicht Einzelheiten aufzuzählen – so hatte er neben anderen unermeßlichen Summen auch noch die 2,7 Milliarden Sesterzen des Kronschatzes des Kaisers Tiberius, ehe noch ein Jahr um war, durchgebracht.

38. Nachdem er seine Mittel dadurch völlig vergeudet hatte und in Geldnöten war, verlegte er sich auf Räubereien durch die verschiedensten und ausgesuchtesten Formen von Rechtsverdrehungen, Auktionen und Abgaben. So sprach er allen das römische Bürgerrecht ab, deren Vorfahren es nur „für sich und ihre Nachkommen“ erworben hatten, wenn diese „Nachkommen“ nicht die Söhne waren, denn er stellte den Satz auf, das Wort „Nachkommen“ dürfe nicht über die erste Generation hinaus verstanden werden. Von den beiden vergöttlichten Kaisern Iulius [Caesar] und Augustus ausgestellte Urkunden erklärte er für nichtig, da sie veraltet und verjährt

seien. Wenn jemand sein Vermögen seit der letzten Schätzung[177] auf irgendwelche Art vergrößert hatte, so unterstellte er betrügerische Vermögensangabe bei der Veranlagung. Die Testamente der Primipilaren, welche seit der Thronbesteigung des Kaisers Tiberius weder diesen noch ihn zu Erben eingesetzt hatten, erklärte er für nichtig, da er dies als Undankbarkeit ansah. Ebenso setzte er die Testamente aller übrigen Personen als ungültig außer Kraft, von denen irgend jemand sagte, sie hätten den Vorsatz gehabt, den Kaiser zum Erben einzusetzen. Darauf wurde Caligula aus Furcht selbst von Unbekannten neben ihren Freunden und von Familienvätern neben ihren Kindern öffentlich zum Erben eingesetzt. Er nannte sie „Spaßvögel", wenn sie nach solcher Erklärung noch weiterlebten, und schickte vielen vergiftete Leckerbissen. In solchen Fällen[178] leitete er selbst die Gerichtsverhandlung, und zwar so, daß er immer vorher die Summe bestimmte, die er aus dieser Sache herausziehen wollte; erst wenn sie erreicht war, pflegte er das Gericht zu verlassen. Ja, in seiner Ungeduld, die keinen Verzug leiden konnte, verurteilte er einmal mehr als vierzig Angeklagte, die wegen ganz verschiedener Dinge angeschuldigt waren, mit einem einzigen Urteilsspruch und rühmte sich vor Caesonia, die gerade aus dem Schlaf erwachte, was er alles bewerkstelligt hätte, während sie ihr Mittagsschläfchen hielt. Einmal sagte er auch eine Auktion an und brachte dort das, was bei allen möglichen Schauspielen übrig geblieben war, zum Verkauf, setzte selbst die Preise fest und trieb sie so in die Höhe, daß manche, gezwungen solche Dinge zu ungeheurem Preis zu erstehen, sich die Adern aufschnitten, da sie deswegen ihr ganzes Vermögen hatten aufbringen müssen. Es ist eine bekannte Tatsache, daß, als Aponius Saturninus einmal auf der Käuferbank einnickte, der Ausrufer von Caligula die Weisung erhielt, er solle doch den vornehmen Mann von prätorischem Rang, der ihm so häufig mit dem Kopf zunicke, nicht außer acht lassen, darauf wurde das Bieten so lange fortgesetzt, bis dem Mann, der von nichts wußte, dreizehn Gladiatoren für neun Millionen Sesterzen zugeschlagen waren.

39. Nachdem er in Gallien den Schmuck, das Mobiliar, die Sklaven, ja sogar die Freigelassenen seiner verurteilten Schwestern[179] zu ungeheueren Preisen verkauft hatte, ließ er aus Gewinnsucht noch

die ganzen Einrichtungen früherer Hofhaltungen von Rom kommen. Zum Transport wurden selbst die Wagen der Mietkutscher und das Zugvieh aus den Kornmühlen beschlagnahmt, so daß nicht nur in Rom oft Brot fehlte, sondern auch viele Prozeßparteien, weil sie nicht rechtzeitig zum Termin erscheinen konnten, ihre Prozesse verloren. Um alles los zu werden, wandte er alle erdenklichen Kniffe und Listen an. Bald schalt er einzelne Käufer wegen ihres Geizes, sie sollten sich schämen, reicher zu sein als er, bald heuchelte er Reue darüber, daß er fürstliche Besitzstücke in die Hände von Privatleuten kommen lasse. Er hatte erfahren, daß ein reicher Einwohner der Provinz zweihunderttausend Sesterzen an seine Hofmeister gezahlt habe, um dafür eine Einladung für die kaiserliche Tafel zu bekommen, und war gar nicht böse darüber gewesen, daß die Ehre, an seiner Tafel zu speisen, so hoch bezahlt werde. Als dieser Mann nun am folgenden Tag bei der Auktion saß, schickte er ihm durch einen Diener irgendeine wertlose Kleinigkeit zum Preis von zweihunderttausend Sesterzen und ließ ihm sagen, er dürfe jetzt auf persönliche Einladung des Kaisers bei ihm speisen.

40. Seine neuen unerhörten Abgaben ließ er zuerst durch die Steuerpächter, dann, weil deren Gewinne zu hoch waren, durch die Zenturionen und Tribunen seiner Leibwache einziehen. Jedes Ding und jeden Menschen erfaßte er mit seinen Steuern. Von allen Lebensmitteln, welche in der ganzen Stadt zum Verkauf standen, wurde eine feste und bestimmte Abgabe erhoben, für alle gerichtlichen Angelegenheiten und Prozesse im ganzen Reich der vierzigste Teil des Streitwertes, und es stand Strafe darauf, wenn nachgewiesen werden konnte, daß jemand sich gütlich verglichen oder seine Forderung fallen gelassen habe. Vom Tagelohn der Lastträger mußte der achte Teil, vom täglichen Gewinn jeder Dirne der Betrag für einen Beischlaf abgegeben werden. Ein Zusatzartikel zu diesem Gesetz besagte, daß auch ehemalige Prostituierte und Kuppler sowie Verheiratete gleichfalls unter dieses Gesetz fallen sollten.

41. Alle diese Abgaben ließ er nur mündlich verkünden, nicht schriftlich. Da nun, weil niemand den genauen Wortlaut des Gesetzes kannte, viele Vergehen vorkamen, veröffentlichte er es endlich auf inständiges Bitten des Volkes zwar schriftlich, aber in so kleiner

Schrift und an einem so unzugänglichen Ort, daß niemand eine Abschrift nehmen konnte. Und um kein Mittel, Geld einzunehmen, unversucht zu lassen, richtete er sogar ein Bordell auf dem Palatin ein. Es gab dort mehrere abgetrennte und, der Würde des Ortes gemäß, glänzend eingerichtete Kammern, in welchen vornehme verheiratete Frauen und freigeborene Knaben sich prostituieren mußten; dann schickte er seine Nomenklatoren[180] zu den Märkten und Basiliken, um junge und alte Männer zu den Ausschweifungen einzuladen. Den Besuchern wurde Geld gegen Zinsen geborgt und eigens bestellte Aufseher notierten die Namen öffentlich als die Namen von Leuten, die halfen, die Einkünfte des Kaisers zu mehren. Nicht einmal den Gewinn beim Würfelspiel verschmähte er, vielmehr vergrößerte er ihn noch durch Falschspiel und Meineid. Eines Tages übergab er seine Partie dem ihm zunächstsitzenden Mitspieler, trat in das Atrium des Palastes hinaus und befahl, zwei römische Ritter, die er vorbeigehen sah, auf der Stelle zu verhaften und ihr Vermögen zu konfiszieren. Darauf kehrte er fröhlich in den Speisesaal zurück und rühmte sich, er habe nie einen besseren Wurf getan!

42. Als ihm nun gar eine Tochter[181] geboren worden war, beklagte er seine Armut, da er nun nicht bloß die Lasten eines Kaisers, sondern auch die eines Vaters zu tragen habe, und nahm Spenden für den Unterhalt und die Aussteuer des Mädchens entgegen. Auch machte er durch ein Edikt bekannt, daß er am Neujahrstag Geschenke annehmen werde[182]; und wirklich stand er am ersten Januar im Vorhof seines Palastes, um die Gaben zu sammeln, welche eine große Menge von Leuten aller Stände aus vollen Händen und aus den Gewändern vor ihm hinschüttete. Gegen Ende seines Lebens ergriff ihn die Begierde, im Geld zu wühlen, so daß er oft in einem riesigen Haufen von Goldstücken, die er in einem großen Saale ausschütten ließ, mit nackten Füßen spazieren ging oder sich auch mit dem ganzen Körper eine Zeitlang darin wälzte.

43. An kriegerischen Unternehmungen versuchte er sich nur einmal und auch da nicht aufgrund eingehender Überlegungen. Als er einmal, um den Fluß und Hain des Clitumnus[183] zu besuchen, nach Mevania[184] gekommen war und man ihn dort daran erinnerte, daß es Zeit sei, seine batavische Leibwache[185], die er mit sich führte, zu

ergänzen, hatte er die Idee, einen Feldzug nach Germanien[186] zu unternehmen. Ohne Verzug wurden Legionen und Hilfstruppen von überallher zusammengezogen, an allen Orten die strengsten Aushebungen durchgeführt, ungeheuere Kriegsvorräte, dergleichen man vorher nie gesehen hatte, zusammengebracht und der Zug angetreten. Er marschierte zuweilen mit so rasender Schnelligkeit vorwärts, daß die Prätorianerkohorten, was nie zuvor Brauch gewesen war, sich gezwungen sahen, die Feldzeichen auf Saumtiere zu packen und so nachzumarschieren, zuweilen wieder so langsam und bequem, daß er sich in einer Sänfte mit 8 Trägern tragen ließ und die Bevölkerung der zunächstliegenden Städte zwang, die Heerstraßen zu fegen und gegen den Staub mit Wasser zu besprengen.

44. Kaum hatte er das Lager erreicht, als er, um sich als eifrigen und strengen Feldherrn zu zeigen, alle Offiziere, welche Hilfstruppen aus verschiedenen Standquartieren etwas zu spät herbeigeführt hatten, schimpflich verabschiedete. Bei der Musterung des Heeres nahm er vielen Zenturionen, die schon nahezu ausgedient hatten, einigen sogar, denen bis zur Entlassung nur noch wenige Tage fehlten, ihre Primipilar-Stellen unter dem Vorwand, sie seien zu alt oder zu hinfällig. Den übrigen erteilte er Verweise wegen ihrer Habgier und setzte die Belohnungen für die Ausgedienten auf sechstausend Sesterzen herab. Obschon nun sein ganzer Kriegserfolg bloß darin bestand, daß Adminius, der Sohn des Britannenkönigs Cinobellinus, der von seinem Vater verstoßen worden war, mit einer geringen Mannschaft als Überläufer sich in seinen Schutz begab, so sandte er dennoch, wie wenn sich ihm die ganze Insel ergeben hätte, prahlerische Berichte nach Rom. Die Kuriere wies er an, direkt auf das Forum bis zur Kurie zu fahren und den Bericht nur im Marstempel[187] vor vollzählig versammeltem Senat den Konsuln zu überreichen.

45. Bald darauf, als es keinerlei Grund für ein militärisches Unternehmen gab, erließ er den Befehl, daß einige Germanen seiner Leibwache über den Rhein setzen und sich am jenseitigen Ufer verbergen sollten, worauf man ihm dann nach dem Frühmahl möglichst aufgeregt die Meldung machen solle, der Feind sei da. Sobald dies geschehen war, sprengte er in Begleitung seiner Freunde und eines Teils der berittenen Leibwache in den naheliegenden Wald, wo er

Bäume, deren Zweige abgehauen wurden, als Trophäen herrichten ließ; und als er bei Fackelschein ins Lager zurückkehrte, schalt er die, die ihm nicht gefolgt waren wegen ihrer Furcht und Feigheit aus, während er seine Gefährten und Teilnehmer an dem Sieg mit Kronen neuer Art und Benennung beschenkte. Er nannte diese, mit Bildern von Sonne, Mond und Sternen verziert, „Kundschafterkronen". Ein anderes Mal ließ er einige Schüler als Geiseln aus der Schule, wo sie sich befanden, wegschaffen und heimlich fortbringen, dann setzte er ihnen, plötzlich von der Tafel aufspringend, an der Spitze der Reiterei nach, holte sie ein und führte sie als Flüchtlinge gefesselt zurück. Auch in dieser Art von Komödienspiel kannte er weder Maß noch Ziel. Er setzte sich wieder zu Tisch und lud die Offiziere, welche ihm meldeten, daß die Truppen wieder ins Lager eingerückt seien, ein, wie sie waren in voller Rüstung an der Tafel Platz zu nehmen. Auch ermahnte er sie mit dem bekannten Verse Vergils[188], sie möchten ausharren und sich für bessere Zeiten schonen. Und während er solche Possen trieb, tadelte er Senat und Volk von Rom in einem sehr strengen Edikt, während ihr Kaiser Schlachten schlage und so großen Gefahren sich aussetze, brächten sie ihre Tage mit Gelagen, Zirkus- und Theatervorstellungen und in hübschen Villen zu.

46. Zuletzt, gleichsam als wolle er den Krieg beenden, ließ er das Heer in Schlachtordnung am Strand des Meeres aufmarschieren, Schleuder- und Kriegsmaschinen auffahren, und während keiner wußte oder auch nur eine Ahnung hatte, was er beginnen wollte, gab er plötzlich den Befehl, sie sollten Muscheln auflesen und Helme und Kleider damit anfüllen, denn das sei, wie er sich ausdrückte, „die Kriegsbeute aus dem Ozean, die er dem Kapitol und dem Palatium schulde". Als Siegeszeichen ließ er dann einen ungeheuren Turm aufführen, von welchem, wie vom Turm von Pharos, nachts Feuer leuchten sollten, um den Schiffen ihren Kurs zu zeigen.[189] Darauf gewährte er den Soldaten ein Geldgeschenk in Höhe von 100 Denaren pro Mann und wie wenn er damit alle Beispiele von Freigebigkeit übertroffen hätte, sagte er: „Kehrt nun fröhlich, kehrt auch reich heim."

47. Jetzt wandte er seine Gedanken auf die Ausgestaltung seines

Triumphes, wozu er sich außer den Gefangenen und Überläufern auch die größten Leute aus ganz Gallien, wie er selbst sich mit einem griechischen Worte ausdrückte, die „triumphwürdigsten" aussuchte – unter ihnen auch einige gallische Häuptlinge – und für den Festzug aufbewahrte. Diese zwang er nicht nur, sich das Haar rot zu färben und lang wachsen zu lassen, sondern auch die germanische Sprache zu erlernen und barbarische Namen anzunehmen. Auch gab er Befehl, die Kriegsschiffe, mit denen er auf den Ozean hinausgefahren war, größtenteils auf dem Landweg nach Rom zu bringen. Dabei schrieb er an seine Finanzbeamten, sie sollten einen Triumph vorbereiten, der möglichst billig kommen solle, aber doch prächtiger als alle bisherigen sein müsse, da sie ja das Vermögen aller Untertanen zur Verfügung hätten.

48. Ehe er seine Provinz verließ, entwarf er noch einen Plan von größter Abscheulichkeit. Er wollte nämlich die Legionen, welche einst nach dem Tod des Augustus sich empört hatten[190], samt und sonders niedermetzeln lassen, zur Strafe dafür, daß sie seinen Vater Germanicus, ihren Anführer, und ihn selbst, der damals noch ein Kind war, festgehalten hätten. Obschon man ihn mit großer Mühe von einem so wahnsinnigen Gedanken abbringen konnte, bestand er trotz allem darauf, jeden zehnten Mann töten zu lassen. Er rief sie also unbewaffnet, sogar ohne ihre Schwerter zusammen und umzingelte sie dann mit bewaffneter Reiterei. Als er aber bemerkte, daß sich sehr viele, denen die Sache verdächtig schien, fortschlichen, um für den Fall einer Gewalttat ihre Waffen zu holen, floh er aus der Versammlung und eilte nach Rom. Dort ließ er seine ganze Wut am Senat aus und drohte ihm in aller Öffentlichkeit, um dadurch die Gerüchte seiner Schandtaten von sich abzuwenden. Er beklagte sich unter anderem, daß er um seinen verdienten Triumph gebracht worden sei, obwohl er selbst kurz zuvor bei Todesstrafe verboten hatte, irgendeinen Antrag auf ihm zu erweisende Ehrenbezeigungen zu stellen.

49. Als daher unterwegs Abgesandte des Senates bei ihm eintrafen, welche ihn baten, seine Reise zu beschleunigen, schrie er ihnen überlaut zu: „Ich werde kommen; kommen werd' ich und dies mit mir!", wobei er wiederholt an den Griff seines Schwertes schlug, das

an seiner Seite hing. Sodann verkündete er, er kehre zurück, aber nur für die, die seine Rückkehr wünschten, für Volk und Ritterstand, denn für den Senat werde er künftig weder Bürger noch Kaiser mehr sein! Er verbot sogar, daß irgendein Senator ihm zum Empfang entgegenkomme, und zog, seinen Triumph aufgebend oder vielmehr verschiebend, nur mit einem kleinen Triumph[191] an seinem Geburtstag in Rom ein. Nicht ganz vier Monate später wurde er ermordet[192], nachdem er schreckliche Taten verübt und noch schrecklichere vorbereitet hatte. Plante er doch, den Sitz seiner Regierung nach Antium[193] und später nach Alexandria[194] zu verlegen, zuvor aber alle angesehenen Männer des Ritter- und Senatorenstandes umbringen zu lassen. Was diese Tatsache über alle Zweifel hebt, ist der Umstand, daß sich unter seinen Geheimpapieren zwei Hefte fanden, von denen das eine „Schwert", das andere „Dolch" betitelt war. Beide enthielten die Namen und die (angeblichen) Verbrechen der zum Tod bestimmten Personen. Es fand sich auch ein großer Schrank voll verschiedener Gifte. Als Claudius später dieselben im Meer versenken ließ, soll es dadurch vergiftet worden sein und ein großes Fischsterben eingesetzt haben, so daß die Flut die toten Fische später an die nächsten Küsten spülte.

50. Caligula war von hohem Wuchs, bleich und von enormem Körperumfang, doch waren Hals und Schenkel sehr dünn, Augen und Schläfe tief eingefallen, die Stirn breit und finster, das Haar dünn mit einer Glatze auf dem Scheitel, der restliche Körper stark behaart. Darum galt es als todeswürdiges Verbrechen, wenn er vorbeizog, von oben herab auf ihn zu schauen oder nur aus irgend einem Grund das Wort „Ziege" auszusprechen. Sein Angesicht, das schon von Natur aus abschreckend und widerwärtig war, suchte er absichtlich noch wilder zu machen, indem er vor dem Spiegel alle möglichen furchtbaren Grimassen und Verzerrungen einstudierte. Weder seine körperliche noch seine seelische Verfassung war ausgeglichen. Als Knabe litt er an Epilepsie, als junger Mann konnte er zwar Anstrengungen aushalten, doch überfiel ihn häufig eine plötzliche Schwäche, so daß er weder gehen und stehen, noch sich überhaupt auch nur soweit zusammennehmen konnte, daß er sich aufrecht zu halten vermochte. Seine Geisteskrankheit hatte er auch selbst wahrgenom-

men, und er dachte wiederholt daran, sich irgendwohin zurückzuziehen und eine Kur zu machen. Man glaubt, er habe von seiner Gemahlin Caesonia[195] einen Trank erhalten, der zwar nur ein Liebestrank gewesen sei, aber doch Wahnsinn zur Folge hatte. Am meisten litt er unter seiner Schlaflosigkeit, denn er schlief nachts nie mehr als drei Stunden, und auch in diesen war sein Schlaf nicht sanft und ruhig, sondern von merkwürdigen Träumen aufgewühlt. So kam es ihm unter anderen einmal vor, als erscheine ihm das Meer in irgendeiner Schreckensgestalt und rede mit ihm. So pflegte er denn einen großen Teil der Nacht, des Wachens und Liegens überdrüssig, damit zuzubringen, daß er, bald auf seinem Lager aufrecht sitzend, bald durch die weiten Säulenhallen schweifend, wiederholt den Tagesanbruch herbeiwünschte und erwartete.

51. Wohl nicht ohne Grund möchte ich es auf seine Geisteskrankheit zurückführen, daß sich in ihm zwei völlig gegensätzliche Fehler fanden: größte Unverschämtheit und daneben übertriebene Furchtsamkeit. Er, der die Götter so verachtete, pflegte bei dem geringsten Donner und Blitz zusammenzuzucken und das Haupt zu verhüllen, bei stärkeren Gewittern sogar vom Lager aufzuspringen und sich unter dem Bett zu verstecken. Auf seiner Reise in Sizilien, bei welcher er über die an verschiedenen Orten gezeigten Wunderdinge seinen Spott trieb, verließ er plötzlich einmal nachts eiligst Messana[196], weil ihn der Rauch aus dem Gipfel des Ätna und das dumpfe Getöse des Berges in Schrecken versetzte. Gegen die Barbaren stieß er zwar alle möglichen Drohungen aus, als er aber jenseits des Rheines mit einem Wagen[197] einen Engpaß, der voller Truppen war, passierte und jemand die Bemerkung fallen ließ, das würde ein nicht gerade kleines Durcheinander geben, wenn hier von irgendwoher der Feind erschiene, bestieg er auf der Stelle ein Pferd und jagte eiligst den Brücken zu, und als er sie durch Troßknechte und Gepäck verstopft fand, ließ er sich, um keine Zeit zu verlieren, auf den Händen der Leute über ihre Köpfe hinweg bis zum anderen Ufer tragen. Als er später gar die Nachricht von einem Aufstand in Germanien erhielt, traf er Anstalten zur Flucht und ließ seine Flotte segelfertig machen, weil er seinen einzigen Trost in dem Gedanken fand, daß ihm jedenfalls die überseeischen Provinzen bleiben wür-

den, wenn die siegreichen Germanen die Alpenhöhen, wie einst die Kimbern, oder gar Rom selbst, wie einst die Senonen, einnehmen sollten.[198] Daher verfielen, glaube ich, später seine Mörder auf den Gedanken, bei den Soldaten, die eben dabei waren zu revoltieren, die Lüge zu verbreiten, er habe selbst Hand an sich gelegt aus Schreck über die Nachricht einer unglücklichen Schlacht.

52. In Kleidung, Schuhen oder überhaupt in seinem Äußeren gab er sich weder wie ein Vornehmer, noch wie ein normaler Bürger, ja nicht einmal wie ein Mann und zuweilen, kurz gesagt, überhaupt nicht wie ein Mensch. Oft zeigte er sich in der Öffentlichkeit in einem bunt bestickten, mit Edelsteinen besetzten Mantel mit langen Ärmeln und Armbändern, zuweilen in seidenen Gewändern und Frauenkleidern; bald ging er in Sandalen oder Kothurnen[199], bald in Soldatenstiefeln[200], wie sie Kundschafter tragen, zuweilen sogar in Frauenschuhen. Meist sah man ihn mit goldenem Bart, den Blitz in der Rechten sowie den Dreizack oder den Schlangenstab, alles Zeichen der Götter; ja, sogar als Venus kostümiert ließ er sich sehen. Den triumphalischen Ornat trug er auch schon vor seinem Feldzug beständig, zuweilen auch den Panzer Alexanders des Großen, den er aus dessen Sarkophag[201] hatte herausholen lassen.

53. Von den freien Künsten widmete er sich am wenigsten der Literatur, am meisten aber der Redekunst. Hierin erwies er sich als sehr gewandt und schlagfertig. Sein Zorn gab ihm reichlich Worte und Gedanken, darüberhinaus auch [lebendiges] Formulieren und [eine kräftige] Stimme, so daß er vor Eifer nicht auf einem Fleck stehen blieb und selbst von den entfernt stehenden verstanden werden konnte. Wenn er im Begriff war, eine Rede zu halten, pflegte er die Drohung vorauszuschicken, jetzt werde er das in nächtlichen Stunden geschärfte Schwert ziehen, denn alle Sanftmut und Zierlichkeit des Stils verachtete er dermaßen, daß er von Seneca, der damals sehr beliebt war, sagte, „er schreibe reine Prunkreden“, und, „sein Stil sei wie Sand ohne Kalk“. Auch pflegte er gegen erfolgreiche Gerichtsreden berühmter Redner Entgegnungen zu schreiben und ebenso Anklagen oder Verteidigungen vorzubereiten für angesehene, beim Senat angeklagte Personen, und zwar, wie der Schreibgriffel gerade lief, entweder für oder gegen sie. Zur Anhörung

solcher Reden wurde dann auch der Ritterstand durch Edikte eingeladen.

54. Aber auch andere, ganz verschiedene Künste betrieb er mit größtem Eifer. Er war Fechter und Wagenlenker, zugleich Sänger und Tänzer. Er kämpfte mit scharfen Waffen und fuhr mit seinem Wagen in verschiedenen Orten im Zirkus. Gesang und Tanz entzückten ihn so, daß er selbst bei öffentlichen Schauspielen sich nicht enthalten konnte, den gerade auftretenden Tragödienschauspieler mit seiner Stimme zu begleiten und seine Gesten lobend oder tadelnd vor aller Welt zu wiederholen. Auch scheint es, daß er an dem Tag, an welchem er ermordet wurde, aus keinem anderen Grunde eine nächtliche Feier angesagt hatte, als um im Schutz der Nacht seinen ersten eigenen Versuch auf der Bühne zu machen. Er tanzte auch nicht selten nachts. So ließ er einmal drei Konsulare um die zweite Nachtwache in den Palast rufen und die Männer, die in tausend Ängsten waren und das Schlimmste befürchteten, auf einer Tribüne Platz nehmen; plötzlich sprang er unter lautem Schall der Flöten und Fußklappern in langem Mantel und Tunika hervor, tanzte mit musikalischer Begleitung und verschwand. Und dieser in allen Dingen so geschickte Mann hatte das Schwimmen nie gelernt!

55. Dem, von dem er begeistert war, spendete er Beifall bis zum Wahnsinn. Den Pantomimen Mnester[202] küßte er oft sogar während der Aufführung und jeden, der bei dessen Tanz auch nur das geringste Geräusch machte, ließ er sofort vor sich schleppen und peitschte ihn eigenhändig. Einem römischen Ritter, der [während Mnester sang] Lärm machte, ließ er durch einen Zenturio melden, er solle sich auf der Stelle nach Ostia[203] begeben, um von dort aus ein Schreiben an den König Ptolemaeus nach Mauretanien[204] zu überbringen, dessen Inhalt lautete: „Dem, den ich hier zu dir sende, sollst du weder Gutes, noch Böses tun." Einige thrakische Fechter stellte er an die Spitze seiner germanischen Leibwache, dagegen verschlechterte er die Bewaffnung der Murmillonen.[205] [Einen von ihnen], den Columbus, der zwar gesiegt, jedoch eine leichte Wunde davongetragen hatte, goß er ein Gift in diese Wunde, das er seitdem das Columbinische nannte; wenigstens fand sich diese Aufschrift von ihm geschrieben unter den anderen Giften. Der grünen Zirkuspartei[206] war

er so zugetan, daß er häufig in ihrem Stall speiste und wohl auch dort über Nacht blieb. Dem Wagenlenker Eutychus schenkte er einmal bei einem Gelage unter anderen Gastgeschenken zwei Millionen Sesterzen. Damit sein Pferd „Incitatus" (Heißsporn) nicht in seiner Ruhe gestört werde, ließ er gewöhnlich am Tag vor den Rennen durch Soldaten in der Nachbarschaft Ruhe befehlen. Er beschenkte es außer mit einem Stall aus Marmor, mit einer elfenbeinernen Krippe, purpurnen Decken und Halsbändern aus Edelsteinen, dazu auch noch mit einem eigenen Palast nebst Dienerschaft und Hausgerät, um die im Namen des Pferdes eingeladenen Gäste mit gehöriger Pracht empfangen zu können. Ja, es heißt sogar, er habe vorgehabt, es zum Konsul zu machen.

56. Einen so rasenden Wüterich umzubringen, fanden sich nun zwar viele, denen es nicht an Mut fehlte, allein erst nachdem die eine und die andere Verschwörung entdeckt worden war und andere Leute aus Mangel an Gelegenheit noch zögerten, ihr Vorhaben auszuführen, faßten zwei Männer gemeinschaftlich einen Plan, den sie, nicht ohne die Mitwisserschaft der einflußreichsten Freigelassenen und der Befehlshaber der Prätorianergarde, verwirklichten. Diese merkten nämlich, daß Caligulas Verdacht und Haß auf ihnen ruhte, weil sie bereits einmal, allerdings fälschlich, bei einer aufgedeckten Verschwörung der Mitwisserschaft bezichtigt worden waren. Er hatte sie nämlich damals sogleich beiseite geführt und ihnen, indem er ihnen sein gezogenes Schwert hinhielt, versichert, er wolle sich gern selbst töten, wenn auch sie ihn des Todes schuldig erachteten, wodurch er sie bei seinen Anhängern sehr verhaßt gemacht hatte. Seitdem hatte er nicht aufgehört, den einen bei dem anderen verdächtig zu machen und alle gegenseitig aufzuhetzen. Als man nun beschlossen hatte, ihn zur Zeit der Palatinischen Spiele[207] mittags, beim Verlassen des Theaters, zu überfallen, da erbat sich Cassius Chaerea[208], Tribun einer Prätorianerkohorte, die vorderste Stelle. Gaius (Caligula) hatte nämlich diesen bereits älteren Mann fortwährend auf alle mögliche Weise als einen schlaffen Weichling verspottet, ihm bald, wenn er das Losungswort abholte, die Worte „Priapus"[209] oder „Venus" gegeben, bald, wenn er für irgend etwas dankte, die Hand zum Kuß in einer unzüchtigen Form und Bewegung geboten.

57. Seine bevorstehende Ermordung wurde durch viele Wahrzeichen angekündigt. In Olympia ließ das Jupiterstandbild[210], das er auseinandernehmen und nach Rom bringen lassen wollte, plötzlich ein solches Gelächter hören, daß die Arbeiter von den wankenden Gerüsten flohen. Unmittelbar darauf kam ein gewisser Cassius und versicherte, es sei ihm durch einen Traum der Befehl erteilt worden, dem Jupiter einen Stier zu opfern. In Capua[211] wurde das Kapitol am 15. März[212] vom Blitz getroffen; ebenso in Rom die Wohnung des Aufsehers über das Atrium des Kaiserpalastes und es fehlte nicht an Leuten, welche das eine Wahrzeichen so deuteten, daß dem Kaiser Gefahr von seinen eigenen Wächtern drohe, das andere so, daß wieder die Ermordung einer hochgestellten Person bevorstehe, wie bereits einmal an jenem Tag. Als Caligula sich von dem Astrologen Sulla sein Horoskop stellen ließ, versicherte ihm dieser, es drohe ihm mit Sicherheit in Kürze ein gewaltsamer Tod. Auch das Orakel von Antium[213] gab ihm die Warnung, er möge sich vor Cassius hüten. Deswegen hatte er bereits den Befehl gegeben, Cassius Longinus[214], der damals Prokonsul von Asien war, hinzurichten, ohne zu bedenken, daß Chaerea auch den Namen Cassius führte. Am Tage vor seiner Ermordung träumte er, er stehe im Himmel neben dem Thron Jupiters und werde von diesem mit der großen Zehe des rechten Fußes fortgestoßen und auf die Erde hinabgeschleudert. Als Vorzeichen galt später auch manches, was sich am Tag der Ermordung selbst, und zwar kurz zuvor, zufällig ereignet hatte, so z. B. daß ihn, als er opferte, das Blut eines Flamingos bespritzte und daß der Pantomime Mnester die gleiche Rolle in der gleichen Tragödie[215] tanzte, wie einst der tragische Schauspieler Neoptolemus in der Vorstellung, bei welcher der König der Makedonier, Philipp[216], ermordet worden war. Ferner, daß bei dem Mimusspiel „Laureolus"[217], in welchem der Hauptdarsteller aus einem zusammenstürzenden Haus flieht und Blut speit, mehrere zweitrangige Schauspieler wetteiferten, dieses Kunststück auch zu vollbringen und zuletzt die ganze Bühne in Blut schwamm; endlich, daß man für die Nacht die Aufführung eines Schauspiels vorbereitete, in welchem Unterweltsszenen durch Ägypter und Äthiopier dargestellt werden sollten.

58. Am 24. Januar etwa um die siebte Tagesstunde war Caligula

noch unschlüssig, ob er sich von seinem Platz im Theater zum Essen erheben sollte, da sein Magen noch von den Speisen des vorigen Tages beschwert war, doch auf Zureden seiner Freunde verließ er dann endlich das Schauspiel. In dem unterirdischen Gang, durch den er gehen mußte, bereiteten sich gerade junge, adelige Knaben aus Asien auf ihren Auftritt im Theater vor, bei denen blieb er stehen, um ihnen zuzusehen und sie aufzumuntern; hätte nicht der Direktor der Truppe geklagt, daß er friere, so wäre er an seinen Platz zurückgekehrt und hätte sie sofort spielen lassen. Über das weitere gibt es zwei verschiedene Berichte. Die einen erzählen, als er eben zu den Knaben sprach, habe ihn Chaerea von hinten mit einem kräftigen Schwerthieb in den Hals schwer verletzt, nachdem er zuvor die Worte: „Schlag zu!“[218] ausgerufen hatte. Darauf habe der Tribun Cornelius Sabinus, der zweite Mitverschworene, ihm von vorn die Brust durchbohrt. Andere melden, Sabinus habe, nachdem er durch in den Plan eingeweihte Zenturionen die umstehende Menge habe entfernen lassen, dienstmäßig um Erteilung der Losung gebeten, und als Gaius [Caligula] „Jupiter“ sagte, habe Chaerea ausgerufen: „So sei's erfüllt“ und dem Kaiser, da er sich nach dem Sprecher umschaute, das Kinn gespalten. Als er sich am Boden liegend wand und schrie, er lebe noch, töteten ihn die übrigen mit dreißig Wunden.[219] Denn ihre verabredete Parole war: „Noch einmal.“ Manche stießen ihm das Schwert sogar in die Schamteile. Auf den ersten Lärm hin eilten seine Sänftenträger mit ihren Stangen zu Hilfe, bald auch seine germanischen Leibwächter und sie streckten einige der Mörder sowie auch mehrere unschuldige Senatoren nieder.

59. Gelebt hatte er neunundzwanzig Jahre und regiert drei Jahre zehn Monate und acht Tage. Seinen Leichnam schaffte man heimlich in die Gärten des Lamia[220], wo er auf einem eilig zusammengerafften Scheiterhaufen nur halb verbrannt und dann mit einer leichten Rasenschicht bedeckt wurde. Später ließen ihn seine Schwestern[221], nach ihrer Rückkehr aus dem Exil, wieder ausgraben, ordentlich verbrennen und bestatten. Es ist hinlänglich bekannt, daß, bevor dies geschah, die Gartenwächter durch Gespenstererscheinungen erschreckt wurden und daß auch in dem Haus, in dem er ums Leben kam, keine Nacht ohne irgendeinen Spuk verging, bis das Haus selbst abbrannte.

Zugleich mit ihm starb seine Gemahlin Caesonia, vom Schwert eines Zenturio durchbohrt, sowie seine Tochter, die gegen eine Wand geschmettert wurde.[222]

60. Von den damaligen Zuständen kann sich jeder auch aus folgendem eine Vorstellung machen. Als nämlich die Nachricht von seiner Ermordung sich verbreitete, fand sie anfänglich keinen Glauben; ja, man vermutete, Gaius [Caligula] selbst habe das Gerücht ausgedacht und verbreiten lassen, um dadurch die Gesinnungen der Leute ihm gegenüber kennenzulernen. Außerdem hatten die Verschworenen niemanden zur Thronfolge bestimmt und der Senat war so einig in dem Entschluß, die Freiheit wiederherzustellen, daß die Konsuln die Versammlung zunächst nicht in die Kurie, weil diese die „Iulische" hieß, sondern aufs Kapitol beriefen. Einige Senatoren stellten in ihrer Rede den Antrag, die Erinnerung an die Caesaren zu tilgen und ihre Tempel zu zerstören. Vor allem aber wurde bemerkt und für beachtenswert befunden, daß alle Caesaren mit dem Vornamen Gaius seit dem Gaius, der zur Zeit Cinnas[223] ermordet worden war, durch das Schwert umgekommen waren.

CLAUDIUS

1. Drusus[1], der erst Decimus, dann Nero mit Vornamen hieß, und der Vater des Kaisers Claudius war, wurde von Livia[2], die bereits schwanger war, als sie Augustus heiratete, im dritten Monat nach der Hochzeit geboren, und es ging das Gerücht, daß er ein im Ehebruch gezeugter Sohn seines Stiefvaters sei. Wenigstens lief gleich nach seiner Geburt der griechische Vers um:

„Wer Glück hat, kriegt auch ein Dreimonatskind."

Dieser Drusus war als Quästor und Prätor[3] Feldherr im Rätischen, dann im Germanischen Krieg[4] und zugleich der erste aller römischen Feldherren, welcher den nördlichen Ozean mit dem Schiff befuhr. Im rechtsrheinischen Gebiet ließ er Kanäle anlegen, ein ungeheueres Werk, das noch heute seinen Namen führt.[5] Er brachte dem Feind viele Niederlagen bei, trieb ihn tief in die Wildnis zurück und gab die weitere Verfolgung erst auf, als ein Barbarenweib von übermenschlicher Größe dem Sieger in lateinischer Sprache verbot, weiter zu gehen. Für diese Taten erhielt er das Recht des kleinen Triumphes[6] und die triumphalischen Ehrenzeichen. Nach der Prätur trat er sofort das Konsulat an, nahm den Feldzug wieder auf und starb an einer Krankheit in dem Sommerlager, welches deshalb „das verfluchte" genannt wurde. Sein Leichnam wurde von den angesehensten Bürgern der Munizipien und Kolonien bis nach Rom getragen und dann von den entgegeneilenden Dekurien der Staatsschreiber[7] übernommen, das Begräbnis erfolgte auf dem Marsfeld.[8] Außerdem errichtete ihm das Heer einen Ehrengrabhügel[9], um welchen seitdem alljährlich an einem bestimmten Tag die Truppe einen feierlichen Umzug hielt und die gallischen Gemeinden Opfer darbrachten. Darüber hinaus beschloß der Senat, neben anderen Ehrungen auch die Errichtung eines marmornen, mit Trophäen geschmückten Bogens an der Appischen Straße und die Verleihung des Beinamens Germanicus für ihn selbst und seine Nachkommen. Er soll aber nach der allgemeinen Meinung gleichermaßen kriegerisch wie bürgerfreundlich gewesen sein. Denn nicht zufrieden damit, über den Feind den Sieg davonzutragen, habe er auch immer noch nach der Erbeutung feindlicher Rüstungen gestrebt und nicht selten germanische Heerführer unter höchster Lebensgefahr mit dem gesamten Heer verfolgt; andererseits soll er nie ein Hehl daraus gemacht haben, daß er, sobald es in seiner Macht stehe, die alte republikanische Verfassung wiederherstellen werde. Dies ist der Grund, so glaube ich, weshalb einige Schriftsteller behaupten, er sei dem Augustus verdächtig gewesen und von ihm aus der Provinz abberufen und, da er zögerte zu gehorchen, durch Gift aus dem Wege geräumt worden. Ich habe dies nur deshalb erwähnt, weil ich es nicht unbemerkt lassen möchte, nicht weil ich es für wahr oder auch nur für wahrscheinlich halte, da Augustus seinen Stiefsohn nicht nur solange dieser lebte, so sehr geliebt hat, daß er ihn immer zum Miterben neben seinen eigenen Kindern bestimmte, was er auch einmal im Senat bestätigte, sondern auch in der Leichenrede, welche er ihm nach seinem Tode hielt, die Götter anflehte, sie möchten seine beiden Caesaren[10] dem Verstorbenen ähnlich machen und ihm selbst einst einen so ehrenvollen Tod schenken, wie sie jenem gewährt hätten. Ja, es war ihm nicht genug, die Verse der Grabinschrift selbst zu dichten und einmeißeln zu lassen, sondern er verfaßte noch eigens in Prosa eine Lebensbeschreibung des Verstorbenen zu seinem Andenken.

2. Von Antonia der Jüngeren hatte er zwar mehrere Kinder, aber nur drei überlebten ihn: Germanicus, Livilla und Claudius.[11] Claudius wurde unter dem Konsulat des Iullus Antonius und des Fabius Africanus am 1. August zu Lugdunum[12] geboren, am gleichen Tag, an welchem dort dem Augustus erstmals ein Altar errichtet wurde[13], und erhielt den Namen Tiberius Claudius Drusus. Als bald darauf sein älterer Bruder in die Iulische Familie adoptiert wurde[14], nahm er den Beinamen Germanicus[15] an. Schon als kleines Kind verlor er den Vater[16], und während seiner ganzen Kindheit und Jugend hatte er

vielfach mit hartnäckigen Krankheiten zu kämpfen, wodurch sowohl Körper als auch Geist so geschwächt wurden, daß er selbst im vorgerückten Mannesalter für keinerlei öffentliche oder private Funktionen geeignet angesehen wurde.[17] Lange Zeit, selbst als er längst mündig war, stand er noch unter fremder Aufsicht und hatte einen Erzieher. Über letzteren beklagt er sich in einer seiner Schriften, dieser sei ein Barbar und ehemaliger Stallmeister gewesen und ihm absichtlich beigegeben worden, um ihn bei jeder Gelegenheit auf das grausamste zu strafen. Wegen seines schlechten Gesundheitszustandes erschien er auch bei dem Gladiatorspiel, das er dem Volk mit seinem Bruder zusammen zum Gedächtnis seines Vaters gab und bei dem er den Vorsitz führte, in einen Kapuzenmantel eingehüllt, was nie zuvor geschehen war; und am Tag, an dem er die Männertoga erhielt, ließ er sich um Mitternacht ohne jede Feierlichkeit in einer Sänfte auf das Kapitol tragen.

3. Nichtsdestoweniger widmete er sich von früher Jugend an mit nicht geringem Eifer den schönen Künsten und gab davon häufig sogar öffentliche Proben. Doch auch auf diesem Weg gelang es ihm nicht, zu irgendwelchem Ansehen zu gelangen oder Hoffnung auf eine bessere Zukunft zu erwecken. Die eigene Mutter Antonia pflegte ihn „eine Mißgeburt von einem Menschen" zu nennen und von ihm zu sagen, „die Natur hätte ihn nur skizziert, nicht vollendet"; und wenn sie jemandem den Vorwurf der Dummheit machen wollte, so sagte sie gewöhnlich, er sei einfältiger als ihr Sohn Claudius. Seine Großmutter Augusta[18] behandelte ihn stets mit größter Verachtung, redete mit ihm nur in den seltensten Fällen, und wenn sie ihn zu ermahnen hatte, so geschah es immer in einem kurzen und bitteren Schreiben oder durch dritte. Seine Schwester Livilla beklagte, als sie gehört hatte, daß er einst regieren werde, laut und öffentlich ein so unglückliches und unwürdiges Geschick des römischen Staates. Wie endlich sein Großonkel Augustus im guten und bösen über ihn urteilte, werden am besten folgende Stellen aus dessen Briefen beweisen, die ich deshalb ausdrücklich hier anführe:

4. „Ich habe Deinem Wunsch gemäß, meine liebe Livia, mit Tiberius darüber gesprochen, was Dein Enkel Tiberius (Claudius) bei den Spielen zu Ehren von Mars[19] zu tun hat... Wir sind beide darin einig,

daß wir ein für allemal einen festen Entschluß darüber fassen müssen, nach welchen Grundsätzen wir in bezug auf ihn verfahren sollen. Denn, wenn er in jeder Hinsicht – entschuldige den Ausdruck – „normal" ist, warum sollten wir dann Anstoß nehmen, ihn alle Rangstufen und -stellen emporsteigen zu lassen, die sein Bruder[20] emporgestiegen ist? Wenn wir aber glauben, daß ihm etwas fehle und daß er „sowohl körperlich als auch geistig nicht ganz gesund sei", so dürfen wir den Leuten, die dergleichen, verspotten und ins Lächerliche zu ziehen gewohnt sind, keinen Stoff geben, sich über ihn, wie über uns lustig zu machen. Denn, wenn wir nicht ein für allemal festgelegt haben, ob wir ihn zur Bekleidung von Ehrenstellen überhaupt für fähig halten oder nicht, werden wir bei jeder Überlegung betreffend seiner Laufbahn unschlüssig sein. Im vorliegenden Fall, auf den sich Deine Anfrage bezieht, haben wir nichts dagegen, daß er bei den Marsfestspielen sich um das Festmahl der Priester kümmert, allerdings unter der Bedingung, sich von dem Sohn des Silvanus[21], seinem Verwandten, beraten zu lassen, damit er nichts tut, was auffallen und lächerlich sein könnte. Daß er den Zirkusspielen von der kaiserlichen Loge zusieht, halten wir nicht für passend, denn so exponiert in der ersten Reihe der Zuschauer würde er alle Blicke auf sich ziehen. Daß er am Latinerfest[22] am Zug auf den Albanerberg teilnimmt oder währenddessen in der Stadt bleibt, wollen wir auch nicht. Denn warum kann er nicht Stadtpräfekt werden, wenn er imstande ist, seinen Bruder auf den Berg zu begleiten? Das sind, meine Livia, unsere beiderseitigen Beschlüsse, mit denen wir in dieser Sache ein für allemal Richtlinien gegeben haben wollen, um nicht immer zwischen Furcht und Hoffnung zu schwanken. Du kannst, wenn Du willst, auch unserer Antonia[23] diesen Teil des Briefes zu lesen geben."

In einem anderen Briefe heißt es:

„Den jungen Tiberius (Claudius) werde ich allerdings, solange Du abwesend bist, täglich zu Tisch einladen, damit er nicht mit seinen Freunden Sulpicius und Athenodorus allein speist. Ich wünsche nur, er möchte mit mehr Bedacht und weniger Gedankenlosigkeit sich den auswählen, dessen Gestikulation, Haltung und Gang er nachahmt. Der arme Tropf hat kein Glück, denn in wichtigen Dingen, wenn sein Verstand klar ist, erkennt man hinreichend den Adel seines Geistes."

In einem dritten Brief heißt es: „Ich habe mit Wohlgefallen, meine liebe Livia, eine Rede Deines Enkels Tiberius gehört und ich möchte sterben, wenn ich nicht darüber völlig erstaunt war. Denn ich begreife noch heute nicht, wie ein Mensch, der sich so unklar auszudrücken pflegt, beim Vortrag einer Rede alles, was zu sagen ist, so deutlich vorbringen kann."

Es ist nun bekannt, welche Bestimmung Augustus in bezug auf ihn getroffen hat und daß er ihn, so lange er lebte, in keine höhere Stellung als in die eines Auguralpriesters[24] beförderte, ja ihn auch in seinem Testament nur unter den Erben dritten Grades, fast unter den Fremden, erwähnte mit einem Sechstel-Anteil und einem Legat von nur achthunderttausend Sesterzen.

5. Sein Onkel Tiberius verlieh ihm auf sein Ansuchen um Ehrenstellen bloß die konsularischen Abzeichen.[25] Auf sein dringenderes Ersuchen um wirkliche Ehren schrieb er nur zurück, er schicke ihm hiermit vierzig Goldstücke für die Saturnalien und Sigillarien.[26] Erst jetzt ließ er alle Hoffnung auf äußerliche Würden fahren und lebte völlig müßiggängerisch teils in seinen Gärten und auf seinem vorstädtischen Besitz, teils in seiner Villa in Kampanien, wobei er durch den Verkehr mit Menschen niedersten Standes außer dem alten Vorwurf der Trägheit sich auch noch den Makel der Trunksucht und der Spielleidenschaft zuzog.

6. Trotz dieser Lebensweise versagte ihm doch niemand weder im Privatleben die schuldige Aufmerksamkeit noch sonst die Zeichen öffentlicher Ehrerbietung. So erwählten ihn die Ritter zweimal zu ihrem Patron[27], der in ihrem Namen sprechen sollte: das eine Mal, als sie sich von den Konsuln die Ehre erbaten, den Leichnam des Augustus auf ihren Schultern nach Rom tragen zu dürfen[28], und das andere Mal, als sie denselben ihre Glückwünsche über den Sturz Seians darbrachten.[29] Auch pflegte man, wenn er das Theater betrat, aufzustehen und die Mäntel abzulegen. Der Senat beschloß, ihn unter die Zahl der durch Los erwählten Priester des vergöttlichten Augustus als außerordentliches Mitglied aufzunehmen, und bald darauf, als ein Brand sein Haus vernichtet hatte, es auf Staatskosten

wieder aufzubauen. Darüber hinaus verlieh man ihm das Recht, im Senat unter den Mitgliedern konsularischen Ranges zu stimmen. Diesen Beschluß jedoch hob Tiberius mit der Begründung auf, daß Claudius geistesschwach sei, und was das Haus betraf, so verhieß er, den Schaden aus eigenen Mitteln zu ersetzen. Bei seinem Tod aber setzte er ihn unter die Erben dritten Grades mit einem Drittel-Anteil ein, bedachte ihn mit einem Legat von nahezu zwei Millionen Sesterzen und empfahl ihn überdies ausdrücklich unter seinen übrigen Verwandten dem Heer und dem Senat und Volk von Rom.

7. Unter der Regierung des Gaius [Caligula], seines Neffen, der zu Beginn seiner Herrschaft die Gunst aller auf jede mögliche Weise zu gewinnen bemüht war, gelangte er endlich zu Ehrenstellungen und bekleidete mit dem Kaiser zusammen zwei Monate lang das Konsulat.[30] Dabei ereignete es sich, daß, als er zum erstenmal von Liktoren begleitet das Forum betrat, ein vorüberfliegender Adler sich ihm auf die rechte Schulter setzte. Auch traf ihn das Los, ein zweites Konsulat vier Jahre später anzutreten; außerdem führte er mehrmals an Gaius' [Caligulas] Stelle den Vorsitz bei den Schauspielen, wobei das Volk ihm bald: „Heil dem Onkel des Kaisers" bald: „Heil dem Bruder des Germanicus!" zurief.

8. Trotz alledem blieben ihm auch jetzt Kränkungen nicht erspart. Denn wenn er einmal etwas zu spät zu Tisch kam, erhielt er nur mit Mühe, und nachdem er um die ganze Tafel herumgegangen war, einen Platz. So oft er nach dem Essen einnickte – was ihm gewöhnlich passierte –, warf man mit Oliven- und Dattelkernen nach ihm und ließ ihn, wie im Scherz, von den Spaßmachern mit ihren Peitschen und Pritschen aufwecken. Auch pflegte man ihm, wenn er schnarchte, leichte Schuhe über die Hände zu ziehen, damit er sich beim plötzlichen Erwachen das Gesicht wundreibe.

9. Aber selbst wirklichen Gefahren war er ausgesetzt. Gleich anfangs, noch während seines Konsulates, war er nahe daran, abgesetzt zu werden, weil er die Anfertigung und Aufstellung der Statuen des Nero und Drusus[31], der Brüder des Kaisers, zu saumselig besorgt hatte. Dazu wurde er dauernd durch Anklagen Fremder, aber auch seiner Hausgenossen beunruhigt. Und als er nach Aufdeckung der Verschwörung des Lepidus[32] und Gaetulicus[33] mit anderen Abgeord-

neten nach Germanien gesandt wurde, um dem Kaiser Glück zu wünschen, kam er sogar fast in Lebensgefahr, weil Caligula darüber in höchste Wut geriet, daß man gerade seinen Onkel zu ihm schicke, als gelte es, einen Knaben zu erziehen. Es gibt Leute, die erzählen, er sei bei der Ankunft mitsamt seiner Kleidung in den Fluß gestürzt worden. Seitdem gab er im Senat immer als der letzte unter den Konsularen seine Stimme ab, da man ihn, um ihn zu beschämen, immer nach allen anderen befragte. Sogar eine Klage wegen Fälschung eines Testamentes wurde angenommen, obschon er dasselbe mit unterschrieben hatte. Endlich zwang man ihn auch, acht Millionen Sesterzen für seinen Eintritt in das neue Priesterkollegium[34] zu zahlen, wodurch er in solche Armut geriet, daß es ihm nicht möglich war, seinen gegen den Staatsschatz eingegangenen Verbindlichkeiten nachzukommen und deswegen seine Güter förmlich nach dem Grundstückspfandrecht mittels Anschlag der Vorsteher [der Staatskasse] bedingungslos zum Verkauf ausgeschrieben wurden.

10. Nachdem er unter solchen Verhältnissen den größten Teil seines Lebens verbracht hatte, gelangte er in seinem fünfzigsten Lebensjahr durch einen wunderlichen Zufall zur Regierung. Als er samt allen übrigen durch die Verschworenen von Gaius [Caligula] unter dem Vorwand, daß dieser allein sein wolle, entfernt worden war, hatte er sich in den sogenannten Pavillon des Hermes zurückgezogen. Nicht lange darauf durch das Gerücht vom Mord erschreckt, schlich er auf eine nahegelegene Terrasse und verbarg sich zwischen den Türvorhängen. So versteckt fand ihn ein zufällig durch die Gemächer eilender gemeiner Soldat, der seine Füße bemerkte und wissen wollte, wer er sei, er erkannte ihn, zog ihn aus seinem Versteck mit Gewalt hervor und begrüßte den ihm zu Füßen fallenden als Kaiser. Dann führte er ihn zu seinen anderen Kameraden, die noch völlig im Ungewissen waren, was sie tun sollten, und nur Drohungen ausstießen. Von ihnen wurde er in eine Sänfte gesetzt und, weil seine Diener entflohen waren, auf ihren Schultern, wobei sie einander abwechselten, ins Lager getragen, während er selbst traurig und voller Angst war und die ihm begegnenden Menschenhaufen ihn bejammerten, als werde er, der Unschuldige, zur Hinrichtung geführt. Im Lager angekommen, übernachtete er unter den Wachen,

zwar mit einem bedeutend größeren Gefühl der Sicherheit, aber doch ohne große Hoffnung auf die Zukunft. Denn die Konsuln hatten mit Hilfe des Senates und der Stadtkohorten Forum und Kapitol besetzt und waren willens, die allgemeine Freiheit wiederherzustellen; er selbst wurde durch die Volkstribunen in die Kurie gerufen, um seinen Rat abzugeben; er gab zur Antwort, er werde gewaltsam durch den Zwang der Umstände zurückgehalten. Allein als am folgenden Tag wegen des ermüdenden Meinungsstreites der verschiedenen Parteien der Senat sich in der Versammlung saumselig im energischen Handeln zeigte und die umstehende Menge ihr Verlangen nach einem Regenten, und zwar mit Nennung des Namens, bereits lebhaft kundgab, da gestattete Claudius, daß die in Waffen versammelten Soldaten auf seinen Namen schworen und versprach zugleich jedem einzelnen fünfzehntausend Sesterzen, – der erste Kaiser, der die Treue seiner Soldaten mit Geld erkaufte.[35]

11. Nach Festigung seiner Herrschaft wußte er nichts Wichtigeres zu tun, als die Erinnerung an zwei Tage, an denen man an eine Veränderung der Verfassung gedacht hatte, auszutilgen. So verkündete er Vergebung und Vergessen für alles, was in dieser Zeit gesagt oder getan worden war und hielt sein Wort auch. Nur einige Tribunen und Zenturionen aus der Zahl der gegen Gaius [Caligula] Verschworenen ließ er umbringen, teils um ein Exempel zu statuieren, teils weil er erfahren hatte, daß auch sie seinen Tod verlangt hatten. Darauf bedacht, seine Verehrung gegen seinen Verwandten hochzuhalten, beschloß er, keinen Schwur höher zu achten und öfter zu gebrauchen, als den: „Bei Augustus!" Seiner Großmutter Livia ließ er die Ehre der Vergöttlichung und beim Einzug im Zirkus einen von Elefanten gezogenen Wagen, ähnlich dem des Augustus, zuteil werden, seinen Eltern gewährte er ein Staatsbegräbnis und dazu für seinen Vater jährliche Zirkusspiele an dessen Geburtstag und seiner Mutter einen Staatswagen, der ihr Bildnis durch den Zirkus führte, sowie den von ihr zu Lebzeiten abgelehnten Beinamen Augusta. Zum Andenken an seinen Bruder, das er bei jeder Gelegenheit feierte, ließ er bei dem Neapolitanischen Wettstreit auch eine griechische Komödie [von ihm] aufführen und ihm nach dem Urteil der Richter den Siegerkranz zuerkennen. Selbst Marcus Antonius ging

nicht ohne eine ehrenvolle und dankbare Erwähnung aus, indem er in einem Edikt kundgab, er wünsche um so dringender den Geburtstag seines Vaters Drusus festlich begangen zu sehen, als derselbe auch der Geburtstag seines Großvaters Antonius sei. Für Tiberius ließ er einen marmornen Ehrenbogen beim Pompeiustheater[36] errichten, dessen Bau vom Senat einst beschlossen, dann aber nicht ausgeführt worden war. Und obgleich er alle Verordnungen des Gaius [Caligula] aufhob, verbot er doch, den Tag von dessen Ermordung, obschon es auch der Tag seines Regierungsantritts war, unter die Festtage aufzunehmen.

12. Dagegen zeigte er sich, was die Erhöhung seiner eigenen Würde betraf, sehr bescheiden und bürgerfreundlich, nahm den Vornamen Imperator nicht an, lehnte übergroße Ehrenbezeigungen ab und beging selbst die Verlobung seiner Tochter[37] und den Geburtstag seines Enkels in aller Stille und nur mit einer Feier im engen Familienkreis. Keinen Verbannten berief er zurück ohne Einwilligung des Senats. Daß er den Oberbefehlshaber der Leibwache und deren Tribunen mit als Begleiter in die Kurie nehmen dürfe und daß die richterlichen Entscheidungen seiner Prokuratoren rechtskräftig sein sollten, erbat er sich vom Senat wie eine Vergünstigung. Das Recht, Markttage auf seinen Privatgütern abzuhalten, erbat er von den Konsuln. An den gerichtlichen Untersuchungen der Beamten nahm er als Beisitzer häufig teil. Wenn diese öffentliche Schauspiele gaben, stand auch er mit den übrigen Zuschauern auf und begrüßte sie achtungsvoll mit Zuruf und Handbewegung. Als die Volkstribunen vor seinem Richterstuhl erschienen, entschuldigte er sich bei ihnen, daß sie wegen des engen Raumes notgedrungen stehen müßten, während er sie anhöre. Dadurch gewann er in kurzer Zeit solche Liebe und Gunst, daß bei der Nachricht, er sei auf einer Reise nach Ostia auf hinterhältige Weise ermordet worden, das Volk in großer Bestürzung nicht eher aufhörte, das Heer als Verräter und den Senat als Mörder auf das furchtbarste zu verwünschen, bis einer, darauf ein weiterer und bald mehrere von den Magistraten auf die Rednerbühne geführt wurden, welche die Versicherung gaben, der Kaiser sei unversehrt und bereits der Stadt nahe.

13. Dessen ungeachtet blieb er doch auf die Dauer nicht von

Nachstellungen verschont, sondern sah sowohl von einzelnen, als auch durch eine ganze Gruppe und endlich durch einen Bürgerkrieg sein Leben bedroht. Ein Mann aus dem Volk wurde mitten in der Nacht mit einem Dolch in der Nähe seines Schlafgemachs ergriffen; auch zwei Angehörige des Ritterstandes wurden entdeckt, die ihm mit einem Stilett und einem Jagdmesser auf offener Straße auflauerten, der eine, um ihn beim Herausgehen aus dem Theater, der andere, um ihn bei einem Opfer vor dem Marstempel anzufallen. Eine umstürzlerische Verschwörung zettelten Gallus Asinius[38] und Statilius Corvinus[39] an, die Enkel der Redner Pollio[40] und Messalla[41], in die sie auch mehrere seiner eigenen Freigelassenen und Sklaven einweihten. Einen Bürgerkrieg begann Furius Camillus Scribonius, Statthalter von Dalmatien[42], der jedoch bereits fünf Tage später niedergeschlagen werden konnte, weil die eidbrüchigen Legionen durch folgendes Wunderzeichen zur Reue gebracht wurden. Als sie ihren Marsch zu dem neuen Kaiser antreten wollten, habe – sei es durch irgend einen Zufall oder durch göttliche Fügung – weder der Adler geschmückt, noch die Feldzeichen aus dem Boden gezogen und fortgebracht werden können.

14. Claudius bekleidete außer seinem früheren noch vier weitere Konsulate, die beiden ersten hintereinander, die folgenden in Zwischenräumen von je vier Jahren; das letzte führte er ein halbes Jahr, die übrigen nur zwei Monate lang, das dritte aber, was noch bei keinem Kaiser vorgekommen war, als Stellvertreter eines verstorbenen Konsuls. Recht sprach er sowohl während seiner Konsulate, als auch wenn er diese Ehrenstelle nicht bekleidete, sehr eifrig, sogar an seinen Festtagen und denen seiner Familie und zuweilen selbst an seit altersher heiligen Feiertagen. Er hielt sich nicht immer streng an die Vorschriften der Gesetze, sondern sprach strengere oder mildere Strafen aus, je nach seinem Rechtsempfinden. So z.B. erlaubte er denen, welche in Zivilprozessen wegen überhöhter Forderungen abgewiesen worden waren, das Verfahren von neuem anzustrengen, wogegen er andererseits bei solchen, die eines schlimmeren Verbrechens überführt worden waren, das gesetzliche Strafmaß erhöhte und sie zum Kampf mit wilden Tieren verurteilte.

15. Bei der Untersuchung und Entscheidung gerichtlicher Fälle

war er von einer wunderlichen Unberechenbarkeit: bald umsichtig und scharfsinnig, bald unbedacht und übereilt, zuweilen sogar leichtsinnig und einem Verrückten ähnlich. Als er die Dekurien der Richter[43] für den gerichtlichen Geschäftsgang musterte und dabei einen fand, der dem Aufruf gefolgt war und verheimlicht hatte, daß er nach dem Dreikinderrecht[44] befreit wäre, strich er ihn, als einen, der allzustarke Neigung zum Richten habe, aus der Liste. Einen anderen Richter, der von seinen Widersachern wegen eines persönlichen Prozesses zur Rede gestellt worden war, und der behauptete, seine Sache gehöre nicht vor das kaiserliche Gericht sondern vor den ordentlichen Gerichtshof, nötigte er, seinen Prozeß auf der Stelle selbst vor ihm zu entscheiden, damit er in eigener Sache ein Beispiel geben könne, ein wie gerechter Richter er in fremder Sache sein werde. Eine Frau, die ihren Sohn nicht anerkennen wollte, brachte er, da die Beweise auf beiden Seiten unzulänglich waren, dadurch zum Eingeständnis, daß er ihr befahl, den jungen Mann zu heiraten. In Abwesenheit der einen Partei entschied er sehr leicht zugunsten der anwesenden, ohne einen Unterschied zu machen, ob jemand aus eigener Schuld oder durch irgendeinen zwingenden Umstand den Termin versäumt hatte. Als jemand ausrief, einem Fälscher müsse man die Hände abhauen, ließ er sofort den Henker mit Schwert und Richtbank herbeischaffen. Als bei dem Prozeß eines Fremden, der angeklagt war, sich fälschlich das Bürgerrecht angemaßt zu haben, zwischen den Anwälten ein nichtiger Streit darüber entbrannte, ob derselbe in der Toga oder im Pallium[45] vor Gericht zu erscheinen habe, entschied er, um ein Besipiel seiner Unparteilichkeit zu geben, der Mann solle wiederholt, je nachdem der Ankläger oder der Verteidiger spräche, die Kleidung wechseln. Man glaubt sogar, er habe einmal bei einem Prozeß sein Urteil schriftlich dahingehend formuliert, er stimme für die Partei, welche die Wahrheit gesprochen habe. Durch solche Vorfälle verringerte er sein Ansehen so sehr, daß er öffentlich und bei jeder Gelegenheit zum Gegenstand der Verachtung wurde. So sagte z.B. einmal jemand, der einen aus der Provinz von ihm vorgeladenen Zeugen entschuldigte, lange Zeit bloß, derselbe könne nicht kommen, ohne den Grund dafür näher zu bezeichnen, und fügte erst nach langem Fragen hinzu: „Er ist verstorben, ich denke, das ist erlaubt." Ein anderer, der ihm Dank dafür abstattete, daß er erlaube, einen Angeklagten zu verteidigen, schloß diese Danksagung mit den Worten: „Freilich ist das eigentlich üblich!" Auch vernahm ich häufig von älteren Leuten, daß die Anwälte seine Geduld in der Form mißbrauchten, daß sie ihn, wenn er von seinem Tribunal herabstieg, nicht nur mit lauter Stimme zurückriefen, sondern ihn auch, indem sie ihn am Zipfel der Toge packten, oder zuweilen gar am Bein faßten, zurückhielten. Auch hierüber wird man sich wenig wundern, daß ein armseliger prozeßführender Grieche in der Hitze des Streits sich das Wort entschlüpfen ließ: „Auch du bist ein alter Tor!" Von einem römischen Ritter aber, der wegen unzüchtigem Umgang mit Frauen angeklagt war – fälschlich und von Feinden, die ihm nur durch eine fingierte Anklage beizukommen wußten – ist bezeugt, daß derselbe, als er Dirnen zum Zeugnis wider sich aufgerufen sah, dem Kaiser Schreibgriffel und Schreibtafel, die er gerade in Händen hatte, unter den bittersten Vorwürfen seiner Einfalt und Grausamkeit ins Gesicht schleuderte, so daß er ihm die Wange nicht unbedeutend verletzte.

16. Auch die Zensur bekleidete er, die lange Zeit, seit den Zensoren Plancus und Paulus nicht mehr ausgeübt worden war[46]; aber auch hier verfuhr er nicht immer gleich und in seiner inneren Einstellung und seinen Entscheidungen ohne Konsequenz. Bei der Rittermusterung[47] ließ er einen jungen Mann, der einen sehr schlechten Ruf hatte, von dem aber sein Vater sagte, daß er mit ihm vollkommen zufrieden sei, ohne Rüge durchschlüpfen, indem er bemerkte, der habe seinen eigenen Zensor. Einem andern, der als Verführer und Ehebrecher berüchtigt war, gab er bloß die Warnung mit auf den Weg, er möge seinen jugendlichen Gelüsten entweder etwas seltener oder etwas vorsichtiger frönen, denn, fügte er hinzu, „weshalb muß ich wissen, was du für eine Mätresse hast?" Und als er einmal auf Bitten seiner Freunde einem Ritter den bei dessen Namen bereits gemachten Vermerk wieder erließ, sagte er: „Jedenfalls bleibt die Ausradierung sichtbar!" Einen angesehenen Mann, der zu den führenden Persönlichkeiten der Provinz Griechenland gehörte, indessen der lateinischen Sprache nicht mächtig war, strich er nicht nur aus der Richterliste, sondern nahm ihm sogar das Bürgerrecht; jeder mußte

nämlich mit eigenem Munde, so gut er eben konnte und ohne Beistand, Rechenschaft von seinem Lebenswandel ablegen. Vielen erteilte er Rügen, manche wider jede Vermutung und aus ganz neuartigen Gründen, z.B., weil sie sich ohne sein Vorwissen und ohne Erlaubnis aus Italien entfernt hatten[48], einem sogar deshalb, weil er sich in einer römischen Provinz im Gefolge eines Königs gezeigt hatte; wobei er anführte, daß einst Rabirius Postumus[49], der dem Ptolemaeus, um sein Geld, das er ihm geborgt hatte, zu retten, nach Alexandria gefolgt sei, sich dadurch eine Anklage wegen Majestätsbeleidigung zugezogen habe. Er wollte noch viele andere „notieren“, fand aber wegen der großen Nachlässigkeit seiner Untersuchungsbeamten und seiner eigenen noch größeren Schändlichkeit fast durchweg Unschuldige. Leute, denen er Ehe- oder Kinderlosigkeit[50] oder Armut zum Vorwurf machen wollte, erwiesen sich als Ehemänner, Väter und wohlbegütert; ja, einer der beschuldigt wurde, er habe mit einem Dolch einen Selbstmordversuch gemacht, entkleidete sich und zeigte seinen unverletzten Körper. Merkwürdige Vorkommnisse während seiner Zensur waren auch noch folgende: einen kostbar gearbeiteten silbernen Reisewagen, der auf der Sigillarstraße[51] zum Verkauf stand, ließ er ankaufen und vor seinen Augen zertrümmern; ferner gab er an einem Tage zwanzig Edikte heraus, darunter zwei [besonders merkwürdige]. In einem erinnert er daran, für die bevorstehende reiche Weinlese die Fässer gut zu verpichen, in dem andern, daß gegen den Biß der Viper nichts so gut sei wie der Saft des Taxusbaumes.

17. Claudius unternahm nur einen Feldzug und der war nicht eben bedeutend. Der Senat hatte ihm nämlich die triumphalischen Ehrenzeichen zuerkannt; da ihm aber diese bloßen Titel der kaiserlichen Majestät nicht entsprechend erschienen und er auch die Auszeichnung eines ordentlichen Triumphes wollte, wählte er, um dies zu erreichen, vorzugsweise Britannien aus[52], das seit dem vergöttlichten Iulius [Caesar] keiner mehr anzugreifen versucht hatte[53] und das gerade damals wegen der Nichtauslieferung von Überläufern in Unruhe war. Auf der Fahrt von Ostia dorthin, erlitt er zweimal wegen eines heftigen Nordweststurmes fast Schiffbruch, das eine Mal an der Küste von Ligurien, das zweite Mal in der Nähe der

Stöchadischen Inseln.[54] Er legte deshalb den Rest des Weges von Massilia[55] bis Gesoriacum[56] auf dem Landweg zurück, setzte von dort über und unterwarf ohne Schwertstreich und Blutvergießen binnen weniger Tage einen Teil der Insel, worauf er im sechsten Monat nach seiner Abreise wieder nach Rom zurückkehrte und einen Triumph mit größtem Aufwand feierte. Zu diesem Schauspiel erlaubte er nicht nur den Statthaltern der Provinzen, sondern selbst mehreren Verbannten, nach Rom zu kommen und außer feindlichen Rüstungen heftete er an den Giebel seines Hauses auf dem Palatinischen Hügel neben der Bürgerkrone[57] auch eine Schiffskrone als Zeichen des von ihm befahrenen und gleichsam gebändigten Ozeans. Hinter seinem Triumphwagen folgte seine Gemahlin Messalina[58] in einem Prachtwagen.[59] Es begleiteten ihn auch alle, die in diesem Krieg die Triumphabzeichen erhalten hatten, doch zu Fuß und im gewöhnlichen Senatorengewand, nur Marcus Crassus Frugi auf einem reichgeschirrten Pferd und mit einem palmenbestickten Gewand, weil es das zweite Mal war, daß er jene Auszeichnung erhalten hatte.

18. Die Hauptstadt und ihre Lebensmittelversorgung lagen ihm immer sehr am Herzen. Als der Ämilianische Stadtteil von einem sehr lange dauernden hartnäckigen Brand heimgesucht wurde, blieb er zwei Nächte lang im „Diribitorium“[60] und da die Soldaten und seine zahlreiche Dienerschaft [zum Löschen] nicht reichte, ließ er aus allen Stadtteilen das Volk durch die städtischen Behörden zu Hilfe rufen, Körbe voll Geld vor sich hinsetzen und ermunterte dadurch die Menge zu Hilfeleistungen, indem er jeden sofort nach seinem geleisteten Dienst belohnte. Als aber einmal wegen andauernder Mißernten das Getreide sehr knapp geworden war, hielt ihn die Menge mitten auf dem Forum an, wobei er mit Schimpfworten und zugleich mit Brotstückchen so beworfen wurde, daß er sich nur mit knapper Not, und zwar durch eine Hintertür in den Palast zu retten vermochte, worauf er alle erdenklichen Vorkehrungen traf, um die Kornzufuhr auch für den Winter zu sichern. So stellte er z.B. den Kornhändlern sicheren Gewinn in Aussicht, indem er den Verlust übernahm, wenn einer durch Sturm Schaden hatte, und gestand denen, die Handelsschiffe bauen ließen[61], jedem nach seinen Verhältnissen, große Vergünstigungen zu:

19. Einem Bürger gewährte er Befreiung von den Bestimmungen der Lex Papia Poppaea, einem Latiner das römische Vollbürgerrecht, Frauen das Vierkinderrecht – Verordnungen, die noch heute gelten.

20. Seine Bauwerke waren eher groß und nützlich als zahlreich. Die hervorragendsten waren die von Gaius [Caligula] begonnene Wasserleitung[63]; ferner der Abzugskanal des Fucinersees[64] und der Hafen von Ostia, obschon er von den beiden letztgenannten wußte, daß Kaiser Augustus das erstere den Marsern trotz ihrer wiederholten Gesuche abgeschlagen, und daß der vergöttlichte Iulius [Caesar] letzteres zwar mehrfach geplant, aber wegen der Schwierigkeit immer wieder aufgegeben hatte. Die kalten und starken Quellen der Aqua Claudia, von denen die eine die „Blaue", die anderen „Curtius" und „Albudignus" heißen, sowie den Bach des „Anio novus" leitete er in einem steinernen Aquädukt in die Stadt und verteilte dort ihr Wasser in viele herrlich geschmückte Bassins.[65] Die Ableitung des Fucinersees unternahm er gleichermaßen wegen des davon erhofften Gewinns, wie auch wegen des Ruhms, da sich Unternehmer fanden, welche die Ableitung auf ihre Kosten zu bewerkstelligen versprachen, wenn ihnen der Besitz des trockengelegten Gebietes zugestanden würde. Auf einer Länge von viereinhalb Kilometer wurde der Berg teils durchgraben teils gesprengt, so brachte er mit Mühe erst nach Verlauf von elf Jahren den Kanal zustande, obschon fortwährend dreißigtausend Mann ohne Unterbrechung beschäftigt waren. Den Hafen von Ostia erbaute er, indem er ihn rechts und links mit Molenarmen umgab und ihn bei der Einfahrt, wo das Wasser schon tief war, durch einen Damm schützte. Um diesen desto fester zu gründen, ließ er vorher das Schiff, auf welchem der große Obelisk aus Ägypten gebracht worden war[66], versenken, mehrere Pfeiler an den Seiten aufmauern und auf ihnen einen riesigen Turm nach dem Muster des Leuchtturms von Alexandria[67] aufführen, damit die Schiffe nach dessen nächtlichen Feuerzeichen ihren Kurs steuern könnten.

21. Spenden verteilte Claudius häufig unter das Volk. Auch veranstaltete er viele und prächtige Schauspiele, nicht bloß die üblichen und an den gewöhnlichen Orten, sondern auch neu ausgesonnene und welche, die er aus der Vergangenheit wieder aufleben ließ und

an Plätzen, wo sie niemand vor ihm abgehalten hatte. Die Spiele bei der Einweihung des Pompeiustheaters[62], das er nach einem Brand wiederhergestellt hatte, leitete er von einem in der Orchestra errichteten Podium, nachdem er zuvor bei den Tempeln oberhalb des Theaters[69] geopfert hatte und von dort mitten durch den Zuschauerraum hinabgegangen war, während alle schweigend auf ihren Plätzen blieben. Auch Säkularspiele[70] veranstaltete er unter dem Vorwand, Augustus habe sie vorweg gefeiert und nicht den richtigen Zeitpunkt abgewartet; doch berichtet er selbst in seinem Geschichtswerk, Augustus habe diese, nachdem ihre Feier lange unterblieben war, nach sorgfältiger chronologischer Berechnung wieder in die richtige Ordnung gebracht. Deshalb spottete man über den Ruf des Herolds, der zur Feier dieser Spiele mit der üblichen feierlichen Formel einlud, daß keiner der Lebenden sie geschaut und keiner sie wieder schauen werde, während es doch noch Leute gab, welche sie gesehen hatten und sogar einige der Schauspieler, die damals aufgetreten waren, auch jetzt auftraten. Zirkusspiele veranstaltete er häufig im vatikanischen Gebiet[71], wobei er zuweilen zwischen je fünf Rennen eine Tierhetze als Zwischenspiel einschob. Im Circus Maximus[72], den er mit marmornen Schranken und vergoldeten Zielsäulen schmückte, während beides früher aus Tuffstein und Holz gewesen war, gab er den Senatoren, die zuvor mitten unter der Menge gesessen waren, eigene Plätze. Neben den Wettrennen der Viergespanne veranstaltete er auch noch ein Troiaspiel[73] und eine Jagd wilder Tiere aus Afrika, welche von einer Reiterschwadron der Prätorianergarde unter der Führung ihrer Tribunen und des Präfekten selbst erlegt wurden. Dazu ließ er thessalische Reiter auftreten, welche wilde Stiere im Zirkus umherjagten, den ermüdeten Tieren in den Nacken sprangen und sie bei den Hörnern auf den Boden niederrissen. Gladiatorenspiele gab er wiederholt in verschiedenster Art: eines jährlich im Lager der Prätorianer ohne Tierhetze und großem Aufwand, ein ordentliches und vollständiges auf dem Wahlplatz[74] und dort auch noch ein außerordentliches und kurzes, das nur wenige Tage dauerte und das er „Sportula“[75] zu nennen begann, weil er, als es zum ersten Mal stattfand, in der Ankündigung die Worte gebraucht hatte, er lade das Volk sozusagen nur auf einen improvisierten und unvorbereiteten Imbiß ein. Bei keiner Art von Schauspiel war er leutseliger und ungezwungener als bei diesen; hier zählte er sogar die Goldstücke für die Sieger ganz wie das gemeine Volk, mit lauter Stimme an den Fingern der vorgestreckten linken Hand ab, ermunterte häufig durch Zureden und Zuruf die Leute zur Fröhlichkeit, redete sie wiederholt mit „Meine Herren" an, wobei er zuweilen auch abgeschmackte und weit hergeholte Witze einflocht, wie er denn z. B., als die Menge nach Palumbus[76] verlangte, zur Antwort gab, er werde ihn auftreten lassen, sobald man ihn gefangen habe. Ganz zuträglich und passend war es dagegen, daß er einmal, als er einen Wagenlenker, für den seine vier Söhne baten, unter allgemeinem Beifall von weiteren Auftritten entließ, unmittelbar darauf eine Tafel herumreichen ließ, auf welcher er die Zuschauer mahnte, wie gut es sei, Kinder groß zu ziehen, da man sähe, daß sie selbst einem Gladiator hilfreich und nützlich sein könnten. Ferner zeigte er auch auf dem Marsfeld das kriegerische Schauspiel der Eroberung und Plünderung einer Stadt sowie die Vorstellung der Unterwerfung der Könige von Britannien und führte dabei, mit dem Feldherrnmantel angetan, den Vorsitz. Ja, ehe er den letzten Durchstich zum Abfluß des Fucinersees vornehmen ließ, veranstaltete er zuvor eine Seeschlacht. Als nun aber dort die Kämpfer den Ruf erschallen ließen: „Heil dir, Imperator, die Todgeweihten begrüßen dich!" und er darauf mit „oder auch nicht!" geantwortet hatte und nach dieser Antwort, die sie als Begnadigung auffaßten, keiner von ihnen kämpfen wollte, war er anfangs geraume Zeit nahe daran, sie alle niederhauen und verbrennen zu lassen, bis er endlich von seinem Sitz aufsprang, mit seinem häßlichen Wackelgang um den ganzen See herum lief und sie bald mit Drohungen bald mit Ermahnungen zum Kampf antrieb. Bei diesem Schauspiel fochten eine sizilische und eine rhodische Flotte gegeneinander, jede zwölf Dreiruderer stark; ein silberner Triton[77], der mitten aus dem See mit Hilfe einer Maschinerie emporgetaucht war, blies mit der Trompete zum Angriff.

22. Was die religiösen Zeremonien, die zivilen und militärischen Gebräuche sowie die Verhältnisse aller Stände innerhalb Roms anbelangt, so nahm er manche Verbesserungen vor, rief Altes wieder ins Leben oder führte auch manches Neue ein. Bei der Ergänzung der

Priesterkollegien durch die Wahl neuer Mitglieder ernannte er keinen, ohne vorher einen Eid geleistet zu haben. Desgleichen hielt er sorgfältig darauf, daß, so oft man ein Erdbeben in der Stadt verspürte, der Prätor eine Volksversammlung berufen und Gerichtsferien ansagen mußte und daß, so oft sich ein Unglück verheißender Vogel auf dem Kapitol blicken ließ, ein Bet- und Bußtag abgehalten wurde, wobei er selbst in seiner Eigenschaft als Pontifex Maximus[78] dem Volk von der Rednerbühne herab die Gebetsformeln vorsprach. Die große Menge der Arbeiter und Sklaven war von der Feier ausgeschlossen.

23. Die Gerichtssitzungen, die bis dahin in eine Winter- und Sommerperiode geschieden gewesen war, zog er zu einer einzigen Periode zusammen. Die Rechtssprechung in Erbschaftsangelegenheiten, die auf Rom beschränkt war und alljährlich anderen Magistraten aufgetragen zu werden pflegte, übertrug er für immer und selbst in den einzelnen Provinzen bestimmten Behörden. Einen von Tiberius herrührenden Artikel der Lex Papia Poppaea[79], welcher auf der Annahme beruhte, daß ein Sechzigjähriger keine Kinder mehr zeugen könne, hob er auf. Er verordnete, daß jedem Mündel von den Konsuln durch eine außerordentliche Bestimmung ein Vormund zu geben sei, und daß diejenigen, welche von den Statthaltern aus einer Provinz verwiesen worden seien, auch von Rom und Italien fern gehalten werden sollten. Er selbst wandte gegen einige Leute eine neue Art von Verbannung an, indem er ihnen verbot, sich über den dritten Meilenstein hinaus von Rom zu entfernen. Wenn er im Senat eine wichtige Angelegenheit zu behandeln vorhatte, so pflegte er in der Kurie seinen Platz mitten zwischen den zwei Sesseln der Konsuln oder auf der Tribunenbank zu nehmen. Die Bewilligung der Urlaubsgesuche[80], welche man bisher beim Senat einzubringen pflegte, machte er zu einem seiner persönlichen Gnadenbeweise.

24. Die konsularischen Privilegien gewährte er auch den Prokuratoren, welche zweihunderttausend Sesterzen Gehalt bezogen. Wer die Senatorenwürde ausschlug, dem nahm er auch die Ritterwürde. Obwohl er bei seinem Regierungsantritt versichert hatte, daß er keinen zum Senator ernennen werde, der nicht Urenkel eines römischen Bürgers sei, verlieh er den senatorischen Purpurstreifen auch

einmal dem Sohn eines Freigelassenen, jedoch unter der Bedingung, daß er zuvor von einem römischen Ritter adoptiert würde. Da er jedoch auch so noch Mißbilligung fürchtete, berief er sich darauf, daß auch der Ahnherr seines Geschlechts, Appius Caecus[81], der Zensor, Söhne von Freigelassenen in den Senat aufgenommen habe; wobei ihm entging, daß zur Zeit des Appius und längere Zeit später *libertini* nicht diejenigen genannt wurden, welche von ihren Herren die Freilassung empfingen, sondern erst ihre freigeborenen Kinder. Dem Kollegium der Quästoren legte er die Pflicht auf, an Stelle der Aufsicht über den Straßen- und Wegebau ein Gladiatorenspiel zu veranstalten, nahm ihm die Verwaltung von Ostia und der Provinz Gallien und gab ihm dafür die Aufsicht über die Schatzkammer im Saturntempel[82] zurück, welche in der Zwischenzeit die Prätoren oder, wie jetzt, die gewesenen Prätoren geführt hatten. Die triumphalischen Ehrenabzeichen verlieh er dem Silanus[83], dem Verlobten seiner Tochter, obgleich dieser noch nicht volljährig war, älteren Personen gewährte er sie gar in so großer Zahl und so leichthin, daß ein Brief erhalten ist, in dem die Legionen gemeinsam in ihrem Namen bitten, es möchten doch den konsularischen Legaten zugleich mit ihrem Kommando auch sofort die triumphalischen Auszeichnungen verliehen werden, damit sie nicht auf jede Weise einen Kriegsgrund suchten. Dem Aulus Plautius[84] gestand er sogar die Ehre der Ovation[85] zu, schritt ihm bei seinem Einzug in die Stadt entgegen und ging während seines Zuges zum Kapitol hinauf und von dort wieder hinab, an seiner linken Seite. Dem Gabinius Secundus[86], der die Chauken[87], ein germanisches Volk, besiegt hatte, gestattete er, den Beinamen Chaucius zu führen.

25. Die Militärlaufbahn der Ritter ordnete Claudius so, daß er nach dem Kommando über eine Kohorte das über eine Ale, danach die Stelle eines Legionstribunen erteilte. Ferner regelte er die Soldzahlungen und führte eine Art fiktiven Kriegsdienst ein, der „der überzählige" hieß und in welchem man abwesend war und bloß dem Namen nach Dienst tat. Den Soldaten untersagte er sogar durch einen Senatsbeschluß, die Häuser der Senatoren zu betreten, um diesen ihre Aufwartung zu machen. Freigelassenen, welche sich als römische Ritter ausgaben, bestrafte er mit Konfiskation ihres Ver-

mögens; undankbare, über welche sich ihre Patrone beklagten, versetzte er wieder in die Sklaverei und erklärte den Anwälten, er werde von diesen selbst künftig keine Klage gegen ihre eigenen Freigelassenen annehmen. Da es vorkam, daß manche Herren ihre kranken und unter schweren Gebrechen leidenden Sklaven, um sich der Last ihrer weiteren Behandlung zu entziehen, auf der Insel des Äskulap[88] aussetzten, verordnete er, daß alle, die so ausgesetzt würden, frei sein sollten und im Fall der Genesung nicht wieder in die Gewalt ihrer Herren zurückzukehren bräuchten und daß, wenn jemand seinen Sklaven, statt ihn auszusetzen, eher töte, er des Mordes angeklagt werden solle. Die Reisenden hielt er durch ein Edikt dazu an, die italischen Städte nicht anders als zu Fuß, in einem Tragsessel oder in einer Sänfte zu durchqueren. Nach Puteoli[89] und Ostia[90] legte er je eine Kohorte zur Brandbekämpfung. Ausländern verbot er, römische Namen, das heißt Geschlechternamen, zu führen. Solche, die sich das römische Bürgerrecht unbefugterweise anmaßten, ließ er auf dem Esquilinischen Feld mit dem Beil hinrichten. Achaia und Makedonien, die Tiberius zu kaiserlichen Provinzen gemacht hatte, gab er dem Senat zurück. Den Lykiern, die fortwährend untereinander in verderbenbringender Weise stritten, nahm er die Freiheit, während er sie den Rhodiern, die über ihre alten Vergehen[91] Reue zeigten, wiedergab. Den Einwohnern von Troia, gleichsam den Stammvätern des römischen Volkes[92], erließ er auf ewige Zeiten alle Abgaben, nachdem er einen alten, griechisch geschriebenen Brief vorgelesen hatte, in welchem Senat und Volk von Rom dem König Seleukos Freundschaft und Bündnis nur unter der Bedingung zusicherten, wenn er zuvor die Bewohner von Troia, ihre Blutsverwandten, von jeglicher Steuerbelastung befreie. Die Juden, welche von Chrestos aufgehetzt, fortwährend Unruhe stifteten, vertrieb er aus Rom.[93] Den Gesandten der Germanen erlaubte er, in der Orchestra zu sitzen, wozu ihn ihre Naivität und ihr Stolz bewegten. Nachdem man ihnen Theaterplätze unter dem gewöhnlichen Volk zugewiesen hatte, waren sie nämlich, als sie die Parther und Armenier auf den Senatorenplätzen sitzen sahen, ohne weiteres auch dorthin gegangen und hatten stolz erklärt, ihre Tapferkeit und ihr Rang seien um nichts geringer. Den Druidenkult der Gallier mit seiner unmenschlichen

Grausamkeit[94] schaffte er vollständig ab, nachdem unter Augustus nur römischen Bürgern die Teilnahme untersagt worden war; dagegen versuchte er den eleusinischen Mysterienkult[95] sogar von Attika nach Rom zu verpflanzen und veranlaßte, daß in Sizilien der Tempel der Venus Erycina[96], der aus Altersgründen baufällig war, auf römische Staatskosten wiederhergestellt wurde. Bündnisse mit fremden Königen schloß er auf dem Forum ab, wobei ein Schwein geopfert und die alte Formel der Fetialen[97] gebraucht wurde.

Aber diese und andere, ähnliche Maßnahmen, wie überhaupt seine ganze Regierung, waren nicht so sehr sein eigenes Werk, als das seiner Frauen und seiner Freigelassenen, während er sich selbst meistens überall nur so verhielt, wie es ihren Interessen oder Launen entsprach.

26. Verlobt war er in seiner frühen Jugend zweimal: mit Aemilia Lepida, der Urenkelin des Augustus, und mit Livia Medullina, die auch den Beinamen Camilla hatte und aus dem alten Geschlecht des Diktators Camillus[98] stammte. Die erste verstieß er noch als Jungfrau, weil ihre Eltern Augustus beleidigt hatten[99]; die zweite verlor er an dem zur Hochzeit festgesetzten Tag durch eine Krankheit. Er heiratete die Plautia Urgulanilla[100], deren Vater die Triumphabzeichen erhalten hatte, und bald darauf die Aelia Paetina, die Tochter eines Konsulars. Von beiden ließ er sich scheiden, jedoch von letzterer wegen unbedeutender Streitigkeiten, von Urgulanilla dagegen wegen ihres ausschweifenden Lebenswandels und wegen eines Mordverdachts. Nach ihnen nahm er Valeria Messalina, die Tochter seines Vetters Barbatus Messalla, zur Frau.[101] Diese ließ er hinrichten, nachdem er erfahren hatte, daß sie neben anderen skandalösen Schandtaten sich sogar in aller Form mit Gaius Silius vermählt hatte unter Abschluß eines ordentlichen Ehekontrakts über die Mitgift vor den Auguren.[102] Zugleich erklärte er in einer Versammlung vor den Prätorianern, denn da er mit seinen Ehen kein Glück habe, werde er fortan unverheiratet bleiben, wenn nicht, so werde er nichts dagegen haben, von ihren eigenen Händen erstochen zu werden. Er konnte es aber doch nicht unterlassen, sofort wieder mit neuen Eheverhandlungen zu beginnen, sogar mit Paetina, die er vorher verstoßen hatte, und mit Lollia Paulina[103], die mit Gaius Caesar [Caligula] verheiratet

gewesen war. Allein die Lockungen der Agrippina[104], der Tochter seines Bruders Germanicus, die ihre nahe Verwandtschaft mit ihm zu Liebkosungen und Zärtlichkeiten zu benutzen wußte, reizten seine Sinnlichkeit so, daß er einige Senatoren anstiftete, in der nächsten Senatssitzung den Antrag zu stellen, man müsse ihn, wie wenn es von größter Bedeutung für das Staatswohl wäre, zwingen, dieselbe zu heiraten und zugleich auch den anderen Leuten solche Verbindungen, die bis dahin als Inzeste galten, erlauben. Kaum war ein Tag nach jener Erklärung verstrichen, so vollzog er die Heirat, doch fand er keinen, der seinem Beispiel gefolgt wäre, mit Ausnahme eines Freigelassenen und eines Primipilaren, dessen Hochzeit er selbst zusammen mit Agrippina beiwohnte.

27. Kinder hatte er von drei Frauen: von Urgulanilla den Drusus und die Claudia, von Paetina die Antonia, von Messallina die Octavia und einen Sohn, den er anfangs Germanicus, später Britannicus[105] nannte. Drusus verlor er noch als Kind in Pompeji, er erstickte an einer Birne, die er im Spiel in die Höhe geworfen und mit dem Munde wieder aufgefangen hatte. Wenige Tage zuvor hatte er ihn mit einer Tochter Seians[106] verlobt; um so mehr wundere ich mich daher, daß manche Schriftsteller berichten, er sei von Seian heimlich umgebracht worden. Claudia, deren Vater eigentlich Boter, einer seiner Freigelassenen, war, wurde auf seinen Befehl, obschon sie vier Monate vor seiner Ehescheidung geboren und anfangs als sein Kind aufgezogen worden war, ausgesetzt und der Mutter nackt vor die Tür gelegt. Antonia vermählte er mit Gnaeus Pompeius Magnus, dann mit Faustus Sulla, zwei jungen Männern vornehmster Herkunft; Octavia mit seinem Stiefsohn Nero, nachdem sie vorher mit Silanus verlobt gewesen war. Den Britannicus, der ihm am zwanzigsten Tage nach seiner Thronbesteigung während seines zweiten Konsulats geboren wurde, empfahl er schon damals noch als kleines Kind beständig sowohl den versammelten Soldaten, denen er ihn auf seinen Armen haltend zeigte, als auch anläßlich von Schauspielen dem Volk, indem er ihn auf seinem Schoß oder vor sich sitzen ließ und ihm unter dem Jubelruf der versammelten Menge Heil und Segen wünschte. Von seinen Schwiegersöhnen adoptierte er Nero; Pompeius und Silanus überging er nicht nur, sondern ließ sie sogar umbringen.

28. Von seinen Freigelassenen stand vor allem Posides[107], ein Eunuch, bei ihm in Ansehen, den er auch bei seinem Triumph über Britannien unter den verdienten Kriegsmännern mit einer Ehrenlanze beschenkte; nicht minder Felix[108], den er zuerst zum Kommandant einer Kohorte und Ale und dann sogar zum Statthalter der Provinz Judäa beförderte und der mit drei Königinnen verheiratet war.[109] Ebenso beliebt war Harpocras, dem er das Recht erteilte, sich in Rom einer Sänfte zu bedienen[110] und öffentlich Spiele zu veranstalten. Darüber stand noch Polybios[111] sein Hofgelehrter, der häufig zwischen den beiden Konsuln spazieren ging. Am höchsten aber unter allen standen in der kaiserlichen Gunst Narcissus[112], sein Sekretär, und Pallas[113], sein Rechnungsführer, denen er durch Senatsbeschluß nicht nur ungeheure Belohnungen, sondern auch quästorischen und prätorischen Rang bereitwillig zusprechen ließ, und denen er überdies noch soviel zusammenzuraffen und zu rauben gestattete, daß ihm, als er sich einmal über den Geldmangel in der kaiserlichen Kasse beklagte, die nicht unrichtige Antwort gegeben wurde, er würde Geld im Überfluß haben, wenn ihn seine beiden Freigelassenen als Teilhaber annehmen wollten.

29. Beherrscht, wie ich gesagt habe, von diesen Menschen und von seinen Frauen, spielte er eigentlich nicht die Rolle eines Kaisers, sondern die eines Dieners. Wie es dem Interesse jeder dieser Personen oder auch ihrer Neigung und Laune entsprach, teilte er Ehrenstellen, Militärkommandos, Begnadigungen oder Strafen aus, meist ohne recht zu wissen, was er tat. Und um nicht jede geringfügige Einzelheit aufzuzählen – die widerrufenen Vergünstigungen, die annullierten Urteile, die untergeschobenen oder auch ganz offen geänderten Ernennungsschreiben –, [will ich nur dies berichten]: Appius Silanus[114], den Vater seines zukünftigen Schwiegersohnes, die beiden Iulien[115], die eine die Tochter des Drusus, die andere die des Germanicus, ließ er auf ganz fadenscheinige Anschuldigungen hin und ohne ihnen eine Verteidigung zu gestatten, hinrichten; desgleichen Gnaeus Pompeius, den Mann seiner älteren Tochter und Lucius Silanus, den Verlobten der jüngeren. Pompeius wurde in den Armen eines von ihm geliebten Knaben erstochen, Silanus gezwungen, die Prätur am 29. Dezember niederzulegen und am Neujahrstag, der zugleich der

Hochzeitstag von Claudius und Agrippina war, sich zu töten. Die Todesurteile von fünfunddreißig Senatoren und mehr als dreihundert Richtern vollzog er mit solcher Leichtfertigkeit, daß er, als der Zenturio ihm über die Hinrichtung eines Mannes von konsularischem Rang mit den Worten Meldung machte, sein Befehl sei vollzogen, in Abrede stellte, daß er überhaupt einen Befehl erteilt habe, nichtsdestoweniger aber das Geschehen guthieß, weil seine Freigelassenen ihm sagten, die Soldaten hätten ihre Pflicht getan, weil sie von sich aus an einem Feind ihres Kaisers Rache genommen hatten. Indes dürfte doch das Folgende jeder Glaubwürdigkeit entbehren, Claudius soll nämlich den Ehekontrakt der Messalina mit ihrem Geliebten Silius selbst mitunterzeichnet haben, wozu man ihn durch die Vorstellung bewogen habe, das Ganze sei eine absichtlich vorgenommene Scheinehe, um ein Unheil das durch allerhand Vorzeichen angekündigt gewesen sein soll, von ihm abzuwenden und auf jemand anderen zu übertragen.

30. Eindrucksvolle Würde der äußeren Erscheinung fehlte ihm keineswegs, wenn er stand oder saß und vor allem, wenn er auf dem Ruhebett lag. Denn er war schlank, nicht mager, und sein graues Haar und ein starker Nacken verschönten sein Aussehen. Beim Gehen aber verließ ihn die Kraft in den schwachen Kniegelenken und beim Sprechen, sei es scherzhaft oder über ernste Dinge, verunstaltete ihn mehreres: ein ordinäres Lachen und noch mehr sein häßliches Aussehen im Zorn, wenn ihm der Schaum vor den Mund trat und die Nase tropfte. Außerdem stotterte er und zitterte beständig mit dem Kopf, was sich bei der geringsten Tätigkeit noch steigerte.

31. Sein Gesundheitszustand, der früher nicht besonders gut war, besserte sich seit seiner Thronbesteigung auf das glücklichste, mit Ausnahme der Magenschmerzen, unter deren Pein er bisweilen sogar an Selbstmord gedacht habe, wie er selbst zugibt.

32. Häufig veranstaltete er sehr umfangreiche Festbankette, fast immer in sehr großen Räumen, so daß sehr oft sechshundert auf einmal an der Tafel Platz hatten. Einmal gab er sogar ein Festessen über dem Abzugskanal des Fucinersees, dabei wäre er in den mit großer Gewalt nach dem Durchstich des Dammes hervorbrechenden

und alles überschwemmenden Wassermassen beinahe ertrunken.[116] Zu seiner Tafel zog er regelmäßig auch seine Kinder mit anderen Knaben und Mädchen von edler Geburt hinzu, die nach alter Sitte zu Füßen des Sofas sitzend aßen. Einen seiner Gäste, auf dem der Verdacht ruhte, daß er tags zuvor einen goldenen Becher heimlich eingesteckt habe, lud er am nächsten Tag wieder ein und setzte ihm eine tönerne Trinkschale vor. Man sagt ihm auch nach, er habe ein Edikt erlassen wollen, das erlauben sollte, leise und laute Blähungen bei Tische abzulassen, weil er erfahren hatte, daß einer seiner Gäste, der sich schamhaft zurückgehalten hatte, schwer erkrankt war.

33. Vom Essen und Trinken war Claudius überall und zu jeder Zeit sehr angetan. Er saß einmal zu Gericht auf dem Augustusforum, als er, angelockt durch den Geruch des Essens, welches in dem naheliegenden Marstempel für die Salierpriester[117] bereitet wurde, sofort das Tribunal verließ, zu den Priestern hinausging und sich an ihrer Tafel niederließ. Selten ging er aus dem Speisezimmer, ohne sich voll gegessen und getrunken zu haben, weshalb ihm sofort, wenn er mit offenem Mund auf dem Rücken liegend schlief, eine Feder in den Rachen eingeführt wurde, um ihm den Magen zu erleichtern. Er bekam nur sehr wenig Schlaf, da er meist bis Mitternacht wach blieb, deshalb schlummerte er manchmal am hellichten Tag bei Gerichtssitzungen ein, so daß ihn die Anwälte, die zu dem Zwecke lauter sprachen, kaum wecken konnten. Zum weiblichen Geschlecht hatte er einen übermäßigen Hang, zum männlichen gar keinen. Das Würfelspiel liebte er sehr und schrieb über diese Kunst sogar ein Buch; ja, er pflegte sogar beim Fahren zu spielen, wobei sein Wagen und das Spielbrett so hergerichtet waren, daß das Spiel nicht gestört werden konnte.

34. Daß sein Naturell eigentlich grausam und blutdürstig war, zeigte sich im Großen und im Kleinen. Peinliche Verhöre und die Hinrichtungen von Mördern pflegte er unverzüglich und in seiner Gegenwart vollziehen zu lassen. Als er einmal in Tibur Lust hatte, eine Hinrichtung nach alter Art und Weise[118] zu sehen und die Verbrecher bereits an den Pfahl gebunden waren, aber ein Henker fehlte, ließ er aus der Hauptstadt einen solchen holen und wartete bis zum Abend auf seine Ankunft. Bei jedem Gladiatorenkampf,

mochte er oder ein anderer der Veranstalter sein, pflegte er immer selbst die, welche zufällig hingefallen waren, umbringen zu lassen, zumal wenn es Netzfechter waren, um ihr Gesicht beobachten zu können, wenn sie ihr Leben aushauchten. Als einmal ein Fechterpaar an den gegenseitig beigebrachten Wunden gefallen war, gab er den Befehl, ihm unverzüglich aus den Schwertern beider kleine Messer für seinen Gebrauch zu machen. An den Tierkämpfern und an den Fechtern, welche um die Mittagsstunde auftraten, fand er solchen Gefallen, daß er nicht nur schon frühmorgens zu dem Schauplatz kam, sondern auch über die Mittagszeit, wenn das Volk zum Essen nach Hause ging, auf seinem Platz sitzen blieb. Ja, er ließ auch außer den ordentlichen Gladiatoren, plötzlich aus einem nichtigen Grund Handwerker, Hilfsarbeiter und dergleichen andere Leute zum Kampf bestimmen, wenn ein Automat, eine Hebebühne oder eine andere Maschine nicht richtig funktionierte. Er schickte sogar einmal einen seiner Nomenklatoren[119], so wie er war, mit der Toga in die Arena.

35. Die vorherrschenden Züge seines Charakters aber waren Furchtsamkeit und Mißtrauen. In den ersten Tagen seiner Regierung wagte er, obschon er, wie wir gesagt haben, gern eine bürgerliche Schlichtheit zur Schau trug, es dennoch niemals, einem Festessen beizuwohnen, ohne daß Leibwächter mit Lanzen um ihn herumstanden und Soldaten die Bedienung übernahmen; auch besuchte er keinen Kranken, wenn nicht das Schlafgemach zuvor inspiziert und sogar Polster und Decken durchsucht und ausgeschüttelt worden waren; ja, in der Folgezeit ließ er jeden, der ihm seine Aufwartung zu machen kam, ohne Ausnahme durch eigens dafür angestellte Bediensteten auf das schärfste untersuchen. Erst nach langer Zeit und nach vielem Drängen gab er endlich soweit nach, daß wenigstens Frauen und Knaben, die noch die Kindertoga[120] trugen, sowie junge Mädchen nicht mehr abgetastet wurden und daß man den Begleitern und Schreibern der Besucher nicht mehr ihre Schreibrohr- und Griffelbüchsen abnahm. Als ihn Camillus[121] während seines Aufstandes, in der sicheren Hoffnung, ihn auch ohne Krieg einschüchtern zu können, in einem Brief voll Beschimpfungen und frecher Drohungen aufforderte, abzudanken und als Privatmann in Ruhe weiter zu

leben, berief er die ersten Männer des Staates zu einer Beratung, weil er im Zweifel war, ob er nicht gehorchen solle.

36. Mehrere unbegründete Anzeigen von Verschwörungen setzten ihn dergestalt in Schrecken, daß er knapp davor war, die Regierung niederzulegen. Als einmal, wie ich oben erzählt habe[122], jemand mit einem Dolch, während er ein Opfer vollzog, in seiner Nähe verhaftet wurde ließ er den Senat durch Herolde schleunigst zusammenrufen und beklagte unter Tränen und Jammern sein Los, daß er nirgendwo sicher sei; darauf zeigte er sich lange nicht mehr in der Öffentlichkeit. Selbst seine glühende Liebe zu Messalina gab er weniger aus Unwillen über ihre Unverschämtheiten auf, als aus Furcht vor der Gefahr, da er glaubte, sie wolle ihren Geliebten Silius auf den Thron setzen. Das war die Zeit, als er schmählich zitternd und bebend sich ins Lager der Prätorianer flüchtete und während des ganzen Weges immer nur das eine fragte, ob denn sein Thron noch ungefährdet sei?

37. Und so war denn in der Tat kein Verdacht, kein Angeber so unglaubwürdig, daß er dadurch nicht mißtrauisch und zu ängstlicher Vorsicht und Rache getrieben wurde. Ein Kläger nahm ihn bei einer Audienz auf die Seite und vertraute ihm insgeheim an, er habe geträumt, irgendwer ermorde den Kaiser. Wenige Augenblicke darauf zeigte er, als ob er den Mörder wiedererkenne, auf seinen Gegner, der eben im Begriff war, eine Bittschrift zu überreichen, und sofort wurde dieser, wie auf frischer Tat ertappt, zur Hinrichtung geschleppt. Auf gleiche Art soll Appius Silanus sein Leben verloren haben. Messalina und Narcissus hatten nämlich beschlossen, ihn ins Verderben zu stürzen und die Rollen so verteilt, daß Narcissus vor Tagesanbruch völlig entsetzt in das Schlafgemach seines Herrn stürzte mit der Nachricht, er habe geträumt, daß dieser von Appius ermordet werde, Messalina dagegen erzählte, Erstaunen heuchelnd, auch sie habe schon einige Nächte dasselbe Traumgesicht gehabt. Bald darauf kam, was gleichfalls abgekartet war, die Meldung, Appius eile herbei – ihm war nämlich tags zuvor bestellt worden, er solle sich um diese Zeit im Palast einfinden –, und da dies als sichere Bestätigung des Traumes gedeutet wurde, befahl der Kaiser sofort, ihn zu verhaften und hinzurichten. Ja, Claudius zögerte nicht, am

folgenden Tag, den ganzen Hergang dem Senat vorzutragen und seinem Freigelassenen zu danken, weil er sogar im Schlaf über seine Sicherheit wache.

38. Da er seine Neigung zum Zorn und zu Wutanfällen kannte, entschuldigte er sie in einem Edikt, indem er beides unterschied und versprach, der eine werde kurz und unschädlich, die anderen werden nie ungerecht sein. Als die Einwohner von Ostia ihm einmal bei seiner Einfahrt in den Tiber keine Kähne entgegengeschickt hatten, tadelte er sie in einem Brief erst heftig und ging in seinem Zorn so weit, daß er schrieb, sie hätten ihn degradiert, verzieh ihnen aber dann plötzlich in einer Weise, die fast einer Entschuldigung gleichkam. Mehrmals stieß er Leute, die in der Öffentlichkeit zu ungelegener Zeit an ihn herantraten, mit eigener Hand zurück. Ebenso verbannte er einen Quästurschreiber und einen Senator, der bereits die Prätur bekleidet hatte, ohne Verhör und unschuldig, den ersteren, weil er gegen ihn, als er noch Privatmann war, bei einem Prozeß allzu heftig gesprochen hatte, den anderen, weil er als Ädil Mietsleute von seinen [des Claudius] Besitzungen, die gegen ausdrückliches Verbot gekochte Speisen verkauften[123], bestrafen und den dazwischentretenden Verwalter hatte auspeitschen lassen. Bei diesem Anlaß nahm er zugleich den Ädilen die polizeiliche Aufsicht über die Kneipen. Selbst seine Geistesschwäche verschwieg er nicht und bezeugte in mehreren kleinen Reden, daß er diese unter Gaius [Caligula] nur vorgetäuscht habe, weil es keine andere Möglichkeit für ihn gegeben habe, mit heiler Haut davonzukommen und zu seiner gegenwärtigen Stellung zu gelangen. Doch fand er keinen Glauben, denn binnen kurzem erschien eine Schrift unter dem griechischen Titel „Die plötzliche Genesung der Toren", die beweisen wollte, daß niemand Dummheit nur vorgebe.

39. Unter anderem wunderten sich die Leute besonders über seine Vergeßlichkeit und Unüberlegtheit oder, um die griechischen Ausdrücke zu gebrauchen, über seine μετεωρία und seine αβλεψία. Als Messalina getötet worden war, fragte er kurz darauf, nachdem er sich bei Tisch niedergelassen hatte, warum die Kaiserin nicht komme? Viele von denen, welche er mit dem Tode bestraft hatte, ließ er gleich tags darauf zur Beratung oder zum Würfelspiel einladen und

sie dann, wenn sie nicht kamen, durch Boten als „Schlafmützen" ausschelten. Als er beabsichtigte, gegen jegliches göttliche Recht Agrippina zu heiraten[124], hörte er dennoch nicht auf, sie in allen seinen Reden als seine Tochter, sein Pflegekind zu bezeichnen, das er von ihrer Geburt an auf den Armen getragen und aufgezogen habe. Im Begriff stehend, Nero zu adoptieren, ließ er wiederholt – als wäre noch nicht genug zu tadeln, daß er, der doch bereits einen erwachsenen Sohn hatte, einen Stiefsohn adoptierte – die Äußerung hören: niemand sei bisher durch Adoption in die claudische Familie aufgenommen worden.

40. In seiner Rede und in seinem Benehmen zeigte er oft eine solche Achtlosigkeit, daß man glauben mußte, daß er weder bedenke noch wisse, wer, noch zu wem, noch wann und wo er spreche. Als über die Schlächter und Weinwirte verhandelt wurde, rief er in der Kurie aus: „Ich bitte euch, wer kann denn ohne sein Stück Wurst leben?" und beschrieb sogleich das reichhaltige Angebot der alten Wirtshäuser, aus denen er einst selbst seinen Wein zu holen pflegte. Bei der Unterstützung eines Bewerbers um die Quästur führte er auch an, dessen Vater habe ihm während einer Krankheit rechtzeitig einen Trunk frischen Wassers gereicht. Als eine Frau im Senat als Zeugin vorgeführt wurde, sagte er: „Diese Person war Freigelassene und Kammerzofe meiner Mutter, doch hat sie immer mich als ihren Patron geachtet. Ich sage das deswegen, weil noch jetzt einige in meinem Hause sind, die mich nicht als Patron betrachten." Als einmal eine Abordnung aus Ostia vor seinem Tribunal öffentlich ein Gnadengesuch vortrug, wurde er sogar zornig und schrie, er habe gar keine Verpflichtung, ihnen Gutes zu tun; wenn jemand tun könne, was er wolle, dann sei er es. Daneben waren seine gewöhnlichen Redensarten, die man geradezu alle Stunden und Minuten hörte, folgende: „Wie! Hältst du mich etwa für einen Telegenius?[125]" oder auch auf griechisch: „Sprich, aber fasse mich nicht an!" und anderes dergleichen, was sich selbst für eine Privatperson und erst recht für einen Kaiser nicht schickt, der obendrein weder unberedt noch ungebildet, vielmehr dem Studium der freien Künste eifrig ergeben war.

41. Mit der Geschichtschreibung hatte er sich schon als junger

Mann zu beschäftigen angefangen, wobei ihn Titus Livius[126] dazu anhielt und Sulpicius Flavus sogar unterstützte. Als er jedoch zum ersten Mal vor einem zahlreichen Auditorium eine Vorlesung hielt, brachte er sie kaum zu Ende, da er sein Publikum aus eigener Schuld nicht fesseln konnte. Während nämlich durch das Gewicht eines allzu dicken Mannes gleich zu Beginn der Vorlesung einige Bänke zusammengebrochen waren und dadurch ein Gelächter entstanden war, konnte er sich selbst nachdem der Lärm abgeklungen war, nicht enthalten, von Zeit zu Zeit an den Vorfall zu erinnern und das Gelächter wieder neu zu entfachen. Auch als Kaiser schrieb er sehr viel und ließ es häufig von einem Vorleser zu Gehör bringen. Sein Geschichtswerk begann er mit der Zeit nach der Ermordung des Diktators Caesar. Er ging aber dann auf spätere Zeiten über und begann bei der Beendigung des Bürgerkriegs[127], weil er einsah, daß er weder freimütig, noch wahrheitsgetreu über die vorhergehenden Begebenheiten schreiben könne, da er von seiner Mutter und Großmutter häufig getadelt wurde.[128] Über die erste Periode hat er zwei Bände, über die letztere einundvierzig hinterlassen. Er schrieb auch eine Selbstbiographie in acht Bänden, in der man mehr den Geist als den Stil vermißt; desgleichen eine von großer Belesenheit zeugende „Verteidigung Ciceros gegen die Bücher des Asinius Gallus[129]". Auch drei neue Buchstaben erfand er und fügte sie als eine seiner Meinung nach höchst notwendige Ergänzung dem alten Alphabet hinzu.[130] Schon als Privatmann hatte er darüber ein Buch herausgegeben; später als Kaiser setzte er es leicht durch, daß man sich ihrer auch allgemein bediente. Noch heute findet man sie in vielen Büchern, in den Tagesjournalen und auf den Bauinschriften aus jener Zeit.

42. Mit nicht geringerem Eifer betrieb er ferner das Studium des Griechischen, und betonte bei jeder Gelegenheit seine Vorliebe für diese Sprache und ihre Vorzüge. Zu einem Barbaren, der Griechisch und Lateinisch sprach, sagte er einmal: „Da du unsere beiden Sprachen beherrscht..." In der Rede, in welcher er dem Senat die Provinz Achaia empfahl, sagte er, daß ihm diese Provinz der gemeinsamen wissenschaftlichen Beziehungen wegen teuer und wert sei. Ja, er erwiderte den griechischen Gesandten im Senat häufig durch längere Reden in ihrer Sprache und gebrauchte selbst auf dem Tribunal

vielfach Homerische Verse. So oft er sich an einem Gegner oder Verschwörer gerächt hatte, gab er dem wachhabenden Offizier, wenn er von ihm die Losung forderte, fast regelmäßig den Homerischen Vers[131]:

„Abzuwehren der Mann, der mich hohnsprechend beleidigt"

Endlich hat er auch Geschichtswerke in griechischer Sprache geschrieben, eines über die Tyrrhener[132] in zwanzig und eines über die Karthager in acht Büchern. Deswegen wurde auch dem Museum in Alexandria[133] ein neues, nach ihm benanntes hinzugefügt und zugleich verordnet, daß jährlich an bestimmten Tagen in dem einen seine „Tyrrhenische", im andern seine „Karthagische Geschichte", wie in einem Hörsaal, vollständig von Vorlesern, die einander ablösten, vorgetragen werden sollten.

43. Gegen Ende seines Lebens zeigte er manchmal deutlich, daß er sowohl seine Verheiratung mit Agrippina, als auch die Adoption Neros bereute. Als seine Freigelassenen einmal eine gerichtliche Untersuchung lobten, in der er tags zuvor eine Frau, die des Ehebruchs angeklagt war, verurteilt hatte, ließ er beispielsweise die Äußerung fallen, auch sein Verhängnis sei es, lauter un*keusche*, aber keine un*bestraften* Frauen zu haben. Und bald darauf schloß er den zu ihm herantretenden Britannicus fest in seine Arme und ermahnte ihn, er möge nur älter werden, dann wolle er ihm alles, was er getan hatte, erklären. Überdies rief er ihm noch die (bekannten griechischen) Worte nach:

„Der dich verwundet hat, wird dich auch heilen!"[134]

Und als er beabsichtigte, dem noch unerwachsenen und ganz jungen Knaben, da er die nötige Größe erreicht hatte, die Männertoga zu verleihen[135], fügte er hinzu: „Damit das römische Volk endlich den wahren Kronprinzen bekommt."

44. Nicht lange darauf verfaßte Claudius sein Testament, das er von allen Magistraten unterschreiben ließ. Dann aber kam ihm, ehe er noch weiter gehen konnte, Agrippina zuvor, die außer den berichteten Dingen auch ihr eigenes Gewissen und die vielen Leute, die sie einer großen Zahl von Verbrechen bezichtigten, in Unruhe versetzten. Daß er durch Gift ermordet wurde, steht allgemein fest, nur über das Wo und von wem, darüber weichen die Angaben vonein-

ander ab. Einige erzählen, es sei bei einem Festschmaus mit den Priestern auf der Burg[136] durch den Eunuchen Halotus[137], seinen Vorkoster geschehen, andere, an seiner Haustafel durch Agrippina selbst, die ihm Pilze[138], sein Lieblingsgericht, das vergiftet war, vorgesetzt habe. Auch über die Ereignisse danach gehen verschiedene Gerüchte. Viele versichern, er habe gleich nach dem Genuß des Giftes die Sprache verloren und sei, nachdem er die ganze Nacht furchtbare Schmerzen ausgehalten habe, gegen Tagesanbruch gestorben. Andere sagen, er sei zuerst eingeschlafen, habe dann, weil sein Magen mit Speisen überladen war, alles wieder von sich gegeben, worauf man ihm eine neue Dosis Gift verabreichte, ungewiß ob in einem Brei, gleichsam um den Erschöpften wieder zu stärken, oder mittels eines Klistiers, mit welchem man ihm, weil sein Magen überfüllt war, scheinbar zu Hilfe kommen wollte.

45. Sein Tod wurde geheimgehalten, bis hinsichtlich seines Nachfolgers alles geregelt war. So ließ man für ihn, wie wenn er nur krank sei, Gelübde tun und rief zum Schein Komödianten in den Palast, weil er angeblich durch solche unterhalten zu werden verlangte. Er starb am 13. Oktober, unter dem Konsulat des Asinius Marcellus und Acilius Aviola, dreiundsechzig Jahre alt, im vierzehnten Regierungsjahr. Er wurde mit allem kaiserlichen Prunk begraben und unter die Zahl der Götter aufgenommen. Seine göttliche Verehrung wurde zwar von Nero vernachlässigt und endlich ganz abgeschafft, aber durch Vespasian[139] wieder eingeführt.

46. Sein Tod kündigte sich vor allem durch folgende Vorzeichen an: das Erscheinen eines Haarsterns, den man auch Kometen nennt, ferner das Einschlagen des Blitzes in das Grabmahl seines Vaters Drusus[140] und endlich der Umstand, daß im gleichen Jahr sehr viele Beamte in allen Dienststrängen gestorben waren. Aus verschiedenen Umständen geht hervor, daß er selbst sein nahes Ende ahnte und daraus kein Geheimnis machte. Denn als er die Konsuln designierte, ernannte er keinen länger als bis zu dem Monat, in dem er starb, und bei seiner letzten Anwesenheit im Senat, ermahnte er seine Kinder zunächst inständig zur Eintracht und empfahl darauf beide wegen ihrer Jugend angelegentlich den Senatoren. Und in der letzten gerichtlichen Untersuchung wiederholte er vom Tribunal herab, ob-

schon alle, die es hörten, solche unglückbedeutenden Worte zurückwiesen, ein übers andere Mal die Worte, daß er die Grenze des Zeitlichen bereits erreicht habe.

NERO

1. Aus dem Geschlecht der Domitier sind zwei Familien berühmt geworden: die *Calvini* und die *Ahenobarbi*. Die Ahenobarbi haben zum Gründer ihrer Familie Lucius Domitius[1], von dem sie auch den Beinamen erhielten. Als dieser einmal vom Feld heimkehrte, sollen ihm zwei Jünglinge[2], Zwillinge von übermenschlich erhabener Gestalt, begegnet sein, die ihm im Vorbeigehen befahlen, dem Senat und Volk einen Sieg zu melden, von dem man [in Rom] noch nichts Zuverlässiges wußte, und ihm zum Zeichen ihrer Göttlichkeit durch eine leise Berührung seiner Wangen seinen bisher schwarzen Bart in einen rötlichen, wie Erz, verwandelt haben.[3] Diese Auszeichnung blieb auch seinen Nachkommen. Die meisten von ihnen haben nämlich ebenfalls einen rötlichen Bart gehabt. Auch als sie bereits in ihrer Familie sieben Konsulate, zwei Triumphe und zwei Zensoren zählten und unter die Patrizier aufgenommen worden waren[4], behielten sie alle denselben Beinamen. Selbst Vornamen hatten sie keine anderen als Gnaeus und Lucius, und zwar mit der bemerkenswerten Eigentümlichkeit, daß sie entweder drei aufeinanderfolgende Generationen denselben beibehielten oder jeweils aufeinanderfolgende damit abwechselten. Denn wie berichtet wird, hieß von den *Ahenobarbi* der erste, zweite und dritte jeweils Lucius, die drei danach folgenden Gnaeus. Ich halte es für zweckmäßig, den Leser mit mehreren Gliedern dieser Familie bekanntzumachen, damit man desto leichter einsehe, daß Nero, trotz seiner Entartung von den guten Eigenschaften seiner Ahnen, doch von ihren besonderen, gleichsam überlieferten und angeborenen Fehlern ein getreues Abbild war.

2. Um etwas weiter auszuholen: Gnaeus Domitius[5], der Vater seines Urgroßvaters, entzog während seines Tribunats den Priester-

kollegien das Recht der Selbstergänzung und übertrug es dem Volk, da er über die *pontifices* aufgebracht war, weil sie einen anderen als ihn an seines Vaters[6] Stelle zu ihrem Kollegen gemacht hatten. Als Konsul nun durchzog er, nachdem er die Allobroger und Arverner überwunden hatte, die Provinz auf einem Elefanten, wobei ihm seine Soldaten wie beim Triumphzug folgten. Von diesem Domitius sagte der Redner Licinius Crassus[7], es sei kein Wunder, daß er einen erzenen Bart habe, da sein Mund aus Eisen und sein Herz aus Blei sei. Sein Sohn[8] war es, der als Prätor Gaius Caesar nach Ablauf von dessen Konsulat, das er, wie man glaubte, gegen Auspizien und Gesetze ausgeführt hatte, zur Untersuchung vor den Senat brachte. Später, als Konsul, versuchte er den Feldherrn von seinen gallischen Heeren abzuberufen und wurde, von der eigenen Partei zu Caesars Nachfolger ernannt[9], am Beginn des Bürgerkriegs bei Corfinium[10] gefangen. Nach seiner Entlassung begab er sich zu den Massiliern, die stark unter ihrer Belagerung[11] litten, und stärkte durch seine Ankunft deren Mut, verließ sie aber plötzlich und fiel endlich in der Schlacht bei Pharsalus.[12] Er war ein Mann von unbeständigem aber trotzigem Charakter, der in seiner verzweifelten Lage sich vor dem Tod, den er zuerst aus Angst gesucht hatte, so fürchtete, daß er das genommene Gift voller Reue über seinen Entschluß durch ein Brechmittel wieder von sich gab und seinem Arzt die Freiheit schenkte, weil dieser ihm wohlüberlegt eine unzureichende Dosis verabreicht hatte. Und doch war er es, der, als Gnaeus Pompeius über die Behandlung der Neutralen, die sich für keine von beiden Parteien erklärten, beratschlagte, als einziger der Meinung war, daß man sie als Feinde ansehen müsse.

3. Er hinterließ einen Sohn[13], der zweifellos allen anderen Mitgliedern dieser Familie vorzuziehen ist. Als Mitwisser des Anschlages auf Caesars Leben wurde er nach der Lex Pedia[14], obgleich unschuldig, verurteilt und begab sich zu Cassius und Brutus[15], mit denen er nahe verwandt war. Nach deren Tod behielt er die ihm einst anvertraute Flotte und vergrößerte sie sogar noch. Erst nach der vollständigen Niederlage seiner Partei übergab er sie freiwillig an Marcus Antonius[16], was ihm sehr hoch angerechnet wurde. Als einziger von denen, die durch dieses Gesetz verurteilt worden waren,

worden waren, bekam er so die Erlaubnis zur Rückkehr in die Heimat und durchlief die angesehensten Ehrenstellen.[17]

Als dann der Bürgerkrieg erneut ausbrach, diente er als Legat unter Antonius und bekam von denen, die sich wegen Kleopatra schämten, den Oberbefehl angetragen. Wegen einer plötzlichen Erkrankung wagte er ihn weder anzunehmen noch auszuschlagen. Er ging zu Augustus über und starb wenige Tage danach[18], nicht ohne einen gewissen Makel seines Ruhmes zu erleiden. Denn Antonius behauptete nämlich öffentlich, daß ihn die Sehnsucht nach seiner Geliebten, Servilia Nais, zum Überläufer gemacht habe.

4. Sein Sohn Domitius wurde später als Testamentsvollstrecker des Augustus öffentlich bekannt.[19] In seiner Jugend nicht weniger als trefflicher Wagenlenker, als später durch die im Germanischen Krieg[20] erworbenen Triumphabzeichen berühmt, war er aber anmaßend, verschwenderisch und grausam. Den Zensor Lucius Plancus[21] zwang er, obschon er selbst erst Ädil war, ihm auf der Straße auszuweichen; als Prätor und Konsul ließ er römische Ritter und Damen im Theater als Schauspieler auftreten. Tierhetzen veranstaltete er im Zirkus und auch in allen Stadtteilen Roms, ferner auch ein Gladiatorenkampfspiel, das so grausam war, daß Augustus sich gezwungen sah, ihm, da er persönliche Ermahnungen nicht beachtet hatte, durch ein Edikt Einhalt zu gebieten.

5. Er hatte von der älteren Antonia einen Sohn[22], der später Neros Vater wurde und der in jeder Beziehung ein abscheulicher Mensch war. So ließ er als Begleiter des jungen Gaius Caesar[23] in den Orient einen seiner Freigelassenen umbringen, weil dieser sich geweigert hatte, so viel zu trinken, wie ihm befohlen worden war; dafür aus dem Gefolge des Prinzen entlassen, mäßigte er sich keineswegs, sondern überfuhr in einem Dorf an der Appischen Straße absichtlich einen Jungen, indem er plötzlich mit seinem Gespann losgaloppierte. In Rom schlug er einem römischen Ritter, der mit ziemlich dreisten Worten mit ihm stritt, mitten auf dem Forum ein Auge aus. Dabei war er von solcher Niederträchtigkeit, daß er nicht nur die Bankiers um die Beträge der für ihn gemachten Ankäufe, sondern während seiner Prätur sogar die Rennfahrer um die von ihnen gewonnenen Siegespreise betrog. Als seine Schwester darüber spottete und die

Vorsteher der Renngesellschaften Beschwerde führten, bestimmte er, [in Zukunft sollten die Siegespreise sofort bar ausgezahlt werden]. Wegen Majestätsbeleidigung, mehrfachen Ehebruchs und Blutschande mit seiner Schwester Lepida[24] wurde er gegen Ende der Regierung des Tiberius angeklagt, entging aber infolge des Thronwechsels einer Verurteilung und starb in Pyrgi[25] an Wassersucht. Er hinterließ einen Sohn namens Nero, den ihm die Tochter des Germanicus, Agrippina[26], geboren hatte.

6. Nero wurde neun Monate nach dem Tod des Tiberius, am 15. Dezember[27] zur Stunde des Sonnenaufgangs in Antium[28] geboren, so daß er sozusagen von ihren Strahlen früher als von der Erde berührt wurde.[29] Die Umstände seiner Geburt ließen sofort vielfach fürchterliche Prophezeiungen entstehen, zu denen auch der Spruch seines Vaters Domitius gehörte, der auf die Glückwünsche der Freunde äußerte, aus einer Verbindung zwischen ihm und der Agrippina habe unmöglich etwas anderes als etwas Abscheuliches und für den Staat Verderbenbringendes geboren werden können. Zugleich aber war ein augenfälliges Vorzeichen seines zukünftigen Unglücks am Tag seiner Namensgebung zu beobachten. Denn Gaius Caesar [Caligula] schaute, als ihn seine Schwester bat, dem Kind einen Namen seiner Wahl zu geben, auf seinen Onkel Claudius, der als Kaiser später Nero adoptierte, und sagte, er gebe ihm dessen Namen. Dies meinte er aber nicht ernst, sondern nur als Scherz und auch Agrippina verwarf den Namen, weil damals Claudius das Gespött des ganzen Hofes war.[30] Im Alter von drei Jahren verlor Nero seinen Vater, erbte nur ein Drittel der Hinterlassenschaft und erhielt auch diesen Teil nicht einmal vollständig, weil sein Miterbe Gaius sämtliche Güter an sich riß. Als später auch seine Mutter verbannt worden war[31], wuchs er fast mittellos und bedürftig im Haus seiner Tante Lepida unter der Aufsicht von zwei Erziehern auf, von denen der eine ein Tänzer, der andere ein Friseur war. Als aber Claudius zur Regierung gelangt war, erhielt er nicht nur sein väterliches Vermögen zurück, sondern wurde auch durch die Erbschaft seines Stiefvaters Crispus Passienus[32] ein reicher Mann. Durch den Einfluß und die Macht seiner Mutter, die aus der Verbannung zurückgerufen und rehabilitiert worden war, gelangte er dann zu einer so hervorragen-

den Stellung, daß sich in der Öffentlichkeit das Gerücht verbreitete, Messalina, die Frau des Claudius, habe Leute ausgeschickt, die ihn als einen Nebenbuhler des Britannicus während seines Mittagsschlafes erwürgen sollten. Zu diesem Stadtgespräch kam später noch das Gerücht, die Mörder seien vor Schreck über eine aus den Kissen sich hervorringelnde große Schlange geflohen.[33] Dieses Gerücht entstand dadurch, daß einmal in seinem Bett unter den Kopfkissen eine Schlangenhaut gefunden wurde, die er später nach dem Willen seiner Mutter lange Zeit in einem goldenen Medaillon am rechten Arm trug, welches er dann, als ihm das Andenken an seine Mutter zuwider geworden war, wegwarf und erst in seinen unglücklichen letzten Lebenstagen vergeblich wieder suchte.

7. Im zarten Alter, kaum ein Knabe zu nennen, nahm er schon im Zirkus am Troiaspiel[34] mit höchster Ausdauer und unter großem Beifall teil. Mit 10 Jahren wurde er von Claudius adoptiert[35] und dem Annaeus Seneca[36], der damals bereits Senator war, zur Erziehung übergeben. Man erzählt, Seneca habe die Nacht darauf geträumt, er unterrichte den Gaius Caesar [Caligula]. Nero ließ bald darauf diesen Traum in Erfüllung gehen, indem er die Unmenschlichkeit seiner Natur durch alle ihm damals möglichen Proben zu erkennen gab. Denn er versuchte, seinen Bruder Britannicus[37], aus Ärger darüber, daß dieser ihn nach der Adoption noch aus Gewohnheit mit Ahenobarbus begrüßt hatte, beim Vater als untergeschobenen Sohn auszugeben. Gegen seine Tante Lepida trat er öffentlich bei einem Prozeß als Belastungszeuge auf, um seiner Mutter, die jene vernichten wollte, einen Gefallen zu tun. Bei seiner Mündigkeitserklärung[38] auf dem Forum versprach er dem Volk eine Naturalspende und dem Militär ein Geldgeschenk, ließ die Prätorianer eine Parade abhalten, wobei er selbst kommandierte, und hielt zum Schluß im Senat seinem [Adoptiv-]Vater eine Dankesrede. Als dieser Konsul war[39], sprach er vor ihm für die Einwohner von Bononia[40] in lateinischer, für die von Rhodos und Troia in griechischer Sprache. Er sprach auch erstmals als Stadtpräfekt während des Latinerfestes[41] Recht, wobei die berühmtesten Anwälte nicht, wie gewöhnlich, miteinander wetteifernd geringfügige und schnell zu entscheidende, sondern hochwichtige Rechtsfälle in großer Anzahl ihm zur Ent-

scheidung vorlegten, obwohl Claudius es verboten hatte. Nicht lange darauf heiratete er die Octavia[42], und gab für das Wohl des Claudius Zirkusspiele und eine Tierhetze.

8. Als der Tod des Claudius bekannt war, trat er, damals siebzehn Jahre alt, zwischen der sechsten und siebenten Stunde aus dem Palast zu den Wachen hinaus. Da der ganze Tag ein Unglückstag war, schien diese Stunde noch als der geeignetste Moment, um die Auspizien[43] zu vollziehen. Auf den Stufen des Palastes wurde er als Imperator begrüßt und ließ sich in einer Sänfte ins Lager der Prätorianer und, nachdem er dort eine kurze Ansprache an die Soldaten gehalten hatte, zum Rathaus tragen. Erst gegen Abend kehrte er zurück, überhäuft mit Ehrungen, von denen er nur eine, den Titel „Vater des Vaterlandes“[44], seines Alters wegen abgelehnt hatte.

9. Darauf begann er seine Ehrfurcht vor seinem [Adoptiv-]Vater zu zeigen, indem er Claudius mit einem äußerst feierlichen Leichenbegängnis bestattete, ihm eine Lobrede[45] hielt und ihn unter die Götter aufnehmen ließ. Dem Andenken seines Vaters Domitius erwies er die größten Ehren. Seiner Mutter überließ er die gesamte Leitung der privaten und öffentlichen Angelegenheiten. Auch gab er am ersten Tage seiner Regierung dem wachhabenden Tribun als Parole „Die beste Mutter“ und zeigte sich in der Folge häufig mit ihr öffentlich in derselben Sänfte. In Antium gründete er eine Kolonie zum Teil aus Veteranen der Prätorianergarde und zum Teil aus den reichsten Primipilaren, indem er sie dorthin versetzte, und erbaute auch dort unter großem Kostenaufwand einen Hafen.

10. Um seine guten Absichten noch deutlicher zu zeigen, erklärte er öffentlich, nach den politischen Grundsätzen des Augustus regieren zu wollen, und ließ keine Gelegenheit unbenutzt, seine Freigebigkeit, seine Milde, ja selbst seine Leutseligkeit zu zeigen. Die drückendsten Steuern schaffte er teils ganz ab, teils verringerte er sie. Die Belohnung für Leute, die Verstöße gegen die Lex Papia[46] anzeigten, setzte er auf ein Viertel herab. Unter das Volk verteilte er vierhundert Sesterzen pro Kopf und setzte allen altadeligen aber verarmten Senatoren jährliche Gehälter aus[47], bei manchen bis zu fünfhunderttausend Sesterzen; in gleicher Weise bewilligte er den Prätorianerkohorten monatlich kostenloses Getreide. Und als man ihn daran

mahnte, unter ein Todesurteil, wie herkömmlich, seine Unterschrift zu setzen, rief er aus: „Wenn ich doch nicht schreiben könnte." Leute aus allen Ständen grüßte er [namentlich] nur aus dem Gedächtnis. Als der Senat ihm einmal eine Danksagung darbringen wollte, antwortete er: „Wenn ich sie verdient habe!" Zu seinen militärischen Übungen gewährte er auch dem Volk Zutritt, hielt öfters öffentliche Redeübungen und las Gedichte vor, nicht nur bei sich zu Hause, sondern auch im Theater. Die Freude aller Anwesenden darüber war so groß, daß einmal wegen einer solchen Rezitation ein Dankfest beschlossen und die vorgelesenen Verse in goldenen Lettern dem Iupiter Capitolinus[48] geweiht wurden.

11. Schauspiele veranstaltete er sehr viele und verschiedenartige: Jugend-, Zirkusspiele, Theateraufführungen und Gladiatorenkämpfe. An den Jugendspielen ließ er auch ältere Konsulare und betagte Damen teilnehmen.[49] Für die Zirkusspiele gab er den Rittern gesonderte Sitzplätze[50], und ließ sogar Kamel-Viergespanne Rennen abhalten. Bei den Spielen, welche er für den ewigen Bestand des Reiches gab und die er „die Größten" genannt wissen wollte, übernahmen viele Personen beiderlei Geschlechts aus den beiden Ständen Rollen bei den Vorstellungen. Ein allbekannter römischer Ritter ritt auf einem Elefanten über ein schräg gespanntes Seil. Man führte auch das römische Lustspiel des Afranius[51], welches „Der Brand" betitelt ist, auf, und Nero erteilte den Schauspielern die Vergünstigung, das brennende Gebäude plündern und den Hausrat behalten zu dürfen. Desgleichen wurden jeden Tag Gaben aller Art unter das Volk geworfen: täglich tausend verschiedene Vögel, vielfältige Eßwaren, Gutscheine für Getreide, Kleidungsstücke, Gold und Silber, Edelsteine, Perlen, Gemälde, Sklaven, Zugvieh, selbst gezähmte wilde Tiere, zuletzt auch Schiffe, Häuser und Grundstücke.

12. Diesen Spielen wohnte Nero auf einem erhöhten Sitz im Proszenium bei. Bei dem Gladiatorenspiel, welches er in einem hölzernen Amphitheater gab, das er in der Gegend des Marsfeldes binnen Jahresfrist hatte herrichten lassen, ließ er niemanden umbringen, nicht einmal die, welche wegen Verbrechen zu diesen Kämpfen verurteilt worden waren. Dagegen ließ er sogar vierhundert Senatoren und sechshundert Ritter, darunter manche

mit großem Vermögen und untadeligem Ruf, im Schwertkampf auftreten; ja, aus denselben Ständen stammten auch die Tierkämpfer und verschiedene andere Angestellte der Arena. Ferner veranstaltete er ein Seegefecht, bei welchem Seeungeheuer im Meerwasser schwammen, desgleichen pyrrhichische Waffentänze[52], aufgeführt von einer Anzahl junger Leute, denen er allen nach Beendigung ihrer Darbietungen das römische Bürgerrecht gewährte. Zwischen diesen Tänzen wurde gezeigt, wie ein Stier eine Kuh aus Holz besprang, in der Pasiphae[53] eingeschlossen war, wie zumindest viele Zuschauer glaubten. Ein Ikarus stürzte gleich bei seinem ersten Flugversuch neben Neros Loge und bespritzte ihn mit seinem Blut. Er pflegte aber nur selten bei diesen Spielen den Vorsitz zu führen, sondern meistens in seiner Loge liegend anfangs nur durch kleine Löcher, später von einem völlig geöffneten Balkon zuzusehen. Er führte auch als erster alle fünf Jahre stattfindende Wettkämpfe in Rom ein, welche nach griechischer Sitte drei Disziplinen umfaßten: Musik, Gymnastik und Reitkunst, und die er „Neronia"[54] nannte. Zugleich erbaute er Thermen und ein Gymnasium[55], wo er Senatoren und Rittern das Salböl kostenlos zur Verfügung stellte. Für den gesamten Wettkampf ließ er Vorsteher aus den Reihen der Konsularen durch Los ernennen, denen er die Sitze der Prätoren gewährte. Dann begab er sich hinab in die Orchestra, wo die Senatoren saßen, und empfing dort den ihm einstimmig zuerkannten Siegeskranz für lateinische Redekunst und Dichtung, um den sich die Allerbesten beworben hatten. Den Siegeskranz für das Leierspiel dagegen, der ihm von den Preisrichtern gleichfalls zuerkannt wurde, nahm er nicht an, sondern neigte sich nur verehrungsvoll vor ihm und ließ ihn zum Standbild des Augustus bringen. Bei dem gymnischen Wettkampf, den er auf dem Wahlplatz[56] gab, ließ er sich bei einem großen Stieropfer zum ersten Mal den Bart abnehmen[57], den er in ein goldenes, mit den kostbarsten Perlen besetztes Etui tat und ihn so auf dem Kapitol als Weihgeschenk darbrachte. Zu den Athletenvorstellungen lud er auch die Vestalischen Jungfrauen ein, weil auch in Olympia die Priesterinnen der Ceres zuschauen dürfen.[58]

13. Mit Recht darf ich unter den von ihm gegebenen Schauspielen auch den Einzug des Tiridates[59] in Rom anführen. Da er diesen

König von Armenien, den er durch große Versprechungen nach Rom zu kommen bewogen hatte, an dem durch ein Edikt bekannt gemachten Tag dem römischen Volk wegen nebligen Wetters nicht zeigen konnte, führte er das dadurch aufgeschobene Schauspiel später an einem möglichst günstigen Tag auf. Vor den an das Forum grenzenden Tempeln waren Kohorten in voller Rüstung aufgestellt, während Nero selbst auf einem Amtssessel bei der Rednerbühne im Gewand eines Triumphators[60] umgeben von Feldzeichen und Standarten thronte. Zuerst schritt der König auf die erhöhte Tribüne zu ihm hinauf und ließ sich vor ihm auf die Knie nieder, worauf ihn Nero mit der Rechten aufhob, ihn mit einem Kuß begrüßte und auf seine Bitte hin ihm die Tiara vom Haupt nahm und das Diadem an ihre Stelle setzte[61], während ein ehemaliger Prätor die Worte des Bittstellers laut der Menge übersetzte. Dann führte er ihn ins Theater[62] und ließ ihn, nachdem er aufs neue sein Gnadengesuch empfangen hatte, neben sich zur Rechten Platz nehmen. Dafür wurde er als Imperator begrüßt, worauf er einen goldenen Lorbeerkranz auf dem Kapitol niederlegte und das Doppeltor des Janustempels schloß.[63]

14. Das Konsulat hat er viermal bekleidet[64], das erste zwei, das zweite und letzte sechs, das dritte vier Monate lang. Die beiden mittleren folgten unmittelbar aufeinander, bei den übrigen ließ er jedesmal ein Jahr verstreichen.

15. Wenn er Recht sprach, erteilte er den Parteien in der Regel immer erst am folgenden Tag und zwar schriftlich Bescheid. Was den Ablauf der Verhandlungen betraf, hielt er sich an folgende Regel: er lehnte zusammenhängende Reden ab und ließ die einzelnen Streitpunkte abwechselnd von den verschiedenen Parteien vorbringen. Wenn er sich dann zur Beratung zurückzog, so ließ er sich auf keine allgemeine oder mündliche Besprechung ein, sondern jeder mußte seine Meinung schriftlich abgeben, dann las er die Abstimmungen schweigend, für sich alleine durch und verkündete das Endurteil wie es ihm beliebte, als wäre es die Ansicht der Mehrheit. In den Senat nahm er längere Zeit keine Söhne von Freigelassenen auf und versagte denen, welche von den früheren Kaisern aufgenommen worden waren, die Zulassung zu weiteren Ehrenämtern. Überzählige Kandidaten ernannte er, um sie über ihre Zurückstellung und

den Zeitverlust zu trösten, zu Legionskommandeuren. Das Konsulat verlieh er meist auf sechs Monate, ernannte aber, als einmal der eine Konsul kurz vor dem ersten Januar gestorben war, keinen Stellvertreter, da er das alte Beispiel des Caninius Rebilus, der nur einen Tag lang Konsul war[65], mißbilligte. Die Triumphalzeichen[66] verlieh er auch Leuten, die nur quästorischen Rang hatten, und sogar einigen aus dem Ritterstand, und zwar keineswegs immer nur für militärische Verdienste. Reden über bestimmte Angelegenheiten, die er schriftlich an den Senat sandte, pflegte er unter Übergehung des Quästors, dessen Aufgabe es gewesen wäre[67], durch einen Konsul vorlesen zu lassen.

16. Für die Gebäude in Rom erdachte er eine neue Gestaltung; insbesondere drang er darauf, daß sich vor allen Miets- und Privathäusern überdachte Säulengänge fänden, um von ihren Dächern aus Brände bekämpfen zu können; diese ließ er auf seine Kosten erbauen. Er hatte sogar vorgehabt, die Stadtmauer nach Ostia[68] vorzuziehen und von dort das Meer durch einen Kanal bis zur Altstadt von Rom zu leiten. Viele alte und strenge Straf- und Verbotsbestimmungen wurden unter seiner Regierung wieder in Kraft gesetzt und neu eingeführt. Es wurde aber auch der Luxus eingeschränkt, die öffentlichen Festessen auf Lebensmittelverteilung begrenzt und ein Verbot erlassen, in den Schenken Gekochtes mit Ausnahme von Hülsenfrüchten und anderem Gemüse zu verkaufen, während früher alle möglichen Arten von Gerichten dort angeboten worden waren.[69] Mit der Todesstrafe belegte er die Christen[70], Anhänger eines neuen und verwerflichen Aberglaubens. Verboten wurden die Belustigungen der Rennfahrer, die seit altersher das Recht genossen, durch die Stadt zu ziehen und zu ihrem Vergnügen allerlei Betrügereien und Diebereien auszuführen. Der Anhang der Pantomimen sowie sie selbst wurden der Hauptstadt verwiesen.[71]

17. Gegen Urkundenfälscher wurde damals die Absicherung erfunden, die Tafeln immer mit Löchern zu versehen, durch welche man eine dreifache Schnur zog und dann das Siegel daraufsetzte.[72] In bezug auf Testamente wurde verordnet, daß die beiden ersten Blätter, auf denen nur der Name des Erblassers stand, den Zeugen nur unbeschrieben zur Unterschrift vorgelegt werden sollten; ferner daß

niemand, der für einen anderen ein Testament aufsetzte, sich selbst ein Legat darin eintragen dürfe. Desgleichen wurde bestimmt, daß die Prozeßführenden den Anwälten für die Vertretung ihrer Sache eine feste, angemessene Gebühr zu zahlen hätten, für die Gerichtskosten dagegen nicht aufzukommen bräuchten, sondern diese die Staatskasse übernehmen sollte; außerdem sollten Steuerprozesse von der Steuerbehörde auf das Forum und das Kollegium der Rekuperatoren übertragen werden und alle Berufungsverfahren von den Gerichten an den Senat übergehen.

18. Vermehrung und Ausweitung des Reiches lagen weder in seiner Absicht, noch machte er sich darauf Hoffnung, vielmehr dachte er sogar daran, das in Britannien stehende Heer zurückzuziehen, und nur die Scheu, dadurch den Ruhm seines Adoptivvaters zu verringern, hielt ihn davon ab. Nur das Königreich von Pontus, das ihm Polemon überließ[73], und das Alpenreich des Cottius[74], nachdem dieser gestorben war, machte er zur römischen Provinz.

19. Auslandsreisen unternahm er überhaupt nur zwei, eine nach Alexandria[75] und eine nach Achaia. Die Reise nach Alexandria gab er noch am Tage der Abfahrt auf, abgeschreckt durch religiöse Bedenken und drohende Gefahren. Bei einem Umzug durch die Tempel von Rom ereignete es sich nämlich, daß er im Tempel der Vesta, wo er sich niedergesetzt hatte, zuerst beim Aufstehen mit einem Zipfel der Toga hängenblieb und es ihm darauf so schwindlig wurde, daß er nichts mehr unterscheiden konnte. In Achaia begann er den Isthmus zu durchstechen[76]; er ließ seine Prätorianer zusammenkommen und forderte sie auf, sich ans Werk zu machen. Und als mit der Tuba das Zeichen gegeben worden war, tat er selbst die ersten Spatenstiche und trug die Erde in einem Korb auf seinen eigenen Schultern weg. Er bereitete auch eine Expedition zu den Kaspischen Toren[77] vor und hob dazu unter den Italikern eine neue Legion aus, die nur aus Rekruten bestand, die mindestens 6 Fuß [ca. 1,8 m] groß waren, er nannte sie „Phalanx Alexanders des Großen".

Alle diese Dinge, die teils nicht zu tadeln, teils sogar sehr zu loben sind, habe ich hier zusammengestellt, um sie von seinen Schandtaten und Verbrechen zu trennen, von denen ich im folgenden reden will.

20. Da er, wie in anderen Künsten und Wissenschaften, in seiner

Kindheit auch in der Musik unterrichtet worden war, zog er sofort nach seiner Thronbesteigung den Kitharoeden Terpnus[78], welcher damals der ausgezeichnetste Künstler war, an seinen Hof, setzte sich viele Tage hintereinander nach dem Essen bis tief in die Nacht zu dem Sänger und begann allmählich selbst zu spielen und zu üben, wobei er nichts unberücksichtigt ließ, was derartige Künstler zur Erhaltung und Kräftigung ihrer Stimme zu unternehmen pflegten. Er trug sogar, auf dem Rücken liegend, eine Bleitafel auf der Brust, reinigte sich durch Klistier und Brechmittel, enthielt sich des Genusses von Obst und der Stimme schädlichen Speisen. Endlich wollte er sich, geschmeichelt durch seine Fortschritte, obschon seine Stimme schwach und dumpf war, auch auf der Bühne zeigen, wobei er immer wieder vor seinen Freunden das griechische Sprichwort zitierte, Musik im Verborgenen habe keinen Wert.[79] So trat er zum ersten Mal in Neapel[80] auf, und selbst ein Erdbeben, das das Theater erschütterte, hielt ihn nicht ab, sein begonnenes Gesangsstück zu Ende zu bringen. Dort sang er häufiger und während mehrerer Tage. Als er sich, um seine Stimme wiederherzustellen, eine kurze Pause gönnte, konnte er es nicht aushalten, sondern begab sich vom Bad wieder in das Theater, speiste mitten in der Orchestra unter vielen Leuten und versprach ihnen in griechischer Sprache, wenn er nur ein wenig getrunken hätte, werde er mit voller Stimme etwas zum besten geben. Geschmeichelt von den rhythmischen Beifallskundgebungen der Alexandriner, welche erst jüngst in Neapel eingetroffen waren, ließ er weitere Einwohner von Alexandria kommen. Nicht minder eifrig wählte er junge Leute aus dem Ritterstand und über fünftausend der kräftigsten jungen Burschen aus dem Volk aus, die, in Gruppen aufgeteilt, die verschiedenen Arten von Applaus – Beifallklatschen mit hohler und mit flacher Hand – lernen und ihn, wenn er sang, unterstützen mußten; es waren alles Burschen, die sich durch ihr prachtvolles Haar und ihre prächtige Kleidung auszeichneten, den Ritterring aber nicht an der Linken trugen. Von ihren Anführern erhielt jeder vierhunderttausend Sesterzen.

21. Da er sehr viel Wert darauf legte, auch in Rom zu singen, ließ er die „Neronischen Spiele" bereits vor dem dafür festgesetzten Tag wiederkehren.[81] Als nun bei dieser Gelegenheit alle Welt ihn bat,

seine „himmlische Stimme“ hören zu lassen, gab er zwar zuerst zur Antwort, in seinen Gärten werde er denen, die es wünschten, ihr Verlangen erfüllen, als aber auch die gerade diensttuende Abteilung seiner Leibwache die Bitten des Volkes unterstützte, versprach er gerne, sofort zu singen, und befahl unverzüglich, seinen Namen auf die Liste der auftretenden Leierspieler zu setzen, warf, wie alle übrigen, sein Los in die Urne und betrat, als die Reihe an ihn kam, die Bühne, begleitet von den Prätorianerpräfekten, welche ihm die Leier trugen, und gefolgt von den Militärtribunen und seinen engsten Freunden. Sobald er seinen Platz eingenommen und das Vorspiel beendet hatte, ließ er durch Cluvius Rufus[82], einen Mann, der das Konsulat bekleidet hatte, verkünden, daß er die „Niobe“ singen werde, was fast bis zur zehnten Stunde dauerte. Die Verleihung des Siegeskranzes und den übrigen Teil des Wettstreits verschob er auf das folgende Jahr, um noch öfter Gelegenheit zu haben, wiederholt zu singen. Da ihm das aber zu lange währte, fuhr er fort, öffentlich aufzutreten. Er gedachte sogar bei Schauspielen, welche andere [Beamte] veranstalteten, unter den Bühnenkünstlern aufzutreten, als ihm ein Prätor dafür eine Million Sesterzen anbot. Auch in Tragödien spielte er in Kostüm und Maske, wobei die Masken der Heroen und Götter sowie der Heroinnen und Göttinnen seine Gesichtszüge und die seiner jeweiligen Geliebten tragen mußten. Unter anderem spielte er die „Niederkunft der Kanake“[83], „Orest der Muttermörder“, den „geblendeten Oedipus“, den „rasenden Herkules“. Von letzterer Vorstellung erzählt man sich, daß ein junger Rekrut, der beim Eingang der Bühne Wache stand, herbeigestürzt sei, um dem Kaiser Hilfe zu leisten, als er sah, daß dieser geschmückt und in Ketten gelegt wurde, wie es das Stück verlangte.

22. Bereits von früher Jugend an galt seine besondere Leidenschaft den Pferden, so waren Zirkusrennen, trotz aller Verbote, sein Lieblingsthema. Einmal, als er seinen Mitschülern klagend erzählte, daß ein Rennfahrer von der grünen Partei[84] [von seinem Pferd] mitgeschleift worden sei, und der Lehrer ihn deswegen ausschalt, log er sich dadurch heraus, daß er vorgab, von Hektor zu sprechen.[85] In der ersten Zeit seiner Regierung spielte er täglich mit elfenbeinernen Viergespannen auf seinem Spieltisch und kam zu allen, selbst den

unbedeutendsten Rennen von seinen Landhäusern nach Rom, zuerst heimlich, dann ganz offen, so daß jedermann sicher war, daß er an einem solchen Tag in Rom sein werde. Auch machte er gar kein Hehl daraus, daß er Lust habe, die Zahl der Siegespreise zu vermehren, weshalb denn das Festspiel wegen der Zunahme der Rennen sich bis zum späten Abend hinzog, so daß die Vorsitzenden der Renngesellschaften nur mehr interessiert waren, ihre Truppe in die Bahn zu führen, wenn die Rennen den ganzen Tag dauerten. Bald bekam er Lust, selbst den Wagenlenker zu spielen und sogar öfters öffentlich aufzutreten. Nachdem er in seinen Gärten vor Sklaven und niederem Volk seine ersten Übungen gemacht hatte, stellte er sich vor den Augen der gesamten Bevölkerung im Circus Maximus[86] zur Schau, wobei ein Freigelassener von der Stelle, von welcher die Beamten dies zu tun pflegen, mit dem Tuch das Zeichen zum Anfang gab. Und nicht zufrieden, Beweise dieser seiner Kunstfertigkeiten in Rom gegeben zu haben, ging er, wie wir bereits gesagt haben, nach Achaia[87], und zwar hauptsächlich aus folgendem Grund: Auf Beschluß der Städte, in welchen gewöhnlich musikalische Wettkämpfe stattfanden, waren alle Siegeskränze der Leierspieler ihm übersandt worden. Diese nahm er so dankbar an, daß er die mit dem Überbringen beauftragten Gesandten nicht nur als erste empfing, sondern sie auch im Kreise seiner Freunde zu Tisch lud. Da bat ihn einer von ihnen, doch während des Essens etwas zu singen, und seine Leistung wurde mit solcher Begeisterung aufgenommen, daß er ausrief, nur die Griechen verstünden zu hören, und sie allein seien würdig, sich seiner Kunst zu erfreuen. So trat er ohne Aufschub die Reise an und sobald er nur bei Kassiope[88] gelandet war, sang er sofort am Altar des Iupiter Cassius und besuchte anschließend der Reihe nach alle Wettkämpfe.

23. Er befahl nämlich, daß auch die, die zu anderen Zeitpunkten stattgefunden hätten, alle in diesem einen Jahr zusammengedrängt werden sollten, wobei einige im selben Jahr zweimal gefeiert wurden, und in Olympia ließ er gegen alles Herkommen einen musikalischen Wettstreit veranstalten.[89] Und damit ihn bei diesen Beschäftigungen ja nichts ablenke oder störe, schrieb er seinem Freigelassenen Helius, der ihn erinnerte, daß die Lage in der Hauptstadt seine Anwesenheit dringend erfordere, wörtlich zurück: „Wenn du auch

jetzt noch so sehr der Meinung bist und wünschst, daß ich schnell zurückkehren soll, so ist es doch vielmehr deine Pflicht, mir zuzureden und zu wünschen, daß ich eines Nero würdig zurückkehre." Während er sang, durfte niemand, auch nicht in dringenden Fällen, das Theater verlassen. So erzählt man, daß manche Frauen während der Schauspiele geboren hätten und viele Leute, die es satt waren, ihn zu hören und zu bewundern, da die Stadttore verschlossen waren, heimlich von der Stadtmauer gesprungen seien oder sich totgestellt hätten, um so, als Leichen, aus der Stadt getragen zu werden. Kaum glaublich ist, wie ängstlich und nervös Nero jedesmal bei seinem Auftreten war und wie groß seine Eifersucht auf seine Gegner sowie die Furcht vor den Schiedsrichtern gewesen ist. Seine Gegner behandelte er als wären sie seinesgleichen, beobachtete sie genau, stellte ihnen Fallen, verleumdete sie, schimpfte auch manchmal bei Begegnungen auf sie und suchte die, welche ihm überlegen waren, zu bestechen. Die Kampfrichter aber pflegte er, bevor er begann, auf das ehrerbietigste mit den Worten zu begrüßen, er habe alles getan, was er tun konnte, der Erfolg läge freilich in der Hand des Schicksals. Sie als Männer von Geschmack und Bildung hätten die Pflicht, alles Zufällige auszuschließen. Und wenn sie ihn dann ermahnten, guten Mutes zu sein, trat er beruhigter zurück. Aber selbst dann war er nicht ohne Besorgnis und legte die Schweigsamkeit und Zurückhaltung des einen oder anderen unter ihnen als Härte und Böswilligkeit aus und bezeichnete die Leute als ihm verdächtig.

24. Während des Wettkampfes hielt er sich so an die Regeln, daß er niemals auszuspucken wagte, ja selbst den Schweiß von der Stirn mit dem Ärmel abwischte.[90] Als er einmal bei der Aufführung eines tragischen Stückes sein Zepter fallen ließ und es schnell wieder aufhob, fürchtete er, daß man ihn dieses Fehlers wegen disqualifizieren würde und beruhigte sich erst, als sein Partner[91] ihm schwor, die Sache sei inmitten des Jubels und Beifalls der Volksmenge gar nicht bemerkt worden. Als Sieger rief er sich gewöhnlich selbst aus, weswegen er überall auch den Wettkampf der Herolde mitmachte. Und um das Andenken und die Spuren der anderen Sieger in den heiligen Spielen vor ihm überall zu vernichten, gab er den Befehl, alle ihre Statuen und Büsten umzustürzen und mit Haken in die Latrinen zu

schleifen. Als Wagenlenker trat er an verschiedenen Orten auf, in Olympia sogar mit einem Zehngespann, obgleich er ebendies dem König Mithridates[92] in einem von ihm verfaßten Gedicht zum Vorwurf gemacht hatte. Er wurde indessen dabei aus dem Wagen geschleudert; man hob ihn zwar wieder hinein, er konnte aber das Rennen doch nicht durchstehen, sondern gab vor Ende des Laufes auf – nichtsdestoweniger wurde er (als Sieger) gekrönt. Bei seiner Abreise beschenkte er die ganze Provinz mit der Freiheit[93] und zugleich die Preisrichter mit dem römischen Bürgerrecht und einer großen Geldsumme. Mit eigener Stimme verkündete er diese Wohltaten am Tag der Isthmischen Spiele[94] mitten im Stadion.

25. Von Griechenland nach Neapel zurückgekehrt, hielt er dort, weil er in dieser Stadt zuerst seine Kunst gezeigt hatte, seinen Einzug mit weißen Pferden durch ein niedergerissenes Stück der Stadtmauer, wie dies für Festspielsieger üblich ist. Auf ähnliche Weise zog er in Antium, dann in Albanum[95] und endlich in Rom ein. In Rom benützte er obendrein noch den Wagen, in dem einst Augustus triumphiert hatte, bekleidet mit einem purpurnen Gewand und einem mit goldenen Sternen bestickten griechischen Mantel, die olympische Siegeskrone auf dem Haupt, die pythische[96] in der Hand haltend. Die übrigen Siegerkränze wurden ihm in einem feierlichen Zug vorausgetragen, mit Inschriften versehen, welche den Ort des Sieges, die überwundenen Gegner und die Gesangsstücke, mit denen er gesiegt hatte, anzeigten, während seine Claqueure dem Wagen wie bei einem Triumph nachschritten unter dem Ruf, sie wären die *Augustiani*, die Soldaten seines Triumphes. Dann ging der Zug über einen niedergerissenen Bogen des Circus Maximus, über das Velabrum[97] und das Forum auf den Palatin zum dort befindlichen Apollotempel.[98] Unterwegs wurden überall zu seiner Ehre Opfertiere geschlachtet, die Straßen wiederholt mit Safran[99] besprengt und Singvögel, Kranzbänder und Süßigkeiten ihm zugeworfen. Die heiligen Siegeskränze stellte er in seinen Schlafräumen rings um sein Lager auf, desgleichen Statuen, welche ihn als Leierspieler zeigten; so ließ er sich auch auf Münzen abbilden. Und nach all diesem dachte er so wenig daran, in seiner Leidenschaft irgendwie nachzulassen, daß er vielmehr, um seine Stimme zu schonen, Ansprachen an seine Solda-

ten nie anders als schriftlich oder, wenn er selbst anwesend war, durch den Mund eines anderen hielt und überhaupt bei allem, was er im Ernst oder im Scherz tat, stets seinen Gesangslehrer neben sich hatte, der ihn an die Schonung seiner Lungen und daran, ein Tuch vor den Mund zu halten, erinnern mußte, ja, daß er vielen Personen teils seine Freundschaft anbot teils ihnen seine Feindschaft ankündigte, je nachdem sie ihm mehr oder weniger Beifall geklatscht hatten.

26. Wenngleich sich seine Leichtfertigkeit, Wollust, Schwelgerei, Habsucht und Grausamkeit anfangs auch nur sehr vereinzelt und im Verborgenen, gleichsam als jugendliche Irrwege zeigten, so waren sie doch so ausgebildet, daß selbst damals schon niemand darüber im Zweifel sein konnte, daß diese Laster zu seinem Naturell, nicht zu seiner Jugend gehörten. So pflegte er gleich nach Eintritt der Dämmerung rasch eine Kappe oder Mütze aufzusetzen[100] und die Schenken zu besuchen oder herumzustrolchen und mutwillig bösartige Streiche auszuführen. Es war für ihn ein Vergnügen, Leute, die von einem Bankett heimkehrten, zu verprügeln und, wenn sie sich wehrten, sogar zu verwunden und in die Kloaken zu werfen, ebenso Kaufläden aufzubrechen und auszurauben. Deswegen hatte er in seinem Haus eine Schenke eingerichtet, in der die Beute an den Meistbietenden verkauft und der Erlös verpraßt wurde. Zuweilen freilich setzte er bei solchen Raufhändeln Augen und Leben aufs Spiel, wie er denn einmal von einem Mann aus dem Senatorenstand, dessen Ehefrau er belästigt hatte, fast zu Tode geprügelt worden wäre. Deshalb wagte er sich seitdem um diese Tageszeit niemals mehr in die Öffentlichkeit, ohne daß ihm Militärtribunen insgeheim von ferne folgten. Auch bei Tage ließ er sich heimlich in einer verschlossenen Sänfte ins Theater tragen, wo er von seinem Platz auf dem oberen Teil des Proszeniums den wilden Streitigkeiten unter den Pantomimen nicht nur als passiver Zuschauer, sondern auch als derjenige, der das auslösende Zeichen gab, beiwohnte und, wenn es zum Handgemenge kam und der Streit mit Steinen und Bänken ausgefochten wurde, selbst viele Gegenstände unter das Volk warf, wobei er sogar einmal einen Prätor schwer am Kopf verwundete.[101]

27. Allmählich aber, als seine lasterhaften Neigungen sich steiger-

ten, ging er von solchen heimlichen Bubenstreichen, ohne sich weiter um die Verheimlichung zu kümmern, ganz offen zu schlimmeren Sachen über. Seine Gelage verlängerte er von Mittag bis Mitternacht, wobei er sich in dieser Zeit oft durch warme und im Sommer durch eisgekühlte Bäder zu erfrischen suchte. Er speiste zuweilen auch vor allen Leuten in der dann mit Schranken umgebenen Naumachie[102], auf dem Marsfeld oder im Circus Maximus, wobei ihm die Freudenmädchen und Tänzerinnen von ganz Rom aufwarteten. So oft er auf dem Tiber nach Ostia fuhr oder am Golf von Baiae[103] entlangsegelte, wurden an Stränden und Ufern Schenken hergerichtet, wohlausgestattete Bordelle, wo selbst vornehme Damen die Wirtinnen machten und ihn bald hier, bald dort einluden, an Land zu gehen. Oft sagte er sich selbst zu Tisch bei seinen Freunden an, wobei einem einmal alleine die Schmuckbänder vierhunderttausend Sesterzen, einem anderen die Rosengebinde noch weit mehr kosteten.

28. Nicht genug damit, daß er mit freien Knaben und verheirateten Frauen unzüchtig verkehrte, vergewaltigte er auch eine Vestalin namens Rubria.[104] Die Freigelassene Acte hätte er beinahe in aller Form geheiratet, er hatte bereits ehemalige Konsuln angestiftet, ihre Abstammung aus königlichem Hause zu beschwören. Den jungen Sporus, den er entmannen ließ und zu einem weiblichen Wesen umzugestalten suchte, ließ er mit Mitgift und rotem Brautschleier nach feierlicher Heiratszeremonie unter großem Gepränge in seinen Palast führen und behandelte ihn wie seine Gemahlin. Es ist darüber noch heute ein recht geistreicher Witz im Umlauf: es wäre ein Glück für die Menschheit gewesen, wenn sein Vater Domitius eine solche Gemahlin gehabt hätte! Diesen Sporus kleidete er in den Ornat der Kaiserinnen, ließ ihn in einer Sänfte tragen und nahm ihn zu den Gerichtstagen und Märkten in Griechenland und darauf auch in Rom bei den Sigillarien als seinen Begleiter mit, wobei er ihn häufig zärtlich küßte.[105] Niemand bezweifelt auch, daß er selbst nach geschlechtlichem Umgang mit seiner Mutter lüstern gewesen sei und nur durch ihre Feinde, die fürchteten, daß das wilde und herrschsüchtige Weib durch ein solches Verhältnis einen übermächtigen Einfluß gewänne, davon abgehalten worden sei. Jedenfalls ist es Tatsache, daß er später eine Dirne, von der es hieß, daß sie der Agrippina

überaus ähnlich sehe, unter seine Konkubinen aufnahm. Auch behauptet man, daß in früherer Zeit, so oft er mit seiner Mutter sich in ein und derselben Sänfte tragen ließ, sein unzüchtiger Verkehr mit ihr sich durch die Flecken auf seinen Kleidern verraten hätte.

29. Seinen eigenen Leib gab er in dem Maß preis, daß er, nachdem fast kein Teil desselben unbefleckt geblieben war, eine Art Spiel ausdachte, bei welchem er mit dem Fell eines wilden Tieres bedeckt, aus einem Käfig herausstürzte und auf die Schamteile mehrerer an einen Pfahl gebundener Männer und Frauen losging und, nachdem er seine Lust gestillt hatte, sich endlich von Doryphorus[106], einem Freigelassenen, „erlegen" ließ, den er so zum Manne nahm, wie er den Sporus zur Frau genommen hatte, wobei er auch die Schreie und das Stöhnen vergewaltigter Jungfrauen nachahmte. Von manchen Leuten habe ich erfahren, daß er vollkommen überzeugt sei, kein Mensch sei keusch und an irgendeinem Körperteil rein, die meisten verstellten sich nur und wüßten ihre Laster schlau zu verheimlichen. Deshalb habe er auch denen, die ihre Unkeuschheit offen vor ihm zugaben, alle übrigen Vergehen nachgesehen.

30. Von Reichtum und Geld meinte er, daß ihr einziger Genuß die Verschwendung sei; dreckige Knauser seien diejenigen, die über ihre Ausgaben genau Buch führten, feine und wahrhaft prächtige Leute dagegen die, die ihr Vermögen verschwendeten und durchbrächten. Er lobte und bewunderte seinen Onkel Gaius (Caligula) vor allem deshalb, weil er die ungeheueren, von Tiberius hinterlassenen Schätze in so kurzer Zeit verpraßt hatte. Demzufolge hielt er denn auch weder im Verschenken noch im Verschwenden Maß. Den Besuch des Tiridates ließ er sich, was kaum glaublich erscheinen mag, täglich achthunderttausend Sesterzen kosten und schenkte demselben bei seiner Abreise über hundert Millionen. Den Kitharoeden Menekrates und den Gladiator Spiculus beschenkte er mit Vermögen und Häusern, wie sie Männer, die die Triumphabzeichen zuerkannt bekommen hatten, besitzen. Den Cercopithecus Paneros, einen Wucherer, der [durch ihn] in den Besitz wertvollster städtischer und ländlicher Grundstücke gelangt war, bestattete er mit fast königlicher Pracht. Kein Kleid zog er zweimal an. Beim Würfelspiel zählte ein Punkt vierhunderttausend Sesterzen. Beim Fischen bediente er

sich eines vergoldeten Netzes mit purpurnen und scharlachroten Seilen. Nie soll sein Gefolge auf Reisen weniger als tausend Wagen umfaßt haben, wobei die Hufbeschläge der Maultiere von Silber waren, die Maultiertreiber Kleider aus canusischer Wolle trugen und ein Schwarm von Mazakern[107] und Läufern mit kostbaren Spangen und prächtigem Brustschmuck den Zug begleiteten.

31. Die größten Summen jedoch verschlang seine Bauwut. Er erbaute einen Palast vom Palatin bis zum Esquilin und nannte ihn zuerst „Durchgangshaus", später nach dem Wiederaufbau infolge eines Brandes „Goldenes Haus".[108] Hinsichtlich seiner Ausdehnung und Pracht dürften folgende Angaben genügen: das Vestibül war so groß, daß darin eine hundertundzwanzig Fuß [39,3 m] hohe Kolossalstatue Neros[109] stehen konnte, die Ausdehnung des ganzen Baus so ungeheuer, daß seine aus drei Säulenreihen bestehenden Umgänge tausend Fuß [330 m] lang waren, daß er ferner einen Teich einschloß, der wie ein Meer mit Gebäuden umgrenzt war, welche Städte vorstellen sollten, dazu Ländereien, wo Kornfelder mit Weinpflanzungen, Viehweiden mit Wäldern, belebt von einer Menge der verschiedenartigsten zahmen und wilden Tiere, abwechselten. Im übrigen war alles mit Gold, Edelsteinen und Perlmutter bedeckt. Die Speisezimmer hatten getäfelte Decken mit beweglichen und durchlöcherten Elfenbeinplatten, um Blumen und wohlriechende Essenzen von oben her über die Gäste verteilen zu können. Der Hauptspeisesaal war rund und drehte sich in einem fort, Tag und Nacht, wie das Weltall. Die Bäder wurden teils mit Meerwasser, teils mit Wasser aus der Albula[110] gespeist. Als er dieses Prachtgebäude nach seiner Vollendung einweihte, sagte er, um seine Zufriedenheit auszudrücken, nur, jetzt fange er endlich an, wie ein Mensch zu wohnen. Außerdem begann er auch die Anlage eines überdachten und mit Säulenhallen eingefaßten Bassins von Misenum[111] bis zum Avernersee[112], in das alle in Baiae[113] vorhandenen, warmen Quellen geleitet werden sollten; ferner die Anlage eines Kanals vom Avernersee bis nach Ostia, so daß man zwar zu Schiff, aber doch nicht auf dem Meer, dorthin gelangen konnte und der bei einer Länge von hundertundsechzig römischen Meilen [240 km] eine Breite haben sollte, daß Fünfruderer bei einer Begegnung einander ausweichen

könnten.[114] Um diese Arbeiten auszuführen, hatte er befohlen, sämtliche Gefangene des ganzen Reiches nach Italien zu bringen und von jetzt an selbst die Schwerverbrecher nur zur Strafarbeit zu verurteilen. Zu dieser wahnsinnigen Geldverschwendung trieb ihn, außer dem Vertrauen auf die Hilfsmittel des Reiches, auch noch die Hoffnung auf die Entdeckung unermeßlicher, verborgener Schätze infolge der Anzeige eines römischen Ritters[115], welcher die feste Versicherung gab, die Reichtümer des uralten Schatzes, den die Königin Dido[116] auf ihrer Flucht von Tyrus mit sich genommen hatte, lägen noch in Afrika in großen Höhlen verborgen und könnten mit ganz geringem Aufwand ausgegraben werden.

32. Als er sich nun aber in dieser Hoffnung betrogen und, von ihr im Stich gelassen, so an Geldmitteln erschöpft und arm sah, daß selbst die Soldzahlungen der Soldaten und die Pensionen der Veteranen ausgesetzt und verschoben werden mußten, da nahm er seine Zuflucht zu Verleumdungen und Räubereien. Vor allem verordnete er, daß von dem hinterlassenen Vermögen der verstorbenen Freigelassenen fünf Sechstel [statt der Hälfte] für ihn eingezogen werden sollten, wenn sie ohne hinreichenden Grund den Namen irgend einer Familie geführt hätten, mit der er selbst verwandt sei. Ferner, daß der testamentarische Nachlaß aller Personen, die sich gegen den Kaiser „undankbar" erwiesen hätten, der kaiserlichen Kasse zufallen, ja daß selbst Rechtsgelehrte, welche solche Testamente aufgesetzt hätten, nicht ungestraft bleiben sollten; endlich, daß alle Handlungen und Reden, welche irgend ein Denunziant zur Anzeige brächte, nach dem Gesetz über Majestätsbeleidigung behandelt werden sollten. Er forderte auch die Belohnungen zurück, welche er den Städten gewährt hatte, die ihm irgendwann einmal Siegeskränze bei einem Wettkampf zuerkannt hatten. Ferner untersagte er den Gebrauch der Amethyst- und der Purpurfarbe, stiftete dann jemanden dazu an, am Markttage wenige Gramm davon zu verkaufen und ließ darauf die Magazine aller Kaufleute beschlagnahmen. Wie es heißt, soll er sogar eine vornehme Dame, die er, als er einmal öffentlich sang, mit dem verbotenen Purpur gekleidet unter den Zuschauern bemerkte, seinen Prokuratoren angezeigt haben, worauf sie fortgeschleppt und ihr nicht nur das Kleid, sondern auch ihr ganzes Vermögen geraubt

wurde. Keinem übertrug er eine Stelle ohne hinzuzufügen: „Du weißt, was ich brauche!“ und: „Unsere Aufgabe ist es, dafür zu sorgen, daß keiner etwas behält.“ Zuletzt nahm er sogar aus vielen Tempeln die Weihgeschenke weg und schmolz die goldenen und silbernen Götterbilder ein, darunter auch die der römischen Penaten[117], die jedoch später Galba wieder ersetzte.

33. Das Töten seiner Verwandten und anderer Personen begann er mit [Kaiser] Claudius, an dessen Ermordung er, wenn nicht als Anstifter, so doch als Mitwisser beteiligt war, was er auch nicht zu vertuschen suchte, denn er pflegte die Pilze, in denen man Claudius das Gift gegeben hatte[118], später nach einem griechischen Sprichwort als „Götterspeise“ zu preisen. Gewiß ist, daß er den Verstorbenen in Worten und Werken auf alle und jede Weise beleidigte, indem er ihn bald der Dummheit, bald der Grausamkeit beschuldigte. Einer seiner Lieblingswitze in dieser Beziehung war, daß er von ihm sagte, er habe aufgehört, unter den Menschen zu weilen [*morari*], wobei er die erste Silbe des letzteren Wortes lang aussprach[119]; auch setzte er viele seiner Beschlüsse und Verordnungen als die eines Dummkopfes und Verrückten außer Kraft. Endlich ließ er aus Mißachtung den Platz, an dem Claudius verbrannt worden war, nur mit einem niedrigen, dünnen Mäuerchen umgeben. Britannicus[120] vergiftete er aus Neid auf dessen Stimme, die wohlklingender als die seine war, und aus Furcht, daß dieser einmal in der Gunst der Menschen durch das gute Andenken, in welchem sein Vater stand, ihn überflügeln könnte. Als das Gift, das er von einer gewissen Locusta[121], einer berühmten Giftmischerin, bekommen hatte, seiner Meinung nach allzu langsam wirkte und bei Britannicus bloß Durchfall erregte, ließ er das Weib holen, prügelte sie mit eigener Hand und beschuldigte sie, statt Gift ein Heilmittel verabreicht zu haben. Und als sie sich damit entschuldigte, sie habe nur deswegen eine geringe Dosis gegeben, um die verbrecherische Tat besser zu verheimlichen, rief er aus: „Ach freilich, ich fürchte das Iulische Gesetz!“[122] und nötigte sie, vor seinen Augen in seinem Schlafzimmer ihr schnellstes, augenblicklich wirkendes Gift zu brauen. Darauf versuchte er dieses an einem Ziegenbock, und da dessen Todeskampf fünf Stunden währte, ließ er es wieder und wieder einkochen und warf es dann einem Ferkel vor.

Als dieses unmittelbar darauf starb, befahl er, das Gift ins Speisezimmer zu bringen und es dem mit ihm speisenden Britannicus zu reichen. Der brach nach dem ersten Schluck zusammen, worauf Nero seinen Gästen vorlog, es sei dies bei jenem ein gewöhnlicher Epilepsieanfall, und ihn tags darauf in großer Eile bei strömendem Regen ohne jeglichen Prunk beisetzen ließ. Der Locusta gewährte er für ihre Leistung Straflosigkeit, großen Grundbesitz, ja noch mehr – er gab ihr Schüler.

34. Wütend über seine Mutter, die seine Reden und Taten ziemlich scharf kontrollierte und kritisierte, begnügte er sich anfangs damit, sie in der Öffentlichkeit verhaßt zu machen, indem er verbreiten ließ, er sei willens, wegen ihr abzudanken und von Rom fort nach Rhodos[123] zu gehen. Später beraubte er sie aller äußeren Ehren und jeglicher Macht, nahm ihr die römische und germanische Ehrenwache und entzog ihr sogar die Wohnung im Palast. Außerdem ließ er nichts aus, sie auf jegliche Weise zu quälen. Er stiftete Leute an, die, wenn sie in Rom weilte, ihr Prozesse auf den Hals hetzen sollten und wenn sie sich aufs Land zurückgezogen hatte, um sich zu erholen, zu Land und zu Wasser an ihrem Landsitz vorbeifahren und sie durch Schimpfreden und schlechte Witze beleidigen mußten. Allein erschreckt durch ihre Drohungen und ihr aufbrausendes Wesen beschloß er, sie zu ermorden. Nachdem er es dreimal mit Gift versucht und bemerkt hatte, daß sie Gegengifte besaß, ließ er in ihrem Schlafgemach die Decke so einrichten, daß sie nachts über der Schlafenden mittels eines Mechanismus einstürzen mußte. Als dieser Plan von den Mitwissern nicht geheim genug gehalten wurde, kam er auf den Gedanken, ein Schiff so herrichten zu lassen, daß es zum Auseinanderfallen gebracht werden konnte, so daß sie damit entweder durch Schiffbruch oder durch den Einsturz der Kajüte ums Leben kommen sollte. Er lud sie also unter dem heuchlerischen Vorwand, sich mit ihr versöhnen zu wollen, durch einen höchst liebenswürdigen Brief ein, nach Baiae[124] zu kommen, um dort das fünftägige Minervafest[125] mit ihr zu feiern. Den Schiffsführern gab er Befehl, die liburnische Jacht[126], mit der sie gekommen war, wie durch eine zufällige Havarie zu beschädigen, sodann verlängerte er das Festmahl. Als sie nach Bauli[127] zurückzukehren begehrte, bot er ihr statt des schadhaft ge-

wordenen Schiffes jenes künstlich hergerichtete an, gab ihr sehr heiter das Geleit bis dorthin und küßte sie beim Abschied sogar auf den Busen. Den Rest der Nacht blieb er in großer Angst wach und erwartete den Ausgang seines Anschlages. Als er aber erfuhr, daß alles anders gekommen sei und daß sie sich durch Schwimmen gerettet habe, gab er plötzlich, da er sich nicht anders zu helfen wußte, den Befehl, ihren Freigelassenen Lucius Agerinus, der ihm voll Freude die Botschaft brachte, daß sie gesund und unverletzt sei, als einen gegen ihn ausgesandten Meuchelmörder festzunehmen und zu fesseln; davor hatte er heimlich neben ihm einen Dolch fallen lassen. Seine Mutter aber ließ er töten[128] und wußte dies so einzurichten, daß es den Anschein hatte, wie wenn sie sich der Strafe für ihr entdecktes Verbrechen durch Selbstmord entzogen hätte. Noch Grauenvolleres wird hinzugefügt und zwar von zuverlässigen Schriftstellern: Nero sei herbeigeeilt, um den Leichnam der Ermordeten zu beschauen, habe ihre Glieder betastet, einige derselben getadelt, andere gelobt und dazwischen, wenn er Durst hatte, etwas getrunken. Dennoch konnte er seine Gewissensbisse wegen dieses Verbrechens, obschon Soldaten, Senat und Volk ihm durch ihre Glückwünsche Mut zu machen suchten, weder damals noch später ertragen und oft bekannte er, daß er durch die Erscheinung seiner Mutter und durch die Furien[129] mit ihren Geißeln und brennenden Fackeln fort und fort gejagt werde. Er versuchte sogar, durch ein von Magiern veranstaltetes Opfer ihren Geist zu beschwören und damit zu versöhnen. Auf seiner Reise durch Griechenland wagte er nicht, den Eleusinischen Mysterien[130], bei deren Riten durch den Ruf des Herolds alle Schuldbeladenen und Verbrecher ferngehalten werden, beizuwohnen. Auf den Mord der Mutter ließ er die Hinrichtung seiner Tante folgen.[131] Als er ihr, da sie an einer Verstopfung litt und bettlägrig war, einen Krankenbesuch machte, streichelte sie, wie das alte Leute zu tun pflegen, seinen Milchbart und sagte liebkosend: „Wenn ich den greifen kann, dann will ich gern sterben", da sprach er zu den Umstehenden: „Da will ich ihn gleich abnehmen lassen" und gab den Ärzten Befehl, der Kranken mehr Abführmittel einzuflößen. Sie war noch nicht gestorben, als er sich schon in Besitz ihres Vermögens setzte und ihr Testament unterschlug, damit ihm nichts davon entgehe.

35. Außer mit Octavia[132] verheiratete er sich später noch zweimal, nämlich mit Poppaea Sabina[133], deren Vater ein Mann von quästorischem Rang war und die zuvor die Frau eines römischen Ritters gewesen war, und darauf mit Statilia Messalina[134], Urenkelin des Taurus, der das Konsulat zweimal bekleidet und einen Triumph gefeiert hatte.[135] Um sie zu bekommen, ließ er ihren Gemahl, den Konsul Atticus Vestinus, noch während seines Konsulates ermorden. Der Octavia wurde er bald überdrüssig und gab seinen Vertrauten, die ihn deshalb tadelten, zur Antwort, sie müsse damit zufrieden sein, die Abzeichen einer Ehefrau zu besitzen. Nachdem er mehrmals versucht hatte, sie zu erdrosseln, ließ er sich von ihr scheiden unter dem Vorwand, sie sei unfruchtbar; als aber das Volk sich darüber unzufrieden zeigte, ja es an Vorwürfen nicht fehlen ließ, verbannte er sie sogar. Zuletzt ließ er sie unter der Beschuldigung des Ehebruchs umbringen, ein Vorwand, der so falsch und schamlos war, daß er letztendlich, als bei der gerichtlichen Untersuchung alle Befragten ihre Unschuld bezeugten, seinen Erzieher Anicetus[136] dazu anstiftete, als Denunziant aufzutreten. Dieser mußte fälschlich bekennen, er habe sie hinterlistig geschändet. Poppaea, die er zwölf Tage nach der Scheidung von Octavia geheiratet hatte, liebte er leidenschaftlich; und doch tötete er auch sie durch einen Fußtritt, weil sie ihn, als sie krank und schwanger war, heftig ausgescholten hatte, als er einmal sehr spät vom Wagenrennen heimkam. Von ihr hatte er eine Tochter, Claudia Augusta[137], die er aber, als sie noch ein Kind war, wieder verlor. Es gab keine mit ihm verwandte Familie, die er mit seinen Verbrechen verschonte. Antonia, die Tochter des Claudius, die nach dem Tod der Poppaea seine Hand ausschlug, brachte er unter dem Vorwand um, sie habe eine Verschwörung geplant.[138] Ebenso tötete er alle, welche mit ihm durch Blutsverwandtschaft oder Verschwägerung verbunden waren, darunter den jungen Aulus Plautius[139], den er vor der Hinrichtung noch gewaltsam mißbrauchte und dann mit den Worten in den Tod schickte: „Jetzt mag meine Mutter hingehen und meinen Nachfolger liebkosen!“ Damit wollte er sagen, dieser sei der Liebhaber seiner Mutter gewesen, die ihm Hoffnung auf den Thron gemacht habe. Seinen Stiefsohn Rufrius Crispinus, den Sohn der Poppaea, einen Knaben, ließ er durch dessen

eigenen Sklaven im Meer ertränken, während er beim Fischen war; er hatte nämlich gehört, dieser spiele immer „Feldherr und Kaiser". Tuscus, den Sohn seiner Amme, verbannte er, weil er als Statthalter von Ägypten in den Bädern gebadet hatte, welche man für die Ankunft des Kaisers errichtet hatte. Seneca, seinen Lehrer, zwang er, sich selbst das Leben zu nehmen, obschon er ihm auf seine wiederholten Entlassungsgesuche und sein Angebot, dem Kaiser sein Vermögen abzutreten, hoch und heilig geschworen hatte, seine Besorgnis sei grundlos, er wolle lieber sterben, als ihm etwas zu Leide tun.[140] Burrus, dem Befehlshaber seiner Garde, schickte er statt eines Mittels gegen Halsweh, das er ihm versprochen hatte, Gift.[141] Seine reichen, bereits bejahrten Freigelassenen, die ihm einst zur Adoption, dann zum Thron verholfen und ihn auch dann noch beraten hatten, räumte er heimlich durch Gift, das er ihnen teils in Speisen, teils in Getränke mischte, aus dem Weg.

36. Mit nicht geringerer Grausamkeit wütete Nero außerhalb seiner Familie gegen Fremde. Ein Komet, dessen Erscheinen der allgemeinen Meinung nach den Untergang der höchsten Herrscher bedeutet, hatte sich bereits mehrere Nächte hintereinander am Himmel gezeigt. Da er dadurch beunruhigt war, wurde er von dem Astrologen Babilus darauf hingewiesen, daß Könige derartige Vorzeichen durch die Hinrichtung irgendeiner hochstehenden Person zu sühnen, von sich abzuwenden und auf die Häupter ihres Adels zu wälzen pflegten. Er beschloß darauf sofort, alle sehr vornehmen Römer töten zu lassen, um so mehr, da ihm die Entdeckung zweier Verschwörungen gleichsam einen gerechten Grund dazu gab. Die zeitlich frühere und gefährlichere Verschwörung, die Pisonische[142], wurde zu Rom, die spätere, die des Vinicianus, zu Benevent angezettelt und entdeckt.[143] Die Verschwörer mußten sich dreifach in Ketten gelegt verteidigen. Einige bekannten sich freiwillig zu dem Verbrechen, mehrere rühmten sich sogar, man habe ihm, entehrt wie er sei, nicht anders als durch seine Ermordung beikommen können. Die Kinder der Verurteilten wurden aus der Stadt verwiesen und durch Gift oder Hunger getötet. Es ist Tatsache, daß einige mit ihren Lehrern und Sklaven durch ein und dieselbe Mittagsmahlzeit getötet wurden und daß andere daran gehindert wurden, sich ihren täglichen Nahrungsbedarf zu verschaffen.

37. Von da ab kannte er beim Morden weder Maß noch Ziel, sondern jeder beliebige wurde unter jedem beliebigen Vorwand getötet. Ich möchte nur einige erwähnen: dem Salvidienus Orfitus[144] wurde es als Verbrechen ausgelegt, drei zu seinem Haus gehörende Läden in der Nähe des Forums den Gesandten auswärtiger Städte als Absteigequartiere mietweise überlassen zu haben; dem Rechtsgelehrten Cassius Longinus[145], einem erblindeten Mann, daß er in dem alten Stammbaum seines Geschlechts die Porträts des Gaius Cassius, Caesars Mörder, beibehalten habe; dem Paetus Thrasea[146], daß er die mürrische Miene eines Lehrers mache. Den zum Selbstmord Verurteilten gab er nur einige Stunden Frist, und damit keine Verzögerung stattfände, schickte er ihnen Ärzte, die den Befehl hatten, wenn sie zögerten, sie sofort zu „pflegen", wie er das Öffnen der Adern nannte. Man glaubt sogar, daß Nero große Lust gehabt habe, einem Ägypter, einem berüchtigten Vielfraß, der gewohnt war, rohes Fleisch und alles, was man ihm sonst gab, zu verschlingen, lebendige Menschen zum Zerfleischen und zum Auffressen vorzuwerfen. Stolz und aufgeblasen durch seine „Erfolge" äußerte er, vor ihm habe noch kein Kaiser gewußt, was er sich alles erlauben könne. und machte häufig ziemlich eindeutige Bemerkungen, daß er selbst die noch übrigen Senatoren nicht verschonen, sondern diesen Stand bei Gelegenheit ganz aus dem Staat entfernen und die Provinzen und Heere dem römischen Ritterstand und seinen Freigelassenen übertragen werde. In der Tat küßte er weder bei seiner Ankunft noch bei seinem Weggang irgendeinen Senator, ja er erwiderte nicht einmal ihren Gruß; und als er die Arbeit zum Durchstich des Isthmus feierlich eröffnete[147], lautete die Wunschformel, die er vor zahlreicher Versammlung mit lauter Stimme sprach, daß ihm und dem römischen Volk dieses Unternehmen zum Heil gereichen möge, während er den Senat gar nicht erwähnte.

38. Aber selbst das Volk und die Mauern seiner Vaterstadt verschonte er nicht. Als einmal jemand bei einer Unterhaltung den griechischen Vers zitierte:

> „Bin ich erst tot, so gehe die Erde in Feuer auf"[148]

sagte er: „Nein, so lange ich noch lebe!" Und das verwirklichte er auch. Denn unter dem Vorwand, daß ihm die Häßlichkeit der alten

Gebäude und die engen und krummen Straßen zuwider seien, steckte er die Stadt in Brand[149], und zwar so offen, daß viele Konsulare seine Kammerdiener, die sie mit Werg und Fackeln in ihren Häusern ertappten, nicht anzurühren wagten und einige Getreidespeicher in der Gegend des „Goldenen Hauses", nach deren Grund und Boden er besonders begierig war[150], durch Kriegsmaschinen eingerissen und dann angezündet wurden, weil sie aus Quadersteinen aufgemauert waren. Sechs Tage und sieben Nächte wütete dieses Unheil, und das Volk war gezwungen, in öffentlichen Gebäuden und Grabmälern Zuflucht zu suchen. Damals verbrannten außer einer unermeßlichen Zahl von Wohnhäusern auch die Häuser der einstigen Feldherren, die noch mit den feindlichen Rüstungen geschmückt waren, die von den Königen und die später in den Punischen und Gallischen Kriegen gelobten und geweihten Göttertempel sowie überhaupt alles, was sonst noch Sehenswertes und Denkwürdiges die Zeiten überdauert hatte. Dieser Feuersbrunst schaute er vom Maecenasturm[151] aus zu und in der Freude über „die Schönheit der Flammenglut", wie er sich ausdrückte, trug er in seinem bekannten Theaterkostüm den ganzen Gesang von Ilions Eroberung[152] vor. Um aber selbst aus diesem Unglück so viel Gewinn und Beute als möglich zu ziehen, versprach er, den kostenlosen Abtransport des Schutts und der Leichen zu übernehmen und gestattete niemandem, sich den Trümmern seines Hauses zu nähern, während er zugleich durch Spenden, nicht nur durch freiwillige, sondern weit mehr noch durch geforderte, Provinzen und Privatleute fast völlig ruinierte.

39. Zu diesen großen, vom Kaiser verursachten Verbrechen und Schandtaten kamen nun auch noch einige vom Schicksal vorbestimmte: eine Pest, die im Laufe eines Herbstes die Rechnungsbücher der Libitina[153] mit dreißigtausend Begräbnissen füllte; die britannische Niederlage, wodurch die zwei bedeutendsten Städte ausgeplündert wurden und eine große Anzahl römischer Bürger und Bundesgenossen das Leben verlor[154]; die Schmach im Orient, wo in Armenien die Legionen unter das Joch geschickt wurden[155] und Syrien nur mit knapper Not behauptet werden konnte.[156] Besonders verwunderlich und fast am merkwürdigsten unter all diesen Dingen scheint es, daß Nero nichts so geduldig ertrug, als die Schimpfreden und

Schmähungen der Bevölkerung, und daß er sich gegen niemanden milder zeigte, als gegen solche, die ihn mit Sprüchen oder mit Spottgedichten angriffen. Vieles dieser Art wurde in griechischer wie in lateinischer Sprache öffentlich angeschlagen oder sonst verbreitet, wie z.B. folgende Verse:

Nero, Orest, Alkmaeon: Muttermörder[157].
Eine Neuigkeit: Nero tötete seine eigene Mutter

Wer bekennt nicht, daß Nero ein Sproß von Aeneas Stamm ist:
Schaffte er die Mutter doch, wie jener den Vater beiseite.[158]
Der unsere spannt seine Leier, der Parther die Hörner des Bogens.
Unserer wird „Paean" heißen, jener „der Treffende Schütze".[159]
Rom soll sein Haus werden,
falls dieser Palast nicht sogar bis Veii reicht.[160]

Indessen ließ er nach den Verfassern keine besonderen Nachforschungen anstellen, ja, er verhinderte sogar eine allzu harte Bestrafung einiger, die dem Senat angezeigt worden waren. Der Kyniker[161] Isidorus hatte ihm einmal im Vorbeigehen auf offener Straße mit lauter Stimme schmähend zugerufen, daß er die Übeltaten des Nauplius[162] gut besinge, sein eigenes Gut aber schlecht verwalte, und der Atellanenschauspieler[163] Datus hatte bei einem Gesangsstück die griechischen Worte:

„Leb' wohl Vater! Leb' wohl, Mutter!"

mit Gesten des Trinkens und Schwimmens begleitet und dadurch auf den Tod des Claudius und der Agrippina angespielt; beim Schlußvers:

„Orkus[164] hat euch an den Füßen"

wies er durch seine Gebärden auf den Senat. Nichtsdestoweniger begnügte sich Nero damit, den Schauspieler und den Philosophen bloß aus Rom und Italien auszuweisen, sei es, weil er jegliche Beschimpfungen mißachtete oder weil er durch Eingestehen seines Ärgers die Gemüter nicht aufreizen mochte.

40. Einen solchen Herrscher hatte der Erdkreis nahezu vierzehn Jahre ertragen, bis er endlich von ihm abfiel. Den Anfang machten die Gallier unter Anführung des Iulius Vindex, der damals diese Provinz als Proprätor verwaltete.[165] Sterndeuter hatten Nero einst

prophezeit, er werde einmal abgesetzt werden, worauf er jene bekannte Äußerung getan hatte: „Die Kunst wird uns ernähren!", womit er seine Gesangskunst als etwas rechtfertigen wollte, das ihm als Kaiser Vergnügen, als Privatmann das tägliche Brot gewähre. Indessen hatten einige jener Wahrsager ihm für den Fall seiner Absetzung die Herrschaft über den Orient verbürgt, einige namentlich das Königreich von Jerusalem, mehrere sogar die Wiedereinsetzung in seine ganzen früheren Rechte. Der letzteren Hoffnung neigte er sich natürlich am meisten zu, als er Britannien und Armenien verloren und dann beide Provinzen wiedergewonnen hatte, und glaubte, daß nunmehr jene Unglücksprophezeiung erfüllt sei. Als er dann aber bei der Befragung des Delphischen Apoll[166] die Antwort erhielt, er solle sich vor dem dreiundsiebzigsten Jahr in acht nehmen, dachte er nur daran, daß er erst in diesem Alter sterben werde, und nicht im entferntesten an das Alter Galbas.[167] So war er nicht nur voller Zuversicht auf ein langes Leben, sondern auch auf ein ununterbrochenes und einzigartiges Glück, so daß er einmal, als er durch Schiffbruch äußerst kostbare Gegenstände verloren hatte, unbedenklich gegen seine Vertrauten äußerte, die Fische würden sie ihm schon wiederbringen! In Neapel erhielt er die Kunde von dem Aufstand in Gallien am selben Tag, an welchem er seine Mutter ermordet hatte, und nahm sie so ruhig und gelassen auf, daß man sogar auf den Gedanken kommen konnte, er freue sich darüber, daß er so eine günstige Gelegenheit habe, die überaus reichen Provinzen nach dem Kriegsrecht plündern zu können. Nero begab sich unmittelbar darauf in das Gymnasium[168], wo er den Wettkämpfen der Athleten mit größtem Eifer zusah. Auch zur Essenszeit wurde er durch ziemlich beunruhigende Briefe gestört, doch ging sein Zorn darüber nicht weiter, als daß er drohte, es solle den Abtrünnigen schlecht bekommen. Acht Tage lang konnte er sich nicht dazu aufraffen, irgend einem der Briefschreiber zu antworten, irgend eine Anweisung oder einen Befehl zu erteilen, sondern er begrub die ganze Sache in Stillschweigen.

41. Erst die vielen beleidigenden Edikte des Vindex brachten ihn endlich dazu, den Senat durch ein Schreiben aufzufordern, ihn und den Staat zu rächen, wobei er seine Abwesenheit von Rom mit Halsweh entschuldigte. Nichts aber kränkte ihn so tief, als daß ihn

Vindex einen schlechten Leierspieler und statt Nero „Ahenobarbus" genannt hatte.[169] Darauf machte er bekannt, daß er seinen Geschlechternamen, den man ihm als Schande vorwerfe, künftig wieder annehmen und seinen Adoptivnamen ablegen werde. Die übrigen Vorwürfe nannte er einfach falsch und führte dafür als einzigen Beweis das Argument an, daß man ihm ja sogar Unwissenheit in der von ihm so eifrig betriebenen und zu so hoher Vollendung gebrachten Kunst vorwerfe, dabei fragte er immer wieder einzelne, ob sie einen Künstler kennen würden, der ihn überträfe? Als nun aber Botschaften über Botschaften auf ihn einstürmten, kehrte er in großer Angst nach Rom zurück, wobei ihm unterwegs ein allerdings lächerliches Vorzeichen wieder etwas Mut machte. Als er nämlich an einem Denkmal ein Relief bemerkt hatte, in welchem ein niedergeworfener gallischer Krieger von einem römischen Ritter an den Haaren geschleift wurde, sprang er beim Anblick dieser Darstellung vor Freude in die Höhe und hob die Hände betend zum Himmel. Aber auch nach seiner Ankunft in Rom berief er weder den Senat noch das Volk zu einer Ansprache, sondern ließ bloß einige angesehene Männer in den Palast kommen, mit denen er sich kurz beratschlagte, worauf er ihnen den Rest des Tages neu erfundene Wasserorgeln[170] vorführte. Er zeigte ihnen selbst die einzelnen Teile, sprach über Funktionen und Schwierigkeiten und bemerkte, daß er die Instrumente bald alle im Theater vorstellen werde, „wenn Vindex es erlaube".

42. Als er darauf erfuhr, daß auch Galba und ganz Spanien abgefallen seien[171], fiel er in Ohnmacht und blieb stumm und fast halbtot lange am Boden liegen. Wieder zur Besinnung gekommen zerriß er sein Gewand, schlug sich vor den Kopf und rief laut, es sei aus mit ihm! Seiner alten Amme, die ihn trösten wollte und dabei äußerte, auch anderen Herrschern sei ja schon Ähnliches begegnet, gab er zur Antwort, er aber erleide vor allen anderen ein unerhörtes und nie dagewesenes Geschick, da er den Thron noch lebend verliere. Trotzdem setzte er sein bisheriges üppiges und müßiges Leben unverändert fort. Ja, als eine günstige Nachricht aus den Provinzen eintraf, veranstaltete er nicht nur ein überaus prächtiges Gastmahl, sondern sang sogar selbst unanständige Spottgedichte unter entsprechendem

Gebärdenspiel auf die abgefallenen Generäle, was auch öffentlich bekannt wurde. Und als er sich einmal heimlich ins Theater hatte tragen lassen, wo ein Schauspieler großen Beifall erntete, ließ er diesem sagen, er mache sich die anderweitige Beschäftigung des Kaisers über Gebühr zunutze.

43. Gleich zu Beginn des Aufstandes soll er, wie man glaubt, viele unmenschlich grausame Maßnahmen, die jedoch seinem Charakter entsprochen hätten, geplant haben, z.B. Nachfolger und Mörder zu allen Heer- und Provinzbefehlshabern zu entsenden, weil sie alle eines Sinnes und gegen ihn verschworen seien, alle Verbannten im ganzen Reich und sämtliche in der Hauptstadt befindlichen Gallier niedermetzeln zu lassen, jene, damit sie sich nicht den Aufständischen anschlössen, diese, weil sie Mitwisser und Helfer ihrer Stammesgenossen seien, ferner soll er daran gedacht haben, ganz Gallien seinen Heeren zur Plünderung zu überlassen, den gesamten Senat bei Gastmählern durch Gift zu töten, die Hauptstadt in Brand zu stecken und zugleich die wilden Tiere auf das Volk loszulassen, um dadurch die Löschversuche noch mehr zu erschweren. Nicht so sehr durch sein Gewissen, sondern weil er an der Ausführung verzweifelte, schreckte er vor all diesen Maßnahmen zurück. Da er jetzt einen Feldzug für notwendig hielt, entsetzte er die Konsuln vor der Zeit ihres Amtes und trat an beider Stelle allein das Konsulat an, angeblich, weil einer Weissagung zufolge die gallischen Provinzen nur von *einem* Konsul besiegt werden könnten. Als er die *fasces*[172] in Empfang genommen hatte, verkündete er, während er von der Tafel aufstand und auf die Schultern seiner Vertrauten gestützt das Speisezimmer verließ, sobald er nur den Fuß auf gallischen Boden gesetzt haben werde, wolle er unbewaffnet den Heeren entgegentreten und nichts weiter tun, als weinen, worauf er dann, nachdem die Meuterer sicher von Reue ergriffen wären, tags darauf unter allgemeiner Freude fröhlichen Herzens Siegeslieder vortragen werde, mit deren Komposition er sich jetzt schon beschäftigen müsse.

44. Bei den Vorbereitungen des Feldzugs legte er besonderen Wert auf die Auswahl von Wagen, um seine Bühnenapparatur zu befördern, er ließ den Mätressen, die er mit sich ins Feld nehmen wollte, auf Männerart das Haar scheren und sie mit Streitäxten und

Schilden wie Amazonen[173] ausrüsten. Dann erließ er an die städtischen Tribus die Aufforderung, den Fahneneid zu schwören, und da sich keine diensttauglichen Leute meldeten, forderte er von den Herren[174] eine bestimmte Anzahl Sklaven, wobei er aus jedem Hause nur die besten annahm und selbst hinsichtlich der Verwalter und Schreiber keine Ausnahme gestattete. Zugleich mußten alle Stände einen Teil ihres Vermögens hergeben und darüber hinaus selbst diejenigen, welche in Privathäusern oder Mietwohnungen wohnten, den Betrag einer Jahresmiete an die kaiserliche Kasse bezahlen.[175] Dabei ging er mit solcher Genauigkeit und Härte vor, daß er die Sesterzen nur neugeprägt, die Silbermünzen nur vom reinsten Silber und die Goldstücke nur geprüft annahm, so daß viele ganz offen alle und jede Beitragszahlung verweigerten und einstimmig forderten, er möge sichlieber von seinen Spitzeln die großen Summen, welche diese als Belohnungen empfangen hätten, wieder zurückzahlen lassen.

45. Dadurch, daß Nero sogar aus einer Verteuerung des Getreides Gewinn zog, wuchs der Haß gegen ihn noch an. Es traf sich nämlich zufällig, daß, während im Volk Hungersnot herrschte, sich die Nachricht verbreitete, ein alexandrinisches Schiff sei mit einer Ladung Sand für die Hofringer eingelaufen.[176] Dies stachelte die allgemeine Erbitterung gegen ihn noch weiter auf, und es gab keine Beschimpfung, die er nicht über sich ergehen lassen mußte. Man befestigte auf dem Scheitel einer der ihm errichteten Statuen einen Lockenschmuck zusammen mit einer griechischen Inschrift, welche besagte, jetzt endlich sei der wirkliche Kampf da, er möge sich endlich ergeben.[177] Einer anderen Statue band man sogar einen Ledersack an den Hals und schrieb darunter:

„Was kann ich noch tun, du aber hast den Sack verdient“.[178]

An die Säulen schrieb man:

„Selbst die Hähne hat er durch sein Singen aufgeweckt.“

Ja, es kam vor, daß manche nachts sich stellten, als hätten sie Auseinandersetzungen mit Sklaven und dann in einem fort nach einem *vindex*[179] riefen.

46. Dazu erschreckten ihn unaufhörlich offensichtlich schlechte Vorbedeutungen von Träumen, Vogelschauen und Vorzeichen, sowohl von früheren als neuen. Er, der nie zuvor zu träumen pflegte,

sah jetzt, nachdem er seine Mutter ermordet hatte, ein Traumgesicht, in dem ihm, während er ein Schiff lenkte, das Steuerruder aus den Händen gerissen wurde. Dann wieder träumte er, daß er von seiner Gattin Octavia in eine stockfinstere Kluft geschleppt wurde, daß Scharen geflügelter Ameisen ihn bedeckten oder daß die vor dem Pompeiustheater[180] aufgestellten Bildsäulen der unterworfenen Völker ihn umringten und ihn am Vorwärtsschreiten hinderten. Darauf wie sein asturisches[181] Lieblingspferd sich in einen Affen verwandelte, bis auf den Kopf, mit dem es ein schrilles Wiehern von sich gab. Am Mausoleum[182] [des Augustus] öffneten sich die Tore von selbst und man hörte eine Stimme, die ihn mit Namen rief. Am ersten Januar stürzten die geschmückten Larenbilder inmitten der Vorbereitungen für das Opfer zur Erde.[183] Als er selbst dann die Auspizien vornahm, bot ihm Sporus[184] einen Ring zum Geschenk, in dessen Stein der Raub der Proserpina[185] geschnitten war, und als zur Ableistung des öffentlichen Gelübdes für den Kaiser bereits Mitglieder aller Stände zahlreich versammelt waren, konnte man lange die Schlüssel zum Kapitol nicht auffinden. Als im Senat aus seiner Rede gegen Vindex die Stelle vorgelesen wurde, die besagte, daß die Strafe bald die Frevler treffen sollte und sie bald ihr verdientes Ende erreichen werden, brach die ganze Versammlung in den Zuruf aus: „Du wirst's erreichen, Augustus!" Desgleichen war bemerkt worden, daß das letzte Stück, mit welchem er öffentlich aufgetreten war, „Der verbannte Ödipus" war und der Schlußvers folgendermaßen lautete:

„Es fordern Gattin, Mutter, Vater meinen Tod!"

47. Als inzwischen die Nachricht eintraf, daß auch die übrigen Heere abgefallen wären, riß er den Brief, der ihm beim Frühmahl übergeben worden war, in kleine Stücke, stieß den Tisch um, schmetterte zwei Becher zu Boden, die er besonders gern hatte und die Homerischen zu nennen pflegte, weil auf ihnen Szenen aus Gedichten Homers abgebildet waren, und begab sich dann, nachdem er sich von der Locusta[186] Gift hatte reichen lassen, das er in ein goldenes Döschen tat, in die Servilianischen Gärten. Von hier sandte er seine treuesten Freigelassenen nach Ostia voraus, um die Flotte segelfertig zu machen, und versuchte dann, die Tribunen und Zenturionen der Prätorianergarde zur gemeinsamen Flucht zu überreden. Als sie aber

teils Ausflüchte vorbrachten, teils sich offen weigerten und einer sogar laut ausrief:

„Ist denn Sterben gar etwas so Entsetzliches?“[187],

da dachte er über die verschiedensten Pläne nach: ob er sich an die Parther oder an Galba wenden sollte, um Schutz zu erflehen, ob er in Trauerkleidern vor die Öffentlichkeit treten und von der Rednerbühne herab, mit allen ihm zu Gebote stehenden Mitteln Mitleid zu erregen, Verzeihung für das Vergangene erflehen und, falls das keinen Eindruck machen würde, wenigstens um die Statthalterschaft von Ägypten bitten sollte. Es fand sich später in seinem Schreibpult wirklich eine in diesem Sinne vollkommen ausgearbeitete Rede. Allein er ließ von seinem Vorhaben ab, wie man glaubt, weil er fürchtete, das Volk würde ihn, ehe er noch das Forum erreichte, in Stücke reißen. So verschob er den Entschluß auf den folgenden Tag, wurde aber gegen Mitternacht aus dem Schlaf gerissen und sprang, als er erfuhr, die diensthabende Soldatenabteilung sei abgezogen, aus dem Bett auf und schickte nach seinen Freunden. Weil er von keinem einzigen eine Antwort erhielt, machte er sich selbst mit wenigen Begleitern auf, um bei jedem von ihnen Unterschlupf zu erbitten. Da er aber alle Türen verschlossen fand und keiner Antwort auf sein Rufen gab, kehrte er in sein Schlafgemach zurück, wo bereits auch die Leibwächter entflohen waren, nachdem sie sogar seine Decken und die Giftdose gestohlen hatten. Sofort befahl er, den Gladiator Spiculus[188] oder irgendeinen anderen geschickten Fechter herbeizurufen, um sich von dessen Hand den Todesstoß geben zu lassen. Und da man keinen fand, rannte er mit dem Ausrufe: „Habe ich weder einen Freund noch einen Feind?“ aus dem Palast, wie wenn er sich in den Tiber stürzen wollte.

48. Indessen besann er sich ebenso plötzlich wieder anders und äußerte den Wunsch nach einem möglichst versteckten Schlupfwinkel, um sich wieder sammeln zu können. Da ihm sein Freigelassener Phaon sein nahe der Stadt zwischen der Via Salaria[189] und der Via Nomentana[190] etwa vier Meilen entfernt gelegenes Landgut anbot, warf er sich, barfuß und nur mit der Tunika bekleidet, einen alten verschossenen Mantel über, zog die Kapuze über den Kopf, bedeckte das Gesicht mit einem Tuch und schwang sich auf ein Pferd, mit nur

vier Begleitern[191], unter denen sich auch Sporus befand. Bald darauf, noch ganz entsetzt durch ein Erdbeben und einen vor seinen Augen niederfahrenden Blitz, hörte er vom nahen Lager das Geschrei der Soldaten, die ihm Unglück und Galba Glück wünschten, dazu auch wie jemand aus einer ihnen begegnenden Gruppe von Reisenden sagte: „Diese verfolgen Nero“, während ein anderer die Frage an sie richtete: „Was gibt's in der Stadt Neues von Nero?“ Da scheute sein Pferd vor dem Gestank eines auf der Landstraße liegenden Leichnams, das Tuch fiel von seinem Gesicht und er wurde von einem abgedankten Prätorianer erkannt und begrüßt. Als man an einem Seitenweg ankam, stieg er ab, ließ die Pferde laufen und gelangte durch Buschwerk und Dorngestrüpp auf einem durch Röhricht führenden Fußpfad mit großer Mühe und nur, indem man unter seine bloßen Füße Kleidungsstücke ausbreitete, endlich an die Rückseite der Villa. Hier bat ihn Phaon, sich einstweilen in einer Sandgrube zu verstecken, worauf Nero antwortete, er wolle nicht bei lebendigem Leibe unter die Erde gehen! Es dauerte ein wenig, bis man einen geheimen Zugang in die Villa anlegte, währenddessen schöpfte er, um seinen Durst zu stillen, Wasser mit der Hand aus einer nahegelegenen Pfütze und sprach: „Dies ist nun Neros Erfrischung!“ Dann kämpfte er sich mit seinem Mantel, der von den Dornen zerrissen war, durch das Gestrüpp und gelangte so, auf allen Vieren durch ein enges Loch, das man frisch gegraben hatte, in die zunächstliegende Kammer, wo er sich auf ein Lager mit einem ärmlichen Polster warf, anstelle einer Decke benützte er einen alten Mantel. Inzwischen plagten ihn Hunger und Durst, trotzdem wies er das angebotene grobe Brot zurück, trank aber eine Menge schales Wasser.

49. Da jetzt seine Begleiter ihn nacheinander drängten, sich der Schande, die ihn erwartete, möglichst bald zu entziehen, befahl er, ein Grab in seinen Körpermaßen vor seinen Augen zu graben, ein paar Marmorblöcke zusammenzustellen und Wasser und Kleinholz herbeizuschaffen, um bald seinem Leichnam die letzte Ehre erweisen zu können. Er begleitete alle diese Anordnungen mit Tränen, und rief immer wieder:

> „Welch ein Künstler stirbt mit mir!“

Inzwischen kam ein Kurier mit Nachrichten für Phaon. Nero riß sie ihm aus der Hand und las, daß er vom Senat zum Staatsfeind erklärt sei und daß man ihn suche, um ihn nach Art der Vorfahren zu bestrafen. Er fragte, was das für eine Strafe sei, und als er hörte, man werde dabei nackt mit dem Hals in eine Gabel geschlossen und dann mit Ruten zu Tode gepeitscht, ergriff er entsetzt zwei Dolche, die er mitgenommen hatte, prüfte die Spitze beider, und – steckte sie dann wieder ein, indem er bemerkte, noch sei seine Schicksalsstunde nicht gekommen. Er forderte mehrmals Sporus auf, die Totenklage anzustimmen; dann bat er wieder, irgendeiner möchte ihm durch sein Beispiel Mut zum Selbstmord geben. Zuweilen schalt er auf sein feiges Zaudern mit den Worten: „Was ist dies für ein scheußliches und schmähliches Leben" und auf griechisch: „Das ziemt sich nicht für Nero, es ziemt sich nicht! In solcher Lage gilt's besonnen zu sein; auf, ermanne dich!" Da sprengten auch schon die Reiter heran, denen befohlen war, ihn lebendig zu ergreifen. Als er sie bemerkte, rezitierte er zitternd den Homerischen Vers:

„Donnernd schallt mir in den Ohren der Hufschlag eilender Rosse!"[192]

und stieß sich mit Hilfe seines Sekretärs Epaphroditus[193] den Dolch in die Kehle. Halbtot vermochte er dem hereinstürzenden Zenturio, der seinen Mantel auf die Wunde drückte, um ihn glauben zu machen, daß er ihm helfen wolle, nur noch die Worte zu entgegnen: „Zu spät!" und „Das ist Treue!" Mit diesen Worten starb er. Seine hervorquellenden starren Augen ließen die Umstehenden vor Grauen und Furcht erschaudern. Zu allererst und am dringendsten hatte er von seinen Begleitern das Versprechen erbeten, daß sie niemandem gestatten sollten, ihm den Kopf abzuschneiden, sondern daß sie ihn unter allen Umständen unverstümmelt verbrennen möchten. Dies bewilligte Icelus, Galbas Freigelassener, der selbst eben erst aus dem Gefängnis befreit worden war, in das man ihn zu Beginn des Aufstandes geworfen hatte.[194]

50. Die Kosten von Neros Bestattung betrugen zweihunderttausend Sesterzen; man hüllte die Leiche in weiße, goldbestickte Dekken, die er noch am 1. Januar benützt hatte. Seine Überreste bestatteten Egloge und Alexandria, seine Ammen, gemeinschaftlich mit

Acte, seiner Konkubine[195], in der Grabstätte der Domitier, die man vom Marsfeld aus hoch oben auf dem Gartenhügel liegen sieht. Darin steht ein Porphyrsarkophag, darüber ein Altar aus lunesischem Marmor[196], das Ganze eingefaßt mit thasischem Stein.[197]

51. Nero war etwa mittelgroß, sein Körper mit Flecken bedeckt und übelriechend, das Haar hellblond, sein Gesicht eher schön als liebenswürdig, die Augen blau und sehr schwach, der Nacken übermäßig fett, der Bauch stark vortretend, die Beine sehr dünn, sein Gesundheitszustand aber gut. Denn trotz seiner äußerst üppigen Lebensweise, war er während seiner vierzehnjährigen Regierungszeit nur dreimal krank und zwar ohne dabei den Weingenuß oder seine übrigen Lebensgewohnheiten aufgeben zu müssen. In seiner Kleidung und in seinem Auftreten war er so schamlos, daß er nicht nur das Haar immer in Lockenreihen frisiert trug, sondern es auf seiner Reise durch Griechenland sogar bis auf die Schulter hinabwallen ließ und daß er sich sehr häufig im Hauskleid, ein Tuch um den Hals geschlungen, ungegürtet und ohne Schuhe[198] öffentlich zeigte.

52. Schon in seiner Jugend hatte er sich in fast allen freien Künsten versucht. Nur von der Philosophie hielt ihn seine Mutter ab, indem sie ihn mahnte, Philosophie sei einem künftigen Herrscher nicht zuträglich, von der Lektüre der alten Redner sein Lehrer Seneca, um ihn desto länger in der Bewunderung für ihn festzuhalten. Deswegen wandten sich seine Neigungen der Poesie zu und er verfaßte mit Eifer und ohne Mühe Gedichte; es ist unwahr, daß er, wie einige meinen[199], fremde Werke als eigene ausgab. Es sind mir Schreibtafeln und Hefte von ihm zu Händen gekommen mit einigen sehr bekannten, eigenhändig von ihm geschriebenen Versen, denen man es auf den ersten Blick ansehen kann, daß sie weder anderswoher entlehnt noch nach dem Diktat eines Dritten nachgeschrieben, sondern ohne Zweifel von einem, der überlegt und selbst dichtet, aufgesetzt worden waren, denn sehr viel war darin ausgestrichen, ergänzt oder darübergeschrieben. Auch die Malerei und die bildende Kunst hat er mit nicht geringem Eifer betrieben.

53. Vor allem aber wollte er beim Volk beliebt sein, und in dieser Beziehung war er neidisch auf alle, die auf irgendeine Weise die Gunst der Menge zu erringen wußten. Man glaubte allgemein, daß

er, nachdem er auf der Bühne die Siegeskrone gewonnen hatte, bei den nächsten Olympischen Spielen sich sogar soweit erniedrigen würde, unter den Athleten aufzutreten. Denn man sah ihn sich täglich im Ringen üben. Auch hatte er den gymnischen Wettkämpfen in ganz Griechenland immer nur so beigewohnt wie ein Kampfrichter, seinen Sitz dicht neben den Kämpfern im Stadion[200] auf der Erde, und hatte die kämpfenden Paare, die etwa zu weit aus dem Ringplatz sich entfernten, eigenhändig wieder in die Mitte zurückgeschleppt. Da man bereits von ihm sagte, er komme im Gesang dem Apoll, im Wagenlenken dem Sonnengott gleich, hatte er sich vorgenommen, auch die Taten des Herkules nachzuahmen. Ja, es soll bereits ein abgerichteter Löwe vorbereitet gewesen sein, den er mit einer Keule erlegen oder mit seinen Armen nackt in der Arena des Amphitheaters vor den Augen des Volkes erwürgen wollte.

54. Gegen Ende seines Lebens hatte er öffentlich das Gelöbnis abgelegt, falls ihm seine Herrschaft erhalten bliebe, wolle er bei den Spielen zur Feier seines Sieges auch als Wasserorgel-, Flöten- und Dudelsackspieler und am letzten Tag als Tänzer auftreten und Vergils „Turnus"[201] tanzen. Ja, manche berichten sogar, er habe den Tänzer Paris als einen gefährlichen Rivalen ermorden lassen.

55. Es lebte in ihm eine heiße, aber blinde Begierde nach Unsterblichkeit und ewigem Ruhm. So nahm er vielen Gegenständen und Örtlichkeiten ihre alten Namen und gab ihnen neue, von seinem Namen abgeleitete; so nannte er z.B. den Monat April „Neroneus". Auch hatte er vor, Rom in „Neropolis" umzutaufen.

56. Religiöse Kulte verachtete er sein ganzes Leben, mit einer Ausnahme, den der Syrischen Göttin[202], die er jedoch später auch so geringschätzte, daß er sie mit Urin besudelte, als ihn ein anderer Aberglaube gefangen genommen hatte, in dessen Banden allein er dann für immer hängenblieb. Er hatte nämlich eine kleine Mädchenstatuette als Talisman gegen Verschwörungen von irgend einem ihm völlig unbekannten Plebeier zum Geschenk erhalten, und als nun unmittelbar darauf wirklich eine Verschwörung entdeckt wurde, verehrte er diese von da ab als höchste Gottheit und brachte ihr jeden Tag dreimal Opfer dar, wie er auch glauben machen wollte, daß er

durch ihre Eingebung die Zukunft voraussehen könne. Wenige Monate vor seinem Ende wohnte er auch einer Eingeweideschau bei, doch waren die Zeichen niemals günstig.

57. Er starb mit einunddreißig Jahren an dem Tag, an welchem er einst die Octavia ermordet hatte. Die allgemeine Freude über seinen Tod war so groß, daß das Volk mit Freiheitsmützen[203] auf dem Kopf durch die ganze Stadt lief. Und dennoch gab es welche, die lange Zeit hindurch sein Grab mit Frühlings- und Sommerblumen schmückten und bald Bildnisse von ihm mit der senatorischen Toga bekleidet bei der Rednerbühne aufstellten, bald seine Edikte zum Vorschein brachten, als ob er noch lebe und binnen kurzem zum Verderben seiner Gegner wiederkehren werde. Ja, selbst Vologaesus, der Partherkönig[204], verwendete sich anläßlich einer Gesandtschaft an den Senat wegen einer Erneuerung des Bündnisses lebhaft dafür, das Andenken Neros zu pflegen. Und als endlich zwanzig Jahre später, als ich ein junger Mensch war[205], ein Mann von unbekannter Herkunft auftrat und sich als Nero ausgab, stand dieser Name noch in solcher Gunst bei den Parthern, daß sie jenen eifrig unterstützten und nur ungern an uns auslieferten.

GALBA

1. Das Geschlecht der Caesaren starb mit Nero aus[1], wie zahlreiche Vorzeichen richtig verkündet hatten, unter denen zwei ganz besonders deutlich gewesen waren. Als Livia[2] einst, gleich nach ihrer Heirat mit Augustus, ihren Landsitz bei Veii besuchte, ließ ein vorüberfliegender Adler ein weißes Huhn, das einen Lorbeerzweig im Schnabel hielt, unbeschädigt, wie er es geraubt hatte, in ihren Schoß niederfallen.[3] Livia ließ das Huhn aufziehen und das Zweiglein einpflanzen. Das Huhn bekam so viele Küken, daß noch heutzutage jene Villa „Zu den Hennen" genannt wird, und der Zweig wuchs zu einem so großen Strauch, daß die Kaiser für ihre Triumphe davon die Lorbeerzweige abbrechen ließen; zugleich wurde es Sitte, daß die Triumphatoren sofort andere Lorbeersetzlinge eben dort pflanzten, und man machte die Beobachtung, daß jedesmal um die Todeszeit eines Kaisers auch der von ihm gepflanzte Baum einging. Im letzten Lebensjahr Neros aber verdorrte nicht nur jener ganze Lorbeerhain bis auf die Wurzeln, sondern es starben auch alle Hühner, und als bald darauf ein Blitz den Tempel der Caesaren[4] traf, fielen die Köpfe von sämtlichen Statuen gleichzeitig zu Boden, und dem Standbild des Augustus wurde sogar das Zepter aus den Händen geschlagen.

2. Dem Nero folgte in der Regierung Galba, der mit dem Haus der Caesaren überhaupt nicht verwandt war; zweifellos gehörte er aber zum Hochadel und entstammte einer bedeutenden und alten Familie, so daß er sich immer auf den Inschriften an seinen Statuen „Urenkel des Quintus Catulus Capitolinus"[5] nannte und als Kaiser sogar noch einen Stammbaum im Atrium aufstellen ließ, auf welchem er seine Abkunft väterlicherseits auf Jupiter, mütterlicherseits auf Pasiphae, die Gattin des Minos[6], zurückführte.

3. Die Ahnen und Ehrentitel des gesamten Geschlechts aufzuzählen, würde zu weit führen; ich will daher nur die seiner Familie kurz erwähnen. Wer von den Sulpiciern zuerst den Beinamen Galba trug und weshalb oder woher er ihn empfangen hat, steht nicht sicher fest. Einige meinen, weil der erste dieses Namens eine Stadt in Spanien, die lange vergeblich belagert worden war, endlich mit Fackeln, die mit *galbanum* bestrichen waren, in Brand gesteckt habe; andere, weil derselbe während einer langwierigen Krankheit ständig ein *galbeum*, d.h. eine Wollbinde, in die Heilmittel gewickelt waren, getragen habe; wieder andere, weil er sehr dick gewesen sei, was die Gallier *galba* nennen, andere dagegen, weil er so mager gewesen sei, wie die kleinen Tiere, welche auf den Eichen leben und die man *galbae* nennt.[7] Der Glanz der Familie geht auf Servius Galba zurück, der das Konsulat bekleidete und der berühmteste Redner seiner Zeit war.[8] Von ihm wird erzählt, daß er nach der Prätur Spanien als Provinz erhielt und dort durch hinterhältiges Niedermetzeln von dreißigtausend Lusitanern den Viriathischen Krieg[9] entzündete. Sein Enkel, einst Caesars Legat in Gallien, dann mit ihm verfeindet, weil dieser seine Bewerbung um das Konsulat vereitelt hatte, trat der Verschwörung des Brutus und Cassius bei und wurde deshalb nach der Lex Pedia[10] verurteilt. Von ihm stammen der Großvater und Vater des Kaisers Galba ab. Der Großvater zeichnete sich mehr durch seine wissenschaftliche als seine politische Tätigkeit aus, er gelangte nämlich nicht über die Prätur hinaus, gab aber ein umfangreiches und sorgfältig verfaßtes Geschichtswerk heraus. Der Vater bekleidete das Konsulat und betätigte sich, obgleich klein von Gestalt, sogar bucklig und in der Beredsamkeit nur mäßig begabt, fleißig als Anwalt. Verheiratet war er mit Mummia Achaica, der Enkelin des Catulus und Urenkelin des Lucius Mummius, der Korinth zerstört hatte[11]; sodann mit Livia Ocellina, einer sehr reichen und schönen Frau, die ihm jedoch, seines hohen Adels wegen, wie es heißt, selbst ihre Hand antrug und nur noch eifriger auf ihrem Verlangen beharrte, als er sich auf ihr inständiges Drängen hin, vor ihr unter vier Augen entblößte und ihr sein körperliches Gebrechen zeigte, damit es nicht scheine, als wolle er sie darüber absichtlich in Unkenntnis lassen. Von Achaica hatte er zwei Kinder, Gaius und Servius. Der

ältere, Gaius, verließ Rom, nachdem er sein Vermögen durchgebracht hatte, und endete, da ihm, als er das nötige Alter erreicht hatte, Tiberius verbot, um das Prokonsulat zu losen[12], durch Selbstmord.

4. Der Kaiser Servius Galba wurde unter dem Konsulat des Marcus Valerius Messalla und Gnaeus Lentulus[13] am 24. Dezember in einer Villa bei Terracina geboren, welche auf einem Hügel linksab an der Straße nach Fundi[14] liegt. Adoptiert von seiner Stiefmutter Livia, nahm er den Namen Livius und den Beinamen Ocella an, während er seinen Vornamen ablegte; er nannte sich nämlich statt Servius bis zu seiner Thronbesteigung Lucius. Bekannt ist, daß Augustus ihn, als er, noch ein Knabe, dem Kaiser mit Altersgenossen seine Aufwartung machte, in die Backe kniff und [auf griechisch] zu ihm sagte: „Auch du, Kind, wirst einmal unsere Herrschaft kosten!" Auch Tiberius sagte, als er erfahren hatte, daß Galba herrschen werde, aber erst in hohem Alter: „So mag er leben, da das ja mich nicht mehr betrifft!" Auch seinem Großvater, der gerade ein Opfer gegen Blitzschlag darbrachte, wurde vorausgesagt, als ein Adler ihm die Eingeweide des Opfertieres aus den Händen riß und sie auf eine früchtetragende Eiche trug, daß seine Familie zur Herrschaft gelangen werde, wenn auch erst spät. Darauf erwiderte jener spottend: „Ganz gewiß! Sobald eine Mauleselin geworfen hat!" Nichts stärkte später so das Vertrauen Galbas zu Beginn seines Aufstands, wie der Umstand, daß wirklich eine Mauleselin ein Fohlen zur Welt brachte, und während man allgemein darin mit Abscheu ein widriges Vorzeichen sah, nahm er allein es als ein überaus erfreuliches auf, eingedenk des Opfers und der Äußerung seines Großvaters.

Als er die Männertoga[15] erhalten hatte, träumte er, die Glücksgöttin sage zu ihm, sie stehe bereits ganz ermüdet vor seiner Tür und wenn er sie nicht bald hereinlasse, so werde sie dem erst besten zur Beute fallen. Und als er erwachte und das Atrium öffnete, fand er eine Bronzestatuette der Göttin, über eine Elle groß, an der Schwelle, die er dann in seinem Schoß nach Tusculum hinausbrachte, wo er gewöhnlich den Sommer verbrachte. Dort weihte er ihr einen Teil seines Hauses, verehrte sie fortan allmonatlich mit Opfern und einmal im Jahr mit einem nächtlichen Fest. Obwohl er noch nicht erwachsen war, hielt er die altrömische Sitte, die damals schon in Vergessenheit geraten war und nur noch in seinem Haus gepflegt wurde, mit Nachdruck aufrecht, daß sich die Freigelassenen und Sklaven zweimal pro Tag vor ihm versammelten und ihm jeder morgens „Guten Tag" und abends „Gute Nacht" wünschte.

5. Neben dem Studium der freien Künste widmete er sich auch dem Rechtswesen. Er kam auch der Verpflichtung nach zu heiraten; aber nach dem Verlust seiner Gattin Lepida und der zwei Söhne, die er mit ihr hatte, blieb er unverheiratet und ließ sich durch keinen Heiratsantrag mehr davon abbringen, selbst nicht durch den der Agrippina[16], die durch den Tod des Domitius Witwe geworden war und die Galba, sogar als seine Frau noch lebte und er noch nicht Witwer war, auf alle mögliche Weise umworben hatte, so daß sie darüber bei einer Zusammenkunft der verheirateten Frauen von der Mutter der Lepida im Zank Vorwürfe und sogar eine Ohrfeige erhielt. Er bewies mehr als allen anderen der Livia Augusta[17] seine Verehrung, durch deren Gunst er, als sie noch lebte, sehr viele Vorteile hatte und durch deren Testament er nach ihrem Tod beinahe ein reicher Mann geworden wäre. Sie vermachte ihm nämlich als Haupterben fünfzig Millionen Sesterzen. Nachdem aber der Erbe Tiberius das Vermächtnis auf fünfhunderttausend Sesterzen herabsetzte, da die Summe nur in Zahlen notiert und nicht in Worten ausgeschrieben war, nahm er auch diese nicht an.

6. Die Ämterlaufbahn begann er vor der gesetzlichen Zeit und zeigte als Prätor anläßlich der Floralienspiele[18] eine neue Attraktion: seiltanzende Elefanten. Darauf war er fast ein Jahr lang Statthalter der Provinz Aquitanien und bekleidete dann sechs Monate lang das ordentliche Konsulat. Es traf sich so, daß er selbst dem L. Domitius, Neros Vater[19], auf ihn Salvius Otho, der Vater des (Kaisers) Otho, im Amt folgte, was gleichsam eine Prophezeiung der kommenden Ereignisse war, die seine Regierung zwischen die der beiden Söhne stellten. Von Gaius Caesar [Caligula] zum Nachfolger des Gaetulicus[20] ernannt, erließ er am Tage nach seiner Ankunft bei den Legionen, da die Soldaten bei einem feierlichen Schauspiel ihren Beifall durch Händeklatschen ausdrückten, den Tagesbefehl, die Soldaten sollten die Hände unter den Mänteln halten. Und sofort hieß es im ganzen Lager:

„Lern', Soldat, soldatisches Wesen, Galba ist da, nicht Gaetulicus!"

Mit gleicher Strenge verbot er Urlaubsgesuche. Altgediente Leute wie Rekruten härtete er durch fortwährenden Dienst ab, und sehr bald warf er die Barbaren, welche bereits bis nach Gallien vorgedrungen waren, zurück[21] und fand, als Gaius [Caligula] Gallien besuchte, sowohl für sich, als für sein Heer so sehr dessen Beifall, daß unter den unzähligen, aus allen Provinzen zusammengezogenen Truppenteilen keiner eine glänzendere Belobigung und Belohnung erhielt. Er selbst zeichnete sich besonders dadurch aus, daß er, nachdem er das Feldmanöver mit dem Schild in der Hand geleitet hatte, noch zwanzigtausend Schritte [ca. 30 km] neben dem Wagen des Kaisers herlief.[22]

7. Nach der Nachricht von der Ermordung Gaius' [Caligulas] redeten ihm viele zu, die Gelegenheit zu nutzen; er zog es jedoch vor, sich ruhig zu verhalten. Dadurch machte er sich bei Claudius in hohem Grad beliebt, wurde von ihm in den engsten Freundeskreis aufgenommen und stand so sehr in dessen Gunst, daß der Tag des Aufbruchs zum Feldzug gegen Britannien[23] verschoben wurde, weil ihn plötzlich eine nicht einmal besonders schwere Krankheit befiel. Das Prokonsulat von Afrika verwaltete er zwei Jahre, und zwar war er ohne zu losen ernannt worden, um die durch innere Streitigkeiten und Aufstände der Barbaren beunruhigte Provinz in Ordnung zu bringen.[24] Er vollbrachte das mit ebenso großer Strenge wie Gerechtigkeit, selbst in den kleinsten Dingen. So verbot er einem Soldaten, der beschuldigt wurde, während eines Feldzugs, bei dem die Lebensmittel äußerst knapp geworden waren, einen von seiner Ration übriggebliebenen Scheffel Getreide für einhundert Denare verkauft zu haben, Hilfe zu leisten, sobald er selbst Verpflegung benötige, und so starb dieser an Hunger. Als bei einer Gerichtssitzung, bei der es um das Eigentumsrecht an einem Lasttier ging, die von beiden Seiten vorgebrachten Argumente und Zeugen nicht stichhaltig waren und deswegen die Wahrheitsfindung schwierig war, entschied er dahingehend, daß das Tier mit verhülltem Kopfe zu der gewöhnlichen Tränke geführt, ihm dort die Decke abgenommen werden und es dann dem gehören sollte, zu dem es von der Tränke von sich aus hinlaufen würde.

8. Für seine damaligen Leistungen in Afrika und seine früheren in Germanien erhielt er die triumphalischen Auszeichnungen und die Mitgliedschaft in drei Priesterkollegien: er wurde nämlich in das Fünfzehn-Männer-Kollegium, in die Bruderschaft der Titier und desgleichen unter die Augustalen aufgenommen.[25] Von da ab bis fast zur Mitte von Neros Regierung lebte er die meiste Zeit in Zurückgezogenheit. Selbst Reisen unternahm er nicht ohne in einem zweiten Wagen eine Summe von einer Million Sesterzen in Gold mit sich zu führen, bis ihm endlich, während er sich gerade in Fundi aufhielt, die Provinz Hispania Tarraconensis übertragen wurde.[26] Als er bei seiner Ankunft in dieser Provinz in einem öffentlichen Tempel ein Opfer brachte, geschah es, daß von den dienenden Opfersklaven dem, welcher das Weihrauchkästchen hielt, plötzlich das Haar auf dem ganzen Kopfe grau wurde, und es fehlte nicht an Leuten, welche dies folgendermaßen auslegten: es bedeute einen Regierungswechsel, bei welchem ein Greis auf einen Jüngling, das heißt er selbst auf Nero, folgen werde. Bald darauf schlug ein Blitz in einen See von Kantabrien, und man fand darin zwölf Beile[27], ein sehr deutliches Zeichen der kaiserlichen Gewalt.

9. Acht Jahre lang verwaltete er die Provinz auf sehr verschiedene und ungleiche Art. Anfangs war er eifrig, streng und in der Bestrafung von Vergehen sogar übermäßig hart. So ließ er einem Geldwechsler, der sich Betrügereien in Geldgeschäften erlaubt hatte, beide Hände abhauen und auf dessen Zahltisch nageln und einen Vormund dafür, daß jener sein Mündel, als dessen Erbe er eingesetzt war, vergiftet hatte, ans Kreuz schlagen. Und als dieser den Schutz der Gesetze anrief und den Beweis führte, daß er römischer Bürger sei[28], befahl er, wie zum Trost und zur Milderung der Strafe durch eine Ehrenauszeichnung, das Kreuz auszuwechseln und ein die anderen an Höhe weit überragendes und dazu noch weiß angestrichenes aufzurichten. Allmählich aber ergab er sich dem Müßiggang und der Trägheit, um nicht bei Nero Anstoß zu erregen und, wie er zu sagen pflegte, weil niemand wegen seines Nichtstuns zur Rechenschaft gezogen werden könne. Er hielt gerade in Cartagena[29] Gerichtstag, als er durch den Legaten von Aquitanien, der seine Hilfe dringend erbat, erfuhr, daß in Gallien Unruhen ausgebrochen seien. Zugleich

kamen Briefe von Vindex[30], der ihn aufforderte, sich zum Befreier und Führer der Menschheit zu machen. Ohne lange zu zaudern, nahm er den Vorschlag teils aus Furcht, teils aus Hoffnung an. Er hatte nämlich Briefe von Nero in die Hände bekommen, welche dieser mit dem Auftrag, ihn umzubringen, heimlich an seine Prokuratoren gesandt hatte. Zugleich wurde seine Zuversicht noch gestärkt durch überaus günstige Auspizien und Vorzeichen, außerdem durch die Weissagung einer ehrenwerten Jungfrau, und das um so mehr, weil dieselben Sprüche ein Priester des Jupiter in Clunia[31], durch einen Traum gemahnt, aus dem Heiligtum hervorgeholt hatte, die bereits vor zweihundert Jahren ähnlich von einer weissagenden Jungfrau ausgesprochen worden waren. Die Sprüche besagten, daß einst aus Spanien der Fürst und Herr[32] der Welt kommen werde.

10. So bestieg er denn unter dem Anschein, eine Freilassung von Sklaven vornehmen zu wollen, das Tribunal[33]. Vor sich hatte er eine möglichst große Zahl von Bildern der von Nero Verurteilten und Hingerichteten aufstellen lassen, und ihm zur Seite stand ein vornehmer Jüngling, den er eben zu diesem Zweck von der nächsten Baleareninsel, wo dieser in der Verbannung lebte, hatte herbeiholen lassen. Er beklagte die derzeitige Situation und erklärte sich, sobald er als Kaiser gegrüßt wurde, nur zum Statthalter des Senats und des Volkes von Rom. Nach der Beendigung des Gerichtstages hob er aus der Provinzialbevölkerung weitere Legionen und Hilfstruppen aus, zusätzlich zu seinem alten Heer, das eine Legion, zwei Alen und drei Kohorten umfaßte. Darüber hinaus bildete er aus durch Klugheit und Alter ausgezeichneten Personen eine Art von Senat, um bei wichtigeren Anlässen erforderlichenfalls dessen Rat einzuholen.[34] Desgleichen wählte er junge Leute aus dem Ritterstand aus, die, während sie ihre goldenen Ringe[35] beibehielten, unter der Bezeichnung „Freiwillige" statt der Legionssoldaten in der Nähe seines Schlafgemachs die Wache übernahmen. Auch schickte er in die Provinzen Edikte, in denen er jedermann aufforderte, in jeder Hinsicht mit ihm zusammenzuarbeiten und nach Kräften die gemeinsame Sache zu unterstützen. Etwa um dieselbe Zeit wurde bei Befestigungsarbeiten der Stadt, die er zu

seinem Hauptquartier erwählt hatte, ein Ring von alter Machart gefunden, in dessen Gemme eine Victoria mit einem Siegeszeichen eingeschnitten war, und gleich darauf trieb bei Dertosa[36] ein alexandrinisches Schiff mit einer Ladung Waffen an Land, ohne daß sich darauf ein Steuermann, ein Matrose oder irgendein Passagier fanden, so daß es für niemanden zweifelhaft sein konnte, daß ein gerechter, mit dem Willen der Götter in Übereinstimmung stehender und ihnen wohlgefälliger Krieg geführt werde; da wurde plötzlich wider jegliches Erwarten alles beinahe wieder zerstört. Die eine der Alen, die ihren Eidbruch bereute, machte den Versuch, von Galba, als er sich dem Lager näherte, abzufallen, und wurde nur mit Mühe im Gehorsam gehalten; außerdem wäre es den Sklaven, welche von einem Freigelassenen Neros für einen Anschlag ausgebildet und Galba geschenkt worden waren, beinahe gelungen, ihn umzubringen, als er sich durch eine enge Gasse zum Bad begab. Als sie sich aber gegenseitig laut ermunterten, diese Gelegenheit nicht vorübergehen zu lassen, wurden sie gefragt, von welcher Gelegenheit sie sprächen und auf der Folter erpreßte man von ihnen ein Geständnis.

11. Zu allen diesen gefährlichen Umständen kam noch der Tod des Vindex, der Galba völlig mutlos stimmte, und da er glaubte, alles sei bereits verloren, war er nahe daran, Hand an sich zu legen. Inzwischen kamen Nachrichten von Rom, wodurch er erfuhr, daß Nero getötet sei und alle ihm den Treueid geleistet hätten. Daraufhin legte er den Titel eines Statthalters ab und nahm den eines Caesar an. Dann begann er seinen Zug nach Rom, bekleidet mit dem Feldherrnmantel und einen Dolch um den Hals vor die Brust gehängt; auch legte er die Toga nicht eher wieder an, bis er alle Unruhestifter – den Prätorianerpräfekten Nymphidius Sabinus in Rom, in Germanien und Afrika die Provinzstatthalter Fonteius Capito und Clodius Macer – überwunden hatte.[37]

12. Vorhergegangen war Galba der Ruf der Grausamkeit und zugleich der Habsucht, weil er diejenigen Städte der Provinzen Spanien und Gallien, welche sich ihm nicht sofort angeschlossen hatten, mit stärkeren Auflagen, einige sogar durch Schleifen ihrer Mauern bestraft habe, höhere Beamte und Prokuratoren samt ihren Frauen und Kindern hinrichten habe lassen; ferner, weil er einen ihm

von den Einwohnern von Tarraco[38] aus dem alten Jupitertempel dargebrachten fünfzehn Pfund schweren goldenen Kranz habe einschmelzen und die drei Unzen, die an dem Gewicht fehlten, nachträglich habe eintreiben lassen. Dieser Ruf wurde bestätigt und verstärkt, sobald er in Rom eingezogen war. Als er nämlich die Flottensoldaten, welche Nero von RuderskIaven zu ordentlichen Soldaten erhoben hatte, wieder mit Gewalt in ihren früheren Stand zurückverwies, und diese sich widersetzten und obendrein hartnäckig auf Verleihung des Adlers und der Feldzeichen bestanden, ließ er sie nicht nur durch Reiterei auseinandersprengen, sondern sogar jeden zehnten hinrichten. Ebenso löste er die Germanenkohorte auf, die, früher von den Caesaren als Leibwache gebildet[39], sich bei vielen Gelegenheiten als höchst zuverlässig erwiesen hatte, und entließ sie ohne irgendeine Belohnung in ihre Heimat, unter dem Vorwand, daß sie dem Gnaeus Dolabella[40], neben dessen Gärten ihr Lager war, ergebener seien [als ihm]. Auch folgendes, mochte es nun wahr oder falsch sein, erzählte man sich, um ihn zu verhöhnen: als einmal ein reichhaltigeres Mahl als üblich aufgetragen wurde, soll er geseufzt haben. Als ihm sein dafür zuständiger Haushofmeister das Rechnungsbuch vorlegte, soll er ihm eine Schüssel mit Hülsenfrüchten als Belohnung seiner Aufrichtigkeit und Genauigkeit überreicht haben; dem Flötenspieler Canus aber, dessen Spiel ihm ausnehmend gut gefiel, habe er fünf Denare geschenkt, die er eigenhändig aus seiner Privatkasse hervorholte.[41]

13. So war denn seine Ankunft kein besonders freudiges Ereignis, was gleich bei der ersten Theatervorstellung deutlich zutage trat. Als nämlich in einem Atellanenstück[42] die Schauspieler das allbekannte Lied anstimmten:

> „Da kommt Onesimus[43] von seiner Villa!"

da fielen plötzlich alle Zuschauer einstimmig in den Rest des Liedes mit ein und wiederholten dasselbe mehrmals, immer wieder mit diesem Vers beginnend.

14. Allerdings waren seine Beliebtheit und sein Ansehen größer, als man ihm die Herrschaft übertrug, als während der Zeit, in der er sie führte, obschon er durch zahlreiche Beweise sich als tüchtiger

Regent auswies; aber das machte ihn nicht so beliebt, wie ihn andere Taten verhaßt machten. Er wurde gelenkt durch den Einfluß von drei Personen, die der Volksmund, weil sie sogar bei ihm im Palast wohnten und immer und überall wie Kletten an ihm hingen, seine „Kindermädchen" zu nennen pflegte. Diese waren Titus Vinius, sein früherer Legat in Spanien, ein ungeheuer habsüchtiger Mensch, Cornelius Laco, früher Gerichtsbeisitzer, jetzt Prätorianerpräfekt von unerträglicher Anmaßung und Fahrlässigkeit, und der Freigelassene Icelus, eben erst mit dem goldnen Ritterring und dem Beinamen Carcianus ausgezeichnet und doch schon Anwärter auf die höchsten ritterlichen Würden.[44] Von ihnen, deren jeder einem anderen Laster frönte, ließ er sich dermaßen willenlos mißbrauchen und war ihnen so ergeben, daß er kaum mehr er selbst zu sein schien; bald war er strenger und geiziger, bald nachsichtiger und verschwenderischer als es dem erwählten Kaiser und einem Mann seines Alters zukam. Mehrere vornehme Männer aus dem Senatoren- und Ritterstand verurteilte er auf den geringsten Verdacht hin, ohne sie anzuhören. Das römische Bürgerrecht verlieh er selten, die „Privilegien der drei Kinder"[45] kaum einem oder zweien und auch diesen nur für eine bestimmte, festgelegte Zeit. Die Bitte der Richter um Hinzufügung einer sechsten Dekurie[46], lehnte er nicht nur ab, sondern entzog ihnen auch die von Claudius gewährte Vergünstigung, daß man sie im Winter und zu Anfang des Jahres nicht zur Abhaltung von Gerichtssitzungen berufen durfte.

15. Es ging sogar die Rede, er werde die senatorischen und ritterlichen Ämter auf eine zweijährige Dauer beschränken und sie nur denen verleihen, die sie entweder ungern nähmen oder ganz ausschlügen. Die von Nero gemachten Schenkungen ließ er bis auf ein Zehntel, das die Empfänger behalten durften, durch fünfzig römische Ritter wieder zurückfordern und eintreiben, indem er bestimmte, daß sogar, wenn etwa Schauspieler oder Fechter dieses oder jenes Geschenk bereits verkauft hatten und, wenn sie den Erlös durchgebracht hatten, nicht imstande sein sollten, Zahlung zu leisten, den Käufern die fraglichen Gegenstände weggenommen werden sollten. Im Gegensatz dazu ließ er es aber geschehen, daß durch Vermittlung seiner engsten Freunde und seiner Freigelassenen alles und jedes für

Geld verliehen oder nach Gunst gewährt wurde: Zölle, Abgabenfreiheiten, Verurteilung Unschuldiger, Begnadigung Schuldiger. Ja, als das Volk die Hinrichtung des Halotus und Tigellinus[47] forderte, ließ er gerade diese zwei schändlichsten Bösewichter als einzige von allen Helfershelfern des Nero straffrei ausgehen. Er zeichnete sogar den Halotus noch obendrein durch eine sehr bedeutende Prokuratorenstelle aus, und was Tigellinus betraf, bezichtigte er das Volk sogar in einem Edikt der Grausamkeit.

16. Durch diese Handlungen erregte er den Unwillen fast aller Stände, am heftigsten aber entbrannte der Haß gegen ihn bei den Soldaten. Ihre Befehlshaber hatten ihnen, als sie dem Kaiser, während er noch abwesend war, den Treueid leisteten, ein größeres Geldgeschenk als gewöhnlich versprochen. Galba aber löste dies Versprechen nicht nur nicht ein, sondern ließ auch häufig die Worte fallen, er sei gewohnt, seine Soldaten auszuheben, nicht zu kaufen. Dadurch erbitterte er sie alle, in jeder Garnison. Außerdem brachte er die Prätorianer auch noch durch Mißtrauen und Geringschätzung auf, indem er nach und nach viele von ihnen als verdächtig und als Anhänger des Nymphidius entließ. Vor allem aber murrte das Heer von Obergermanien, das sich um den Lohn für seine gegen die Gallier und gegen Vindex geleisteten Dienste betrogen sah. So waren diese Truppen auch die ersten, die den Gehorsam aufzukündigen wagten und sich am 1. Januar weigerten, den Treueid einem anderen als dem Senat zu leisten. Zugleich beschlossen sie, eine Gesandtschaft an die Prätorianer mit folgender Botschaft zu senden: Der in Spanien erwählte Kaiser sei nicht nach ihrem Sinn; die Prätorianer möchten einen erwählen, dem das ganze Heer seine Stimme geben könne.

17. Als Galba davon Kunde erhielt, glaubte er, nicht sein hohes Alter als vielmehr seine Kinderlosigkeit wäre der Grund, weshalb man ihn gering achte, und so nahm er denn eines Tages den Piso Frugi Licinianus[48], einen trefflichen jungen Mann von edler Herkunft, den er seit langem sehr schätzte und schon immer in seinem Testament zum Erben seiner Güter und seines Namens bestimmt hatte, plötzlich mitten aus der Menge der ihm aufwartenden Personen bei der Hand, nannte ihn seinen Sohn, führte ihn ins Lager und adoptierte ihn vor den versammelten Soldaten, ohne jedoch selbst

bei dieser Gelegenheit etwas von einem Geldgeschenk verlauten zu lassen. Um so leichteres Spiel gab er dadurch dem Marcus Salvius Otho, seine Anschläge innerhalb von sechs Tagen nach der Adoption auszuführen.[49]

18. Zahlreiche bedeutungsvolle Vorzeichen hatten ihm schon seit Beginn seiner Regierung den später folgenden Untergang angekündigt. Als während seines ganzen Zuges nach Rom zur Rechten und zur Linken bei allen Städten Opfertiere geschlachtet wurden, riß sich einmal ein durch den Hieb mit dem Opferbeil scheuender Stier von den Fesseln los, lief auf den Wagen des Kaisers zu, sprang mit den Vorderfüßen hinauf und bespritzte ihn über und über mit Blut; beim Aussteigen aus dem Wagen verwundete ihn ein Soldat der Leibwache im Gedränge beinahe mit der Lanze. Bei seinem Einzug in die Stadt und in den Palast empfingen ihn außerdem ein Erdbeben und ein dem Brüllen eines Stieres ähnliches Geräusch. Es folgten dann noch viel deutlichere Vorzeichen. Einen mit Perlen und Edelsteinen besetzten Halsschmuck hatte er aus seinen Schätzen beiseite gelegt, um damit seine Tuskulanische Fortuna[50] zu schmücken. Diesen Schmuck weihte er, weil er ihm plötzlich eines heiligeren Ortes würdig erschien, der Kapitolinischen Venus[51], da träumte ihm in der folgenden Nacht, die Fortuna erscheine ihm, beschwere sich, daß sie um das ihr bestimmte Geschenk betrogen worden sei, und drohe ihm, auch sie werde wieder nehmen, was sie gegeben habe. Und als er in früher Morgendämmerung, nachdem er Leute vorausgeschickt hatte, die das Nötige vorbereiten sollten, erschreckt nach Tusculum eilte, um durch ein Sühneopfer die ihm im Traum gezeigte Gefahr abzuwenden, fand er dort nichts als erkaltete Asche auf dem Altar und daneben einen in Trauerfarbe gekleideten Alten, der in einem gläsernen Gefäß Weihrauch und in einem tönernen Becher ungemischten Wein hielt. Auch ist bemerkt worden, daß ihm, als er am ersten Januar das Opfer verrichtete, der Kranz vom Haupt fiel, daß ihm bei den Auspizien die Hühner davonflogen[52], daß ihm am Tage der Adoption aus Vergeßlichkeit seiner Diener, als er die Ansprache an die Soldaten halten wollte, nicht wie üblich der Feldstuhl auf das Tribunal gesetzt und daß im Senat der kurulische Sessel[53] verkehrt hingestellt worden war.

19. Kurz bevor er ermordet wurde, mahnte ihn, als er am Morgen das Opfer vollzog, der Eingeweidebeschauer wiederholt, er möge sich vorsehen, seine Mörder seien nicht weit. Gleich darauf erfuhr er, daß Otho das Prätorianerlager in seiner Gewalt habe; während man jetzt von vielen Seiten in ihn drang, sich unverzüglich dorthin zu begeben, da es doch möglich sei, daß er durch sein Ansehen und seine Gegenwart die Lage wieder zu seinen Gunsten entscheiden könne, beschloß er, sich weiter im Palast aufzuhalten und zur Verstärkung mehrere Abteilungen der Legionstruppen heranzuholen, welche an vielen verschiedenen Orten lagerten. Er zog ein leinenes Panzerhemd an, obschon er sich darüber im klaren war, daß es gegen so viele Dolchspitzen wenig nützen werde. Endlich ließ er sich durch falsche Gerüchte, die die Verschwörer absichtlich verbreitet hatten, um ihn auf die Straße zu locken, verleiten, den Palast zu verlassen. Einige versicherten nämlich ohne allen Grund, die Sache sei zu Ende, die Unruhestifter seien besiegt und alle anderen kämen scharenweise, um ihm ihre Glückwünsche zu überbringen und ihm ihren völligen Gehorsam zu versichern. In der Absicht, diesen entgegenzugehen, verließ er den Palast mit solchem Vertrauen, daß er einem Soldaten, der sich vor ihm rühmte, er habe Otho getötet, nur ein „auf wessen Befehl?“ zur Antwort gab und seinen Weg weiter bis zum Forum fortsetzte. Hier sprengten Reiter, die den Auftrag zu seiner Ermordung erhalten hatten, die zusammengedrängte Volksmenge auseinander, machten aber, als sie ihn von fern erblickten, kurz halt, ritten dann jedoch wieder an und hieben den von seinen Begleitern im Stich Gelassenen nieder.

20. Einige erzählen, er habe bei dem ersten Ansturm ausgerufen: „Was macht ihr, Kameraden? Ich bin der Eure und ihr seid die Meinen.“ Sogar ein Geldgeschenk habe er versprochen. Die meisten aber berichten, er habe selbst seinen Hals dargeboten und sie aufgefordert: „Drauf, stoßt zu, wenn es euch so richtig erscheint.“ Was überaus befremdlich erscheinen dürfte, ist der Umstand, daß keiner der Anwesenden dem Kaiser zu Hilfe zu kommen versuchte und daß alle, welche aufgefordert wurden zu helfen, den Befehl nicht achteten, mit Ausnahme einer Abteilung von Germanen. Diese eilten ihm zu Hilfe, da sie ihm für eine erst kürzlich erwiesene Gunst dankbar

waren – er hatte sie nämlich, als sie krank und verletzt waren, pflegen lassen –; sie kamen aber zu spät, weil sie aus Unkenntnis der Örtlichkeiten einen Umweg machten, der ihre Ankunft verzögerte. Erstochen wurde Galba am See des Curtius[54] und blieb dort – so wie er war – liegen, bis ein einfacher Soldat, der gerade vom Proviantfassen zurückkehrte, seine Last ablegte und ihm den Kopf abschnitt, und da er ihn an den Haaren nicht fassen konnte[55], barg er ihn zuerst in seinem Schoß; darauf trug er ihn, indem er ihm den Daumen in den Mund stieß, zu Otho. Dieser machte ihn den Marketendern und Troßknechten zum Geschenk, die ihn auf einen Spieß steckten und ihn unter Gespött um das Lager trugen, wobei sie wiederholt ausriefen: „Galba, du Liebesgott, jetzt genieß' dein Alter!“ Zu diesem frechen Witz waren sie besonders gereizt worden, weil sich einige Tage zuvor in der Öffentlichkeit verbreitet hatte, der Kaiser habe jemandem, der seine äußere Erscheinung als noch recht blühend und rüstig pries, folgenden homerischen Vers erwidert:

„Noch fühl' ich das Mark in den Knochen!“[56]

Von ihnen kaufte ein Freigelassener des Patrobius Neronianus[57] den Kopf für einhundert Goldstücke und warf ihn auf den Platz, wo auf Galbas Befehl sein Patron hingerichtet worden war. Sehr spät endlich bestattete Galbas Haushofmeister Argirus den Kopf sowie den Rumpf seines Herrn in dessen Privatgärten an der Via Aurelia.

21. Galba war durchschnittlich groß, hatte einen völlig kahlen Kopf, blaue Augen und eine gebogene Nase; Hände und Füße waren von der Gicht so verkrümmt, daß er weder Schuhe zu tragen noch Schriftstücke umzublättern oder überhaupt nur zu halten vermochte. Dazu hatte er an der rechten Seite einen Fleischauswuchs, der so stark hervortrat, daß er kaum durch Binden zusammengehalten werden konnte.

22. Er war, erzählt man, ein starker Esser, der im Winter sogar schon vor Tagesanbruch zu essen pflegte. Bei Tisch endlich war er so ausschweifend, daß er die auf den Händen (der Diener) aufgehäuften Reste herumtragen und an die Aufwartenden verteilen ließ. Seine Lust fand er mehr am männlichen Geschlecht und zwar ausschließlich an erwachsenen und starken Männern. Man sagt ihm nach, er

habe in Spanien den Icelus, einen seiner alten Liebhaber, als dieser ihm die Nachricht vom Tode Neros brachte, nicht nur vor aller Augen auf das leidenschaftlichste geküßt, sondern ihn auch gebeten, sich sofort die Haare auszupfen zu lassen und ihn beiseite geführt.

23. Er starb im dreiundsiebzigsten Lebensjahr, im siebenten Monat seiner Regierung.[58] Der Senat hatte, sobald er dazu freie Hand bekam, den Beschluß gefaßt, ihm auf der Stelle des Forums, wo er ermordet worden war, eine Statue auf einer mit Schiffsschnäbeln verzierten Säule zu setzen. Aber Vespasian hob den Beschluß auf, weil er glaubte, daß Galba von Spanien aus gegen ihn heimlich Mörder nach Judäa gesandt hatte.

OTHO

1. Die Vorfahren Othos stammen aus der Stadt Ferentinum[1] aus einer alten und angesehenen Familie, die zu den vornehmsten Etruriens gehörte. Sein Großvater, Marcus Salvius Otho, dessen Vater ein römischer Ritter und dessen Mutter von niedriger, vielleicht nicht einmal freigeborener Herkunft war, wurde durch die Gunst der Livia Augusta[2], in deren Hause er aufgewachsen war, in den Senatorenstand erhoben, kam aber nicht über die Prätur hinaus. Sein Vater, Lucius Otho, von Mutterseite einem sehr glänzenden, mit vielen bedeutenden Adelsfamilien verwandten Geschlecht angehörend, war so sehr Liebling des Tiberius und ihm so ähnlich im Aussehen, daß man ihn fast allgemein für dessen Sohn hielt. Seine hauptstädtischen Ämter, das Prokonsulat von Afrika und mehrere außerordentliche Militärkommandos verwaltete er auf das gewissenhafteste. Er hatte den Mut, in Illyricum einige Soldaten, die aus Reue über ihre Teilnahme an der Empörung des Camillus ihre Vorgesetzten als die Anstifter des gegen Claudius[4] gerichteten Abfallversuchs ermordet hatten, mit dem Tode zu bestrafen und das vor dem Hauptquartier in seiner Gegenwart, obschon er wußte, daß sie von Claudius für eben diese Tat befördert worden waren. Dadurch mehrte er zwar seinen Ruhm, minderte aber seine Gunst [beim Kaiser], die er indessen bald wiedergewann, da er den Mordanschlag eines römischen Ritters gegen Claudius durch den Verrat einiger Sklaven entdeckte.[4] Denn nicht nur zeichnete ihn dafür der Senat mit der überaus seltenen Ehre aus, ihm eine Statue auf dem Palatin zu errichten, sondern Claudius selbst erhob ihn in den Patrizierstand[5] und hielt ihm dabei eine recht glänzende Lobrede, in welcher er unter anderem sagte: „Er ist ein Mann, wie ich mir selbst meine Kinder nicht besser wünschen kann.“

Von seiner Gattin Albia Terentia, einer Frau aus vornehmer Familie, hatte er zwei Söhne, den Lucius Titianus[6] und einen jüngeren, Marcus, der seinen Beinamen [Otho] führte. Auch eine Tochter gebar sie ihm, die er, noch ehe sie ganz das heiratsfähige Alter erreicht hatte, Drusus, dem Sohn des Germanicus, versprach.

2. Der Kaiser Otho wurde am 28. April geboren unter dem Konsulat des Camillus Arruntius und des Domitius Ahenobarbus.[7] Von früher Jugend an war er so verschwenderisch und frech, daß er von seinem Vater oft mit Prügeln zurechtgewiesen wurde. Man sagte ihm nach, daß er sich meist nachts auf den Straßen umhertrieb und jeden schwachen oder angetrunkenen Menschen, der ihm begegnete, packte und mit ihm ein Fuchsprellen mittels eines ausgebreiteten Mantels veranstaltete. Nach dem Tode seines Vaters machte er sich an eine am Hof viel geltende kaiserliche Freigelassene heran, in die er sich, um sein Werben noch wirksamer zu machen, sogar verliebt stellte, obschon sie bereits eine alte, abgelebte Person war. Durch ihre Vermittlung schmeichelte er sich bei Nero ein, bei dem er wegen der Übereinstimmung ihrer Charaktere sehr bald den ersten Platz unter den Freunden einnahm; wie einige überliefern, kam dazu auch noch unzüchtiger Umgang miteinander. Sein Einfluß wurde so groß, daß er einen wegen Erpressung verurteilten ehemaligen Konsul, der ihm eine ungeheure Geldsumme versprach, noch ehe er seine völlige Begnadigung erlangt hatte, unbedenklich in den Senat einführte, damit er sich für seine Wiederaufnahme bedanken könne.

3. Von Nero in alle seine geheimsten Pläne eingeweiht, war er es, der an dem Tag, an welchem derselbe die Ermordung seiner Mutter angesetzt hatte, um jeden Verdacht abzulenken, beiden ein überaus fröhliches Gastmahl gab. Ebenso ging er mit der Poppaea Sabina[8], der damaligen Geliebten Neros, die ihrem Ehemann entführt und einstweilen ihm anvertraut war, eine Scheinehe ein, um sie in sein Haus aufnehmen zu können. Aber nicht genug, daß er sie verführt hatte, faßte er auch eine solche Leidenschaft zu ihr, daß er selbst den Gedanken, Nero zum Rivalen zu haben, nicht ertragen konnte. Wenigstens glaubt man, daß er nicht nur die mit ihrer Abholung beauftragten nicht ins Haus ließ, sondern sogar Nero selbst, als er

sich einmal vor seiner Tür einfand und unter vergeblichen Bitten und Drohungen den „Schatz" zurückforderte, die Tür nicht öffnete. Deswegen trennte Nero die Ehe und schickte Otho als Statthalter nach Lusitanien. Weiter mochte er nicht gehen, damit nicht durch eine schärfere Strafe die ganze Komödie ans Licht käme; dennoch wurde die Angelegenheit durch folgendes Distichon allgemein bekannt:

> Warum, so fragt ihr, wurde Otho verbannt mit erlogner Ehre?
> Ehebruch trieb er bereits hier mit der eigenen Frau.

Er verwaltete übrigens seine Provinz im Rang eines Quästors[9] zehn Jahre lang und zwar mit seltener Mäßigung und Uneigennützigkeit.

4. Als endlich die Stunde der Rache kam, war er der erste, der sich dem Unternehmen des Galba anschloß. Zu gleicher Zeit hatte er auch selbst große Hoffnung auf den Kaiserthron, wozu ihn allerdings die Umstände, aber noch weit mehr die Verheißung des Astrologen Seleucus ermutigten. Dieser hatte ihm vor Zeiten die Versicherung gegeben, daß er Nero überleben werde; jetzt kam er unaufgefordert plötzlich zu ihm und versprach ihm wiederum, daß er binnen kurzer Frist auch den Kaiserthron besteigen werde. So ließ er denn nichts unversucht, sich alle Welt durch Dienstleistungen oder andere Liebedienereien zu verpflichten. Sooft er den Kaiser bei sich zur Tafel empfing, verteilte er unter die diensthabende Kohorte der Leibwache Mann für Mann ein Goldstück und suchte noch auf manch andere Weise sich die Soldaten zu verpflichten. Einem[10], der mit seinem Nachbarn einen Grenzstreit hatte und ihn zum Schiedsrichter nahm, kaufte er das ganze Nachbargrundstück und schenkte es ihm als freien Besitz, so daß es bald kaum mehr jemanden gab, der nicht die Überzeugung hegte und auch laut aussprach, er allein sei der Thronfolge würdig.

5. Nun hatte er gehofft, Galba werde ihn adoptieren, und erwartete dies täglich. Als ihm aber Piso vorgezogen wurde[11] und er sich in seiner Hoffnung getäuscht sah, entschloß er sich zur Anwendung von Gewalt, wozu ihn außer der Enttäuschung auch noch die Höhe seiner Schuldenlast trieb. Er pflegte nämlich unverhohlen zu äußern, nur als Kaiser könne er sich behaupten und es liege ihm nichts daran,

ob er durch Feindeshand in der Feldschlacht oder durch seine Gläubiger falle. Wenige Tage zuvor hatte er einem Sklaven des Kaisers, als Preis für eine ihm verschaffte Stelle als Verwalter, eine Million Sesterzen abgepreßt. Mit dieser Summe ging er an ein so großes Unternehmen. Zuerst vertraute er seinen Anschlag fünf Mitgliedern der Leibwache an, dann zehn anderen, da jeder der fünf ersteren zwei andere mitgebracht hatte. Jedem gab er zehntausend Sesterzen und versprach weitere fünfzigtausend. Durch diese wurden noch andere Teilnehmer der Verschwörung angeworben, doch nicht sehr viele, da man fest glaubte, daß sich, wenn es zu einer Erhebung käme, zahlreiche einfinden würden.

6. Otho hatte sogleich nach der Adoption [Pisos] im Sinn gehabt, sich des Prätorianerlagers zu bemächtigen und den im Palast speisenden Galba zu überfallen. Aber diesem Plan stand die Rücksicht auf die gerade diensttuende Kohorte entgegen, die man nicht mit noch größerem Haß belasten wollte, da bereits während sie die Palastwache hatte, Gaius [Caligula] ermordet und Nero im Stich gelassen worden war. Weitere Zeit verlor man noch durch religiöse Bedenken und die Warnung des Seleucus. Endlich, als der Tag festgesetzt war, wies er die Verschworenen an, ihn auf dem Forum in der Nähe des Saturntempels[12] beim Goldenen Meilenstein[13] zu erwarten. Er machte dann am Morgen Galba seine Aufwartung, wurde wie gewöhnlich von ihm mit einem Kuß empfangen, wohnte auch dem Opfer bei und hörte die Weissagungen des Opferschauers. Als darauf sein Freigelassener meldete, die Architekten seien da – es war dies das verabredete Zeichen –, verabschiedete er sich unter dem Vorwand, daß er ein zum Kauf angebotenes Haus besichtigen wolle, und eilte durch ein Hintertor des Palastes zu dem bestimmten Platz. Andere sagen, er habe einen Fieberanfall vorgeschützt und dem ihm zunächst Stehenden aufgetragen, ihn damit zu entschuldigen, falls nach ihm gefragt werden sollte. In einer Frauensänfte verborgen ließ er sich schnell ins Prätorianerlager tragen. Als den Trägern die Kräfte ausgingen, stieg er aus und lief zu Fuß weiter. Dabei ging ihm ein Schuh auf, was einen Aufenthalt verursachte, bis er von seinen Begleitern, denen das zu lange dauerte, auf die Schultern genommen, als Kaiser begrüßt und unter glückverheißenden Zurufen und mit gezückten

Schwertern zum Hauptquartier getragen wurde. Die ihm unterwegs Begegnenden schlossen sich dem Zug an, ganz als wären sie Mitwisser und Teilnehmer an der Sache. Sofort schickte er Soldaten ab, um Galba und Piso niederzuhauen, und um die Soldaten für sich zu gewinnen, gab er sich anstelle einer (langen) Ansprache damit zufrieden, zu versprechen, er werde nur das für sich beanspruchen, was sie ihm übrigließen.

7. Darauf trat er, als der Tag sich bereits neigte, in die Senatsversammlung und hielt eine kurze Rede. Gleichsam von der Straße weg entführt und mit Gewalt genötigt, die Regierung zu übernehmen, sei er geneigt, diese nach dem allgemeinen Willen zu führen. Dann begab er sich in den Palast. Als er außer anderen Schmeicheleien der Beglückwünschenden vom niedersten Pöbel auch mit dem Namen Nero gerufen wurde, gab er nicht nur kein Zeichen, daß ihm dieser Name nicht behage, sondern fügte sogar, wie einige melden, den Ernennungsschreiben und seinen ersten Briefen an die Provinzstatthalter den Beinamen Nero seinem Namen hinzu. Jedenfalls ließ er Neros Bildnisse und Statuen wieder aufrichten und setzte dessen Prokuratoren und Freigelassene wieder in ihre alten Ämter ein. Auch war das erste, was er als Kaiser unterzeichnete, ein Kredit von fünfzig Millionen Sesterzen zur Vollendung des „Goldenen Hauses“[14]. Es heißt, daß er in dieser ersten Nacht, im Schlafe durch Träume erschreckt, sehr laute Jammerrufe ausgestoßen habe, daß ihn die Herbeieilenden auf der Erde vor seinem Bette liegend gefunden hätten und daß er durch alle möglichen Sühneopfer die Manen Galbas, dessen Erscheinung ihn von seinem Lager aufgestört und hinabgeworfen hatte, zu besänftigen versucht habe, daß er ferner tags darauf, als während der Vorzeichendeutung ein Gewitter losbrach, einen schweren Fall getan und wiederholt die griechischen Worte vor sich hingemurmelt habe: „Warum gebrauchte ich auch die lange Flöte?“[15]

8. Etwa um dieselbe Zeit hatten die in Germanien stehenden Heere Vitellius den Huldigungseid geleistet.[16] Als Otho dies erfuhr, beauftragte er den Senat, eine Gesandtschaft an sie abzusenden, welche die bereits vollzogene Wahl eines Kaisers anzeigen und zur Ruhe und Eintracht ermahnen sollte. Nichtsdestoweniger trug er sich

durch Unterhändler und Briefe dem Vitellius zum Mitregenten und Schwiegersohn an. Als sich aber herausstellte, daß der Krieg nicht zu vermeiden war und die von Vitellius vorausgeschickten Truppen und Generäle[17] bereits herannahten, da erhielt er von den Prätorianern einen Beweis ihrer Gesinnung und Anhänglichkeit an ihn, der nahezu die Niedermetzelung des Senats herbeiführte. Er hatte nämlich befohlen, daß Marinesoldaten Waffen per Schiff heranbringen sollten.[18]

Als man die Waffen bei Nacht aus dem Prätorianerlager holte, faßten einige Verdacht, daß hier Verrat im Spiel sei, und machten Lärm. Sofort liefen alle ohne einen eigentlichen Führer zum Palast und verlangten mit Ungestüm die Köpfe der Senatoren. Sie warfen die Tribunen zurück, welche ihnen Einhalt zu gebieten versuchten, hieben sogar einige nieder und, mit Blut bespritzt wie sie waren, drangen sie unter dem Ruf, wo der Kaiser sei, bis in den Speisesaal und gaben sich erst zufrieden, nachdem er sich ihnen gezeigt hatte.

Den Feldzug selbst begann er zwar mit großer Energie, aber auch mit übergroßer Eile, ohne Rücksicht auf religiöse Bedenken, selbst nicht darauf, daß die Heiligen Schilde zwar bereits durch die Straßen getragen, aber noch nicht wieder in das Heiligtum zurückgebracht worden waren, was von alters her als unheilvoll angesehen wird[19], desgleichen an einem Tag, an dem die Priester der Göttermutter ihre Trauergesänge und ihr Wehklagen begannen[20] und überdies unter äußerst ungünstigen Vorzeichen. So lieferte nämlich ein dem Pluto dargebrachtes Opfertier sehr gute Zeichen, während doch bei einem solchen Opfer Eingeweide, die das Gegenteil anzeigen, besser sind; bei seinem Ausmarsch aus der Stadt wurde er durch die Tiber-Überschwemmungen aufgehalten, und beim zwanzigsten Meilenstein fand er sogar die Straße durch den Einsturz von Gebäuden versperrt.

9. Mit derselben Unbesonnenheit beschloß er – obschon kein Mensch darüber im Zweifel war, daß man den Krieg in die Länge ziehen müsse, da der Feind durch Hunger und ungünstige Geländeverhältnisse bedrängt wurde –, sobald wie möglich eine Entscheidungsschlacht zu liefern; sei es nun, daß er die Pein längerer Ungewißheit nicht ertragen konnte und die Hoffnung hegte, vor der

Ankunft des Vitellius den entscheidenden Schlag gegen die Hauptmacht führen zu können, oder daß er nicht imstande war, die Leidenschaft seiner Soldaten zu zügeln, welche eine Schlacht forderten. Doch nahm er persönlich an keinem Treffen teil, sondern blieb in Brixellum[21] zurück. In drei allerdings kleinen Gefechten am Fuße der Alpen, bei Placentia[22] und beim „Tempel des Kastor", welches der Name einer Ortschaft ist[23], blieb er Sieger; in dem letzten und bedeutendsten, bei Bedriacum[24], wurde er mit List geschlagen. Da Aussicht auf Verhandlungen bestand, hatte man die Soldaten wie während eines Waffenstillstandes ausrücken lassen. Völlig unerwartet und im Augenblick der Begrüßung mußten sie nun kämpfen. Sofort faßte Otho den Entschluß zu sterben; wie viele und zwar nicht ohne Grund meinten, mehr aus Scham, sich unter so großen Gefahren für das Reich und die Soldaten die Herrschaft weiterhin anzumaßen, als aus Verzweiflung oder aus Mißtrauen gegen seine Truppen. Zumal ihm noch die Truppen in vollem Umfang zur Verfügung standen, die er im Glauben an einen günstigen Ausgang bei sich behalten hatte, und aus Dalmatien wie aus Pannonien und Moesien noch weitere zu Hilfe kamen[25]; ja, selbst die geschlagenen waren keineswegs so entmutigt, daß sie nicht, um ihre Schmach zu rächen, freiwillig und selbst ohne alle Unterstützung sich jeder Gefahr unterzogen hätten.

10. Mein Vater, Suetonius Laetus, nahm an diesem Krieg als ritterlicher Tribun der 13. Legion teil. Dieser pflegte später häufig zu erzählen, Otho habe auch vor seiner Thronbesteigung einen solchen Abscheu vor dem Bürgerkrieg gehabt, daß er einmal, als jemand bei einem Gastmahl vom Ende des Brutus und Cassius sprach, zusammengeschaudert sei; auch hätte er sich nie gegen Galba erhoben, wenn er nicht fest geglaubt hätte, daß die Sache ohne Krieg abgemacht werden könne. Nach der Schlacht von Bedriacum sei er zu dem Entschluß, sein Leben geringzuschätzen, durch das Beispiel eines gemeinen Soldaten angespornt worden, der, als er die Niederlage des Heeres meldete und niemand ihm Glauben schenkte, sondern die einen ihn der Lüge, die anderen der Feigheit, als ob er aus der Schlacht entflohen sei, beschuldigten, sich zu Füßen Othos in sein Schwert stürzte. Bei diesem Anblick habe er, so erzählte mein Vater,

ausgerufen, er wolle nicht mehr länger so tapfere und treue Männer aufs Spiel setzen! So redete er denn seinem Bruder und dessen Sohn[26] sowie allen seinen Freunden zu, daß jeder von ihnen nach Möglichkeit auf seine eigene Rettung bedacht sein möge, entließ sie mit Kuß und Umarmung und zog sich in sein Privatgemach zurück. Dort schrieb er zwei Briefe: ein Trostschreiben an seine Schwester, aber auch ein Schreiben an Neros Witwe Messalina[27], die er zu heiraten vorgehabt hatte, ihr empfahl er seinen Leichnam und sein Andenken. Dann verbrannte er alle seine Briefe, damit sie für niemanden beim Sieger zu einer Gefahr oder einem Nachteil werden könnten. Ebenso verteilte er unter seine Dienerschaft das Geld, das er noch besaß.

11. Als er nun so zum Tode bereit und entschlossen war, entstand nach kurzer Zeit eine Unruhe, und er bemerkte, daß man diejenigen, welche sich anschickten, ihn und das Lager zu verlassen, erfaßte und festhielt, als wären sie Deserteure. Da sagte er: „Nun, so wollen wir denn unserem Leben noch diese Nacht hinzufügen!" Dies waren buchstäblich seine Worte. Zugleich verbot er, irgend jemandem Gewalt anzutun, und gewährte bis zum späten Abend bei offenen Türen seines Schlafgemachs jedermann, der ihn sprechen wollte, Audienz. Danach stillte er seinen Durst mit kaltem Wasser, ergriff zwei Dolche, prüfte deren Schärfe und steckte einen unter sein Kopfkissen. Dann ließ er die Türen schließen und schlief ruhig und fest. Erst gegen Tagesanbruch erwachte er und durchbohrte sich mit einem einzigen Stoß unterhalb der linken Brust. Als die Diener bei seinem ersten heftigen Seufzer in das Schlafgemach drangen, starb er, die tödliche Wunde bald zuhaltend, bald aufdeckend und wurde schnell begraben – denn so hatte er es vorgeschrieben. Er stand im achtunddreißigsten Lebensjahr[28] und hatte fünfundneunzig Tage regiert.

12. Diesem Mut Othos entsprachen sein Körper und sein Äußeres keineswegs. Er wird nämlich als nicht besonders groß, schlecht zu Fuß, krummbeinig, aber fast von weibischer Eitelkeit[29] geschildert. Er habe sich die Haare am Körper entfernen lassen und wegen seines spärlichen Haarwuchses eine sorgfältig angepaßte und befestigte Perücke getragen, so daß kein Mensch es bemerkte. Das Gesicht soll er sich täglich rasieren und mit feuchtem Brot abreiben haben lassen,

vom ersten Flaum an, um nie einen Bart zu bekommen. Auch das Isisfest[30] soll er häufig in dem leinenen, im Kult vorgeschriebenen Gewand öffentlich besucht haben. Daher, glaube ich, kommt es, daß sein Tod, der mit seinem Leben so gar nicht im Einklang stand, um so größere Verwunderung erregt hat. Viele der anwesenden Soldaten küßten unter heißen Tränen Hände und Füße des Toten, nannten ihn rühmend „den tapfersten Mann", „den einzigartigen Kaiser" und gaben sich dann auf der Stelle, dicht bei dem Scheiterhaufen, selbst den Tod. Auch von den abwesenden Soldaten töteten sich auf die Nachricht hin viele aus Schmerz im gegenseitigen Kampf. Kurzum, ein großer Teil der Menschen, die den Lebenden verwünscht hatten, lobte den Toten; ja, man ging soweit, allgemein die Behauptung aufzustellen, Galba sei von ihm nicht um der Herrschaft willen getötet worden, sondern um die Republik und die Freiheit wiederherzustellen.

VITELLIUS

1. Über die Abstammung der Vitellier gibt es zahlreiche und zwar völlig entgegengesetzte Überlieferungen. Die einen nennen das Geschlecht ein altes, zum Adel gehöriges, die anderen hingegen ein neues und unbekanntes, ja sogar ein niedriges. Ich würde glauben, daß dieser Streit von den Schmeichlern und Widersachern des Kaisers Vitellius herrührt, wenn die abweichenden Ansichten über Stand und Rang der Familie nicht schon älteren Datums wären. Es gibt eine Schrift des Quintus Elogius[1] an Quintus Vitellius[2], der unter dem göttlichen Augustus Quästor war, in welcher es heißt, die Vitellier stammten ab von Faunus[3], dem König der Aborigines[4], und von Vitellia[5], die an vielen Orten als Gottheit verehrt werde, und hätten einst über ganz Latium geherrscht. Die letzten ihrer Nachkommen seien aus dem Sabinerland nach Rom ausgewandert und dort unter die Patrizier aufgenommen worden. Spuren dieses Geschlechts hätten sich lange erhalten, so z. B. die Vitellische Straße vom Ianiculum[6] bis ans Meer, ebenso eine gleichnamige Kolonie, deren Schutz gegen die Äquikuler[8] sie mit Angehörigen ihrer Familie einst übernommen hätten. Endlich hätten sich zur Zeit des Samnitischen Krieges[9] bei Gelegenheit einer nach Apulien geschickten Besatzung einige Mitglieder des Vitellischen Geschlechts in Nuceria[10] niedergelassen. Deren Nachkommen seien lange Zeit später wieder nach Rom zurückgekehrt und hätten ihren senatorischen Rang wieder angenommen.

2. Dagegen bezeichnen mehrere Schriftsteller einen Freigelassenen als Stammvater des Geschlechts. Cassius Severus[11] und ebenso andere berichten, derselbe sei ein Flickschuster gewesen; sein Sohn habe sich durch den Ankauf von Auktionsgütern sowie durch Anzei-

gen von Schuldnern ein größeres Vermögen gemacht und eine Frau, die in einem schlechten Ruf stand, die Tochter eines gewissen Antiochus, eines Bäckers, geheiratet; ihr Sohn sei römischer Ritter geworden. Doch lassen wir diese Widersprüche auf sich beruhen. Gewiß ist, daß Publius Vitellius, der aus Nuceria stammte, sei es, daß er ein Nachkomme jener alten Familie war, sei es, daß er sich seiner Eltern und Großeltern schämen mußte, in der Tat römischer Ritter und Vermögensverwalter des Augustus war und vier gleichnamige, nur durch ihre Vornamen unterschiedene Söhne von hoher Rangstellung, nämlich Aulus, Quintus, Publius und Lucius, hinterließ. Aulus starb, während er das Konsulat bekleidete, das er mit Kaiser Neros Vater Domitius[12] zusammen angetreten hatte; er galt als Lebemann, und die Üppigkeit seiner Tafel war berühmt. Quintus verlor den senatorischen Rang, weil man auf Veranlassung des Tiberius die ihrem Stand weniger angemessenen Senatoren ausgesondert und entfernt hatte.[13] Publius, zum Gefolge des Germanicus gehörend[14], klagte dessen Feind und Mörder, Gnaeus Piso[15], an und bewirkte dessen Verurteilung. Er bekleidete darauf die Prätur[16], danach wurde er als einer der Genossen Seians[17] verhaftet und dem Gewahrsam seines Bruders übergeben, wo er sich mit einem Federmesser die Adern öffnete, dann aber, weniger aus Angst vor dem Tod als auf die flehentlichen Bitten der Seinen hin, sich verbinden und pflegen ließ und schließlich noch in der Haft an einer Krankheit starb. Lucius[18] bekam nach dem Konsulat die Statthalterschaft von Syrien, hier wußte er den Partherkönig Artabanus[19] durch äußerst geschicktes diplomatisches Vorgehen nicht nur zu einer persönlichen Zusammenkunft mit ihm, sondern auch zur Huldigung der römischen Legionsfeldzeichen zu bewegen. Später bekleidete er mit Kaiser Claudius noch zwei ordentliche Konsulate und das Amt des Zensors. Auch die Regierungsgeschäfte wurden ihm, während Claudius infolge des britannischen Feldzuges[20] von Rom abwesend war, übertragen. Er war ein rechtschaffener und geschäftstüchtiger Mann, nur sehr verrufen durch seine Leidenschaft für eine Freigelassene, deren Speichel, mit Honig vermischt, er nicht etwa heimlich oder nur bisweilen, sondern ganz offen und alle Tage als Heilmittel gegen sein Hals- und Rachenleiden verwendete. Daneben besaß er in geradezu wunderbarer Weise das Talent des Schmeichelns und führte es erstmalig ein, Gaius Caesar (Caligula) als einen Gott anzubeten, indem er sich bei seiner Rückkehr aus Syrien diesem nicht anders zu nähern wagte, als mit verhülltem Haupt, sich umdrehend und zuletzt zur Erde niederfallend. Um sich auch den Kaiser Claudius, diesen Sklaven seiner Frauen und Freigelassenen, um jeden Preis geneigt zu machen, erbat er sich von der Messalina[21] als höchste Gunst, ihm zu gestatten, ihr die Schuhe ausziehen zu dürfen; ja, er trug den ihr abgezogenen rechten Schuh fortwährend zwischen Toga und Tunika und küßte ihn zuweilen. Unter seinen Hausgöttern verehrte er auch goldene Bilder des Narcissus und Pallas.[22] Von ihm stammt auch jener oben erwähnte Ausruf: „Mögest du sie oft feiern!", mit dem er den Kaiser Claudius, als derselbe Säkularspiele abhielt[23], beglückwünschte.

3. Er starb einen Tag nachdem er einen Schlaganfall erlitten hatte. Er hinterließ zwei Söhne, welche ihm die Sextilia[24], eine überaus treffliche Frau aus guter Familie, geboren hatte. Er sah sie noch als Konsuln, beide dazu noch im gleichen Jahr und für dessen gesamte Dauer, da der jüngere dem älteren nach sechs Monaten Amtszeit nachfolgte.[25] Der Senat ehrte den Verstorbenen durch eine öffentliche Leichenfeier und zugleich durch eine Statue vor der Rednertribüne mit der Inschrift: „Von unerschütterlicher Treue gegen den Kaiser."

Aulus Vitellius, des Lucius Sohn, der nachmalige Kaiser, wurde am 24. oder, wie andere melden, am 7. September unter dem Konsulat des Drusus Caesar und des Norbanus Flaccus[26] geboren. Das ihm von den Astrologen gestellte Horoskop erfüllte seine Eltern dergestalt mit Entsetzen, daß sein Vater sich stets mit allen Kräften widersetzte, daß seinem Sohn zu seinen Lebzeiten eine Provinz anvertraut würde, und daß die Mutter ihn sowohl als er das Kommando über eine Legion erhielt, als auch als man ihn zum Kaiser ausrief, sofort als einen verlorenen Mann bejammerte. Seine Kindheit und seine ersten Jugendjahre verlebte er auf Capri[27] unter den Lustdirnen des Tiberius und behielt davon sein Leben lang den Schimpfnamen Spintria[28], wie denn auch das Gerücht umging, die Reize seines Körpers hätten seinem Vater den Weg zu immer höheren Posten gebahnt.

4. Auch später befleckte er sich weiterhin durch alle möglichen Laster und gewann dadurch eine hervorragende Stellung am Hof. Bei Gaius [Caligula] war er als eifriger Wagenlenker, bei Claudius als ebenso eifriger Würfelspieler beliebt. Aber noch höher stand er bei Nero in Gnaden, teils eben dieser Künste halber, teils wegen des besonderen Verdienstes, als Vorsitzender der Neronischen Wettkämpfe[29] den Kaiser, der unter den Kitharoeden auftreten wollte, es aber trotz der ungestümen Forderung aller nicht gewagt, sondern das Theater verlassen hatte, zurückgeholt – gleichsam als Abgesandter des auf seinem Wunsch beharrenden Volkes – und dadurch das Erbetene ermöglicht zu haben.

5. Auf diese Weise durch die Gunst dreier Kaiser nicht nur zu Ehrenstellen, sondern auch zu den höchsten Priesterämtern befördert, wurde er mit dem Prokonsulat von Afrika[30] und danach mit der Oberaufsicht über die öffentlichen Bauten[31] betraut. Bei der Verwaltung dieser beiden Ämter waren sein Eifer und sein Ruf sehr verschieden. In der Provinz bewies er während eines Zeitraums von zwei Jahren hintereinander – er war nämlich seinem Bruder, als dieser sein Nachfolger wurde, als Legat beigegeben – eine einzigartige Rechtschaffenheit. Bei dem städtischen Amt dagegen sagt man ihm nach, daß er Weihgeschenke und Schmuckgeräte der Tempel teils gestohlen teils ausgetauscht und anstelle von Gold und Silber Zinn und Messing untergeschoben habe.

6. Verheiratet war er mit Petronia[32], der Tochter eines ehemaligen Konsuls, mit der er einen Sohn, Petronianus, hatte, der auf einem Auge blind war. Da die Mutter diesen unter der Bedingung zum Erben einsetzte, daß er aus der väterlichen Gewalt entlassen würde, erklärte er ihn für mündig, ließ ihn aber, wie man glaubt, bald darauf umbringen, indem er ihn noch dazu beschuldigte, daß er ihm selbst nach dem Leben getrachtet und dann das zu seinem verbrecherischen Vorhaben vorbereitete Gift aus Gewissensbissen selbst getrunken hätte. Darauf heiratete er Galeria Fundana, Tochter eines ehemaligen Prätors, und hatte auch von dieser Kinder beiderlei Geschlechts; der Sohn konnte jedoch wegen eines Sprachfehlers kaum sprechen und war fast stumm.

7. Daß Galba Vitellius nach Niedergermanien[33] schickte, geschah

gegen alle Erwartung. Wie man glaubt, verhalf ihm dazu die Fürsprache des Titus Vinius[34], der damals großen Einfluß besaß und mit dem er schon seit langem durch ihre gemeinsame Vorliebe für die Zirkuspartei der Blauen[35] verbunden war. Da Galba offen ausgesprochen hatte, daß die Leute am wenigsten zu fürchten seien, die immer nur an Essen und Trinken dächten, und daß die Reichtümer der Provinz genügten, um seinen unersättlichen Schlund zu füllen, ist es jedem klar, daß seine Auswahl für jene Stellung mehr auf Geringschätzung als auf Gunst beruhte. Es steht hinreichend fest, daß es ihm bei Antritt seiner Reise an Reisegeld fehlte und daß er sich in so zerrütteten Vermögensumständen befand, daß er Frau und Kinder, die er in Rom zurückließ, in einer ärmlichen Mietwohnung unterbringen und sein eigenes Haus für den Rest den Jahres vermieten mußte und daß er seiner Mutter eine kostbare Perle aus dem Ohr nahm und sie zur Beschaffung der Reisekosten verpfändete. Seine zahlreichen Gläubiger, die ihn belagerten und zurückzuhalten suchten und unter denen sich Bürger von Sinuessa und Formiae[36] befanden, deren Steuerabgaben er unterschlagen hatte, konnte er sich nur dadurch vom Halse schaffen, daß er sie durch die Androhung einer Verleumdungsklage in Schrecken setzte. Gegen einen Freigelassenen, der ihn etwas ungestüm an die Bezahlung seiner Schuld mahnte, strengte er ein Verfahren wegen Beleidigung an unter dem Vorwand, daß jener ihm einen Fußstoß versetzt habe, und nahm die Klage erst zurück, nachdem er ihm fünfzigtausend Sesterzen abgepreßt hatte. Bei seiner Ankunft empfing ihn das Heer, das schlecht gegen den Kaiser gestimmt und zur Empörung geneigt war, freudig und mit offenen Armen, als sei für sie dieser Mann, dessen Vater dreimal das Konsulat innegehabt hatte, der selbst im besten Alter[37] war und im Rufe eines leutseligen und freigebigen Mannes stand, ein Geschenk der Götter. Diese angestammte Meinung von seinem Charakter hatte Vitellius auch noch durch neue Beweise verstärkt, indem er überall unterwegs selbst jeden gemeinen Soldaten, der ihm begegnete, mit Kuß und Umarmung begrüßte, auf den Poststationen und in den Herbergen mit den Maultiertreibern und Reisenden überaus freundlich war, sie sogar am Morgen einzeln befragte, ob sie auch schon gefrühstückt hätten, und ihnen durch Rülpsen kundgab, daß *er* es bereits getan habe.

8. Sobald er ins Lager eingezogen war[38], verweigerte er keinem irgendeine Forderung, ja, er tilgte freiwillig bei denen, welche mit Ehrenstrafen belegt waren, die Zeichen der Schande, nahm den Angeklagten ihre Lumpen ab und erließ den bereits Verurteilten die Strafen. Kaum war daher ein Monat um, da holten ihn die Soldaten, ohne Rücksicht auf Tag und Stunde, als bereits der Abend angebrochen war, plötzlich, so wie er war, in seinem Hauskleid aus seinem Schlafzimmer und riefen ihn zum Kaiser aus.[39] Man trug ihn in den belebtesten Straßen umher, wobei er das Schwert des vergöttlichten Iulius, das man aus dem Heiligtum des Mars entnommen und ihm bei der ersten Beglückwünschung überreicht hatte, in der Hand hielt. Er kehrte erst ins Hauptquartier zurück, als das Speisezimmer durch das Kaminfeuer in Brand geraten war und in Flammen stand. Als darüber alle bestürzt und wie über ein böses Vorzeichen in großer Furcht waren, sprach er: „Seid guten Muts! Es ist für uns aufgeleuchtet!“ Das war seine ganze Rede an die Soldaten. Als darauf auch das Heer von Obergermanien, das vorher von Galba abgefallen war und sich dem Senat unterstellt hatte, mit ihm gemeinsame Sache machte[40], nahm er den Beinamen Germanicus, den ihm alle antrugen, mit Freuden an, den des Augustus lehnte er vorläufig, den Beinamen Caesar für immer ab.

9. Sofort nachdem die Nachricht von der Ermordung Galbas[41] eingetroffen war, brachte er die Verhältnisse in Germanien in Ordnung und teilte dann seine Truppen in zwei Abteilungen, die eine beschloß er gegen Otho vorauszuschicken[42], die andere selbst zu führen. Dem vorausgeschickten Heer begegnete ein glückliches Vorzeichen: es flog nämlich von rechts ein Adler heran, umkreiste die Feldzeichen und zog dann beim Aufbruch langsam vor den Marschierenden her. Als er dagegen selbst aufbrach, stürzten die Reiterstatuen, die man vielerorts ihm zu Ehren errichtet hatte, plötzlich mit zerbrochenen Schenkeln allesamt zu Boden, und der Lorbeerkranz, den er sich unter genauer Beobachtung der religiösen Gebräuche aufgesetzt hatte, fiel ihm vom Haupt in einen Fluß. Bald darauf, als er in Vienna[43] von der Gerichtstribüne Recht sprach, flog ihm ein Hahn[44] erst auf die Schulter und dann auf den Kopf. Diesen Vorzeichen entsprach das weitere Geschehen; denn seine Legaten erkämpften ihm den Thron, er selbst war aber nicht fähig, ihn zu behaupten.

10. Den Sieg bei Bedriacum und den Tod Othos[45] erfuhr er während er noch in Gallien war. Unverzüglich entließ er durch ein einziges Edikt sämtliche zu den Prätorianerkohorten gehörigen Mannschaften wegen des von ihnen gegebenen schimpflichen Beispiels.[46] Sie mußten ihre Waffen an die Tribunen abgeben. Hundertzwanzig von ihnen aber, deren schriftliche, an Otho gerichtete Eingaben sich fanden, in denen sie Belohnungen für die Ermordung Galbas forderten, befahl er ausfindig zu machen und hinzurichten. Wirklich eine herausragende und großartige Tat, die wohl die Hoffnung auf einen ausgezeichneten Kaiser hätte erwecken können, wenn er nicht in allen anderen Dingen mehr seiner Natur und seinem früheren Lebenswandel als der Würde eines Kaisers gemäß gehandelt hätte. So zog er auf seinem Marsch mitten durch die Städte in der Art eines Triumphators, fuhr auf den Flüssen[47] in Schiffen, welche auf das prächtigste herausgeputzt, mit allen möglichen Kränzen geschmückt und mit Speisen auf das verschwenderischste beladen waren. Er achtete weder bei seiner Dienerschaft, noch bei den Soldaten auf Disziplin, machte sich einen Spaß aus ihren Plünderungen und Ausschweifungen, wenn sie, nicht zufrieden mit der ihnen überall auf öffentliche Kosten gereichten Verpflegung, Sklaven nach Belieben in Freiheit setzten und die, welche ihnen Widerstand leisteten, mit Peitschenhieben und Stockstreichen mißhandelten, oft verwundeten, zuweilen auch wohl gar töteten. Als Vitellius die Schlachtfelder [bei Bedriacum] erreichte[48], wagte er es, denen, die vor den verwesenden Leichenhaufen zurückschauderten, mit folgenden abscheulichen Worten Mut zuzusprechen: ein erschlagener Feind rieche sehr gut, noch besser aber ein Mitbürger. Nichtsdestoweniger trank er selbst gegen den furchtbaren Gestank eine große Menge ungemischten Weins und ließ davon auch an die ihn Umgebenden austeilen. Mit gleicher Großsprecherei und gleicher Frechheit rief er beim Anblick des mit einer Inschrift dem Andenken Othos geweihten Steins[49] aus: „Das ist ein Mausoleum, wie er es verdient!" und sandte den Dolch, mit dem dieser sich den Tod gegeben hatte, als Weihgeschenk in den Tempel des Mars nach Colonia Agrippinensis.[50] Auf den Höhen des Apennin feierte er sogar ein nächtliches Dankfest.

11. Seinen Einzug in Rom hielt er sodann unter dem Klang der Kriegstrompeten, im Feldherrnmantel, das Schwert an der Seite, umgeben von Legionsfeldzeichen und Standarten; seine Begleiter trugen die Kriegsmäntel, und die Soldaten hatten die Waffen blank gezogen. Mehr und mehr setzte er sich dann im Laufe der Zeit über alle göttlichen und menschlichen Regeln hinweg, trat am Unglückstag der Niederlage an der Allia[51] das Amt des Oberpriesters[52] an, ließ die Magistratswahlen auf zehn Jahre im voraus vornehmen und machte sich zum Konsul auf Lebenszeit. Und um keinen Zweifel darüber zu lassen, wen er sich bei seiner Regierung zum Vorbild nähme, veranstaltete er mitten auf dem Marsfeld unter Zuziehung aller Staatspriester für Nero eine Totenfeier und forderte beim Festmahl einen Leierspieler, der seinen Beifall gefunden hatte, in aller Öffentlichkeit auf, auch etwas aus dem „Dominicus“[53] vorzutragen; und als dieser die Gesänge Neros anstimmte, war Vitellius der erste, der ihm begeistert Beifall klatschte.

12. Das war der Beginn einer Regierung, die er dann zum größten Teil der Willkür und Laune der erstbesten Komödianten und Wagenlenker und namentlich seines Freigelassenen Asiaticus überließ. Letzteren hatte er als noch sehr jungen Mann zur Unzucht mißbraucht und ihn, als derselbe aus Überdruß an diesem Leben davongelaufen war, in Puteoli[54] wiedergefunden, wo er das Gewerbe eines Limonadenverkäufers trieb, worauf er ihn zuerst in Fesseln werfen ließ, ihn aber bald wieder befreite und wieder zu seinem Liebling machte. Als sich aber Vitellius ein zweites Mal über dessen allzugroßen Eigensinn und Widerspenstigkeit ärgerte, verkaufte er ihn an einen herumziehenden Gladiatorenfechtmeister, ließ ihn aber, als er am Ende eines Gladiatorenkampfes auftreten sollte, entführen, gab ihn jedoch erst bei seiner Übernahme des Kommandos über die Provinz [Niedergermanien] frei. Allein am ersten Tag seiner Regierung beschenkte er ihn beim Essen mit dem goldenen Ritterring, während er noch am Morgen desselben Tages, als alle für jenen Menschen diese Auszeichnung erbaten, sich aufs heftigste dagegen verwahrt hatte, dem Ritterstand einen solchen Schandfleck anzuhängen.

13. Genußsucht und Grausamkeit waren seine Hauptlaster. Er

nahm täglich drei, mitunter sogar vier Mahlzeiten zu sich: Frühstück, Mittagessen, Abendtafel und Nachtgelage, eine Unmäßigkeit, die ihm leicht wurde, weil er sich angewöhnt hatte, regelmäßig ein Brechmittel zu nehmen. Er pflegte sich an ein und demselben Tag bei mehreren zu Tisch anzusagen, und die geringste Summe, welche einem jeden solche Mahlzeiten kosteten, waren vierhunderttausend Sesterzen. Am meisten von sich reden machte das Festessen, welches ihm sein Bruder zur Feier seiner Ankunft (in Rom) gab, bei der, wie es heißt, zweitausend der seltensten Fische[55] und siebentausend Vögel auf den Tisch kamen. Er selbst aber übertraf das noch bei der Einweihung einer Schüssel, die er wegen ihrer ungeheuren Größe „den Schild der Stadtbeschirmerin Minerva"[56] zu nennen pflegte.[57] In ihr wurden Lebern von Papageifischen, Gehirne von Fasanen und Pfauen, Zungen von Flamingos, Milch von Muränen, zu deren Herbeischaffung die Flottenkapitäne und Dreiruderer von den Küsten des Partherreiches bis zur Meerenge von Gibraltar losgeschickt worden waren, zu einem Ragout vermischt. Da aber seine Freßgier nicht nur unersättlich, sondern auch an keine Zeit gebunden und geradezu widerwärtig war, konnte er sich sogar bei einem Opfer oder auf Reisen nicht enthalten, selbst vor den Altären Stücke der Eingeweide und der Opferkuchen, die er beinahe aus dem Feuer riß, zu verzehren, oder in den Schänken der Landstraßen noch rauchende oder auch bereits am Tage vorher zubereitete und schon halb verspeiste Gerichte hinunterzuschlingen.

14. Er war immer geneigt, jedermann aus beliebigem Grund, hinrichten und foltern zu lassen. Männer von hohem Adel, einst seine Schulkameraden und Altersgenossen, die er durch alle möglichen Schmeicheleien fast zur Teilhabe an seiner Herrschaft genötigt hatte, wurden von ihm auf verschiedenste Art und Weise verräterisch aus dem Weg geräumt. Einem von ihnen tat er sogar eigenhändig Gift in einen Trunk kalten Wassers, um welchen dieser bei einem Fieberanfall gebeten hatte. Ferner verschonte er kaum einen der Bankiers, Gläubiger oder Steuerpächter, die ihn jemals entweder in Rom mit Mahnungen bedrängt oder auf Reisen Zoll abgenommen hatten. Einen davon, der gerade kam, ihm seine Aufwartung zu machen, befahl er sofort zur Hinrichtung abzuführen, ließ ihn aber

gleich wieder zurückholen, und während noch alle Anwesenden seine Gnade priesen, gebot er, ihn vor seinen Augen zu töten, und sagte, er habe Lust, seine Augen daran zu weiden. In einem anderen Fall ließ er mit dem Verurteilten zugleich auch dessen zwei Söhne hinrichten, weil sie für den Vater zu bitten versucht hatten. Ja, einen römischen Ritter, der, als man ihn zum Richtplatz schleppte, ihm laut zurief: „Du bist ja mein Erbe!" zwang er, sein Testament vorzulegen, und als er darin las, daß ein Freigelassener dieses Mannes als sein Miterbe genannt sei, befahl er, ihn samt dem Freigelassenen zu erdrosseln. Einige Leute aus dem Volk ließ er sogar nur deshalb hinrichten, weil sie gegen die blaue Partei[58] laute Verwünschungen ausgestoßen hatten, da er glaubte, sie hätten dies aus Verachtung gegen ihn getan und es nur in der Aussicht auf einen baldigen Umsturz gewagt. Gegen niemand aber war er so voller Wut wie gegen die Spaßmacher und Astrologen, die er auf jede beliebige Anzeige ohne Verhör mit dem Tode bestrafte. Der Grund zu seiner Erbitterung war, daß unmittelbar nach Bekanntgabe seines Edikts, durch welches er befahl, daß bis zum ersten Oktober alle Astrologen Rom und Italien verlassen haben sollten, sofort ein Anschlag erschien mit folgendem Inhalt:

> „Heil und Segen zuvor! Auch die Chaldäer[59] machen hiermit bekannt, daß es bis zu demselben ersten Oktober keinen Vitellius Germanicus auf der Welt mehr geben werde."

Man hatte ihn auch im Verdacht, am Tode seiner Mutter mitbeteiligt gewesen zu sein, als habe er verboten, ihr während ihrer Krankheit Nahrung zu reichen, weil ein chattisches Weib[60], deren Aussprüchen er wie einem Orakel vertraute, ihm geweissagt hatte, er werde erst dann sicher und lange regieren, wenn er seine Mutter überlebt habe. Andere erzählen, die Mutter selbst habe aus Überdruß über die gegenwärtige Lage und aus Furcht vor dem, was in Zukunft bevorstehe, von ihrem Sohn Gift verlangt und es ohne große Mühe erhalten.

15. Im achten Monat seiner Regierung fielen die Heere der Provinzen Mösien und Pannonien von ihm ab sowie von den überseeischen die, die in Judäa und Syrien standen; sie leisteten dem Vespasian teils persönlich teils in dessen Abwesenheit den Huldigungseid.[61] Um

sich der Anhänglichkeit und Gunst der übrigen zu versichern, zeigte sich jetzt Vitellius sowohl von Staats wegen als auch privat maßlos freigebig. In Rom veranlaßte er eine Aushebung, wobei er den Freiwilligen nicht nur die Verabschiedung nach dem Sieg, sondern auch alle Vorteile zusicherte, die sonst nur Veteranen nach Ablauf der vollständigen Dienstzeit zuteil wurden. Darauf, als ihn der Feind zu Lande und zur See hart bedrängte[62], stellte er ihm einerseits seinen Bruder mit einer Flotte, die mit Rekruten und einer Anzahl Gladiatoren[63] bemannt war, andererseits aber seine Truppen und Feldherren, die bei Bedriacum gesiegt hatten[64], entgegen. Als er sich aber überall teils geschlagen teils verraten sah, ließ er sich von Flavius Sabinus, dem Bruder Vespasians[65], sein Leben und hundert Millionen Sesterzen garantieren; worauf er sofort von der Freitreppe des Palatiums herab seinen versammelten Soldaten erklärte, daß er der Regierung, die er widerwillig übernommen habe, entsage. Aber als sich allgemeiner Widerspruch dagegen erhob, verschob er die Sache. Nach Ablauf der Nacht stieg er schon ganz früh am Morgen in Trauerkleidung an das Forum hinab und gab dort von der Rednerbühne unter vielen Tränen dieselbe Erklärung ab, die er von einer schriftlichen Vorlage ablas. Als ihn die Soldaten und das Volk aufs neue unterbrachen, ihm zuredeten, den Mut nicht sinken zu lassen und ihm allen möglichen Beistand versprachen, faßte er wieder Mut, überfiel plötzlich den Sabinus und die restliche Flavische Partei, die an nichts Böses mehr dachten, trieb sie auf dem Kapitol zusammen und vernichtete sie dort[66], indem er den Tempel des Iupiter Optimus Maximus in Brand steckte, während er selbst dem Kampf und dem Feuer vom Tiberianischen Palast aus[67], wo er speiste, zusah. Bald darauf aber reute ihn diese Gewalttat; er suchte die Schuld von sich auf andere zu schieben, berief eine Versammlung ein, schwor und ließ auch die übrigen Anwesenden schwören, daß ihm nichts angelegener sei als die öffentliche Ruhe. Darauf löste er den Dolch von seiner Seite und reichte ihn zuerst dem Konsul, dann, als dieser ihn nicht nehmen wollte, den anderen Beamten und schließlich auch den einzelnen Senatoren; als aber keiner ihn annahm, verließ er die Versammlung unter dem Vorwand, denselben im „Tempel der Eintracht“[68] niederzulegen. Als aber einige ihm zuriefen, er selbst sei die

Eintracht, kehrte er wieder um und beteuerte, daß er nicht nur den Dolch behalten, sondern auch den Beinamen „Eintracht" [Concordia] annehmen wolle.

16. Zugleich riet er dem Senat, eine Gesandtschaft in Begleitung der Vestalischen Jungfrauen[69] auszusenden, welche um Frieden oder wenigstens um Zeit zur Überlegung bitten sollte. Tags darauf, als er noch die Antwort erwartete, erhielt er durch einen Kundschafter die Nachricht, der Feind befände sich im Anmarsch. Auf der Stelle verbarg er sich in einer Sänfte und begab sich heimlich mit nur zwei Begleitern, einem Bäcker und einem Koch, auf den Aventin[70] in das Haus seines Vaters, um von dort nach Kampanien zu fliehen. Bald darauf jedoch ließ er sich auf das ungewisse und unsichere Gerücht hin, der Friede sei bewilligt, wieder zum Kaiserpalast zurücktragen. Als er dort aber alles verlassen fand, und auch die, welche noch um ihn waren, sich allmählich aus dem Staub machten, schnallte er einen mit Goldstücken gefüllten Gürtel um den Leib und suchte Zuflucht in der Kammer des Pförtners, vor dessen Tür er einen Hund anband, während er sie von innen mit einem Bettgestell und einer Matratze verrammelte.

17. Die Soldaten der feindlichen Vorhut waren bereits in das Palatium eingedrungen und damit beschäftigt, da sich ihnen niemand entgegenstellte, alle Räume, wie es Kriegssitte ist, zu durchsuchen. Von ihnen wurde er aus seinem Schlupfwinkel hervorgezogen und gefragt, wer er sei (denn sie erkannten ihn nicht) und wo Vitellius sich befände. Zuerst täuschte er sie durch falsche Angaben. Aber bald wurde er erkannt und flehte unaufhörlich, unter dem Vorwand, daß er wichtige, das Leben Vespasians betreffende Dinge zu sagen habe, ihn einstweilen – und wäre es auch in einem Kerker – in Gewahrsam zu halten. Aber man schleppte ihn mit auf den Rücken gebundenen Händen, einen Strick um den Hals, mit zerrissenen Kleidern, halbnackt auf das Forum. Die ganze Heilige Straße[71] entlang erlitt er die gröbsten Mißhandlungen durch Taten und Worte, man zog ihm, wie das bei Verurteilten zu geschehen pflegte, den Kopf an den Haaren nach hinten, hielt ihm die Spitze eines Schwertes unter das Kinn, damit er sein Gesicht sehen lassen mußte und nicht zur Erde senken konnte, während einige ihn mit Kot und Unrat bewarfen,

andere ihn Mordbrenner und Freßsack schimpften und ein Teil des Pöbels ihm sogar seine körperlichen Gebrechen vorwarf. Er war nämlich von enormer Größe, hatte ein rotes Gesicht vom übermäßigen Weintrinken, meist einen vollgefressenen Bauch und das eine Bein etwas lahm, da er einmal von einem Wagen angefahren worden war, als er Helfer des Gaius (Caligula) bei den Wagenrennen war. Zuletzt wurde er bei den Gemonien[72] mit unzähligen kleinen Stichen zu Tode gefoltert und nach seinem Tode dann an einem Haken in den Tiber geschleift.

18. Er starb zusammen mit seinem Bruder und seinem Sohn im Alter von sechsundfünfzig Jahren[73], und es behielten die Prophezeiungen derjenigen recht, die bei dem Vorzeichen, welches ihm, wie wir erzählt haben, in Vienna begegnet war, vorhergesagt hatten, es bedeute nichts anderes, als daß er in die Hand eines Menschen von gallischer Herkunft fallen werde.[74] Er wurde nämlich in der Tat von Antonius Primus[75], einem der Generäle seines Gegners, überwältigt, der in Tolosa[76] geboren war und in seiner Jugend den Beinamen *becco* geführt hatte, was „Hahnenschnabel“ bedeutet.

VESPASIAN

1. Die infolge dreier Kaiser, welche durch Aufruhr auf den Thron und durch Ermordung ums Leben gekommen waren, lange Zeit unsichere und gleichsam unstete Herrschaft übernahm und festigte endlich das Flavische Geschlecht, das zwar von dunkler Herkunft und ohne glänzende Ahnenbilder war, aber der Staat brauchte es nicht zu bereuen, wenn es auch immerhin Tatsache sein mag, daß Domitian nur die Strafe erlitten hat, die seine Habgier und seine Grausamkeit verdienten. Titus Flavius Petro, ein Bürger aus Reate[1], im Bürgerkrieg als Zenturio oder als freiwilliger Veteran auf seiten des Pompeius, entkam aus der Schlacht bei Pharsalos[2] und kehrte in seine Heimat zurück, wo er später, nachdem er Begnadigung und Abschied erlangt hatte, die Tätigkeit eines Geldeintreibers bei Versteigerungen ausübte. Sein Sohn, der den Beinamen Sabinus führte, leistete keinen Kriegsdienst – obgleich einige berichten, er sei Primipilar gewesen, andere, er habe als Zenturio wegen seiner Kränklichkeit den Abschied erhalten –, sondern versah den Posten eines Steuereinnehmers des „Vierzigsten" in Asien[3], und man fand noch lange Ehrenbildnisse, die ihm von den Städten gesetzt worden waren, mit der griechischen Inschrift: „Dem redlichen Zollverwalter". Später trieb er das Geschäft eines Geldverleihers bei den Helvetiern und starb dort. Er hinterließ seine Frau Vespasia Polla und zwei Kinder, die sie ihm geboren hatte, von denen es der ältere, Sabinus[4], bis zum Stadtpräfekten von Rom, der jüngere, Vespasianus, sogar bis zur Kaiserherrschaft brachte. Polla stammte aus Nursia[5], aus einer guten Familie; ihr Vater, Vespasianus Pollio, war dreimal Militärtribun sowie auch Lagerpräfekt; ihr Bruder war Senator mit prätorischem Rang. Auch heute noch heißt ein Ort auf einer Anhöhe

beim sechsten Meilenstein, wenn man von Nursia nach Spoletium[6] geht, Vespasiae, man sieht dort mehrere Denkmäler der Vespasier, die ein deutliches Zeugnis des Glanzes der Familie und ihres Alters geben. Ich will nicht in Abrede stellen, daß einige behauptet haben, Petros Vater sei aus dem Transpadanischen und ein Vermieter von Tagelöhnern gewesen, wie sie aus Umbrien alljährlich zur Feldarbeit ins Sabinerland zu wandern pflegen, er habe sich dann in dem Städtchen Reate niedergelassen und dort eine Frau genommen. Ich meinerseits konnte davon, trotz meiner sorgfältigsten Nachforschungen, auch nicht eine Spur finden.

2. Vespasianus wurde im Sabinerlande in einem kleinen, oberhalb Reate gelegenen Dorf, welches den Namen Phalacrina führt, geboren, am 17. November abends, unter dem Konsulat des Quintus Sulpicius Camerinus und des Gaius Poppaeus Sabinus, fünf Jahre vor dem Tod des Augustus.[8] Erzogen wurde er unter Aufsicht seiner Großmutter väterlicherseits Tertulla auf deren Landsitz bei Cosa.[9] Deshalb besuchte er auch noch als Kaiser nicht nur häufig diesen Ort, wo seine Wiege gestanden hatte, und ließ die Villa ganz in dem Zustande, wie sie gewesen war, erhalten, damit das Auge keinen der gewohnten Gegenstände vermisse, sondern hielt auch das Andenken an seine Großmutter so lieb und wert, daß er weiterhin die Gewohnheit beibehielt, an Feier- und Festtagen aus ihrem kleinen silbernen Becher zu trinken. Nachdem er mit der Männertoga bekleidet worden war, wollte er den breiten Purpurstreifen[10], obschon sein Bruder denselben bereits erhalten hatte, erst lange nicht anlegen. Nur seine Mutter war imstande, ihn dazu zu bewegen, diesen tragen zu wollen. Sie brachte ihn endlich mehr durch Spott als durch Bitten oder ihren mütterlichen Einfluß dazu, indem sie ihn nämlich wiederholt damit verhöhnte, daß sie ihn den Lakaien seines Bruders nannte. Als Militärtribun diente er in Thrakien, als Quästor bekam er Kreta und Kyrene durch Los als Provinz.[11] Als Bewerber um die Ädilität und darauf um die Prätur erhielt er jene erst nachdem er einmal durchgefallen war und dann auch nur mit großer Mühe und als sechster, während er die letztere sofort und als einer der ersten erreichte.[12] Als Prätor trat er, um sich bei dem gegen den Senat erzürnten Gaius [Caligula] auf jede Art und Weise einzuschmeicheln, im Senat mit

der Forderung auf, daß für den Sieg des Kaisers in Germanien außerordentliche Spiele abgehalten werden sollten, darüber hinaus beantragte er, die Strafe der Verschwörer[13] zu verschärfen, indem sie unbegraben liegenbleiben sollten. Desgleichen dankte er dem Kaiser bei einer Versammlung dieser hohen Körperschaft, daß er ihn durch eine Einladung an seine Tafel geehrt habe.

3. Unterdessen heiratete Vespasian die Flavia Domitilla, die frühere Geliebte des Statilius Capella, eines römischen Ritters, aus der afrikanischen Stadt Sabratha[14], die eigentlich nur das latinische Bürgerrecht[15] besaß, bald aber durch den Spruch der Rekuperatoren zur freigeborenen römischen Bürgerin erklärt wurde, indem Flavius Liberalis, der doch selbst nur aus Ferentium[16] stammte und nichts weiter als ein Quästorschreiber war, sie als seine Tochter anerkannte. Sie gebar ihm den Titus, den Domitianus und die Domitilla. Frau und Tochter überlebte er, er verlor sie, als er noch nicht Kaiser war. Nach dem Tode seiner Gattin nahm er seine frühere Geliebte Caenis, eine Freigelassene der Antonia[17], welche zugleich deren Schreiberin war, wieder zu sich ins Haus und behandelte sie auch als Kaiser fast wie eine rechtmäßige Gemahlin.

4. Unter Claudius wurde er auf Empfehlung des Narcissus[18] als Befehlshaber einer Legion nach Germanien geschickt und später nach Britannien versetzt, wo er dreißig Kämpfe gegen den Feind bestand. Er unterwarf zwei sehr kriegerische Völkerschaften, über zwanzig Städte und die nahe bei Britannien gelegene Insel Vectis[19]; das Oberkommando führte dabei teils der konsularische Legat Aulus Plautius[20] teils der Kaiser Claudius selbst. Vespasian erhielt für diese Erfolge die triumphalischen Auszeichnungen und in kurzer Frist zwei Stellen in Priesterkollegien, dazu das Konsulat, das er während der zwei letzten Monate des Jahres bekleidete.[21] Die Zeit bis zum Prokonsulat verlebte er in Muße und Zurückgezogenheit, weil er die Agrippina fürchtete, die damals noch großen Einfluß auf ihren Sohn besaß und ihn als Freund des Narcissus selbst nach dessen Tod mit großem Haß verfolgte. Dann erhielt er durch das Los Afrika als Provinz, das er höchst rechtschaffen und in allgemeiner Achtung verwaltete; nur ein einziges Mal wurde er in Hadrumetum[22] bei einem Krawall mit Rüben beworfen.

Tatsächlich kehrte er aus der Provinz zurück, ohne sich bereichert zu haben, so daß er sich genötigt sah, da seine Kreditwürdigkeit fast völlig erschöpft war, alle seine Besitzungen seinem Bruder zu verpfänden und sich, um seine äußere Stellung aufrechtzuerhalten, zum Maultierhändler zu erniedrigen, weshalb ihm die Menge den Namen *mulio* gab. Auch heißt es, daß er überführt wurde, von einem jungen Mann, dem er gegen den Willen seines Vaters den breiten Purpurstreifen verschafft hatte, zweihunderttausend Sesterzen erpreßt zu haben, wofür er einen strengen Verweis bekam. Er begleitete den Nero auf dessen Reise nach Achaia.[23] Da er, wenn dieser sang, sich häufig entfernte oder auch, wenn er anwesend blieb, einschlief, fiel er völlig in Ungnade; er wurde nicht nur aus der unmittelbaren Nähe des Kaisers, sondern auch von den öffentlichen Empfängen ausgeschlossen. Deshalb zog er sich in eine kleine abgelegene Stadt zurück, wo er sich verbarg, da er das Schlimmste befürchtete, bis er eine Provinz mit einem militärischen Kommando übertragen bekam. Es hatte sich allgemein im ganzen Orient der alte und feste Glaube verbreitet, daß einer Bestimmung des Schicksals gemäß um diese Zeit Leute von Judäa aus sich der Herrschaft bemächtigen würden. Diese Weissagung, die, wie man später nach Ablauf der Ereignisse sah, auf einen römischen Kaiser ging, bezogen die Juden auf sich und rebellierten. Sie ermordeten den Statthalter und schlugen darüber hinaus den konsularischen Legaten von Syrien, der zur Hilfe heranrückte, in die Flucht, wobei sie ihm einen Legionsadler abnahmen.[24] Da zur Unterdrückung dieses Aufstandes ein größeres Heer sowie ein tüchtiger Feldherr notwendig war, dem man zugleich eine so wichtige Stellung gefahrlos anvertrauen konnte, fiel die Wahl vorzugsweise auf Vespasian, einen Mann, der einerseits seine Tüchtigkeit schon gezeigt hatte, andererseits wegen seiner niedrigen Geburt und seines unbekannten Namens in keiner Weise zu Befürchtungen Anlaß zu geben schien. Seine Streitkräfte wurden deshalb mit zwei Legionen, acht Reiterschwadronen und zehn Kohorten verstärkt; er machte seinen älteren Sohn zu einem seiner Legaten und gewann bei seinem ersten Auftreten in seiner Provinz auch das Vertrauen der benachbarten Provinzen, da er sofort die militärische Disziplin wiederherstellte und in mehreren Treffen selbst solche Tapferkeit bewies, daß er bei der Belagerung einer Festung[25] einen Steinwurf ans Knie erhielt und sein Schild von mehreren Pfeilen durchbohrt wurde.

5. Als nach Neros und Galbas Tod Otho und Vitellius um die Herrschaft kämpften, verstärkte sich bei ihm die Hoffnung auf den Thron, die schon lange in seinem Herzen durch folgende Vorzeichen erweckt worden war. Auf einem Landgut der Flavischen Familie trieb eine alte, dem Mars geweihte Eiche bei den drei Entbindungen der Vespasia plötzlich jedesmal einen neuen Zweig, unzweideutig Zeichen des Schicksals eines jeden der Kinder. Der erste nämlich war schwach und vertrocknete bald, weshalb denn auch das Mädchen, welches Vespasia gebar, kein Jahr alt wurde; der zweite war sehr kräftig und lang und versprach großes Glück; der dritte schien fast einem Baume gleich. Deshalb soll auch der Vater Sabinus, der noch durch den Spruch eines Opferschauers in seiner Ansicht bestärkt worden war, seiner Mutter gemeldet haben, ihr sei ein Enkel geboren, der einst Kaiser sein werde. Diese aber habe darüber bloß laut gelacht und sich gewundert, daß, während sie selbst noch klar bei Verstand sei, ihr Sohn bereits schwachsinnig werde. Später, als Gaius Caesar [Caligula] einmal gegen Vespasian, der das Amt eines Ädils bekleidete, aufgebracht war, weil dieser nicht dafür gesorgt hatte, daß die Straßen gefegt waren, und ihm deshalb den Faltenbausch seiner *toga praetexta* von Soldaten mit aufgesammeltem Schmutz füllen ließ, fehlte es nicht an Leuten, welche darin die Vorbedeutung sahen, daß einst der mit Füßen getretene und durch innere Unruhen verwahrloste Staat sich in seinen Schutz und – sozusagen – in seinen Schoß begeben werde. Während des Frühstücks, schleppte einmal ein fremder Hund eine Menschenhand, die er auf einem Kreuzweg gefunden hatte, ins Zimmer und ließ sie unter dem Tisch fallen. Ein andermal, als er bei der Hauptmahlzeit war, brach ein Ochse, der sein Joch abgeworfen hatte, ins Speisezimmer, jagte die Diener in die Flucht und legte sich dann, als wäre er plötzlich müde, ihm zu Füßen vor sein Lager und beugte vor ihm den Nacken. Ferner richtete sich eine Zypresse auf seinem großväterlichen Landgut, die, ohne daß ein Unwetter vorausgegangen war, mit den Wurzeln ausgerissen und zu Boden geworfen worden war, tags darauf frischer und kräftiger als

zuvor wieder empor. In Achaia träumte ihm sogar, sein und seiner Familie Glück würde beginnen, wenn dem Nero ein Zahn gezogen würde, und richtig traf es sich, daß am folgenden Tage ein Arzt ins Atrium trat und ihm einen Zahn zeigte, den er gerade dem Kaiser gezogen hatte. In der Nähe von Judäa, als er einmal das Orakel des Gottes Carmel[26] befragte, gaben ihm die Lose das sichere Versprechen, alles was er in seinem Inneren denke und wünsche, so groß es auch sein möge, werde in Erfüllung gehen. Und einer von seinen vornehmen Kriegsgefangenen, Iosephus, behauptete sehr standhaft, er werde von ihm selbst binnen kurzem wieder in Freiheit gesetzt werden, doch erst, nachdem er bereits Kaiser geworden sei.[27] Dazu wurden ihm wiederholt aus Rom folgende Vorzeichen gemeldet: Nero sei in seinen letzten Tagen durch einen Traum aufgefordert worden, den Prachtwagen des Iupiter Optimus Maximus aus dessen Heiligtum in das Haus des Vespasian und von da in den Zirkus zu fahren; und nicht lange darauf, als Galba in der Volksversammlung sein zweites Konsulat antrat, habe sich die Statue des vergöttlichten Iulius [Caesar] von selbst nach Osten gedreht. Ferner hätten kurz vor Beginn der Schlacht bei Bedriacum[28] zwei Adler vor aller Augen miteinander gekämpft, und als der eine besiegt war, sei ein dritter von Osten gekommen und habe den Sieger verjagt.

6. Obwohl seine Gefährten ihn ermunterten und drängten, unternahm er nichts, bis Truppen, die er nicht kannte und die entfernt von ihm standen, ihn durch einen zufälligen Sympathiebeweis verlockten. Von den Truppen in Moesien waren je zweitausend Mann aus jeder der drei Legionen Otho zu Hilfe geschickt worden und hatten bereits den Marsch angetreten, als die Kunde zu ihnen kam, daß dieser besiegt sei und sich selbst das Leben genommen habe. Sie setzten indessen trotzdem ihren Marsch bis Aquileia[29] fort, als wenn sie dem Gerücht keinen Glauben schenkten. Dort ließen sie sich durch die günstige Gelegenheit und durch Disziplinlosigkeit zu Plünderungen aller Art verleiten, worauf sie, aus Furcht, daß man sie nach ihrer Rückkehr zur Rechenschaft ziehen möchte, den Entschluß faßten, selbst einen Kaiser zu erwählen und zu ernennen. Seien sie doch um nichts schlechter als das spanische Heer, das Galba, oder die Prätorianergarde, die Otho, oder das germanische Heer, das

Vitellius zum Kaiser gemacht habe. Sie stellten also die Namen aller damals irgendwo amtierenden konsularischen Legaten zusammen, und während sie bei allen übrigen bald dies, bald das auszusetzen fanden, hoben einige Soldaten von der dritten Legion, welche um die Todeszeit Neros von Syrien nach Moesien versetzt worden war, Vespasian sehr lobend heraus, worauf alle zustimmten und seinen Namen unverzüglich auf alle Feldzeichen schrieben. Nun wurde zwar damals die Sache unterdrückt, indem die Soldaten für kurze Zeit wieder zum Gehorsam zurückgebracht wurden. Allein das Gerücht von dem Geschehenen hatte sich verbreitet, und Tiberius Alexander, der Präfekt von Ägypten, war der erste, der seine Legionen am 1. Juli den Huldigungseid auf Vespasian leisten ließ. Dieser Tag wurde dann auch später als der Tag seiner Thronbesteigung betrachtet. Darauf leistete ihm sein eigenes in Judäa stehendes Heer am 11. Juli den Eid. Hauptsächlich begünstigten folgende Umstände sein Unternehmen: zunächst ein weit verbreiteter echter oder gefälschter Brief Othos an Vespasian, in welchem jener ihn aufs leidenschaftlichste beschwor, seinen Tod zu rächen, und den Wunsch aussprach, daß Vespasian sich des Staates annehmen möge; ferner ein zugleich damit verbreitetes Gerücht, daß Vitellius nach seinem Sieg beschlossen habe, die Winterlager der Legionen zu verlegen und die germanischen in den Orient, wo der Dienst gefahr- und müheloser war, zu versetzen. Dazu kam noch, daß von den Provinzstatthaltern Licinius Mucianus[30] und von den Königen Vologaesus[31], der Parther, auf Vespasians Seite traten. Jener beendete seine Feindschaft, die er bis dahin aus Eifersucht gegen ihn offen zur Schau getragen hatte und versprach ihm das in Syrien stehende Heer, der Partherkönig stellte ihm vierzigtausend Bogenschützen in Aussicht.

7. So begann er den Bürgerkrieg und schickte einen Teil seiner Truppen und Heerführer nach Italien voraus, während er selbst unterdessen nach Alexandria marschierte, um sich in den Besitz von Ägypten zu setzen, das eine Schlüsselstellung einnahm.[32] Als er hier, um ein Orakel über den Bestand seiner Herrschaft einzuholen, ohne Begleitung ganz allein den Tempel des Serapis[33] betrat und nach einem langen Gebet sich endlich umwandte, glaubte er seinen Freigelassenen Basilides[34] zu erblicken, der ihm, wie es dort Sitte ist,

heilige Kräuter nebst Kränzen und Opferkuchen brachte, obschon feststand, daß diesen niemand in den Tempel hineingelassen hatte, ja, daß derselbe auch wegen einer Nervenkrankheit seit langer Zeit kaum zu gehen vermochte und außerdem weit weg war. Und unmittelbar darauf kam die briefliche Nachricht, daß bei Cremona[35] die Truppen des Vitellius geschlagen und dieser selbst in Rom ermordet worden seien. Noch fehlte ihm, als einem wider Erwarten auf den Thron gekommenen und noch neuen Kaiser, das Ansehen und gleichsam das majestätische Wesen; auch dies wurde ihm zuteil. Zwei Männer aus dem Volk, ein Blinder und einer mit einem lahmen Bein, traten zu ihm, als er auf dem Tribunal saß, und flehten ihn an, zu ihrer Heilung das zu tun, was ihnen im Traum von Serapis gezeigt worden sei. Vespasian werde dem Blinden das Augenlicht wiedergeben, wenn er die Augen mit seinem Speichel benetze, und dem Bein des Lahmen die Kraft, wenn er so gnädig wäre, es mit seiner Ferse zu berühren. Obschon kaum Hoffnung bestand, daß die Sache irgendeinen Erfolg haben werde, und Vespasian deshalb zuerst nicht einmal den Versuch wagte, ließ er sich doch endlich von seinen Freunden bitten und versuchte beides öffentlich vor der Volksversammlung, und siehe, der Erfolg fehlte nicht. Um dieselbe Zeit wurden zu Tegea[36] in Arkadien auf Angabe der Seher an einem geheiligten Ort Grabungen angestellt und dabei Gefäße von alter Machart ausgegraben, auf denen sich ein dem Vespasian völlig ähnliches Bildnis befand.

8. So kehrte er nach Rom zurück, begleitet von einem großen Ruhm und feierte über die Juden einen Triumph.[37] Außer seinem früheren Konsulat bekleidete er diese Würde noch achtmal. Er übernahm auch die Zensur[38], und die größte Aufgabe während der ganzen Zeit seiner Regierung war, dem ziemlich zerrütteten und wankenden Staat zuerst wieder Festigkeit zu geben und ihm dann auch wieder Glanz zu verleihen. Die Soldaten, teilweise durch den Sieg übermütig, teilweise durch die Schmach der erlittenen Niederlage verbittert, hatten sich zu allen möglichen Zügellosigkeiten und Frechheiten verstiegen. Aber auch die Provinzen und freien Städte, ebenso einige Königreiche, lagen untereinander im Streit. Er entließ daher den größten Teil der Truppen des Vitellius aus dem Dienst und

hielt die übrigen in strenger Zucht. Seinen eigenen Truppen, die am Sieg teilhatten, gewährte er nichts Außergewöhnliches und zahlte ihnen selbst die ihnen rechtmäßig zustehende Belohnung erst lange nachher aus. Und um ja keine Gelegenheit vorübergehen zu lassen, die Disziplin wiederherzustellen, wies er einen nach Salben duftenden jungen Mann, der ihm für eine ihm bewilligte Präfektenstelle seinen Dank abstatten wollte, nicht bloß durch eine verachtende Gebärde von sich, sondern schalt ihn auch sehr heftig mit den Worten: „Ich hätte lieber gewollt, du röchest nach Knoblauch!" Zugleich nahm er die Ernennungsurkunde zurück. Und als gar die Matrosen, die abwechselnd von Ostia[39] und Puteoli[40] nach Rom zu Fuß hin und her marschierten, die Bitte an ihn stellten, daß ihnen unter dem Namen „Schuhgeld" eine Zulage gewährt werden möchte, begnügte er sich nicht damit, sie ohne Antwort abzuweisen, sondern gab noch dazu den Befehl, künftig sollten sie ihre Märsche ohne Schuhe machen, und seitdem marschieren sie so. Achaia, Lykien, Rhodos, Byzanz, Samos verloren ihre Freiheit und wurden, genauso wie Trachis-Kilikien[41] und Kommagene[42], die bis dahin unter ihren eigenen Königen gestanden hatten, zu römischen Provinzen gemacht. Nach Kappadokien[43] verlegte er wegen der fortwährenden Barbareneinfälle mehrere Legionen und bestimmte einen Konsularen anstelle eines römischen Ritters zum Statthalter. Rom selbst war häßlich geworden durch die Spuren früherer Brände und durch Ruinen; er erlaubte deswegen jedermann, leere Grundstücke in Besitz zu nehmen und Gebäude darauf zu errichten, wenn die rechtmäßigen Besitzer noch länger zögerten. Er selbst nahm die Wiederherstellung des Kapitols in Angriff, legte als erster Hand an bei der Räumung des Schuttes und trug auf seinen eigenen Schultern einige Lasten weg. Ferner ließ er dreitausend Erztafeln, die ebenfalls durch das Feuer geschmolzen waren, nach überall zusammengeholten Kopien wiederherstellen. Das war das schönste und älteste Archiv des Reiches, in dem sich die Senats- und Volksbeschlüsse über Bündnisse und Verträge sowie über Privilegien, die irgend jemandem gewährt worden waren, fast vom Beginn der Stadt an befanden.

9. Er errichtete auch neue Bauwerke: den Tempel des Friedens[44], der dicht am Forum liegt, den des vergöttlichten Claudius auf dem

Caeliushügel, den Agrippina zwar schon zu bauen begonnen, aber Nero fast völlig wieder niedergerissen hatte; desgleichen ein Amphitheater in der Mitte der Stadt, an der Stelle, wo es, wie er in Erfahrung gebracht hatte, Augustus schon hatte bauen wollen.[45] Den Senatoren- und Ritterstand, die teils durch vielfältige Hinrichtungen an Zahl verringert, teils durch langjährige Nachlässigkeiten in Unehre geraten waren, säuberte und ergänzte er, indem er eine Musterung beider Stände vornahm, die unwürdigsten Mitglieder ausstieß und tüchtige Männer aus Italien und den Provinzen an ihre Stelle setzte. Und um bekannt zu geben, daß die beiden Stände nicht so sehr durch irgendein Vorrecht, als vielmehr nur durch den Rang verschieden seien, gab er bei einem Streit zwischen einem Senator und einem römischen Ritter seine Entscheidung dahin ab, man dürfe zwar einen Senator nicht beschimpfen, aber es sei jedem Bürger erlaubt, eine Beschimpfung zu erwidern.

10. Die Zahl der Prozesse war überall in ungewöhnlichem Maß angewachsen, indem die alten durch den Stillstand der Rechtspflege nicht abgeschlossen worden waren und infolge der unruhigen Zeitverhältnisse fort und fort neue dazukamen. Er setzte also eine Kommission von Richtern ein, die durch Los bestimmt worden waren, welche geraubtes Kriegsgut den Eigentümern wieder zuerkennen und zugleich die Verfahren der Zentumviralgerichte, deren Abwicklung die streitenden Parteien sonst kaum mehr erlebt haben würden, durch außerordentliche Entscheidungen abwickeln und auf eine unbedingt notwendige Zahl vermindern sollten.

11. Ausschweifungen und Luxus hatten, da niemand ihnen Einhalt gebot, über die Maßen zugenommen. Vespasian veranlaßte deshalb den Senat zu dem Beschluß, daß jede Frauensperson, die sich mit einem fremden Sklaven eingelassen hätte, als Sklavin gelten sollte, und daß die Geldwucherer kein Recht haben sollten, Geld, welches sie Söhnen, die noch unter der väterlichen Gewalt standen, geliehen hatten, jemals wieder einzufordern, nicht einmal nach dem Tod von deren Vätern.

12. In allen übrigen Dingen zeigte er sich von Beginn bis zum Ende seiner Regierung dem Bürger gegenüber wohlgesonnen und gütevoll. Seine frühere geringe Stellung verbarg er nicht, ja rühmte

sich ihrer sogar oftmals. Als einmal gewisse Personen versuchten, den Ursprung des Flavischen Geschlechts auf die Gründer der Stadt Reate und auf einen Gefährten des Herkules, dessen Denkmal noch jetzt an der Salarischen Straße[46] steht, zurückzuführen, lachte er sie als erster aus. Und er war so wenig begierig, sich mit äußerlichen Ehren zu schmücken, daß er am Tage seines Triumphs, ermüdet und gelangweilt von dem endlosen Festgepränge des Zuges, kein Hehl daraus machte, daß ihm schon recht geschehe, da er so töricht gewesen sei, als alter Mann noch einen Triumph zu begehren, den er doch weder seinen Vorfahren schuldig gewesen sei noch selbst jemals erhofft habe. Selbst die tribunizische Gewalt und den Ehrentitel „Vater des Vaterlandes" nahm er erst spät an, und die Sitte, die bei ihm zur Audienz Eintretenden durchsuchen zu lassen, hatte er bereits aufgegeben, als der Bürgerkrieg noch andauerte.

13. Die Freimütigkeit der Freunde, die unverblümten Sticheleien der Anwälte und den Stolz der Philosophen ertrug er mit größter Ruhe. Dem Licinius Mucianus[47] der wegen seiner Unkeuschheit verrufen war, sich aber, auf seine geleisteten Dienste berufend, fortwährend Mangel an Ehrerbietung gegen Vespasian zuschulden kommen ließ, erlaubte er sich nie öffentlich zurechtzuweisen, und wenn überhaupt, dann nur in der Form, daß er, als er sich über ihn bei irgendeinem Freund beklagte, am Schluß hinzufügte: „Ich bin wenigstens ein Mann!" Den Salvius Liberalis[48], der in seiner Verteidigungsrede für einen angeklagten Reichen zu sagen wagte: „Was geht es den Kaiser an, wenn Hipparchus hundert Millionen Sesterzen besitzt", belobigte er sogar selbst. Den Kyniker Demetrius, der ihm nach seiner Verurteilung auf einer Reise begegnete und dabei weder vor ihm aufstand, noch grüßte, ja sogar noch irgendwelche Schimpfworte gegen ihn hervorbellte, nannte er nur „Hund"[49].

14. Beleidigungen und Feindschaften vergaß er rasch und rächte sie nicht, so daß er die Tochter seines Feindes Vitellius auf das glänzendste verheiratete und ihr sogar eine Mitgift und eine Aussteuer gab. Als er einst ängstlich wegen seiner unter Nero erfolgten Verweisung vom Hof bei einem der Kammerherren anfragte, was er denn tun oder wohin er denn gehen solle, hatte ihm dieser, indem er ihm zugleich die Tür wies, zugerufen, er möge zum Henker gehen! Als

dieser ihn später um Verzeihung bat, regte er sich nicht weiter auf, sondern wiederholte nur fast die gleichen Worte. Sich gar durch bloßen Verdacht oder durch Befürchtungen bewegen zu lassen, jemand ins Verderben zu stürzen, lag ihm so fern, daß er, als seine Freunde ihn baten, sich ja vor dem Metius Pomposianus zu hüten, weil man allgemein glaube, diesem verheiße sein Horoskop den Thron, den Mann sogar zum Konsul machte und hinzufügte, daß ihm dieser einmal dafür dankbar sein werde.

15. Man wird kaum finden, daß unter ihm irgend jemand unschuldig bestraft worden wäre, außer wenn er selbst abwesend war und nichts davon wußte, oder jedenfalls gegen seinen Willen und aufgrund einer Täuschung. Gegen Helvidius Priscus[50], der ihn, als er aus Syrien zurückkam, als einziger nur mit seinem gewöhnlichen Namen Vespasianus gegrüßt und als Prätor in allen seinen Edikten den Kaiser nie mit irgendeiner ehrenvollen Bezeichnung oder auch nur überhaupt erwähnt hatte, erzürnte er sich erst, als er sich von ihm bei einem heftigen Wortwechsel auf die unverschämteste Weise sozusagen degradiert sah. Doch auch diesen Mann, obschon er ihn zuerst verbannte und später den Befehl zu seiner Hinrichtung gab, wollte er auf jede Art und Weise retten und schickte sogar Leute aus, um die mit der Hinrichtung Beauftragten zurückzurufen; und er würde ihn am Leben erhalten haben, wenn man ihm nicht fälschlich berichtet hätte, das Todesurteil sei bereits vollstreckt. Kurz, Vespasian [hatte nie Freude] an Hinrichtungen und selbst gerechte Todesurteile rührten ihn zu Tränen und ließen ihn aufseufzen.

16. Das einzige, was man ihm zu Recht vorwerfen konnte, war Geldgier. Nicht genug, daß er die unter Galba aufgehobenen Abgaben wieder einführte, neue, sehr drückende hinzufügte, die Tributzahlungen der Provinzen erhöhte, einige sogar verdoppelte, trieb er auch offen Geschäfte, deren sich selbst ein Privatmann hätte schämen müssen; er kaufte gewisse Waren en gros ein, um sie nachher mit großem Gewinn wieder zu verkaufen.[51] Auch hatte er gar keine Bedenken, sich sogar von Bewerbern Ehrenstellungen und von Angeklagten, schuldigen wie unschuldigen, Freisprüche abkaufen zu lassen. Man sagt ihm auch nach, daß er absichtlich seine Prokuratoren, je habsüchtiger sie waren, zu immer höheren Ämtern zu beför-

dern pflegte, damit er sie dann später, wenn sie reicher wären, verurteilen könnte. Es hieß allgemein, er bediene sich ihrer wie eines Schwammes, weil er sie sozusagen anfeuchte, wenn sie trocken, und ausdrücke, wenn sie vollgesogen wären. Einige berichten, diese große Habgier sei ein ihm von Natur gegebener Fehler gewesen, und ein alter Rinderhirt habe ihm das vorgeworfen. Der Mann habe nämlich Vespasian als Kaiser flehentlich gebeten, ihm ohne Loskaufgeld die Freilassung zu gewähren, und habe, als der Kaiser es ihm abschlug, laut ausgerufen: „Der Fuchs wechselt zwar den Balg, aber nicht die Art!“ Dagegen sind andere der Meinung, er sei notwendigerweise wegen des ungeheuren Defizits im Staatsschatz und in der kaiserlichen Kasse zu den unrechtmäßigen Erwerbungen und Räubereien gezwungen worden, was er auch gleich am Anfang seiner Regierung bezeugt habe, als er erklärte, vierzig Milliarden Sesterzen[52] seien nötig, damit der Staat überleben könne. Diese Ansicht von Vespasians Charakter ist um so eher für die richtige zu halten, da er jedenfalls auch die nicht rechtmäßig erworbenen Geldmittel nur für den besten Zweck verwandte.

17. Überaus freigebig gegen Leute jeder Art wie er war, ersetzte er manchem Senator, was ihm an standesgemäßem Vermögen fehlte[53]; mittellose Konsulare unterstützte er durch eine jährliche Pension von fünfhunderttausend Sesterzen, zahlreiche Städte im ganzen Reich, die durch Erdbeben oder Brandunglück gelitten hatten, ließ er schöner als vorher wieder herrichten. Vorzugsweise bemühte er sich um Talente und die Künste.

18. Als erster gewährte er aus der kaiserlichen Kasse den lateinischen und griechischen Rhetoren Jahresbesoldungen von hunderttausend Sesterzen.[54] Ausgezeichnete Dichter und selbst Künstler, wie z.B. der, welcher die Venus von Kos, und der, welcher den Koloß [Neros][55] restaurierte, erhielten bei ansehnlicher Bezahlung dazu noch reiche Geschenke. Einen Ingenieur, der sich erbot, riesige Säulen mit geringen Kosten auf das Kapitol zu schaffen, belohnte er für seine Erfindung reichlich, ließ aber die Ausführung fallen mit der Bemerkung, er möge ihm erlauben, auch dem armen Volk Brot zu geben.

19. Bei den Spielen, mit welchen er das wieder neu hergestellte

Theater des Marcellus[56] einweihte, hatte er auch die alten Künstler wieder auftreten lassen. Von ihnen gab er dem Tragöden Appelaris[57] vierhunderttausend, den Kitharoeden Terpnus[58] und Diodorus[59] je zweihunderttausend, einigen hunderttausend und denen, welche den geringsten Satz erhielten, je vierzigtausend Sesterzen, nicht dazugerechnet die zahlreichen goldenen Kränze, die er austeilte. Auch veranstaltete er beständig Feste und zwar gab er sehr häufig große und reiche Gastgelage, um die Lebensmittelhändler zu unterstützen. Geschenke verteilte er gewöhnlich an die Männer am Saturnalienfest[60], an die Frauen am 1. März[61]; trotz alledem blieb der alte Vorwurf der Habgier an ihm haften. So fuhren die Alexandriner fort, ihm den Namen „Kybiosaktes"[62] zu geben, den früher einer ihrer Könige, welcher wegen seines schmutzigen Geizes verrufen war, geführt hatte. Ja, selbst bei seinem Leichenbegräbnis fragte der Oberpantomime Favor, der die Person des Kaisers maskiert darstellte und, wie es Sitte ist, dessen Gesten und Reden bei Lebzeiten nachahmte, die Prokuratoren, wieviel das Begräbnis und der Leichenzug kosten werde, und erhielt die Antwort: „Zehn Millionen Sesterzen". Da rief er vor dem ganzen Volk aus, sie möchten ihm hunderttausend Sesterzen geben und ihn dann seinetwegen ohne weiteres in den Tiber werfen!

20. Er war von mittlerer, wohlproportionierter Größe mit muskulösem und kräftigem Gliederbau und sein Gesichtsausdruck hatte immer etwas Angestrengtes, weshalb ein bekannter Witzbold, den er aufforderte, auch auf ihn einmal einen Witz zu machen, ihm die nicht üble Antwort gab: „Sehr gern, sobald du deinen Bauch entleert hast!" Er besaß eine überaus blühende Gesundheit, obschon er zu ihrer Erhaltung nichts weiter tat, als daß er sich den Hals und die übrigen Teile des Körpers im Ballspielsaal selbst vollständig frottierte und jeden Monat einmal Fasttag hielt.

21. Seine Tagesordnung war etwa folgende. Als Kaiser pflegte er immer früh, noch vor Tagesanbruch aufzustehen, worauf er die eingegangenen Briefe und kurzen Berichte aller Behörden durchlas und darauf Freunde vorließ. Während der Audienz zog er sich selbst Schuhe und Kleider an. Nach Abfertigung aller laufenden Geschäfte machte er eine Spazierfahrt und hielt dann Mittagsruhe, wobei eine

seiner Konkubinen, deren er sich anstelle der verstorbenen Caenis[63] mehrere zugelegt hatte, bei ihm ruhte. Aus seinem Schlafzimmer begab er sich ins Bad und dann zu Tisch. Um diese Zeit war er am gnädigsten und am nachsichtigsten, weshalb auch seine Hofleute, wenn sie etwas zu erbitten hatten, diese Augenblicke vorzugsweise wahrnahmen.

22. Bei Tisch nun liebte er es, wie er denn auch sonst überhaupt höchst leutselig war, allerlei Scherze und Witze zu machen. Er hatte nämlich einen großen Hang zum Witz, der zuweilen so albern und ordinär war, daß er sich selbst der Zoten nicht enthielt. Dennoch gibt es auch einige vortreffliche Witzworte von ihm, wie z. B. die folgenden. Der Konsular Mestrius Florus hatte ihn einmal darauf aufmerksam gemacht, man müsse nicht *plostra*, sondern *plaustra* sagen; dafür nannte Vespasian ihn am folgenden Tage bei der Begrüßung *Flaurus*.[64] Ein andermal, als er dem Drängen einer Frau, die sterblich in ihn verliebt zu sein vorgab, nachgab und ihr, nachdem er ihre Gunst genossen hatte, vierzigtausend Sesterzen schenkte, fragte sein Schatzmeister bei ihm an, unter welchem Titel er befehle, daß diese Summe in die Rechnungsbücher eingetragen werde, da gab er zur Antwort: „Für enthusiastische Liebe zu Vespasian."

23. Auch griechische Verse wußte er recht treffend anzubringen. So gebrauchte er in bezug auf einen sehr hochgewachsenen und mit einem unmäßig großen Glied ausgestatteten Mann den homerischen Vers[65]:

> „Mächtig schreitet er aus und schwingt die gewaltige Lanze!"

Und von dem sehr reichen Freigelassenen Cerulus, der einmal, um sich den Ansprüchen der Staatskasse zu entziehen, sich für einen Freigeborenen ausgegeben und seinen Namen in „Laches" umgeändert hatte, sagte er:

> „o Laches, Laches,
> Wenn einst du gestorben, wirst du dennoch wieder sein
> Wie früher, Cerulus."

Ganz besonders jedoch machte er gern Witze über seine nicht eben sauberen Finanzoperationen. Er beabsichtigte damit, den ihm entgegengebrachten Haß durch einen Scherz zu mildern und die Sache ins

Lächerliche zu ziehen. So bat einmal einer seiner ihm besonders teuren Diener für jemand um eine Stelle als Verwalter unter dem Vorwand, der Mann sei sein Bruder. Da verschob Vespasian die Entscheidung und ließ den Bewerber selbst zu sich rufen. Er ließ sich selber die Summe auszahlen, die jener seinem Fürsprecher versprochen hatte, und verlieh ihm unverzüglich die Stelle. Als darauf der Diener wieder bei ihm anfragte, gab er ihm die Antwort: „Suche dir einen anderen Bruder; der, den du für den deinen hältst, ist der meine!“ Auf einer Reise faßte er einmal gegen seinen Maultiertreiber den Verdacht, daß dieser nur deswegen zum Beschlagen der Tiere abgestiegen sei, damit ein Kläger Zeit und Gelegenheit hätte, an den Kaiser heranzutreten; er fragte ihn also sofort, wieviel er mit dem Beschlagen verdient habe, und verlangte einen Teil des Verdienstes für sich. Als sein Sohn Titus ihn tadelte, weil er sogar eine Urinsteuer[66] ersonnen hatte, hielt er ihm ein Geldstück von der ersten Erhebung dieser Abgabe unter die Nase mit der Frage, ob der Geruch ihn störe, und als jener es verneinte, sagte er: „Und doch ist es vom Urin!“ Einer Gesandtschaft, welche ihm meldete, es sei beschlossen, ihm auf öffentliche Kosten eine sehr teure Kolossalstatue zu setzen, hielt er die hohle Hand hin und forderte sie auf, dieselbe nur gleich auf der Stelle zu setzen, die Basis sei schon bereit. Ja, selbst nicht einmal die Furcht und die unmittelbare Nähe des Todes hielten ihn von seinen Scherzen ab. Denn als unter anderen schlimmen Vorzeichen die Türen des [Augustus-]Mausoleums sich plötzlich geöffnet und am Himmel ein Komet sich gezeigt hatte, sagte er, das erstere gehe die Iulia Calvina[67] an, die aus Augustus' Familie sei, das letztere aber den Partherkönig, der langes Haar trage.[68] Und bei den ersten Anzeichen seiner Krankheit rief er aus: „Weh' mir, ich glaube, ich werde ein Gott!“

24. Es war während seines neunten Konsulates, als er in Kampanien die ersten leichten Fieberanfälle bekam. Er begab sich eiligst nach Rom zurück und begab sich von dort nach Cutiliae[69] und seinen Landgütern bei Reate, wo er alljährlich den Sommer zuzubringen pflegte. Hier verschlimmerte sich sein Zustand, da er sich obendrein durch den übertriebenen Gebrauch von kaltem Wasser auch noch ein Darmleiden zugezogen hatte. Nichtsdestoweniger

besorgte er wie sonst alle seine Regierungsgeschäfte, ja er gab sogar, obwohl im Bett liegend, den Gesandten Audienz, als ihn plötzlich ein furchtbarer Durchfall fast aller Kräfte beraubte. Mit den Worten: „Ein Kaiser muß stehend sterben!" versuchte er mit aller Anstrengung sich aufzurichten, und bei diesem Versuch starb er in den Händen derer, die ihm emporhelfen wollten, am 23. Juni im Alter von neunundsechzig Jahren, einem Monat und sieben Tagen.

25. Alle stimmten darin überein, daß er zu seinem Horoskop und dem seiner Familie immer solches Vertrauen hatte, daß er trotz der unaufhörlich gegen ihn gerichteten Verschwörungen[70] doch kühn genug war, dem Senat zu versichern, entweder seine Söhne würden ihm in der Regierung folgen oder niemand. Auch wird erzählt, er habe einmal im Traum eine vollkommen im Gleichgewicht stehende Waage mitten im Vorhof des Palastes aufgestellt gesehen, in deren einer Schale Claudius und Nero, in der anderen er selbst und seine Söhne standen. Und dieser Traum trog nicht, denn die einen wie die anderen herrschten gleich viele Jahre unter den gleichen Zeitumständen.

TITUS

1. Titus, der den väterlichen Beinamen führte, war der Liebling und die Freude des menschlichen Geschlechts. So überreich ausgestattet war er, sei es durch seine Natur oder durch seine Begabung oder Glück, die allgemeine Zuneigung zu gewinnen, und zwar, was überaus schwierig ist, auf dem Thron, während er als Privatmann, und selbst noch als sein Vater bereits Kaiser war, nicht nur dem öffentlichen Tadel ausgesetzt war, sondern förmlich gehaßt wurde. Er wurde am 30. Dezember des Jahres geboren, in welchem Gaius [Caligula] ermordet wurde[1], nahe des Septizoniums[2], in einem ärmlichen Haus und obendrein in einem überaus kleinen und finsteren Zimmer; dieses ist noch heute in seinem alten Zustand vorhanden und zu besichtigen.

2. Erzogen wurde er am Hof in Gesellschaft des Britannicus[3], mit dem er den gleichen Unterricht bei denselben Lehrern genoß. Damals, sagt man, soll ein Stirnbeschauer[4], welchen Narcissus[5], ein Freigelassener des Claudius, geholt hatte, um Britannicus anzuschauen, sehr zuversichtlich erklärt haben, letzterer werde niemals, Titus aber, der bei dieser Untersuchung zugegen war, werde sicher einmal Kaiser werden. Sie waren so eng befreundet, daß man annimmt, von dem Gift, an dessen Genuß Britannicus starb, habe auch der neben ihm liegende Titus gekostet und sei lange davon schwer krank gewesen. In Erinnerung an all dies setzte er ihm später eine vergoldete Statue im Palast und weihte ihm eine zweite aus Elfenbein, eine Reiterstatue, die auch heute noch beim feierlichen Zirkusumzug mitgetragen wird und die Titus beim erstenmal persönlich begleitete.

3. Schon als Knabe traten glänzende körperliche und geistige

Eigenschaften hervor, die sich dann mit fortschreitendem Alter immer mehr entwickelten: seine überaus schöne äußere Erscheinung, in welcher sich Würde mit Anmut harmonisch verbunden zeigte; außergewöhnliche Körperkräfte, obschon sein Bauch etwas stark war; ein einzigartiges Gedächtnis und Geschick zu fast allen Künsten des Krieges wie des Friedens. Im Umgang mit den Waffen und beim Reiten übertraf ihn keiner. Sowohl in der lateinischen wie in der griechischen Sprache war er Redner und Dichter mit einer Leichtigkeit, die sogar bis zum Improvisieren ging. Selbst in der Musik war er kein Fremder, wie er denn anmutig und geschickt sang und die Leier schlug. Viele Personen haben mir erzählt, daß er sich auch geübt hätte, auf das schnellste zu stenographieren[6], wobei er sich oft mit seinen Schreibern zum Spiel und Scherz in einen Wettstreit einließ, sowie er auch alle Handschriften nachzumachen verstand, die er einmal gesehen hatte, weshalb er denn auch oft versichert habe, er hätte der größte Fälscher sein können.

4. Als Militärtribun diente er sowohl in Germanien als in Britannien und erwarb sich überall den Ruf eines ebenso fleißigen wie uneigennützigen Mannes, wie dies die große Zahl der ihm in beiden Provinzen gesetzten Statuen und Bildnisse mit ihren Inschriften bezeugt. Nach Ableisten des Militärdienstes war er als Sachwalter auf dem Forum zu finden[7], mehr der Ehre halber als berufsmäßig. In dieselbe Zeit fällt auch seine Verheiratung mit Aricidia Tertulla, deren Vater zwar nur römischer Ritter, aber früher Präfekt der Prätorianergarde gewesen war.[8] Als sie starb, heiratete er Marcia Furnilla[9] aus sehr angesehener Familie, von der er sich aber, nachdem sie ihm eine Tochter[10] geboren hatte, wieder trennte. Nach seiner Quästur erhielt er das Kommando einer Legion und unterwarf Tarichaea und Gamala, zwei wohlbefestigte Städte Judäas.[11] In einem dieser Kämpfe wurde ihm sein Pferd unter dem Körper getötet, worauf er sich auf ein anderes schwang, dessen Reiter neben ihm im Gefecht gefallen war.

5. Als er bei der Thronbesteigung Galbas abgesandt wurde, um ihn zu beglückwünschen, zog er überall, wo er unterwegs durchkam, die Aufmerksamkeit der Leute auf sich, weil sie glaubten, daß Galba ihn, um ihn zu adoptieren, kommen lasse. Auf die Nachricht

aber, daß in Rom neue Unruhen ausgebrochen seien[12], kehrte er unterwegs wieder um, und als er das Orakel der Venus von Paphos[13] über seine Seefahrt befragte, bestärkte dieses zugleich seine Hoffnung auf den Thron. Bald sah er diese Hoffnung zur Gewißheit erhoben; er wurde in Judäa zurückgelassen, um dessen Unterwerfung zu vollenden, wo er zuletzt bei der Belagerung von Jerusalem zwölf Feinde mit ebensoviel Pfeilschüssen tötete. Er eroberte die Stadt am Geburtstag seiner Tochter[14], und der Jubel und die Begeisterung seiner Soldaten für ihn war so groß, daß sie ihn bei der Beglückwünschung als *Imperator* begrüßten und ihn, als er sich bald darauf anschickte, die Provinz zu verlassen, zurückzuhalten versuchten, indem sie ihn flehentlich, ja selbst mit Drohungen beschworen, entweder bei ihnen zu bleiben oder sie alle insgesamt mit sich zu nehmen. Daher entstand der Verdacht, er habe von seinem Vater abfallen und sich zum König des Orients machen wollen. Diesem Verdacht gab der Umstand neue Nahrung, daß er auf seinem Zug nach Alexandria in Memphis bei der Weihung eines Apisstiers ein Diadem trug, was zwar ganz der Sitte und dem Ritus jenes alten Kultes gemäß war, aber doch von einigen anders ausgelegt wurde. Deshalb beeilte er sich, nach Italien zu kommen, fuhr auf einem Transportschiff nach Regium[15], von dort nach Puteoli[16] und reiste von da sofort in höchster Eile nach Rom, wo er den überraschten Vater, gleichsam um die Grundlosigkeit der gegen ihn ausgestreuten Gerüchte zu beweisen, mit den Worten begrüßte: „Da bin ich, Vater, da bin ich!“

6. Seitdem war und blieb er Teilhaber, ja die Stütze der Regierung seines Vaters. Beide feierten miteinander den Triumph und bekleideten die Zensur, waren Kollegen in der tribunizischen Gewalt und in sieben Konsulaten. Er übernahm fast alle Regierungsgeschäfte, diktierte sogar Briefe in seines Vaters Namen, verfaßte die Edikte, verlas statt des Quästors die kaiserlichen Ansprachen im Senat und übernahm endlich auch das Kommando über die Prätorianergarde, das bis dahin immer nur ein römischer Ritter innegehabt hatte, handelte aber in dieser Stellung sehr tyrannisch und gewalttätig. So ließ er, wenn ihm jemand sehr verdächtig war, diesen sofort töten, indem er Leute kaufte, die in den Theatern und Lagern gleichsam im Namen aller die Bestrafung desselben laut fordern mußten.

Einen solchen Verdächtigen, den Aulus Caecina[17], einen Mann konsularischen Ranges, lud er zu Tisch und ließ ihn in dem Augenblick, als er den Speisesaal verließ, niederstoßen. Freilich war hier Gefahr im Verzug, da ihm sogar der eigenhändig geschriebene Entwurf einer Rede, welche Caecina vor den Soldaten zu halten gedachte, zu Händen gekommen war. Durch solche Handlungsweise sorgte er gehörig für seine künftige Sicherheit; allein für den Augenblick machte er sich dadurch überaus verhaßt, so daß man wohl sagen mag, daß kaum jemand mit so üblem Ruf und so unbeliebt den Thron bestiegen hat.

7. Außer seiner Grausamkeit verdächtigte man ihn auch der Schwelgerei, weil er die Trinkgelage mit den liederlichsten seiner Kumpane bis tief in die Nacht ausdehnte. Nicht minder tadelte man seine Wollust, den Schwarm von Lieblingen und Eunuchen um ihn herum und seine heftige Leidenschaft zur Königin Berenice[18], der er, wie man allgemein sagte, sogar die Ehe versprochen hatte. Auch stand er im Verdacht der Habsucht, weil bekannt war, daß er mit den richterlichen Entscheidungen seines Vaters einen Handel trieb und Bestechungsgelder annahm. Mit einem Wort, man hielt ihn allgemein für einen zweiten Nero und nannte ihn offen so. Für ihn aber schlug dieser Ruf zum Guten um und wandelte sich zur größten Bewunderung; man fand an ihm [als Kaiser] nicht nur keines dieser Laster, sondern im Gegenteil, nurmehr die allerbesten Eigenschaften. Seine Gastmähler waren eher heiter als verschwenderisch. Die Freunde, die er sich auswählte, waren Männer, welche auch die nach ihm regierenden Kaiser als notwendig für ihr eigenes wie für des Staates Wohl beibehielten und vorzugsweise gebrauchten. Berenice schickte er unmittelbar nach seiner Thronbesteigung aus Rom fort, so schmerzlich es ihn und sie auch ankam. Einigen seiner teuersten Lieblinge, obwohl diese so treffliche Tänzer waren, daß sie bald die Bühnen beherrschten, entzog er nicht nur seine bisherige übermäßige Gunst, sondern vermied es sogar, ihren öffentlichen Auftritten überhaupt zuzusehen. Keinem Bürger nahm er auch das Geringste; fremdes Eigentum hielt er heilig, wie kaum sonst jemand; ja, selbst die erlaubten und gewöhnlichen Geschenke nahm er nicht an. Und dennoch stand er keinem seiner Vorgänger an Freigebigkeit nach. Als

er das Amphitheater eingeweiht[19] und daneben schnell Bäder erbaut hatte, gab er ein prachtvolles und mit allem reichlich ausgestattetes Festspiel. Er veranstaltete auch ein Seegefecht in der alten Naumachie[20] sowie einen Gladiatorenkampf und an einem einzigen Tag eine Tierhetze mit fünftausend ganz verschiedenen wilden Tieren.

8. Von Natur überaus wohlwollend, war Titus der erste Kaiser, der die vor ihm erteilten Privilegien samt und sonders durch ein einziges Edikt bestätigte, ohne sich darum bitten zu lassen, während nach einem von Tiberius eingeführten Grundsatz bisher alle Kaiser die von ihren Vorgängern erteilten Privilegien nur dann für gültig erklärt hatten, wenn sie diese selbst den betreffenden Personen auf deren erneutes Ansuchen gewährt hatten. Bei allen an ihn gerichteten Bittgesuchen hielt er aufs Strengste an dem Grundsatz fest, niemand ohne Hoffnung zu entlassen. Und als ihn seine Vertrauten darauf hinwiesen, er verspreche mehr, als er halten könne, gab er zur Antwort, es dürfe keiner, der mit dem Kaiser gesprochen habe, traurig weggehen. Ja, als ihm einmal bei Tisch einfiel, daß er während des ganzen Tages niemandem eine Wohltat erwiesen habe, tat er jenen denkwürdigen und mit Recht gepriesenen Ausruf: „Freunde, ich habe einen Tag verloren!“ Vornehmlich das Volk in seiner Gesamtheit behandelte er bei allen Gelegenheiten mit solcher Leutseligkeit, daß er einmal gelegentlich der Ankündigung eines Gladiatorenkampfes erklärte, er werde sich dabei nach dem Geschmack der Zuschauer und nicht nach dem seinen richten. Und so machte er es auch. Er gewährte ihnen nämlich alles, was sie erbaten, und forderte sie ausdrücklich auf, alle ihre Wünsche auszusprechen. Ja, da er seine Vorliebe für die thrakischen Fechter offen zur Schau trug, zankte er sich deswegen wiederholt mit dem Volk in Reden und Gebärden, doch ohne daß seine kaiserliche Würde oder die Gerechtigkeit darunter litten. Um keine Gelegenheit vorübergehen zu lassen, um sich beim Volk beliebt zu machen, ging er soweit, daß er öfters, wenn er in seinen Thermen badete, auch dem niedrigen Volk Zutritt gewährte.

Mehrere große Unglücksfälle ereigneten sich unter seiner Regierung; so der Ausbruch des Vesuvs in Kampanien[21], ein Brand in Rom, der drei Tage und drei Nächte anhielt, und eine so furchtbare

Pest, wie sie noch nie vorgekommen war. Bei diesen zahlreichen schweren Unglücksfällen bewies er nicht nur die Sorgsamkeit eines Herrschers, sondern auch die in ihrer Art einzige Liebe eines Vaters. Hier sprach er durch Edikte Trost zu, dort brachte er, soweit es in seinen Kräften stand, Hilfe. Er setzte eine aus den gewesenen Konsuln durch Los erwählte Kommission ein, die sich mit der Regulierung des in Kampanien angerichteten Schadens beschäftigen sollte. Das Vermögen der beim Ausbruch des Vesuvs Umgekommenen, bei denen keine Erben vorhanden waren, wies er an zur Wiederherstellung der von dem Unglück heimgesuchten Städte. Nach dem Brand in Rom erklärte er, daß der Staat keine Verluste erlitten habe, verordnete, allen Schmuck der kaiserlichen Landhäuser für die Wiederherstellung der öffentlichen Bauwerke und Tempel zu verwenden, und setzte zur Beschleunigung der diesbezüglichen Arbeiten eine Aufsichtskommission aus römischen Rittern ein. Um den Gesundheitszustand zu verbessern und die Kraft der Krankheiten zu brechen, ließ er keine menschliche oder göttliche Hilfsmaßnahme unversucht und wandte alle Arten von Sühnopfern und Heilmitteln an. Zu den Plagen der Zeit gehörten auch die Denunzianten und deren Anstifter, die seit langem frech ihr Unwesen getrieben hatten. Diese ließ er häufig auf dem Forum mit Peitschenhieben und Stockschlägen züchtigen, dann durch die Arena des Amphitheaters führen und teils als Sklaven verkaufen teils auf die rauhesten Inseln verbannen. Und um Leuten dieses Schlags auch für alle Zukunft das Handwerk zu legen, verordnete er unter anderem, daß ein und dieselbe Sache nur einmal, mit Berufung auf ein einziges Gesetz, anhängig gemacht und daß über die soziale Stellung eines Verstorbenen nur binnen einer bestimmten Frist eine Untersuchung angestellt werden dürfe.

9. Das Oberpontifikat nahm er, wie er erklärte, nur an, um seine Hände rein von Blut halten zu können[22], und er hielt Wort. Denn von der Zeit an wurde niemand auf seinen Befehl oder auch nur mit seiner Einwilligung getötet. Und obschon mehrmals die Ursache zu solcher Strafe nicht fehlte, so versicherte er, er wolle lieber sterben als andere verderben. Zwei Patrizier waren überführt worden, nach der Herrschaft gestrebt zu haben. Titus begnügte sich

damit, sie zu ermahnen, von ihrem Vorhaben abzustehen, weil, wie er sagte, der Thron vom Schicksal verliehen werde, wünschten sie sonst etwas, so werde er es ihnen bewilligen. Er schickte denn auch auf der Stelle an die Mutter des einen, welche sich von Rom weit entfernt befand, seine Kuriere ab, um der bekümmerten Frau zu melden, daß es ihrem Sohn gut gehe. Ja, er lud beide nicht nur an seinen Tisch im engsten Freundeskreis, sondern ließ sie auch am folgenden Tag bei dem Gladiatorenwettkampf absichtlich ganz in seiner Nähe sitzen und bot ihnen die ihm überreichten Waffen der Kämpfer zur Begutachtung an. Auch erzählt man, er habe, als er sich das Horoskop beider hatte mitteilen lassen, prophezeit, es drohe ihnen beiden Gefahr, aber erst in Zukunft und von einem anderen als ihm, wie es denn auch eintraf. Seinen Bruder, der gegen ihn Intrigen spann, ja fast öffentlich die Armee zur Empörung aufforderte und immer auf die Flucht vorbereitet war[23], konnte er sich nicht entschließen zu töten oder zu verbannen, ja nicht einmal, ihn weniger in Ehren zu halten. Vielmehr fuhr er fort, ihn, wie vom ersten Tag seiner Regierung an, als Mitregenten und Nachfolger zu bezeichnen, und nur zuweilen beschwor er ihn unter vier Augen mit Tränen, doch endlich einmal seine brüderliche Liebe durch Gegenliebe zu erwidern.

10. Mitten aus seiner Regierungstätigkeit raffte ein vorzeitiger Tod ihn dahin[24], mehr zum Unglück der Menschen als zu seinem eigenen. Nach einem Schauspiel, an dessen Ende er vor aller Augen bitterlich geweint hatte, begab er sich ins Sabinerland, noch mehr niedergeschlagen durch den Umstand, daß ihm beim Opfer das Opfertier entsprungen war und bei heiterem Himmel ein Donnerschlag gehört worden war. Gleich beim ersten Nachtquartier bekam er Fieber, ließ sich aber in einer Sänfte weitertragen, wobei er, wie man erzählt, häufig die Vorhänge zurückschlug, zum Himmel aufblickte und wiederholt bitter klagte, er habe nicht verdient, daß ihm das Leben genommen werde, denn es gebe keine Tat, die er bereuen müsse, eine einzige ausgenommen. Welche er meinte, darüber gab er selbst damals keine nähere Auskunft, und ein anderer kann es nur schwer erraten. Einige meinen, er habe an das ehebrecherische Verhältnis gedacht, das er mit der Frau seines Bruders gehabt haben soll.

Aber Domitia[25] schwor mit den heiligsten Eiden, ein solches hätte gar nicht bestanden, und sie war eine Frau, die, wenn es der Fall gewesen wäre, es keineswegs geleugnet, ja vielmehr sich dessen sogar gerühmt haben würde, da sie mit all ihren Ausschweifungen ohne weiteres prahlte.

11. Er schied am 13. September aus dem Leben im selben Landhaus, in dem sein Vater gestorben war, zwei Jahre, zwei Monate und zwanzig Tage nachdem er seinem Vater in der Regierung gefolgt war, im zweiundvierzigsten Lebensjahr. Als die Kunde sich in der Öffentlichkeit verbreitete, war die öffentliche Trauer aller nicht geringer als die jedes einzelnen bei einem Todesfall in der eigenen Verwandtschaft. Der Senat stürzte, noch ehe eine öffentliche Bekanntmachung ihn berief, zur Kurie, deren Türen noch verschlossen waren und erst geöffnet werden mußten, und erwies dem Toten eine solche Fülle von Dankbarkeits- und Ehrenbezeugungen wie sie selbst der Lebende und Anwesende niemals erhalten hatte.

DOMITIAN

1. Domitian wurde am 24. Oktober des Jahres, in dem sein Vater zum Konsul designiert war, einen Monat vor dessen Amtsantritt geboren und zwar im sechsten Stadtbezirk, im Granatapfel-Viertel[1], in einem Haus, welches er später in den Tempel des Flavischen Geschlechts umwandelte. Seine Knaben- und erste Jünglingszeit soll er in solcher Dürftigkeit und Schande verlebt haben, daß er kein einziges Silbergefäß in Gebrauch hatte. Auch steht es hinreichend fest, daß Clodius Pollio, ein Mann prätorischen Ranges, auf den sich das Gedicht Neros „Der Einäugige" bezieht, von ihm einen eigenhändig geschriebenen Brief aufbewahrt und zuweilen vorgezeigt hat, in welchem er ihm eine Nacht versprochen hatte. Einige behaupteten, Domitian sei ebenso von Nerva, der später sein Nachfolger wurde, mißbraucht worden. Im Krieg gegen Vitellius flüchtete er sich mit seinem Onkel Sabinus und einem Teil der gerade anwesenden Truppen aufs Kapitol.[2] Als aber die Feinde eindrangen und der Tempel in Brand geriet, brachte er die Nacht heimlich bei dem Tempelwächter zu, worauf er sich am folgenden Morgen in der Verkleidung eines Isispriesters[3] unter die Opferpriester verschiedener Kulte mischte und sich jenseits des Tibers zur Mutter eines Schulkameraden mit nur einem Begleiter begab, wo er sich so gut verborgen hielt, daß die Spürhunde, welche ihm auf dem Fuß gefolgt waren, ihn trotz aller Nachforschungen nicht ausfindig machen konnten. Erst nach dem Sieg [seines Vaters] kam er aus seinem Versteck hervor, wurde als Caesar begrüßt und übernahm das Amt eines Stadtprätors mit konsularischer Gewalt[4], doch nur dem Namen nach, denn die Ausübung der Rechtspflege übertrug er seinem nächsten Kollegen. Im übrigen übte er die ganze Macht seiner Stellung so

schrankenlos aus, daß er schon damals zeigte, was man künftig von ihm zu erwarten habe. So verführte er – um nur einige Beispiele zu erwähnen – die Ehefrauen vieler Personen, nahm sogar Domitia Longina[5] ihrem Ehemann, dem Aelius Lamia[6], weg und nahm sie selbst zur Frau; auch vergab er an einem Tag über zwanzig Stellen in Rom und in den Provinzen, so daß Vespasian äußerte, er wundere sich, daß er nicht auch ihm einen Nachfolger schicke.

2. Auch einen Feldzug gegen Gallien und Germanien begann er ohne jeden Grund[7] und gegen den Rat der Freunde seines Vaters, bloß um sich an Macht und Ansehen seinem Bruder gleichzustellen. Deswegen wurde er von seinem Vater gehörig gescholten; und um ihn an seine Jugend und seine Stellung zu erinnern, mußte er seitdem bei seinem Vater wohnen und dessen und des Bruders Tragsessel, wenn beide sich öffentlich zeigten, in einer Sänfte folgen, wie er denn auch den Triumphzug beider, anläßlich des Sieges in Judäa, auf einem Schimmel begleitete.[8] Von seinen sechs Konsulaten bekleidete er nur eines als ordentlicher Konsul und auch dies nur, weil sein Bruder zurücktrat und ihn unterstützte. Er wußte sehr geschickt den Bescheidenen zu spielen; vor allem heuchelte er Neigung zur Poesie, mit der er sich früher nie abgegeben hatte und die er später mit Verachtung von sich wies, ja er las sogar öffentlich vor. Nichtsdestoweniger setzte er, als der Partherkönig Vologaesus[9] sich Hilfstruppen gegen die Alanen[10] und als Feldherren einen von Vespasians Söhnen erbat, alles daran, um mit dieser Aufgabe betraut zu werden. Und da sich die Sache zerschlug, versuchte er andere Könige des Orients durch Geschenke und Versprechungen zu bewegen, die gleiche Forderung zu stellen. Als sein Vater starb, schwankte er längere Zeit, ob er nicht den Soldaten das doppelte Geldgeschenk anbieten sollte, und scheute sich nicht, öffentlich zu erklären, sein Vater habe ihn im Testament zum Mitregenten ernannt, aber man habe das Testament gefälscht. Seitdem hörte er nicht auf gegen seinen Bruder heimlich und offen Intrigen zu spinnen[11], bis zu der Stunde, wo er den Schwerkranken, noch bevor dieser seinen Geist ausgehaucht hatte, ohne Beistand, gleichsam als wäre er schon tot, liegenzulassen befahl. Dem Toten erwies er außer der Vergöttlichung keine Ehre, sondern verspottete ihn vielmehr öfters in hämischen Reden und Edikten.

3. Am Anfang seiner Regierung pflegte er sich täglich eine Stunde zurückzuziehen, um nichts anderes zu tun, als Fliegen zu fangen, die er an seinem sehr scharfgespitzten Schreibgriffel aufspießte, was den Vibius Crispius[12] auf die Frage, ob jemand drinnen beim Kaiser sei, die witzige Antwort geben ließ: „Nicht einmal eine Fliege!" Sein nächster Schritt war, daß er seine Gattin Domitia, die ihm in seinem zweiten Konsulat einen Sohn geboren [...] und die er im Jahr darauf zur Augusta ernannt hatte[13], verstieß, weil sie sich sterblich in den Schauspieler Paris[14] verliebt hatte. Indessen konnte er die Trennung von ihr nicht aushalten und nahm sie nach kurzer Zeit unter dem Vorwand, daß das Volk es lebhaft wünsche, wieder als seine Gemahlin auf. In seiner Regierung zeigte er sich längere Zeit bald so bald so, eine zu gleichen Teilen aus Lastern und Tugenden zusammengesetzte Mischung, bis er zuletzt auch seine Vorzüge zu Fehlern verkehrte. Soweit sich eine Vermutung wagen läßt, war er entgegen seinem Naturell aus Not raubgierig und aus Furcht grausam.

4. Schauspiele gab er häufig und mit großer Pracht und reicher Ausstattung nicht nur im Amphitheater, sondern auch im Zirkus, wo er außer den hergebrachten Wettrennen der Zwei- und Viergespanne auch zwei Gefechte – eines zu Pferd und eines mit Fußtruppen –, im Amphitheater sogar eine Seeschlacht veranstaltete. Tierhetzen und Gladiatorenkämpfe gab er selbst nachts bei Fackelschein, und nicht nur Männer, sondern auch Frauen traten dabei als Kämpfer auf. Daneben war er stets ein fleißiger Zuschauer der Spiele, welche die Quästoren abhalten mußten, und die er, nachdem sie einige Zeit lang nicht mehr gegeben worden waren, wieder eingeführt hatte. Dabei erlaubte er dem Volk, sich zwei Gladiatorenpaare aus seiner eigenen Gladiatorentruppe zu erbitten, die er dann zum Abschluß mit kaiserlichem Prunk in die Schranken führen ließ. Während der ganzen Zeit, die der Gladiatorenkampf dauerte, stand ihm zu Füßen ein in Scharlach gekleideter Zwerg mit einem ungewöhnlich kleinen und mißgestalteten Kopf, mit dem er angeregt plauderte, oft auch über ernste Dinge. Wenigstens hörte man einmal, wie er die Frage an ihn richtete, ob er wohl wisse, warum er beschlossen habe, bei der letzten Ämterbesetzung die Provinz Ägypten dem Mettius Rufus[15] zu übertragen? Er gab Seegefechte, bei denen fast ganze Flotten

mitwirkten, wozu er ein Bassin in der Nähe des Tiber hatte ausgraben und mit Sitzreihen ausstatten lassen[16], und wohnte diesen, trotz der stärksten Regengüsse, von Anfang bis Ende bei. Auch Spiele zur Säkularfeier[17] ließ er aufführen, indem er die Zeit nicht von dem Jahr an rechnete, an dem Claudius, sondern von dem, in welchem früher Augustus sie gefeiert hatte. Bei dieser Feier setzte er an dem Tag, an dem die Wettrennen im Zirkus gehalten wurden, um leichter mit den hundert Rennen fertig zu werden, die Zahl der zurückzulegenden Runden für jedes einzelne Rennen von sieben auf fünf herab. Ferner stiftete er dem Kapitolinischen Jupiter einen alle fünf Jahre wiederkehrenden Wettkampf in drei Disziplinen: Musik, Wettrennen und Gymnastik und zwar mit bedeutend mehr Preisträgern als heute. Man stritt nämlich auch in griechischer und lateinischer Prosa, und außer den Kitharoeden traten auch Leierspieler, die nur begleiteten, sowie Solisten auf. Im Stadion kämpften sogar junge Mädchen um den Preis im Wettlauf. Den Vorsitz bei den Wettkämpfen führte er, angetan mit Sandalen, einer griechisch geschnittenen Purpurtoga, auf dem Kopf eine goldene Krone mit den Bildnissen Jupiters, Junos und Minervas. Neben ihm saßen der Jupiterpriester und die Priesterschaft der Flavier[18] in gleicher Kleidung, nur daß sich auf ihren Kronen auch sein eigenes Bildnis befand. Domitian feierte ferner alljährlich auf seinem Landgut in den Albanerbergen das fünftägige Fest zu Ehren der Minerva, für das er eine Priesterschaft eingesetzt hatte, aus welcher die jeweiligen Vorsitzenden durch Los gewählt wurden und die Pflicht hatten, glänzende Tierhetzen und szenische Aufführungen und dazu noch Wettstreite von Rednern und Dichtern zu veranstalten. Dreimal gewährte er dem Volke eine Geldspende, jedesmal dreihundert Sesterzen pro Kopf, und anläßlich des Festes der sieben Hügel[19] den Zuschauern der Festspiele einen reichlichen Schmaus. Dabei ließ er unter Senat und Ritterschaft große Eßkörbe und unter das Volk kleinere Speiseportionen verteilen und machte selbst mit dem Essen den Anfang. Tags darauf ließ er Gutscheine für die verschiedenartigsten Geschenke auswerfen, und weil der größte Teil davon in die Sitzreihen des Volkes gefallen war, so ließ er bekannt machen, daß auf jede Sitzabteilung des Ritter- und Senatorenstandes noch fünfzig solcher Gutscheine verteilt werden sollten.

5. Sehr viele prächtige Bauwerke, welche das Feuer zerstört hatte, stellte er wieder her, unter ihnen auch das Kapitol[20], das bald darauf schon wieder von einer Feuersbrunst heimgesucht wurde; doch setzte er in jedem Fall auf die Inschriften nur seinen Namen, ohne der ersten Erbauer irgendwie zu gedenken. Neu aber baute er den Tempel auf dem Kapitol für „Jupiter den Wächter" sowie das Forum, welches jetzt das Nervaforum heißt, ferner den Tempel des Flavischen Geschlechts nebst einem Stadion, einem Odaion und der Naumachie[21], aus deren Steinen später die abgebrannten Seitenwände des Circus Maximus wiederaufgestellt wurden.

6. Von seinen Feldzügen unternahm er einige freiwillig, die anderen gezwungenermaßen. Freiwillig den gegen die Chatten[22], gezwungen einen gegen die Sarmaten[23], welche eine Legion samt deren Kommandeur niedergehauen hatten, und zwei gegen die Daker[24]: den ersten nach der Niederlage des Konsularen Oppius Sabinus, den zweiten nach der des Prätorianerpräfekten Cornelius Fuscus, dem er den Oberbefehl dieses Krieges erteilt hatte. Über die Chatten und Daker feierte er nach mehreren Gefechten von wechselndem Erfolg einen doppelten Triumph. Nach dem Sieg über die Sarmaten begnügte er sich, dem Kapitolischen Jupiter einen Lorbeerkranz darzubringen. Den Aufstand, welchen Lucius Antonius, der Präfekt von Obergermanien, angezettelt hatte[25], unterdrückte er, ohne persönlich einzuschreiten, mit Hilfe eines wunderbaren Zufalls, da gerade zur Stunde des Entscheidungskampfes plötzlich der zugefrorene Rhein auftaute und die Truppen der Barbaren, die im Begriff standen, zu Antonius zu stoßen, am Übergang hinderte. Von diesem Sieg erhielt er früher durch Vorzeichen als durch Boten Kunde. Am Tag der Entscheidungsschlacht umfaßte ein gewaltiger Adler eine [kaiserliche] Statue zu Rom mit den Flügeln und ließ ein lautes Jubelgeschrei hören; und nicht lange darauf verbreitete sich die Nachricht, Antonius sei ermordet, mit solcher Bestimmtheit, daß viele behaupteten, sie hätten seinen nach Rom gebrachten Kopf gesehen.

7. Auch im bisherigen Alltagsleben des Volkes erneuerte er vieles. Die Verteilung von Lebensmitteln hob er auf und führte die Gewohnheit, richtige Mahlzeiten zu geben, wieder ein. Den früheren vier Zirkusparteien fügte er zwei neue, die „Goldenen" und die

„Purpurnen", hinzu.[26] Die Pantomimen verwies er der öffentlichen Bühnen, erlaubte jedoch Aufführungen in Privathäusern. Das Kastrieren von Personen männlichen Geschlechts verbot er. Die Preise der Eunuchen, die bei den Sklavenhändlern noch vorhanden waren, setzte er herunter. Als einmal ein sehr gutes Weinjahr mit einer sehr schlechten Getreideernte zusammenfiel, glaubte er, daß über dem zu weit getriebenen Weinbau der Ackerbau vernachlässigt werde, und erließ deshalb das Edikt, keiner solle in Italien einen neuen Weinberg anlegen und in den Provinzen sollten dieselben ausgehauen und höchstens die Hälfte übriggelassen werden; doch beharrte er nicht auf der Ausführung dieses Erlasses. Einige der höchsten Stellen vergab er an Freigelassene und römische Ritter.[27] Er verbot, zwei Legionen in einem Lager zusammenzulegen, auch durfte kein Soldat mehr als tausend Sesterzen bei der Legionskasse deponieren, weil es sich gezeigt hatte, daß Lucius Antonius, der zwei Legionen in einem Standlager hatte, bei seinem Aufstandsversuch[28] auch durch die große Summe der von seinen Soldaten hinterlegten Gelder unterstützt worden war. Auch erhöhte er den Sold der Soldaten um ein Viertel, indem er ihnen drei Goldstücke mehr gab.

8. In der Rechtssprechung war er sorgfältig und eifrig und hielt häufig auch auf dem Forum vom Tribunal herab außerordentliche Sitzungen. Er hob ungerechte, nach Gunst gefaßte Entscheidungen der Zentumviralrichter auf. Den Rekuperatoren schärfte er wiederholt ein, sich bei Streitfällen, bei denen es um die Freilassung eines Sklaven ging, nicht auf Scheingründe einzulassen. Richter, die sich mit Geld bestechen ließen, strafte er jedesmal mitsamt dem ganzen Kollegium, dem sie angehörten. Er gestattete ferner den Volkstribunen, einen Ädil, der schmutzige Geschäfte getrieben hatte, wegen Unterschlagung anzuklagen und über ihn vom Senat ein Untersuchungsgericht zu fordern. Auch die Magistrate der Hauptstadt und die Provinzstatthalter hielt er so gründlich im Zaum, daß sie niemals ehrlicher und gerechter waren, während wir viele von ihnen nach seiner Zeit aller möglichen Verbrechen angeklagt gesehen haben. Er nahm auch eine Verbesserung der Sitten in die Hand[29] und hob den eingerissenen Mißbrauch auf, daß sich jeder Zuschauer im Theater auf die Ritterplätze setzte. Schmähschriften, die man öffent-

lich verbreitete, um angesehenen Männern und Frauen etwas anzuhängen, ließ er vernichten, nicht ohne die Verfasser mit entehrenden Strafen zu belegen. Einen Mann quästorischen Ranges stieß er aus dem Senat aus, weil er ein passionierter Pantomime und Tänzer war. Anrüchigen Frauen nahm er das Recht, sich einer Sänfte zu bedienen und Legate und Erbschaften anzutreten. Einen römischen Ritter, der seine Frau wieder geheiratet hatte, nachdem er sie verstoßen und gegen sie einen Ehebruchsprozeß angestrengt hatte, strich er aus der Richterliste. Mehrere Senatoren und Ritter ließ er nach dem Scantinischen Gesetz[30] verurteilen. Keuschheitsvergehen der Vestalischen Jungfrauen[31], die selbst von seinem Vater und Bruder ungeahndet geblieben waren, bestrafte er auf verschiedene Weise und sehr streng: zuerst mit der gewöhnlichen Todesstrafe, später mit der altherkömmlichen Todesart. Denn während er den Schwestern Oculata sowie der Varonilla die Wahl der Todesart frei ließ und ihre Verführer verbannte, ließ er später die Cornelia, die Oberpriesterin der Vestalinnen, die einst freigesprochen, dann nach längerer Zeit aber aufs neue angeklagt und überführt worden war, lebendig begraben und ihre Liebhaber auf dem Comitium mit Ruten zu Tode peitschen. Ausgenommen davon wurde nur ein ehemaliger Prätor, den er, weil seine Schuld unerwiesen und ihm eine unzuverlässige Aussage gegen sich selbst nur durch die Folter abgepreßt war, zur Strafe der Verbannung begnadigte. Und um keine Verletzung der den Göttern schuldigen Ehrfurcht ungeahndet zu lassen, ließ er ein Grabmal, welches einer seiner Freigelassenen seinem Sohn aus Steinen erbaut hatte, die für den Tempel des Kapitolinischen Jupiter bestimmt gewesen waren, durch Soldaten niederreißen und die darin befindlichen Gebeine und Aschenreste ins Meer werfen.

9. Zu Anfang hatte er einen solchen Abscheu vor allem Blutvergießen, daß er, als ihm einst, während sein Vater noch abwesend war, folgender Vers Vergils[32] einfiel:

„Eh' noch ein frevelnd Geschlecht sich nährte
von getöteten Jungstieren",

ein Edikt zu erlassen beabsichtigte, man solle keine Rinder mehr opfern. Auch von Habgier und Geiz war an ihm als Privatmann nie und als Kaiser lange Zeit keine Spur zu bemerken, ja im Gegenteil gab er häufig große Beweise nicht nur von Uneigennützigkeit, sondern sogar von Freigebigkeit. Er bedachte seine ganze Umgebung mit den reichlichsten Geschenken und ermahnte sie nachdrücklich, ja keine schmutzigen Geschäfte zu machen. Erbschaften, die ihm von Leuten, welche Kinder hatten, vermacht worden waren, nahm er nicht an. Sogar ein Legat aus dem Testament des Rustius Caepio, der bestimmt hatte, daß sein Erbe jährlich den Senatoren beim Eintritt in die Kurie Mann für Mann eine bestimmte Geldsumme zahlen sollte, erklärte er für ungültig. Die Prozesse, welche länger als fünf Jahre bei der Staatskasse anhängig waren, schlug er samt und sonders nieder und erlaubte ihre Wiederaufnahme nur binnen Jahresfrist, und zwar unter der Bedingung, daß den Ankläger, wenn er seine Sache nicht gewinne, die Strafe des Exils treffen sollte. Den quästorischen Schreibern, welche gewohnheitsmäßig, wenngleich gegen das Clodische Gesetz[33], Handelsgeschäfte trieben, erließ er für das Vergangene die Strafe. Die Landstücke, welche bei der Ackerverteilung an die Veteranen hier und da übriggeblieben waren, überließ er ihren alten Besitzern aufgrund des Verjährungsrechtes. Anzeigen bei der Steuerbehörde trat er dadurch entgegen, daß er die Denunzianten schwer bestrafte, und man erzählte sich folgenden Ausspruch von ihm: „Ein Kaiser, der Denunzianten nicht züchtigt, ruft sie hervor!“

10. Allein, auf diesem Weg der Milde und der Unparteilichkeit blieb er nicht. Dennoch verfiel er bedeutend früher in Grausamkeit, als in Habsucht. So tötete er einen Schüler des Pantomimen Paris[34], einen noch unreifen und eben damals sehr kranken jungen Menschen, bloß deshalb, weil er durch sein Spiel und seine äußere Gestalt an seinen Lehrer erinnerte. Desgleichen den Hermogenes von Tarsus wegen gewisser in seinem Geschichtswerk gemachter Anspielungen; selbst die Abschreiber des Werkes ließ er ans Kreuz schlagen. Einen Familienvater, der im Amphitheater über einen Thraker gesagt hatte, derselbe sei zwar wohl einem Murmillo[35], aber nicht dem Spielgeber gewachsen, ließ er von seinem Sitz in die Arena schleppen, ihm eine Tafel mit der Inschrift: „Ein Thrakerfreund, der die Majestät gelästert hat“, umhängen und ihn dann von Hunden zerreißen. Viele Senatoren, unter ihnen eine große Anzahl Konsulare ließ

er ums Leben bringen – so den Civica Cerealis[36], noch während derselbe als Prokonsul in Asien war, den Salvidienus Orfitus[37] und den Acilius Glabrio[38], die im Exil lebten – unter dem Vorwand, sie planten eine Empörung. Die übrigen aus den nichtigsten Ursachen, wie z.B. den Aelius Lamia[39] wegen einiger zwar zweideutiger, aber doch bereits vor langer Zeit geäußerter und an sich unschuldiger Witze, weil er, nachdem ihm seine Frau entführt worden war, zu einem, der seine Stimme lobte, gesagt hatte: „Ich lebe enthaltsam", und weil er dem Titus, da dieser ihn zu einer zweiten Ehe aufforderte, die Antwort gegeben hatte: „Willst du vielleicht auch heiraten?" Den Salvius Cocceianus[40] ließ er hinrichten, weil er den Geburtstag des Kaisers Otho, seines Onkels, gefeiert hatte; den Mettius Pompusianus, weil es im Volksmund hieß, sein Horoskop prophezeie ihm den Thron, und weil er stets eine auf Pergament gemalte Karte des Erdkreises sowie die Reden der Könige und Feldherren aus dem Werk des Titus Livius bei sich führte und seinen Sklaven die Namen Mago[41] und Hannibal gegeben hatte; den Sallustius Lucullus, Legat von Britannien, weil er erlaubt habe, eine neue Art von Lanzen „lucullische" zu nennen; den Iunius Rusticus[42], weil er eine Lobschrift auf den Paetus Thrasea und auf den Helvidius Priscus[43] veröffentlicht und sie als die ehrwürdigsten Männer bezeichnet habe. Bei Gelegenheit dieses letzteren Prozesses wies er zugleich alle Philosophen aus Rom und Italien aus.[44] Er tötete auch den Sohn des Helvidius, weil er angeblich im Epilog einer Komödie unter der Person des Paris und der Oenone[45] des Kaisers Ehescheidung von seiner Frau kritisiert hatte; den Flavius Sabinus[46], einen von seinen beiden Vettern, weil ihn am Tage der Konsulwahlen, nachdem er zum Konsul designiert worden war, der Herold aus Versehen nicht als Konsul, sondern als Imperator öffentlich ausgerufen hatte. Bald nach dem Sieg im Bürgerkrieg nahm seine Grausamkeit noch zu; er unterwarf viele Anhänger der Gegenpartei, um noch verborgene Mitwisser zu entdecken, einer neuen Art der Folter, indem er ihnen die Schamteile verbrennen, einigen auch die Hände abhauen ließ. Tatsache ist ferner, daß er nur zwei von den bedeutenderen begnadigte: einen Tribunen aus dem Senatorenstand und einen Zenturio. Beide hatten nämlich, um leichter ihre Unschuld beweisen zu können, den Nachweis geführt, daß sie unnatürlicher Lust ergeben seien und deshalb weder beim Feldherrn noch bei den Soldaten irgendwelchen entscheidenden Einfluß hätten ausüben können.

11. Seine Grausamkeit war aber nicht nur groß, sondern auch tückisch und unberechenbar. Seinen Kassenverwalter rief er am Tag, ehe er ihn ans Kreuz schlagen ließ, in sein Schlafgemach, nötigte ihn, neben sich auf seinem Bett Platz zu nehmen, und verabschiedete ihn als einen unbesorgten und fröhlichen Menschen; ja, er erwies ihm sogar die Gnade, ihm einige Gerichte von der kaiserlichen Tafel zu schicken. Den Konsularen Arrecinus Clemens[47], einen seiner Vertrauten und Spione, behandelte er, als sein Todesurteil schon feststand, mit gleicher, ja sogar mit noch mehr Gunst, bis er an ihn zuletzt, als er mit ihm in derselben Sänfte saß, beim Anblick seines Anklägers die Frage richtete: „Beliebt dir's, daß wir diesen nichtswürdigen Sklaven morgen verhören?" Und um die Geduld der Menschen auf das Unverschämteste zu mißbrauchen, sprach er niemals eine Verurteilung aus, ohne vorher seine Milde erwähnt zu haben, so daß es bald kein sichereres Zeichen eines grausamen Beschlusses gab, als die Milde am Anfang seiner Rede. So hatte er einmal einige wegen Majestätsbeleidigung angeklagte in die Kurie bringen lassen und es durch die vorausgeschickte Bemerkung, heute werde er erfahren, wie teuer er dem Senat sei, leicht durchgesetzt, daß sie mit der Todesstrafe nach Art der Vorfahren[48] belegt wurden. Sofort schritt er, erschreckt durch die Schärfe dieser Strafe, um sich weniger verhaßt zu machen, mit folgenden Worten ein – ich halte es nämlich für zweckmäßig, seine eigenen Worte anzuführen –: „Gewährt mir, Senatoren, von eurer Gnade etwas zu fordern, was ihr, wie ich weiß, nur ungern zugestehen werdet, nämlich, daß ihr den Verurteilten die freie Wahl der Todesart gestattet. Denn dadurch werdet ihr euren Augen ein schreckliches Schauspiel ersparen und zugleich sieht jeder, daß ich der Senatssitzung beigewohnt habe."

12. Als die Finanzen wegen der kostspieligen Bauwerke und Spiele sowie auch durch die Soldzulage[49], welche er den Soldaten bewilligt hatte, völlig zerrüttet waren, machte er anfangs den Versuch, zur Minderung der Heeresausgaben die Zahl der Soldaten zu verringern. Allein da er sah, daß er sich dadurch den Angriffen der

Barbaren aussetzte und doch nicht aus den finanziellen Schwierigkeiten herauskam, begann er ohne Scheu, rücksichtslos alles zu plündern. Das Vermögen der Lebenden wie der Verstorbenen wurde in einem fort auf jede beliebige Anklage und Anschuldigung hin beschlagnahmt. Es genügte, jemanden der unbedeutendsten Handlung oder Äußerung gegen die Majestät des Kaisers zu bezichtigen. Man konfiszierte Erbschaften völlig fremder Leute, sobald sich auch nur ein Mensch fand, welcher aussagte, er habe aus dem Munde des Verstorbenen zu dessen Lebzeiten vernommen, der Kaiser sei sein Erbe. Besonders hart verfuhr man bei der Eintreibung der Judensteuer.[50] Ihr wurden sowohl die unterworfen, welche, ohne sich als Juden zu bekennen, nach jüdischer Weise lebten, wie auch die, welche durch Verheimlichung ihrer Abstammung sich der Zahlung der ihrem Volk auferlegten Steuer zu entziehen versucht hatten. Ich erinnere mich, als ganz junger Mensch zugegen gewesen zu sein, als vor dem Prokurator und einem zahlreichen Kollegium bei einem neunzigjährigen Greis geprüft wurde, ob er beschnitten sei. Von Jugend an hatte Domitian nichts Freundliches in seinem Wesen, vielmehr war er hochmütig, unverschämt und in Worten und Handlungen maßlos. Als Caenis, die Mätresse seines Vaters, ihm bei ihrer Rückkehr aus Istrien wie gewohnt die Wange zum Kuß bot, reichte er ihr nur die Hand. Unzufrieden darüber, daß seines Bruders Schwiegersohn auch weißgekleidete Dienerschaft hielt, rief er die homerischen Worte aus:

„Niemals frommt Vielherrschaft im Volke".[51]

13. Als er nun auf den Thron gelangt war, war er sogar so vermessen, im Senat zu prahlen, er sei es, der sowohl seinem Vater wie seinem Bruder den Thron gegeben habe, sie hätten ihm denselben nur wiedergegeben, und bei der Wiederverheiratung mit seiner geschiedenen Frau verkündete er in einem Edikt, sie sei von ihm auf seinen Göttersitz zurückberufen. Auch hörte er es gern, als im Amphitheater am Tag eines Festschmauses das Volk ihn mit dem Zuruf begrüßte: „Heil unserem Herrn und unserer Herrin!" Als beim kapitolinischen Wettkampf alle Anwesenden ihn einstimmig baten, daß er den Palfurius Sura, der einst aus dem Senat gestoßen worden war und der eben jetzt den Siegespreis im Wettstreit der Redner

erhalten hatte, wieder in den Senat aufnehmen möchte, würdigte er sie nicht einmal einer Antwort, sondern befahl nur durch den Ruf des Herolds, zu schweigen. Mit gleichem Hochmut bediente er sich, als er im Namen seiner Prokuratoren ein Rundschreiben diktierte, der Anfangsworte: „Unser Herr und Gott[53] befiehlt, daß folgendes geschehe." Infolgedessen wurde es Brauch, daß ihn weder schriftlich noch mündlich irgend jemand anders anredete. Statuen durften ihm auf dem Kapitol nur aus Gold und Silber errichtet werden und zwar mit bestimmtem Gewicht. Torhallen und Triumphbögen mit Viergespannen und Triumphalzeichen darauf baute er in allen Stadtteilen in solcher Größe und Zahl, daß man einmal an ein Bauwerk auf griechisch schrieb: „Es ist genug!" Siebzehn Konsulate ließ er sich übertragen, eine Zahl, die vor ihm niemand erreicht hatte. Die sieben mittleren bekleidete er hintereinander, doch alle nur dem Namen nach und keines über den 1. Mai hinaus, mehrere sogar nur bis zum 13. Januar. Nachdem er zwei Triumphe gehalten und den Beinamen Germanicus[53] angenommen hatte, taufte er die Monate September und Oktober nach seinen Namen in Germanicus und Domitianus um, weil er in dem einen die Regierung angetreten hatte und in dem anderen geboren war.

14. Durch solches Betragen ein Gegenstand der Furcht und des Hasses für alle Welt, wurde er endlich ermordet infolge einer Verschwörung seiner nächsten Freunde und Freigelassenen, an der sich auch seine Gemahlin beteiligte. Schon lange hatte er von dem Jahr und Tag seines Endes, ja selbst von der Stunde und Art seines Todes eine gewisse Ahnung; in seiner Jugend hatten ihm Chaldäer[54] alles vorausgesagt. Sogar sein Vater hatte ihn einmal bei Tisch, als er keine Pilze essen wollte, verspottet, daß er sein Schicksal nicht zu kennen scheine und sich vielmehr vor Eisen fürchten müsse. Deshalb fand er sich ständig in Angst und Schrecken, und der geringste Verdacht versetzte ihn in übermäßige Aufregung. So glaubt man, nichts habe so sehr dazu beigetragen, daß er das Edikt über die Ausrottung der Weinberge zurücknahm, als die Verbreitung einer Schrift, in welcher sich die griechischen Verse befanden:

> Nagst du mich auch bis zur Wurzel, so werd' ich doch Frucht genug tragen,
> um bei deiner Opferung, du Bock, den Wein zu spenden.

Aus derselben Furcht lehnte er auch eine ganz neue und eigens für ihn vom Senat erdachte Ehrung ab, obschon er sonst nach dergleichen sehr begierig war. Der Senat hatte nämlich beschlossen, daß, sooft er das Konsulat bekleide, römische Ritter, durch Los zu solcher Ehre erwählt, im Staatskleid und mit Kriegslanzen ihm zwischen den Liktoren und Gerichtsdienern vorausziehen sollten. Als nun aber die Zeit der befürchteten Gefahr herannahte, wurde er von Tag zu Tag besorgter. Er ließ die Wände der Hallen, in denen er spazierenzugehen pflegte, mit Spiegelstein[55] verkleiden, um durch dessen Glanz alles, was hinter seinem Rücken vorging, im Spiegelbild wahrnehmen zu können. Auch verhörte er die Gefangenen meist nur noch insgeheim und unter vier Augen, wobei er sogar ihre Ketten in seinen Händen hielt. Und um es seinen Bediensteten einzuschärfen, daß man sich selbst durch ein edles Beispiel nicht verleiten lassen dürfe, Hand an das Leben seines Herrn zu legen, verurteilte er den kaiserlichen Sekretär Epaphroditus[56] zum Tode, weil es allgemein hieß, er habe Nero, als er sich, nachdem er von allen verlassen worden war, den Tod zu geben versuchte, dazu seine hilfreiche Hand geliehen.

15. Endlich ließ er sogar den Flavius Clemens[57], seinen Vetter, einen Menschen von verachtenswertester Trägheit, dessen Söhne er bereits in ihrer frühesten Jugend öffentlich als seine Nachfolger bezeichnet hatte und ihre früheren Namen geändert hatte und den einen Vespasian, den anderen Domitian zu nennen befahl, fast unmittelbar nachdem dieser das Konsulat bekleidet hatte, plötzlich auf den leisesten Verdacht hin töten. Durch diese Tat beschleunigte er seinen eigenen Untergang besonders. Acht Monate lang wurden so viele Blitzschläge gemeldet, daß Domitian ausrief: „Nun, so treffe es denn, wen es will!“ Es schlug ein in das Kapitol und den Tempel des Flavischen Geschlechts, desgleichen in seinen Palast auf dem Palatin und zwar in sein Schlafgemach. Durch die Gewalt des Sturmes wurde sogar die Inschriftentafel von der Basis seiner Triumphsäule losgerissen und fiel auf ein in der Nähe befindliches Denkmal. Der Baum, welcher, als Vespasian noch Privatmann war, sich von seinem Fall wiederaufgerichtet hatte[58], stürzte jetzt plötzlich von neuem zur Erde. Die Pränestinische Fortuna[59], der er sich während seiner ganzen

Regierungszeit beim Antritt jedes neuen Jahres empfahl und die ihm gewöhnlich immer denselben glückverheißenden Orakelspruch gewährte, gab ihm im letzten Jahr einen sehr unheilvollen, in welchem auch von Blut die Rede war. Die Minerva, welche er abergläubisch verehrte, erschien ihm im Traum und erklärte ihm, daß sie ihr Heiligtum verlasse und ihn nicht länger beschützen könne, weil sie von Jupiter entwaffnet worden sei. Nichts aber machte einen so tiefen Eindruck auf ihn wie die Antwort und das Schicksal des Astrologen Ascletarion. Dieser war beim Kaiser angezeigt worden, weil er öffentlich mit dem geprahlt hatte, was er dank seiner Kunst von der Zukunft vorausgesehen hatte – was er auch gar nicht leugnete. Da wollte der Kaiser wissen, welches Ende ihn selbst [Ascletarion] erwarte, und als jener zuversichtlich erwiderte, er werde in kurzer Zeit von Hunden zerrissen werden, gab Domitian Befehl, ihn zwar sofort zu töten, aber ihn auch zugleich, um die Nichtigkeit seiner Kunst zu beweisen, auf das sorgfältigste zu bestatten. Als man damit beschäftigt war, geschah es, daß ein plötzliches Sturmwetter den Scheiterhaufen umstürzte und Hunde den halbverbrannten Leichnam zerrissen. Der Kaiser erfuhr von der Sache bei Tisch unter den übrigen Tagesneuigkeiten durch den Mimen Latinus, der sie zufällig im Vorbeigehen mitangesehen hatte.

16. Als man ihm am Tag vor seinem Tode Trüffeln[60] präsentierte, befahl er, sie auf morgen aufzuheben, wobei er hinzusetzte: „wenn ich sie dann noch essen kann“, und zu seiner nächsten Umgebung gewandt sagte er, am nächstfolgenden Tag werde sich der Mond im Wassermann blutig färben und eine Tat geschehen, von der die Menschen auf dem ganzen Erdkreis reden würden. Gegen Mitternacht überfiel ihn eine solche Angst, daß er von seinem Bett aufsprang. Darauf verhörte er frühmorgens einen ihm aus Germanien geschickten Seher[61], der, über die Bedeutung eines Blitzes befragt, einen Regierungswechsel vorausgesagt hatte, und verurteilte ihn zum Tode. Als er darauf eine auf seiner Stirn befindliche entzündete Warze etwas zu heftig kratzte und Blut herausfloß, rief er aus: „Oh wär' es doch damit genug!“ Dann fragte er, wieviel Uhr es sei, worauf man ihm absichtlich statt der fünften Stunde, vor der er sich fürchtete, die sechste meldete. Während er voll Freude, daß nun,

wie er meinte, alle Gefahr vorüber sei, eben im Begriff war, sich eilig zum Bade zu begeben, rief ihn sein Kammerdiener Parthenius zurück mit der Meldung, es sei jemand da, der eine wichtige Botschaft habe, welche keinen Aufschub dulde. Er ließ daher alle Anwesenden sich entfernen und zog sich in sein Schlafgemach zurück, wo er ermordet wurde.

17. Über die Umstände der Verschwörung und des Mordes ist etwa folgendes bekanntgeworden. Als die Verschworenen noch unschlüssig waren, wann und wie sie den Kaiser überfallen sollten, d.h. bei Tisch oder im Bad, bot sich Stephanus[62], Verwalter bei Domitilla[63], der damals wegen Unterschleif von Geldern angeklagt war, mit Rat und Tat an. Er umwickelte einige Tage lang, um Verdacht zu vermeiden, seinen linken Arm, als wenn er verletzt sei, mit Wolle und Binden, zwischen die er, als die Stunde kam, einen Dolch schob. Hierauf meldete er, daß er eine Verschwörung anzeigen wolle, wurde deswegen vorgelassen und stieß dem Kaiser, als dieser das Schriftstück, das er ihm überreicht hatte, las und wie vom Donner gerührt war, den Dolch in den Unterleib. Als der sich trotz seiner Verwundung zur Wehr setzte, fielen der Cornicularius Clodianus und Maximus, ein Freigelassener des Parthenius, sowie Saturius, der oberste Kammerdiener, nebst einigen Gladiatoren über ihn her und streckten ihn mit sieben Stichen nieder. Ein junger Sklave, der gerade wie gewöhnlich bei dem Altar der Laren des kaiserlichen Schlafzimmers[64] Aufseherdienst verrichtete, war bei der Ermordung dabei und pflegte noch zu erzählen, Domitian habe gleich auf die erste Verwundung hin befohlen, ihm einen unter dem Kopfkissen liegenden Dolch zu reichen und die Dienerschaft zu rufen; er habe aber unter dem Kissen nichts als den Griff eines Dolches gefunden und überdies seien alle Türen verschlossen gewesen. Unterdessen habe sich der Kaiser auf Stephanus gestürzt, ihn zu Boden gerissen und lange mit ihm gerungen, wobei er sich bald bemühte, ihm den Dolch zu entwinden, bald, ihm trotz seiner zerfleischten Finger die Augen auszustechen.

Er wurde ermordet am 18. September, in seinem fünfundvierzigsten Lebensjahr, dem fünfzehnten seiner Regierung. Seinem Leichnam, der auf einer gewöhnlichen Bahre von Totengräbern hinausgetragen wurde, erwies seine Amme Phyllis auf ihrem Landgut an der Latinischen Straße[65] die letzte Ehre, seine sterblichen Überreste jedoch setzte sie heimlich im Tempel der Flavischen Familie bei und mischte sie zu der Asche von Titus' Tochter Iulia[66], welche sie gleichfalls aufgezogen hatte.

18. Domitian war von hohem Wuchs; die Züge seines stark geröteten Gesichts drückten Anstand aus; seine Augen waren groß, aber etwas schwach. Im übrigen war er ein schöner und stattlicher Mann, besonders in seinen jüngeren Jahren, und zwar in seiner ganzen Körpergestalt, mit Ausnahme der Füße, deren Zehen etwas zu kurz waren. Später entstellten ihn Kahlköpfigkeit sowie ein zu dicker Bauch und allzu dünne Beine, die jedoch erst infolge einer langen Krankheit so abgemagert waren. Er wußte so gut, daß der bescheidene Ausdruck seines Gesichts ihn den Menschen empfahl, daß er einmal im Senat selbstgefällig von sich sagte: „Bis jetzt hat euch wenigstens meine Gesinnung und mein Gesicht gefallen." Seine Kahlköpfigkeit verdroß ihn so, daß er es übelnahm und auf sich bezog, wenn sie einem anderen im Scherz oder bei einem Streit zum Vorwurf gemacht wurde. Und doch finden sich in der Schrift „Über die Haarpflege", die er verfaßte und einem Freund widmete, folgende Worte, mit denen er jenen und sich selbst zugleich zu trösten versuchte:

> Siehst du nicht, wie ich selber so schön und groß an Gestalt bin![67]
> Und dennoch erwartet dasselbe Schicksal meine Haare, und ich trage es mit Standhaftigkeit, daß mein Haar schon in der Jugend alt wird. Bedenke, daß nichts anmutiger ist als Schönheit, aber auch nichts vergänglicher!

19. Körperlichen Anstrengungen war er nicht gewachsen, weshalb er auch kaum zu Fuß durch die Stadt ging. Im Feld und auf Märschen ritt er selten, sondern ließ sich meist in einer Sänfte tragen. Für Waffen hatte er nichts übrig, dagegen war er ein überaus eifriger Bogenschütze. Es gibt noch viele, welche zugeschaut haben, wie er oft Hunderte von wilden Tieren aller Art auf seinem albanischen Landsitz erlegte und zuweilen absichtlich die Köpfe von einigen so traf, daß die zwei Pfeilschüsse wie zwei Hörner in denselben feststeckten. Zuweilen schoß er einem in der Ferne stehenden jungen Sklaven, der

als Ziel seine rechte Hand ausstrecken mußte, mit solcher Geschicklichkeit durch die Zwischenräume der Finger, daß alle Pfeile, ohne ihn zu verletzen, hindurchgingen.

20. Die wissenschaftlichen Studien ließ er gleich nach seiner Thronbesteigung abseits liegen, obgleich er die durch Brand[68] zerstörten Bibliotheken mit großen Kosten erneuerte, indem er von überallher Exemplare [der verlorengegangenen Werke] zusammenzuholen befahl und Leute nach Alexandria[69] schickte, welche neue Abschriften nehmen und andere korrigieren mußten. Dennoch gab er sich niemals Mühe, Kenntnisse der Geschichte oder Dichtkunst zu erwerben oder auch nur die nötigsten stilistischen Regeln zu erlernen. Außer den Denkwürdigkeiten und Akten des Kaisers Tiberius las er nichts. Seine Briefe sowie seine Reden und Edikte ließ er von anderen abfassen und doch sprach er gewählt und zuweilen gelangen ihm sehr bemerkenswerte Bonmots. „Ich wollte", sagte er einmal, „ich wäre so schön, wie Maetius[70] sich vorkommt", und über das Haupthaar eines Mannes, das rötlich und grau gesträhnt war, sagte er: „Es ist wie Schnee, auf den man Met gegossen hat."

21. Die Lage der Fürsten, pflegte er zu sagen, sei höchst beklagenswert, weil man ihnen eine entdeckte Verschwörung nicht glaube, bis sie ermordet seien.

In seinen Mußestunden pflegte Domitian sich mit Würfelspielen zu vergnügen, selbst an Werktagen und in frühen Morgenstunden. Auch badete er früh und aß sich mittags vollkommen satt, so daß er bei der Hauptmahlzeit [am Abend] kaum etwas außer einem matianischen Apfel[71] und einem kleinen Trunk aus einer Karaffe zu sich nahm. Er gab häufig reichliche Gastmähler, aber man speiste sehr rasch, jedenfalls nicht über Sonnenuntergang hinaus, danach hielt er weiter keine nächtlichen Trinkgelage, denn er ging gewöhnlich bis zur Schlafenszeit nur noch ganz alleine an einem geheimen Ort spazieren.

22. Ausschweifend im geschlechtlichen Genuß, pflegte er seinen täglichen Geschlechtsverkehr wie eine Art gymnastischer Übung mit dem griechischen Ausdruck „Betturnen" zu benennen. Auch sagte man ihm nach, daß er seine Konkubinen selbst enthaarte und mit den gemeinsten Dirnen badete. Seines Bruders Tochter[72], die

ihm, als sie sehr jung war, zur Ehe angetragen wurde, weigerte er sich hartnäckig zu heiraten, weil er sich völlig in den Banden seiner Gattin Domitia[72] befand; als die erstere aber bald darauf mit einem anderen vermählt wurde, verführte er sie, und zwar noch zu Titus' Lebzeiten. Später, nachdem sie Vater und Gatten verloren hatte, zeigte er seine Leidenschaft für sie offen, ja, er wurde sogar Ursache ihres Todes, da er sie zu einer Abtreibung zwang, als sie von ihm schwanger geworden war.

23. Seine Ermordung nahm das Volk gleichgültig auf, das Militär dagegen war sehr erbittert und versuchte sofort, ihn unter die Götter zu versetzen, ja, es wäre sogar bereit gewesen, seinen Tod zu rächen, wenn ihm nicht die Anführer gefehlt hätten. Einige Zeit später setzte es doch seinen Willen durch, indem es hartnäckig auf die Bestrafung der Mörder drang. Dagegen zeigte der Senat eine solche Freude, daß alle Mitglieder sich eiligst in die Kurie begaben und sich nicht enthalten konnten, dem Toten die schmachvollsten und bittersten Verwünschungen nachzurufen. Man ließ sogar Leitern bringen und seine Ehrenschilde und Bilder vor aller Augen herunterreißen und an Ort und Stelle zertrümmern und beschloß zuletzt, daß auf Inschriften allerorten sein Name getilgt und jede Erinnerung an ihn ausgelöscht werden sollte. Wenige Monate vor seiner Ermordung hatte eine Krähe auf dem Kapitol die griechischen Worte gekrächzt: „Alles wird gut sein!" Und es fand sich einer, der dies Vorzeichen folgendermaßen deutete:

> Neulich die Krähe, die saß auf dem Gipfel des Tarpeischen
> Felsens; sie konnte „Alles ist gut!" nicht schreien, darum rief sie: „Es wird."

Auch erzählt man, Domitian selbst habe geträumt, daß ihm hinten am Nacken ein goldener Buckel herausgewachsen sei, und er sei überzeugt gewesen, dies bedeute, daß nach ihm eine glücklichere und erfreulichere Epoche für den Staat folgen werde – wie es bald durch die Uneigennützigkeit und Mäßigung der folgenden Herrscher Wirklichkeit geworden ist.

II.
BEDEUTENDE PERSÖNLICHKEITEN

PHILOLOGEN

Aelius Praeconius
Sevius Nicanor
Aurelius Opillus
M. Antonius Gnipho
M. Pompilius Andronicus
L. Orbilius
L. Ateius Philologus
L. Valerius Cato
Cornelius Epicatus
Curtius Nicis
Lenaeus
Q. Caecilius
M. Verrius Flaccus
L. Crassicius
Scribonius Aphrodisius
C. Iulius Hyginus
C. Marcellus
Q. Remmius Palaemon
Valerius Probus

1. Die Philologie[1] wurde einst in Rom weder gepflegt noch überhaupt in Ehren gehalten, in einer Zeit freilich, als die Stadt noch jung und kriegerisch war und noch nicht viel für die Freien Künste übrig hatte.

Am Anfang war die Philologie nur von mäßiger Qualität; denn die ersten Lehrer, die lateinischen Dichter und zugleich Halbgriechen[2] waren – ich nenne den Livius[3] und den Ennius[4], die bekanntlich zu Hause und auswärts in beiden Sprachen lehrten –, legten nur die griechischen Schriftsteller aus oder lasen aus ihren eigenen lateinischen Werken vor. Die Ansicht einiger, dieser Ennius habe zwei Bücher über Buchstaben und Silben sowie über die Versmaße herausgegeben, hat L. Cotta mit Recht bestritten. Diese Bücher stammten nicht von dem Dichter Ennius, sondern von einem seiner Nachfahren, von dem auch Schriften über die Augurenkunst verbreitet sind.

2. Ich meine vielmehr, daß die Beschäftigung mit der Philologie erstmals Krates von Mallos[5], ein Zeitgenosse des Aristarchus[6], in die Stadt brachte, der von König Attalus[7] zwischen dem zweiten und dritten punischen Krieg, gerade zum Zeitpunkt des Todes des Ennius[8], zum römischen Senat geschickt worden war.

Als er sich bei einem Sturz in einen Kloakenschacht in der Gegend des Palatins das Schienbein gebrochen hatte, hielt er während der ganzen Zeit seiner Gesandtschaft und seiner Genesung sehr viele Vorlesungen, diskutierte unermüdlich und war den Unseren ein Beispiel zur Nachahmung. Ihr Nacheifern ging jedoch nur soweit, daß sie bisher wenig bekannte Gedichte von verstorbenen Freunden oder von wem auch immer, wenn sie ihnen nur gefielen, sorgfältig umarbeiteten und durch Vorlesen und Erläutern auch allen anderen bekannt machten, wie C. Octavius Lampadio[9] den Punischen Krieg des Naevius[10], eine einbändige und fortlaufende Darstellung, die er in sieben Bücher unterteilte, wie später Q. Vargunteius die Annalen des Ennius[11], die er an bestimmten Tagen vor großem Publikum vorlas, wie Laelius Archelaus und Vettius Philocomus die Satiren ihres Freundes Lucilius[12], die, wie sie berichten, Pompeius Lenaeus[13] bei Archelaus und Valerius Cato bei Philocomus gelesen haben.[14]

3. Heimisch gemacht und gefördert haben die Philologie in jeder Hinsicht L. Aelius aus Lanuvium[15] und dessen Schwiegersohn Servius Clodius[16], beide römische Ritter mit reichen und vielfältigen Erfahrungen in Wissenschaft und Staatsgeschäften. Aelius hatte zwei Beinamen: Praeconius, weil sein Vater *praeco* [Ausrufer, Herold] gewesen war, und Stilo, weil er für die Adeligen oft Reden verfaßte.

Er war so sehr Parteigänger der Optimaten, daß er Metellus Numidicus[17] in die Verbannung begleitete. Als Servius ein noch nicht veröffentlichtes Buch seines Schwiegervaters unterschlagen hatte und, deswegen verstoßen, sich beschämt und mit Widerwillen vor sich selbst aus der Stadt zurückgezogen hatte, bekam er die Gicht. Da sie ihm unerträglich wurde, rieb er sich die Füße mit Gift ein und tötete sie ab, so daß er mit diesem gleichsam vorzeitig abgestorbenen Körperteil weiterlebte. Danach nahmen Ansehen und Pflege dieser Wissenschaft immer mehr zu, so daß sich auch die berühmtesten Männer mit ihr beschäftigten. Sie schrieben sogar selbst etwas darüber und es soll zu bestimmten Zeiten über zwanzig bekannte Schulen in der Stadt gegeben haben. Die Preise für Philologen und ihr Honorar waren aber so groß, daß bekanntlich Lutatius Daphnides[18], den Laevius Melissus bei seinem Spitznamen „Liebling des Pan“ nennt, für 700000 Sesterzen von Q. Catulus gekauft und kurz darauf freigelassen wurde, und daß L. Apuleius von Aeficius Calvinus, einem steinreichen römischen Ritter, für ein Gehalt von 40000 Sesterzen angestellt wurde, damit er in Osca[19] unterrichte. Die Philologie war nämlich auch in die Provinzen vorgedrungen und manche überaus bekannte Gelehrte unterrichteten in der Fremde, vor allem in der Gallia Togata[20], unter ihnen Octavius Teucer, Sescenius Iacchus und Oppius Chares[21]; letzterer sogar bis ins hohe Alter, als er nicht bloß lahm wurde, sondern auch seine Sehkraft nachließ.

4. Die Bezeichnung *„grammatici"* nahm durch den griechischen Sprachgebrauch zu, ursprünglich wurden sie aber *„litterati"* genannt.[22]

Auch Cornelius Nepos[23] schreibt in einem Büchlein, in dem er den *„litteratus"* vom *„eruditus"* (Gebildeten) unterscheidet, daß im allgemeinen diejenigen als *„litterati"* bezeichnet würden, die über ein Thema sorgfältig, scharfsinnig und sachkundig sprechen oder schreiben könnten. Darunter fielen im übrigen auch die Deuter der Dichter, die von den Griechen *„grammatici"* genannt würden. Daß dieselben auch als *„litteratores"* (Halbgebildete) bezeichnet werden, zeigt Messala Corvinus[24] in einem Brief, in dem er behauptet, er habe nichts mit Furius Bibaculus[25] und schon gar nicht mit Ticida[26] oder dem *„litterator"* Cato zu tun. Zweifellos meint er Valerius Cato[27], einen überaus bekannten Dichter und *„grammaticus"*. Einige unterscheiden den *„litteratus"* vom *„litterator"*, wie die Griechen den *„grammaticus"* vom *„grammatista"*, und halten jenen für vollkommen. diesen aber nur für mäßig gebildet.[28] Ihre Ansicht untermauert Orbilius[29] auch mit Beispielen: Er sagt nämlich, daß bei den Vorfahren, wenn jemands Gesinde zum Verkauf vorgeführt wurde, einer daraus auf dem Aushängeschild gewöhnlich nicht willkürlich als *„litteratus"*, sondern als *„litterator"* bezeichnet worden sei, um zum Ausdruck zu bringen, daß er in die Wissenschaften zwar eingeweiht, aber darin noch nicht vollkommen wäre.

Die alten Philologen lehrten auch die Redekunst und von vielen sind Schriften über beide Wissenschaften im Umlauf. Ich glaube, daß nach diesem Brauch auch unsere Vorfahren, obgleich sich die beiden Berufszweige schon getrennt hatten, bestimmte Arten von Übungen zur Vorbereitung auf die Redekunst bewahrten oder selbst neu einrichteten, wie etwa Streitgespräche, Erläuterungen, Charakterschilderungen, Beweisführungen und noch mehr dergleichen, damit ihre Knaben nicht völlig unwissend und unvorbereitet den Rhetoriklehrern ausgeliefert würden. Wie ich sehe, ist man aber jetzt durch Nachlässigkeit und rhetorisches Unvermögen bestimmter Leute davon abgekommen. Ich kann nämlich nicht glauben, daß es aus Abneigung geschah. Ich erinnere mich, daß in meiner Jugendzeit ein Mann namens Princeps gewöhnlich immer abwechselnd an einem

Tag zur Übung einen Vortrag hielt und an dem anderen ein Thema erörterte, manchmal aber auch vormittags ein Thema behandelte und nachmittags vortrug, wenn das Rednerpult bereits entfernt worden war. Ich hörte aus Erzählungen der Väter, daß manche von der Schule eines Philologen sofort aufs Forum gegangen und in die Schar der hervorragendsten Anwälte aufgenommen worden wären. Berühmte Lehrer, über die wenigstens etwas von uns berichtet werden kann, waren wohl folgende:

5. Sevius Nicanor[30] gelangte als erster durch seine Lehrtätigkeit zu Würde und Ruhm. Außer Kommentaren, die allerdings größtenteils gestohlen sein sollen, verfaßte er auch eine Satire, in der er durch seinen doppelten Beinamen folgendermaßen zum Ausdruck bringt, daß er ein Freigelassener ist:

> Sevius Nicanor, der Freigelassene des Marcus, wird es verneinen.
> Sevius Nicanor Pothos, auch Marcus genannt, wird es lehren.

Einige sind der Ansicht, daß er sich wegen unehrenhaften Verhaltens nach Sardinien zurückgezogen habe und dort gestorben sei.

6. Aurelius Opillus[31], der Freigelassene eines Epikureers[32], lehrte zuerst Philosophie, dann Rhetorik und zu guter Letzt Philologie. Als seine Schule aufgelöst wurde, folgte er dem zur Verbannung verurteilten Rutilius Rufus[33] nach Kleinasien; dort verbrachte er in Smyrna[34] seinen Lebensabend und verfaßte einige Bücher über verschiedene Wissenschaftsdisziplinen, davon neun, die zu einem Gesamtwerk gehören. Er sagt, weil die Dichter und Schriftsteller unter dem Schutz der Musen stünden, habe er dieses Werk nicht von ungefähr verfaßt, sondern es nach Zahl und Namen der Göttinnen eingeteilt. Ich fand seinen Beinamen bei den meisten Verzeichnissen und Buchtiteln nur mit einem „L" geschrieben. Er selbst gebraucht aber diesen Buchstaben zweimal in dem Akrostichon[35] eines Büchleins mit dem Titel „Pinax".[36]

7. M. Antonius Gnipho[37], als freier Mann in Gallien geboren, aber dann ausgesetzt, soll von seinem Pflegevater freigelassen und ausgebildet worden sein, und zwar in Alexandrien, wie einige überliefern, unter der Obhut des Dionysius Scytobrachion[38], was ich aber nicht so recht glauben kann, da sich aus zeitlichen Gründen kaum eine Übereinstimmung herstellen läßt.

Er soll große Geistesgaben und ein einzigartiges Gedächtnis besessen haben und des Griechischen genauso kundig wie des Lateinischen gewesen sein. Dazu kam, wie man sagt, ein freundliches und aufgeschlossenes Naturell. Obwohl er sich niemals gegen Lohn verdingte, verdiente er sogar noch mehr durch die Freigebigkeit seiner Schüler.

Er unterrichtete zuerst im Hause des vergöttlichten Iulius [Caesar], als dieser noch ein Kind war, später dann bei sich zu Hause. Er lehrte aber auch Rhetorik und zwar so, daß er täglich die Regeln der Beredsamkeit behandelte, aber nur an den Markttagen Übungsreden hielt. Seine Schule soll von berühmten Männern besucht worden sein, darunter M. Cicero, sogar als dieser schon Prätor[39] war. Obwohl er nicht älter als fünfzig Jahre wurde, schrieb er viel, wenn auch Ateius Philologus[40] überliefert, er habe nur zwei Bücher über die lateinische Sprache hinterlassen, denn die übrigen Schriften stammten von seinen Schülern, nicht von ihm selbst, darunter fände sich auch irgendwo sein eigener Name „Ateios".

8. Der Syrer M. Pompilius Andronicus galt wegen seiner Neigung zur Lehre des Epikur für eine berufliche Ausübung der Philologie als zu bequem und als wenig geeignet, eine eigene Schule zu führen.

Als er deshalb sah, daß er in der Stadt nicht nur dem Antonius Gnipho, sondern auch den anderen, schlechteren, hintangestellt wurde, ging er nach Cumae.[41] Dort fand er die Muße viel zu schreiben. Er war aber so arm und bedürftig, daß er sein Hauptwerk, ein Register zu den Annalen des Ennius[42] für sechzehntausend Sesterzen verkaufen mußte. Orbilius behauptet, er habe diese unveröffentlicht zurückgehaltenen Bücher zurückgekauft und unter dem Namen des Verfassers veröffentlichen lassen.

9. L. Orbilius Pupillus[43] aus Benevent war nach dem Tod seiner Eltern, die an ein und dem selben Tag von ihren Feinden hinterlistig getötet worden waren, ganz auf sich angewiesen. Zuerst arbeitete er als Amtsgehilfe, später war er als Gefreiter, bald darauf als Reiter in Makedonien stationiert. Nach Beendigung seines Militärdienstes nahm er seine Studien wieder auf, die er schon als Knabe sehr intensiv betrieben hatte und war lange Zeit als Lehrer in seiner

Heimatstadt tätig. Im Alter von 50 Jahren schließlich zog er nach Rom, als Cicero Konsul war. Seine Lehrtätigkeit dort brachte ihm mehr Ruhm als materiellen Gewinn. Denn schon im Greisenalter stehend, gesteht er in einer Schrift, daß er sehr arm sei und unter dem Dach hause.

Er gab auch ein Buch heraus mit dem Titel „Über mein Leid", das Klagen über die Ungerechtigkeiten enthält, die die Lehrer durch die Geringschätzung und Ehrsucht der Eltern erfahren. Er hatte ein sehr rauhes Wesen, nicht nur seinen wissenschaftlichen Widersachern gegenüber, die er bei jeder Gelegenheit verriß[44], sondern auch im Umgang mit seinen Schülern, wie Horaz bekundet, der ihn als „prügelfreudig" bezeichnet[45], und Domitius Marsus[46], der schreibt:

> Wenn Orbilius jemanden mit Rute und Peitsche schlug...

Nicht einmal vor der Verspottung angesehener Männer hielt er sich zurück. Als er bei einer stark besuchten Gerichtsverhandlung, noch völlig unbekannt, als Zeuge auftrat und von Varro Murena[47], dem Anwalt der Gegenpartei, nach seiner Beschäftigung und seinem Beruf gefragt wurde, antwortete er in Anspielung auf den buckligen Murena, er versetze Bucklige aus der Sonne in den Schatten. Er wurde fast einhundert Jahre alt, hatte aber schon vorher sein Gedächtnis verloren, wie ein Vers des Bibaculus zeigt[48]:

> Orbilius – wo ist er nur, der die Wissenschaft vergaß.

Eine Marmorstatue von ihm ist jetzt noch auf der linken Seite des Kapitols von Benevent[49] zu sehen. Sie zeigt ihn in sitzender Haltung, mit dem Pallium bekleidet und zwei Aufbewahrungsbehältern für Buchrollen daneben. Er hinterließ einen Sohn Orbilius, der ebenfalls Lehrer der Philologie war.

10. L. Ateius Philologus[50] wurde als Sohn eines Freigelassenen in Athen geboren. Der bekannte Rechtsgelehrte Capito Ateius[51] sagt, er habe unter den Philologen als Redner, unter den Rednern aber als Philologe gegolten. Über denselben berichtet Asinius Pollio[52] in einem Buch, in dem er die Schriften des Sallust[53] wegen ihrer gesucht altertümlichen Wortwahl als veraltet kritisiert, folgendes: Darin war ihm am meisten ein gewisser Ateius Praetextatus von Hilfe, ein bekannter lateinischer Philologe, der dann später Zuhörer und auch Lehrer bei Übungsvorträgen war, und sich kurz „Philologus"

nannte. Er selbst schrieb an Laelius Hermas, er habe in griechischer Literatur große, in der lateinischen einige Fortschritte gemacht, habe den Antonius Gnipho gehört und sei später als Lehrer in dessen Fußstapfen getreten. Er habe viele berühmte Männer unterrichtet, darunter die Brüder Appius und Pulcher Claudius[54], die er sogar in die Provinz begleitete. Den Namen „Philologus" hat er wohl deswegen angenommen, weil er wie Eratosthenes[55], der sich als erster diesen Beinamen zulegte, als Fachmann in vielen verschiedenen Wissenschaften galt. Das geht deutlich aus seinen Schriften hervor, obwohl nur noch sehr wenige vorhanden sind. Über ihren Umfang findet sich aber ein Hinweis in einem weiteren Brief an den nämlichen Hermas: Denk daran, mein Material weiter zu empfehlen, das ich aus allen Gebieten, wie du weißt, in achtzig Büchern gesammelt habe. Hoch in Ehren hielt er später seinen Freund C. Sallustius und, als dieser verstorben war, Asinius Pollio. Als diese ein Geschichtswerk zu verfassen in Angriff nahmen, stellte er dem einen einen Abriß der römischen Geschichte zur Verfügung, aus dem er nach Belieben schöpfen konnte, dem anderen gab er Ratschläge für die schriftstellerische Tätigkeit. Um so mehr wundere ich mich, daß Asinius glaubte, dieser habe gewöhnlich altertümliche Worte und Redewendungen für Sallust gesammelt, da er doch selbst genau wußte, daß er ihm keinen anderen Rat gegeben habe, als eine allgemein verständliche und volksnahe, aber doch charakteristische Sprache zu verwenden und vor allem die Verschwommenheit des Sallust und seine Kühnheit bei den Metaphern zu vermeiden.

11. P. Valerius Cato[56], nach der Überlieferung einiger ein Freigelassener eines gewissen Bursenus aus Gallien, behauptet von sich selbst in einem Buch mit dem Titel „Indignatio", er sei frei geboren und bald zum Waisenkind geworden und daher in den Wirren der sullanischen Zeit um so leichter um sein väterliches Erbe betrogen worden. Er unterrichtete viele vornehme Leute und war anscheinend ein überaus tauglicher Lehrer, ganz besonders für die, die sich zur Dichtkunst hingezogen fühlten, wie auch aus folgenden Versen zu ersehen ist:

> Der Philologe Cato, die lateinische Sirene[57],
> der als einziger Dichter liest und schafft.

Außer kleinen philologischen Schriften schrieb er auch Gedichte, von denen besonders „Lydia"; und „Diana" Beachtung fanden. Der „Lydia" erinnert sich Ticida[58]:

> Lydia, das Buch, mit dem sich die Gelehrten am meisten beschäftigen.

Der „Diana" wird bei Cinna[59] gedacht:

> Jahrhunderte soll überdauern die Dictynna unseres Cato.

Er erreichte ein sehr hohes Alter, lebte aber in äußerster Armut, ja fast in Not, einsam in einer bescheidenen Behausung, nachdem sein Landsitz bei Tusculum[60] an seine Gläubiger verloren gegangen war. So berichtet es Bibaculus:

> Wenn jemand zufällig das Haus meines Cato, jene zinnoberrot bemalten Schindeln, jene Gärtchen mit Priapos als Wächter sieht, dann wird er sich wundern, durch welche Lebenseinstellung jener so große Weisheit erlangte. Jener, den drei Stengelchen Kohl, ein halbes Pfund Brot und zwei Beeren unter einem einzigen Ziegel beinahe bis ins höchste Alter ernähren.

Und weiter heißt es:

> Erst neulich, Gallus, bot Catos Tusculanisches Landgut sein Gläubiger in der ganzen Stadt an. Wir bewunderten den einzigartigen Meister, den größten Philologen, den besten Dichter, der alle Probleme lösen konnte, allein darin Schwierigkeiten hatte, seinen Namen aus dem Schuldbuch zu löschen. Er, das Herz eines Zenodotus und die Leber eines Krates.[61]

12. Cornelius Epicadus, ein Freigelassener des Diktators L. Cornelius Sulla[62] und Diener beim Priesterkollegium der Auguren, fand auch bei dessen Sohn Faustus sehr große Anerkennung, weshalb er sich immer als Freigelassener von beiden ausgab. Das letzte Buch Sullas über seine Taten, das dieser fertig hinterlassen hatte, vollendete er selbst.

13. Staberius mit dem Namen Eros, ein Thraker, der auf einem Sklavenmarkt gekauft und dann wegen seiner wissenschaftlichen Tätigkeit freigelassen worden war[63], unterrichtete unter anderen Brutus und Cassius.[64] Wie einige berichten, war er so edelmütig, daß er zur Zeit Sullas die Kinder der Geächteten völlig ohne Entgelt an seinem Unterricht teilnehmen ließ.

14. Curtius Nicia[65] stand in enger Verbindung zu Cn. Pompeius und C. Memmius[66], als er aber ehebrecherische Briefe des Memmius der Gattin des Pompeius überbrachte und von ihr verraten wurde, kränkte er den Pompeius und es wurde ihm verboten, dessen Haus zu betreten. Er gehörte auch zum Kreis des M. Cicero, in dessen Brief an Dolabella[67] wir lesen:

„In Rom ereignet sich nichts, was für dich, wie ich glaube, von Wichtigkeit wäre, außer es interessiert dich, daß ich inzwischen unserem Freund Nicia und Vidius Richter bin. Nicia nämlich rechnet sich selbst, wie ich glaube, zwei Verse zu, der andere streicht sie, wie ein Aristarch[68] als nicht authentisch an. Ich soll wie ein alter Literaturkritiker entscheiden, ob sie vom Dichter stammen oder mit Vorsicht zu betrachten sind."

Ebenso schreibt er an Atticus[69]: „Was du von Nicia schreibst, so würde ich ihn, wenn mir an seiner freundlichen Art etwas läge, am liebsten um mich haben. Aber ich liebe die Einsamkeit und die Zurückgezogenheit... Außerdem kennst du die Haltlosigkeit unseres Nicia, seine Weichlichkeit und seine Lebenseinstellung. Warum sollte ich ihn also belästigen, wo er mir doch keine Freude geben kann. Dennoch fühle ich mich durch seine Absicht geschmeichelt. Seine Bücher über Lucillus findet sogar Santra anerkennenswert."

15. Lenaeus[70], ein Freigelassener des Pompeius Magnus und sein Begleiter auf fast allen Unternehmungen verdiente, nach dessen Tod und dem seiner Söhne, seinen Lebensunterhalt mit einer Schule und lebte in Carinae beim Tellusheiligtum, wo auch das Haus des Pompeius war.

Das Andenken an seinen Schutzherren war so voller Liebe, daß er den Historiker Sallust, weil dieser den Pompeius als einen nur dem Anschein nach rechtschaffenen, in Wirklichkeit aber schamlosen Charakter beschrieben hatte, in einer sehr bissigen Satire verriß, in dem er ihn als liederlichen Wüstling, Taugenichts, Schlemmer und Ungeheuer in seinem Leben und in den Schriften darstellte, außerdem bezeichnete er ihn als den ungeschicktesten Dieb altertümlicher und catonischer Worte.

Man erzählt auch er sei als Knabe in Ketten hierher verschleppt worden, dann wieder in die Heimat geflohen, und habe nach dem

Studium der freien Künste seinem Herren den Kaufpreis zurückerstattet, sei aber wegen seiner Begabung und Gelehrsamkeit unentgeltlich freigelassen worden.

16. Q. Caecilius Epirota stammte aus Tusculum; er war ein Freigelassener des römischen Ritters Atticus, an den einige Briefe Ciceros gerichtet sind. Als er die Tochter seines Herren, die mit M. Agrippa[71] verheiratet war, unterrichtete, geriet er in den Verdacht, mit ihr ein Liebesverhältnis zu haben und wurde deshalb entlassen. Er ging zu Cornelius Gallus[72], und lebte mit ihm in engster Freundschaft, was dem Gallus von Augustus als eines der schwersten Vergehen vorgehalten wurde. Nach der Verurteilung und dem Tod des Gallus eröffnete Epirota eine Schule, und zwar dergestalt, daß er wenige und nur Heranwachsende über siebzehn Jahre unterrichtete, außer solche, deren Väter er diese Gefälligkeit nicht verweigern konnte. Er soll als erster Erörterungen in lateinischer Sprache aus dem Stegreif vorgetragen und ebenso als erster aus Vergil und anderen neueren Dichtern vorgelesen haben, wie die Verse des Domitius Marsus[73] bezeugen:

Epirota, du Amme der zartesten Dichter

17. Der Sohn eines Freigelassenen, M. Verrius Flaccus[74], wurde durch seine Unterrichtsmethode höchst berühmt. Er pflegte nämlich, um die Fähigkeit seiner Schüler zu üben, die auf dem gleichen Ausbildungsstand stehenden untereinander wetteifern zu lassen, indem er nicht nur den Stoff vorgab, den sie schriftlich zu bearbeiten hätten, sondern auch einen Preis aussetzte, den der Sieger erhalten sollte; nämlich irgendein schönes altes, ziemlich seltenes Buch. Nachdem ihn deswegen auch Augustus für seinen Enkel als Lehrer ausgesucht hatte, zog er mit seiner ganzen Schule in den kaiserlichen Palast, wohl deshalb, um keinen weiteren Schüler mehr aufzunehmen. Er unterrichtete im Atrium des catilinischen Hauses, das damals zum Palast gehörte[75], und erhielt dafür jährlich einhunderttausend Sesterzen. Im hohen Alter starb er zur Zeit des Tiberius. Seine Statue steht in Praeneste[76] im oberen Teil des Forums, nahe des Hemicycliums[77], in dem er einen von ihm eingerichteten, in eine Marmorwand gemeißelten Kalender hatte öffentlich anbringen lassen.[78]

18. Der aus Tarent[79] stammende Sohn eines Freigelassenen,

L. Crassicius, mit dem Beinamen Pasides, nannte sich bald Pansa. Anfänglich war er am Theater und leistete den Verfassern mimischer Stücke Hilfsdienste, dann unterrichtete er unter armseligen Verhältnissen, bis er durch die Herausgabe eines Kommentars zur „Smyrna“[80] so berühmt wurde, daß man folgendes über ihn schrieb:

> Einzig dem Crassicius sich anzuvertrauen hielt Smyrna für gut.
> Hört auf ihr Unwissenden, sie zum Weibe zu begehren.
> Nur Crassicius, sagt sie, will sie zum Manne
> Nur ihm allein steht ihr Innerstes offen.

Aber als er schon viele vornehme Schüler unterrichtet hatte, unter ihnen Iullus Antonius[81], den Sohn des Triumvirn, so daß er sogar mit Verrius Flaccus verglichen wurde, löste er plötzlich seine Schule auf und wechselte zur philosophischen Lehre des Q. Sextius[82] über.

19. Scribonius Aphrodisius, ein Sklave und Schüler des Orbilius, wurde später von Scribonia, der Tochter des Libo und früheren Frau des Augustus, gekauft und freigelassen. Er lehrte zur gleichen Zeit wie Verrius, dessen Bücher über die Rechtschreibung er nicht ohne Spott über seine wissenschaftliche Befähigung und seinen Charakter schriftlich widerlegte.

20. C. Iulius Hyginus[83], ein Freigelassener des Augustus und gebürtiger Spanier – einige glauben, er stamme aus Alexandria und sei nach der Eroberung dieser Stadt[84] von Caesar als Kind nach Rom gebracht worden – war ein eifriger Zuhörer und Nachahmer des griechischen Philologen Cornelius Alexander, den wegen seiner Kenntnis der Antike viele „Polyhistor“, einige sogar „Historia“ nannten. Er stand der palatinischen Bibliothek vor, unterrichtete aber nichtsdestoweniger sehr viele und war enger Freund des Dichters Ovid und des Historikers Clodius Licinus[85], eines ehemaligen Konsuls, der berichtet, Hyginus sei äußerst arm gestorben und habe zu Lebzeiten nur durch seine Freigebigkeit ein Auskommen gefunden. Ein Freigelassener von diesem, namens Iulius Modestus[86], folgte den Spuren seines Schutzherrn in Studium und Lehre.

wegen der Zwietracht in seinem Elternhaus ausgesetzt. Durch die Fürsorge und Förderung seines Erziehers gelangte er zu höherer Bildung und wurde dem Maecenas[88] als Philologe geschenkt. Als er sich bei diesem wie ein Freund willkommen und aufgenommen fand, verblieb er, obwohl seine Mutter seine freie Geburt erklärte, im Sklavenstand, und zog seine gegenwärtige Stellung seiner eigentlichen Abstammung vor; deshalb wurde er schon bald freigelassen und dem Augustus empfohlen. Auf dessen Anweisung übernahm er das Amt, die Bibliothek in der Säulenhalle der Octavia[89] einzurichten. Wie er selbst vermerkt, begann er im Alter von sechzig Jahren kleine Schriften über Possen zu verfassen, die jetzt als „Die Scherzbücher" bezeichnet werden. Er brachte es auf einhundertfünfzig Bände, denen er später weitere aus einem anderen Werk hinzufügte. Er schrieb eine neue Art von Nationallustspielen und nannte sie *trabeatae*[90].

22. M. Pomponius Marcellus, ein ganz lästiger Wächter über die Reinheit der lateinischen Sprache, ließ sich, als er einmal als Rechtsbeistand tätig war – denn er führte manchmal auch Prozesse – nicht davon abbringen, über einen Fehler im sprachlichen Ausdruck seines Gegners so lange zu streiten, bis Cassius Severus[91] sich an die Richter wandte und um Vertagung der Verhandlung bat, damit seine Partei ebenfalls einen Philologen anstelle, da dieser Mann hier glaube, er führe mit seinem Gegner nicht über das Recht, sondern über ein sprachliches Problem einen Prozeß. Als er bei einer Rede des Tiberius ein Wort kritisierte, sagte derselbe, trotz der Bestätigung des Ateius Capito, es sei gutes Latein gewesen, und wenn nicht, dann aber sicher von nun an: „Du lügst Capito. Du nämlich, Caesar, kannst den Menschen das Bürgerrecht geben, nicht aber dem Wort." Daß er einst Faustkämpfer war, zeigt Asinius Gallus[92] in folgendem Epigramm über ihn:

> Er, der nur gelernt hat, seinen Kopf nach links zu drehen, lehrt uns gute Ausdrucksweise. Eigene sprachliche Gewandtheit besitzt er aber nicht, höchstens die eines Faustkämpfers.

23. Q. Remmius Palaemon aus Vicetia[93], der Haussklave einer Frau, soll zuerst das Weben gelernt und dann, als er den Sohn seines Herrn zur Schule begleitete, Einblick in die Wissenschaften erhalten haben. Später wurde er freigelassen, lehrte dann in Rom und nahm unter den Philologen den ersten Platz ein, obwohl man ihm alle möglichen Laster nachsagte und Tiberius und später Claudius ganz

öffentlich verkündeten, keinem könne man weniger den Unterricht von Kindern und Jugendlichen anvertrauen. Er fesselte die Menschen mit seiner großen Sachkenntnis und ferner mit seiner Gewandtheit in der Sprache, ja er dichtete sogar aus dem Stegreif, er schrieb auch in verschiedenen nicht üblichen Versmaßen. Seine Überheblichkeit ging so weit, daß er M. Varro[94] ein Schwein nannte und sich brüstete, mit ihm sei die Wissenschaft geboren worden und werde sie auch sterben. Sein Name sei nicht zufällig in die Hirtengedichte Ovids gelangt. Dieser habe bereits vorausgeahnt, daß Palaemon einmal der Richter über alle Dichter und Gedichte sein werde.[95] Er rühmt sich ferner, daß ihn einmal Räuber wegen seines Bekanntheitsgrades geschont hätten. Er schwelgte so in Luxus, daß er sich mehrmals täglich wusch und mit seinen Einkünften nicht auskam, obwohl er aus seiner Schule jährlich vierhunderttausend Sesterzen bezog und nicht viel weniger mit seinem Vermögen, mit dem er sehr gewissenhaft umzugehen verstand, da er Werkstätten betrieb, in denen Kleider für den Verkauf hergestellt wurden und seine Äcker so sehr pflegte, daß ein von ihm eigenhändig gepflanzter Weinstock – was allgemein bekannt ist – dreihundertsechzig Trauben hervorbrachte. Aber am stärksten war seine Leidenschaft gegenüber Frauen, die so weit ging, daß er ihnen unverschämt den Mund feilbot. Es soll eine geistreiche Äußerung über ihn von jemandem geben, der, obwohl er zurückwich, in der Menge einen Kuß von ihm nicht verhindern konnte. „Willst Du", sagte dieser, „Meister, jeden, den Du vorbeieilen siehst, ablecken?"

24. M. Valerius aus Berytus[96] strebte lange Zeit einen Hauptmannsposten an, bis er schließlich die Geduld verlor und sich den Wissenschaften zuwandte. Er hatte bei seinem Grundschullehrer in der Provinz alte Schriften gelesen. Die Erinnerung an frühere Autoren war dort bis in seine Zeit lebendig und noch nicht, wie etwa in Rom, gänzlich verblichen. Er wollte diese Bücher mit größerer Sorgfalt wiederholen und danach weitere kennenlernen. Obwohl er merkte, daß sie alle auf Ablehnung stießen und ihren Lesern eher Blamage als Ruhm und Nutzen einbrachten, hielt er trotzdem an seinem Vorhaben fest und er besorgte Korrektur, Neugliederung und die Erstellung von Anmerkungen bei zahlreichen Handschrif-

ten. Er widmete sich ausschließlich dieser Sparte der Philologie. Er hatte nicht so sehr Schüler als vielmehr ein paar Anhänger. Er unterrichtete nämlich niemals so wie sich Lehrer gegenüber jemanden verhalten. Den einen oder anderen, höchstens aber drei oder vier, ließ er gewöhnlich in den Nachmittagsstunden zu sich und zwischen langen und alltäglichen Gesprächen las er im Liegen etwas vor, das tat er allerdings nur sehr selten. Er veröffentlichte ziemlich wenig und nur Unergiebiges über kleine wissenschaftliche Detailprobleme, hinterließ allerdings eine nicht unbedeutende Sammlung von Beobachtungen zum Altlatein.

RHETOREN

Plotius Gallus
L. Voltacilius Pilutus
M. Epidius
Sex. Clodius
C. Albucius Silus
L. Caestius Pius
M. Porcius Latro
Q. Curtius Rufus
L. Valerius Primanus
Verginius Flavus
L. Statius Ursulus
P. Clodius Quirinalis
M. Antonius Liberalis
Sex. Iulius Gabinianus
M. Fabius Quintilianus
Iulius Tiro

25. Die Rhetorik fand, genauso wie die Philologie, bei uns erst spät Eingang[98], ja sogar noch ein wenig schwerer, da es ja, wie bekannt ist, zeitweise verboten war, sich mit ihr zu beschäftigen. Damit keiner daran zweifelt, möchte ich einen alten Senatsbeschluß und ein zensorisches Edikt anführen.[99] Unter dem Konsulat des C. Fannius Strabo und M. Valerius Messalla[100] hat M. Pomponius im Senat einen Antrag eingebracht.

Was darin über Philosophen und Rhetoren gesagt ist, so hat der Senat dazu beschlossen, daß der Prätor M. Pomponius darauf achten und dafür sorgen solle, daß sie sich nicht in Rom aufhielten, wenn er es aus Staatsraison und aufgrund eigener Überzeugung für richtig halte.

Einige Zeit danach erließen die Censoren Cn. Domitius Ahenobarbus und L. Licinius Crassus[101] in der gleichen Sache folgende Anordnung: „Es wurde uns gemeldet, daß es Leute gäbe, die eine neue Wissenschaftsdisziplin eingeführt hätten, zu denen die Jugend in die Schule ginge; sie hätten sich den Namen „Lateinische Rhetoren" beigelegt. Die jungen Leute säßen dort tagelang müßig herum. Unsere Vorfahren legten fest, was ihre Kinder zu lernen und in welche Schulen sie zu gehen hätten. Diese Neuerungen, die gegen Gewohnheit und Sitten der Vorfahren verstoßen, gefallen uns weder, noch erscheinen sie uns richtig. Deshalb halten wir es für angebracht, sowohl denen, die solche Schulen leiten, als auch denen, die sie regelmäßig besuchen, unsere Meinung kundzutun: Uns mißfällt das."

Allmählich erwies sich die Rhetorik als hilfreich und ehrenvoll. Viele betrieben sie sowohl des praktischen Nutzens als auch des Ruhmes wegen. Cicero hielt bis zu seiner Prätur[102] griechische

Übungsreden, lateinische sogar bis ins hohe Alter, und zwar mit den Konsuln Hirtius und Pansa[103], die er seine Schüler und Zöglinge nannte. Einige Historiker berichten, daß Cn. Pompeius gerade während des Bürgerkrieges[104] die Gewohnheit, Übungsreden zu halten, wieder aufgenommen habe, um leichter dem C. Curio[105] widersprechen zu können, einem äußerst schlagfertigen jungen Mann, der die Interessen Caesars vertrat; M. Antonius und auch Augustus hätten damit nicht einmal im Mutinensischen Krieg[106] aufgehört.

Kaiser Nero hielt in seinem ersten Regierungsjahr und auch schon vorher zweimal Redeübungen in der Öffentlichkeit. Sehr viele Redner veröffentlichten auch ihre Übungsvorträge. Als sich unter den Leuten große Begeisterung ausbreitete, schossen die Lehrer und Gebildeten geradezu aus dem Boden und erlebten einen derartigen Aufstieg, daß manche von niedrigster Herkunft in den Senatorenstand und zu höchsten Ehren gelangten. Aber die Unterrichtsmethode war weder bei allen gleich, noch bei den einzelnen immer dieselbe, weil ja jeder seine Schüler auf eine andere Art ausbildete. Denn sie pflegten berühmte Aussprüche mit Hilfe von allerlei Redefiguren über tatsächliche und fiktive Ereignisse auf immer neue Weise zu erklären und Erzählungen einmal kurz und prägnant, dann auch breiter und ausführlicher wiederzugeben, von Zeit zu Zeit griechische Literatur zu übersetzen und berühmte Männer zu loben oder zu tadeln; gewisse Einrichtungen des öffentlichen Lebens stellten sie gewöhnlich einerseits als nützlich und notwendig, andererseits als schädlich und überflüssig dar; die Glaubwürdigkeit von Fabeln bestärkten sie oft oder schränkten sie auch ein, ein Verfahren, das die Griechen Aufstellung einer These und anschließende logische Widerlegung bzw. Bekräftigung nennen. Schließlich überlebte sich das allmählich selbst und die Kontroverse[107] wurde modern. Ursprünglich wurden die Kontroversen entweder der Geschichte entnommen, wie es ja in der Tat bis heute manchmal geschieht, oder dem zeitgenössischen Geschehen, wenn sich zufällig gerade etwas Passendes ereignet hatte. Daher wurden sie auch gewöhnlich zusammen mit Nennung der wirklichen Begebenheiten vorgebracht. Das trifft zumindest für die gesammelten und veröffentlichten Kontroversen zu und es wird nicht von Nachteil sein, die eine oder andere des Beispiels wegen wörtlich zu zitieren:

Als im Sommer junge Burschen aus der Stadt nach Ostia[108] kamen, gingen sie an den Strand; sie trafen dort Fischer, die gerade ihr Netz auslegten. Sie vereinbarten für den Fang einen Kaufpreis und bezahlten die Summe. Lange warteten sie bis die Netze an Land geholt wurden. Als sie eingeholt waren, war kein Fisch darin, aber ein zugenähter Korb voll mit Gold. Darauf sagten sowohl die Käufer als auch die Fischer, der Fang gehöre ihnen.

Als ein Sklavenhändler eine Schar von Sklaven in Brundisium[109] aus einem Schiff herausführte, legte er einem schönen und teuren Knaben die bulla und die *toga praetexta*[110] um, weil er die Zolleinnehmer fürchtete. So verheimlichte er leicht seinen Betrug. Als man nach Rom kam, flog die Sache aber auf und für den Knaben wurde die Freiheit gefordert, weil er, nach dem Wunsch seines Herren, schon einmal frei gewesen war.

Die Griechen nannten solche strittigen Fälle „Synthesen", später hieß man sie „Kontroversen", und zwar erdichtete oder gerichtliche Kontroversen. Man wird kaum andere Lehrer, die berühmt sind und an die man sich noch erinnert, finden als die, die ich anschließend aufzähle.

26. L. Plotius Gallus.[111] Über ihn berichtet Cicero in einem Brief an M. Titinius folgendes: „Ich erinnere mich noch genau, daß in meinen Jugendjahren erstmals ein gewisser Plotius auf lateinisch zu unterrichten begann. Als er großen Zulauf hatte, weil jeder eifrige Studierende von ihm unterrichtet werden wollte, war ich traurig, daß man mir dies nicht erlaubte. Ich wurde nämlich davon durch den Einfluß sehr gelehrter Männer zurückgehalten, die glaubten, griechische Übersetzungen eigneten sich besser zur Ausbildung der geistigen Fähigkeiten." Über den betreffenden Mann – er lebte nämlich sehr lange – bemerkt M. Caelius in seiner Verteidigungsrede bei einem Prozeß wegen eines Gewaltverbrechens, er habe seinem Ankläger Atratinus die Anklageschrift verfaßt. Ohne ihn beim Namen zu nennen, bezeichnete er ihn als Großmaul und verspottete ihn als gemeinen aufgeblasenen Lügner.

27. L. Voltacilius Pilutus soll Sklave gewesen sein und als Pförtner noch nach alter Sitte in Ketten gelegen haben, bis er wegen seiner Begabung und wegen seines Interesses für die Wissenschaften freige-

lassen wurde und seinen Herren bei einer Klage als Mitkläger unterstützte. Als Rhetoriklehrer unterrichtete er dann Cn. Pompeius den Großen, dessen Taten sowie die seines Vaters[112] er in einigen Büchern beschrieb. Nach der Ansicht des C. Nepos[113] war er der erste Freigelassene, der anfing, sich mit Geschichtsschreibung zu beschäftigen, was zu damaliger Zeit nur Leute aus den vornehmsten Kreisen zu tun pflegten.

28. M. Epidius, der wegen Verleumdung vom Zensor gerügt worden war, eröffnete eine Rednerschule und unterrichtete unter anderen M. Antonius und Augustus. Als sie dem Cannutius vorwarfen, er folge bei den Staatsgeschäften hauptsächlich der Lehre des ehemaligen Konsuls Isauricus, erwiderte er, er wolle lieber der Schüler des Isauricus sein, als der des Verleumders Epidius. Dieser Epidius prahlte damit, von C. Epidius aus Nuceria[114] abzustammen, der, wie berichtet wird, einst in die Quelle des Sarnus[115] gestürzt und sofort versunken sein soll; kurz darauf sei er mit goldenen Hörnern[116] wieder aufgetaucht und zu den Göttern gerechnet worden.

29. Sextus Clodius aus Sizilien, Lehrer sowohl für griechische als auch für lateinische Rhetorik, hatte schlechte Augen und eine spitze Zunge. Er sagte, er habe sich seine beiden Augen während seiner Freundschaft mit M. Antonius ruiniert. Ferner sagte er, daß dessen Frau Fulvia durch ihre geschwollene Backe die Spitze des Schreibgriffels geradezu herausforderte. Dadurch machte er sich bei Antonius nicht weniger, sondern eher mehr beliebt. Bald darauf, als dieser Konsul war, nahm er von ihm ein großes Geldgeschenk an, wie Cicero dem Antonius in seinen Philippischen Reden vorwarf:

„Du hältst dir des Spaßes wegen einen Lehrer, einen – worüber du mit deinen Zechgenossen einig bist – Rhetor, dem du erlaubt hast, über dich, einen überaus witzigen Menschen, zu sagen, was er will. Aber es ist sehr leicht, über dich und deine Freunde zu spotten. Welchen Lohn bekommt dieser Rhetor! Hört, hört Senatoren und erfahrt die Verluste des Staates. Zweitausend Morgen Land bei Leontini hast du dem S. Clodius angewiesen, und zwar abgabenfrei, nur damit du um einen solchen Preis lernst, albern zu sein.“

30. C. Albucius Silius aus Novaria. Als dieser in seiner Heimatgemeinde Ädil war und gerade einmal Recht sprach, wurde er von der

Partei, gegen die er entschieden hatte, an den Füßen von seinem Podest heruntergezerrt. Aus Ärger darüber eilte er sofort zum Stadttor und von da aus nach Rom, wo er im Kreis des Redners Plancus[118] Aufnahme fand. Dieser hatte die Gewohnheit, wenn er eine Übungsrede halten wollte, jemanden aufzufordern, vorher zu sprechen. Silius übernahm diese Aufgabe und meisterte sie so ausgezeichnet, daß er den Plancus in Schweigen versetzte und dieser es nicht wagte, sich auf einen Wettstreit einzulassen. Er kam dadurch zu Berühmtheit und richtete eigene Schulräume ein. Wenn er eine Streitfrage aufwarf, begann er gewöhnlich im Sitzen, geriet dann immer mehr in Wallung, erhob sich schließlich und führte seine Rede zu Ende. Er hielt im allgemeinen verschiedene Arten von Übungsreden, einmal glänzende und schmuckvolle, dann wieder, damit er nicht überall für einen Rhetoriklehrer gehalten werde, kurze und schmucklose, ganz an der Grenze zur Umgangssprache. Er führte auch Prozesse, aber ziemlich selten, da er immer nur den größten nachjagte und es ihm in erster Linie darum ging, eine Rede zu halten. Später zog er sich vom Forum teilweise aus Scham, teilweise aus Furcht zurück. Denn er bot in einem Zentumvirialprozeß seinem Gegner, den er als ehrfurchtslos gegenüber seinen Eltern beschuldigte, die Eidesformel gleichsam wegen einer Redefigur folgendermaßen an: „Schwöre bei der Asche deines Vaters und deiner Mutter, die unbestattet daliegt"; auch anderes derartiges tat er. Da nützte sein Gegner, ohne daß die Richter etwas dagegen hatten, diese Gelegenheit aus. Silius verlor seinen Prozeß und machte sich sehr unbeliebt. Ein anderes Mal verteidigte er bei einem Mordprozeß in Mailand unter dem Vorsitz des Prokonsuls L. Piso[119] den Angeklagten. Als die Gerichtsdiener allzustarke Beifallskundgebungen verhinderten und als er sich darüber dermaßen erzürnte, daß er die Lage Italiens beklagte, gleichsam als ob es wieder in den Zustand einer Provinz zurückversetzt werde[120] und überdies noch M. Brutus, dessen Statue in Blickweite war, als den Urheber von Gesetz und Freiheit und als Befreier anrief, entging er gerade noch einer Bestrafung. Als er schon ziemlich alt war, kehrte er wegen eines Geschwürleidens nach Novaria zurück. Er rief dort das Volk zusammen und legte lange und wie ein Volksredner dar, warum er sterben wolle; dann nahm er keine Speise mehr zu sich.

DICHTER

Vergil
Horaz
Terenz
Lukan

VERGIL

Publius Vergilius Maro stammte aus Mantua. Seine Eltern[1] waren von niedrigem Stand, vor allem sein Vater. Nach der Ansicht einiger übte er den Beruf eines Töpfers aus, der allgemeinen Meinung nach jedoch war er zuerst Tagelöhner bei einem gewissen Mago, einem Amtsboten, schon bald jedoch wurde er, wie er es beabsichtigt hatte, dessen Schwiegersohn und vermehrte seinen Besitz durch den Erwerb von Waldland und durch Bienenzucht. Vergil wurde während des ersten Konsulats von Pompeius Magnus und M. Licinius Crassus[2] am 15. Oktober geboren, in einem Dorf namens Andes[3], das nicht weit von Mantua entfernt ist.

Seine Mutter träumte während ihrer Schwangerschaft, sie hätte einen Lorbeerzweig zur Welt gebracht, der, als er den Boden berührte, sofort Wurzeln geschlagen habe und sogleich zu einem ausgewachsenen Baum emporgeschossen sei, voll von Früchten und Blüten verschiedenster Art. Am folgenden Tag, während sie mit ihrem Mann zu einem nahen Landgut wanderte, wandte sie sich vom Wege ab und gebar ihr Kind in einem neben der Straße liegenden Graben. Das Kind soll angeblich bei seiner Geburt nicht geschrien und einen solch sanften Gesichtsausdruck gehabt haben, daß es schon damals keinen Zweifel an seinem glücklichen Schicksal gab.

Dazu kam noch ein weiteres Vorzeichen. Ein Pappelzweig, der, wie es in dieser Gegend bei einer Entbindung Brauch ist, an der gleichen Stelle eingepflanzt wurde, wuchs so schnell, daß er nach kurzer Zeit bereits lange vor ihm gepflanzten Pappeln glich.

Der Baum wurde nach ihm „Vergil-Baum" genannt, er fand sehr große Verehrung bei Frauen, die schwanger waren oder kurz vorher entbunden hatten, sie legten dort Gelübde ab oder lösten sie ein.

Seine Kindheit verbrachte Vergil in Cremona bis zu seinem fünfzehnten Geburtstag, an dem er die Männertoga erhielt[4], unter dem Konsulat derselben Männer, die es auch in seinem Geburtsjahr innegehabt hatten. Genau am gleichen Tag starb auch der Dichter Lukrez.[5]

Vergil kam nun von Cremona nach Mailand und siedelte kurz darauf nach Rom über.

Groß und stark gebaut, von dunkler Hautfarbe, hatte er das Aussehen eines Landbewohners. Sein Gesundheitszustand war nicht besonders stabil, denn oft litt er an Magen- und Halsbeschwerden sowie an Kopfschmerzen, dazu hatte er öfters auch einen Blutsturz.

Er nahm nur wenig Speisen und Getränke zu sich. Seine besondere Neigung galt Knaben, am meisten liebte er Cebes und Alexander, den er im zweiten Gedicht seiner „Bucolica"[6] Alexis nennt. Diesen Jungen hatte er von Asinius Pollio[7] geschenkt bekommen. Beide Knaben waren nicht ungebildet, Cebes galt sogar selbst als Dichter. Es ist allgemein bekannt, daß Vergil auch ein Verhältnis mit Plotia Hieria[8] hatte. Aber Asconius Pedianus[9] behauptet, daß diese später, als sie alt war, zu erzählen pflegte, Vergil sei von Varius[10] sogar zum Geschlechtsverkehr mit ihr aufgefordert worden, er habe sich jedoch standhaft geweigert.

Im übrigen steht jedoch fest, daß er sein Leben lang in Worten und Gedanken so schüchtern war, daß er in Neapel[11] im Volksmund „Parthenias" (Jungfrau) genannt wurde und daß er jedesmal, wenn er einmal in Rom, wohin er selten ging, öffentlich in Erscheinung trat, sofort vor denen, die ihm folgten oder auf ihn zeigten, ins nächste Haus flüchtete.

Sogar als ihm Augustus das Eigentum eines Verbannten anbot, konnte er sich nicht überwinden, es anzunehmen.

Er besaß fast zehn Millionen Sesterzen durch die Großzügigkeit seiner Freunde, darüberhinaus noch ein Haus in Rom auf dem Esquilin neben den Gärten des Maecenas[12], dennoch verbrachte er die meiste Zeit in Abgeschiedenheit in Kampanien oder auf Sizilien.

Er war bereits erwachsen, als er seine Eltern verlor – der Vater war vorher erblindet –, außerdem starben auch zwei leibliche Brüder, Silo noch ein Kind, Flaccus schon erwachsen. Den Tod des letzteren beweint er unter dem Namen Daphnis.[13]

Neben seinen übrigen Beschäftigungen verwandte er auch viel Sorgfalt auf die Medizin und besonders die Astrologie. Als Anwalt vor Gericht trat er nur ein einziges Mal auf; denn er sprach, wie Melissus[14] erzählt, sehr langsam, fast wie ein ungebildeter Mensch.

Seinen ersten Versuch in der Dichtkunst machte er noch als Knabe mit einem Distichon[15], das Ballista, einem Schullehrer gewidmet war. Dieser war gesteinigt worden, da er in dem üblen Ruf stand, ein Räuber zu sein.

> „Unter diesem Berg von Steinen liegt Ballista begraben; Wanderer, du kannst nun bei Tag und bei Nacht sicher deines Weges gehen."

Darauf schrieb er folgende Werke: „Catalepton", mit den Priapea und den Epigrammen, und ebenso, als er 16 Jahre alt war, „Ciris" und „Culex".[16] Die Geschichte des „Culex" ist folgende. Ein Hirte war, von der Hitze erschöpft, unter einem Baum eingeschlafen und eine Schlange kroch auf ihn zu, da flog aus einem Sumpf eine Mücke herbei und stach den Hirten in die Stirn. Dieser zerquetschte sofort die Mücke und tötete die Schlange, darauf setzte er dem Insekt ein Grabmal mit folgendem Distichon:

> „Kleine Mücke, der Schafhirt vergilt dir deine Verdienste um sein Leben mit der Pflicht des Begräbnisses."

Vergil schrieb auch das Gedicht „Aetna"[17] allerdings ist dies nicht ganz unbestritten.

Bald danach begann er eine Römische Geschichte zu schreiben, da er sich aber dem Stoff nicht gewachsen fühlte, wechselte er zu den „Bucolica" über, vor allem um Asinius Pollio, Alfenus Varus[18] und Cornelius Gallus[19] zu verherrlichen. Denn diese Männer hatten dafür gesorgt, daß er bei den Landzuweisungen an die Veteranen jenseits des Po, die nach dem Sieg bei Philippi[20] auf Befehl der Triumvirn[21] durchgeführt wurden, keinen Schaden erlitt.

Darauf verfaßte er die „Georgica"[22] und zwar zur Ehre des Maecenas[23], der ihm, als er noch kaum bekannt war, gegen die Anfeindungen eines Veteranen beigestanden war. Vergil hatte beim Streit mit diesem Veteranen um landwirtschaftlich nutzbares Land nur knapp dem Tode entrinnen können. Als letztes begann er mit der „Aeneis"[24], einem abwechslungsreichen und vielfältigen Werk, gleichsam in der Art der beiden Epen Homers; überdies werden hier griechische und römische Persönlichkeiten und Ereignisse gemeinsam behandelt und zugleich der Ursprung der Stadt Rom und der des Augustus geschildert, worauf Vergil am meisten Wert legte.

Als er an den „Georgica" arbeitete, soll er – so wird überliefert – jeden Tag eine große Menge von Versen, die er am Morgen verfaßt hatte, diktiert und den Rest des Tages damit zugebracht haben, sie zu ganz wenigen zusammenzufassen, dazu bemerkte er geistreich, daß er, nach Art eines Bärenweibchens, sein Gedicht zuerst auf die Welt und sodann durch Lecken endlich in Form brächte. Nachdem er die „Aeneis" zuerst in Prosa entworfen und in zwölf Bücher eingeteilt hatte, begann er, sie Stück für Stück in Verse zu kleiden, dabei reihte er die Teile, wie es ihm gerade einfiel, ohne bestimmte Ordnung aneinander. Manches ließ er unvollendet, um nicht seinen Gedankenfluß zu stören, anderes skizzierte er nur mit flüchtigen Worten, die er – wie er es scherzhaft nannte – gleichsam an Stelle von Pfeilern einbaute, um das Werk zu stützen, so lange, bis feste Säulen gesetzt würden.

Für die „Bucolica" benötigte er drei, für die „Georgica" sieben und für die „Aeneis" elf Jahre.

Mit den „Bucolica" hatte er gleich nach dem Erscheinen solchen Erfolg, daß sie auch auf der Bühne von den Sängern oft vorgetragen wurden. Als Augustus nach dem Sieg bei Actium zurückgekehrt war und sich in Atella aufhielt, um sein Rachenleiden auszukurieren[25], las Vergil ihm die „Georgica" an vier aufeinanderfolgenden Tagen vor, unterstützt von Maecenas, der ihn beim Lesen ablöste, so oft er selbst wegen der Überanstrengung seiner Stimme verhindert war.

Vergils eigener Vortrag war sanft und erstaunlich einschmeichelnd. Seneca[26] berichtet, daß der Dichter Iulius Montanus[27] zu sagen pflegte, daß er Vergil einige Werke stehlen würde, wenn er sich dazu auch dessen Stimme, dessen Art zu reden und die Gebärden aneignen könnte, denn ein und dieselben Verse klängen schön, wenn er selbst sie spräche, bei einem anderen wären sie nichtssagend und ohne Klang.

Die „Aeneis" war kaum begonnen, da war sie bereits beim Publikum so sehr im Gespräch daß Sextus Propertius nicht zögerte, sie folgendermaßen zu rühmen:

> Weicht, ihr Dichter Roms, weicht, auch ihr aus Griechenland, etwas Größeres entsteht, als es die Ilias ist.[28]

Augustus aber verlangte dringend in flehentlichen und auch scherzhaft drohenden Briefen – denn er war gerade auf einem Feldzug nach Kantabrien[29] –, Vergil solle ihm etwas von der „Aeneis" schicken, um seine eigenen Worte zu gebrauchen, „entweder den ersten Entwurf des Gedichtes oder irgendeinen beliebigen Teil".

Nach langer Zeit, als der Stoff endlich in seine Form gebracht war, las Vergil ihm insgesamt drei Bücher vor, das zweite, vierte und sechste.[30] Das letztere hatte eine erstaunliche Wirkung auf Octavia[31], die bei der Lesung anwesend war, bei dem Vers über ihren Sohn, „du wirst Marcellus sein"[32], soll sie in Ohnmacht gefallen und nur mit Mühe wieder zum Bewußtsein erweckt worden sein.

Er las auch vor mehreren anderen Leuten, aber nicht häufig, und meist wählte er Abschnitte aus, über die er sich selbst noch nicht ganz im klaren war, damit er um so eher das Urteil der Leute darüber erfahre.

Man berichtet, daß Eros, ein Freigelassener und sein Schreiber, im vorgerückten Alter zu erzählen pflegte, daß Vergil einmal während einer Lesung zwei Halbverse aus dem Stegreif vervollständigte.

Denn als er nur folgendes vor sich hatte: *„Misenum Aeoliden"*, fügte er hinzu: *„quo non praestantior alter"*, und ebenso verband er: *„aere ciere viros"* mit dem in leidenschaftlicher Erregung nur so hingeworfenen *„mastemque accendere cantu"*.[33] Darauf befahl er Eros sofort, beides dem Manuskript hinzuzufügen.

Im Alter von zweiundfünfzig Jahren[34] entschloß er sich, um der „Aeneis" den letzten Schliff zu geben, nach Griechenland und der Provinz Asia zu verreisen und drei Jahre hindurch nichts anderes zu tun, als zu verbessern, um sich dann für den Rest seines Lebens ganz der Philosophie widmen zu können.

Aber als er nach Antritt seiner Reise in Athen Augustus traf, der aus dem Orient nach Rom zurückkehrte[35], und beschloß, ihn nicht zu verlassen, sondern zusammen mit ihm die Rückreise anzutreten, da wurde er, während er Megara, eine in der Nähe liegende Stadt[36], bei glühender Hitze besichtigte, von einem Fieber befallen.

Während der Fortsetzung seiner Reise verschlechterte sich sein

Gesundheitszustand so, daß er schwer krank in Brindisi ankam, dort starb er am elften Tag vor den Kalenden des Oktober, während des Konsulats von Gnaeus Sentius und Quintus Lucretius.[37]

Seine sterblichen Überreste wurden nach Neapel gebracht und in einem Grab beigesetzt, das an der Puteolanischen Straße noch vor dem zweiten Meilenstein liegt. Dafür hatte er selbst noch folgende Verse verfaßt:

> Mantua hat mich hervorgebracht, Calabria hinweggerafft, nun hält mich Parthenope[38] fest –
> ich habe Schafweiden, Ackerland und Feldherren besungen.[39]

Er bestimmte, daß sein Halbbruder Valerius Proculus die Hälfte seines Besitzes erben sollte, Augustus ein Viertel, Maecenas ein Zwölftel und den Rest L. Varius[40] und Plotius Tucca[41], die im Auftrag des Augustus nach seinem Tod seine „Aeneis" überarbeiteten.

Dazu sind uns folgende Verse des Sulpicius von Karthago[42] überliefert:

> Vergil hatte befohlen, daß dieses Gedicht ein Raub der Flammen werde, das Lied, das den Führer Phrygiens besang. Tucca verbot es und Varius; und ebenso du, größter Caesar, ließest es nicht zu, und hast so die Geschichte Latiums erhalten.
> Beinahe ging das unglückliche Pergamon erneut im Feuer zugrunde und Troia wurde fast auf einem anderen Scheiterhaufen nochmals verbrannt.

Vergil hatte mit Varius vereinbart, bevor er Italien verließ, daß er die „Aeneis", falls ihm etwas zustoßen würde, verbrennen sollte. Dieser jedoch hatte es rundweg abgelehnt, das zu tun. Deshalb verlangte Vergil, als er schon todkrank war, beständig nach seinen Buchrollen, um sie selbst zu verbrennen. Aber als sie ihm niemand brachte, verfügte er hinsichtlich dieser Sache nichts Bestimmtes mehr. Übrigens vermachte er seine Schriften dem Varius und Tucca mit der Bedingung, daß sie nichts herausgeben sollten, was er noch nicht veröffentlicht hätte. Varius aber edierte die „Aeneis" auf Veranlassung des Augustus, jedoch nur mit wenig Verbesserungen, indem er auch die unvollendeten Verse so wie sie waren, beließ.

Viele versuchten später, sie zu vervollständigen, scheiterten jedoch an der Schwierigkeit, daß fast alle Halbverse Vergils vom Sinne her vollständig und abgeschlossen erscheinen, mit einer Ausnahme: *Quem tibi iam Troia...*[43]

Der Grammatiker Nisus[44] sagte, er habe von älteren Leuten gehört, daß Varius die Reihenfolge zweier Bücher verändert habe, und zwar habe er das bisherige zweite Buch an die dritte Stelle gesetzt, auch habe er den Anfang des ersten Buches dahingehend korrigiert, daß er folgende Verse gestrichen habe:

> Ich, der ich einst auf der einfachen Hirtenflöte Lieder spielte und, als ich aus dem Wald heraustrat, die benachbarten Fluren zwang, Tribut ihrem Herrn zu zollen, auch wenn er noch so begierig wäre – ein für die Bauern erfreuliches Werk –, ich singe nun von den Schrecken des Krieges, von Waffen und Helden.

An Gegnern fehlte es Vergil nie, was nicht verwundert, denn ebenso erging es Homer.

Als die „Bucolica“ erschienen war, schrieb ein gewisser Numitorius die „Anti-Bucolica“, nur zwei dazu sehr geistlose Spottgedichte. Der Anfang des ersten lautet folgendermaßen:

> Tityrus[45] wenn du eine warme Toga hast, warum dann noch einen Mantel aus Buchenholz?“

Das zweite beginnt:

> „Sag mir, Damoetas[46], *cuium pecus*, ist das wirklich gutes Latein?“[47]
> „Nein, aber die Art unseres Aegon,
> so spricht man auf dem Land.“

Als Vergil aus der „Georgica“ vortrug:

> „nudus ara, sere nudus“[48],

fügte ein anderer hinzu:

> „habebis frigore febrem.[49]

Es gibt auch ein Buch gegen die „Aeneis“ von Carvilus Pictor, genannt „Aeneomastix“.[50] M. Vipsanius[51] nannte es ein „untergeschobenes Kind“ von Maecenas, dem Erfinder einer neuen Art von gewöhnlichen Stil, weder schwülstig noch dürftig, sondern mit gebräuchlichen Worten und deswegen weniger deutlich.

Herennius konzentrierte sich ausschließlich auf Vergils Fehler, Perellius Faustus auf die Plagiate. Ja, die acht Bücher des Quintus Octavius Avitus, betitelt „Ähnlichkeiten", enthalten die gestohlenen Verse sogar mit Angabe der jeweiligen Quelle.

Asconius Pedianus[52] legt in seinem Buch mit dem Titel „Gegen die Neider Vergils" nur wenige Vorwürfe gegen ihn dar, die historische Fakten und die Beschuldigung, daß er sehr viel von Homer übernommen habe, betreffend. Aber er schreibt, daß Vergil selbst diesen Vorwurf folgendermaßen zu verteidigen pflegte: „Warum versuchen meine Kritiker nicht ebenfalls diese ‚Diebstähle?' Dann würden sie einsehen, daß es leichter ist, Herkules seine Keule zu stehlen als Homer einen Vers." Und Asconius fügt noch hinzu, daß Vergil beschlossen hatte, sich zurückzuziehen, damit er dies alles zur Zufriedenheit seiner Neider bereinigen könne.

HORAZ

Q. Horatius Flaccus[1] stammte aus Venusia.[2] Seinem eigenen Bericht zufolge soll er einen Freigelassenen und Steuereintreiber zum Vater gehabt haben; allgemein glaubt man jedoch, daß dieser ein Salzfischhändler war. Es soll dem Horaz nämlich einmal jemand in einem Wortstreit vorgeworfen haben: „Wie oft habe ich selbst deinen Vater gesehen, wie er sich seine Nase mit dem Arm abputzte." Während des Philippischen Krieges[3] wurde er vom Feldherrn M. Brutus einberufen und diente als Militärtribun. Nach der Niederlage seiner Partei rehabilitiert, bekam er schließlich die Stelle des Schreibers bei einem Quästor. Zuerst schmeichelte er sich bei Maecenas[4], dann bei Augustus ein und gewann so einen nicht unbedeutenden Platz unter den Freunden der beiden. Wie sehr ihn Maecenas liebte, wird durch folgendes Epigramm hinreichend bewiesen:

> Wenn ich dich nicht schon, Horaz, mehr liebe als mein eigenes Fleisch, dann sollst du deinen Freund wenigstens viel magerer sehen [als...].

Aber noch viel mehr geht dies aus seinen letzten Aussagen in folgender testamentarischer Verfügung an Augustus hervor. „Sei des Horatius Flaccus so eingedenk wie du auch an mich denkst." Augustus bot ihm auch das Amt eines Sekretärs an, wie dies aus dem Schreiben an Maecenas hervorgeht: „Früher konnte ich die Briefe an meine Freunde noch selbst schreiben. Jetzt aber, da ich sehr beschäftigt und kränklich bin, möchte ich dir unseren Horaz abspenstig machen. Er wird von deinem Gästetisch an unsere königliche Tafel kommen und uns beim Briefeschreiben unterstützen." Und als dieser das zurückwies, war er nicht einmal darüber zornig, noch ließ er davon ab, ihm seine Freundschaft aufzudrängen. Es gibt Briefe, aus denen ich, um das zu beweisen, einiges zitieren will: „Nimm dir ruhig mehr Recht bei mir heraus, wie wenn du ein guter Freund von mir wärest. Du wirst schon richtig und nicht unüberlegt gehandelt haben, da ich von dir nur Nutzen haben wollte, wenn es deiner gesundheitlichen Verfassung zuzumuten gewesen wäre."

Und weiter heißt es: „Wie sehr ich an dich denke, kannst du auch von unserem Septimius erfahren. Denn es traf sich gerade so, daß ich in seiner Gegenwart von dir sprach. Obwohl du so stolz warst, unsere Freundschaft zu verschmähen, verhalten wir uns deshalb nicht in gleicher Weise." Außerdem nannte er ihn oft unter anderen Scherzen „ganz feiner Knirps" und „niedliches Menschchen" und zeigte sich das eine und andere Mal recht freigebig. Seine Schriften schätzte er so hoch ein und war von ihrem Fortwirken auf ewige Zeiten überzeugt, daß er ihn aufforderte, nicht nur ein Gedicht zur Hundertjahrfeier[5] zu verfassen, sondern auch eines anläßlich des Sieges seiner Stiefsöhne Drusus und Tiberius über die Vindeliker[6] und er drängte ihn, deswegen seinen drei Gedichtbüchern nach einer langen Unterbrechung ein viertes hinzuzufügen.[7] Nachdem er einige Satiren gelesen und gemerkt hatte, daß er darin mit keinem Wort erwähnt war, klagte er folgendermaßen darüber: „Du sollst wissen, daß ich es dir übelnehme, daß du in fast keiner dieser Schriften mit mir, dem Allermächtigsten, sprichst. Oder fürchtest du, es könnte dir von der Nachwelt übelgenommen werden, wenn du unser Freund zu sein scheinst." Und er entlockte dem Horaz eine Ekloge[8] auf sich, die folgendermaßen beginnt:

> Da du allein die gewaltigen Lasten so vieler Geschäfte trägst, Italien mit Waffen schützt, durch die Pflege der althergebrachten Sitten verschönerst und durch Gesetze vollkommener machst, würde ich mich am Gemeinwohl versündigen, wenn ich mit einem langen Gedicht deine kostbare Zeit, mein Caesar, in Anspruch nähme.

Er war von kleiner Statur und wohlgenährt, wie er sich selbst in seinen Satiren[9] beschreibt und wie es auch aus folgendem Brief des Augustus hervorgeht: „Onysius brachte mir dein Büchlein, an dem mir gut gefällt, wie du dich selbst kritisierst, auch wenn es nicht sehr umfangreich ist. Du scheinst mir die Befürchtung zu haben, daß deine Bücher größer werden als du selbst bist. An Körpergröße fehlt es dir zwar, aber nicht an einem Bäuchlein. Deshalb müßtest du auf einem Krüglein schreiben, wodurch der Umfang deines Buches sehr aufgebläht würde, wie es dein Bauch schon ist."

In seinem Liebesleben sagt man, sei er ziemlich zügellos gewesen, denn in seinem Schlafzimmer soll er Spiegel verteilt haben, in denen sich seine Gespielin mehrmals abbildete, um, wohin er auch blickte, immer den Liebesakt beobachten zu können. Die meiste Zeit verbrachte er in Abgeschiedenheit auf seinem Landgut in den Sabiner Bergen[10] oder in Tibur[11]; sein Haus in der Nähe eines kleinen Hains, des Tiburnus, kann man auch jetzt noch besichtigen.

In meine Hände kamen auch Elegien unter seinem Namen und ein Brief in Prosa, in dem er in einer Rede sich gleichsam dem Maecenas empfiehlt. Aber ich halte beides für gefälscht, denn die Elegien sind in der Umgangssprache, der Brief ist sogar unverständlich, Fehler, die man ihm sonst überhaupt nicht vorhalten kann. Er wurde an den sechsten Iden des Dezembers unter dem Konsulat des L. Cotta und des L. Torquatus geboren, gestorben ist er an den fünften Kalenden des Dezembers im Konsulatsjahr des C. Marcius Censorinus und des Asinius Gallus.[12] Dies geschah zu Rom am neunundfünfzigsten Tag nach dem Tod des Maecenas und in seinem siebenundfünfzigsten Lebensjahr. Den Augustus hatte er öffentlich vor Zeugen zum Erben erklärt, weil er wegen seiner Krankheit, die ihm hart zusetzte, die Testamentsurkunde nicht unterschreiben konnte.

Bestattet und beigesetzt wurde er am äußersten Ende des Begräbnisplatzes beim Esquilin neben dem Grabhügel des Maecenas.

TERENZ

1. Publius Terentius Afer, ein gebürtiger Karthager, diente in Rom dem Senator Terentius Lucanus als Sklave; von diesem wurde er wegen seiner Begabung und seiner Ausstrahlungskraft nicht nur wie ein Freigeborener erzogen, sondern auch bald freigelassen. Einige halten ihn für einen Kriegsgefangenen; Fenestella[1] berichtet aber, daß das auf keinen Fall so gewesen sein konnte, da er zwischen dem Ende des zweiten und dem Beginn des dritten Punischen Krieges geboren wurde und starb.[2] Selbst wenn er von den Numidern oder Gätulern[3] gefangen worden wäre, hätte er zu keinem römischen Feldherren gelangen können, da es zu Handelsbeziehungen zwischen Italikern und Afrikanern erst nach der Zerstörung Karthagos[4] kam. Freundschaftliche Bande verbanden ihn mit vielen Vornehmen, vor allem mit Scipio Africanus[5] und C. Laelius[6], die sich, wie man glaubt, besonders durch sein Äußeres angesprochen fühlten; dem widerspricht jedoch Fenestella, der behauptet, Terentius sei älter gewesen als die beiden, obwohl sowohl Cornelius Nepos überliefert, daß alle gleichaltrig gewesen seien, als auch Porcius[7] mit folgenden Worten seinem Verdacht eines intimen Verhältnisses Ausdruck verleiht:

> Während er die Lüsternheit der Vornehmen und ihre Lobhudeleien begehrte, während er die göttliche Stimme des Scipio Africanus mit offenem Ohr gierig aufnahm, während er sich für so schön hielt, bei Philus[8] und Laelius zu speisen, während er glaubte, von ihnen geliebt zu werden [und ein regelmäßiger Gast in Alba[9] war…,] wurde er der Blüte seines Alters beraubt. Dann, nachdem er sein ganzes Vermögen aufgebraucht hatte, verarmte er völlig. Deshalb zog er sich aus dem Blickfeld aller in den letzten Winkel Griechenlands zurück. Er starb in Stymphalos, einer Stadt in Arkadien. Nichts half dem Publius ein Scipio, nichts ein Laelius, nichts ein Furius[10]; zur selben Zeit führten

> die drei ein ganz sorgenfreies Leben, wie es eben die Vornehmen tun. So kümmerten sie sich um jenen: nicht einmal ein Haus erhielt er zur Miete, damit er wenigstens etwas gehabt hätte, wo der Sklave den Tod des Herrn hätte melden können.

2. Er schrieb sechs Komödien. Als er die erste von diesen, die „Andria" den Ädilen vorlegte, wurde er beauftragt, sie vorher dem Caecilius[11] vorzutragen. Als er zu diesem kam, fand er ihn gerade beim Essen. Weil er sich seiner Kleidung schämte, soll er auf der Sitzbank neben dem Speisesofa Platz genommen und den Anfang seines Stückes vorgelesen haben; aber schon nach wenigen Versen hätte dieser ihn zu Tische gebeten, um gemeinsam mit ihm zu speisen; dann soll er den Rest des Stückes, nicht ohne große Bewunderung des Caecilius, durchgegangen sein.

Sowohl dieses als auch die anderen fünf Stücke fanden in gleicherweise beim Volk Anklang. Über die Reihenfolge aller Stücke[12] schreibt Volcatius[13] folgendes:

> Die „Hecyra" hält man für das sechste seiner Stücke.

Der „Eunuch" wurde sogar zweimal täglich aufgeführt und spielte einen so großen Gewinn ein, wie keine Komödie zuvor, nämlich achttausend Sesterzen. Deshalb wird der Betrag auch auf dem Titel[14] erwähnt. [...]

Denn auch Varro[15] zieht den [Terentius'] Anfang der „Adelphen" dem des Menander[16] vor.

Es ist ein ganz offenes Gerücht, daß dem Terentius bei seinen Schriften von Laelius und Scipio geholfen worden sei. Er selbst verstärkte dieses sogar noch, weil er zu wenig entschieden dagegen anging, wie etwa im Prolog der „Adelphen":

> Denn was diese böswilligen behaupten, nämlich Männer aus dem Adel hülfen diesem und beteiligten sich eifrig am Schreiben, was jene für einen heftigen Tadel halten, das hält dieser für höchstes Lob, weil er denen gefällt, die euch allen und dem Volk gefallen, deren Dienste im Krieg, im Frieden und in der Politik zu gebrauchen, sich keiner jemals zu stolz war.

Er scheint sich deshalb nicht richtig gewehrt zu haben, weil er wußte, daß diese Meinung dem Laelius und Scipio nicht ungelegen kam. Sie setzte sich dann auch in der Folgezeit immer mehr durch.

3. C. Memmius[17] sagt in seiner Verteidigungsrede: P. Africanus, der in die Rolle des Terentius schlüpfte, brachte das, womit er sich zuhause die Zeit vertrieb, unter dem Namen von jenem auf die Bühne.

Nepos will aus zuverlässiger Quelle erfahren haben, daß C. Laelius einmal in seinem Haus bei Puteoli an den Kalenden des März[18] von seiner Frau aufgefordert worden sei, zeitiger zum Essen zu kommen; er habe sie gebeten, ihn nicht zu stören und als er später schließlich ins Eßzimmer kam, soll er gesagt haben, daß ihm das Schreiben oft nicht so recht gelinge. Als er dann gebeten wurde vorzutragen, was er geschrieben habe, habe er Verse aus dem „Selbstquäler" zitiert.

Bei Pollux, recht ungestüm zogen mich Syrus' Versprechen hierher.

4. Santra glaubt, wenn Terentius beim Schreiben Helfer benötigt hätte, wären dafür nicht so sehr Scipio und Laelius, die beide damals noch sehr jung waren, in Frage gekommen, sondern eher Sulpicius Gallus[19], ein gelehrter Mann, unter dessen Konsulat er bei den Megalensischen Spielen erstmals Bühnenstücke aufführte, oder Q. Fabius Labeo[20] und M. Popilius[21], beide ehemalige Konsuln und Dichter.

Deshalb bezeichnet er selbst diejenigen, die ihm angeblich geholfen haben, nicht als Jünglinge sondern als Männer, deren Hilfe dem ganzen Volk sowohl in Kriegszeiten als auch im Frieden und in der Politik zugute gekommen sei.

Nach der Herausgabe seiner Komödien ging er, noch keine fünfundzwanzig Jahre alt, aus Rom weg, entweder aus purem Vergnügen und um sich dem Gerücht zu entziehen, daß er ein Plagiator sei, oder um die Lebensgewohnheiten und Sitten der Griechen kennenzulernen, die er sonst nicht so in seinen Werken beschreiben könne. Er kehrte nie mehr zurück. Über seinen Tod erzählt Volcatius:

Als aber Afer sechs Komödien für das Volk geschrieben hatte, machte er von hier eine Reise in die Provinz Asia.

Sobald er das Schiff bestiegen hatte, ward er nicht mehr gesehen. So verlor er sein Leben.

5. Q. Coscomius[22] schreibt, Terentius sei bei seiner Rückfahrt aus Griechenland auf hoher See umgekommen, mit einhundertacht Bühnenstücken, die er aus Menander übersetzt hatte.

Andere erzählen, er sei in Stymphalos in Arkadien oder in Lecaudia, unter dem Konsulat des Cn. Cornelius Dolabella und Marcus Fulvius Nobilior[23] gestorben, weil er aus Schmerz und Gram über den Verlust seines Gepäcks und seiner neugeschriebenen Stücke, die er auf dem Seeweg vorausgeschickt hatte, krank geworden wäre.

Er soll durchschnittlich groß, schlank und von dunkler Hautfarbe gewesen sein. Er hinterließ eine Tochter, die später einen Angehörigen des römischen Ritterstandes heiratete, darüber hinaus ein Gärtlein an der Via Appia in der Nähe des Marsfeldes von 20 Morgen Größe.

Um so mehr wundere ich mich, daß Porcius schreibt:

> Nichts half ihm ein P. Scipio, nichts ein Laelius, nichts ein Furius; so kümmerten sie sich um jenen; nicht einmal ein Haus erhielt er zur Miete, damit er wenigstens etwas gehabt hätte, wo der Sklave den Tod des Herren hätte melden können.

Afranius[24] zieht ihn allen Komödiendichtern vor und schreibt in seinen Kompitalien[25]:

> Du nennst keinen, der dem Terentius ähnlich wäre.

Volcatius dagegen ordnet ihn nicht nur hinter Naevius, Plautus und Caecilius, sondern auch hinter Licinius und Atilius[26] ein. Cicero lobt ihn aber in seinem Werk „Die Wiese“[27] folgendermaßen:

> Terentius, der du alleine mit gewählter Sprache den Menander ins Lateinische übersetzt und wiedergegeben hast, du machst ihn mit ruhiger Stimme bei uns bekannt, heiter ist alles, was du sagst, und voller Süße deine Rede.

Ebenso sagt C. Caesar[28]:

> Gerade du, halber Menander, Liebhaber der reinen Sprache, wirst zurecht zu den größten Dichtern gerechnet. Wenn doch in deinen Schriften die Leichtigkeit mit Kraft verbunden wäre, wenn die Komik es mit der der Griechen aufnehmen könnte, aber in diesem Punkt liegst du verachtet danieder, dies eine quält mich und ich bedauere, daß es dir fehlt, Terentius.

LUKAN

M. Annaeus Lucanus[1] aus Corduba[2] zeigte die ersten Früchte seiner Begabung in einer Lobrede auf Nero bei den alle fünf Jahre stattfindenden Dichterwettkämpfen.[3] Kurz darauf trug er eine Geschichte des Bürgerkrieges zwischen Pompeius und Caesar[4] vor. [Er war so anmaßend], daß er in einer Vorrede sein Leben und die Anfänge seiner Karriere mit Vergil verglich und zu sagen wagte: „Wieviel fehlt mir denn zum Culex?“[5] Als noch sehr junger Heranwachsender erfuhr er, daß sein Vater wegen Schwierigkeiten in der Ehe fernab auf dem Land lebte. Obwohl er von Nero aus Athen zurückgerufen, in seinen engsten Freundeskreis aufgenommen und ihm sogar die Ehre der Quästur[6] zuteil wurde, fiel er dennoch in Ungnade. Er ärgerte sich nämlich, daß Nero sich während eines Vortrags von ihm, ohne daß eine Senatssitzung angesagt war, – nur um sich zu erfrischen – zurückgezogen hatte. Nach diesem Vorfall zügelte er weder seine Worte gegen den Prinzeps, noch sein herausforderndes Tun, so daß er einmal in den öffentlichen Latrinen einen deutlich hörbaren Wind abließ und folgenden Halbvers des Nero deklamierte:

„man könnte es ein unterirdisches Donnern nennen...,“

wodurch alle Anwesenden sogleich die Flucht ergriffen. Auch in einem Schmähgedicht ging er mit Nero und dessen mächtigsten Freunden hart ins Gericht. Zuletzt trat er gleichsam als Bannerträger der Pisonischen Verschwörung[7] hervor. Eifrig pries er den Ruhm der Tyrannenmörder in der Öffentlichkeit und war voller Drohungen, so daß er sich nicht zurückhalten konnte und gegenüber jedem Nächstbesten immer wieder auf den Kopf des Kaisers zu sprechen kam. Nach der Aufdeckung der Verschwörung zeigte er jedoch keineswegs denselben Mut. Er gestand nämlich ohne jeglichen Widerstand, erniedrigte sich zu äußerst unehrenhaftem Flehen und nannte sogar seine unschuldige Mutter als Mitverschwörerin, in der Hoffnung, diese Ruchlosigkeit würde ihm beim Kaiser, einen Muttermörder, nützlich sein. Nachdem er die freie Wahl der Todesart erlangt hatte, entwarf er noch einen Brief an seinen Vater, der Korrekturen zu einigen seiner Verse enthielt, speiste dann ausgiebig und hielt dem Arzt seinen Arm hin, um sich die Adern öffnen zu lassen. Ich erinnere mich, daß seine Gedichte auch öffentlich vorgetragen wurden; sie wurden aber nicht nur aufwendig und sorgfältig, sondern auch ohne Geschmack überarbeitet und zum Verkauf angeboten.

III.

ANMERKUNGEN

CAESAR

1 Der Anfang der Vita Caesars ist verschollen. Der spätantike Gelehrte Johannes Laurentius Lydos (geb. 490 n. Chr. in Philadelphia, Lydien) überliefert (de mag. 2,6 p. 61 – Wuensch), daß Sueton ursprünglich seinem Werk eine Widmung an seinen Gönner Septicius Clarus voranschickte. Unter Hadrian hatte dieser als *praefectus praetorio* am Kaiserhof maßgebenden Einfluß und dadurch auch die politische Karriere Suetons entscheidend fördern können – Caesar wurde am 13. Juli 100 v. Chr. geboren und am 15. März 44 v. Chr. (dazu vgl. Kap. 88) ermordet; demnach beginnt die Biographie mit dem Jahr 85/84 v. Chr.

2 Als Priester des Jupiters *(flamen Dialis)* im Jahre 84 v. Chr. hatte Caesar ein Amt inne, das ursprünglich mit einer Reihe von Auflagen verbunden war, wie etwa den Verboten zu reiten oder das eigene Haus nach Einbruch der Dunkelheit zu verlassen, die eine weitere politische Karriere unmöglich gemacht hätten.

3 L. Cornelius Cinna, Konsul 87–84 v. Chr., Führer der popularen Bewegung. Nach seinem Marsch auf Rom mit Marius 87 v. Chr. errichtete er in der Zeit der Abwesenheit seines Gegenspielers Sulla im Osten de facto eine Alleinherrschaft, während der die geltende Verfassung praktisch außer Kraft gesetzt war.

4 Zu Iulia vgl. Kap. 21 u. 26.

5 L. Cornelius Sulla (138–78 v. Chr.), Führer der Optimaten (röm. Adelspartei) und Gegenspieler des Marius von der Partei der Popularen. Nach der Eroberung Roms durch sein Heer 82 v. Chr. Diktator auf Lebenszeit. Seine Verfassungsreformen haben die Festigung des Senatsregiments zum Ziele. 79 v. Chr.

legt er freiwillig seine Herrschaft nieder und stirbt ein Jahr später.

6 Vestalische Jungfrauen sind die Priesterinnen der Vesta, der Göttin des Herdes, die das heilige Feuer in Rom schützten. Sie waren zur Keuschheit verpflichtet und wohnten in einer Art klösterlichen Gemeinschaft im *atrium Vestae* am Forum Romanum.

7 Mamercus Aemilius Lepidus Livius war Konsul 77 v. Chr. zusammen mit D. Iunius Brutus.

8 C. Aurelius Cotta, Bruder von Caesars Mutter, 91 v. Chr. verbannt; zurückgekehrt mit Sulla 82 v. Chr.; 77 v. Chr. Konsul.

9 C. Marius (156–86 v. Chr.), Vertreter der Popularen und Gegner Sullas; Sieger über die Teutonen (102 bei Aquae Sextiae) und Kimbern (101 Vercellae); Reform des römischen Heeres zu einer Berufsarmee.

10 Der Militärdienst war die notwendige Voraussetzung für jede politische Karriere. Allerdings dürften im 1. Jahrhundert v. Chr. Dauer und Ämter, die bekleidet werden mußten, noch nicht im einzelnen streng geregelt gewesen sein.

11 Die römische Provinz Asien umfaßte den westlichen Teil der heutigen Türkei. Es handelt sich dabei im wesentlichen um das ehemalige Königreich Pergamon, das 133 v. Chr. durch Erbschaft an Rom kam. Die Tätigkeit Caesars fällt vermutlich ins Jahr 79 v. Chr.

12 Marcus Minucius Thermus. Wohl kaum derselbe Thermus, der 86 v. Chr. als Proprätor in Asia sein Kommando an Fimbria verlor.

13 Landschaft im nordwestlichen Teil der Türkei mit der Hauptstadt Nikomedia.

14 Nikomedes III. Philopator (91–74 v. Chr.), Verbündeter Roms gegen Mithridates.

15 Mytilene (auch Mitylene) Stadt auf der Insel Lesbos; 80/79 v. Chr. gefallen.

16 Die Bürgerkrone *(corona civica)* bestand aus Eichenblätter und wurde als Auszeichnung für die Errettung römischer Bürger *(ob cives servatos)* verliehen.

17 Servilius Isauricus, Konsul 79 v. Chr.; vermutlich 77 v. Chr. auf einem Feldzug gegen die Piraten, Vorgesetzter Caesars 78 v. Chr.
18 Landschaft im Südosten der h. Türkei; in der Antike wegen ihrer Schlupfwinkel für Piraten berüchtigt.
19 M. Aemilius Lepidus, Konsul von 78 v. Chr.; versuchte die Gesetzgebungen Sullas zu revidieren, wurde aber schließlich von Pompeius und Catulus besiegt.
20 Es gab nämlich zwei Männer mit dem Namen Cornelius Dolabella. Der eine, um den es sich hier handelt, bekleidete 81 v. Chr. das Konsulat, der andere im selben Jahr die Prätur. Der Prozeß fand 77 v. Chr. statt.
21 Apollonius Molo hat auch Cicero unterrichtet.
22 Insel in der Ägäis, dem kleinasiatischen Festland südwestlich von Milet vorgelagert.
23 Mithri(a)dates VI. Eupator, seit 111 v. Chr. König von Pontos am Schwarzen Meer, konnte seine Herrschaft zeitweise über ganz Kleinasien ausdehnen. Gegen diesen erbitterten Feind Roms im Osten wurden drei Kriege geführt (89–85 v. Chr.; 83–82; 74–67). Die hier angesprochenen Ereignisse fallen in den Anfang des dritten Krieges.
24 M. Aemilius Lepidus, Vater des Triumvirn, Konsul 75 v. Chr. mit Lutatius Catulus, hielt sich 77 v. Chr. gegen Senatsbefehl in Oberitalien auf; beim Marsch auf Rom von Catulus und Pompeius besiegt.
25 Qintus Sertorius (123–72 v. Chr.) Anhänger des Marius und Vertreter der popularen Bewegung; 83 v. Chr. Proprätur in Spanien. Er gewann die Sympathie der einheimischen Bevölkerung und kämpfte an der Spitze eines spanischen Heeres zusammen mit den Resten der Armee des Marius und Lepidus gegen die römische Senatsaristokratie. Nach seiner Ermordung durch Verschwörer 72 v. Chr. bricht der Aufstand zusammen.
26 Die Gesetzesvorlage über die Rückkehr der Lepidusanhänger (de reditu Lepidanorum) ist wohl nach dem Ende der Herrschaft des Sertorius in Spanien (72 v. Chr.) eingebracht worden.
27 Iulia war die Witwe des Marius.

28 Ancus Marcius galt als der vierte König Roms.

29 Der Begründer des Iulischen Geschlechts. Iulus war nämlich ein Sohn des Aeneas, jenes sagenhaften Stammvaters der Römer, welcher wiederum als Sohn der göttlichen Venus galt.

30 P. Clodius Pulcher, berüchtigter Volkstribun des Jahres 59/58 v. Chr.; trat eigens, um dieses Amt bekleiden zu können, in den Plebeierstand über.

31 Es handelt sich hier um das Fest der Bona Dea (der „Guten Göttin") vom Jahre 62 v. Chr., zu dem generell nur Frauen Zutritt hatten; zu diesem Skandal s. auch Kap. 74.

32 197 v. Chr. wurden in Spanien zwei Provinzen, Hispania Citerior und Hispania Ulterior (das nördl. bzw. südl. Spanien), eingerichtet. Die Grenze bildete die Sierra Morena.

33 das heutige Cadiz.

34 Gemeint sind die Kolonien jenseits des Po (der Transpadana), denen als Folge des Bundesgenossenkrieges (88 v. Chr.) im Gegensatz zu den übrigen italischen Gemeinden nicht das volle römische Bürgerrecht verliehen wurde, sondern lediglich das der ehemaligen latinischen Kolonien.

35 Vgl. Anm. 18.

36 M. Licinius Crassus (geb. 115 v. Chr.), berüchtigt wegen seines immensen Reichtums. 70 und 55 v. Chr. Konsul; 60 v. Chr. schließt er mit Caesar und Pompeius das sog. erste Triumvirat; fällt 53 v. Chr. bei Carrhae im Kampf gegen die Parther.

37 P. Cornelius Sulla, der Neffe des Diktators Sulla.

38 richtig P. Autronius.

39 Es handelt sich hier um die sog. 1. Catilinarische Verschwörung von 66/65 v. Chr., bei der Cn. Calpurnius Piso die führende Rolle spielte.

40 In Notzeiten wurde in Rom die Führung des Staates einem Diktator anvertraut, der seinerseits als Stellvertreter einen *magister equitum* ernannte; allein die Eignung war für dieses Amt ausschlaggebend.

41 Annalist aus der späten Republik, dessen Geschichtswerk nicht erhalten ist.

42 Marcus Bibulus war Kollege Caesars als Ädil (65), Prätor (62) und Konsul (89 v. Chr.)

43 C. Scribonius Curio, Konsul 76 v. Chr., ein Anhänger der Senatspartei und erbitterter Feind Caesars; er war ein bekannter Redner und Schriftsteller und verfaßte einen Dialog, in dem er das Verhalten Caesars bei seiner Statthalterschaft in Gallien kritisierte.

44 Marcus Tullius Cicero (geb. 106 v. Chr.), bedeutendster Redner Roms, reiche schriftstellerische Tätigkeit („Reden", „rhetorische Schriften", „philosophische Schriften", „Briefe"); unterdrückt 63 v. Chr. als Konsul die Verschwörung Catilinas. Repräsentant der altrömischen republikanischen Ideale; 43 v. Chr. auf Veranlassung des Antonius ermordet.

45 Die Briefe Ciceros an Axius, einen reichen Senator, sind nicht erhalten.

46 Vgl. Anm. 39; er kam bei einer Meuterei in Spanien 64 v. Chr. ums Leben.

47 Siedlungsgebiet der Ambronen, vermutlich in der Gegend des südwestlichen Alpenbogens; sie hatten sich den Kimbern und Teutonen angeschlossen und wurden mit diesen 102 v. Chr. bei Aquae Sextiae (Aix en Provence) besiegt. – Transpadaner, Bewohner des Gebiets nördlich des Pos bis zu den Alpen.

48 Versammlungsplatz der Bürger neben dem Forum Romanum.

49 Die öffentlichen Hallen befanden sich an der Nordseite des Forums beim Komitium.

50 Vgl. Anm. 42.

51 Die Zwillingsgottheiten Castor und Pollux, auch Dioskuren (= Söhne des Zeus) genannt; der Sage nach aus einem Ei entstanden, das Leda gebar; verehrt als Nothelfer und besonders als Schutzherren der Seefahrer.

52 Dieser Titel wurde von Rom abhängigen Königen (sog. Klientelkönigen) gegeben. Allerdings erhielt der ägyptische König Ptolemaeus diesen Titel erst später im Jahre 59 v. Chr.

53 Vgl. Anm. 9.

54 König v. Numidien (heute Algerien); Krieg gegen Rom 111–104 v. Chr.; von Marius besiegt und gefangengenommen; schließlich ermordet.

55 Volksstämme, die auf Grund von Naturkatastrophen in ihrer

Heimat um Jütland auf der Suche nach neuen Wohnsitzen ins röm. Reich einbrachen und die Römer 113 v. Chr. bei Noreia besiegten; die Teutonen wurden 102 bei Aquae Sextiae (Aix en Provence), die Kimbern 101 bei Vercellae (Vercelli) geschlagen.

56 Hier ist Sullas Gesetz *„de proscriptione“* angesprochen. Meuchelmörder, die einen von ihm Geächteten getötet hatten, erhielten Straffreiheit.

57 Zu diesem Prozeß aus dem Jahre 63 v. Chr. ausführlich Cassius Dio 37,26,8 und Ciceros Rede „pro Rabirio“. Hier wurden Vorkommnisse aus dem Jahre 100 v. Chr. aufgerollt. C. Rabirius bestritt, L. Saturninus ermordet zu haben.

58 Es handelt sich um Ägypten.

59 Das Amt des *pontifex maximus* stand nur Patriziern offen und war auf Lebenszeit; es erhöhte Caesars Ansehen.

60 P. Servilius Isauricus (vgl. Anm. 17) und Q. Lutatius Catulus.

61 Vermutlich im Aug. 63 v. Chr.

62 L. Sergius Catilina stammte aus einem alten patrizischen Adelsgeschlecht, als Scherge Sullas an den Proskriptionen beteiligt. Nach seinen vergeblichen Versuchen, 64 und 63 v. Chr. das Konsulat zu erreichen, Staatsstreichpläne, die von Cicero aufgedeckt wurden; ausführlich darüber berichtet Sallust in seiner Schrift „Coniuratio Catilinae“.

63 Konsul des Jahres 62 v. Chr.

64 Q. Tullius Cicero (102–43), jüngerer Bruder des bekannten Redners; gemeinsam mit Caesar 65 v. Chr. Ädil und 62 v. Chr. Prätor; als Legat Caesars 54–52 v. Chr. in Gallien; über sein Leben sind wir durch Ciceros Briefe „ad Quintum fratrem“ gut informiert.

65 M. Porcius Cato (geb. 95 v. Chr.), Urenkel des Cato Censorius, Führer der röm. Senatsaristokratie und Verfechter alter röm. Sitten, entschiedener Gegner Caesars. Nach Caesars Sieg bei Thapsos (46 v. Chr.) begeht C. in Utica Selbstmord. – Zu Catos und Caesars Rede vgl. Sallust, Catilina 51.

66 1. 1. 62 v. Chr.

67 Q. Lutatius Catulus (121–61/60 v. Chr.), Konsul von 78 v. Chr.; Vertreter der Senatspartei; seine Bewerbung um das Oberponti-

fikat (vgl. dazu Anm. 60) war an Caesar gescheitert; auch weiterhin Widersacher Caesars; so beschuldigte er Caesar der Teilnahme an der Catilinarischen Verschwörung.

68 Q. Caecilius Metellus Nepos vertrat in seinem Volkstribunat 62 v. Chr. die Interessen des Pompeius.

69 Vgl. Anm. 62.

70 Gehilfe Ciceros; als er nicht erschienen war, um seine Anklage vorzubringen, wurde sein Mobiliar gepfändet und verschleudert.

71 Vermutlich war er Ädil; wohl nicht identisch mit dem gleichnamigen Volkstribun von 58 v. Chr.

72 Q. Curius, Teilnehmer an der Catilinarischen Verschwörung, der das Komplott verriet und die ersten Informationen lieferte.

73 Vgl. Anm. 32.

74 Vor allem der finanzkräftige Crassus (vgl. Anm. 36) bürgte für ihn.

75 Caesar hätte erst am Ende seiner Amtszeit als Feldherr Rom betreten und einen Triumph feiern können. Da er sich jedoch um das Konsulat bewerben wollte und dazu seine Anwesenheit in Rom nötig war, trat er vorzeitig von seinem Amt zurück.

76 L. Lucceius klagte 64 v. Chr. Catilina wegen Meuchelmord an; auch Geschichtsschreiber.

77 Vgl. Anm. 42; zu seiner polit. Bedeutungslosigkeit vgl. Kap. 10.

78 Vgl. Anm. 65.

79 Cn. Pompeius Magnus (106–48 v. Chr.), ab 83 v. Chr. Heerführer auf der Seite Sullas gegen Marius; schneller politischer Aufstieg ohne Einhaltung der üblichen Ämterlaufbahn; Oberbefehl gegen Sertorius in Spanien (76–72 v. Chr.), gegen den Sklavenaufstand des Spartacus (71 v. Chr.) und gegen die Seeräuber (67 v. Chr.); beim Krieg gegen Mithridates gibt er ganz Vorderasien eine neue Ordnung. 60 v. Chr. bilden P., Caesar und Crassus eine Interessengemeinschaft, das sog. 1. Triumvirat; 56 v. Chr. in Luca erneuert.

80 Vgl. Anm. 23.

81 Vgl. Anm. 36.

82 1. 1. 59 v. Chr.
83 Die *acta diurna* sind die durch öffentlichen Anschlag bekanntgegebenen Tagesnachrichten. Caesar wollte insbesondere durch die Veröffentlichung von Senatsbeschlüssen eine Art Kontrolle des Senats durch das Volk erreichen. Seit Augustus wurden jedoch keine Senatsbeschlüsse mehr publiziert, sondern lediglich eine von dem kaiserlichen Presseamt unter einem Prokurator herausgegebene redigierte Fassung.
84 Fruchtbares Gebiet in Kampanien.
85 Vgl. Anm. 65.
86 Lucius Lucullus, Konsul v. 74 v. Chr.; er fühlte sich als der eigentliche Sieger über Mithridates und sah sich durch Pompeius um seine Lorbeeren betrogen.
87 Vgl. Kap. 6, Anm. 30; als Plebeier konnte Clodius Volkstribun werden.
88 Vgl. Kap. 17, Anm. 70.
89 Konsul 58 v. Chr.
90 Als Entschädigung bot ihm Pompeius seine Tochter an; die Ehe kam jedoch nicht zustande.
91 Gallia Cisalpina (Gallien diesseits der Alpen), das heutige Oberitalien; Gallia Comata, das wegen der Haartracht seiner Bewohner so genannte Gallien nördlich der Alpen. – Illyrien, heute Jugoslawien.
92 Anspielung auf sein homosexuelles Verhältnis zu König Nikomedes (vgl. Kap. 2; 49)
93 Legendäre babylonische Königin.
94 Legendäres kriegerisches Frauenvolk in Kleinasien, das Männer nur zur Fortpflanzung duldete.
95 Später ein Freund Caesars; vgl. Kap. 49.
96 Ausführlicher dazu in Nero 2.
97 Über diesen Lucius Antistius und seine Anklage gegen Caesar ist sonst nichts weiter bekannt.
98 H. Lucca (mittelitalienische Provinzhauptstadt, links am Serchio); 56 v. Chr. Erneuerung des Triumvirats.
99 Obwohl für das Jahr 55 v. Chr. gewählt, konnte Domitius erst 54 v. Chr. sein Konsulat antreten.

100 Seine ursprünglich übernommenen 4 Legionen (Sollstärke je 6000 Mann) hat er im Jahr 57 bereits auf 8 erhöht.

101 Keltisches Wort für „Haubenlerche"; die Legion wurde wegen ihres Helmschmucks so benannt.

102 Nach wichtigen Siegen wurden öffentliche Dankfeste *(supplicationes)* veranstaltet. Sie bestanden aus Opferhandlungen, Gebeten vor den Tempeln und Prozession; ursprünglich dauerten sie nur einen Tag, wurden jedoch zur Zeit Caesars auf über vierzig ausgedehnt.

103 Von 58–50 v. Chr.

104 Die heutigen Cevennen, der südöstliche Bruchrand des franz. Zentralplateaus.

105 Ca. 4700 km²

106 54 v. Chr.

107 52 v. Chr.; Stadt der Averner, westl. des Allier, südl. von Clermont-Ferrand auf einem Hochplateau (Mont Gergovie) gelegen.

108 Arunculeius Cotta.

109 Dazu Kap. 74.

110 54 v. Chr. Tochter Iulia stirbt bei einer Frühgeburt zusammen mit ihrem Kind.

111 Vgl. Anm. 30; 52 v. Chr. v. Milo ermordet.

112 Caesars Tochter Iulia, die Ehefrau des Pompeius, starb nämlich 54 v. Chr.

113 Vgl. Kap. 29; bes. Anm. 118.

114 Der Sohn des Diktators Sulla

115 Konsul v. 51 v. Chr.; entschiedener Anhänger des Pompeius; Cicero verfaßte eine Rede *„pro Marcello"*.

116 Durch das Vatinische Gesetz im Jahre 59 wurde Caesar das Diesseitige Gallien (vgl. Kap. 22) als Provinz übertragen.

117 H. Como am Comersee.

118 Dieser C. Marcellus, Konsul des Jahres 50, war Octavias Ehemann.

119 L. Aemilius Paulus, Sohn des Lepidus (Anm. 19), Konsul 50 v. Chr.; ursprünglich Vertreter der Aristokraten und Feind Caesars.

120 Zum Vater Anm. 43; ebenso wie Aemilius (Anm. 119) Aristokrat und stark verschuldet; daher leicht bestechlich.

121 Gaius Marcellus (Bruder des M. Marcellus Anm. 115; nicht identisch mit dem Konsul vom Jahre 50) und L. Cornelius Lentulus Crus, Konsuln des Jahres 49.

122 Um einem Prozeß zu entgehen, mußte er verhindern, vor Antritt seines Konsulats Privatmann zu werden.

123 Dez. 50 v. Chr.

124 Vgl. Anm. 65.

125 Titus Annius Milo. Volkstribun des Jahres 57; Mörder seines politischen Gegners Clodius (Kap. 26, Anm. 111); er terrorisierte mit seinen Banden die Stadt.

126 C. Asinius Pollio (76 v. Chr.–4 n. Chr.), Offizier Caesars; bedeutend als Redner, Tragödiendichter und vor allem als Geschichtsschreiber der Bürgerkriege; Werk nicht erhalten.

127 Vgl. Kap. 35.

128 Vgl. Anm. 44; Cic., Pflichten III 82.

129 Phoenizerinnen 524f.

130 Kl. Fluß, der nördl. von Rimini in die Adria mündet; wahrscheinlich der heutige Fiumicino.

131 Die Ritter und die Senatoren hatten das Vorrecht, einen goldenen Siegelring zu tragen. 400000 Sesterzen mußte ein Ritter als Mindestvermögen vorweisen.

132 Picenum zwischen adriatischer Küste und Apennin (vom Aesis bis zum Aternus); Etrurien westl. Mittelitalien; links des Tibers dazwischenliegend Umbrien, d.h., Caesar drang auf ganzer Breite bis weit nach Mittelitalien vor.

133 Vgl. dazu Kap. 23 (Anm. 96); 24 (Anm. 99)

134 Hauptort der Päligner, östl. des Fuciner Sees in Mittelitalien; beim Bundesgenossenkrieg kurze Zeit Hauptstadt Italiens.

135 Brundisium, h. Brindisi, Hafen an der Adria; besonders geeignet zum Übersetzen nach Griechenland; gegenüber an der illyrischen Küste liegt Dyrrachium (h. Durazzo).

136 M. Petreius (Legat des Pompeius im Jenseitigen Spanien), L. Afranius (Legat im Diesseitigen Spanien) wurden mit ihrem vereinigten Heer 49 v. Chr. bei Ilerda (h. Lérida) besiegt; beide

nahmen an der Schlacht von Pharsalus (48) und Thapsus (46) teil; im Anschluß daran fanden sie auf unerklärbare Weise den Tod; M. Terentius Varro (116–27 v. Chr.) gilt als größter Gelehrter und fruchtbarster Schriftsteller des antiken Rom. Sein umfangreiches Werk ist bis auf weniges verloren; 49 v. Chr. war er Sonderlegat, nach Abgang des Petreius Legat des Jenseitigen Spanien; er ergibt sich kampflos Caesar.

137 H. Marseille.

138 In Thessalien am 9. 8.48.

139 Ptolemäer, Königsdynastie in Ägypten; hier Pt. XIII Philopator Philadelphos, 51 v. Chr. Mitregent der Schwestergemahlin Kleopatra, die er 48 v. Chr. vertrieb.

140 Östl. Teil der Südküste des Schwarzen Meeres; grenzt an Bithynien (Anm. 13).

141 Vgl. Anm. 23.

142 Schlacht bei Zela 47 v. Chr.

143 Q. Caecilius Metellus Scipio, Konsul v. 52 v. Chr.; Aristokrat; Anfang 49 im Senat entschiedener Gegner Caesars, Kommandant bei Pharsalos (48); kurz nach der Niederlage bei Thapsus (46) durch Selbstmord verstorben.

144 Iuba (etwas vor 50–46 v. Chr., König v. Numidien) mit Scipio (Anm. 143) untergegangen; vgl. auch Kap. 71.

145 46 v. Chr. bei Thapsus, südöstl. von Karthago; 45 v. Chr. in Spanien bei Munda, in der Provinz Granada; Gnaeus Pompeius kam auf der Flucht um, sein Bruder Sextus konnte sich retten und spielte beim zweiten Triumvirat eine wichtige Rolle (vgl. Aug. 16).

146 Vgl. Kap. 29, Anm. 120.

147 Der Bruder des bekannten Triumvirn Mark Anton; geschlagen, als er 49 v. Chr. der Flotte des Dolabella zu Hilfe kommen wollte.

148 49 v. Chr.; P. Cornelius Dolabella (69–43 v. Chr.), ein Opportunist, war Schwiegersohn Ciceros und suchte auch diesen für Caesar zu gewinnen; nach 44 auf Seiten der Caesarmörder.

149 Konsul 43 v. Chr.; wurde bei dem Versuch, Pharnakes aus Armenien und Kappadokien zu vertreiben, 47 v. Chr. geschlagen.

150 H. Durazzo bzw. Durres an der albanischen Küste; vgl. Kap. 68.
151 46 und 45 v. Chr.
152 Die Niederung zwischen dem Kapitolinischen und Palatinischen Hügel.
153 87,5 Liter, das Zweifache der üblichen Monatsration.
154 3,27 kg.
155 Dazu ausführlicher bei Plutarch, Caesar 55,1.
156 Vgl. Aug. 43.
157 Senatoren war es normalerweise verboten, an Gladiatorenkämpfen teilzunehmen.
158 Vgl. Anm. 11 u. 13.
159 Der Mimus ist eine Form der Komödie, die in kleinen, oft derben Szenen, mit Gesangs- und Tanzeinlagen, typische Ereignisse der Alltagswelt darstellt; der besondere Reiz lag in der Improvisation der Darsteller. Decimus Labrius (geb. 106) war einer der bekanntesten Mimendichter aus dem Ritterstand. Sein Auftritt auf der Bühne war mit der Würde eines Ritters nicht vereinbar und bedeutete den Ausschluß aus dem Stand; so mußte ihm die Ritterwürde erst wieder von neuem verliehen werden.
160 Die Orchestra ist der Raum unmittelbar vor der Bühne, wo die Senatoren ihre Plätze hatten. Die ersten vierzehn Bänke dahinter waren für die Ritter reserviert.
161 Der Circus Maximus zwischen Palatin und Aventin hatte ursprünglich für die Zuschauer Holzgerüste und wurde erst in der Kaiserzeit in Stein ausgebaut; unter Augustus faßte er 60000 Personen.
162 Das von Aeneas gestiftete Troiaspiel (dazu Vergil, Aeneis 5, 545ff.) wurde von Caesar wieder eingeführt. Die jungen Adeligen hatten zu Pferde eine Art Scheingefecht aufzuführen und konnten so ihre Geschicklichkeit zeigen.
163 Durch eine Schranke waren im Zirkus die beiden Bahnen für Hin- und Rückfahrt voneinander geschieden. Die Enden der Schranke, wo die Rennfahrer auf die andere Spur wechseln mußten, wurden durch Zielsäulen gekennzeichnet.
164 Wörtl. „Binsen"-feld; das kleinere lag auf dem Marsfeld, das größere auf dem rechten Tiberufer.

165 46 v. Chr. unter Beratung des alexandrinischen Astronomen Sosigenes.
166 Plebeische Beamte, die den Quästor bei der Verwaltung der Staatskasse *(aerarium)* unterstützten.
167 Caesar wollte wohl dadurch das arbeitslose Proletariat in Rom verringern; außerdem waren Gruppen von Hirten, die nur aus Sklaven bestanden, eine potentielle politische Gefahr.
168 Diese Berufe wurden meist von Sklaven und Freigelassenen ausgeübt.
169 In der Zeit der Bürgerkriege war der Preis für Grundstücke beträchtlich gefallen.
170 Das Ziel war die Unterdrückung einer politischen Opposition. Hinter diesen Vereinen verbargen sich oft politische Gruppierungen, die in der späten Republik einen ständigen Unruheherd darstellten; bestehen blieben lediglich die Kollegien der Priester, Auguren, Künstler und Handwerker.
171 Diese Zölle, die 60 v. Chr. abgeschafft worden waren, wurden von Caesar wieder eingeführt.
172 Als Bauplatz vorgesehen war das kleine Codetafeld (vgl. Anm. 164); der Tempel wurde nie gebaut.
173 Begonnen 44 v. Chr.; vollendet unter Augustus 11 v. Chr.; Teile noch erhalten an der Piazza Montanara (zwischen Tiber und dem südwestl. Ende des Kapitols).
174 Vgl. Kap. 34, Anm. 136.
175 Südl. von Rom in Latium; sie begannen am 40. Meilenstein der Via Appia.
176 H. Lago di Celano, östl. v. Rom in den Apenninen (vgl. Claud. 20).
177 Die Landenge von Korinth (vgl. Cal. 21 und Nero 19).
178 Volk im heutigen Rumänien.
179 Vgl. Anm. 140.
180 Landschaft auf der östl. Balkanhalbinsel, zwischen der Donau im N und Ägäischem und Marmarameer im S; westl. davon Makedonien.
181 Landschaft westl. des oberen Euphrats.
182 Iranisches Reitervolk; Pompeius überließ ihnen Gebiete bis zum Euphrat; Crassus fiel gegen sie 53 v. Chr. bei Carrhae.

183 15. 3. 44 v. Chr.

184 Lat. *morbus comitialis*; wenn nämlich jemand bei den Komitien (Wahlversammlungen) einen Epilepsieanfall hatte, galt dies als ein schlechtes Vorzeichen, und die Versammlung wurde abgebrochen.

185 Eine belebte Straße, die vom Kapitol zum Esquilin führte und einen etwas zweifelhaften Ruf hatte.

186 Ein kleiner Kratersee neben dem Albanersee (südl. von Rom in Latium am Monte Caro), bekannt wegen des heiligen Hains der Göttin Diana.

187 Vgl. Kap. 2, Anm. 14 und Kap. 22, Anm. 92.

188 C. Licinius Calvus bekannter Dichter und Redner der ausgehenden Republik.

189 Vgl. Kap. 4, Anm. 20.

190 Vgl. Kap. 9, Anm. 42 und Kap. 20.

191 Vgl. Kap. 9, Anm. 42 und Kap. 20.

192 Nicht weiter bekannt.

193 Vgl. Anm. 95.

194 Vgl. Kap. 29; ein hervorragender Rechtsgelehrter; Freund Ciceros; im Bürgerkrieg neutral.

195 Konsul von 58 v. Chr.; auf der Seite Caesars seit 49; 66–62 im Dienst des Pompeius.

196 Vgl. Anm. 43 und 120.

197 Iụlia; dazu Kap. 21.

198 Geliebter der Klytämnestra in der Zeit, als ihr Mann Agamemnon in Troia war; er ermordete mit Hilfe der Klytämnestra den Agamemnon.

199 Das lat. Wortspiel *„tertia deducta"* ist im Deutschen kaum nachvollziehbar. Zum einen bedeutet es, daß man ein Drittel des Kaufpreises nachgelassen hat, zum anderen, daß Caesar mit Tertia (der Name der Tochter der Servilia) zusammengeführt worden ist.

200 Zusammen mit Bocchus ca. 55–44 v. Chr. König von Mauretanien (h. Marokko und westl. Algerien); später Anhänger des Antonius.

201 M. Actorius Naso schrieb ein nicht mehr erhaltenes geschichtliches Werk über die Zeit Caesars; vgl. Kap. 9.

202 Vgl. Kap. 35 Anm. 139.
203 Nämlich Caesarion.
204 Ein Ritter und enger Freund Caesars; politisch aber nicht weiter hervorgetreten.
205 C. Oppius, ein Ritter und Vertrauter Caesars; mit einer Reihe von politischen und privaten Aufgaben betraut; seine Schriften, die auch Sueton benutzte (Kap. 53), sind nicht erhalten.
206 Im Jahre 44 v. Chr.
207 Vgl. Kap. 49.
208 Vgl. Anm. 65.
209 Heute Portugal.
210 Vorher war der Wert eines Pfund Goldes um 4000 Sesterzen anzusetzen.
211 Ptolemaeus XII Theos Philopator Philadelphos Dionysos Auletes, König von Ägypten. 59 v. Chr. wurde er *socius et amicus p. R.*, was sich Caesar mit einer großen Geldsumme bezahlen ließ. Seine rigorosen Methoden, die Gelder von seinen Untertanen einzutreiben, führten zu seiner Vertreibung 57 v. Chr. Mit Hilfe Roms kam er 55 v. Chr. wieder an die Macht.
212 Zum Prozeß von 77 v. Chr. vgl. Kap. 4 und Anm. 20.
213 Cicero Brutus 75, 261 f.
214 N. Cornelius Nepos (ca. 100–25 v. Chr.), Verfasser historischer Werke; erhalten sind Teile seiner Lebensbeschreibung „Berühmter Männer“, in denen jeweils ein Römer einem Nichtrömer gegenübergestellt wird.
215 C. Iulius Caesar Strabo, Konsul 86 v. Chr.; von Sulpicius 85 v. Chr. ermordet; er war ein bekannter Redner und Dichter; die Rede „Für die Sardinier“ von 103 v. Chr. richtete sich gegen den Statthalter dieser Provinz, den er wegen Erpressung anklagte. – Die Divination war eine Rede Caesars, mit der er sich unter mehreren Mitbewerbern darum bewarb, bei einem bestimmten Prozeß die Anklage führen zu dürfen.
216 Erstmals wurden im Jahre 63 v. Chr. die Debatten über die Catilinarische Verschwörung von Stenographen mitgeschrieben; zu Metellus vgl. Kap. 16 und Anm. 68.
217 Vgl. Anm. 126.

218 Vgl. Kap. 52 Anm. 205.

219 Aulus Hirtius war plebeiischer Abstammung, ein Freund Ciceros und Caesars; unter letzterem Legat in Gallien und mit besonderen Aufgaben betraut. Als Konsul des Jahres 43 v. Chr. ist er mit seinem Kollegen C. Vibius Pansa in der Schlacht bei Mutina gegen Antonius gefallen. Er schrieb das 8. Buch des „Gallischen Krieges"; er nahm aber weder am „Alexandrinischen" noch am „Afrikanischen" oder „Spanischen" Krieg teil. Da der Autor des „Alexandrinischen" Krieges das Geschehen offenbar nicht selbst erlebte und da sich auch stilistische Parallelen zum 8. Buch des „Gallischen" Krieges ergeben, ist es wahrscheinlich, daß es sich hier um ein Werk des Hirtius handelt. Der „Afrikanische" und „Spanische" Krieg muß aber von einem Augenzeugen verfaßt worden sein.

220 Anm. 213.

221 Vgl. Anm. 126.

222 Ein sprachwissenschaftliches Werk, das Cicero gewidmet war.

223 Dieses Werk ist eine Erwiderung auf eine Lobschrift Ciceros auf Cato, den politischen Gegner Caesars (vgl. Kap. 14 Anm. 65); die Schrift wurde um 45 v. Chr. verfaßt.

224 Reisen waren ein beliebter Stoff für Gedichte; Einzelheiten dieses Gedichtes sind nicht bekannt.

225 Während es sonst üblich war, lose Buchrollen zu beschreiben, erfand Caesar eine Art Notizbuch.

226 Pompeius Macer war Sohn eines Griechen und Freund des Pompeius. Trotzdem haben die Briefe zur Zeit Suetons noch existiert.

227 Ca. 150 km.

228 Am 4. 1. 48; h. Durazzo bzw. Durres an der albanischen Küste.

229 Näheres bei Plutarch, Caesar 38,3.

230 Vgl. dazu Kap. 35 Anm. 143 u. 144.

231 Von lat. *salax*: geil; Spottname, der etwa Lustmolch bedeutet.

232 Der Tempel der Venus Genetrix auf dem Forum Iulium wurde am 26. 9. 46 v. Chr. eingeweiht.

233 Vgl. Kap. 35 Anm. 138.

234 Sonst unbekannt; nicht zu verwechseln mit C. Cassius (Kap. 80; 85) oder L. Cassius Longinus.

235 Ca. 500 m.
236 Vgl. Anm. 144.
237 Unter Augustus wurde diese Art der Anrede verboten (Suet. Aug. 25), kam aber in der unruhigen Zeit des Vierkaiserjahres 68/69 n. Chr. von neuem auf.
238 Vgl. Kap. 25.
239 Vgl. Anm. 228.
240 Caesar selbst nennt das Kraut im „Bürgerkrieg" 3,48,1 *chara*; von den Botanikern nicht genau identifizierbar (Blumenbinse, Mattenkümmel, Hederich).
241 Eine Legion bestand aus 10 Kohorten mit einer Sollstärke von je 600 Mann.
242 H. Marseille in Südfrankreich.
243 In der Schlacht bei Marathon 490 v. Chr.
244 H. Piacenza in Oberitalien nahe der Mündung der Trebia in den Po; im Jahre 49 v. Chr.
245 Übliche Anrede unter römischen Bürgern, wodurch Caesar zum Ausdruck bringen will, daß er die Angesprochenen bereits als Zivilisten betrachtet.
246 Der Name Masintha ist numidisch; möglicherweise Sohn des Königs von Numidien Hiarbas, der im Auftrag Sullas 83 v. Chr. von Pompeius besiegt wurde und Hiempsal weichen mußte; zu Iuba vgl. Anm. 144.
247 61 v. Chr.; vgl. Kap. 15.
248 Vgl. Anm. 205.
249 Seine Bewerbung um das Konsulat von 54 v. Chr. war nicht erfolgreich; er war ein bekannter Dichter und Redner, anfangs ein Gegner, dann ein Freund Caesars (vgl. Kap. 23 u. 49).
250 Vgl. Kap. 49 Anm. 188.
251 In dem Werk des berühmten Dichters Catull aus Verona (ca. 87–54 v. Chr.) wird erstmals in der römischen Dichtung persönlichen Gefühlen und Stimmungen mehr Platz eingeräumt. In den Gedichten 29 und 57 attackiert er den Ritter Mamurra, der es durch die Gunst Caesars zu einem großen Vermögen gebracht hatte.
252 Vgl. Kap. 4.

253 Vgl. Kap. 1.
254 Dazu Kap. 6; zu Clodius Anm. 30.
255 Die Tochter von M. Aurelius Cotta (Anm. 8) und Rutilia; 54 v. Chr. gestorben.
256 Caesar hatte zwei Schwestern mit dem Namen Iulia. Es ist nicht ersichtlich, welche hier gemeint ist.
257 H. Lérida in Spanien im östl. Ebrobecken am rechten Ufer der Segre, spielte im Bürgerkrieg 49 v. Chr. eine wichtige Rolle.
258 Zu Afranius und Petreius vgl. Anm. 136.
259 Vgl. Kap. 35 Anm. 138.
260 Vgl. Kap. 27 Anm. 114.
261 Sohn des Lucius Iulius Caesar, Konsul von 64 v. Chr. (und Enkel von Anm. 215); er war ein entfernter Cousin Caesars; 49 v. Chr. beim Bürgerkrieg auf der Seite des Pompeius.
262 Aulus Caecina war von Jugend an mit Cicero bekannt, von dem wir in seinen Briefen (Fam. 6,5-7) Einzelheiten über das Leben des Caecina erfahren. Als Anhänger des Pompeius verfaßte er 48 v. Chr. eine Schmähschrift gegen Caesar. Durch das Buch *querelae* (Klagen) versuchte er, Verzeihung zu erlangen. – Pitholaus, möglicherweise mit dem bei Sueton, „Philologen und Rhetoren 27", erwähnten Pilutus zu identifizieren, der in einigen Handschriften als Pitholaus überliefert ist. Er war der Rhetoriklehrer des Pompeius und verfaßte eine Biographie über ihn.
263 Vgl. Anm. 160.
264 Der goldene Sessel galt als Zeichen königlicher Herrschaft.
265 *Flamines* (wörtl. „Opferanbläser") nannten sich die Oberpriester einer jeweils bestimmten Gottheit. In der Kaiserzeit wurden *flamines* für die verstorbenen und vergöttlichten Kaiser eingesetzt. (Caesar bekam mit Marcus Antonius bereits zu Lebzeiten einen Flamen für den 44 v. Chr. eingeweihten Tempel des Iupiter Iulius. Auch aus anderen Städten sind Flamines Caesars belegt.
266 Es gab bereits zwei Kollegien von Panpriestern, die am 15. Februar jedes Jahres zu Ehren des Gottes Lupercus (Wolfsbezwinger) ein religiöses Fest durchführten. Das von Caesar 44 v. Chr. geschaffene dritte Kollegium war im wesentlichen mit Aufsichtsaufgaben betraut.

267 Juli.
268 46 und 45 v.Chr.
269 Im Jahre 47 v.Chr. wurden im Herbst Q. Fufius Calenus und P. Vatinius zu Konsuln ernannt; im Jahre 45 v.Chr. übernahmen am 1. Oktober Q. Fabius Maximus u. C. Trebonius das Konsulat.
270 Vgl. Kap. 41.
271 C. Caninius wurde am 31. 12. 45 v.Chr. um etwa 12.45 Uhr für den Rest des Jahres zum Konsul ernannt. In der antiken Literatur (z.B. Cicero, Briefe an seine Freunde 7,30,1) gibt es zu diesem Vorgang mehrere zynische Bemerkungen.
272 Er war Pompeianer; 46 v.Chr. aus der Verbannung zurückgerufen, betätigte sich als Historiker und Biograph.
273 Ein Wortspiel im Lateinischen, da *dictatura* erstens das vom Lehrer den Schülern gegebene Diktat bedeutet, zweitens die Diktatur, die Sulla 82–79 v.Chr. bekleidete.
274 Vgl. Kap. 61 Anm. 232.
275 Cornelius Balbus, Konsul von 40 v.Chr.; er stammte aus Gades in Spanien; 61 v.Chr. *praefectus fabrum* Caesars in Spanien; er war maßgebend am Zustandekommen des 1. Triumvirats beteiligt; zeitweise mit Caesar in Gallien; in den Jahren 50–44 v.Chr. wirkte er für Caesar in Rom und setzte sich für die Aussöhnung mit seinen Gegnern ein.
276 Gaius Trebatius Testa, ein römischer Jurist und Schützling Ciceros. Horaz widmete ihm das erste Gedicht seines zweiten Satirenbuchs.
277 Volkstribun von 45 v.Chr.; er gehörte zum Kreis der Verschwörer.
278 Die *feriae Latinae* waren ursprünglich ein Fest des Latinischen Bundes, das auf dem Albanerberg abgehalten wurde.
279 Dies galt als Zeichen der Königsherrschaft.
280 Religiöses Fest am 15. Februar; vgl. Anm. 266.
281 Marcus Antonius, Konsul von 44 v.Chr. Zu seiner Rolle nach dem Tod Caesars vgl. Kap. 83f. Er schloß 43 v.Chr. mit Lepidus und Octavian das sog. 2. Triumvirat und hatte einen entscheidenden Anteil am Sieg über die Caesarmörder 42 v.Chr.

bei Philippi. Im Kampf um die Macht im Staate unterliegt er Octavian am 2. Sept. 31 v. Chr. in der Schlacht bei Actium.

282 Ilium = Troia an der NW-Ecke Kleinasiens. Homer schildert in seinem Epos „Ilias" die Zerstörung der Stadt durch die Griechen (um 1200 v. Chr.). Der Sage nach (Aeneis) seien die vertriebenen Troianer die Gründer Roms gewesen.

283 Konsul von 67 v. Chr.; Bruder des C. Cotta (Anm. 8).

284 Weissagungsbücher, die eine Sammlung von Orakelsprüchen enthielten und bei wichtigen Staatsangelegenheiten zu Rate gezogen wurden.

285 Vgl. Kap. 44 Anm. 182.

286 Vgl. dazu Kap. 76 Ende.

287 Weite Pluderhosen waren die Nationaltracht der Gallier. Der breite Purpurstreifen an der Toga galt als Zeichen der Senatorenwürde.

288 Vgl. Kap. 76 Anm. 269.

289 Zu diesem Vorfall vgl. Kap. 79 Anfang.

290 Lucius Brutus hatte um 500 v. Chr. den letzten römischen König Tarquinius Superbus aus der Stadt vertrieben.

291 Die Statue Caesars stand auf dem Kapitol in einer Reihe mit denen der sieben alten Könige. In unmittelbarer Nähe war auch die Statue des Brutus aufgestellt.

292 C. Cassius Longinus kämpfte im Bürgerkrieg auf der Seite des Pompeius. Nach der Schlacht bei Pharsalus (48 v. Chr.) kam es zwar zu einer Aussöhnung mit Caesar; doch in seinem Herzen blieb Cassius wohl immer ein Gegner Caesars.

293 Die beiden Brutus waren nicht miteinander verwandt. – Der bekanntere Marcus (geb. 85 v. Chr.) gehörte schon seit jungen Jahren zum engsten Kreis Caesars; 44 v. Chr. bekleidete er die Prätur; trotz seiner persönlichen Freundschaft zu Caesar ließ er sich für die Verschwörung gewinnen. Im anschließenden Bürgerkrieg unterliegt er mit Cassius in der Schlacht bei Philippi (42 v. Chr.) dem Octavian und Antonius. – Auch Decimius (geb. ca. 83 v. Chr.) stand lange Jahre im Dienste Caesars und galt als sein Vertrauter; 44 v. Chr. wurde er mit der Verwaltung des Diesseitigen Gallien beauftragt. Nach der Ermordung des

Diktators versteht er es nicht, im Anschluß an die erfolgreiche Schlacht von Mutina (h. Modena) 43 v.Chr. die Gunst der Stunde zu nutzen und findet schließlich durch Antonius den Tod.

294 Gemeint ist hier das Podest, auf dem bei den Wahlversammlungen die Stimmen abgegeben wurden.

295 Das Theater des Pompeius auf dem Marsfeld.

296 40 km nördl. v. Neapel im Golf v. Kampanien.

297 Capys, der sagenhafte Gründer Capuas, soll (vgl. Vergil 10,145) wie sein Begleiter Aeneas aus Ilium (vgl. Anm. 282) nach Italien gekommen sein.

298 Vgl. Anm. 275.

299 Vgl. Anm. 130.

300 Etwa um 11 Uhr.

301 Vgl. Anm. 293.

302 Eine einflußreiche Persönlichkeit bei Caesar; er war wohl verärgert, weil dieser seinen Bruder nicht aus der Verbannung zurückrief.

303 Nämlich P. Servilius Casca, ein Parteigänger Caesars; Volkstribun von 43 v.Chr.

304 Es gab das Gerücht, Brutus sei aus einem Liebesverhältnis Caesars mit dessen Mutter Servilia hervorgegangen; vgl. dazu Kap. 50.

305 Vgl. Anm. 281.

306 Ein Diktator hatte das Recht, als Amtsgehilfen einen *magister equitum* zu ernennen, der ihm unmittelbar unterstellt war und als sein Stellvertreter fungierte.

307 M. Aemilius Lepidus war ein alter Parteigänger Caesars und ließ nach dessen Ermordung Rom vom Militär besetzen; 43 v.Chr. schließt er mit Octavian und Antonius das 2. Triumvirat, verliert aber gegenüber den anderen beiden immer mehr an politischem Einfluß.

308 Vgl. Kap. 21 Anm. 89.

309 Kleine Stadt südöstlich von Rom in den Albanerbergen.

310 Zu den Vestalischen Jungfrauen vgl. Anm. 6.

311 Er ist als Ankläger des Ligarius bekannt (46 v.Chr.); verfaßte eine Geschichte Roms, die auch Livius benützte.

312 Nach seiner Adoption durch Caesar nannte er sich Octavian, der spätere Kaiser Augustus; er war der Enkel von Caesars jüngerer Schwester Iulia.

313 L. Pinarius und Q. Pedius waren Enkel von Caesars älterer Schwester Iulia. Sie stammten aus zwei voneinander verschiedenen Ehen und trugen den gleichen Namen wie ihre Väter.

314 Vgl. Anm. 293.

315 D.h. der Erbfall trat dann ein, wenn die an erster Stelle genannten Erben verstorben waren oder die Erbschaft ablehnten.

316 Caesars Tochter, gest. 54 v.Chr.

317 Vgl. Anm. 232.

318 Pacuvius war ein römischer Tragödiendichter (220–130 v.Chr.); die hier zitierte Stelle ist eine Szene aus einem Stück über den troianischen Krieg; sie handelt von dem Streit des Aiax und Odysseus um die Waffen des Achill.

319 Atilius verfaßte eine Übersetzung von Sophokles' „Elektra".

320 Die goldene Kapsel trugen die Knaben der vornehmen römischen Familien um den Hals. Sie enthielt die Nachbildung eines männlichen Gliedes, das von den Kindern Unheil abwenden sollte. Sobald sie volljährig wurden, legten sie die Kapsel mit der Knabentoga *(toga praetexta)* ab und weihten sie den Schutzgöttern (Laren) des Hauses.

321 Der Grund war wohl die judenfreundliche Politik Caesars; er gewährte den Juden eine Reihe von Privilegien und das Recht auf freie Religionsausübung.

322 Vgl. Kap. 52 Anm. 216.

323 Prätor 44 v.Chr.; es ist fraglich, ob er an der Verschwörung wirklich aktiv beteiligt war (vgl. Appian 2,121).

324 Eine besondere Art von gelblichem Marmor.

325 Vgl. Kap. 76.

326 Bekannter athenischer Geschichtsschreiber (430–354 v.Chr.), Aristokrat; nahm am Zug des jüngeren Kyros gegen Artaxerxes teil, den er in seinem Werk „Anabasis" schildert; weitere Werke: „Hellenische Geschichte" (411–362); staatspolitische Schriften: „Agesilaos" und „Staat der Lakedämonier"; obiges Zitat stammt aus der „Kyrupaideia" (8,7), ein pädagogisch-

politischer Tendenzroman, in dem das Thema über den Idealkönig im Mittelpunkt steht.

327 Vgl. Anm. 307.

328 Gegen 17 Uhr.

AUGUSTUS

1 Vgl. Stammtafel.
2 H. Vellitri, ca. 30 km südöstl. von Rom, eine Gründung der Volsker.
3 Kriegsgott.
4 Der fünfte in der Reihe der sieben Könige von Rom; nach der antiken Überlieferung stammte er aus Tarquinii.
5 Der sechste römische König. Auf ihn gehen angeblich die servianische Verfassung und die serv. Mauer zurück; beide sind aber in eine spätere Zeit (wohl um 400 v. Chr.) zu datieren.
6 Im Januar 42 v. Chr. wurde Caesar feierlich unter die Götter aufgenommen.
7 Vgl. dazu Caes. 41.
8 Aemilius hatte das Kommando 205 v. Chr. inne. Aus chronologischen Gesichtspunkten (sowohl der Vater als auch der Großvater des Augustus hätten ihren Sohn erst im Alter von über 60 Jahren zeugen müssen) ist es daher wahrscheinlicher, daß hier nicht vom leiblichen Urgroßvater die Rede ist, sondern daß lat. *proavus* in einem allgemeineren Sinne Urahne bedeutet.
9 Vgl. Caes. Anm. 281.
10 Thurii, Stadt in Unteritalien (Kalabrien) unweit des h. Rossano, gegründet von Perikles 444/3 v. Chr. anstelle des zerstörten Sybaris.
11 Sueton benutzte insbesondere die Pamphlete des Marcus Antonius gegen Augustus.
12 Octavius (ca. 101–59 v. Chr.) war zweimal Kriegstribun, Quästor 66 v. Chr., Ädil 63, Prätor 61, Proprätor 60 v. Chr. in Makedonien. Da er erst in seiner Provinz Amtsgewalt inne-

hatte, mußte ihm zur Unterwerfung der restlichen Scharen des Spartacus (Anführer des Sklavenaufstands von 72 v. Chr.) und des Catilina (Anführer der Verschwörung von 63 v. Chr.; vgl. dazu Caes. Anm. 62) auf seinem Weg dorthin eigens vom Senat eine Sondermission übertragen werden. Das unwirtliche Hinterland von Thurii (Anm. 10) bot geeignete Schlupfwinkel für politische Flüchtlinge.

13 Die Besser sind ein Teil der Thraker; zu letzteren vgl. Caes. Anm. 180.

14 Jüngerer Bruder des M. Tullius Cicero (vgl. Caes. Anm. 44); er verwaltete die Provinz Asia 61–58 v. Chr. Die Briefe des M. Tullius Cicero an ihn, in denen sich Ratschläge für die Verwaltung einer Provinz befinden, sind uns erhalten.

15 59 v. Chr.

16 Die jüngere Octavia war mit dem *flamen Iulialis* (Priester des vergöttlichten Caesar) Sex. Appuleius verheiratet. – Die ältere Octavia (geb. 65 v. Chr.) wurde bereits im Kindesalter mit Claudius Marcellus vermählt. 53 v. Chr. bot ihr Großonkel Caesar sie dem Pompeius als Ersatz für seine verstorbene Tochter Iulia zur Ehe an (vgl. Caes. Anm. 27). 40 v. Chr. wurde sie mit Marcus Antonius (vgl. Caes. Anm. 281) verheiratet, um die Allianz zwischen diesem und ihrem Bruder Octavius (Augustus) zu festigen; 32 v. Chr. Scheidung; gestorben 11 v. Chr.

17 Alte Stadt in Latium ca. 25 km südl. von Rom an der Via Appia gelegen.

18 Zu Pompeius vgl. Caes. Anm. 79.

19 Diese Ereignisse fallen in das Jahr 59 v. Chr. Das kampanische Landgebiet sollte an römische Familien mit drei oder mehr Kindern aufgeteilt werden. Zur Durchführung dieses Projekts wurde eine Kommission von zwanzig Männern eingesetzt.

20 Dichter, an der Verschwörung gegen Caesar beteiligt; nach der Schlacht bei Actium 31 v. Chr. in Athen ermordet.

21 Ort in Lukanien (Süditalien).

22 63 v. Chr.

23 Vgl. Caes. 20 Anm. 83.

24 Bei den Römern war es üblich ein Neugeborenes dem Vater zu

Füßen zu legen. Durch Aufheben des Kindes kannte er es als das seinige an.

25 Vgl. Anm. 2.

26 Glaubwürdiger ist Suetons letztere Ansicht; vgl. dazu Kap. 3 Anm. 10 u. 11.

27 Hadrian 117–138 n. Chr.

28 Am 16. 1. 27 v. Chr.; – L. Munatius Plancus (90/85 – nach 15 v. Chr.) bedeutender Anhänger Caesars, verwaltete 44–43 v. Chr. Gallien, Gründer von Kolonien: Raurica (Basel), Lugdunum (Lyon), feierte 43 einen Triumph über die Gallier. Im Bürgerkrieg nach Caesars Tod war er auf der Seite des Antonius und als Statthalter in Asien und Syrien tätig; 32 v. Chr. wechselte er zu Octavian über. Er war auch als ein hervorragender Redner bekannt.

29 Romulus und Remus sind die sagenhaften Gründer Roms.

30 Quintus Ennius (239–169 v. Chr.) größter römischer Ependichter vor Vergil. Von seinen Annalen, die die römische Geschichte von Aeneas bis in seine Zeit behandeln, sind nur Fragmente erhalten; hier Zitat aus Ann. 502.

31 Es war üblich, Leichenreden von jungen Aristokraten vortragen zu lassen (vgl. Tib. 6 u. Cal. 10).

32 Sept. 46 v. Chr.

33 Vgl. Caes. 37.

34 45 v. Chr.; vgl. Caes. 36 Ende u. 37, bes. Anm. 145.

35 Vgl. Caes. 44 Anm. 178 u. 182.

36 Griech. Kolonie im S Illyriens (h. Albanien) unweit des h. Valona.

37 Konsul 56 v. Chr.; während des Bürgerkriegs unter Caesar gelang es ihm, eine neutrale Stellung einzunehmen.

38 Vgl. Caes. Anm. 281.

39 Vgl. Caes. Anm. 307.

40 In Kap. 9 bringt Sueton eine Art Übersicht über die folgenden Kapitel, die den Bürgerkrieg behandeln: Kap. 10–12 der Krieg um Mutina 44–43 v. Chr., Kap. 13 der unmittelbar darauf folgende Krieg von Philippi bis 42 v. Chr., dann der um Perusia 41 v. Chr., der die Kap. 14 und 15 umfaßt. Der Sizilische Krieg,

der sich mit Unterbrechungen von 44–36 v. Chr. hinzog, wird in Kap. 16 behandelt. Der endgültige Sieg Octavians über Antonius in der Seeschlacht von Actium ist in den Kapiteln 17–18 dargelegt.

41 Vgl. Caes. Anm. 292 u. 293.

42 Die Spiele, die zwischen dem 20. und 30. Juli abgehalten wurden, steigerten die Popularität Octavians, zumal er bei dieser Gelegenheit die Legate Caesars auszahlte.

43 Es war Helvius Cinna; vgl. Caes. 52 u. 85 mit Anm. 206.

44 Normalerweise stand das Volkstribunat nur Plebeiern offen. Um in den Senat aufgenommen zu werden, mußte man wenigstens das Amt des Quästors bekleidet haben.

45 Die Partei der Senatsaristokratie, d.h. der Caesarmörder.

46 Vgl. Caes. Anm. 293.

47 H. Modena in Oberitalien, nordwestl. von Bologna.

48 Vgl. Caes. Anm. 219.

49 C. Vibius Pansa Caetronianus (89/88–43 v. Chr.) diente unter Caesar in Gallien (54–53 v. Chr.), 51 v. Chr. Volkstribun, 47/46 v. Chr. Statthalter Caesars in Bithynien und Pontos, 45 im diesseitigen Gallien; von Caesar zum Konsul von 43 v. Chr. designiert.

50 Historiker über dessen Person und Werk weiter nichts bekannt ist.

51 Mit Absicht wurde hier das lat. Wort *tollere* in einem zweideutigen Sinn verwendet; es bedeutet sowohl „erhöhen" als auch „beseitigen".

52 Gebirgsstadt in Umbrien (Mittelitalien), h. Norcia.

53 Nov. 43 v. Chr. Begründung des sog. zweiten Triumvirats.

54 Philippi, Stadt in Makedonien, unweit des h. Kavalla.

55 Ein Spiel, bei dem man die Finger schnell ausstrecken und der Mitspieler ihre Anzahl erraten mußte.

56 Republikaner (um 90–42 v. Chr.); er machte sich durch sein schroffes Wesen überall unbeliebt; der Verschwörung gegen Caesar trat er nicht bei, schloß sich aber als Gegner der Triumvirn den Caesarmördern an; nach Philippi hingerichtet.

57 Vgl. Caes. Anm. 65.

58 So auch Ovid in den Eklogen 1,67–72, der von dieser Maßnahme betroffen war und einen Teil seines Grundbesitzes verlor.

59 H. Perugia in Umbrien (Mittelitalien) im zentralen Bergmassiv des Apennin gelegen.

60 L. Antonius (Konsul 41 v. Chr.) wurde nach seiner Niederlage (Febr. 40 v. Chr.) begnadigt und übernahm anschließend in Spanien ein proprätorisches Kommando; dann verlieren sich seine Spuren.

61 Vgl. Caes. Anm. 160.

62 Lat. *apparitores* wörtl. „Unterbeamte", die meist Gemeindesklaven waren. Unter diesen Oberbegriff fallen Polizeidiener, Gerichtsbüttel, Herolde, Boten etc.

63 Pompeius' Sohn Sextus hatte nach dem Sieg Caesars in Spanien (vgl. Caes. 35 u. 36 Anm. 145) eine starke Flotte aufgebaut und brachte das ganze westl. Mittelmeer unter seine Kontrolle. 43 v. Chr. vom Senat zunächst formell anerkannt, durch das zweite Triumvirat aber geächtet. Daraufhin besetzte er die Insel Sizilien.

64 38 v. Chr.

65 39 v. Chr. bei Misenum (Nordrand des Golfes von Neapel, h. Kap Miseno).

66 Baiae, h. Baja westl. von Neapel zwischen Puzzuoli und Kap Miseno gelegen; in der Antike ein bekanntes Seebad, nach dem Gefährten bzw. Steuermann des Odysseus benannt. Die Verbindung des Lukriner und Avernersees, die offenbar bald wieder versandete, wurde durch Nero erneuert (Nero 31).

67 Orte an der Nordküste Siziliens; Myle h. Milazzo.

68 M. Vipsanius Agrippa (62–12 v. Chr.), Freund und Feldherr Octavians, für den er die wichtigsten Siege auf seinem Weg zur Macht (Perusia, Myle, Actium) erfochten hatte; berühmt auch wegen seiner Bautätigkeit und der auf ihn zurückgehenden Landkarten.

69 Gott des Wassers und des Meeres.

70 38 v. Chr.

71 Griechische Kolonie an der Ostküste Kalabriens im äußersten Süden Italiens gelegen.

72 Griechische Kolonie an der Stiefelspitze Italiens, h. Reggio di Calabria.

73 Zu seinem Vater L. Aemilius Paullus vgl. Caes. Anm. 119; sein eigener Bruder M. Aemilius Lepidus war als Triumvir an der Ächtung beteiligt.

74 Vgl. Caes. Anm. 307.

75 Küstenort zwischen Rom und Neapel.

76 Verständigungsversuche sind das sog. zweite Triumvirat nach Modena 43 v. Chr., der Vertrag von Brundisium 40 v. Chr. nach Perguia, und die Verlängerung des Triumvirats 37 v. Chr. in Tarent.

77 66 v. Chr. Quästor, 49 v. Chr. Prätor, 32 v. Chr. Konsul. Zwischen 38 und 37 war Sosius Statthalter des Antonius in Syrien und Judaea. Er eroberte für Herodes Jerusalem 37, wofür er 34 einen Triumph feierte. Sosius und sein Mitkonsul Cn. Domitius verließen 32 Rom und kämpften beide in Actium auf der Seite des Antonius. Beide wurden von Octavian begnadigt.

78 Der Urgroßvater Neros; vgl. dazu Nero 3.

79 H. Bologna, Hauptstadt der norditalien. Region Emilia-Romagna, am S-Rand der Poebene.

80 Am 2. Sept. 31 v. Chr. an der Mündung des Golfes von Arta (*sinus Ambracius*) an der Westküste Nordgriechenlands. Octavian legte in der Nähe die Stadt Nikopolis („Siegesstadt") an.

81 Vor der westkleinasiatischen Küste gelegene Insel, gehört zu der Gruppe der Sporaden.

82 Zu Brundisium vgl. Caes. Anm. 135.

83 Die Halbinsel Südgriechenlands.

84 Landschaft im Westen Mittelgriechenlands.

85 Gebirgskette an der Küste von Epirus bei Appollonia; h. Kap Glossa bei Valona in Albanien.

86 Ägyptisches Handels- und Kulturzentrum am W-Rand des Nildeltas, Regierungssitz der Ptolemäer.

87 Vgl. Caes., Anm. 139.

88 Angehörige eines afrik. Volkes, die es verstanden, Schlangenbisse zu heilen, indem sie das Gift aus den Wunden saugten, gegen das sie offenbar immun waren.

89 Vgl. Caes. 52; Octavian fürchtete wohl, dieser könnte Ansprüche auf die Nachfolge und das Erbe Caesars geltend machen.

90 Alexander d. Große starb in Babylon, wurde aber nach seinem Wunsche im Schrein des Zeus Ammon in Ägypten beerdigt.

91 Mausoleum, in dem die Urnen der Ptolemäer aufbewahrt wurden.

92 Dennoch hatte Ägypten während des Prinzipats eine rechtliche Sonderstellung. Es galt als Privatdomäne des Kaisers und wurde von einem kaiserlichen *praefectus Aegypti* verwaltet.

93 Vgl. Anm. 80.

94 Er war ein Sohn des Triumvirs M. Aemilius Lepidus; er versuchte Octavian bei seiner Rückkehr nach Italien 29 v. Chr. zu töten.

95 Verschwörung im Jahre 23 oder 22 v. Chr. Es ist nicht sicher, ob es sich bei dem Rädelsführer um A. Terentius Varro Murena, dem Konsul von 23 oder um seinen Bruder Lucius handelt.

96 M. Egnatius Rufus baute sich als Ädil des Jahres 22 v. Chr. eine schlagkräftige Feuerwehrtruppe auf, mit deren Hilfe er auf illegale Weise 21 (oder 20) v. Chr. die Prätur erreichte. Die von ihm entfachten Unruhen 19 v. Chr. um das Konsulat zu erreichen, endeten schließlich mit seiner Verhaftung und Hinrichtung.

97 Wohl identisch mit dem bei Cassius Dio (55,27,2) erwähnten Publius, der die außenpolitische Krise des Jahres 6 n. Chr. zu antiaugusteischer Propaganda ausnutzte.

98 Wohl zusammen mit Plautius Rufus (Anm. 97); vgl. Kap. 16 Anm. 73.

99 Iulia, die Tochter des Agrippa, der mit Augustus' Tochter Iulia verheiratet war.

100 Alle im folgenden genannten Verschwörer kennen wir nur aus Sueton.

101 Gebiet der illyrischen Stadt Partus, h. das Hinterland der albanischen Stadt Durazzo.

102 Ein Nomenklator hatte seinem Herrn die Namen der Besucher zu nennen, damit dieser sie persönlich begrüßen konnte.

103 Die Tochter des Augustus Iulia wurde von 2 v. Chr.–4 n. Chr. auf die Insel Pandateria (h. Ventotene vor der kampanischen

Küste) verbannt. Von ihren Kindern aus der Ehe mit Vipsanius Agrippa teilten die sog. „jüngere“ Iulia und M. Vipsanius Agrippa Postumus das Schicksal der Verbannung, erstere auf der Insel Trimetus (h. Trimeti, vor der Küste Apuliens), letzterer auf Planasia (h. Pianosa, Insel westl. von Elba). Möglicherweise hat Sueton die beiden Iulien verwechselt.

104 Auch illyrischer Krieg genannt, von 35–33 v. Chr.; er diente in erster Linie dazu, Octavians Stellung in der Auseinandersetzung um die Macht im Staate mit Antonius zu festigen.

105 Kantabrien, der mittlere Teil der spanischen Nordküste. Der Krieg in Spanien fällt in die Jahre 29–25 v. Chr. Die endgültige Unterwerfung erfolgte erst unter Agrippa 22–19 v. Chr.

106 Stadt in Norditalien, in der Antike direkt an der Küste gelegen und einer der wichtigsten Kriegshäfen; h. durch Versandung keine Verbindung zum Meer.

107 Stadt in Venetien, 9 km vom Golf von Triest entfernt; als römische Kolonie 181 v. Chr. gegründet; 90 v. Chr. römisches Bürgerrecht.

108 Vgl. Anm. 105.

109 Südwestfrankreich, unterworfen von M. Valerius Messala Corvinus 28 v. Chr.; auch Agrippa war 39 oder 38 v. Chr. dort tätig.

110 Nördliches Jugoslawien und (ungarisches) Donautal; Operationen des M. Vinicius und Agrippa 14 und 13 v. Chr; 12–9 v. Chr. von Tiberius erobert; Aufstand 6–9 n. Chr., von Tiberius niedergeschlagen.

111 Die Küstenregion des h. Jugoslawien; umfaßte das kroatische Küstenland, Bosnien und die Herzegowina, sowie westl. Teile Serbiens; am Aufstand 6–9 n. Chr. (vgl. Anm. 110) beteiligt.

112 Die spätere Provinz Rätien umfaßte das westl. Österreich, die östl. Teile der Schweiz, sowie das schwäbisch-bayerische Alpenvorland.

113 Volk im schwäbisch-bayerischen Alpenvorland, von Drusus und Tiberius 15 v. Chr. unterworfen.

114 Stamm am westl. Alpenbogen beim h. Aosta, der den St. Bernhard-Paß kontrollierte; von A. Terentius Varro 25 v. Chr. geschlagen und ausgerottet.

115 Vgl. Caes. Anm. 178.

116 Drusus und Tiberius in den Jahren zwischen 12 und 6 v. Chr.

117 Die Sigambrer (auch Sugambrer) hausten im heutigen Ruhrgebiet. Sie wurden von Tiberius 8 v. Chr. verpflanzt. – Sueben ist ein Oberbegriff für eine Reihe von Stämmen westl. und südl. davon; 19 v. Chr. wurden die Ubier umgesiedelt.

118 Volk in den Steppen Südrußlands am Schwarzen Meer.

119 Vgl. Caes. Anm. 182.

120 Vgl. Caes. Anm. 181.

121 Vgl. Caes. Anm. 33.

122 36 v. Chr.

123 Ianus, altrömischer Gott, der ursprünglich die Stadttore zu schützen hatte. Sein Tempel lag auf dem Forum neben der Kurie. Er bestand aus einem Doppeltor, das im Frieden geschlossen, in Kriegszeiten geöffnet war. Vor Augustus war er geschlossen unter dem sagenhaften König Numa und 235 v. Chr. Augustus schloß ihn 29 und 25 v. Chr. (Ende des Alexandrinischen und Spanischen Krieges). Wann die dritte Schließung erfolgte (wohl zwischen 8 und 1 v. Chr.), steht nicht genau fest.

124 17 oder 16 v. Chr. am Niederrhein. Der Adler der 5. Legion ging verloren.

125 9 n. Chr. im Teutoburger Wald; die genaue Lokalisierung ist in der Forschung umstritten.

126 Vgl. Caes. Anm. 55.

127 Bekannter unter dem Namen „Bundesgenossenkrieg" 91–88 v. Chr., der mit der Verleihung des Bürgerrechts an die Italiker endete.

128 Die Steuerpächter gehörten dem Ritterstand an. Es war daher zu befürchten, daß diese ihn wieder frei ließen.

129 Eine Legion bestand aus 10 Kohorten zu je 600 Mann (Sollstärke).

130 „Dezimieren" heißt, er ließ jeden zehnten Soldaten hinrichten. Die normale Verpflegung bestand aus Weizen.

131 Militärischer Rang.

132 Gaius und Lucius Caesar, die er adoptiert hatte und seine Stiefsöhne Tiberius und Drusus.

133 6 n. Chr. beim pannonisch-dalmatischen Aufstand (vgl. Anm. 111) und nach der Varusniederlage 9 n. Chr. (vgl. Anm. 126).

134 Diese wurden an Soldaten verliehen, die als erste ein feindliches Lager oder eine Stadtmauer erstürmt hatten.

135 Vgl. Anm. 68.

136 Euripides, Phoenissen 599.

137 Die Altersgrenzen waren festgelegt durch die *lex Villia annalis* von 180 v. Chr. (Quästor 30, Prätor 39, Konsul 42 Jahre).

138 August 43 v. Chr.

139 2. Konsulat 33 v. Chr., 3.–11. Konsulat 31–23 v. Chr.

140 Das 12. Konsulat 5 v. Chr., das 13. Konsulat 2 v. Chr.

141 C. und L. stammten aus der Ehe der Kaisertochter Iulia und Agrippa. Beide standen als potentielle Nachfolger des Augustus in hohen Ehren. Der ältere Caius (geb. 20 v. Chr.) fiel als Leiter einer Expedition in Armenien (1 v. Chr.–4 n. Chr.) einem Attentat zum Opfer. Der jüngere Lucius (geb. 17 v. Chr.) starb auf einer Reise nach Spanien 2 n. Chr. in Massilia (Marseille).

142 Vgl. Anm. 81.

143 H. Tarragona, Stadt an der spanischen Ostküste.

144 Die Regelungen der *lex Pedia* vom 27. November 43 v. Chr. galten zunächst auf 5 Jahre; mit dem Abkommen von Tarent 37 v. Chr. erfolgte eine Verlängerung um weitere 5 Jahre; am 31. Dezember 33 v. Chr. endete das Triumvirat.

145 Die Proskriptionen vom Ende des Jahres 43 v. Chr., wodurch die politischen Gegner ihren Besitz verloren und für vogelfrei erklärt wurden. Es waren 300 Senatoren und 2000 Ritter davon betroffen.

146 Vgl. Caes. Anm. 307.

147 Ungewöhnlich daran war, daß Titus Vinius Philopoemen als ehemaliger Sklave in den Ritterstand aufstieg. 23 v. Chr. wurde gesetzlich festgelegt, daß nur jemand, dessen Vater und Großvater freigeboren waren, Ritter werden konnte.

148 Die Tafeln waren mit Wachs überzogen und wurden durch zwei Bänder zusammengehalten.

149 Bei den hier geschilderten Grausamkeiten handelt es sich wohl um antiaugusteische Propaganda.

150 23 v. Chr., als er auf das jährliche Konsulat verzichtete.

151 Insgesamt fünfmal für einen Zeitraum von fünf Jahren (vgl. „Tatenbericht" des Augustus 6), nämlich an Agrippa 18–14 v. Chr. und 13–(9) v. Chr.; an Tiberius 6–1 v. Chr., 4–13 n. Chr. und 13–(23) n. Chr.

152 28 v. Chr.

153 23 v. Chr.; er hatte ein Leberleiden.

154 Zum Staatshaushaltsbuch vgl. Kap. 101 Ende.

155 Große Überschwemmungen gab es im Jahre 23 v. Chr., sowie 15 und 46 n. Chr.; zu den Maßnahmen gegen Feuer und Überschwemmung siehe Kap. 30.

156 Es schloß sich östlich an das Forum Caesars (Forum Iulium) an.

157 Der Tempel wurde bereits vor der Schlacht von Philippi (42 v. Chr.) errichtet, aber erst 2 v. Chr. eingeweiht; dort wurden auch die 20 v. Chr. von den Parthern zurückgegebenen Feldzeichen aufbewahrt.

158 Der erste Tempel innerhalb der Stadt; auf dem Privatgrund des Augustus, den er zur Erweiterung seines Hauses erworben hatte, 28 v. Chr. erbaut und 21 v. Chr. eingeweiht. Augustus glaubte seinen Sieg bei Actium dem Apollo zu verdanken (vgl. Kap. 18). Überreste des Tempels archäologisch nachgewiesen an der Nordwestecke des Domitianpalastes auf dem Hügel, der zum Circus Maximus abfällt.

159 Eingeweiht 22 v. Chr. an der Westecke der *area Capitolina*; Überreste sind nicht erhalten.

160 Dies geschah vorher auf dem Kapitol.

161 Römische Priester, die Wundererscheinungen, besonders die Eingeweide der Opfertiere deuteten.

162 25 v. Chr.

163 Den Caesartempel (des Divus Iulius) auf dem Forum ließ Augustus von einem Triumphbogen für seinen Erfolg gegenüber den Parthern und durch einen Ehrenbogen für die beiden jungen Caesaren (zu ihnen vgl. Anm. 141) flankieren. – Die durch Brand 12 v. Chr. zerstörte Basilica Iulia ließ er unter dem Namen *Basilica Gai et Luci* wieder aufbauen. Die neue Bezeichnung setzte sich aber nicht durch.

164 Die Porticus der Livia auf dem Esquilin, eingeweiht 7 v. Chr. – die Porticus der Octavia befand sich beim Circus Flaminius; er war ein Umbau des früheren Porticus des Marcellus von 27 v. Chr.

165 Am Tiber gegenüber der Tiberinsel gelegen. Der Bau wurde bereits unter Caesar begonnen und 13 v. Chr. unter Augustus vollendet. – M. Claudius Marcellus, geb. 42 v. Chr. war ein Neffe des Augustus; er begleitete diesen in den Kantabrischen Krieg, heiratete 25 v. Chr. seine Tochter Iulia und wurde von ihm in besonderer Weise gefördert; 23 v. Chr. stirbt er in Baiae.

166 Er war ein Stiefbruder des Augustus aus der zweiten Ehe der Atia.

167 Er befand sich nördl. des Circus Flaminius.

168 38 v. Chr. Flottenbefehlshaber, zeichnete sich 36 auf Sizilien aus, 35 Konsul, dann Statthalter in Afrika, triumphierte 32 *ex Africa*.

169 Auf dem Aventin.

170 Vgl. Caes. Anm. 126.

171 Die „Halle der Freiheitsgöttin" in der Nähe des Caesarforums wurde 28 v. Chr. eingeweiht; in ihr befand sich auch eine von Asinius (Anm. 170) gestiftete öffentliche Bibliothek.

172 Vgl. Anm. 28.

173 Auf dem republikanischen Forum.

174 Mehrere diplomatische Missionen unter Caesar; 21/20 v. Chr. als Prokonsul in Afrika ein Sieg über die Garamanten, wofür er 19 v. Chr. einen Triumph feiern durfte.

175 Das 13 v. Chr. eingeweihte Theater befand sich nördlich des Marcellustheaters (Anm. 165).

176 Feldherr Octavians, Befehlshaber der Flotte gegen Sex. Pompeius; nach dem Sturz des Lepidus setzte er die Herrschaftsansprüche Octavians in Africa (36–34 v. Chr.) durch, wofür er einen Triumph erhält. 34/33 v. Chr. Oberbefehlshaber in Illyrien; 31 v. Chr. bei Actium Befehlshaber des Landheeres; 29 v. Chr. Feldherr in Spanien; während der Abwesenheit des Augustus von Rom 16–10 v. Chr. Stadtpräfekt.

177 Das Amphitheater befand sich beim Theater des Balbus (Anm. 175) und wurde 29 v. Chr. eingeweiht.

178 Zu Agrippa vgl. Anm. 135; zu seinen wichtigsten Bauwerken gehörten die Saepta Iulia auf dem Marsfeld, eine große Halle, in der die Volksabstimmungen stattfinden sollten, die Wasserleitung Aqua Virgo und das bis auf den heutigen Tag erhaltene Pantheon.

179 Eine vor dem Jahr 7 v. Chr. getroffene Regelung ersetzte die alte Einteilung nach Bergen *(montes)* und Gauen *(pagi)* durch eine neue nach Regionen (14) und Stadtbezirken (265 *vici*). Die Vorsteher der einzelnen Regionen wurden unter den Ädilen, Prätoren und Volkstribunen ausgelost. Den Stadtbezirken standen je vier *vicomagistri* aus dem Freigelassenenstand vor.

180 6 n. Chr.; sieben aus Freigelassenen gebildete Kohorten unter der Leitung eines ritterlichen Präfekten.

181 Im Jahre 20 v. Chr. übernahm Augustus die Oberaufsicht über den Straßenbau. Die Via Flaminia war eine wichtige Straßenverbindung Roms mit der nördlichen Adria; Ariminum, h. Rimini in der Emilia Romagna.

182 Vgl. Kap. 28 Ende.

183 12 v. Chr.

184 Die Sibyllinischen Bücher (von Sibylle = Prophetin) verbrannten bei einem Feuer 83 v. Chr., wurden aber durch eine von einer Kommission zusammengestellte neue Sammlung von Orakelsprüchen ersetzt. Sie waren für Augustus von nicht geringer Bedeutung, da die Staatsreligion bei bestimmten Anlässen ihre Befragung vorsah.

185 Eingeführt am 1. 1. 45 v. Chr.; vgl. Caes. 40.

186 August(us).

187 Die Wahl erfolgte am 19. 8. 43 v. Chr.

188 36 v. Chr. bei Myle; am 1. 8. 30 v. Chr. die Einnahme Alexandrias.

189 Vgl. Caes. Anm. 6.

190 Es lag zwischen sechs und zehn Jahren.

191 Beim Augurium für das Wohl des Staates (Salus ist die personifizierte Göttin für das öffentliche Wohl) wurde durch Beobachtung des Vogelflugs festgestellt, ob die Konsuln ein Opfer darbringen sollten. Das Augurium, das nur in Friedenszeiten

durchgeführt werden durfte, fand 28 v. Chr. und dann erst wieder 47 n. Chr. statt.

192 Zum *flamen dialis* (Jupiterpriester) vgl. Caes. Anm. 2 und 265.

193 Vgl. Caes. Anm. 266.

194 Vom 1.–3. Juni 17 v. Chr. Durch die Einführung der Jahrhundertspiele (als Vorgänger sind nur die Spiele von 249 und 146 v. Chr. historisch gesichert) wollte Augustus deutlich machen, daß ein neues Zeitalter angebrochen sei. Ursprünglich sollten die Spiele alle 110 Jahre stattfinden. Der zeitliche Abstand wurde aber von den nachfolgenden Kaisern verkürzt.

195 Altes Fest an den Wegkreuzungen *(compita)*, an denen die Altäre der Laren (Anm. 196) standen. Es wurde am 3. und 4. Jan. unter Leitung der lokalen Behörden (*vicomagistri*, dazu Anm. 179) durchgeführt.

196 Während die Laren im Hause *(Lares familiares)* vom eigenen Haus Unheil abwenden sollten, galten die Laren an den Wegkreuzungen *(Lares publici)* als die Schutzheiligen der jeweiligen Stadtviertel. Sie wurden im Mai und August bekränzt.

197 Vgl. Kap. 29.

198 Das Theater des Pompeius war das erste Theater aus Stein in Rom; es wurde zwischen 55 und 52 v. Chr. errichtet.

199 Zum Verbot von Vereinen *(collegia)* vgl. Caes. 42 Anm. 170. Die Bestimmung des Augustus wurde in der *lex Iulia de collegiis* festgelegt.

200 Die erste Richterdekurie bestand aus Senatoren, die zweite aus Rittern, die dritte aus Ärartribunen, reichen Plebeiern und ehemaligen Zenturionen. Die von Augustus eingerichtete vierte Dekurie setzte sich aus Leuten zusammen, die 200000 Sesterzen, die Hälfte des ritterlichen Mindestvermögen, aufweisen konnten.

201 Unter Augustus Entstehung einer kaiserlichen Gerichtsbarkeit in besonders wichtigen Fällen.

202 Der in einen Ledersack Eingenähte wurde in einen Fluß geworfen und ertränkt.

203 Ein Gesetz des Diktators Sulla, entweder die *lex testamentaria* oder die *lex de falsis*, in dem es um die Fälschung von Urkunden geht.

204 Ein ähnliches Gesetz erließ bereits Caesar; vgl. Caes. 42.

205 Es handelt sich hier um die *lex Iulia de adulteriis* aus dem Jahre 18 oder 17 v. Chr.

206 Schon in der späten Republik wurden mehrere Gesetze gegen Bestechung bei Wahlen erlassen (z. B. *lex Pompeia* 52 v. Chr.). Gemeint sind hier die *leges Iuliae* von 18 und 8 v. Chr. Ersteres schloß einen Amtsbewerber bei einem Vergehen 5 Jahre von der Bewerbung um ein Amt aus, letzteres bestimmte die Hinterlegung einer Kaution, die bei einem widrigen Verhalten verlorenging.

207 Die *lex Iulia de maritandis ordinibus* wurde zusammen mit der *lex Iulia de adulteriis* (Anm. 205) erlassen. Es verlangte die Ehe, zumindest aber die Verlobung aller vornehmen Römer zwischen 25 und 60 Jahren.

208 Germanicus hatte bis zum Tod des Augustus sechs Kinder. Es folgten weitere drei.

209 Da die Verlobung mit einem Kind als Ehe galt, setzte er ein Mindestalter von zehn Jahren fest, damit eine Ehe nicht endlos hinausgeschoben werden konnte. – Geschiedene mußten nach Ablauf der erlaubten Frist von sechs (später 18) Monaten Ehelosigkeit wieder heiraten, konnten sich aber sofort wieder scheiden lassen.

210 Caesar hatte die Zahl der Senatsmitglieder von 600 auf 900 erhöht. – „*Orcini*" von *orcus* (Hades) „Unterwelt"; Bezeichnung für ehemalige Sklaven, die aufgrund eines Testaments freigelassen wurden; hier Anspielung auf die Senatoren, die Antonius angeblich nach einer testamentarischen Verfügung Caesars ernannt hatte.

211 Zu Agrippa vgl. Anm. 135.

212 Sueton hatte die Reihenfolge verwechselt; die „erste" 18 v. Chr.; die „zweite" 29/28 v. Chr.

213 Römischer Geschichtsschreiber der augusteischen Zeit, der seine republikanische Gesinnung und seine Ablehnung des Prinzipats offen kundtat. 25 v. Chr. wurde er vor dem Senat angeklagt. Der Verurteilung entzog er sich durch Selbstmord. Das Verbot seiner Schriften wurde unter Caligula aufgehoben.

214 Normalerweise tagte der Senat in der Kurie *(curia)*, in der sich eine Statue der Victoria (Siegesgöttin) befand.

215 Diesen Komitees auf sechs Monate gehörten die Konsuln, ein Prätor, ein Ädil, ein Tribun, ein Quästor und 15 durch Los gewählte Senatoren an.

216 Beim Amtsantritt der Konsuln wurde die Reihenfolge festgelegt, nach der sich die Senatoren äußern durften; das erste Wort hatte der *princeps senatus*.

217 Vgl. Caes. 20 Anm. 83.

218 Es bestand aus 105 Richtern, 3 aus jeder Tribus (Stimmbezirk) und hatte über Zivilsachen zu entscheiden.

219 Genauer *decemviri (st)litibus iudicandis*. Das Amt gehörte zu den *magistratus minores*, die am Anfang einer senatorischen Karriere bekleidet wurden.

220 Die Zahl der Prätoren wurde auf 16 erhöht.

221 Beim Triumph zog der siegreiche Feldherr auf einem Wagen als Jupiter verkleidet mit seinen Soldaten und der ganzen Kriegsbeute feierlich durch Rom zum Jupitertempel. Nach Etablierung des Prinzipats gab es diese Form des Triumphes nur noch selten (Balbus 19 v. Chr., dann erst wieder Tiberius 7 v. Chr., und 12 n. Chr.), da der Triumphator unter den eigenen Auspizien (Oberbefehl) den Sieg erringen mußte. Oberster Kriegsherr war aber in der Regel der Kaiser selbst. Statt eines Triumphes bekamen daher die Feldherrn die Triumphalinsignien und wurden dadurch wie richtige Tiumphatoren privilegiert – sie durften eine gestickte Toga und eine Purpurtunika mit handbreitem Goldstreifen anlegen, auch auf einem kurulischen Sessel Platz nehmen sowie einen Lorbeerkranz tragen – mußten aber auf den eigentlichen Triumphzug verzichten.

222 Vorsteher einer Reitereinheit von 500 *(quinquenaria)* bzw. 1000 *(milliaria)* Mann.

223 Die Ritterparade von der Via Appia zum Kapitol fand am 15. Juli eines jeden Jahres statt.

224 Das Pferd wurde vom Staat zur Verfügung gestellt, für den Unterhalt mußte aber der Ritter aufkommen.

225 Das Mindestvermögen eines Ritters mußte 400000 Sesterzen betragen.

226 Jeder römische Bürger gehörte einem Stimmbezirk *(tribus)* an, Augustus durch Geburt der *tribus Scaptia*, durch Adoption der *tribus Fabia*.

227 Vgl. Kap. 62 Anm. 309.

228 Freigelassene hatten kein Stimmrecht. Erst ihre Kinder wurden einer *tribus* (Stimmbezirk) zugeteilt und durften öffentliche Ämter bekleiden.

229 Eine Art Arbeitskleidung der einfachen Leute.

230 Vergil, Aeneis 1,282.

231 Am 15. Aug. 29 v. Chr.

232 Der gewaltige Reichtum, der durch den Schatz der Ptolemäer nach Rom kam, ließ den Zinsfuß von 12 auf 4 Prozent fallen (Cass. Dio 52,21,5).

233 Zu Agrippa vgl. Anm. 135 und Kap. 29 Anm. 178. In Rom baute er die Aqua Virgo, der Pont du Gard bei Nîmes ist noch heute ein beeindruckendes Zeugnis seiner Wasserleitungen in Gallien.

234 29 v. Chr. im Anschluß an seinen Triumph, die *Ludi Apollinis* bei der Einweihung des Apollotempels 28 v. Chr. (vgl. Kap. 29 Anm. 158), die *Ludi Saeculares* 17 v. Chr. (vgl. Kap. 31 Anm. 194) und die *Ludi Martis* 2 v. Chr. (vgl. Kap. 29 Anm. 157).

235 Wörtl. „Schranken"; von Agrippa erbaut; vgl. dazu Anm. 178.

236 Rechts des Tibers *(pagus Ianiculensis)* im Jahre 2 v. Chr; 3000 Mann sollen an dem Seegefecht teilgenommen haben; später wurde dort eine Gedenkstätte für Gaius und Lucius Caesar (Anm. 141) errichtet.

237 Normalerweise galt es für diesen Stand als abträglich, an solchen Veranstaltungen aktiv mitzuwirken; vgl. Caes. 39.

238 Vgl. Caes. Anm. 162.

239 Möglicherweise ein Sohn des L. Nonius Asprenas, Konsul von 6 n. Chr.

240 Vgl. Caes. Anm. 126.

241 Zur Stellung von Geiseln vgl. Kap. 21; zu den Parthern Caes. Anm. 182.

242 Vgl. Anm. 235.

243 Platz in der Nähe des Forums, auf dem früher die Volksversammlung abgehalten wurde.
244 Vgl. Kap. 29 Anm. 165.
245 Wichtiger Hafen bei Neapel; h. Pozzuoli.
246 Vgl. Caes. Anm. 160.
247 Zur Knabentoga vgl. Caes. Anm. 320.
248 Vgl. Caes. Anm. 6.
249 Seit Augustus war die Ausrichtung der Spiele dem Prätor übertragen; vorher gehörte sie zum Aufgabenbereich des Ädils.
250 Die Pontifikalsspiele wurden zu Ehren des Sieges des Augustus bei Actium (Anm. 80) seit 28 v. Chr. alle vier Jahre durchgeführt.
251 Zwischen 10 und 11 Uhr vormittags. – Frauen waren nicht zugelassen, da die Athleten nackt auftraten.
252 Schauspieler, der in sog. *fabulae togatae* mitwirkte, in Stücken, denen ausschließlich römische Stoffe zugrunde lagen.
253 Hylas war ein Schüler des Pylades, der 18 v. Chr. aus seinem Exil nach Rom zurückkehren durfte.
254 Die Gründung von Kolonien diente in erster Linie der Unterbringung der ausgedienten Soldaten des Augustus.
255 Ratsmitglieder der Koloniestädte, mit den Senatoren in Rom vergleichbar.
256 Verwalten ließ er sie durch eigene Leute *(legati Augusti pro praetore)*. Diese waren ehemalige Prätoren oder Konsuln. Provinzen, in denen keine römischen Legionen standen, überließ er ritterlichen Prokuratoren.
257 88 v. Chr. den Kolonien jenseits des Po verliehen; später auch an Kolonien außerhalb Italiens; vgl. dazu Caes. Anm. 34.
258 Vgl. Anm. 65.
259 Vgl. Anm. 106.
260 Das Tyrrhenische Meer.
261 Das Adriatische Meer.
262 In und um Rom waren neun Prätorianerkohorten *(cohortes praetorianae)* und drei Stadtkohorten *(cohortes urbanae)* stationiert.
263 Eliteeinheit aus Calagurris am Ebro in Spanien. Es gab zwei Orte dieses Namens; einer h. Calahorra.

264 9 n. Chr. im Teutoburger Wald.

265 Es handelt sich hier wohl kaum ausschließlich um Prätorianerkohorten oder ausschließlich um Stadtkohorten (vgl. Anm. 262); möglicherweise zwei Stadt- und eine Prätorianerkohorte.

266 Die Dienstzeit der Legionäre betrug 20, die der Prätorianer 16 Jahre.

267 Eine fünfprozentige Erbschaftssteuer *(vicesima hereditatum)* und eine einprozentige Steuer auf Güter, die versteigert wurden *(centesima rerum venalium)*.

268 Dies sind die Anfänge der römischen Staatspost. Privatleuten stand sie nur in Ausnahmefällen mit einer besonderen Bescheinigung zur Verfügung.

269 Vgl. Anm. 268.

270 Löwe mit Menschenkopf.

271 Berühmter Steinschneider; stammte aus Kleinasien.

272 Zur Verbannung des Agrippa vgl. Kap. 19 Anm. 103.

273 H. Cordoba in Spanien (Niederandalusien) am Guadalquivir.

274 Die Einwohner der östlichen Provinzen waren den Herrscherkult gewohnt. An seine Stelle trat nach ihrer Eingliederung in den römischen Herrschaftsbereich die Verehrung der Göttin Roma; aber auch einzelnen Statthaltern wurden oft religiöse Ehren zuteil. Marcus Antonius wurde von 42–30 v. Chr. im Osten als Gott verehrt.

275 Vgl. Anm. 158.

276 Nach Caesars Tod war die Diktatur durch Gesetz abgeschafft worden. 22 v. Chr., das erste Jahr seit der Etablierung des Prinzipats, in dem Augustus nicht Konsul war, wurde das Gesetz zwar aufgehoben, Augustus nahm aber das verruchte Amt der Diktatur nicht an, sondern ließ sich in der in Rom gerade herrschenden Krisensituation zum *praefectus annonae* (Präfekt für die Getreideversorgung) ernennen.

277 So bezeichneten früher nur die Sklaven ihren Herrn; später wurde aber daraus eine allgemeine Anrede.

278 Er ließ sich also nicht von einer offiziellen Abordnung des Senats von seinem Haus abholen.

279 Vgl. Kap. 35; es handelt sich hier um die Wahl von 18 v. Chr.
280 Bedeutender Rechtsgelehrter (50 v. Chr.–10/11 n. Chr.); seine Schriften hatten auf die späteren Juristen großen Einfluß; er gehörte der Senatsopposition an.
281 Seit Lepidus 36 v. Chr. von der Politik ausgeschaltet worden war, lebte er zurückgezogen in Circei; vgl. dazu Kap. 16 Ende und Caes. Anm. 307.
282 In den Testamenten fanden sich oft bittere Attacken gegen die Hinterbliebenen oder die gegenwärtigen Verhältnisse.
283 Vgl. Kap. 29 Anm. 156.
284 Ihm wurde vorgeworfen bei einem Festmahl 130 Gäste vergiftet zu haben; vgl. Kap. 43 Anm. 239.
285 Berüchtigter Redner und erbitterter Gegner des Prinzipats; er wurde selbst 12 n. Chr. der Majestätsbeleidigung angeklagt und zuerst nach Kreta, dann nach Seriphos (Kykladeninsel) verbannt.
286 Wörtl. Herausgerufener; ein Soldat, der nach Ablauf seiner regulären Dienstzeit erneut ins Heer eintritt und deshalb besondere Privilegien und Ansehen genießt.
287 Vgl. Kap. 19 Anm. 95.
288 Überrest einer der Tümpel, die früher das ganze Forum Romanum bedeckten. Über die Namensgebung gibt es drei Versionen, die in den Bereich der Sage gehören.
289 Man gab den Götterbildern den Beinamen der Stadtbezirke, in denen sie aufgestellt waren, so etwa die des Vicus Sandalarius (Sandalenmachergasse).
290 3 n. Chr.
291 Die Gilden der unteren Beamten, wie Schreiber, Liktoren, Herolde etc.
292 Der Titel *pater patriae* hat die Konnotation „Retter des Staates" und wird mit Männern wie Romulus, Camillus, Cicero u. a. in Zusammenhang gebracht. Er war ursprünglich noch kein feststehender Begriff. Offiziell wurde der Titel erstmals an Caesar vom Senat vergeben; Augustus bekam ihn am 5. Febr. 2 v. Chr.
293 Küstenort südl. von Rom, h. Porto d'Anzio.
294 M. Valerius Messala Corvinus (64 v.–13 n. Chr., ehemaliger

Republikaner; nach der Schlacht bei Philippi (42 v. Chr.) schließt er sich vorübergehend Antonius an, wechselt aber bald zu Octavian über, an dessen Seite er an den wichtigsten Siegen maßgeblichen Anteil hat, so in Dalmatien gegen die Aquitanier, bei Actium und in Ägypten. Er gelangte auch als Schriftsteller und Redner zu Bedeutung, sowie als Förderer und Gönner mehrerer Dichter.

295 Wie die meisten Ärzte ein griechischer Freigelassener; er heilte 23 v. Chr. Augustus durch kalte Bäder und eine Diät von einem Leberleiden; dafür wurde er mit der Ritterwürde ausgezeichnet; vgl. Kap. 81.

296 Heilgott, Sohn des Apollo, Gott der Ärzte; sein Abzeichen ist ein Schlangenstab.

297 Am bekanntesten das von Herodes an der Küste Iudaeas gegründete Caesarea; weitere durch Herodes' Sohn in Phönikien, durch Iuba II. in Mauretanien und Amyntas in Pisidien.

298 Der Tempel stand östlich der Akropolis und wurde erst unter Hadrian vollendet; Überreste sind noch erhalten.

299 Schutzgott.

300 Seine Mutter Atia, eine Nichte Caesars, starb im Jahre 43 v. Chr.; vgl. Kap. 4.

301 Vgl. Kap. 4 Anm. 16.

302 Zum Vater vgl. Caes. 3 Anm. 17; P. Servilius Vatia Isauricus, Kollege Caesars in seinem Konsulat 48 v. Chr., 46–44 Statthalter in Kleinasien, nach Caesars Tod Parteigänger Octavians.

303 Im Nov. 43 v. Chr., beim Zustandekommen des zweiten Triumvirats.

304 Sie war dreimal mit bedeutenden Politikern ihrer Zeit verheiratet: mit P. Clodius, mit C. Curio (vgl. Caes. 29 und 36 mit Anm. 120) und mit Antonius.

305 Zu P. Clodius Pulcher vgl. Caes. 6 Anm. 30.

306 D.h. sie war noch keine 14 Jahre alt.

307 Sie war dreimal verheiratet: Mit Cn. Cornelius Lentulus Marcellinus (Konsul 56 v. Chr.) und P. Cornnelius Scipio. Im Jahre 40 v. Chr. wurde die um 20 Jahre ältere Frau mit Augustus vermählt. Durch die politisch motivierte Ehe sollte ein Bruch

mit Sex. Pompeius (vgl. Kap. 16 Anm. 63) vermieden werden. Scribonia war die Schwester von Pompeius Schwiegervater L. Scribonius Libo; 39 v. Chr. ließ sich Augustus von ihr scheiden.

308 Tiberius Claudius Nero war unter Caesar 46–45 v. Chr. Legat zur Veteranenansiedlung in Gallien; beim Perusinischen Krieg 41–40 kämpfte er als Proprätor gegen Octavian; wurde aber 39 von diesem begnadigt. Bald darauf mußte er sich von seiner Frau Livia scheiden lassen und durfte bei ihrem neuen Ehegatten Octavian den Brautvater machen.

309 Octavian heiratete Livia Drusilla am 17. 1. 38 v. Chr. Angeblich war es eine Liebesheirat, doch war die Ehe auch politisch bedeutsam, da Livia dem alten republikanischen Adel angehörte. Sie soll auf die Entscheidungen ihres Ehegatten maßgeblichen Einfluß gehabt und eifrig auf die Nachfolge ihres Sohnes Tiberius aus erster Ehe im Prinzipat hingewirkt haben. Durch das Testament des Augustus wird sie schließlich zusammen mit Tiberius zur Mitregentin gemacht.

310 Vgl. Kap. 65.

311 Vgl. Anm. 165.

312 Die ältere Octavia; vgl. Anm. 16.

313 Zu Agrippa vgl. Anm. 68. Es war seine dritte Ehe (21 v. Chr.); vorher war er mit Caecilia (Tochter von Ciceros Freund Atticus) und dann mit Marcella (ältere Schwester des Marcellus, Anm. 165; und Tochter der Octavia, Anm. 312) verheiratet.

314 Der spätere Kaiser Tiberius, den Livia aus ihrer Verbindung mit Tiberius Claudius Nero mit in die Ehe des Augustus brachte.

315 Es handelt sich hier um Vipsania Agrippina, die Tochter des M. Vipsanius Agrippa aus der Ehe mit Caecilia (vgl. Anm. 313); mit dem hier angesprochenen Sohn ist Tiberius Drusus (14 v.–23 n. Chr.) gemeint. Tiberius und Agrippa waren über die erzwungene Scheidung unglücklich.

316 Die Geten waren ein nomadisierendes Volk im unteren Donauraum. Die Vorwürfe des Antonius, Octavian habe mit ihrem König Cotiso familiäre Bande anknüpfen wollen, ist wohl aus der Luft gegriffen und lediglich als ein plumper Abwehrversuch gegen die Kritik an seinem Verhältnis zu Kleopatra zu werten.

317 Zu Gaius und Lucius vgl. Anm. 141; zu Agrippa und Iulia Anm. 103. – Vipsania Agrippina (die Ältere) wurde 14 v. Chr. aus der Ehe Agrippas mit Iulia geboren; 5 n. Chr. heiratete sie Germanicus und nahm an seinen Feldzügen teil. Sie war eine erbitterte Gegnerin des Tiberius, der ihr 29 v. Chr. den Prozeß machte und sie auf die Insel Pandataria (h. Ventotene) verbannte; dort beging sie Selbstmord.

318 Vgl. Anm. 73.

319 Vgl. Anm. 208; ausführlich berichtet Sueton über Germanicus in seiner Caligulavita (Kap. 1–8).

320 „Der Kauf durch Geld und Waage" ist eine Form der Adoption von Minderjährigen; wollte jemand ein Kind adoptieren, mußte er es dreimal kaufen; denn erst beim dritten Verkauf erloschen alle Rechte des Vaters.

321 Gaius 5 v. Chr. für das Konsulat 1 n. Chr.; Lucius 2 v. Chr. für 4 n. Chr.

322 Sohn des gleichnamigen Konsuls von 33 v. Chr. und Verwandter des bekannten Feldherrn M. Vinicius (dazu Kap. 71 Anm. 361).

323 Vgl. Anm. 66.

324 Bei einem Gastmahl lagen je drei („tri-") auf einer Kline (Liege); auf dem Seitenpolster saßen für gewöhnlich die Frauen und Kinder.

325 Vgl. Kap. 19 Anm. 103.

326 Vgl. Anm. 146.

327 Am 26. Juni 4 n. Chr.

328 H. Sorrent am Golf von Neapel.

329 Nach Rhegium.

330 8 n. Chr.; das Kind wurde ausgesetzt.

331 Vgl. Anm. 103.

332 Zitat aus Homer, Ilias 3,40.

333 Als Feldherr hatte sich Q. Salvidienus Rufus beim Perusinischen Krieg ausgezeichnet, wofür er im Jahre 39 v. Chr. zum Konsul designiert wurde, obwohl er noch gar nicht Senator war. Er, der mit seiner Armee Gallien und Spanien kontrollierte, trat aber anschließend mit Antonius in Verhandlungen

bezüglich eines Abfalls von Octavian ein; er wurde wegen Hochverrat hingerichtet.

334 C. Cornelius Gallus war Befehlshaber des Landheeres bei Alexandria 30 v. Chr., und der erste Präfekt Ägyptens. Ihm wurde vorgeworfen, Ehrungen, die nur dem Kaiser zustanden, entgegengenommen zu haben. Am Anfang seiner Karriere trat er auch als Dichter hervor.

335 Vgl. Anm. 135.

336 Reicher, gebildeter Römer (70–8 v. Chr.). Obwohl Maecenas nie ein offizielles Amt bekleidet hatte, war er der einflußreichste Berater des Augustus. In einer staatsrechtlich schwer zu definierenden Stellung vertrat er seit 36 v. Chr., wenn nötig, den Prinzeps in Rom mit uneingeschränkter Vollmacht; er war bekannt als Förderer zahlreicher Dichter.

377 Vgl. Anm. 165.

338 Stadt auf Lesbos.

339 Vgl. Kap. 19 Anm. 95.

340 Terentia war nämlich eine Schwester des Murena.

341 Licinius, ein gallischer Gefangener Caesars, wurde unter Augustus Prokurator in Gallien; er soll seine Untertanen stark ausgebeutet haben.

342 Sonst unbekannt.

343 Vgl. Anm. 141.

344 Octavians Gegner bei Perusia; vgl. Kap. 14f. Anm. 60.

345 Zu Hirtius vgl. Kap. 11 und Caes. 56 Anm. 219.

346 Aus der unterschiedlichen Bedeutung von lat. *orbis* ergibt sich ein Doppelsinn; zum einen kann man darunter „Erdkreis", zum anderen die „Schellentrommel" der Kybele-Priester verstehen.

347 Vgl. Anm. 307.

348 Gemeint ist wohl die Livia Drusilla; vgl. dazu Anm. 309.

349 Königin Kleopatra von Ägypten.

350 Diminuitiv von Terentia; wahrscheinlich Maecenas' Frau (vgl. Kap. 66).

351 Augustus fühlte sich dem Gott Apoll in besonderer Weise verbunden; vgl. Kap. 29 Anm. 158.

352 Derjenige, der für die Ausstattung eines Theaterstücks zu sorgen hatte.

353 Sonst unbekannt.
354 „Der Folterer". Der Name kommt entweder davon, weil er im Stadtviertel der Henkersknechte verehrt wurde (analog zu Apollo Sandalarius Kap. 57 Anm. 289) oder weil der Gott einst den Marsyas, der ihn zu einem Wettkampf im Flötenspiel herausforderte, besiegt und gequält hatte.
355 Korinthiarius (Händler, bzw. Sammler wertvoller korinthischer Gefäße) ist eine geistreiche Wortneuschöpfung in Analogie zu Argentarius (Geldwechsler, Bankier).
356 Vgl. Kap. 16.
357 30 v. Chr.
358 Kostbare Gefäße, die in den östlichen Provinzen aus Flußspat *(murra)* hergestellt wurden.
359 Nämlich bei den Saturnalia (Fest zu Ehren des Saturn), die ab dem 17. Dezember für mehrere Tage gefeiert wurden; dazu Kap. 75.
360 Bedeutender Feldherr des Augustus, 25 v. Chr. Statthalter in Gallien, 19 v. Chr. (Suffekt-)Konsul; 14–13 hatte er ein Sonderkommando im Savegebiet; 11–8 v. Chr. erster Statthalter Illyricums; 1–3/4 n. Chr. Statthalter in Germanien; er erhielt die Triumphalinsignien.
361 Er war zwischen 19 und 16 v. Chr. Feldherr des Augustus in Spanien, Illyricum und im Alpenbereich.
362 Die Würfel waren im Gegensatz zu den bei uns üblichen kleine viereckige Stäbchen, bei denen nur die Längsseiten Zahlen trugen, nämlich 1, 3, 4 und 6. Es wurde mit vier Würfeln gespielt. Der Wurf von vier Einsen hieß „Hund", der von vier verschiedenen Zahlen „Venus".
363 Vom 19.–23. März.
364 Beim Paar-Unpaarspiel mußte der Gegner erraten, ob man eine gerade oder eine ungerade Zahl irgendwelcher Gegenstände in der Hand hatte.
365 Die Stiege der Ringschmiede wird am nördlichen Fluß des Palatin lokalisiert.
366 C. Licinius Calvus war ein Freund und Zeitgenosse Catulls (vgl. Caes. Anm. 251) und ein bekannter Dichter seiner Zeit; er starb im Alter von ca. 30 Jahren 46 v. Chr.

367 Der Palatin, wo sich der Kaiserpalast befand.
368 Q. Hortensius Hortalus (114–50 v. Chr.), Konsul 69 v. Chr.; neben Cicero war er der berühmteste Redner seiner Zeit; er gehörte der Partei der Optimaten an.
369 Wörtl. „Säulen aus Stein, wie er in den nahen Albanerbergen vorkommt"; ein schwarzer vulkanischer Tuffstein.
370 Reiche Römer hatten ein Schlafzimmer für den Sommer und eines für den Winter.
371 Möglicherweise eine Anspielung auf Archimedes, der in seinem Studierzimmer von der Eroberung der Stadt Syrakus nichts merkte.
372 Das luxuriöse und von einem großen Garten umgebene Haus des Maecenas (vgl. Anm. 336) auf dem Esquilin hatte dieser dem Augustus vermacht.
373 Mittelital. Landschaft an der Westküste; im N grenzt es an Latium.
374 Südl. von Rom am S-Hang der Albanerberge, h. Cità Lavinia.
375 Alte latinische Stadt, beliebte Sommerfrische südöstl. von Rom, h. Palästrina.
376 Alte Latinerstadt, östl. von Rom, h. Tivoli.
377 Insel im Golf von Neapel.
378 Der breite Purpurstreifen war Zeichen der Senatorenwürde, der schmale besagte die Zugehörigkeit zum Ritterstand.
379 Vgl. Anm. 294.
380 Befehlshaber des Sex. Pompeius, der an Augustus 38 v. Chr. seine Flotte und Korsika und Sardinien mit drei Legionen verriet; 37 wechselte er wieder zu Pompeius, um sich 36 abermals dem Augustus anzuschließen. Die Zulassung zum Gastmahl folgte wohl nach seinem ersten Wechsel.
381 Die *aretologi* führten Diskussionen über philosophische Themen.
382 Vgl. Anm. 359.
383 Bei den Münzen aus der römischen Königszeit konnte es sich nur um Fälschungen handeln.
384 Die Regia *(porticus regia)* befand sich an der S-Seite des Marcellustheater (dazu Kap. 31 Ende Anm. 198). Hier hatte der Ober-

priester *(pontifex maximus)* seinen Amtssitz. Augustus bekleidete dieses Amt seit dem Tod des Lepidus (12 v. Chr.).

385 43 v. Chr.; vgl. Kap. 10–12.

386 Cornelius Nepos (ca. 100–25 v. Chr.) war ein Zeitgenosse und Freund Ciceros. Von seinen historischen Werken sind die „Berühmten Männer" teilweise erhalten.

387 Ein Sextansglas faßte ca. 0,1 l.

388 Wein aus Südtirol oder Graubünden.

389 Freigelassener und Hofberichterstatter des Augustus. Diese intimen Einzelheiten aus dem Leben des Augustus dürften erst nach seinem Tod verfaßt worden sein; vgl. auch Kap. 94.

390 1,70 m.

391 Vgl. Anm. 105.

392 Vgl. Kap. 59 Anm. 295.

393 23. September.

394 Zu den beiden Städten vgl. Anm. 375 u. 376; sie waren von Rom ca. 37 bzw. 32 km entfernt und normalerweise in einem Tag erreichbar.

395 So genannt wegen der weißen *(albus)* Farbe des Schwefels. Die Quellen befinden sich auf dem Weg zwischen Rom und Tibur und münden in den Anio, einen Nebenfluß des Tibers.

396 Der westl. Teil von Nordafrika, h. Marokko und Algerien.

397 Wie Grammatik, Dialektik, Philosophie, Musik.

398 44/43 v. Chr.; vgl. Kap. 10–12.

399 Vgl. Anm. 309.

400 Keine dieser Schriften ist erhalten.

401 Lobreden auf den entschiedenen Verfechter der Republik Cato d. Jüngeren (zu ihm Caes. 145 Anm. 65) wurden von Cicero, Brutus und Fabius Gallus verfaßt. Vor Augustus hatte sich bereits Caesar in seinem „Anticato" gegen die Verherrlichung dieses Mannes gewandt (Caes. 56 Anm. 223).

402 Auch Sueton hat diese Schrift benutzt; er zitiert daraus in Kap. 2 und 74.

403 Vgl. Anm. 105.

404 Aiax, ein griechischer Held im Troianischen Krieg; er unterliegt dem Odysseus im Kampf um die Waffen des Achill und stürzt

sich anschließend in sein eigenes Schwert; „in den Schwamm gefallen" ist eine sinnreiche Anspielung auf diesen Vorgang und bedeutet, daß Augustus seine Aiaxtragödie aufgegeben hat. Der Stoff wurde auch von Sophokles dramatisiert.

405 Vgl. Anm. 336.

406 Beide pflegten einen sehr antiquierten Stil. Annius Cimber, Prätor 44 v. Chr. war 44–43 v. Chr. ein Parteigänger des Antonius. Über Veranius Flaccus ist sonst nichts weiter bekannt.

407 C. Sallustius Crispus (86–34 v. Chr.), bekannter römischer Historiker, verfaßte die noch erhaltenen Schriften über den „Jugurthinischen Krieg" und die „Catilinarische Verschwörung", sowie die verlorengegangenen „Historien" (78–67 v. Chr.). Er verwendete bewußt Archaismen. Man warf ihm daher vor, von Cato d. Älteren abgeschrieben zu haben.

408 M. Porcius Cato Censorius (234–149 v. Chr.) gilt als der Prototyp des echten Römers alten Schlages. In ihm sah man alle Nationaltugenden verkörpert. Seine *Origines*, die die Anfänge der römischen Geschichte behandeln (geschr. um 160 v. Chr.) sind das älteste auf lateinisch verfaßte Geschichtswerk. Teile davon sind erhalten.

409 Die sog. „Asiatische Schule" propagierte einen schwülstigen, wortreichen Stil; sie stand im Gegensatz zur „Attischen", die für eine unaffektierte, einfache und prägnante Ausdrucksweise eintrat.

410 Vgl. Anm. 317.

411 D.h. niemals, denn der griechische Kalender kannte keinen solchen Tag. Schulden mußten für gewöhnlich an den Kalenden (Monatsersten) beglichen werden.

412 Vgl. Kap. 85 Anm. 401.

413 *domuos* statt *domus* ist eine alte Form des Genitiv Singular der vierten Deklination.

414 Er nahm also immer den im Alphabet folgenden Buchstaben; der letzte Buchstabe wurde schließlich durch a ersetzt; dies war das x, da y und z im Lateinischen kaum vorkamen.

415 Griechischer Redner (ca. 100–20 v. Chr.), lebte in Rom, verfaßte ein viel beachtetes Rhetoriklehrbuch; er war ein Vertreter der „Attischen Schule" (dazu Anm. 409).

416 Vgl. Kap. 8 Anm. 36; Kap. 10 Anfang und 95 Anfang.

417 Areius Didymus, ein stoischer Philosoph aus Alexandria; angeblich hat ihm zuliebe Augustus bei seinem Sieg 30 v. Chr. die Stadt geschont; später war er kaiserlicher Prokurator in Sizilien; einen einflußreichen Verwaltungsposten in seiner Heimat Ägypten lehnte er ab.

418 Die Komödien aus dem Athen des 5. Jahrhunderts v. Chr.; insbesondere Aristophanes, aber auch Autoren wie Eupolis und Cratinos.

419 Q. Caecilius Metellus Macedonicus hielt in seiner Funktion als Zensor 131 v. Chr. eine Rede, in der er die jungen Männer auffordert, Frauen nicht nur des Vergnügens wegen zu nehmen, sondern zu heiraten und im Interesse des Staates für Nachwuchs zu sorgen.

420 Identität nicht gesichert; entweder P. Rutilius Lupus (Konsul 90 v. Chr.) oder P. Rutilius Rufus (Konsul 105 v. Chr.). Der Rückgriff auf diese Rede ist im Zusammenhang mit Augustus' eigener Bauverordnung zu sehen, in der als Maximalhöhe für Häuser an Hauptstraßen 21 m festgelegt wurde.

421 Vgl. Kap. 13.

422 Vgl. Kap. 29 Anm. 159.

423 In der Rolle des Bettlers wollte Augustus den Göttern seine Unterwürfigkeit demonstrieren.

424 Eine Vertiefung in der Mitte des Atriums, die zur Aufnahme des Regenwassers diente; sie war der Mittelpunkt des Hauses und den Hausgöttern (Penaten) geweiht.

425 Insel im Golf von Neapel.

426 Aenaria, Insel im NW des Golfes von Neapel, h. Ischia; der Tausch erfolgt 29 v. Chr.

427 Nundinae von (von *nonus dies* „der 9. Tag") waren Markttage; man rechnete die Tage nach Nundinen analog zu unserer Einteilung nach Wochen.

428 Nonen waren im März, Mai, Juli und Oktober der siebente, in den übrigen Monaten der fünfte Tag des jeweiligen Monats.

429 Im Herbst 31 v. Chr. im Anschluß an seinen Sieg bei Actium hatte sich Augustus in die Eleusischen Mysterien einweihen

lassen. Dieser Kult war der Fruchtbarkeitsgöttin Demeter und ihrer Tochter Persephone gewidmet.

430 Lat. Name für Demeter (Anm. 429).

431 Der heilige Stier von Memphis in Ägypten; bei seinem Heiligtum befand sich auch ein Orakel.

432 Vgl. Anm. 141.

433 23. September.

434 Vgl. Anm. 2.

435 Vgl. Kap. 79 Anm. 389.

436 Asclepiades aus Mendes im Nildelta schrieb eine „Harmonie" (Heraiskos) aller Religionen; möglicherweise bezieht sich Sueton auf dieses Werk.

437 Vgl. Kap. 4.

438 Augustus fühlte sich dem Gott Apollo in besonderer Weise verbunden; vgl. Kap. 29 und 70 mit Anm. 158.

439 Vgl. Kap. 3.

440 Zur Catlinarischen Verschwörung vgl. Caes. Anm. 62.

441 P. Nigidius Figulus, römischer Naturforscher und Grammatiker der ausgehenden Republik, ein Freund Ciceros, Prätor 58 v.Chr.; bei Pharsalos (48) kämpfte er auf der Seite des Pompeius; er starb im Exil 45/44 v.Chr.

442 Vgl. Caes. Anm. 180.

443 Zu identifizieren mit Dionysos bzw. Bacchus, Gott der vegetativen Fruchtbarkeit und des Weines.

444 Es läßt sich nicht feststellen, um welchen „Drusus" es sich hier handelt.

445 Die Via Appia; sie führte von Rom nach Capua.

446 Zu Catullus vgl. Caes. Anm. 67; er hatte das 83 v.Chr. durch Brand zerstörte Kapitol wieder aufgebaut und dafür den Beinamen Capitolinus erhalten.

447 Vgl. Caes. Anm. 44.

448 Mit dem Anlegen der *toga virilis* (Männertoga) galt man in Rom als Erwachsener; sie wurde am 17. März in Verbindung mit einer religiösen Feier an Jugendliche zwischen 15 und 18 Jahren verliehen. Augustus bekam sie 48/47 v.Chr.

449 Vgl. Anm. 378.

450 Stadt in Spanien am Guadalquivir; hier siegte Caesar 45 v. Chr. über die Söhne des Pompeius, h. Montilla bei Córdoba.
451 Die Taube war der Vogel der Venus, welche als Stammutter der Iulier galt.
452 Die Schwester Caesars, Iulia d. Ältere, war mit M. Atius Balbus verheiratet; ihre Tochter Atia war die Mutter des Augustus.
453 Dazu Kap. 8 Anm. 36.
454 Agrippa war mit Octavian schon von Jugend an befreundet; vgl. Anm. 68.
455 Es gibt mehrere Münzen mit dem Bild des Steinbocks, vor allem aus der Münzstätte Lugdunum (Lyon). Augustus wurde aber nicht unter dem Zeichen des Steinbocks, sondern unter dem der Waage geboren (23. September). Allerdings stand bei seinem Geburtstag der Mond im Sternbild des Steinbocks.
456 Vgl. Caes. 1; 21; 84 mit Anm. 316.
457 43 v. Chr.
458 Romulus und Remus waren die sagenhaften Gründer Roms; auch Augustus sah sich gerne als der Gründer eines neuen Rom.
459 Zu Bononia vgl. Anm. 79; hier wurde im November 43 v. Chr. das Triumvirat ausgehandelt (dazu Kap. 13).
460 42 v. Chr. (dazu Kap. 13).
461 Thessalien, Landschaft in Nordgriechenland am Ägeischen Meer; nördlich davon liegt Makedonien.
462 Kap. 14 u. 15 mit Anm. 59.
463 Kap. 16.
464 Kap. 17–18.
465 d.h. Glückskind.
466 d.h. Sieger.
467 Alle fünf Jahre wurde in Rom ein Zensus (Steuereinschätzung der Bürger) durchgeführt, der mit einem feierlichen Reinigungsopfer ausklang; hier handelt es sich um den Zensus von 14 n. Chr. (vgl. Kap. 27 Ende).
468 Nämlich das M von M(arcus) Agrippa, das er als *„mors"* (= Tod) deutete.
469 In S-Italien, in Samnium, am Zusammenfluß des Sabato und Calore gelegen, bedeutender Verkehrsknotenpunkt, h. Benevento.

470 Ort in Latium an der Mündung des gleichnamigen Flusses; auch eine diesem vorgelagerte Insel trug denselben Namen.
471 Vgl. Anm. 425.
472 Vgl. Anm. 245.
473 Der Wert eines Aureus (kaiserl. Münze) betrug 100 Sesterzen.
474 Alexandria in Ägypten war ein bedeutender Handelsumschlagplatz; Hauptexportgüter waren Getreide und Papyrus.
475 Die in den Griechenstädten im 4. Jahrhundert v.Chr. entstandenen Vereine der Jugendlichen zwischen 19 und 20 Jahren; das ursprüngliche Ziel war, den jungen Männern eine militärische Ausbildung zu vermitteln. Im Laufe der Zeit entwickelten sich diese Vereine zu Erziehungsanstalten für junge Aristokraten, in denen neben Gymnastik auch Philosophie, Rhetorik und Literatur auf dem Lehrangebot standen.
476 Auf deutsch „Stadt der Müßiggänger".
477 Griech. Bezeichnung für den Gründer einer Stadt.
478 Ein griech. Astrologe, den Tiberius während seiner Verbannung in Rhodos kennenlernte und nach Rom brachte; vgl. Tib. 14.
479 Nach Benevent; vgl. Anm. 469.
480 Stadt in Kampanien.
481 Eine allgemeine Schlußformel bei Schauspielen, um das Publikum zum Applaudieren aufzufordern.
482 Es bleibt unklar, um wen es sich hier handelt; entweder um Livia Iulia, eine Enkelin des Tiberius (ihr Vater war Nero Claudius Drusus, der sog. Jüngere Drusus) oder Livilla, eine Tochter des Drusus (d. Älteren, des in Germanien verstorbenen Bruder des Tiberius).
483 Wörtl. „sanfter Tod", aber ohne die moderne Nebenbedeutung eines absichtlich herbeigeführten Todes.
485 Vgl. Kap. 49 Anm. 262.
486 Am 19. August 14 n.Chr. zwischen 14 und 15 Uhr.
487 Munizipien waren ursprünglich gewachsene ital. Städte mit eigener Selbstverwaltung; Kolonien von Rom meist zu militärischen Zwecken gegründete Städte. Mit der Verleihung des römischen Bürgerrechts an ganz Italien verschwindet allmählich der Unterschied. Im Laufe der Kaiserzeit wird die Kolonie zum vornehmeren Städtetyp.

488 Vgl. oben Anm. 480.
489 15 km südl. von Rom, an der Via Appia gelegen.
490 Durch dieses zog der siegreiche Feldherr bei einem Triumph in Rom ein.
491 Zeichen der Ritter und Senatoren.
492 An der südöstl. Schmalseite des Forum Romanum.
493 Dem Podium des Caesartempels (Anm. 492) war die neue Rednerbühne mit den Schnäbeln der von Augustus bei Actium erbeuteten Schiffe vorgelagert. Sie befand sich direkt gegenüber der von Caesar verlegten alten republikanischen Rednerbühne.
494 Numerius Atticus.
495 28 v. Chr.
496 Das Mausoleum bestand aus einem mit Marmor verkleideten Rundbau, über den sich ein Erdhügel von 44 m Höhe erhob, der von einer ehernen Statue des Kaisers bekrönt wurde. Die Grabkammer befand sich im Zentrum der Anlage. Hier wurden bis auf Traian auch die anderen römischen Kaiser beigesetzt.
497 13 n. Chr.
498 Zu den Vestalischen Jungfrauen vgl. Caes. Anm. 6; es war üblich, bei ihnen Dokumente zu hinterlegen.
499 Vgl. Anm. 319.
500 Vgl. Anm. 103.
501 Das Original des Tatenberichts des Augustus ist uns nicht überliefert. Es wurden aber anscheinend überall im Reich, insbesondere bei den Tempeln der Roma und des Augustus Kopien dieses Leistungsberichts aufgestellt; die am besten erhaltene Abschrift ist das Monumentum Ancyranum (aus Ankara in Kleinasien); nur bruchstückhaft sind das Monumentum Apolloniense (aus Apollonia in Pisidien) und das Monumentum Atiochenum (Antiochia in Pisidien).

TIBERIUS

1 Die Claudier waren eines der bedeutendsten Geschlechter Roms. Es gliederte sich in den patrizischen Zweig der *Pulchri* (später *Nerones*) und in den plebeischen der *Marcelli*.

2 Das Siedlungsgebiet der Sabiner befand sich östlich von Rom. Die Lage der Stadt Regilli, die nur im Zusammenhang mit dem Geschlecht der Claudier erwähnt wird, ist unbekannt.

3 Nach der Überlieferung König der Sabiner, führte Krieg gegen Rom wegen des „Raubes der Sabinerinnen"; erst später wurde er Mitregent des Romulus.

4 Vgl. Aug. Anm. 29.

5 Er galt als Urahne des Claudischen Geschlechts.

6 Nach der traditionellen Chronologie wurde das etruskische Königsgeschlecht der Tarquinier 510 v. Chr. aus Rom vertrieben.

7 Linker Nebenfluß des Tiber vor Rom bei Antemnae.

8 Der kleine Triumph, die Ovation, wurde vom Senat gewährt, wenn die Voraussetzungen für einen Triumph nicht gegeben waren (z. B. leichter Sieg, unwürdige Feinde, unblutiger Sieg etc.). Der Feldherr zog im Gegensatz zum eigentlichen Triumph nicht auf dem Wagen, sondern zu Fuß oder Pferd in Rom ein, auch nicht im Triumphgewand und ohne Szepter und Lorbeerkranz.

9 König der Molosser in Epirus; er folgte einem Hilferuf der Tarentiner und besiegte die Römer bei Herakleia (280) und Ausculum (279) unter katastrophalen eigenen Verlusten (sog. „Pyrrhussieg").

10 Appius Claudius mit dem Beinamen Caecus („der Blinde") war Konsul 307 und 296 v. Chr.; angespielt ist hier auf seine Rede

nach der Schlacht von Herakleia (vgl. Anm. 9), in der er sich entschieden gegen einen Frieden mit Pyrrhus wendet.

11 Appius Claudius Caudex eröffnete als Konsul des Jahres 264 v. Chr. die militärischen Auseinandersetzungen Roms mit Karthago (1. Punischer Krieg) auf Sizilien. Der Beiname Caudex bedeutet Schiffsbalken.

12 Der karthagische Feldherr Hasdrubal führte 208 v. Chr. erfolgreich ein Heer von Spanien nach Italien, um seinen im Süden der Halbinsel stark in Bedrängnis geratenen Bruder Hannibal zu entlasten. Er wurde jedoch 207 v. Chr. bald nach seinem Eintreffen von den Konsuln des Jahres C. Claudius Nero und M. Livius Salinator am Metaurus (Fluß in Umbrien) vernichtend geschlagen.

13 Der Beiname leitet sich von der Stadt Regilli (dazu Anm. 2) her.

14 Claudius Regillianus war Mitglied des Zehnmännerkollegiums *(decemviri)* von 450 v. Chr., das mit der Aufgabe, das bestehende Recht aufzuzeichnen, betraut war. Eine bereits im Jahre zuvor eingesetzte Kommission hatte zehn Gesetzestafeln erstellt, die durch die zweite Kommission, der Claudius angehörte, um zwei erweitert wurden. Die „Zwölftafelgesetzgebung" hatte zum Ziel, die Rechtsungleichheit zwischen Patriziern und Plebeiern zu beseitigen und das bisher von den Priestern und Magistraten verwaltete Rechtswissen zu veröffentlichen. Als die zweite Kommission entgegen dem Annuitätsprinzip auch 494 v. Chr. im Amt blieb, kam es zum Aufstand der Plebs.

15 Nämlich Verginia; ihr Vater ließ sie auf dem Forum töten, um ihr Schande zu ersparen.

16 Ein Sohn des Appius Claudius Caecus (Anm. 10); der Beiname Drusus ist wohl eine verderbte Lesart; erst seit Drusus, dem Stiefsohn des Augustus, ist dieses Cognomen bei den Claudiern belegt.

17 Stadt an der durch Appius Claudius Caecus (Anm. 10) angefangenen Straße von Rom nach Capua (Via Appia); sie liegt zwischen Aricia und Tarracina; h. Forappi; sowohl die Straße als auch die Stadt wurden nach Appius Claudius Caecus benannt.

18 Das Diadem galt in Rom als das Zeichen der verhaßten Königsherrschaft.
19 P. Claudius Pulcher, Sohn des Caecus (Anm. 10); als Konsul des Jahres 249 v. Chr. erlitt er im 1. Punischen Krieg bei einem Überfall auf die karthagische Flotte im Hafen von Drepanum (h. Trapani an der Westküste Siziliens) eine vernichtende Niederlage. Wegen seines religionsfrevlerischen Verhaltens wurde er verbannt.
20 Die Verehrung der orientalischen Göttermutter Kybele wurde in Rom während des 2. Punischen Krieges im Jahre 204 v. Chr. unter dem Namen Magna Mater eingeführt, jedoch schon bald wieder verboten. Die Bezeichnung „Idäische Göttermutter" leitet sich von dem kleinasiatischen Berg Ida her, wo dieser Kult besonders gepflegt wurde.
21 246 v. Chr.
22 Vgl. Anm. 19.
23 Zu Cicero vgl. Caes. Anm. 44.
24 Zum Wechsel des P. Clodius Pulcher in den Plebeierstand vgl. Caes. 6 u. 20 mit Anm. 30.
25 Dies war ein besonders schlimmes Vergehen, da die Volkstribunen von Amts wegen als „sakrosankt" (unantastbar) galten.
26 Ein Eingreifen der Tribunen gegen den zu Unrecht triumphierenden Claudier war nicht möglich, da die ihn schützende Tochter (Sueton spricht hier versehentlich von der Schwester) als Vestalin (vgl. Caes. Anm. 6) „sakrosankt" (unantastbar) war. Bei dem Triumphator handelt es sich um Appius Claudius Pulcher, der den Triumph in seinem Konsulatsjahr 143 v. Chr. über das Volk der Salasser (vgl. Aug. Anm. 114) erzwang.
27 Tiberius Nero ist nur durch diese Stelle bei Sueton belegt.
28 Anm. 19.
29 Anm. 10.
30 Zur Diktatur und zum *magister equitum* vgl. Caes. Anm. 40.
31 M. Livius Salinator triumphierte in seinem ersten Konsulat 219 v. Chr. über Demetrius von Pharus, in seinem zweiten 207 hatte er den entscheidenden Anteil am Sieg über Hasdrubal am Metaurus (Anm. 12), wofür er ebenfalls einen Triumph feiern

durfte, während sein Kollege C. Claudius Nero (Anm. 12) nur die Ovation (Anm. 8) zuerkannt bekam. Während seiner Zensur führte er eine Salzsteuer ein und erhielt deshalb den Beinamen Salinator (von *„sal"* Salz). Die gegen ihn erhobenen Vorwürfe waren wohl auf eine ungerechte Beuteverteilung während seines ersten Konsulats zurückzuführen.

32 Der Name Drusus ist erstmals bei dem *magister equitum* von 324 v. Chr. bezeugt.

33 Wohl nicht identisch mit dem oben erwähnten Drusus. Es gibt zwei Teilstämme der Senonen. Der eine wanderte aus Gallien in das nordöstl. Italien ein und wurde 283 v. Chr. von Rom unterworfen, der andere siedelte in Gallien zwischen Loire und Seine. Offenbar hat Sueton den ersten, um den es sich hier handelt, mit dem zweiten verwechselt; einen Prätor Galliens kann es nämlich vor 121 v. Chr. nicht gegeben haben, da erst zu diesem Zeitpunkt die Gallia Narbonensis als Provinz eingerichtet wurde. Die Rückführung des Goldes durch Camillus gehört in den Bereich der Legende.

34 M. Livius Drusus, 122 v. Chr. Volkstribun, 112 Konsul; er war ein Gegner der Reformpläne der Gracchen.

35 Tiberius Sempronius Gracchus versuchte als Volkstribun von 133 v. Chr., sowie sein Bruder Gaius zehn Jahre später, eine Bodenreform durchzuführen, um die Not der niederen Schichten der Bevölkerung zu lindern. Die Aufteilung der Latifundien und die Beschränkung des Grundbesitzes scheiterte am Widerstand der Senatspartei. Beide wurden ermordet.

36 M. Livius Drusus, 91 v. Chr. Volkstribun; er setzte sich für die Verleihung des römischen Bürgerrechts an alle italischen Bundesgenossen ein. Seine Ermordung führte zum Ausbruch des Bundesgenossenkriegs.

37 Tiberius Claudius Nero (vgl. Aug. Anm. 308).

38 Zum Alexandrinischen Krieg 48/47 v. Chr. vgl. Caes. 8.

39 Tiberius übernahm das Amt 46 v. Chr., nachdem der bisherige Inhaber Q. Caecilius Metellus Pius Scipio, der Schwiegervater des Pompeius, nach der Niederlage bei Thapsus (46 v. Chr.) durch Selbstmord aus dem Leben geschieden war.

40 H. Narbonne, Stadt in Südfrankreich.
41 H. Arles, Stadt in Südfrankreich.
42 15. März 44 v. Chr.
43 42 v. Chr. (auch 41 und 40 blieb er noch im Amt).
44 Vgl. Aug. Anm. 60.
45 Zum Perusinischen Krieg (41 v. Chr.) vgl. Aug. 14 u. 15.
46 Vgl. Aug. Anm. 375.
47 Vgl. Aug. Anm. 63.
48 *Fasces* (Rutenbündel) waren die Abzeichen der Amtsgewalt der römischen Beamten; sie wurden ihnen von Liktoren vorausgetragen. Dem Tiberius wurden sie verboten, da seine Amtszeit bereits abgelaufen war.
49 Griechenland wurde 27 v. Chr. die römische Provinz Achaia.
50 Vgl. Aug. 62 Anm. 309.
51 Drusus kämpfte in jungen Jahren mit seinem Bruder Tiberius in Noricum und Pannonien; 12–9 v. Chr. war er Oberbefehlshaber der Rheinarmee und drang bis zur Elbe vor. Er starb 9 v. Chr. durch einen Sturz vom Pferd.
52 Stadt an der Via Appia nahe bei Tarracina (= Terracina), h. Fondi.
53 Alfidia, die Frau des Livius Drusus Claudianus.
54 Personifikationen von Tugenden wurden oft als Götter bzw. Göttinnen verehrt; hier die Göttin der Glückseligkeit und des guten Gelingens, die in einem besonderen Verhältnis zum römischen Kaiserhaus stand.
55 Im Jahre 42 v. Chr.; zu den beiden Konsuln vgl. Caes. Anm. 307 bzw. Aug. Anm. 28.
56 Zum Krieg von Philippi vgl. Aug. 13.
57 Zu den Tageschroniken vgl. Caes. 20 Anfang Anm. 83.
58 43 v. Chr.; vgl. Aug. 10 Anm. 48 u. 49.
59 41 v. Chr.; zu den beiden Konsuln vgl. Aug. Anm. 302 bzw. Aug. 14 u. 15 mit Anm. 60.
60 Anm. 49.
61 Griech. Name für Spartaner, Bewohner der Halbinsel Südgriechenlands.
62 Zur Goldkapsel vgl. Caes. Anm. 320.

63 Vgl. Aug. Anm. 66.

64 Lobesrede, die nach einem alten Brauch junge Adelige am Grab eines verstorbenen Verwandten vortrugen. Die hier erwähnte Rede hielt aber Tiberius erst fünf Jahre nach dem Tod seines Vaters 33 v. Chr.

65 Der Triumph fand vom 13.–15. August 29 v. Chr. statt; vgl. Aug. 22.

66 Vgl. Aug. Anm. 165.

67 Vgl. Caes. 27.

68 Vgl. Caes. Anm. 162.

69 M. Livius Drusus Claudianus; vor seiner Adoption hieß er Appius Claudius Pulcher.

70 Vipsania Agrippina, in der Überlieferung meist unter ihrem Gentilnamen als Vipsania erwähnt; geb. 33 v. Chr. aus der Ehe Agrippas mit Caecilia Attica; 16–12 v. Chr. mit Tiberius, anschließend mit Asinius Gallus verheiratet; sie starb 20 n. Chr.

71 Vgl. Aug. Anm. 68.

72 T. Pomponius Atticus, nach seiner Adoption Q. Caecilius Pomponianus Atticus, ein gebildeter Ritter und Freund Ciceros, der politisch nicht offen zutage trat, sondern sich der Kunst und Wissenschaft widmete.

73 Angeblich von Seian und Livilla 23 n. Chr. ermordet; vgl. Kap. 62.

74 11 v. Chr.; vgl. Aug. 63 Anm. 315.

75 Zu Iulia vgl. Aug. 63–65 u. Anm. 103.

76 Vgl. Aug. Anm. 107.

77 Vgl. Anm. 51.

78 Archelaus Sisenes Philopatris seit 36 v. Chr. König von Kappadokien (Landschaft des mittleren bis östlichen Kleinasien). Tiberius verteidigte den König in einem Prozeß, der von seinen eigenen Landsleuten gegen ihn geführt wurde (19–16 oder 25/26 v. Chr.). 18/19 n. Chr. wurde das Gebiet römische Provinz; vgl. Kap. 37 Ende.

79 Stadt in Lydien (mittlerer Teil der kleinasiatischen Westküste).

80 Vgl. Aug. Anm. 461.

81 Laodicea, Thyatira, Städte in Lydien (Anm. 79).

82 Griech. Insel vor der kleinasiatischen Küste.
83 Zu dieser Verschwörung und den beteiligten Personen vgl. Aug. 19 Anm. 95; erwähnt auch in Aug. 56 u. 64.
84 Vgl. Aug. Anm. 105.
85 Tigranes II. lebte in Rom im Exil; er wurde nach der Ermordung seines Bruders Artaxes von Armenien (Caes. Anm. 181) als König erbeten und von Tiberius 20 v.Chr. feierlich eingesetzt.
86 Dazu vgl. Aug. 21 mit Anm. 119–121.
87 Gallia Comata („das langhaarige Gallien") wurde das jenseits der Alpen liegende Gallien genannt wegen der langen Haartracht ihrer Bewohner, im Gegensatz zu Gallia Togata diesseits der Alpen, da hier die Einwohner bereits die Toga trugen und römische Bürger waren.
88 Vgl. Aug. 21 mit Anm. 112 u. 113.
89 In den Jahren 12–10 v.Chr. unterwarf Tiberius, der den Oberbefehl des 12 v.Chr. verstorbenen Agrippa übernahm, die Völker zwischen Save und Drau. Die Breuker sind ein Teilstamm der Pannonier; zu Pannonien vgl. Aug. Anm. 110, zu Dalmatien Aug. Anm. 111.
90 Im Jahre 8 v.Chr. wurde Tiberius Nachfolger des Drusus über das germanische Heer. Bei der Verlegung von 40000 Unterworfenen handelt es sich um die Umsiedlung der Sueben und Sugambrer 8 v.Chr.; vgl. Aug. 21 Anm. 117.
91 Der Triumph von 7 v.Chr.; zum kleinen Triumph vgl. Anm. 8; zu den Triumphalinsignien Aug. Anm. 221.
92 23 v.Chr. im Alter von 19 Jahren.
93 16 v.Chr. im Alter von 26 Jahren.
94 13 v.Chr. im Alter von 29 Jahren.
95 7 v.Chr.
96 6–2 v.Chr.; durch die Volkstribunenwürde war Tiberius „sakrosankt" (unantastbar); sie gab die Vollmacht, auf der der Prinzipat im wesentlichen begründet war; vgl. Aug. 27 Ende.
97 Gaius und Lucius, die Söhne aus der Ehe der leiblichen Tochter des Augustus Iulia mit M. Agrippa, wurden vom Kaiser adoptiert und galten als potentielle Nachfolger.

98 Zum Verhältnis des M. Agrippa zu M. Marcellus vgl. Aug. 66, bes. Anm. 135 u. 137.

99 Iulia und Drusus (Anm. 73).

100 Der Hafen von Rom an der Tibermündung; Tiberius verließ von dort Italien 6 v. Chr.

101 Die Liktoren trugen die *fasces* (Rutenbündel) als Insignien der Amtsgewalt voraus; dazu Anm. 48. Durch den Verzicht auf Liktoren demonstrierte Tiberius, daß er von nun an als Privatmann zu betrachten sei.

102 Gebäude mit großem Hof, Hallen und Bädern; neben Leibesübungen wurde in diesen Stätten auch die Ausbildung des Geistes betrieben.

103 Geistesbewegung, die in der zweiten Hälfte des 5. Jahrhunderts in Griechenland entstand. Die Sophisten lehrten Philosophie, Literatur, Kunst, Grammatik, Rhetorik und Staatswissenschaft mit dem Ziel, ihre Schüler zu im Staats- und Privatleben tüchtigen Persönlichkeiten zu erziehen. Die Sophisten wandten sich von der reinen Naturphilosophie ab und dem denkenden Menschen zu.

104 Vgl. Aug. Anm. 103.

105 2 v. Chr.

106 Kap. 10 Anm. 97.

107 Wahrscheinlich erhielt Tiberius eine sog. *legatio libera*, ein Privileg, das in der späten Republik an vornehme Senatoren verliehen wurde, um ihnen Privatreisen auf Staatskosten zu ermöglichen und sie unter diplomatischen Schutz zu stellen.

108 Gaius machte bei seiner Expedition nach Armenien (dazu Aug. Anm. 141) auf der etwa 200 km nördl. von Rhodos liegenden Insel Samos Station.

109 M. Lollius (geb. um 54 v. Chr.), Konsul von 21 v. Chr.; im Jahre 25 v. Chr. war er Statthalter der Provinz Galatien, vor 17 v. Chr. hielt er sich in Thrakien auf. Als Statthalter Galliens erlitt er 17/16 v. Chr. eine bittere Niederlage gegen die Germanen (vgl. Aug. 23 Anm. 124). Aus dieser Zeit rührt die Feindschaft mit Tiberius her. 1 v. Chr. wurde er Berater des Gaius Caesar.

110 Pallium, die griech. Tracht; sie zu tragen war für einen Römer unschicklich.

111 H. Nîmes in Südfrankreich; die Statuen waren wohl während der Statthalterschaft des Tiberius (dazu Kap. 9 Anfang) aufgestellt worden.

112 2 n. Chr.

113 42 v. Chr.; vgl. Aug. 13.

114 H. Padua in Oberitalien (ca. 35 km westl. von Venedig).

115 Sagenhafter König mit drei an der Hüfte zusammengewachsenen Leibern, der am westl. Ende der Erde (Spanien, Mauretanien) hauste. Herkules entführte ihm seine Herde roter Rinder. Möglicherweise stammen die unweit von Padua gefundenen Bronzeblättchen mit Sprüchen von diesem Orakel.

116 Heiße Schwefelquellen, ca. 10 km südwestl. von Padua beim heutigen Abana; auch *Aquae Patavinae* genannt.

117 Elektrostatische Entladung, die beim Ausziehen von Kleidern aus Seide und Wolle entsteht.

118 Vgl. Aug. 98 Anm. 478.

119 Vgl. Anm. 73.

120 Bedeutet „Schiffskiel“; vornehmer Wohnbezirk am westl. Abhang des Mons Oppius; h. bei S. Pietro in Vincoli.

121 Zum Haus des Maecenas vgl. Aug. 72 Anm. 372.

122 Vgl. Aug. Anm. 141.

123 Agrippa Postumus; dazu Aug. 65 mit Anm. 103 u. 327.

124 26. Juni 4 n. Chr.

125 Zu Germanicus, dem Vater des Kaisers Caligula, ausführlich Cal. 1–6. Durch diese Adoption eröffnete sich dem Germanicus eine größere Chance bei der Nachfolge im Prinzipat.

126 Lat. *peculium*, der Besitz, den der Vater seinem Sohn als frei verfügbares Eigentum überließ.

127 Zur Verbannung des Agrippa Postumus Aug. Anm. 103.

128 Tiberius erhielt die tribunizische Gewalt auf zweimal zehn (nicht fünf) Jahre, nämlich von 4–13 n. Chr. und von 13–(23) n. Chr.; vgl. Aug. 27 Ende Anm. 151.

129 4–6 n. Chr.

130 Von 6–9 n. Chr.; vgl. Aug. 21 Anfang Anm. 110 u. 111.

131 Das Kerngebiet des h. Österreich.

132 Vgl. Caes. Anm. 180.

133 Vgl. dazu Aug. 23 u. 24 mit Anm. 125; P. Quinctilius Varus (42 v. Chr.–9 n. Chr.), Konsul von 13 v. Chr.; 7/6 v. Chr. Prokonsul von Africa, 6–4 v. Chr. Statthalter in Syrien. Im Jahre 7 n. Chr. wurde er Oberbefehlshaber in Germanien. Sein übereilter Versuch, dort römische Zivilverwaltung mit Steuerwesen und römischer Rechtssprechung einzuführen, erweckte den Unmut der Einheimischen und provozierte den Aufstand. Varus erlitt 9 n. Chr. im Teutoburger Wald eine katastrophale Niederlage. Er verlor drei Legionen, drei Reitereinheiten und sechs Auxiliarkohorten.

134 Die Beinamen bedeuten „Pannoniensieger", „Unbesiegter", „Gottesfürchtiger".

135 Die purpurne *toga praetexta* und der Lorbeerkranz gehörten zum Ornat des Triumphators.

136 Vgl. Aug. Anm. 235.

137 10 n. Chr.

138 Befehlshaber einer Legion; er hatte den Rang eines Prätors.

139 Der germanische Stamm der Brukterer siedelte zwischen Lippe und Ems.

140 23. Okt. 12 n. Chr.

141 Vgl. Aug. Anm. 221.

142 Beim illyrischen Aufstand gab es zwei einheimische Anführer mit dem Namen Bato. Der eine, vom Volk der Pannonier aus dem Stamm der Breuker, wurde von dem anderen Bato, vom Volk der Dalmater aus dem Stamm der Daesidiaten, bei internen Auseinandersetzungen ermordet. Sueton hat hier offenbar die beiden verwechselt.

143 Vgl. Aug. Anm. 106.

144 Tempel der „Eintracht" an der NW-Seite des Forums (unterhalb des Tabulariums).

145 Vgl. Caes. 10 Anm. 51.

146 13 v. Chr., als auch seine tribunizische Amtsgewalt verlängert wurde.

147 11. Mai 14 n. Chr.; dazu Aug. 97 Anm. 467.

148 Vgl. Aug. 98 Ende. Sowohl bei den antiken Autoren als auch in der modernen Forschung ist es umstritten, ob Tiberius Augu-

stus tatsächlich noch lebend angetroffen hatte, oder ob Livia den Tod ihres Ehemanns bis zur Ankunft des Tiberius verheimlichte, um mögliche politische Unruhen zu verhindern und die Nachfolge ihres Sohnes im Prinzipat sicherzustellen.

149 Dazu Kap. 15 Anm. 124.

150 Einige der folgenden Zitate sind in griechisch wiedergegeben.

151 Eine Anlehnung an Ennius (vgl. Aug. Anm. 30), Annalen 12,370. Der Vers bezog sich auf den Gegenspieler Hannibals Fabius Cunctator; allerdings hatte Augustus *cunctando* („Zögern") durch *vigilando* („wachsame Sorge") ersetzt.

152 Ilias 10,246f.; eine Rede des Diomedes über Odysseus.

153 Zu Agrippa Postumus vgl. Aug. 65 mit Anm. 103 u. 127; er hätte Ansprüche auf den Kaiserthron geltend machen können.

154 Vgl. Kap. 62 und Anm. 73.

155 Vgl. Aug. Anm. 141.

156 Zum Testament des Augustus vgl. Aug. 101.

157 „Den Wolf bei den Ohren halten" ist ein griechisches Sprichwort; eine Erklärung findet sich bei Terenz, Phormio 506: „Ich weiß nicht, wie ich es verliere, noch weiß ich, wie ich es festhalte." Da die Ohren des Wolfs sehr klein sind, kann man ihn daran nur sehr schwer festhalten.

158 Er wollte nach dem Tod des Augustus den Agrippa Postumus von Planasia (vgl. Aug. Anm. 103), wo dieser in Verbannung lebte, zu den Truppen nach Germanien bringen.

159 L. (richtig M.) Scribonius Libo, der Neffe der Scribonia, der zweiten Frau des Augustus (vgl. Aug. 62f. mit Anm. 307), wurde verdächtigt, einen Umsturz geplant zu haben; 16 n. Chr. wurde er der Geisterbeschwörung angeklagt; er entzog sich der Verurteilung durch Selbstmord.

160 Ein ausführlicher Bericht über diese Aufstände findet sich bei Tacitus, Annalen 1,16-52; vgl. auch Cal. 9 u. 48.

161 Zur Regelung von Sold und Dienstzeit unter Augustus vgl. Aug. 49; Legionäre bekamen bei einer Dienstzeit von 20 Jahren 10 Asse pro Tag und 3000 Denare Entlassungsgeld; Prätorianer dagegen bei einer Dienstzeit von 16 Jahren und 32 Assen pro Tag 5000 Denare bei ihrem Ausscheiden aus dem Militärdienst.

162 Germanicus (geb. 15 v. Chr.), Sohn des Nero Claudius Drusus (vgl. Anm. 51), war von Tiberius adoptiert worden (Kap. 15 Anm. 125); er hatte 13 n. Chr. das Oberkommando am Rhein von Tiberius übernommen; im Jahre 16 wurde er abberufen; ausführlicher Bericht Suetons in Cal. 1-6.

163 Vgl. Anm. 158.

164 Vgl. Anm. 159.

165 16. Nov. 42 v. Chr.

166 Vgl. Caes. Anm. 265.

167 Unter Augustus wurde ein solcher Eid jeweils am 1. Januar eines Jahres geleistet.

168 In der Republik ein Ehrentitel für einen Feldherrn; in der Kaiserzeit wird Imperator ein fester Bestandteil des Namens des Kaisers.

169 Vgl. Aug. Anm. 292.

170 Vgl. Caes. Anm. 16.

171 Aug. 101; bereits seit seiner Aufnahme in die *Gens Iulia* 4 n. Chr. war Tiberius berechtigt, den Augustusnamen zu führen. Er machte aber anscheinend davon nur sehr selten Gebrauch.

172 Vor seinem Prinzipat war Tiberius zweimal Konsul, 13 und 7 v. Chr. (vgl. Kap. 9 Ende). Als Kaiser bekleidete er das Konsulat 18, 21 und 31 n. Chr.

173 Seit 26 n. Chr. war er von Rom abwesend.

174 Wie schon vor ihm Augustus; vgl. Aug. 53 Anm. 277.

175 Vgl. Aug. Anm. 222.

176 Zur Gesandtschaft in persönlichen Angelegenheiten *(legatio libera)* vgl. Anm. 107.

177 Trebiae (oder Trebi), Stadt im westl. Umbrien, an der Via Flaminia gelegen, h. Trevi (zwischen Foligno und Spoleto).

178 Ehemalige Konsuln. Die Bekleidung der allmählich an Bedeutung verlierenden republikanischen Ämter wie Prätur und Konsulat waren notwendige Voraussetzungen für die höchsten Stellen in Militär und Verwaltung.

179 Tiberius erklärte sich natürlich nur in dem Fall für nicht zuständig, wenn es sich um eine senatorische Provinz handelte. Wahrscheinlich spricht diese Stelle den ganz konkreten Fall des Aponius, des Prokonsuls von Afrika aus dem Jahre 20 n. Chr., an.

180 Sonst unbekannt.

181 Das Wort stammt aus dem jüdischen Sprachschatz; allerdings ist hier nicht der jüdische Sabbat gemeint, sondern es wird lediglich ausgedrückt, daß nur alle sieben Tage eine Sprechstunde stattfand.

182 Hier ist wohl konkret der Fall des Aemilius Rectus, des Präfekten von Ägypten, gemeint; solche absichtliche „Anonymisierung" verwendet Sueton öfters.

183 Auch Augustus war ein Sammler Korinthischer Gefäße; vgl. Aug. 70 Anm. 355.

184 Ähnliche Maßnahmen hatte bereits Caesar (vgl. Caes. 43) und Augustus (vgl. Aug. 34) anscheinend mit wenig Erfolg durchzusetzen versucht.

185 Der Grund war wohl, der Verbreitung einer Hautkrankheit Einhalt zu gebieten, an der Tiberius offensichtlich selbst litt (Kap. 68).

186 Solche Auftritte waren eines Ritters und Senators unwürdig (vgl. Caes. 39 Anm. 157 u. 159; Aug. 43 Anm. 237).

187 Er war eine Scheinehe eingegangen, da sich nach den Ehegesetzen des Augustus nur Verheiratete um eine Beamtenstelle bewerben konnten.

188 19 n. Chr.; auch Augustus (vgl. Aug. 93) war ablehnend gegenüber der jüdischen Religion; mit „ähnlichem Glauben" sind wohl nicht in erster Linie die Christen gemeint, die in Rom damals nur sehr spärlich vertreten gewesen sein dürften, sondern andere jüdische Glaubensrichtungen, wie etwa die Proselyten.

189 Es gab offenbar zwei solche Beschlüsse, im Jahre 16 und im Jahre 17 n. Chr. Im Laufe der römischen Geschichte kam es immer wieder zu Astrologenvertreibungen. Der Grund dafür lag wohl darin, daß diese durch ihre Vorhersagen Unruhe unter der Bevölkerung stifteten und eine betrügerische Geschäftemacherei von großem Ausmaß betrieben.

190 Das Lager (380 × 400 m) wurde 21–23 n. Chr. etwa 500 m außerhalb der Servischen Stadtmauer zwischen der Porta Collina und der Porta Viminalis errichtet. Überreste des zwischen

der Via Nomentana und der Via Tiburtina gelegenen Prätorianerlagers sind erhalten.

191 Stadt in Piemont (Oberitalien) an der Mündung der Stura in den Tanaro, h. Pollenzo in der Nähe von Turin.

192 Das Gebiet, das einen Teil der Westalpen beiderseits der heutigen italien.-franz. Grenze im Quellgebiet des Po umfaßte. Zentrum war die Stadt Susa. Noch heute wird diese Gegend Cottische Alpen genannt, nach dem ehemaligen König Cottius, den Tiberius als römischen Präfekten über sein früheres Reich wieder einsetzte.

193 Gemeint sind die Asylstätten der Tempel und heiligen Bezirke, in denen nicht nur politisch Verfolgte Zuflucht suchten, sondern auch Kriminelle und allerlei Gesindel.

194 Kyzikos, eine bedeutende Handelsmetropole am Südufer der Propontis (Marmarameer) gelegen; die geschilderten Ereignisse fallen in das Jahr 25 n. Chr. Als *civitas libera* (freie Stadt) konnte die Stadt ihre inneren Angelegenheiten in eigener Verantwortung verwalten.

195 Zu Mithri(a)dates vgl. Caes. Anm. 23.

196 Mar(o)bod, König der Markomannen, führte sein Volk 8 v. Chr. aus dem Maingebiet in das heutige Böhmen, wo er ein großes Reich aufbaute. Der 6 n. Chr. ausgebrochene illyrische Aufstand zwingt Rom den gegen ihn bereits angefangenen Krieg wieder abzubrechen. In der Zeit nach 9 n. Chr. wurde er in innergermanische Auseinandersetzungen mit Arminius (den Sieger über Varus; vgl. Anm. 133) verwickelt, die schließlich zu seiner Flucht nach Rom führten; er starb in Ravenna 41 n. Chr.

197 Thrakischer König, der den Römern beim illyrischen Aufstand 6 n. Chr. Hilfsdienste erwies. Wegen der Ermordung des Odrysenkönigs Kotys wurde er 19 n. Chr. von Rom abgesetzt, verbannt und in Alexandria auf der Flucht getötet.

198 Ursprünglich hatte Tiberius ein gutes Verhältnis zu Archelaus; vgl. dazu Kap. 8 Anm. 78. Er wurde aber von diesem während seines Exils auf Rhodos (Kap. 10–13) brüskiert. 17 n. Chr. hatte sich Archelaus in Rom vor dem Senat zu verantworten; dort starb er; sein Reich wurde römische Provinz.

199 Wohl aus Angst vor einem Umsturz.
200 Vgl. Aug. Anm. 293.
201 Germanicus (den er adoptieren mußte; dazu Kap. 15 u. 25 Anm. 125 u. 162) 19 n. Chr.; Drusus (vgl. Kap. 62 u. Anm. 73) 23 n. Chr.
202 Küstenstadt ca. 85 km südl. von Rom, an der Via Appia gelegen.
203 Die Grotte befindet sich an der Küste südl. von Terracina (Anm. 202) bei Sperlonga.
204 In Nola (vgl. Aug. Anm. 480) wurde wohl deswegen ein Augustustempel errichtet, weil dort der Kaiser den Tod fand; dazu Aug. 98 Ende f.
205 Augustus hatte die Insel Capri von der Stadtgemeinde Neapel als kaiserlichen Privatbesitz erworben; dazu Aug. 92 Anm. 425.
206 Latinische Stadt an der Via Salaria ca. 10 km von Rom. Überreste sind erhalten zwischen Villa Spada und Castel Giubbileo. Das Unglück ereignete sich im Jahre 27 n. Chr.
207 Vgl. Aug. Anm. 200.
208 In Armenien (Caes. Anm. 181) kreuzten sich die Interessensphären zwischen Römern und Parthern (Caes. Anm. 182). Zu Parthereinfällen kam es in den Jahren 34 und 35 n. Chr., die von Vitellius, dem späteren Kaiser (vgl. Vit. 2), zurückgeschlagen wurden.
209 In Mösien (am rechten Ufer des Unterlaufs der Donau gelegen, im S an Thrakien grenzend) gab es zwar lokale Unruhen in den Jahren 21 und 25 n. Chr., Einfälle von außen durch Daker (Caes. Anm. 178) oder Sarmaten (Nomadenvolk iranischer Abstammung aus Südrußland) sind jedoch anderweitig nicht belegt.
210 In die Jahre 21 und 22 n. Chr. fällt der Aufstand des Florus und Sacrovir in Gallien; im Jahre 28 n. Chr. konnten die Friesen rechts des Rheines die Abhängigkeit von Rom für immer abschütteln.
211 Von *bibere* „trinken", also Trinker.
212 Von *caldius* „heiß", also ein vom Trunke Erhitzter.
213 Von *mero* „ungemischter Wein", also einer, der den Wein ungemischt trinkt.

214 L. Pomponius Flaccus, Konsul von 17 n.Chr., war während des Parthereinfalls 34/35 n.Chr. (Anm. 208) Statthalter von Syrien; er stirbt während seiner Amtszeit in Armenien.

215 L. Calpurnius Piso (geb. 48 v.Chr.), Konsul von 15 v.Chr., war ein bedeutender Feldherr des Augustus gegen die Vindeliker, in Pamphylien, Makedonien und Thrakien; 3/2 v.Chr. Prokonsul von Asien, 4–1 v.Chr. Statthalter in Syrien; von 13 n.Chr. bis zu seinem Tod 32 n.Chr. hatte er das bedeutende Amt des Stadtpräfekten inne.

216 Angesichts der anderweitig gut bezeugten Chronologie (vgl. Anm. 214 u. 215) kann der Bericht Suetons so nicht richtig sein.

217 Eine *amphora* faßt ca. 26 l.

218 Wohl identisch mit dem bei Cal. 8 bezeugten Asillius; sehr wahrscheinlich handelt es sich hierbei um den Rhetor Sabinus Asilius.

219 In augusteischer und tiberischer Zeit kam eine Reihe pornographischer Schriften auf den Markt, als deren Verfasserin sich eine Frau mit dem Namen „Elephantis" ausgab. Diese Art von pornographischer Literatur ist im 2. und 1. Jahrhundert in Griechenland entstanden.

220 Junge Männer als Gott Pan verkleidet, der das Triebhafte verkörperte und als sehr lüstern galt.

221 Töchter des Zeus, verführerische Naturgottheiten, denen sich zu nähern gefährlich war.

222 Kann einerseits „der Mann von Capri", aber auch der „geile Bock" (von *caper*) bedeuten.

223 Griechischer Maler aus der Zeit um 400 v.Chr., der wegen seiner naturgetreuen Bilder berühmt war.

224 Ein Motiv aus der Sage von der kalydonischen Jagd. Meleager war der Sohn des Königs Oineus von Kalydon. Weil dieser vergaß, der Artemis zu opfern, ließ die Göttin die kalydonischen Felder durch einen Eber verwüsten. Die Heroin Atalante brachte dem Tier die erste Wunde bei. Sie wird schließlich die Geliebte des Meleager.

225 Die *Atellana fabula* war ursprünglich eine aus Süditalien (nach der kampanischen Stadt Atella benannt) stammende Volksposse

mit Improvisationen und derbkomischem oft unanständigem Inhalt aus dem täglichen Leben. In Rom entwickelte sich schließlich daraus ein burleskes Nachspiel, das im Anschluß an eine Tragödie aufgeführt wurde.

226 Der Tempel ist nicht genau lokalisierbar. Er lag hinter dem Forum am Fuße des Palatin (nahe bei S. Maria Antiqua); vgl. auch Kap. 74.

227 Zum Theater des Pompeius vgl. Aug. Anm. 198; es wurde im Jahre 22 n. Chr. durch einen Brand schwer beschädigt.

228 Vollendung erst unter Caligula (vgl. Cal. 21; Claud. 21).

229 Zu Hortensius vgl. Aug. 72 Anm. 368; Augustus hatte ihm sein Haus abgekauft.

230 Augustus ermöglichte die Hochzeit durch ein Geldgeschenk von 1 Million Sesterzen.

231 Gemeint ist wohl der Brand des Jahres 27 n. Chr.

232 Zu den Legaten des Augustus vgl. Aug. 101.

233 L. Aelius Seianus (geb. zw. 20 u. 16 v. Chr.), Sohn des L. Seius Strabo (von C. Aelius Gallus adoptiert) war erst zusammen mit seinem Vater, dann allein Prätorianerpräfekt von Rom. Als solcher erreichte er, besonders seitdem sich Tiberius auf Capri zurückgezogen hatte, eine ungeheuere Machtfülle und wurde zum eigentlichen Herrscher in Rom. Man warf ihm vor, er habe den Kaiserthron angestrebt; ganz unerwartet ließ ihn Tiberius verhaften und 31 n. Chr. hinrichten.

234 Bei einem Erdbeben im Jahre 17 v. Chr. in Kleinasien wurden 12 größere Städte zerstört, denen Tiberius anschließend Finanzhilfe und Steuererlaß gewährte; zum Dank dafür wurde ihm in Smyrna ein Tempel errichtet.

235 Wohl Cn. Lentulus, der Konsul des Jahres 14 v. Chr. Im Jahre 24 n. Chr. wurde er in einen Majestätsprozeß verwickelt, aber freigesprochen; ein Jahr später starb er.

236 Dieser Prozeß im Jahre 20 n. Chr. ist ausführlich bei Tacitus, Annalen 3,22 ff. geschildert.

237 Es gab ein Gesetz (vgl. Kap. 48 Anf.), das nur einen Teil des Vermögens in Bargeld anzulegen erlaubte.

238 Vonones lebte seit 10/9 v. Chr. in Rom; 9 n. Chr. wurde er von

Augustus als Partherkönig eingesetzt, konnte sich jedoch nicht halten und mußte 12 n. Chr. nach Armenien fliehen; auch der Versuch, den dortigen Thron zu erlangen, mißlang; im Jahre 18 n. Chr. wurde er vom Statthalter von Syrien in Antiochia, später in Pompeiopolis in Kilikien gefangen gesetzt; er starb 12 n. Chr. bei einem Fluchtversuch.

239 Vgl. Anm. 51; Claud. 1.

240 Von ihrer Verbannungsinsel Pandateria (vgl. Aug. Anm. 103) durfte Iulia 3 n. Chr. nach Rhegium (h. Reggio di Calabria) übersiedeln. Durch von Tiberius verschärfte Haftbedingungen kam sie 14 n. Chr. ums Leben.

241 Vgl. dazu Kap. 11 Mitte.

242 Vgl. Aug. Anm. 309.

243 Zu den Richterdekurien vgl. Aug. Anm. 200.

244 In jedem Haus befand sich ein *sacrarium* (eine Art Heiligenschrein), in dem wichtige Dokumente aufbewahrt wurden. Die *sacraria* in den Tempeln waren eine Art Archiv.

245 Livia starb 29 n. Chr.

246 Erst Caligula (vgl. Cal. 16 Mitte) zahlte das Testament der Livia aus.

247 Vgl. Anm. 73.

248 Vgl. Anm. 162.

249 In der Kaiserzeit wurde meist nach dem Tod eines Angehörigen des Kaiserhauses eine allgemeine Staatstrauer verfügt. Während dieser Zeit war auch die Tätigkeit der Gerichte unterbrochen; vgl. Cal. 24.

250 Vgl. Caes. Anm. 282.

251 Held aus der Zeit des Troianischen Krieges, der von Achilles getötet wurde.

252 Ägypten durfte von Senatoren nur mit einer kaiserlichen Sondergenehmigung betreten werden.

253 Cn. Calpurnius Piso, Konsul von 7 v. Chr. war ein Freund des Augustus und des Tiberius; zwischen 6 v. Chr. und 12 n. Chr. war er Prokonsul von Afrika. Im Jahre 17 n. Chr. wurde er Statthalter von Syrien. Er war Berater des mit einem außerordentlichen Kommando über den ganzen Osten ausgestatteten

Germanicus. Da er sich mit diesem überwarf, kam der Verdacht auf, Piso habe den 19 n.Chr. erkrankten Germanicus vergiftet; vgl. dazu auch Cal. 2 und Nero 33.

254 Der lat. Text ist an dieser Stelle lückenhaft.

255 Zu Agrippina d. Älteren vgl. Aug. Anm. 317; vgl. auch Cal. 7f.

256 29 n.Chr.; schon die Tochter des Augustus Iulia war auf diese Insel (Anm. Aug. 103) verbannt worden; Agrippina starb dort 33 n.Chr.

257 „Seufzertreppe" (von lat. *gemere*; möglicherweise aber auch von einem Verbrecher Gemonius hergeleitet); sie führte vom Staatsgefängnis zum Kapitol. Dort wurden die Leichen der hingerichteten Verbrecher öffentlich zur Schau gestellt, bevor sie in den Tiber geworfen wurden.

258 Germanicus hatte insgesamt neun Kinder (vgl. Aug. 34 Anm. 208). Bei den drei Enkeln handelt es sich um Nero Iulius Caesar, den ältesten Sohn des Germanicus (geb. 6 n.Chr.). 21 n.Chr. heiratete er die Tochter von Tiberius' Sohn Drusus und hielt diesem nach seinem Tod 23 n.Chr. die Leichenrede. Der Prätorianerpräfekt Seian verstand es, den präsumptiven Thronfolger auszuschalten; er erreichte bei Tiberius, daß er zum Staatsfeind erklärt und auf die Pontischen Inseln (h. Ponza) verbannt wurde, wo er 31 n.Chr. starb. – Drusus Iulius Caesar war der zweite Sohn des Germanicus (geb. 8 n.Chr.). Auch ihn brachte Seian durch Verleumdungen zum Sturz; er wurde in den Kellern des Palatin interniert, wo er 33 n.Chr. starb. – Der dritte Sohn C. Iulius Caesar Germanicus (geb. 12 n.Chr.) entging den Nachstellungen Seians; seit dem Jahre 31 n.Chr. wurde er von Tiberius in besonderem Maße gefördert; zu Einzelheiten vgl. Suetons Vita über ihn.

259 Tiberius Iulius Caesar, zur Unterscheidung auch Gemellus genannt, stammt 19/20 n.Chr. aus der Ehe von Tiberius' Sohn Drusus mit Livilla. Er war als Thronfolger ausersehen (Kap. 55) und zusammen mit Gaius (Caligula) als sein Haupterbe eingesetzt. Kurz nachdem Gaius auf den Thron gekommen war (37 n.Chr.), ließ er den Gemellus umbringen.

260 23 n. Chr.
261 Das Anlegen der Männertoga erfolgte meist zwischen dem 13. und 17. Lebensjahr; vgl. Caes. Anm. 320.
262 H. Ponza vor der Küste Latiums.
263 Vgl. Aug. Anm. 367.
264 Vgl. Anm. 233.
265 Zu den Kindern des Germanicus Anm. 258.
266 Zu Tiberius Gemellus Anm. 259.
267 Winziges Eiland in der Ägeis, gehört zu der Gruppe der Sporaden, h. Kinara.
268 Zu Tiberius' Rückzug auf die Insel Rhodos Kap. 10–14.
269 Theodorus war ein berühmter Rhetor, der zeitweise auch Tiberius unterrichtete. Neben seinen histor.-geographischen, philosophischen und sprachwissenschaftlichen Werken fanden seine Rhetoriklehrbücher und Musterreden starke Verbreitung. Sein „Rhetorisches System" wirkte bis in die Zeit der Spätantike; seine Heimatstadt Gadara liegt im östl. Jordanland.
270 Zu den Legaten des Augustus vgl. Aug. 101.
271 Nach der Schlacht bei Pharsalos (48 v. Chr.) wurden die Anhänger des Pompeius geächtet (proskribiert), viele kamen ums Leben oder suchten in der Verbannung Zuflucht.
272 In der Zeit der römischen Republik war es nur möglich, die „Majestät" des römischen Volkes zu verletzen. Kraft ihrer tribunizischen Gewalt waren die Kaiser dazu verpflichtet, auf die Einhaltung dieser *maiestas* zu achten. Sie gingen aber immer mehr dazu über, die Majestät des römischen Volkes in ihrer eigenen Person verkörpert zu sehen.
273 Nach der Rückkehr aus seinem rhodischen Exil wurde Tiberius von Augustus adoptiert; dadurch hörte er auf, ein Familienoberhaupt zu sein; vermögensrechtlich stand ihm daher nur noch das *peculium* (Anm. 126) zu; er besaß also nicht einmal mehr die für die Zugehörigkeit zum Ritterstand notwendigen 100000 Denare (= 400000 Sesterzen).
274 Eine Anspielung auf die vier Weltalter.
275 Sulla führte den Beinamen „Felix" (der Glückliche) vgl. Caes. Anm. 5.

276 Vgl. Caes. Anm. 9.
277 Vgl. Caes. Anm. 281.
278 Allen drei erwähnten Persönlichkeiten ist gemeinsam, daß sie bei ihrer Rückkehr nach Rom (Sulla 82 v. Chr.; Marius 87 v. Chr. und Marc Anton 43 v. Chr.) Proskriptionen durchführten. Mit solchem grausamen Vorgehen wird die Herrschaft des Tiberius verglichen.
279 Vgl. Anm. 233; ferner Kap. 65.
280 Zu den Kindern des Germanicus vgl. Anm. 258.
281 Der Neujahrstag war ein hoher Feiertag; vgl. dazu Kap. 34 Ende.
282 Agamemnon, Sohn des Atreus, König von Mykene, war der Führer der Griechen im Troianischen Krieg.
283 Nämlich Cremutius Cordus; zu ihm vgl. Aug. Anm. 213.
284 Die Hauptverschwörer gegen Caesar; zu ihnen vgl. Caes. Anm. 292f.
285 Vgl. Anm. 257.
286 Dem Prätorianerpräfekten Seian (Anm. 233) gelang es, die Ehefrau von Tiberius' Sohn Drusus Livilla (die Tochter des Nero Claudius Drusus, des Bruders des Tiberius) auf seine Seite zu ziehen. Tiberius verdächtigte Seian, daß Livillas Sohn Tiberius (Anm. 259), der präsumptive Thronfolger, aus einem ehebrecherischen Verhältnis mit diesem stammte.
287 Vgl. Aug. Anm. 478.
288 Den späteren Kaiser Caligula.
289 Vgl. Anm. 286.
290 Der sagenhafte König von Troia; er hatte alle 49 im troianischen Krieg gefallenen Söhne überlebt.
291 Vgl. Aug. Anm. 375. Bei dem Losorakel wurden von einem Knaben Holzstäbchen mit Schriftzeichen aus einem Kasten gezogen, die man dann zu Worten und Schicksalssprüchen zusammenzusetzen versuchte.
292 Vgl. Anm. 286; Livilla wurde nach dem Sturz Seians 31 n. Chr. hingerichtet.
293 Vgl. Anm. 258.
294 Vgl. Anm. 233.

295 31 n. Chr. wurde Seian zusammen mit Tiberius Konsul.
296 Er wollte die nach dem Tod von Tiberius' Sohn Drusus frei gewordene Livilla ehelichen.
297 Die Volkstribunenwürde verlieh die Vollmachten, auf denen der Prinzipat im wesentlichen gegründet war. Durch sie hätte Seian eine „sakrosankte" (unantastbare) Stellung erreicht und wäre offiziell zum Mitregenten und Thronfolger erhoben worden.
298 Vgl. Anm. 258.
299 Wahrscheinlich Feuer- oder Rauchzeichen.
300 Auch eine andere Lesart ist möglich: *villa Ionis* (nicht *Iovis*), die Villa der Io (= Iokaste), die von Zeus geliebte Priesterin der Hera.
301 Vgl. Caes. Anm. 160.
302 Artabanus, ein Abkömmling der Arsakiden (armenische Königsdynastie) war bei den Skythen und Dakern aufgewachsen; er wurde von der Partei der Parther zum König ernannt, die mit dem von Augustus eingesetzten Vonones (Anm. 238) unzufrieden waren; er setzte sich gegen diesen und auch später gegen den von Tiberius eingesetzten Tiridates durch. Nach dem Tod des Artaxias von Armenien machte er auch dort Ansprüche geltend und trat gegenüber Rom sehr selbstbewußt auf. Erst unter Caligula kam es zu einer Verständigung (Cal. 14; Vit. 2).
303 Geschrieben im Jahre 32 n. Chr. ; Tiberius war offenbar noch ganz erschüttert vom Verrat Seians.
304 Vgl. Aug. Anm. 292.
305 Griechisch und lateinisch.
306 Vgl. Aug. Anm. 294.
307 Euphorion aus Chalkis aus dem 3. Jh. v. Chr.; seine poetischen Werke, die sich durch eine glossenreiche Sprache auszeichnen und entlegene Mythen behandeln, sind nur sehr fragmentarisch erhalten.
308 Rhianus v. Kreta, ein Zeitgenosse des Euphorion, zeichnete sich besonders durch Epen, die die Lokalgeschichte behandeln, aus.
309 Parthenius aus Nikaia kam im 3. Mithridatischen Krieg (73 v. Chr.) als Gefangener nach Rom; er machte dort die hellenisti-

sche Literatur bekannt, die sich besonders durch barocke und gekünstelte Stilformen sowie durch romantische Motive auszeichnete.

310 Vgl. Kap. 56.

311 Als Mutter der Hekabe (lat. Hecuba), der Frau des troianischen Königs Priamos, sind in der antiken Literatur eine ganze Reihe von Namen angegeben.

312 Die Mutter des Achill, Thetis, versteckte ihren Sohn in Frauenkleidern unter den Töchtern des Lykomedes auf Sykros, da ihr geweissagt worden war, er werde im Troianischen Krieg fallen; Odysseus entdeckte ihn jedoch.

313 Der Sage nach Mädchen mit Vogelleib auf einer Insel im Meer, die Seefahrer durch süßen Gesang anlockten und ihnen anschließend das Blut aussaugten.

314 Mächtiger König von Kreta; der Sage nach war er ein Sohn des Zeus und der Europa; wahrscheinlich war Minos auch eine historische Persönlichkeit aus der kretischen Herrscherdynastie des 2. Jahrtausend v. Chr.

315 Das Recht des Alleinhandels und Alleinverkaufes (analog zum modernen Begriff „Monopol").

316 „Einlegearbeit" (z. B. Silbergeschirr mit Goldeinlage).

317 Ein von Augustus angelegter künstlicher See, auf dem er Seegefechte veranstaltet hatte; vgl. dazu Aug. 43 Anm. 236; vgl. auch Nero 27; Tit. 7.

318 Die Appische Straße führte von Rom durch Latium und Kampanien nach Capua, dann weiter über Beneventum und Tarentum nach Brundisium. Den Namen hat sie von ihrem Begründer Appius Claudius Caecus (Zensor 312 v. Chr.; vgl. Kap. 2 Anm. 10 u. 17); ausgebaut wurde sie durch Gaius Gracchus (Anm. 35) und Caesar.

319 Ca. 10 km vor Rom.

320 Vgl. Aug. Anm. 470.

321 Vgl. Aug. Anm. 75.

322 Nordrand des Golfes von Neapel, h. Kap Miseno.

323 Vgl. Anm. 101.

324 Vgl. Caes. Anm. 83.

325 L. Licinius Lucullus war siegreicher römischer Feldherr während des 3. Mithridatischen Krieges (73–67 v. Chr.), mußte aber trotz Erfolge das Oberkommando an Pompeius abtreten; er war bekannt wegen seines großen Reichtums; noch heute sprichwörtlich ist seine Feinschmeckerei; am Kap Misenum hatte er sich eine prunkvolle Villa bauen lassen.

326 37 n. Chr.; im 79. Lebensjahr, denn er wurde am 15. Nov. 42 v. Chr. (vgl. Kap. 5) geboren.

327 Gaius Caligula, sein Nachfolger.

328 Der Ring als Symbol seiner Herrschaft.

329 Mit großer Wahrscheinlichkeit handelt es sich hier um den älteren L. Annaeus Seneca (ca. 54 v.–39 n. Chr.), den Vater des berühmten Philosophen; neben einigen rhetorischen Schriften verfaßte er ein zeitgeschichtliches Werk, aus dem Sueton zitiert haben dürfte.

330 Temenos war ein Stadtteil von Syrakus, in dem sich die besagte Apollo-Statue befand.

331 Vgl. Anm. 257.

332 Aus dem Jahre 21 n. Chr.

333 Südl. von Capua (die antike Stadt lag wohl bei der h. Kirche S. Maria d'Atella bei Sant' Arpino).

334 Caligula (vgl. Cal. 14) hatte das Testament des Tiberius durch den Senat annullieren lassen, da dieser es angeblich nicht im vollen Besitz seiner Geisteskraft verfaßt hatte.

335 Vgl. Anm. 258.

336 Vgl. Anm. 259.

337 Vgl. Caes. Anm. 6.

338 Zu den Aufsehern der Stadtbezirke vgl. Aug. Anm. 179.

CALIGULA

1 Die ersten sieben Kapitel dieser Vita sind dem Germanicus gewidmet; zu ihm vgl. auch Tib. Anm. 162.

2 Vgl. Tib. Anm. 51.

3 Antonia Augusta (geb. 36 v.Chr.), die jüngere Tochter Mark Antons und der Octavia; sie warnte 31 v.Chr. Tiberius vor der Verschwörung Seians (Tib. Anm. 233); von Caligula schließlich in den Selbstmord getrieben, starb sie im Jahre 37 n.Chr.

4 Zur Adoption des Germanicus im Jahre 4 n.Chr. vgl. Tib. 15 mit Anm. 125.

5 Das Mindestalter für die Quästur war von Augustus auf 25 Jahre festgelegt worden. Germanicus bekleidete dieses Amt als Zweiundzwanzigjähriger im Jahre 7 n.Chr.

6 D.h. er wurde Konsul (im Jahre 12 n.Chr.) ohne zuvor das Amt eines Ädils oder Prätors bekleidet zu haben.

7 Zu diesen Vorgängen vgl. Tib. 25; zu dem gespannten Verhältnis zwischen Germanicus und Tiberius Tib. 52.

8 17 n.Chr.

9 Zweites Konsulat 18 n.Chr.

10 Die Stelle ist zweifelhaft. Armenien hatte zu dieser Zeit gar keinen König. Der von Rom gestützte Herrscher Vonones (Tib. Anm. 238) hatte bereits 16 n.Chr. nach Syrien fliehen müssen. Im Jahre 18 wurde von Germanicus in Artaxata Artaxis (III.) zum König von Armenien gekrönt.

11 Landschaft im mittleren bis östlichen Teil der heutigen asiatischen Türkei. Das Gebiet wurde 18 n.Chr. nach dem Tod des Königs Archelaus (vgl. Tib. 37 Ende Anm. 198) römische Provinz.

12 Am 10. Oktober 19 n. Chr.

13 Am Orontes (Nahr el-Asi) von Seleukos I. Nikator im Jahre 300 zu Ehren seines Vaters Antiochus gegründet. Antiochia gehörte neben Rom, Alexandria und Byzantion zu den größten und bedeutendsten Städten der Antike, h. Antakya, Hpst. der türk. Provinz Hatay.

14 Zu Cn. Calpurnius Piso sowie zu den erwähnten Anschuldigungen vgl. Tib. 52 Anm. 253.

15 Aus der Feder des Germanicus stammte wahrscheinlich eine bei einem literarischen Wettbewerb zu Neapel von Kaiser Claudius ausgezeichnete Komödie (vgl. Claud. 11). Germanicus tat sich auch als Übersetzer der poetischen Werke des griechischen Dichters Aratos (ca. 315–ca. 245 v. Chr.) hervor, von denen „Phaenomena" und „Diosemeia" noch erhalten sind.

16 Vgl. Tib. Anm. 101.

17 Die Totengeister der einzelnen Verstorbenen.

18 Zur Niederlage des Varus 9 n. Chr. im Teutoburger Wald vgl. Aug. 23 u. 24 Anm. 125 und Tib. 17 Anm. 133; über die hier angesprochenen Ereignisse des Jahres 15 n. Chr. berichtet ausführlich Tacitus, Annalen 1,62.

19 Zur Adoption des Germanicus vgl. Tib. 15 Anm. 125.

20 Ca. 30 km vor Rom.

21 Vgl. Anm. 12.

22 Der Partherkönig Artabanus III. (vgl. Tib. 66 Ende Anm. 302), der sich gegen den in Rom aufgewachsenen Vonones (Tib. Anm. 238) durchsetzen konnte; das anfangs schlechte Verhältnis zu Rom entspannte sich unter Caligula.

23 Bei Staatstrauer wurden die Gerichtsverhandlungen unterbrochen; vgl. dazu Kap. 24 und Tib. 52 Anm. 249.

24 Das Saturnalienfest; dazu vgl. Aug. Anm. 359. Das ursprünglich am 17. Dezember gefeierte Fest wurde von Augustus auf drei, von Caligula auf fünf (Kap. 17) und später schließlich auf sieben Tage ausgedehnt.

25 Vgl. Aug. Anm. 317.

26 Vgl. Aug. Anm. 68.

27 Vgl. Aug. 67.

28 Zu den Kindern des Germanicus vgl. Aug. 34 Anm. 208.

29 Das dritte und vierte Kind, zwischen 8 und 10 n. Chr. geboren; eines hieß Tiberius.

30 Es hieß Gaius und wurde 11 n. Chr. in Tibur geboren.

31 Es war offenbar üblich, Verstorbene, die einem besonders nahe standen, in der Gestalt eines Gottes darzustellen. Cupido (= Amor, griech. Eros) war Sohn der Venus, die als Stammutter des Iulischen Geschlechts galt.

32 Vgl. Aug. Anm. 309.

33 Wahrscheinlich der Tempel der Venus Erycina auf dem Kapitol, der während des zweiten Punischen Krieges nach der Niederlage am Trasimenischen See 217 v. Chr. auf Veranlassung durch die Sibyllinischen Bücher eingeweiht wurde.

34 Agrippina (d. Jüngere) wurde am 6. November 15 n. Chr. im Feldlager im Gebiet der Ubier geboren; die dort gegründete römische Kolonie Colonia Agrippinensis (h. Köln) trug ihren Namen. Aus ihrer Ehe 28 n. Chr. mit Cn. Domitius Ahenobarbus ging L. Domitius, der spätere Kaiser Nero, hervor (vgl. Nero 5f.; 28; Galba 6; Vit. 22). Obwohl sie unter der Herrschaft ihres Bruders Caligula zu großen Ehren gelangte, war sie mit ihrer jüngeren Schwester Livilla in die Verschwörung des Lepidus 39 n. Chr. verstrickt (dazu Kap. 24; 29; Nero 6). Als die Umsturzpläne an die Öffentlichkeit drangen, wurde sie auf die Pontischen Inseln (Tib. Anm. 262) verbannt. Nach dem Tod des Caligula 41 n. Chr. wurde sie von seinem Nachfolger, ihrem Onkel Claudius, zurückgeholt und ließ sich mit ihm auf ein inzestöses Verhältnis ein (Nero 6), wodurch sie sich den Haß seiner Ehefrau Messalina zuzog. Sie heiratete Claudius nach deren Tod 49 n. Chr. und erreichte schließlich die Adoption ihres Sohnes Domitius (Nero). Durch die Ermordung ihres Gatten machte sie ihrem Sohn den Weg auf den Thron frei. Nach anfänglich großen Ehren (Nero 9) ließ sie Nero ermorden (Ner. 34).

35 Vgl. Claud. 29.

36 Vgl. Kap. 24.

37 Zu den drei Knaben vgl. Tib. 54 Anm. 258.

38 12 n. Chr. C. Fonteius, der Konsul dieses Jahres war später (noch vor 25 n. Chr.) Prokonsul von Asia.

39 Cn. Cornelius Lentulus Gaetulicus, Konsul von 26 n. Chr.; 30–39 n. Chr. war er Legat des obergermanischen Heeres; er wurde der Beteiligung an einer Verschwörung gegen Caligula (dazu Kap. 24) verdächtigt und im Jahre 39 hingerichtet; er trat auch auf literarischem Gebiet als der Verfasser von erotischen Epigrammen hervor.

40 Vgl. Aug. Anm. 376.

41 C. Plinius Secundus, geb. 23/24 n. Chr. als Sohn eines reichen Ritters in Novum Comum (h. Como); seinen Militärdienst 47–52 n. Chr. leistete er in Ober- und Untergermanien; nach einer längeren Pause bekleidete er mehrere Prokuratorenstellen in Iudaea, der Narbonensis, Africa, Hispania Tarraconensis und in der Belgica. Zuletzt war er Flottenpräfekt in Misenum. Berühmt wurde er durch seine vielseitigen wissenschaftlichen Studien und seine literarische Tätigkeit; von seinem umfassenden Werk ist jedoch nur die Naturgeschichte *(naturalis historia)*, ein gewaltiges Sammelwerk in 37 Bänden, erhalten. Über seinen Tod beim Ausbruch des Vesuvs 79 n. Chr. berichtet sein Sohn Plinius d. Jüngere.

42 Volk in dem Gebiet zwischen Maas-Nahe und Obermosel-Rhein; Hauptort war das h. Trier.

43 Nicht lokalisierbar.

44 Wörtl. „Zusammenfluß"; an der Mündung der Mosel in den Rhein, h. Koblenz.

45 Vgl. Caes. Anm. 83.

46 Vgl. Aug. Anm. 293.

47 Vgl. Kap. 7 Anm. 30.

48 12 n. Chr.

49 Vgl. Aug. Anm. 317.

50 Sonst unbekannt.

51 Aug. Anm. 218.

52 Von lat. *caliga* „Soldatenstiefel"; Caligula bedeutet also „Stiefelchen".

53 Zu diesen Ereignissen vgl. Tib. 25 mit Anm. 160 u. 162.

54 Dazu Kap. 1f.

55 Vgl. Aug. Anm. 309.

56 Vgl. Anm. 3.

57 Vgl. Tib. Anm. 261.

58 Der junge Mann wird nach einer Feier im privaten Kreis erstmals in der Männertoga auf das Forum geführt (vgl. Aug. 26).

59 Der Sage nach der Sohn des Sonnengottes Helios. Als er den Sonnenwagen seines Vaters lenkte, brachte er die ungestümen Rosse nicht unter seine Kontrolle und kam mit seinem Wagen der Erde so nahe, daß er einen Weltbrand hervorrief. Nur das Eingreifen Zeus', der ihn durch einen Blitz niederstreckte, verhinderte eine Katastrophe.

60 Zum Zeitpunkt der Heirat finden sich bei den antiken Autoren unterschiedliche Angaben. Sueton legt ihn in das Jahr 31 n. Chr. Claudilla verstarb vor dem Jahre 38, als Caligula Livia Orestilla heiratete.

61 M. Silanus, Konsul des Jahres 15 n. Chr., ein enger Vertrauter des Tiberius, war unter Caligula schlimmen Schikanen ausgesetzt; schließlich beging er, um einem Hochverratsprozeß zu entgehen, 37/38 n. Chr. Selbstmord.

62 Zu Drusus vgl. Tib. 54 u. 61 mit Anm. 258; es gibt sonst keinen weiteren Beleg, daß Drusus 31 n. Chr. Augur war.

63 Oberpriester 31 n. Chr. (zusammen mit Seian und dessen Sohn).

64 Vgl. Tib. Anm. 233.

65 Naevius Sertorius Macro war am Sturz des Prätorianerpräfekten Seian 31 n. Chr. (Tib. Anm. 233) maßgeblich beteiligt; er wurde anschließend sein Nachfolger. Nach dem Tode des Tiberius war er aufgrund seines einflußreichen Amtes für Caligula der wichtigste Wegbereiter auf den Thron. Das gute Verhältnis zum Kaiser war aber nicht von Dauer. Im Jahre 38 wurde er Präfekt von Ägypten, wo er schließlich mit seiner ganzen Familie zum Selbstmord gezwungen wurde (Kap. 26).

66 Zum Tod des Tiberius vgl. Tib. 73.

67 Zu Misenum (Tib. Anm. 322) war Tiberius in der Villa des Lucullus (Tib. Anm. 325) verstorben.

68 Am 28. März 37 n. Chr.

69 Tiberius Gemellus; dazu Tib. Anm. 259.
70 Caprae (h. Capri), Aenaria (h. Ischia) und Prochyta (h. Procida).
71 Vgl. Aug. Anm. 367.
72 Vgl. Anm. 22.
73 Am 3. April 37 n. Chr.
74 Auf Pandataria (h. Ventotene) war seine Mutter Vipsania Agrippina verbannt worden; vgl. Aug. Anm. 317; Tib. 53 Anm. 256.
75 Sein Bruder Drusus; vgl. dazu Tib. Anm. 258.
76 Vgl. Tib. Anm. 100.
77 Zum Mausoleum des Augustus vgl. Aug. 100 Ende mit Anm. 496.
78 Zu Livia, der Frau des Augustus, vgl. Aug. Anm. 309.
79 Vgl. Anm. 3.
80 Zu Tiberius Gemellus vgl. Tib. Anm. 259; Caligula ließ ihn als einen potentiellen Rivalen ermorden (Kap. 23).
81 Der Titel eines „Führers der Jugend" wurde von den Rittern seit C. und L. Caesar (Aug. Anm. 141) mit Duldung oder auf Betreiben des Kaisers an junge Angehörige des Kaiserhauses gleichzeitig mit der Männertoga (Tib. Anm. 261) verliehen. Die Jugendlichen sollten dadurch als potentielle Nachfolger im Prinzipat vorgestellt werden, wenngleich mit dem Titel keine weiteren Privilegien verbunden waren und er auch keine Garantie für die Nachfolge sein konnte, da mehreren Kandidaten diese Auszeichnung zuteil wurde.
82 Agrippina (Anm. 34), Livilla (vgl. Claud. 29 Anm. 115), Drusilla (Anm. 139).
83 Vgl. Tib. 43.
84 Ein bekannter Gerichtsredner aus der Zeit des Augustus, der sich als Pompeianer ausgab und am augusteischen Prinzipat offen Kritik übte; er ist der Verfasser eines zeitgeschichtlichen Werks. Als seine Bücher öffentlich verbrannt wurden, beging er Selbstmord.
85 Vgl. Aug. Anm. 213.
86 Vgl. Aug. Anm. 285.
87 Zum „Staatshaushaltsbuch" vgl. Aug. 28 und 101.

88 Auch in diesem Punkt griff er auf eine Regelung des Augustus zurück; vgl. Aug. 33 Ende.
89 Augustus hatte die vierte Richterdekurie eingeführt; dazu vgl. Aug. 33 Ende Anm. 200.
90 Livia, die Frau des Augustus; durch Augustus' Testament wurde sie in die *gens Iulia* adoptiert (Aug. 101) und bekam dadurch den Namen Iulia Augusta; vgl. zu ihr Aug. Anm. 309.
91 Caligula gab 38 n.Chr. dem in Rom aufgewachsenen Antiochus IV. Epiphanes das im Jahre 17 nach dem Tode des Antiochus III. als römische Provinz eingezogene Kommagene als Königreich zurück. – Kommagene ist der nördlichste Teil Syriens am Übergang zum Taurus.
92 Parilia (bzw. Palilia) war ursprünglich ein altitalisches Fest, das zu Ehren des Hirtengottes Pales am 21. April begangen wurde. Da an diesem Tag auch Rom gegründet worden sein soll, wurde daraus eine Art „Geburtstagsfeier" für die Hauptstadt.
93 Nämlich 37, 39, 40 und 41 n.Chr.
94 Hauptstadt der Provinz Gallia Lugdunensis an der Mündung der Saône in die Rhone (h. Lyon).
95 Am 1. Juni und 19. Juli 37 n.Chr.
96 Im Jahre 37 (anläßlich der Einweihung des Augustustempels; vgl. Kap. 21 Anm. 114) und im Jahre 39 n.Chr.
97 Vgl. Anm. 24.
98 Zu Statilius Taurus und seinem Amphitheater vgl. Aug. Anm. 176f.
99 Vgl. Aug. Anm. 178 u. 235.
100 Vgl. Caes. Anm. 162.
101 Am südl. Abhang des Palatin mit einer guten Aussicht auf den Circus Maximus.
102 Diese Logen wurden *Maeniani* genannt, nach Gaius Maenius, den Konsul von 338 v.Chr., der erstmals erlaubte, an den am Zirkus gelegenen Häusern im zweiten Obergeschoß Balkone zu errichten.
103 Vgl. Aug. Anm. 66.
104 Vgl. Aug. Anm. 245.
105 Ca. 5 km.

106 Vgl. Tib. Anm. 318.

107 Es handelt sich hier um den Chlamys, einen ursprünglich aus Thrakien stammenden Schultermantel für Reisende und Krieger.

108 Ein Sohn des Partherkönigs Artabanus (vgl. Kap. 5 u. 14 mit Anm. 22); er kam nach der Verständigung zwischen Caligula und Artabanus im Jahre 38 als Geisel nach Rom.

109 Xerxes, König der Perser 485–465 v. Chr. Sein Feldzug gegen Griechenland scheitert an den Niederlagen von Salamis (480 v. Chr.) und Plataeae (479); er hatte auf seinem Marsch den nur ca. 1,5 km breiten Hellespont zu überbrücken.

110 Dazu Kap. 43–46.

111 Vgl. Aug. Anm. 478.

112 Von griech. *asty* (Stadt), womit die Stadt Athen gemeint ist. Die Spiele wurden zu Ehren des Dionysos (lat. Bacchus), des Gotts des Weines und der Triebe abgehalten.

113 Vgl. Anm. 98.

114 Vgl. Aug. Anm. 226; da der Tempel bereits ein knappes halbes Jahr nach dem Regierungsantritt Caligulas am 31. August 37 n. Chr. eingeweiht wurde, war seine Bautätigkeit wohl zum großen Teil nur noch dekorativer Art.

115 Vgl. Aug. Anm. 227; das Theater wurde erst von Claudius (Claud. 21) eingeweiht.

116 Zu den Septen vgl. Aug. Anm. 178 u. 235.

117 Das 38 n. Chr. begonnene Bauwerk wurde im Jahre 52 von Kaiser Claudius eingeweiht und nach ihm Aqua Claudia benannt.

118 Vgl. Aug. Anm. 81.

119 Tyrann auf Samos von ca. 538–522 v. Chr.

120 Bedeutende Hafenstadt am Mäander in Kleinasien; die Bucht ist heute verlandet.

121 In Didyma bei Milet (Anm. 124) befand sich schon vor dem Erscheinen der Griechen im 11. Jahrhundert v. Chr. ein Heiligtum und Orakel des Apollo. Über dem um 300 v. Chr. errichteten Tempel befand sich jedoch kein Dach; Caligula hatte die Absicht ihn zu überdachen.

122 Bereits Caesar hatte geplant, den Isthmus von Korinth zu durchstechen (Caes. 44); das Projekt wurde dann unter Nero begonnen, aber nicht zur Vollendung gebracht (Nero 19 u. 37).
123 Homer, Illias 2,204.
124 Vgl. Kap. 57; es handelt sich um ein Werk des berühmten Bildhauers Phidias.
125 Vgl. Caes. Anm. 51.
126 Der Schutzgott Latiums; die Latiner brachten ihm alljährlich auf dem Albanerberg ein Opfer dar.
127 Homer, Ilias 23,724.
128 Vgl. Anm. 118.
129 M. Vipsanius Agrippa stammte aus ritterlichem Geschlecht; er heiratete Iulia, die Tochter des Augustus; dieser Ehe entstammte Agrippina d. Ä., die Mutter des Caligula.
130 Vgl. dazu Aug. 16 u. 17; diese Siege waren von Agrippa errungen worden.
131 Vgl. dazu Aug. Anm. 309.
132 Bekanntlich galten List und Verschlagenheit als die besonderen Stärken des Odysseus.
133 Stadt in Latium; sie lag an der Via Appia.
134 Vgl. Anm. 3.
135 Vgl. Anm. 65.
136 Tiberius Gemellus; vgl. Tib. 55 und Aug. Anm. 259.
137 Marcus Silanus, Vater der Iunia Claudilla, beging im Jahre 37 oder 38 Selbstmord; Caligula hatte versucht, ihn des Hochverrats anklagen zu lassen, vgl. Tacitus, Agricola 4,1.
138 Vgl. Claud. 8; Nero 6.
139 Iulia Drusilla, geb. 16 n. Chr., gestorben 38 n. Chr.; in diesem Jahr war sie die Frau des M. Aemilius Lepidus; sie erhielt die Apotheose.
140 Konsul im Jahre 30; heiratete im Jahre 33 Drusilla.
141 Ihm wurden sittliche Verfehlungen mit Caligula und dessen Schwestern Agrippina und Livilla nachgesagt; im Jahre 39 wurde er als Verschwörer hingerichtet; verheiratet mit Drusilla.
142 Mars der „Rächer“; dieser Gottheit weihte Augustus im Jahre 20 v. Chr. einen Tempel auf dem Kapitol, im Jahre 2 v. Chr. einen auf dem Forum.

143 Anspielung auf den Raub der Sabinerinnen und auf die Eheschließung des Augustus mit Livia.
144 Milonia Caesonia.
145 Geb. 6/5 v. Chr.; in den Jahren 23–40 n. Chr. Alleinherrscher in Mauretanien; besiegt zusammen mit Cornelius Dolabella den Numider Tacfarinas.
146 Vgl. dazu Anm. 65; Macro mußte im Jahre 38 Selbstmord begehen.
147 D.h. alle, da die Gefangenen kahlgeschoren waren.
148 Nach Cassius Dio 59.8.3 handelte es sich bei demjenigen, der das Gelübde abgelegt hatte, um Publius Afranius Potitus.
149 Es handelte sich hier um den *agger Tarquinii*, der von Servius Tullius aufgeführt worden war und der Sicherung der Stadt Rom nach ihrer Ostseite hin diente; er verlief vom Kollinischen bis zum Esquilinischen Tor.
150 Vgl. Tib. Anm. 225.
151 Vgl. Anm. 3.
152 Vgl. Tib. 55; er wird hier jeweils als *frater* (Bruder) bezeichnet, es handelt sich um seinen Adoptivbruder.
153 Es handelt sich dabei wahrscheinlich um die im südlichen Phokis an der Nordküste des korinthischen Golfes gelegene Stadt, in deren Nähe eine in der Antike hochgeschätzte Sorte des giftigen Hahnenfußgewächses „Nieswurz" wuchs.
154 Aus der Tragödie „Atreus" des Dichters Accius (170–ca. 85 v. Chr.).
155 Dazu Tib. Anm. 233.
156 Caligula hatte nur die Abschriften verbrannt, die Originale vernichtete erst Claudius (Cass. Dio 60, 4, 5).
157 Im Jahre 9 n. Chr. im Teutoburger Wald gegen den Cheruskerfürsten Arminius, dabei wurden drei Legionen vernichtet.
158 Zu diesem Vorfall in der latinischen Stadt an der Via Salaria vgl. Tib. 40.
159 Vgl. Kap. 19.
160 Vgl. Anm. 205.
161 Der *popa* (Opferschlächter) war nur mit einem Schurz bekleidet, er erschlug das Opfertier mit einer Axt, der *cultrarius* (Opferstecher) stach es ab und zerlegte es.

162 Vgl. Anm.144.

163 Vgl. Aug. 31.

164 Plato schloß die Dichter von seiner Utopie des Staates aus, da sie den Bürgern falsche Vorstellungen von Menschen und Göttern gäben.

165 Zu Vergil s. S. 399–406; Titus Livius, geb. 59 v.Chr., gest. 17 n.Chr., schrieb ein Geschichtswerk „Von Gründung der Stadt an"; die Darstellung reichte bis zum Tod des Drusus im Jahre 9 v.Chr.; von den ursprünglich 142 Büchern sind 35 erhalten; Livius galt in der Kaiserzeit als die maßgebliche Autorität für die Geschichte der römischen Republik; beide Dichter waren „Nationaldichter" der Römer.

166 Genannt nach *torques*, dem gallischen Halsring; der Urahne Manlius hatte einen Gallier in einem Zweikampf besiegt und ihm seinen Halsreif abgenommen.

167 Cognomen der *gens Quinctia*, bezeugt seit 460 v.Chr.; es leitet sich von *cincinnus* „das gekräuselte Haar" ab.

168 Der Beiname geht zurück auf Cn. Pompeius Magnus (106–48 v.Chr.), der ihn von seinen Soldaten nach den Erfolgen in Afrika erhalten hatte; seit ihm der Oberbefehl im Kampf gegen Sertorius übertragen worden war, gebrauchte er den Ehrennamen auch selbst.

169 Vgl. Anm. 145; er wurde im Jahre 40 von Caligula getötet, sein Land eingezogen und zu einer römischen Provinz gemacht.

170 Caligula selbst hatte eine Glatze.

171 Bewaffnet mit einem kleinen Rundschild und einem Sichelschwert.

172 Dieses Heiligtum der Diana lag in der Nähe des Albanersees an einem kleinen Kratersee, dem lacus Nemorensis; es war eine der reichsten Kultstätten Latiums; nach alter Sitte war der Priester (*rex Nemorensis*) dieses Heiligtums ein entlaufener Sklave, der um seine Würde kämpfen mußte.

173 M. Aemilius Lepidus, vgl. Kap. 24 u. Anm. 141.

174 Berühmter Pantomime, der ein Liebesverhältnis mit Caligula und Poppaea Sabina hatte. Messalina verliebte sich in ihn, stieß allerdings auf keine Gegenliebe. Im Jahre 48 v.Chr. wurde er auf Befehl des Kaisers Claudius hingerichtet.

175 Dieses Gebäude war im Jahre 54 v. Chr. von Iulius Caesar auf dem Forum errichtet worden. Augustus vollendete den Bau, mußte allerdings, da dieser durch Feuer vernichtet wurde, bald einen Neubau errichten lassen. Im Jahre 284 wurde der Bau erneut durch einen Brand stark beschädigt und dann durch Diokletian wiederhergestellt.

176 Vgl. dazu Nero, Anm. 126.

177 Der „Zensus" bedeutet die Aufstellung von Bürgerlisten zum Zwecke der Vermögensschätzung und Musterung; seit 366 v. Chr. sind jeweils 2 Zensoren als ordentliche Magistrate mit dieser Aufgabe betraut, allerdings wurde in der Kaiserzeit das Amt auch sehr häufig von den Herrschern ausgeübt; die Schätzung erfolgte ursprünglich im Abstand von 5 Jahren.

178 Gemeint sind Erbfolgeprozesse.

179 Vgl. Kap. 24; nach der Aufdeckung der Verschwörung wurde der Besitz der verurteilten Verschwörer konfisziert.

180 Sklaven oder Freigelassene, die ihre Herren begleiten, um ihnen die Namen der Personen zuzuflüstern, deren Bekanntschaft wichtig war; in der Kaiserzeit überbrachten sie Einladungen und hatten teilweise auch Einfluß auf die Auswahl der Gäste.

181 Vgl. Kap. 25.

182 Er hebt damit ein Verbot des Tiberius (Tib. 34) auf und knüpft an die Tradition des Augustus wieder an (Aug. 57).

183 Fluß in Umbrien, der für seine Schönheit bekannt war.

184 Heute Bevagna in Umbrien.

185 Die Bataver waren ein germanisches Volk, das an der Rheinmündung lebte; seit Drusus treue Verbündete der Römer; steuerfrei, jedoch stark zum Heeresdienst herangezogen, nahmen sie bald in der Heeresorganisation eine bevorzugte Stellung ein, v. a. die kaiserliche Leibwache wurde aus ihnen rekrutiert.

186 Er zog im Oktober 39 n. Chr. nach Germanien, vgl. Cass. Dio 59, 21 ff.

187 Nach Aug. 29 hatte dort der Senat über Kriege und die Bewilligung von Triumphen zu beraten.

188 Aeneis 1, 207.

189 Der Pharos-Leuchtturm von Alexandria (vgl. Anm. 194) war

eines der sieben Weltwunder; er stürzte 1326 zusammen; Caligula ließ seinen Leuchtturm nahe Boulogne errichten.

190 Vgl. Kap. 9.

191 Bei einer solchen *ovatio* zog der Feldherr im Unterschied zum Triumph nicht im Wagen zum Kapitol, sondern zu Fuß oder zu Pferd. Er war nicht mit dem Triumphalgewand bekleidet, sondern nur mit der *toga praetexta*. Er trug kein Zepter und keinen Lorbeer, sondern nur einen Myrtenkranz; der Zug wurde vom Klang der Flöten anstelle von Trompeten begleitet.

192 Es müßte wohl 5 Monate heißen, da Caligula am 31. August geboren war und am 24. Januar einer Verschwörung zum Opfer fiel.

193 Heute Anzio, Hafenstadt an der latinischen Küste, Geburtsort Caligulas (Kap. 8) und Neros (vgl. Nero 6); dort lagen viele Sommervillen reicher Römer.

194 Stadt in Ägypten, die von Alexander d.Gr. 332/331 v.Chr. gegründet worden war; eine der größten und bedeutendsten Städte der antiken Welt, Handelsmetropole und Hort der Kunst und Wissenschaft; berühmt war vor allem die Bibliothek mit bis zu 900000 Bänden.

195 Seine dritte Ehefrau Milonia Caesonia heiratete er im Jahre 39 n.Chr.

196 Heute Messina, auf Sizilien; strategisch und handelspolitisch hervorragend gelegener Platz zwischen italienischem Festland und Sizilien; diente den Römern als Flottenstützpunkt und Handelsplatz.

197 Zweirädriger Kampfwagen kelt. Ursprungs, der bei den Belgern aufkam; die Römer benutzten ihn als leichten Reisewagen.

198 Im Jahre 102 v.Chr. waren die Kimbern bis nach Oberitalien vorgedrungen und wurden dann im Jahre 101 bei Vercellae von den Römern vernichtend geschlagen. Die Senonen waren im 4. Jhd. v.Chr. von Gallien aus bis nach Rom vorgestoßen.

199 Theaterschuhe, hohe, geschlossene Schaftstiefel, die seit dem 2. Jhd. v.Chr. hohe, fast stelzenähnliche Holzsohlen besaßen, um die Schauspieler größer erscheinen zu lassen.

200 Der Name Caligula ist von dem genagelten, schweren Schuh der römischen Soldaten abgeleitet (vgl. Anm. 52).

201 In Alexandria.

202 Vgl. Kap. 36.

203 Ursprünglich Hafenstadt an der Tibermündung; älteste Anlage wahrscheinlich aus der 2. Hälfte des 4. Jhdt. v. Chr., Blütezeit im 2. Jhd. n. Chr.; der Hafen versandete allmählich und verlor an Bedeutung; heute liegt Ostia antica etliche km vom Meer entfernt.

204 Sohn König Iubas, seit 23 n. Chr. bis 40 n. Chr. Alleinherrscher in Mauretanien, besiegte zusammen mit Cornelius Dolabella im Jahre 24 n. Chr. den Numider Tacfarnias; er wurde wegen seines Reichtums im Jahre 40 von Caligula nach Rom geladen und getötet; sein Land kam unter römische Herrschaft.

205 Gladiatoren, die am Helm einen Fisch als Zierde trugen. Sie waren mit Helm, Schild und Schwert ausgerüstet und hießen früher *Galli*.

206 Es gab bei den Rennen vier Rennställe („Zirkusparteien"), die Roten, die Weißen, die Blauen, die Grünen; Domitian (7) führte noch zwei weitere, die Goldenen und die Purpurnen, ein.

207 Die Spiele waren von Livia zu Ehren des Augustus eingeführt worden.

208 Widersetzte sich im Jahre 14 n. Chr. als Zenturio im germanischen Heer den Aufständischen (Tac., Annalen 1, 32, 2).

209 Ithyphallischer Gott der animalischen und vegetabilischen Fruchtbarkeit.

210 Das von Phidias nach 438 v. Chr. geschaffene, etwa 12,4 m hohe Goldelfenbeinbild des Zeus war das berühmteste Kunstwerk der Antike.

211 Wichtigste Stadt des nördlichen Kampaniens.

212 Die Iden des März waren im Jahre 44 v. Chr. das Todesdatum Caesars.

213 Vgl. Anm. 193.

214 Konsul 30 n. Chr., Gatte von Drusilla, die ihm von Caligula genommen wurde.

215 Sie hieß „Cinyras". Die Fabel erzählt Ovid, Metamorphosen 10, 298 ff.

216 Vater Alexanders d. Gr.. Er wurde 336 v. Chr. ermordet; sein

vermutliches Grab wurde 1977 von dem griechischen Archäologen Andronikos bei Vergina entdeckt.

217 Das Stück stammte von dem zeitgenössischen Schriftsteller Catullus. Es war nach einem berüchtigten Straßenräuber „Laureolus" benannt.

218 *Hoc age*, war eine Formel aus dem Opferritual. So antwortete der Priester auf die Frage des Schlächters.

219 Am 24. Januar 41 n.Chr.

220 Die Besitzungen lagen bei den Gärten des Maecenas (vgl. Phil. und Rhet. Anm. 88) am Esquilin.

221 Iulia und Agrippina, von Caligula im Jahre 37 zu Vestalinnen erhoben, waren im Jahre 39 an einer Verschwörung beteiligt gewesen. Die dritte Schwester, Drusilla, mit der er eine Geschwisterehe hatte eingehen wollen, war 38 gestorben.

222 Dies geschah auf Veranlassung des Cassius Chaerea (vgl. Anm. 209).

223 L. Cornelius Cinna war von 87 v.Chr. bis 84 v.Chr. Konsul. Während dieser Zeit gab es Unruhen in Rom, denen viele Optimaten zum Opfer fielen. Bei dem hier angesprochenen Gaius Caesar handelt es sich um Gaius Iulius Caesar Strabo, den Vetter des Gaius Iulius Caesar; er wurde 87 v.Chr. ermordet.

CLAUDIUS

1 Nero Claudius Drusus (Drusus maior), Sohn des Ti. Claudius Nero und der Livia Drusilla, jüngerer Bruder des Tiberius, geb. am 14. Januar 38 v. Chr., gest. im September 9 v. Chr.; von seiner Gattin Antonia minor, Tochter des M. Antonius, hatte er drei Kinder: Germanicus, Livilla, Claudius.

2 Vgl. Anm. 1; vgl. Augustus 62.

3 19 v. Chr. ließ Augustus durch Senatsbeschluß bestimmen, daß er 5 Jahre vor dem üblichen Zeitpunkt seine Ämterlaufbahn beginnen könne; er war 18 v. Chr. Quästor, 16 v. Chr. Prätor.

4 Rätischer Krieg gegen die Alpenvölker 15 v. Chr.; Eroberung d. Voralpenlandes durch die Generäle Drusus, Tiberius und Calpurnius Piso; Germanischer Krieg: zwischen 12 v. Chr., und 9 v. Chr. vier Feldzüge vom Rhein aus in das Innere Germaniens.

5 Fossa Drusiana, war etwa 3 km lang und verband den Rhein mit der Yssel, stellte damit über die Zuider-See die Verbindung mit der Nordsee her.

6 Vgl. dazu Cal. Anm. 191.

7 Wahrscheinlich Schreiber der Quästoren, diese waren in 6 Dekurien zu je 10 Mann zusammengefaßt.

8 Er wurde am Mausoleum Augusti (vgl. Aug. Anm. 496) beigesetzt.

9 Kenotaph bei der Ara Ubiorum in Mainz, s. Eutropius 7, 13, 1.

10 Vgl. Anm. 1; Germanicus: vgl. Cal. 1–7; Livilla: Gemahlin des Drusus (Sohn des Tiberius).

11 Livilla, Gemahlin des Drusus (Sohn des Tiberius).

12 Heute Lyon, in der Antike bedeutendes Produktionszentrum, zweitgrößte Stadt Galliens.

13 Der Augustusaltar war am 1. August im Jahre 12 v. Chr. von Drusus geweiht worden (Cass. Dio 54,32,1).
14 Augustus adoptierte 4 n. Chr. Tiberius (vgl. Tib. 15,2).
15 Ursprünglich hieß er Tiberius C. Drusus, 9 v. Chr. nahm er den Beinamen Germanicus an, nach der Aufnahme des Tiberius in die *gens Iulia* übernahm er von diesem den Namen Nero.
16 Sein Vater starb 9 v. Chr.
17 Er war auch später geh- und sprechbehindert.
18 Die Frau des Augustus, Livia Drusilla, (Aug. Anm. 309).
19 Von Augustus zu Ehren des Mars Ultor im Jahre 12 n. Chr. gefeiert.
20 Germanicus.
21 Silvanus war der Bruder von Plautia Urgulanilla, der ersten Frau des Claudius, vgl. Kap. 26.
22 Im April zu Ehren des Iupiter Latiaris, des Schutzgottes von Latium, auf dem höchsten Gipfel der Latinerberge mit großem Aufwand gefeiert. Die Magistrate mußten teilnehmen, deswegen bestimmte man für diese Tage in Rom einen Präfekten; das Fest wurde bis ins 3. Jhd. gefeiert.
23 Antonia minor, Mutter des Claudius.
24 Auguren: Vorzeichendeuter (Vogelschau, Blitze).
25 Rutenbündel, die von den Liktoren getragen werden, Toga mit dem Purpurstreifen, Ehrensessel usw.
26 Vgl. Vesp. Anm. 60; die Sigillarien: Fortsetzung des Saturnalienfestes; man beschenkte sich an diesen Tagen (21./22. Dez.) mit Statuetten (*sigilla*).
27 Claudius gehörte dem Ritterstand an, er wurde erst 37 von Caligula zum Konsul gemacht und damit in den Senatorenstand erhoben.
28 Sie trugen ihn von Bovillae bis Rom.
29 Im Jahre 31.
30 Er trat das Konsulat am 1. Juli 37 an.
31 Vgl. Tiberius 54 und 61.
32 Gatte der Drusilla, der Schwester des Caligula, vgl. Caligula 24.
33 Sohn des Cossius Cornelius Lentulus; er hatte wegen seines Sieges über die Gätuler im Jahre 6 n. Chr. den Beinamen Gaetu-

licus erhalten, er war 29 n. Chr. für 10 Jahre zum Statthalter von Obergermanien ernannt worden und wurde wegen seiner Milde gegen die Soldaten von Caligula verdächtigt; zusammen mit Lepidus als Verschwörer hingerichtet.

34 Für den „Gott" Caligula, vgl. Cal. 22.

35 Er wurde am 24. Januar 41 von den Prätorianern zum Imperator ausgerufen.

36 Das Theater war von Pompeius 61 v. Chr. begonnen und 55 v. Chr. fertiggestellt worden. Es war das erste festgemauerte Theater in Rom; Augustus und Tiberius restaurierten jeweils den Bau.

37 Octavia wurde mit dem Urgroßenkel des Augustus, L. Iunius Torquatus Silanus, verheiratet.

38 Sohn des gleichnamigen Konsuls des Jahres 9 v. Chr.

39 Taurus Statilius Corvinus, Sohn des Titus Statilius Taurus, war Konsul im Jahre 45 n. Chr.

40 Vgl. Anm. 129.

41 M. Valerius Messalla Corvinus, ca. 64 v. Chr. bis 13 n. Chr., war einer der bedeutendsten Redner seiner Zeit, vgl. Phil. und Rhet., Anm. 24.

42 Vgl. Kap. 35; Otho 1.

43 Vgl. Aug. 32 u. Anm. 200.

44 *Ius trium liberorum*: durch die lex Papia Poppaea hatte Augustus im Jahre 9 v. Chr. beschlossen, Unverheiratete stärker zu belasten und die Väter kinderreicher Familien zu unterstützen (vgl. Aug. 34).

45 Das *pallium* war eigentlich ein Kleidungsstück der Griechen, das aber in Rom für den alltäglichen Gebrauch immer üblicher wurde.

46 Plancus und Paulus hatten die Zensur 22 v. Chr. innegehabt; Augustus hatte dann die Funktionen eines Zensors übernommen, ohne jedoch auch den Titel anzunehmen; Claudius bekleidete das Amt in den Jahren 47/48 zusammen mit L. Vitellius, vgl. Vit. 2.

47 Vgl. dazu Aug. 38f.

48 Senatoren durften in Privatangelegenheiten nur mit der Erlaub-

nis des Senates oder des Kaisers im Ausland weilen; neu war die Ausdehnung dieser Bestimmung auch auf den Ritterstand.

49 Ritter und Großbankier. Er unterstützte vor allem König Ptolemaios Auletes und wurde dessen Finanzminister, in Rom wurde er 54/53 v. Chr. angeklagt und von Cicero verteidigt.

50 Bereits Augustus hatte versucht, die Zahl der Eheschließungen und der Geburten zu erhöhen, vgl. Aug. 34.

51 Benannt nach den Bildwerken (*sigilla*), die hier hergestellt wurden.

52 Er eroberte im Jahre 43 Camulodunum; der Kaiser war nur 16 Tage auf der Insel, feierte 44 seinen Triumph. Die Kämpfe gingen jedoch im nächsten Jahr weiter.

53 Caesar fiel 55 und 54 v. Chr. in Britannien ein.

54 5 Inseln vor der Küste von Marseille.

55 Heute Marseille; wichtigste Hafenstadt der Gallia Narbonensis.

56 Heute Boulogne; Einschiffungshafen nach Britannien, hieß seit dem Jahre 310 Bononia.

57 Die *corona civica* war die Auszeichnung für die Errettung eines römischen Bürgers.

58 Er heiratete in 3. Ehe im Jahre 39 Valeria Messalina; zu ihr vgl. Kap. 26.

59 Ein zweirädriger, geschlossener Wagen, der von zwei Maultieren gezogen wurde. Nach der lex Oppia (215 v. Chr.) und einer Erneuerung dieser Bestimmung durch Caesar im Jahre 45 v. Chr. war es nur den Vestalinnen, und auch diesen nur an Feiertagen, erlaubt, in ihm zu fahren. Nachts allerdings durften alle Frauen fahren.

60 Gebäude auf dem Marsfeld, in dem bei Wahlen die Stimmen ausgezählt wurden.

61 Der Kornanbau war in Italien durch die Ausweitung des Weinbaus immer mehr zurückgegangen; so mußte das Getreide aus Afrika, Ägypten und Sizilien importiert werden.

62 Vgl. Anm. 44.

63 Vgl. Cal. 21.

64 Etwa 90 km von Rom entfernter See (heute Lago di Celano); Plinius d. Ä., Naturgeschichte 36, 124 nennt es ein Werk, dessen Größe sich jeder Beschreibung entziehe.

65 Der Bau der Aqua Claudia wurde zusammen mit dem Anio Novus im Jahre 38 von Caligula begonnen und 52 n. Chr. von Claudius abgeschlossen. Die Wasserleitung war 68,7 km lang, sie erreichte Rom bei der *spes vetus* (hier heute Porta Maggiore); ihre Kapazität betrug 184280 m^3/Tag.

66 Es handelt sich um den Obelisken, der heute vor St. Peter in Rom steht; Caligula hatte ihn aus Heliopolis (Ägypten) nach Rom bringen lassen.

67 Vgl. dazu Cal. Anm. 198.

68 Vgl. Anm. 36.

69 Vgl. Anm. 36; oberhalb der *cavea* befand sich der Tempel der Venus Victrix.

70 Die letzten Säkularspiele waren von Augustus im Jahre 17 v. Chr. abgehalten worden, Claudius feierte sie im Jahre 47 n. Chr. bereits wieder.

71 Dieses Gebiet längs des westlichen Tiberufers erstreckt sich von der Milvischen Brücke bis zum Ianiculum; von Höhen durchzogen, bildet es zum Fluß hin eine Ebene; seit der Zeit Sullas ein Wohnviertel der unteren Bevölkerungsschichten; hier, im Zirkus Neros, fand auch der Apostel Petrus den Tod.

72 Die Anfänge dieser Rennbahn gehen bis in die Königszeit zurück. Unter Augustus wurde ein *pulvinar* (geheiligter Bezirk, von dem aus die Götter den Darbietungen zusehen konnten) angebaut und auf der Mittellinie der 23,7 m hohe, aus Heliopolis stammende Obelisk des Ramses II. aufgerichtet; Claudius restaurierte den Circus M. nach einem Brand.

73 Vgl. Caesar 39.

74 Die Saepta waren eine ovale Fläche auf dem Marsfeld, auf der Wahlen abgehalten wurden; daneben fanden hier auch Gladiatorenkämpfe, die Naumachie des Augustus und des Caligula sowie die gymnischen Wettkämpfe des Nero statt; vgl. Aug. Anm. 178.

75 Ursprünglich Körbchen mit Eßwaren; in der Kaiserzeit erhält es die Bedeutung einer öffentlichen Speisung, die der Kaiser, Beamte oder reiche Privatleute der Öffentlichkeit gewährten.

76 „Täuberich", ein bekannter Gladiator.

77 Fischleibiger Seedämon, häufig mit menschlichem Oberkörper.
78 Oberpriester; das Amt des Pontifex Maximus war seit Augustus mit dem Kaisertum eng verbunden, der Titel wurde später auch von den christlichen Kaisern übernommen; erst Gratian legte diesen Titel im Jahre 382 ab.
79 Vgl. Anm. 44.
80 Vgl. Anm. 48.
81 Appius Claudius Caecus, der bedeutendste Römer in der Zeit um 300 v. Chr.; 312 Zensor, 307 und 296 Konsul; er hielt eine bedeutende Rede im Senat gegen die Friedensvorschläge des Pyrrhos, baute die Aqua Appia und ließ die Via Appia anlegen.
82 Im *aerarium Saturni* wurde der römische Staatsschatz sowie wichtige Urkunden, Verträge und die Feldzeichen aufbewahrt.
83 Vgl. Anm. 37.
84 Vgl. Vesp. Anm. 20.
85 Vgl. Cal. Anm. 191.
86 P. Gabinius Secundus, Suffektkonsul im Jahre 35, Statthalter in Germania Inferior im Jahre 41, nahm den Chauken den letzten der bei der Niederlage Varros im Teutoburger Wald verlorengegangenen Legionsadler wieder ab.
87 Germanischer Stamm zwischen der unteren Ems und Elbe; nachdem den Römern keine dauernde Unterwerfung gelang, weiteten sie ihre Wohngebiete nach Westen und Süden aus und waren in der Spätzeit Anwohner des östlichen Rheinufers.
88 Tiberinsel, auf der sich ein Heiligtum des Gottes der Ärzte befand.
89 Heute Pozzuoli bei Neapel.
90 Vgl. Kap. 20 u. Cal. Anm. 203.
91 Sie hatten römische Bürger gekreuzigt; Nero setzte sich für sie ein, vgl. Nero 7.
92 Der Sage nach war Aeneas, der der Zerstörung Troias entkommen war, nach langer Irrfahrt in Italien gelandet und wurde zum Stammvater des römischen Volkes.
93 Wahrscheinlich im Jahre 50 n. Chr.; der Name Chrestos wird manchmal auf Christus bezogen, allerdings ergibt dies chronologische Schwierigkeiten, da Christus unter Tiberius gekreuzigt wurde.

94 Die Druiden waren die Priester der Gallier, sie hatten auch die Funktion der Lehrer und großen politischen Einfluß. Darüber hinaus besaßen sie die Gabe der Weissagung, waren Ärzte und Magier; bei ihren rituellen Handlungen kam es auch zu Menschenopfern, s. Caesar, Der gallische Krieg 6,13f.

95 In Eleusis (ca. 21 km westlich von Athen) befand sich ein bedeutendes Heiligtum der Göttin Demeter (Fruchtbarkeitsgöttin); hier wurden zweimal im Jahr die Mysterien, ein Geheimkult mit Initiationsriten, gefeiert.

96 Dieser Tempel stand auf dem Eryx, einem hohen Berg an der Westspitze Siziliens, urspr. wohl Heiligtum einer phönizischen Göttin, das von den Griechen der Aphrodite zugeschrieben wurde, galt es in römischer Zeit als Gründung des Aeneas für seine Mutter Venus; hier lag der Ausgangspunkt des in Rom sehr intensiv gepflegten Venuskultes; der Tempel wurde vom röm. Staat mit besonderer Fürsorge ausgezeichnet.

97 Dieses sehr alte Priesterkollegium bestand aus 20 Mitgliedern, die auf Lebenszeit bestellt waren und deren Hauptaufgabe es war, Bündnisse zu schließen und Kriege zu erklären.

98 M. Furius Camillus, 1. Hälfte des 4. Jhd. v.Chr.

99 Vgl. Augustus 19.

100 Schwester von P. Plautius Pulcher, der im Jahre 48 n.Chr. von Claudius ins Patriziat erhoben wurde; der Vater war M. Plautius Silvanus, mit Augustus 2 v.Chr. Konsul, er kämpfte im Jahre 9 n.Chr. in Dalmatien und erhielt dafür die triumphalischen Ehrenzeichen.

101 Tochter des M. Valerius Messalla Barbatus und der Domitia Lepida, ca. 25 n.Chr. geboren; sie wurde 39/40 n.Chr. die Frau des 30 Jahre älteren Claudius.

102 Dazu vgl. Tac., Annalen 11, 12–38; diese Affäre brachte ihr im Jahre 48 durch die einflußreichen Freigelassenen Narcissus, Pallas und Callistus den Tod; Silius hatte sich aus Liebe zu Messalina von seiner Frau Iulia getrennt; er war der Sohn des C. Silius A. Caecina Largus (Konsul 13 n.Chr.).

103 Tochter des M. Lollius, 21 v.Chr. Konsul; sie war vermählt mit Memmius Regulus, dem sie 38 n.Chr. Caligula wegnahm.

Dieser verstieß sie aber 39 wieder (vgl. Cal. 25); im Jahre 49 wurde sie durch die Intrigen der Agrippina verbannt und getötet.

104 Vgl. Nero Anm. 26.

105 Geb. 41 n.Chr., am Hof mit Titus, dem Sohn des Vespasian erzogen (vgl. Titus 2), nach dem Sieg des Claudius in Britannien im Jahre 43 vom Senat mit dem Titel „Britannicus" ausgezeichnet; wurde von Nero vergiftet.

106 Vgl. Tib. 48.

107 Er war sehr reich, besaß in Rom einen Palast und stiftete in Baiae eine Thermenanlage.

108 In der Apostelgeschichte 24 wird er als Bruder des gewinnsüchtigen Pallas genannt, er war grausam und lasterhaft.

109 Bekannt sind zwei königliche Prinzessinnen, die beide Drusilla hießen; die eine war die Tochter des jüdischen Königs Herodes Agrippa I., die andere die des mauret. Königs Iuba II.

110 Ein Vorrecht der kaiserlichen Familie.

111 C. Iulius Sabbio (?) Polybios, ein Freigelassener Caligulas; unter Claudius bekleidete er wichtige Hofämter; er hatte ein Verhältnis mit Messalina, die ihn im Jahre 47 oder 48 ermorden ließ.

112 Freigelassener des Claudius; dieser war in viele Intrigen am Hofe verwickelt, verriet im Jahre 48 Claudius das Verhältnis Messalinas mit C. Silius und betrieb die Ermordung der beiden; gegen seinen Willen heiratete Claudius die Agrippina; diese ließ ihn nach der Ermordung des Claudius verhaften und am Grabe der Messalina hinrichten.

113 Er riet Claudius zur Ehe mit Agrippina, mit der er ein Verhältnis hatte; er begünstigte Nero; trotzdem nahm ihm dieser seine Ämter und ließ ihn 62 hinrichten.

114 C. Appius Iunius Silanus, Konsul im Jahre 28, war der Ehemann von Domitia Lepida, der Mutter der Messalina (vgl. Nero, Anm. 24), also Stiefvater der Frau des Claudius. Darüber hinaus war er nicht Vater des zukünftigen Schwiegersohns, wie Sueton schreibt, sondern Stiefonkel, s. dazu Kap. 37.

115 Iulia Drusilla (Tochter des Drusus); Iulia Livilla (Tochter des Germanicus).

116 Vgl. Kap. 20; dieses Geschehen wird ausführlich von Tac., Annalen 12,57 beschrieben.
117 Die S. waren die Träger des Marskultes in Rom. Sie genossen ein hohes Ansehen, ihre Festgelage waren sprichwörtlich.
118 Vgl. dazu Nero 49; Domitian 11 u. Anm. 48.
119 Vgl. Cal. Anm. 1.
120 *Toga praetexta.*
121 Vgl. Kap. 13.
122 Vgl. Kap. 13.
123 Dieses Verbot stammte von Tiberius.
124 Vgl. Kap. 26.
125 Wahrscheinlich ein damals stadtbekannter Dummkopf.
126 Vgl. Cal. Anm. 165.
127 Mit der Schlacht bei Actium am 2. September 31 v. Chr.
128 Seine Mutter Antonia und seine Großmutter Octavia, die Witwe des Marcus Antonius, waren Akteure im Geschehen in dieser Zeit und hatten sicher eine sehr subjektive Auffassung von den Ereignissen.
129 76 v. bis 4 n. Chr.; Konsul 40 v. Chr.; klagte 54 v. Chr. erfolglos Cato an; förderte u. a. den jungen Vergil; gründete die erste öffentliche Bibliothek in Rom im Libertas-Tempel; führte Rezitationen neuer Literatur ein.
130 Im Jahre 47; das umgekehrte Digamma Ⅎ für das konsonantische V, um es vom U (wurde auch V geschrieben) zu unterscheiden, das Antisigma Ↄ für die Affrikata bs oder ps, den urspr. griechischen Spiritus asper Ⱶ für den Laut zwischen U und I, d. h. das griech. Y, vgl. dazu u. a. Tac., Annalen 11, 14.
131 Ilias 24, 369; Odyssee 16, 72; 21, 133; Übersetzung Voß.
132 Dieser Name wurde in der Antike sowohl für die Etrusker als auch für ein nicht klar faßbares Seeräubervolk in der nördlichen Ägäis verwendet; hier dürften wohl die Etrusker gemeint sein.
133 Vgl. dazu Cal. Anm. 194.
134 Sprichwörtlich nach der griech. Sage, da die Wunde, die Achill dem Telephus mit seinem Speer beigebracht hatte, nur durch den Rost desselben Speeres geheilt werden konnte.
135 Vgl. dazu Begriffserklärung s. v. Toga.

136 Auf dem Kapitol.
137 Zu diesem vgl. Galba 15.
138 Nero nannte deswegen Pilze eine „Götterspeise" (vgl. Nero 33), s. auch Dom. 14.
139 Er vollendete auch den Tempel für den vergöttlichten Claudius auf dem Caelius-Hügel, vgl. Vesp. 9.
140 Er war im Mausoleum Augusti beigesetzt, s. Anm. 8.

NERO

1 Sonst nicht bekannt.

2 Der Sieg über die Tarquinier am See Tegillus bei Tusculum im Jahre 496 v. Chr. soll der Sage nach von Kastor und Pollux verkündet worden sein.

3 Ahenobarbus = etwa „Rotbart, Erzbart".

4 Der erste war L. Domitius Ahenobarbus (Neros Großvater), er wurde 30 v. Chr. unter die Patrizier aufgenommen, als er die Antonia, die älteste Tochter des Marcus Antonius heiratete; 16 v. Chr. war er Konsul.

5 Im Jahre 104 v. Chr. Volkstribun, 96 v. Chr. Konsul, 92 v. Chr. zusammen mit Licinius Crassus Zensor, s. dazu Phil. und Rhet. 25. Sueton schreibt ihm milit. Erfolge in Gallien zu, die in Wirklichkeit seinem Vater zustehen, s. Anm. 6.

6 Als Konsul besiegte er im Jahre 122 v. Chr. die Allobroger und 121 v. Chr. zusammen mit seinem Nachfolger Q. Fabius Maximus die vereinigten Allobroger und Arverner; triumphierte 118 oder 117 v. Chr., ließ die Via Domitia nach Süd-Gallien ausbauen, 115 v. Chr. Zensor. Sueton bringt diese Ereignisse fälschlicherweise in Zusammenhang mit dessen Sohn (s. Anm. 5).

7 Vgl. Phil. und Rhet. 15.

8 L. Domitius Ahenobarbus, erbitterter Gegner Caesars, Prätor im Jahre 58 v. Chr., Konsul 54 v. Chr., wollte während seiner Prätur Cicero aus dem Exil zurückrufen, im Jahre 55 v. Chr. bewarb er sich vergeblich um das Konsulat.

9 Anfang Januar 49 v. Chr.

10 Stadt im Pälignergebiet, zwischen dem heutigen Corfinio und

dem Kloster S. Pelino; L. Domitius Ahenobarbus war von seinen eigenen Truppen an Caesar ausgeliefert worden.

11 Sie wurden von den Truppen des D. Brutus und C. Trebonius belagert; es herrschte obendrein noch eine Seuche.

12 Entscheidungsschlacht im Jahre 48 v. Chr. zwischen Caesar und Pompeius, mit dem er sich 52 v. Chr. ausgesöhnt hatte.

13 Cn. Domitius Ahenobarbus, kämpfte mit seinem Vater gegen Caesar.

14 Ein von Q. Pedius, Suffektkonsul im Jahre 43 v. Chr., eingebrachtes Gesetz, nach dem die Verschwörer gegen Caesar verbannt werden sollten.

15 Er suchte sie im Sommer 44 v. Chr. in Makedonien auf.

16 Er versöhnte sich 40 v. Chr. mit M. Antonius, Vermittler war Asinius Pollio (vgl. Claud. Anm. 129).

17 Er nahm 36 v. Chr. am Partherzug des Antonius teil und bekleidete 32 v. Chr. das Konsulat.

18 Er hatte bei Antonius in Ephesus stark gegen den Einfluß Kleopatras polemisiert und war wenige Tage vor der Schlacht von Actium 31 v. Chr. zu Octavian übergegangen; einige Tage danach starb er.

19 L. Domitius Ahenobarbus, Konsul 16 v. Chr., vgl. Anm. 4.

20 Er drang als kaiserlicher Legat Illyriens über die Elbe nach Germanien ein und siedelte die Hermunduren im Gebiet der Markomannen an; dafür erhielt er den Triumph, s. Tacitus, Annalen 4, 44, 2; Cassius Dio, 55,10a; vgl. auch Aug. 21.

21 Vgl. Claud. Anm. 46.

22 Cn. Dominius Ahenobarbus, Enkel der älteren Octavia (s. Aug. Anm. 16) und Großneffe des Augustus, 27 n. Chr. Mitglied der Arvalbrüderschaft, 32 n. Chr. Konsul, seine Mutter war 39 v. Chr. als älteste Tochter des M. Antonius und der Octavia geb., vgl. Anm. 4.

23 Sohn des Agrippa und der Iulia, Enkel des Augustus.

24 Domitia Lepida; aus erster Ehe mit M. Valerius Messalla Barbatus stammt Valeria Messalina (vgl. Claud. Anm. 101); zweite Ehe mit Faustus Cornelius Sulla; dritte Ehe mit C. Appius Iunius Silanus, Konsul 28 n. Chr., vgl. Claud. Anm. 114, zu sei-

nem Ende s. Claud. 37; Lepida erzog den kleinen Nero, sie wurde 54 auf Drängen der Agrippina (s. Anm. 26) hingerichtet.

25 Heute Santa Severa, Stadt in Etrurien.

26 Iulia Agrippina d. Jüngere, Enkelin des Tiberius; dieser hatte sie mit Ahenobarbus im Jahre 28 n. Chr. vermählt, s. Tacitus Annalen 4, 75; Schwester des Caligula, im Jahre 39 verbannt (s. Nero 6); nach ihrer Ehe mit Crispus Passienus heiratete sie 49 Claudius; Augusta im Jahre 50; sie vergiftete Claudius und brachte ihren Sohn Nero auf den Thron, der sie im Jahre 59 töten ließ.

27 Im Jahre 37 n. Chr.

28 Vgl. Cal. Anm. 193.

29 Das Neugeborene wurde sofort nach der Geburt auf die Erde gelegt, von wo es der Vater aufhob und somit als sein Kind anerkannte, vgl. Aug. 5.

30 Vgl. Claud. 8.

31 Im Jahre 39 n. Chr., vgl. Cal. 24, 29, 54.

32 C. Sallustius Crispus Passienus war seit 44 mit Agrippina verheiratet, die ihn 48 ermorden ließ.

33 Tacitus, Annalen 11, 11 liefert eine etwas andere Version des Schlangenmärchens.

34 Das Troiaspiel wurde von Söhnen angesehener Familien im Alter von 6 Jahren bis zum Anlegen der *toga virilis* aufgeführt. Die dabei vorkommenden Reiterkampf-Spiele waren weder einfach noch ungefährlich; die Spiele sind archaisch-ital. Ursprungs, hatten urspr. sakralen, später auch politischen Charakter.

35 Ungenau, nach Tacitus, Annalen 12, 25 erfolgte die Adoption im Jahre 50, Nero war aber am 15. Dezember 37 geboren.

36 Lucius Annaeus Seneca, 5 v. Chr. – 65 n. Chr., stoischer Philosoph, unter Caligula Senator, auf Betreiben der Messalina 41 nach Korsika verbannt, von Agrippina zurückgerufen. Durch Nero, auf den er einen günstigen Einfluß ausübte, kam er zu enormem Reichtum. Im Jahre 65 wurde er als Mitglied der pisonischen Verschwörung zum Selbstmord gezwungen (vgl. Anm. 142).

37 Vgl. Claud. Anm. 105.

38 Er erhielt die *toga virilis* im Jahre 51.

39 Es dürfte hier das Konsulat gemeint sein, das Claudius im Jahre 51 zusammen mit Servius Cornelius Orfitus übernommen hatte; Nero war also erst 14 Jahre alt.

40 Heute Bologna; die Stadt war durch eine Brandkatastrophe im Jahre 53 verwüstet worden; die Chronologie Suetons ist also ungenau.

41 Vgl. Claud. 4 und Anm. 22.

42 Tochter des Claudius und der Urgulanilla; die Heirat erfolgte im Jahre 53, Nero ließ sie später ermorden, vgl. Claud. 27.

43 Vgl. Begriffserklärungen s. v. Auspizien.

44 Fast alle Kaiser nahmen diesen Titel einige Zeit nach der Regierungsübernahme an; Tiberius lehnte ihn ab; Galba, Otho und Vitellius erhielten ihn nicht.

45 Sie war von Seneca verfaßt, der gleichzeitig unter seinen Freunden eine Satire auf die Vergöttlichung und den Tod des Claudius, die „Apocolocyntosis" kursieren ließ.

46 Vgl. Aug. 34; s. auch Claud. Anm. 44.

47 Seit Augustus mußte ein Senator ein Mindestvermögen von 1,2 Mio. Sesterzen besitzen, s. Aug. 41.

48 Der in dem Tempel auf dem Mons Capitolinus zusammen mit Iuno und Minerva verehrte Haupt- und Staatsgott Roms, Iupiter Optimus Maximus.

49 Bei diesen Liebhaber-Aufführungen wirkten Mitglieder der vornehmen Gesellschaft mit.

50 Während im Theater die Senatoren und Ritter jeweils eigene Sitzreihen besaßen und vom Volk getrennt waren, hatte im Zirkus erst Claudius nur den Senatoren bestimmte Plätze zugewiesen, s. Claud. 21; Dom. 8.

51 Vgl. Dichter, v. Terenz, Anm. 24.

52 Griechischer Schwerttanz, vgl. Caes. 39.

53 Tochter des Helios, Gattin des kretischen Königs Minos; sie vereinigte sich mit Hilfe einer von Daidalos angefertigten hölzernen Kuh mit einem von Poseidon gesandten Stier und gebar daraufhin den Minotauros.

54 Im Jahre 60; s. Dichter, v. Lukan.

55 Vgl. Tib. Anm. 2; Nero ließ diese Einrichtung erstmals mit Thermenanlagen verbinden.

56 Vgl. Claud. Anm. 74.

57 Die erste Bartabnahme war ein feierliches Ereignis; Augustus feierte sie 39 v. Chr.; Nero stiftete aus diesem Anlaß neue Spiele (Iuvenalia).

58 Augustus hatte alle Frauen von den Athletenkämpfen ausgeschlossen, s. Aug. 44; Ceres ist hier mit der griechischen Fruchtbarkeitsgöttin Demeter Chamyne zu identifizieren, die in Olympia am Nordrand des Hippodroms ein Heiligtum besaß, ihre Priesterin hatte einen Ehrenplatz bei den Spielen.

59 Er war im Jahre 54 n. Chr. von seinem Bruder, dem Partherkönig Vologaesus I., zum König von Armenien gemacht worden, da hierdurch die Interessen der Römer betroffen waren, kam es zu kriegerischen Auseinandersetzungen der Römer mit den Parthern, die auf römischer Seite von den Feldherren Domitius Corbulo und Caesennius Paetus geführt wurden; im Jahre 63 wurde Armenien ein römischer Lehensstaat und Tiridates reiste auf dem Landweg mit großem Gefolge über Syrien, Kleinasien, Illyrien und Italien nach Rom, um dort das Diadem aus den Händen Neros zu empfangen.

60 Mit Purpurtoga und *tunica palmata*, Lorbeerkranz usw.

61 Die Tiara war eine asiat. Kopfbedeckung; bei den Parthern durfte nur der König die aufrechte, zinnenartige, oft mit Sternen geschmückte Tiara tragen; das Diadem war das Zeichen der von den Römern anerkannten Königswürde.

62 Nach Plinius d. Ä., Naturgeschichte 33, 54 ließ Nero an diesem Tag das gesamte Pompeiustheater mit Gold bedecken, um seinen Reichtum zu zeigen.

63 Zeichen dafür, daß der Krieg beendet war.

64 In den Jahren 55, 57, 58, 60.

65 C. Caninius Rebilius war im Jahre 45 nach dem Tod des Q. Fabius Maximus von Caesar für den letzten Tag des Jahres zum Konsul ernannt worden.

66 Vgl. Anm. 60.

67 Seit dem Jahre 38 v. Chr. standen jedem Konsul 2 Quästoren zur Seite, die ihm bei der Leitung des Senates behilflich waren.
68 Vgl. Cal. Anm. 24.
69 Vgl. Claud. 38.
70 Er legte ihnen den Brand Roms im Jahre 64, (vgl. Tacitus, Annalen 15,44) zur Last.
71 Da es zwischen den Zuschauern immer wieder zu Streit und handgreiflichen Auseinandersetzungen kam (s. Nero 26), wies er die umstrittenen Pantomimen aus der Stadt.
72 Die Tafeln wurden jeweils mit der beschriebenen Seite nach innen aufeinandergelegt und dann mit einer durch die Löcher gezogenen Schnur verbunden; wir kennen dieses Verfahren von den erhaltenen Militärdiplomen.
73 Polemon II., Sohn des thrakischen Königs Kotys, er wurde 38 von Caligula zum König von Pontos und des Bosporanischen Reiches eingesetzt, Claudius nahm ihm 41 das Bosp. Reich und gab ihm dafür Teile Kilikiens, Nero vereinigte 63 Pontos mit der Provinz Galatien, Polemon behielt Kilikien.
74 M. Iulius Cottius, Herrscher über ein Gebiet in den Alpen (vgl. Cottische Alpen); bereits sein Vater wurde von Rom abhängig und führte den Titel eines *praefectus civitatum*, er selbst bekam im Jahre 44 von Claudius den Königstitel verliehen.
75 Vgl. Cal. Anm. 15.
76 Der Gedanke, die Landenge von Korinth mit einem Kanal zu überwinden und somit den Schiffen die Fahrt um den Peloponnes zu ersparen, war bereits im 7./6. Jhd. von Periander gefaßt worden, auch Caesar und Caligula hatten Versuche unternommen, doch waren diese ebenso wie der Neros gescheitert. Realisiert wurde der Plan im Jahre 1893.
77 Paß im Kaukasus (?).
78 Er begleitete Nero auf seiner Reise nach Griechenland und mußte sich von ihm im Jahre 67 in Olympia besiegen lassen.
79 Aulus Gellius 13, 31, 3.
80 Urspr. griech. Kolonie in Kampanien; konnte auch zur Zeit Neros noch als „griechische" Stadt gelten; Neapel war Erholungsort, in der Nähe lagen viele Villen; nach Tacitus, Annalen

15,34 stürzte das Theater nach dem von Sueton erwähnten Erdstoß ein.

81 Vgl. Kap. 12; Anm. 54; im Jahre 65 wurden sie wiederholt.

82 Unter Galba Statthalter in Hispania Citerior, schloß sich zuerst Otho, später dem Vitellius an.

83 Sie war die Tochter des etruskischen Königs Aeolus, und soll der Sage nach mit ihrem Bruder ein blutschänderisches Verhältnis gehabt haben.

84 Vgl. Cal. Anm. 27.

85 Achill schleifte Hektor, nachdem er ihn im Zweikampf vor den Mauern Troias getötet hatte, hinter seinem Wagen in das Lager der Griechen.

86 Vgl. Claud. Anm. 206.

87 Vgl. Kap. 19; die Reise fand im Jahre 66 statt, im Gefolge Neros befand sich auch Vespasian, s. Vesp. 4.

88 Heute Kassopi; Hafen an der NO-Küste von Korkyra, Überfahrtshafen von Italien.

89 In Olympia fanden üblicherweise nur sportliche Wettkämpfe sowie ein Wettbewerb der Trompeter und Herolde statt.

90 Die Kitharoeden durften kein Tuch benutzen und sich nicht setzen.

91 Der Gesang des Tragöden wurde von einem Pantomimen mit Gesten begleitet.

92 Mithridates VI. Eupator, 132–63 v. Chr., König von Pontus.

93 Die Provinz erhielt gewisse Abgabenfreiheiten.

94 Nach den olympischen Spielen die bedeutendsten panhellenischen Wettkämpfe, sie wurden alle 2 Jahre im April zu Ehren Poseidons auf der Landenge von Korinth gefeiert.

95 Heute Albano, die Gegend war wegen ihrer Fruchtbarkeit berühmt; vorwiegend kaiserlicher Besitz.

96 Siegeskrone der Wettkämpfe in Delphi (Pythien), sie fanden alle 4 Jahre im August/September statt.

97 Gegend zwischen Kapitol, Palatium und Tiber, urspr. ungesundes, sumpfiges Gebiet. Nach dem Stadtbrand im Jahre 64 wurde unter Nero eine Niveauerhöhung durchgeführt und die Überschwemmungen hörten auf; ein lebhaftes Viertel, das dem Durchgangsverkehr und dem Lebensmittelhandel diente.

98 Seit Augustus ein zentrales Heiligtum des erneuerten Staates.

99 Safran war ein wertvoller Handelsartikel, wurde zur Herstellung von gewürzten Weinen und Essenzen verwendet.

100 Nach Tacitus, Annalen 13, 25 ging er als Sklave verkleidet; vgl. zu diesen Unsitten auch Cal. 11.

101 Vgl. Kap. 16, Anm. 71.

102 Die Naumachie, ein künstlicher See, an dem Schaukämpfe zu Schiff stattfanden, die oft berühmten Seeschlachten nachempfunden waren; hier ist wohl die von Augustus am rechten Tiberufer angelegte N. gemeint.

103 Alter Hafen von Cumae, bekannt für das luxuriöse Badeleben; hier lagen auch mehrere kaiserliche Paläste.

104 Die Vestalinnen bewachten das heilige Feuer im Tempel der Vesta; sie nahmen eine besondere Stellung außerhalb der Gesetze ein; sie wohnten im Atrium Vestae; ihre Jungfräulichkeit galt als sakrosankt und der Bruch dieses sexuellen Tabus stellte ein schweres Sakrileg dar; Nero hätte für dieses Vergehen zu Tode gepeitscht werden müssen, vgl. Dom. 8.

105 Er soll der im Jahre 65 verstorbenen Gemahlin des Nero, Poppaea Sabina, täuschend ähnlich gesehen haben.

106 Sehr einflußreicher Freigelassener mit angesehener Beamtenstellung; er wurde von Nero 62 vergiftet, da er sich dessen Heirat mit Poppaea Sabina widersetzte.

107 Mauretanisches Reitervolk.

108 Das „Durchgangshaus“ (*domus transitoria*), das den Palatin mit dem Esquilin verband, brannte bei dem Stadtbrand im Jahre 64 ab, danach begann Nero mit dem Bau der „Domus Aurea“. Diese Palastanlage erstreckte sich vom Palatin und der Velia bis in die Gegend der heutigen Kirche S. Pietro in Vincoli, dann über die Via delle Sette Sale zur Servianischen Mauer und auf den Caelius, von dort wieder zum Palatin zurück, das gesamte Tal war miteingeschlossen, und an der Stelle des späteren Colosseums befand sich ein künstlicher See. Die Anlage wurde mit zahlreichen, in ganz Griechenland geraubten Statuen geschmückt; Otho setzte den Bau fort, der jedoch dennoch unvollendet blieb; Vespasian stellte die Arbeiten ein und beschränkte die kaiserlichen Palastanlagen auf den Palatin.

109 Diese Statue stand später vor dem Kolosseum und gab ihm auch den Namen; Vespasian ließ den Kopf Neros gegen den des Sonnengottes austauschen (s. Vesp. 18), die Statue war größer als der Koloß von Rhodos, sie stammte von einem Bildhauer namens Zenodorus (Plinius, Naturgeschichte 34, 45).

110 Schwefelhaltige Heilquelle, die nahe Tibur entspringt.

111 Wichtiger Hafen am N-Rand des Golfes von Neapel.

112 Kratersee nördlich von Baiae, er wurde 37 v. Chr. von Agrippa durch einen Kanal mit dem Lucrinersee verbunden, s. Aug. 16.

113 Vgl. Anm. 103.

114 Diese Anlage sollte nicht nur dem Luxus dienen, sondern auch die Getreidezufuhr nach Rom erleichtern; Tacitus, Annalen 15,42, sah noch Spuren dieses Riesenwerkes.

115 Cesellius Bassus; s. Tacitus, Annalen 16,1.

116 Die Tochter des tyrischen Königs Mutto, Schwester des Pygmalion, dieser tötet aus Habgier den Gatten Didos, worauf sie in Begleitung mehrerer Adliger mit den Schätzen ihres Mannes entfloh.

117 Hier sind wahrscheinlich Götterbilder der Dioskuren gemeint.

118 Vgl. Claud. 44.

119 Mit kurzem „o" heißt das Wort „verweilen", mit langem o „albern, närrisch sein".

120 Vgl. Claud. Anm. 105.

121 Locusta stammte aus Gallien, wurde bereits im Jahre 54 wegen Giftmischerei verurteilt, lieferte jedoch auch Agrippina das Gift zur Ermordung des Claudius; erst Galba ließ sie hinrichten.

122 Ein Gesetz Sullas gegen Giftmischerei, das von Caesar erneuert worden war.

123 Größte und südlichste Insel vor der SW-Küste Kleinasiens; griechische Besiedlung seit mykenischer Zeit; große politische Bedeutung sowie wichtiges Handelszentrum; Koloß von Rhodos: Siegesdenkmal, errichtet anläßlich der Abwehr der Belagerung während der Diadochenkämpfe; Kolossalstatue des Sonnengottes Helios.

124 Vgl. Anm. 103.

125 Das Fest begann am 19. März, dem Stiftungstag des Minerva-

Tempels auf dem Aventin, und dauerte bis zum 23. März; Augustus hatte den Stiftungstag des Tempels auf den 19. Juni verlegt.

126 Leichter, schneller Zweireiher mit Mast, urspr. illyrisches Seeräuberschiff; vgl. auch Cal. 37.

127 Südlicher Villenvorort von Baiae, von hier führte eine Schiffsbrücke, die Caligula hatte errichten lassen, nach Puteoli.

128 Im Jahre 59 durch Anicetus, den Befehlshaber der Flotte von Misenum; sie wurde verbrannt, doch ihre Asche blieb unbestattet; ihre Memoiren wurden von Tacitus und Plinius d. Ä. als Quelle benutzt.

129 Dämonische Unterweltsgottheiten, ihr urspr. ital. oder etrusk. Wesen wird durch die Identifizierung mit den griech. Erinyen völlig verdeckt.

130 Vgl. Claud. Anm. 95.

131 Domitia Lepida wurde bereits im Jahre 54 auf Drängen der Agrippina hingerichtet, vgl. Anm. 24.

132 Vgl. Anm. 42.

133 Tochter des T. Ollius und der Poppaea Sabina, geb. zwischen 30 und 32 n. Chr.; bekannte Schönheit, verheiratet mit dem Ritter Rufrius Crispinus, wurde dann die Geliebte des Nero und ging deswegen mit Otho eine Scheinehe ein (s. Otho 3); sie hatte großen Anteil an der Ermordung der Agrippina und der Octavia; Nero tötete sie im Jahre 65 mit einem Fußtritt, s. Kap. 35.

134 Tochter des T. Statilius Taurus, Konsul 44. Als sie Nero im Jahre 66 heiratete, hatte sie bereits 4 Ehen hinter sich; Otho wollte sie nach dem Tod Neros zur Frau, vgl. Otho 10.

135 T. Statilius Taurus, 37 v. Chr. Suffektkonsul, 26 v. Chr. zusammen mit Augustus ordentlicher Konsul, er war in den Jahren 36–34 v. Chr. Statthalter von Afrika und sicherte die Provinz nach dem Sturz des M. Aemilius Lepidus für Augustus, dafür erhielt er einen Triumph.

136 Dieser war auch bei der Ermordung seiner Mutter beteiligt, s. Anm. 128.

137 Geboren Anfang 63.

138 Vgl. Claud. 27; s. u. Anm. 142.

139 Vielleicht Sohn des bei Vesp. 24 erwähnten A. Plautius.
140 Vgl. Anm. 36; nach dem Tod des Burrus fand es Seneca schwierig, mit G. Ofonius Tigellinus, einem der beiden neuernannten Prätorianerpräfekten, zusammenzuarbeiten und bot seinen Rücktritt an.
141 Sex. Burrus, er wurde im Jahre 51 durch den Einfluß der Agrippina alleiniger Prätorianerpräfekt, nach dem Tode des Claudius hatte er zusammen mit Seneca praktisch die Herrschaft in den Händen; es ist wenig wahrscheinlich, daß Nero ihn ermorden ließ, vgl. Tac. Ann. 14, 51.
142 Im Jahre 65; benannt nach dem Aristokraten C. Calpurnius Piso, der nach Tacitus ihr Aushängeschild war; durch die Entdeckung kamen viele Persönlichkeiten ums Leben, darunter Piso selbst, Seneca, Faenius Rufus (neben Tigellinus der zweite Prätorianerpräfekt), Lukan (vgl. Dichter, v. Lukan) sowie Antonia, die Tochter des Claudius, vgl. Kap. 35.
143 Über diese Verschwörung ist leider nichts bekannt; möglicherweise handelt es sich um das in den Akten der Arvalbruderschaft für das Jahr 66 erwähnte „nichtswürdige Komplott"; Anführer war Annius Vinicianus, Schwiegersohn von Domitius Corbulo (s. Anm. 59), der ebenfalls getötet wurde.
144 Servius Cornelius Scipio Salvidienus Orfitus, Konsul im Jahre 51.
145 C. Cassius Longinus, s. Cal. Anm. 214; er wäre bereits fast einem Anschlag Caligulas zum Opfer gefallen, vgl. Cal. 57.
146 Publius Clodius Thrasea Paetus, Stoiker und verbissener Gegner des Kaisertums, Konsul im Jahre 56, er war 63 aus der Umgebung Neros ausgeschlossen worden; ebenfalls als Mitglied der pisonischen Verschwörung angeklagt und 66 zum Tode verurteilt.
147 Vgl. Kap. 19.
148 Der Vers stammt aus einer unbekannten griechischen Tragödie.
149 Im Jahre 64; Tacitus spricht nur von einem Gerücht (Annalen 15, 38–41), vgl. dazu auch Kap. 16, Anm. 70.
150 Dazu Anm. 108.
151 Bekannt aus Horaz, Säkulargesang 3, 29, 10; er war evtl. mit dem Palatin verbunden.

152 Dieses Gedicht über den Untergang Troias stammt von Nero selbst; vgl. Iuvenal 8, 216ff.

153 Römische Göttin, die die Erfüllung der Begräbnispflichten überwachte, man entrichtete bei einem Sterbefall Abgaben an die Kasse des Tempels, dort hatten die Leichenbestatter (*libitinarii*) ihren Sitz und es wurden von dort Begräbnisse gegen Bezahlung arrangiert.

154 Sueton meint hier den Aufstand unter der brit. Königin Boudicca; dabei wurden die Städte Camoludunum, Verulamium und Londinium von den Aufständischen erobert und ca. 80000 Römer verloren ihr Leben; allerdings wurden dann die Britannier vernichtend vom röm. Statthalter geschlagen, und die Königin beging wahrscheinlich Selbstmord.

155 Im Jahre 62 mußte der röm. Heerführer L. Caesennius bei Rhandeia kapitulieren und Armenien räumen, vgl. dazu Kap. 13, Anm. 59.

156 Aufstand der Juden im Jahre 66; er konnte erst von Vespasian durch die Eroberung Jerusalems im Jahre 70 beendet werden, vgl. Vesp. 4–6.

157 Orest war der Sohn des Agamemmnon und der Klytemnaestra, er rächte die Ermordung seines Vaters blutig an seiner Mutter und ihrem Liebhaber Aigisthos.
Alkmeon war der Sohn des Sehers Amphiaraus; er tötete auf Befehl des Vaters seine Mutter und wurde daraufhin wahnsinnig.

158 Aeneas war der Sage nach der Stammvater der Römer (s. Claud. Anm. 92); das lat. Verb *tollere* kann sowohl „wegtragen" als auch „beiseite schaffen" bedeuten.

159 Beides sind Beinamen des Gottes Apollo; *Paean*, eine bestimmte Form der Chorlyrik; spielt also auf Apollo als Gott der Musik an; die andere Bezeichnung meint Apollo, den Bogenschützen, durch dessen Pfeile die Menschen eines plötzlichen Todes sterben.

160 Hier eine Anspielung auf den Bau des „Goldenen Hauses" (vgl. Anm. 108); Veii: alte Etruskerstadt, die etwa 20 km nordwestlich von Rom liegt.

161 Griech. Philosophenschule; ihr Name wird oftmals abgeleitet von griech. *kyon* (Hund), wohl wegen der betont einfachen Lebensweise ihrer Anhänger.
162 Der Vater des von Odysseus getöteten Palamedes; er lockte die Schiffe des Odysseus in klippenreiche Gewässer, wo sie zerschellten.
163 Schauspieler in einer volkstümlichen Posse oskischer Herkunft; urspr. kultische Bestimmung; die Schauspieler trugen Masken; Auftreten stereotyper Figuren.
164 Der Herr des Totenreiches.
165 Vindex stammte aus dem aquitanischen Königshaus, sein Vater war bereits römischer Senator; im Jahre 67 Statthalter der Provinz Gallia Lugdunensis, erhob er sich 68 gegen Nero; in Spanien zog er Galba auf seine Seite (vgl. Galba 9), indem er ihm die Kaiserwürde antrug; dem Aufstand schlossen sich die mächtigsten Gallierstämme (Häduer, Sequaner u.a.) an; er wurde von L. Verginius Rufus, Statthalter von Germania Superior, der sich nicht angeschlossen hatte, in der Schlacht von Vesontio besiegt und verübte Selbstmord.
166 In Delphi lag das berühmteste Orakel Apollos; hier verkündete die Pythia, durch Gase, die aus einem Erdspalt austraten, in Trance versetzt, ihre Weissagungen.
167 Der spätere Kaiser hatte dieses Alter erreicht, als er auf den Thron gelangte, vgl. Galba 23.
168 Vgl. Anm. 55.
169 Vgl. dazu Kap. 7.
170 Die Erfindung der Wasserorgel wird dem Ktesibios aus Alexandria zugeschrieben, der um 130 v.Chr. lebte; das Wasser spielte bei diesem Instrument (Hydraulos) als Druckregler im Pumpengebläse eine wichtige Rolle, die Töne wurden durch verschieden lange Auloi erzeugt.
171 Vgl. Anm. 165; Galba 10f.
172 Rutenbündel mit dem Richtbeil, ein aus Etrurien stammendes Zeichen der Amtsgewalt der Beamten; sie wurden dem jeweiligen Amtsinhaber von den Liktoren vorausgetragen.
173 Sagenhaftes Volk kriegerischer Frauen im Nordosten Kleina-

siens; zur Fortpflanzung lebten sie zwei Frühlingsmonate mit einem Nachbarvolk zusammen; die Knaben wurden getötet, die Mädchen kriegerisch erzogen; meist beritten, sind sie mit Pfeil, Bogen und Schwert bewaffnet.

174 Die reichen Sklavenhalter.

175 Die Mieter unterlagen normalerweise, da sie keine Grundbesitzer waren, nicht dem Zensus, zahlten also keine Abgaben an den Staat.

176 Aus Alexandria in Ägypten wurde ein großer Teil des für die Versorgung von Rom benötigten Getreides importiert.

177 Der Lockenschmuck war das Zeichen der Kitharoeden.

178 Man wollte wohl damit sagen, daß Nero die Leute schon so ausgeplündert hatte, daß sie nur mehr den leeren Ledersack besaßen; gleichzeitig wies man darauf hin, daß Vater- bzw. Muttermörder durch Einnähen in einen Sack bestraft wurden, vgl. Aug. 33.

179 Vindex = „Bestrafer".

180 Vgl. Claud. Anm. 36.

181 Die Landschaft Asturia liegt im Nordwesten Spaniens und umfaßt die heutige Provinz Orviedo und Teile von Leon und Valladolid; die Bedeutung des Landes lag in seinen Goldminen und der Pferdezucht.

182 Bereits im Jahre 29 v. Chr., nach seiner Rückkehr aus Alexandria gab Octavian den Auftrag zum Bau eines Grabmals auf dem Marsfeld; als Vorbild diente das damals sehr berühmte Grabmal des Königs Mausolos aus Karien („Mausoleum"); in der kreisrunden Anlage mit einem Durchmesser von 87 m wurde als erster 23 v. Chr. Marcellus, darauf Octavia, Agrippa, Drusus d. Ä., L. und C. Caesar und dann 14 n. Chr. Augustus beigesetzt, es folgten dann Drusus d. J., Livia und Tiberius; Caligula ließ die Asche seiner Mutter Agrippina und der Brüder Nero und Drusus Caesar ins Mausoleum bringen; ob auch Claudius und Vespasian hier beigesetzt wurden, weiß man nicht; Nero wurde, wie schon Julia, die Tochter des Augustus, ausgeschlossen; vgl. Aug. Anm. 496.

183 Die Laren waren Hausgötter, deren Bilder für das Compitalienfest geschmückt wurden (vgl. Aug. Anm. 195).

184 Vgl. Kap. 28.
185 Proserpina = griech. Persephone, Tochter des Zeus, sie wird von Hades (Gott der Unterwelt) geraubt.
186 Vgl. Kap. 33, Anm. 121.
187 Vergil, Aeneis 12, 646.
188 Sein Name leitet sich von einem sowohl zum Schleudern als auch zum Stoßen geeigneten Speer, dem *spiculum*, ab.
189 Führt von Rom in nordöstl. Richtung nach Reate-Asculum; der Name leitet sich von den Salztransporten vom Meer ins Landesinnere ab.
190 Verließ die Stadt Rom in nordöstlicher Richtung und führte nach Nomentum.
191 Sporus, Epaphroditus und Phaon sind bekannt, den vierten kennen wir nicht.
192 Ilias 10, 535.
193 War der Nachfolger von Doryphorus (Kap. 29, Anm. 106); Domitian läßt ihn, nachdem er ihn zuvor verbannt hatte, im Jahre 95 ermorden; der Stoiker Epiktet war einer seiner Sklaven.
194 Er war inhaftiert worden, als man von der Revolte Galbas in Spanien erfuhr; er überbrachte Galba die Nachricht vom Tod des Nero (Galba 11; 22) und wurde von Galba zum Ritter ernannt; Otho ließ ihn ermorden.
195 Vgl. Kap. 28.
196 Heute bekannt als Carrara-Marmor.
197 Marmor von der in der nördlichen Ägäis liegenden Insel Thasos, der in der Antike sehr geschätzt wurde, s. Plinius, Naturgeschichte 36, 44.
198 Er trug dann Pantoffeln.
199 Z.B. Tacitus, Annalen 14, 16 zweifelt die Originalität dieser Werke an.
200 Urspr. nur die Laufbahn über die Distanz eines „Stadion" (600 Fuß); da der Lauf Teil einer Kulthandlung war, stand das Stadion in Verbindung mit dem Tempelbezirk; allmählich erfolgte Profanierung und Loslösung vom Tempel, Übergang zum Zirkus und zur Kampfbahn.
201 Es scheint sich um ein Ballett über den letzten Teil von Vergils Äneis gehandelt zu haben.

202 Kult der Magna Mater, d.h. der Kybele, ein aus Kleinasien stammender orgiastischer Kult; Mittelpunkt des Kultes war ein schwarzer Meteorit, der im Jahre 205/04 v.Chr. aus Pessinus nach Rom gebracht worden war, er wurde in dem 191 v.Chr. geweihten Tempel an der Südwestecke des Palatiums aufgestellt; vom 4. bis 10. April wurden zu Ehren dieser Gottheit die ludi Megalenses (s. Dichter, v. Terenz, Anm. 12) gefeiert.

203 Hierbei handelt es sich um die sog. phrygische Mütze, eine urspr. von Völkern des Orients und des östlichen Mittelmeerraumes getragene Kopfbedeckung; es war Brauch, daß in Rom die Sklaven am Tag ihrer Freilassung eine solche Mütze trugen; aus dieser Tradition heraus wurde die Mütze in der französischen Revolution zum Symbol der Freiheit („Jakobinermütze"); noch heute trägt die Marianne, Personifikation der franz. Republik, eine phrygische Mütze.

204 Vologaesus regierte von 51–80; er schickte Vespasian im jüd. Krieg seine Reiterei und ehrte auch Titus; das Verhältnis zu Rom trübte sich aber unter Vespasian; s. Vesp. 6 und Dom. 2.

205 Hier dürfte Terentius Maximus gemeint sein, der sich unter Titus als Nero ausgab, dem er im Aussehen völlig glich; er stammte aus Kleinasien und gewann v.a. im Partherreich viele Anhänger; wurde entlarvt und getötet; bereits im Jahre 69 war ein „falscher Nero" aufgetreten, (vgl. Tacitus, Historien 2, 8f.), andere traten unter Domitian auf; diese Gerüchte wirkten auch auf die christliche Vorstellung vom Erscheinen des Antichrist ein.

GALBA

1 Bereits Claudius führte die Bezeichnung „Caesar" nicht mehr als Familienname, sondern als Titel; gemeint ist hier die iulisch-claudische Dynastie.

2 Livia Drusilla = Iulia Augusta, seit 38 v. Chr. Frau des Augustus; Mutter von Nero Claudius Drusus (vgl. Claud. 1) und Kaiser Tiberius; sie starb 29 n. Chr.; vgl. Aug. Anm. 309.

3 Vgl. Plinius Naturgeschichte 15, 136.

4 Tempel des Divus Augustus auf dem Palatin, der Bau wurde von Caligula beendet (vgl. Cal. 21).

5 Konsul 78 v. Chr.

6 Tochter des Helios.

7 *Galbanum* = harzhaltiger Gummi einer syr. Pflanze (Plinius Naturgeschichte 12, 126); *galbae* = welche Tiere damit gemeint sind, ist nicht sicher.

8 Konsul 144 v. Chr.; vgl. Cicero, Redner 1, 10, 40.

9 Viriathus war Anführer der Lusitaner im Kampf gegen Rom, 147–139 v. Chr.; Höhepunkt seiner Laufbahn war die Kapitulation des Prokonsuls Q. Fabius Maximus Servilianus im Jahre 140 v. Chr.

10 43 v. Chr. von Quintus Pedius eingebrachtes Gesetz, wonach die Verschwörer gegen Caesar verbannt werden sollten.

11 146 v. Chr.; Mummius eroberte Griechenland, das seitdem die Provinz Achaia bildete.

12 Durch das Prokonsulat hätte er sich von seinem finanziellen Ruin erholen können.

13 3 v. Chr.; gemeint ist hier allerdings Lucius (nicht Gnaeus) Cornelius Lentulus.

14 Heute Fondi, ca. 18 km von Terracina.
15 1. Januar 14 n. Chr.; *toga virilis* s. allgemeine Begriffserklärungen s. v. Toga.
16 Agrippina d. J., s. Nero Anm. 26.
17 Livia Drusilla, Frau des Augustus.
18 Spiele zu Ehren der Göttin Flora (Frühlingsgöttin) vom 28. April–3. Mai mit sehr volksfestartigem und laszivem Charakter.
19 Neros Vater führte allerdings das Pränomen Gnaeus, nicht Lucius, vgl. Nero Anm. 23.
20 Gnaeus Cornelius Lentulus Gaetulicus, vgl. Cal. 8 und Claud. 9; galt als sehr nachsichtig seinen Soldaten gegenüber.
21 Besiegte 41 v. Chr. die Chatten.
22 Fällt in die Zeit des Feldzugs Caligulas in Germanien, vgl. Cal. 43/44.
23 Aktion unter der Leitung von Aulus Plautius Silvanus, 43–47 n. Chr.
24 Prokonsul von Afrika 45–47 n. Chr.; vertrieb die eingefallenen *Musulamii*.
25 Das 15-Männer-Kollegium verwaltete die Sibyllinischen Bücher, veranstaltete Säkularspiele; *Titier*: gegründet von König Titus Tatius, pflegten sabinische Bräuche; *Augustalen*: von Tiberius zur Pflege des Kultes des Augustus und gens Iulia gegründet.
26 Im Jahre 60 v. Chr.
27 Sinnbild für die 12 Liktoren, die dem Kaiser zustanden.
28 Die Kreuzigung war eigentlich eine Art der Todesstrafe, die nicht bei römischen Bürgern angewandt wurde.
29 Wurde als Carthago Nova 221 v. Chr. von Hasdrubal gegründet und zu einem karthagischen Machtzentrum ausgebaut; 202 v. Chr. von P. Scipio Africanus erobert.
30 Gaius Iulius Vindex verwaltete die Provinz Gallia Lugdunensis, revoltierte im Jahre 68 n. Chr. gegen Nero.
31 Heute Coruña del Conde in Kastilien.
32 *princeps et dominus*; die von Augustus aus der republik. Terminologie übernommene Bezeichnung *princeps* („der erste einer Reihe")für den Kaiser steht eigentlich im Gegensatz zu *dominus*

(Herr); je mehr jedoch das römische Kaisertum an autoritären Zügen gewann, desto mehr tritt die Bezeichnung *dominus* für den Kaiser in den Vordergrund.

33 Erhöhter Amtssitz.

34 Augustus hatte bereits dieses *consilium principis* geschaffen; es handelte sich jedoch dabei nicht um eine verfassungsmäßig festgelegte Institution, sondern um einen vom Kaiser nach eigenem Ermessen ausgesuchten und einberufenen Rat von Senatoren und Söhnen des Prinzeps; wahrscheinlich erst seit Mitte des 2. Jhd. gab es dann besoldete Räte (Juristen).

35 Der goldene Fingerring war das Zeichen des Ritterstandes.

36 Heute Tortosa am Ebro (Katalonien).

37 Juni bis September 68; *Nymphidius Sabinus*: Sohn einer Freigelassenen und eines Gladiators, gab sich für Caligula aus, wollte sich zum Kaiser ausrufen lassen, vgl. Tac., Annalen 15, 72; Historien 1,5.25.37.

Fonteius Capito: Konsul im Jahre 67, Legat von Germania Inferior, Galba ließ ihn umbringen, vgl. Tacitus, Historien 1,7.

Clodius Macer: war aufgewiegelt worden, sich selbst zum Kaiser ausrufen zu lassen; Galba ließ ihn töten.

38 Heute Tarragona an der spanischen Ostküste.

39 Vgl. Aug. 49; Tib. 37; Cal. 58.

40 War mit Galba verwandt, seine Frau Petronia war vorher mit Vitellius verheiratet gewesen, der ihn später umbringen ließ.

41 Plutarch, Galba 16.

42 Vgl. Nero Anm. 163.

43 Sprechender griechischer Name für einen Geizhals.

44 Das höchste ritterliche Amt war die Prätorianerpräfektur; zu Icelus s. Nero Anm. 194.

45 Dazu vgl. Claud. 19.

46 Urspr. drei Dekurien, seit Augustus vier, seit Caligula fünf.

47 Halotus: Eunuch, Vorkoster am Hof des Claudius, durch ihn ließ Agrippina Gift in die Speisen des Claudius mischen und ihn dadurch töten;.

Tigellinus: bekannt für seine Schönheit und Unmoral; wegen Affären mit den Schwestern Caligulas (vgl. Cal. 59) wurde er verbannt; durch die Gunst der Agrippina von Nero zum Prätorianerpräfekten ernannt; vor Neros Tod warb er für Galba Soldaten an; er mußte nach dem Herrschaftsantritt Othos Selbstmord begehen.

48 Sohn des Konsuls vom Jahre 27; lange Zeit von Nero verbannt; überlebte die Adoption durch Galba nur wenige Tage.

49 Die Adoption erfolgte am 10. Januar 69, Galba wurde am 15. Januar erschlagen.

50 Vgl. Kap. 4.

51 217 v. Chr. gelobte Q. Fabius Maximus der sizilischen Venus Erycina einen Tempel auf dem Kapitol, der dann 215 v. Chr. geweiht wurde.

52 Ein günstiges Vorzeichen wäre es gewesen, wenn die Hühner gierig gefressen hätten.

53 Amtssessel zwischen den beiden Konsuln.

54 Vgl. Aug. 57.

55 Galba war völlig kahl, vgl. Galba 21.

56 Ilias 5, 254.

57 Ein Freigelassener des Nero, der bei Regierungsantritt Galbas umgebracht worden war.

58 15. Januar 69.

OTHO

1 Heute Ferento in Etrurien.
2 Frau d. Augustus, vgl. Aug. Anm. 309.
3 Vgl. Claud. 13.
4 Vgl. Claud. 13.
5 Im Jahre 48 als Claudius das Amt des Zensors innehatte.
6 Lucius Salvius Otho Titianus, im Jahre 52 Konsul; verwaltete die Provinz Asia 63/64 zusammen mit seinem Bruder, dem späteren Kaiser; im Jahre 69 erneutes Konsulat.
7 Vater Neros; vgl. Nero Anm. 22.
8 Vgl. Nero Anm. 135.
9 Diese Provinz wurde normalerweise von einem kaiserlichen Legaten im Rang eines Prätors verwaltet.
10 Wird bei Tacitus, Historien 1, 24 namentlich genannt: Cocceius Proculus.
11 Vgl. Galba 17.
12 497 v. Chr. am Fuße des Kapitols geweiht, von Munatius Plancus, in der Zeit des Augustus restauriert.
13 War von Augustus 20 v. Chr. errichtet worden und stellte den symbolischen Beginn aller wichtigen römischen Straßen dar, vielleicht mit einer Beschreibung des Straßennetzes versehen.
14 Vgl. Nero 31.
15 Redensart: etwas tun, was über die eigenen Kräfte geht.
16 Vitellius ließ sich Anfang Januar 69 zum Kaiser ausrufen, vgl. Vit. 8.
17 Fabius Valens und Aulus Caecina, vgl. Vit. 9.
18 Diese Stelle ist bei Sueton nicht ganz klar, genauer wird sie von Tacitus, Historien 1, 80 geschildert.

19 Es handelt sich hier um die zwölf Heiligen Schilde, von denen einer der Sage nach an einem 1. März in der Regierungszeit des Königs Numa Pompilius vom Himmel gefallen sein soll, ein Waffenschmied namens Mamurius habe sodann den göttlichen Auftrag erhalten, noch elf weitere Schilde herzustellen; diese wurden nun in jedem Jahr am 1. März von den Saliern (vgl. Claud. Anm. 117) aus dem Tempel des Mars geholt und in einem feierlichen Tanz durch die Stadt getragen; die Zeremonie dauerte bis zum 24. März.

20 Die Trauergesänge für Magna Mater (vgl. Nero Anm. 202).

21 Heute Brescello am Südufer des Po; sein Heer wurde dadurch um die Prätorianer, um die Leibgarde und um die Reiterei geschwächt; hier verübte Otho später auch Selbstmord.

22 Heute Piacenza am Südufer des Po.

23 Der Ort lag 18 km östlich von Cremona an der Via Postumia in Richtung nach Bedriacum und Mantua.

24 Ein Dorf zwischen Cremona und Verona; die Schlacht fand wahrscheinlich am 14. April 69 statt; es gab hier auch noch ein Treffen zwischen Vitellius und den Truppen Vespasians.

25 Otho war nur von den Balkan- und Orientprovinzen anerkannt worden.

26 Zu seinem Bruder s. Anm. 6; dessen Sohn, L. Salvius Otho Cocceianus wurde von Vitellius geschont, zwanzig Jahre später jedoch von Domitian ermordet, s. Dom. 10.

27 Vgl. Nero 35 u. Anm. 134.

28 Otho wurde am 28. April 32 geboren und starb am 16. oder 17. April 69, also im 37. Lebensjahr.

29 Iuvenal 2, 99f. macht sich über den Spiegel lustig, den Otho bei seinen Feldzügen immer bei sich geführt haben soll.

30 Ägyptischer Kult der Himmelskönigin, der sich allmählich über das gesamte Mittelmeergebiet ausbreitete; in Rom wehrte man sich lange gegen diesen Kult (vgl. Verbot des Tiberius, Tib. 36), weil man unmoralische Riten dabei vermutete, erst Caracalla ließ 217 einen Isis-Tempel in Rom errichten.

VITELLIUS

1 Wahrscheinlich ein Freigelassener des Q. Vitellius (s.u.), der einen Stammbaum der Familie verfaßte.

2 Onkel des Kaisers; er war im Jahre 17 n.Chr. von Tiberius aus dem Senat ausgestoßen worden (vgl. Kap. 2), da er durch sein verschwenderisches Leben verarmt war.

3 Alter Hirtengott; 194 v.Chr. wurde ihm in Rom ein Tempel errichtet, sein Fest waren die Lupercalia (15. Februar); von den Annalisten wurde er zum dritten König der *Aborigines* gemacht (Saturnus, Picus, Faunus, Latinus, s.u.).

4 Urbewohner Latiums, sie kamen aus dem Gebiet von Reate, verdrängten die *Sacrani* oder *Sikuler* aus Latium und besiegten die Umbrer; ihr Name (*ab origine*) wird mit Irrfahrten oder Wohnsitzen in den Bergen erklärt und auch mit den Abruzzen verbunden.

5 Sonst nicht bekannt; der Name bedeutet „Göttin der Rinder".

6 Einer der sieben Hügel Roms; er liegt am rechten Tiberufer gegenüber dem Marsfeld und wurde wegen seiner militärischen Bedeutung schon früh in den *ager Romanus* miteinbezogen; der Name geht wohl auf eine sehr alte Kultstätte des Gottes Ianus zurück.

7 Vitellia grenzte an Latium und an das Gebiet der Äquikuler (s.u.); z.Z. Plinius d.Ä. existierte die Stadt nicht mehr.

8 Mittelitalisches Volk im oberen Aniotal; während des 5. Jhd. v.Chr. erbitterte Feinde Roms, im Jahre 304 v.Chr. endeten die Kämpfe mit ihrer Unterwerfung durch Sempronius Sophus; der Sieg wurde durch die Anlage der Kolonien Alba Fucens und Carsioli gesichert.

9 Die Römer führten seit Mitte des 4. Jhd. v. Chr. mehrere Kriege mit den Samniten, die erst 290 v. Chr. unterworfen werden konnten.

10 Auch Luceria genannt, ein Ort in Apulien; nicht zu verwechseln mit den gleichnamigen Orten in Kampanien und Umbrien.

11 Einer der bekanntesten Prozeßredner der augusteischen Zeit; mit der bestehenden Ordnung sehr unzufrieden, ließ er seiner oppositionellen Gesinnung freien Lauf, bis er durch Senatsurteil nach Kreta verbannt wurde; von Tiberius mit Vermögenseinziehung bestraft und nach Seriphos deportiert; er besaß eine schlagfertige, sarkastische Art, allerdings warf man ihm vor, daß er aus Schmähsucht auch Würde und Anstand verletzt habe.

12 Cn. Domitius Ahenobarbus, vgl. Nero Anm. 22; Aulus Vitellius war wohl eher einer von dessen Nachfolgern, vgl. Otho 2.

13 Vgl. Anm. 2.

14 Er war Legionslegat des Germanicus (s. Cal. 1) in Germanien; im Jahre 18 n. Chr. weilte er als Prokonsul von Bithynien zusammen mit Germanicus im Orient und wurde Zeuge seines Todes am 10. Oktober 19.

15 Cn. Calpurnius Piso, Konsul 7 v. Chr., befreundet mit Augustus und Tiberius; 17 n. Chr. Statthalter von Syrien, hier kam es zum Konflikt mit Germanicus, der ein außerordentliches Kommando im Orient hatte; man glaubte, daß Germanicus von ihm durch Gift ermordet wurde, im Jahre 20 wurde er in Rom angeklagt, wobei P. Vitellius (s. o.) eine vielbeachtete Rede hielt (Plinius, Naturgeschichte 11, 187); Piso schied freiwillig aus dem Leben.

16 Die Reihenfolge ist hier bei Sueton ungenau, P. Vitellius muß schon vor dem Jahre 14 Prätor gewesen sein, da er 18 bereits Prokonsul von Bithynien war, verhaftet wurde er aber erst im Jahre 31.

17 Zu Seianus vgl. Tib. Anm. 233.

18 Von Tiberius gefördert; Konsul im Jahre 34, 43 und 47; 35 Statthalter von Syrien, wo er aktiv in die Thronstreitigkeiten in Armenien und im Partherreich eingriff; seit 39 wieder in Rom; stand in hoher Gunst bei Caligula und Claudius; er beseitigte im Jahre 49 die rechtlichen Bedenken gegen eine Ehe des Claudius mit dessen Nichte Agrippina, vgl. Claud. 26.

19 Artabanos III., mütterlicherseits aus dem Hause der Arsakiden, setzte sich als parthischer König gegen seinen von Augustus eingesetzten Vetter Vonones durch; berücksichtigte die römischen Interessen kaum, worauf Tiberius den Parthern Phraates als König schickte, der allerdings auf dem Weg in sein Reich starb; L. Vitellius wurde beauftragt, Tiridates, den Sohn oder Neffen des Phraates, in sein Herrschaftsgebiet einzuführen; Artabanos verständigte sich erst unter Caligula mit den Römern, vgl. Cal. 14.

20 Vgl. Claud. 2.

21 Valeria Messalina, Frau des Claudius, vgl. Claud. 26, Anm. 101.

22 Narcissus: Mythologische Figur; ein schöner Jüngling, der sich in sein eigenes Spiegelbild verliebt und vor Sehnsucht vergeht, er verwandelt sich in die gleichnamige Blume; galt als sepulkralchtonischer Heros;.

Pallas: „Jüngling", vorgriech. Götter- bzw. Heroengestalt; gilt als Vater der Athena, die seinen Namen trägt.

23 Vgl. Claud. 21.

24 Sie erhielt als Mutter des Kaisers den Titel Augusta und starb wenige Tage vor dem Sturz ihres Sohnes in hohem Alter.

25 Im Jahre 48.

26 Sueton gibt hier das Jahr 15 n. Chr. an; falls allerdings die in Kap. 18 gemachten Angaben stimmen, wurde Aulus Vitellius bereits im Jahre 12 n. Chr. geboren.

27 Insel im Golf von Neapel; von Augustus in kaiserliche Verwaltung genommen; Tiberius ließ zwölf Villen dort anlegen; später Verbannungsort von Mitgliedern der kaiserlichen Familie.

28 *Spintria* = einer, der sich Homosexuellen hingibt; vgl. dazu Tib. 43.

29 Vgl. Nero 12.

30 Im Jahre 60/61.

31 Im Jahre 63 oder 64; das Amt war von Augustus eingeführt worden, vgl. Aug. 37.

32 Tochter des Publius Petronius, Suffektkonsul im Jahre 19, Prokonsul von Asien wahrscheinlich 29 bis 35 und Legat von Syrien 39 bis 42; Petronia heiratete nach ihrer Scheidung von Vitellius den Cn. Cornelius Dolabella (vgl. Galba Anm. 40).

33 Die dort stationierten vier Legionen waren seit dem Tod des Fonteius Capito (vgl. Galba 11) im Jahre 68 ohne konsularischen Legaten.
34 Vgl. Galba 14.
35 Vgl. Cal. Anm. 27.
36 Orte an der Via Appia im Süden Latiums.
37 Vitellius war bereits 53 Jahre alt, was damals schon ein recht ansehnliches Alter darstellte.
38 Nach Tacitus, Historien 1, 52 besichtigte Vitellius die Winterquartiere der niedergermanischen Legionen in Bonn, Neuß und Xanten Anfang Dezember 68.
39 In Köln, am 2. Januar 69, auf Betreiben von Fabius Valens.
40 Am 3. Januar 69; sie hatten vorher dem Senat den Eid geleistet, s. Galba 16; vgl. Tacitus, Historien 1, 56ff.; Vitellius standen nun sieben germanische Legionen zur Verfügung, daneben schlossen sich ihm auch noch die gallischen, spanischen und britannischen Provinzen an.
41 Vgl. Galba 20.
42 In Rom war inzwischen Otho zum Kaiser ausgerufen worden, vgl. Otho 7f.
43 Heute Vienne; Stadt in der Gallia Narbonensis an der Rhône.
44 Zur Bedeutung dieses Vorzeichens s. Kap. 18.
45 Vgl. Otho 9.
46 Sie hatten ihren Kaiser, Galba, an Otho verraten.
47 Arar (Saône), Rhodanus (Rhône).
48 Am 24. Mai; Tacitus, Historien 2, 70 beschreibt den Besuch.
49 Plutarch hat dieses Grabmal noch persönlich gesehen (Plutarch, Otho 18).
50 Heute Köln; die Stadt war im Jahre 50 von Claudius zur römischen Kolonie erhoben worden und nach Agrippina, der Tochter des Germanicus und Frau des Kaisers (s. Nero Anm. 26) benannt worden.
51 An diesem Nebenfluß des Tibers waren die Römer 16 km nördlich von Rom im Jahre 390 v. Chr. von den Galliern vernichtend geschlagen worden.
52 Vgl. Claud. Anm. 78.

53 Liederbuch Neros.

54 Vgl. Claud. Anm. 89.

55 Vgl. dazu den bei Tib. 34 angegebenen Preis.

56 Minerva war eine alte sabinische Gottheit; im kapitolinischen Tempel als eine der drei Hauptgottheiten Roms verehrt; sie galt als die gewappnete Stadtgöttin, ähnlich der Pallas Athene in Athen.

57 Nach Cassius Dio 65, 3 war sie aus Silber, nach Plinius, Naturgeschichte 35,163 aus Keramik und so groß, daß dafür ein eigener Brennofen gebaut werden mußte; sie soll 1 Mio. Sesterzen gekostet haben.

58 Vgl. Kap. 7.

59 Eigentlich Bewohner der Landschaft Chaldaia im südlichen Babylonien; zuerst verallgemeinert zu „Babylonier"; später wurden damit speziell die Priester der babylonischen Städte bezeichnet, die sich durch ihre besonderen Kenntnisse in Magie, Wahrsagekunst, Astrologie und Astronomie auszeichneten.

60 Die Chatten waren ein germanisches Volk, das ostwärts des Mittelrheins zwischen Rhein und Lahn siedelte.

61 Vgl. Vesp. 6f.

62 Mucianus (vgl. Vesp. 6) näherte sich aus dem Osten mit fast 20000 Mann; Antonius Primus (s. Kap. 18) hatte die Ostküste Italiens besetzt und Cremona erstürmt.

63 Nicht der Bruder L. Vitellius, sondern Claudius Iulianus wurde nach Tacitus, Historien 3, 57 nach Misenum zur Flotte geschickt; er erwies sich aber als Verräter und L. Vitellius mußte dann Terracina zurückerobern.

64 Aulus Caecina und Fabius Valens.

65 Vgl. Vesp. 1, Anm. 4.

66 Vgl. Dom. 1.

67 Er lag hinter dem des Augustus, im Nordwest-Teil des Palatin.

68 Er lag am Abhang des Kapitols und war als Zeichen der Versöhnung zwischen Patriziern und Plebeiern nach Abschluß der Ständekämpfe Mitte des 4. Jhd. v. Chr. geweiht worden.

69 Vgl. Nero Anm. 104.

70 Galt gemeinhin als einer der sieben Hügel Roms, obwohl er erst

unter Claudius in das *pomerium* einbezogen wurde; er entwickelte sich seit dem Stadtbrand im Jahre 64 zu einem bevorzugten Wohngebiet der Reichen.

71 Prozessionsstraße, die vom Circus Maximus durch das Forum Romanum bis zum Abhang des Kapitols führte.

72 Vgl. Tib. Anm. 257.

73 Am 22. (?) Dezember 69; zu den chronologischen Schwierigkeiten s. Anm. 26.

74 Vgl. Kap. 9, Anm. 44.

75 Vgl. Anm. 62.

76 Heute Vieille-Toulouse, 6 km südlich von Toulouse; Stadt in der Gallia Narbonensis, wichtiger Handelsplatz, schützte die Straße nach Burdigala.

VESPASIAN

1 Heute Rieti, alte Sabinerstadt.
2 Entscheidungsschlacht zwischen Caesar und Pompeius 48 v. Chr. in Thessalien.
3 *Quadragesima portuum Asiae*, 2,5 % des Warenwertes.
4 Flavius Sabinus, sieben Jahre lang Legat in Moesien, von Nero wahrscheinlich 56 zum Stadtpräfekten von Rom ernannt, Galba setzte ihn ab, Otho wieder ein; er wurde von den Truppen des Vitellius getötet.
5 Heute Norcia, sabinische Stadt am Fuß der Apenninen.
6 Heute Spoleto in Umbrien.
7 Gebiet nördlich des Po.
8 Augustus starb am 18. August 14 n. Chr.
9 Hafenstadt in Etrurien.
10 Senatorisches Rangabzeichen an der Toga.
11 Er hatte die Finanzverwaltung dieser Provinzen inne.
12 Nach Cassius Dio 59, 12 erhielt er die Ädilität im Jahre 38, die Prätur 39.
13 Aemilius Lepidus; Lentulus Gaetulicus.
14 Heute Sabart, westlich Tripolis.
15 Sie besaß nur eine eingeschränkte Rechtsfähigkeit; konnte z. B. Handel mit römischen Bürgern betreiben, jedoch keine rechtskräftige Ehe eingehen.
16 Vgl. Otho Anm. 1.
17 Frau des älteren Drusus und Mutter des Claudius; vgl. Claud. Anm. 1.
18 Vgl. Claud. Anm. 112.
19 Heute Isle of Wight.

20 Suffektkonsul im Jahre 29, Statthalter in Pannonien 39 oder 41–43, in Britannien 43–47.
21 November/Dezember 51.
22 Heute Sousse an der Ostküste Tunesiens.
23 Im Jahre 66, s. Nero 22ff.
24 Weitverbreitete Messiashoffnung; der ermordete Statthalter war Gessius Florus; Gaius Cestius Gallus, Legat von Syrien, zog mit 33000 Mann gegen die Juden und erlitt eine schwere Niederlage am Paß Beth Horon (Josephus, Jüdischer Krieg 2, 18, 9).
25 Jotapata in Galiläa, im Jahre 67.
26 Carmelus = Gott und Berg im Antilibanon, nordwestlich von Samaria.
27 Iosephus, Jüdischer Krieg 3, 8, 9; Iosephus: berühmter jüdischer Historiker (37–ca. 100), hatte die Verteidigung Jotapatas geleitet, begleitete Vespasian 71 nach Rom und erhielt das römische Bürgerrecht.
28 Vgl. Otho 9.
29 Wichtige Handelsstadt und Verkehrsknotenpunkt an der Nordküste der Adria, 181 v. Chr. als latinische Kolonie gegründet.
30 Gaius Licinius Mucianus wurde durch seine Freundschaft mit Titus für Vespasian umgestimmt und förderte seine Pläne sehr nachdrücklich.
31 Vgl. Nero Anm. 204.
32 Vespasian teilte seine Truppen in drei Teile, Titus führte den Krieg in Judäa, Mucianus in Italien und Vespasian sicherte Ägypten, das als die Kornkammer Roms galt.
33 Ägyptisch-griech. Gott.
34 Günstiges Vorzeichen, der Name ist von griech. *basileus* (König) abgeleitet.
35 Zwischen Piacenza und Mantua, nördlich des Po.
36 Heute Paleo-Episcopi.
37 Im Juni 71.
38 Mit Titus vom Frühjahr 73 bis Herbst 74; ließ Rom neu vermessen.
39 Vgl. Cal. Anm. 203.
40 Vgl. Claud. Anm. 89.

41 Von griech. *trachos* (rauh, zerklüftet) abgeleitet, westlicher Teil von Kilikien (südöstliche Türkei).

42 Gebiet, das östlich an Kilikien grenzte; Nordsyrien; am Südabhang des Taurus.

43 Landschaft des mittleren bis östlichen Kleinasiens, vom Halys durchflossen, seit Tiberius (18/19 n.Chr.) römische Provinz.

44 Begonnen nach dem Triumph im Jahre 71, geweiht 75.

45 Bekannt unter dem Namen „Kolosseum", bot für mehr als 50000 Zuschauer Platz, Baubeginn im Jahre 72, Weihung 80, erst unter Domitian 82 vollendet; s. dazu Nero 31, Anm. 109.

46 Vgl. Nero Anm. 189.

47 Vgl. oben Anm. 30.

48 C. Salvius Liberalis Nonius Bassus, viermal Zensor in Salvia in Picenum; unter Vespasian gehörte er dem Senatorenstand an; unter Domitian wegen Majestätsbeleidigung angeklagt; unter Trajan bekannter Strafverteidiger.

49 Vgl. Nero Anm. 161; schon Caligula und Nero hatten versucht, Demetrius für die Monarchie zu gewinnen; er wurde von Vespasian im Jahre 71 verbannt.

50 Stoischer Republikaner, wurde wegen seiner oppositionellen Haltung 73 ermordet; Stoiker wurden aus Rom verbannt.

51 Eine Vielzahl von Quellen zeigt an, daß Handelstätigkeit für die Senatorenschicht unter ihrer Standeswürde lag, dabei dürfte es sich aber um einen literarischen Topos handeln, der mit der Realität nicht in Übereinstimmung stand, wenngleich die Senatoren seit der lex Claudia (218 v.Chr.) offiziell zumindest vom Überseehandel ausgeschlossen waren.

52 Die unvorstellbar große Summe ist vielleicht falsch überliefert.

53 Ein Senator mußte ein Mindestvermögen von 1 Mio. Sesterzen nachweisen.

54 Der erste lateinische Rhetor, der diese Besoldung erhielt, war Quintilian.

55 Vgl. Nero Anm. 109, wurde beim Amphitheater aufgestellt, deswegen auch der Name Kolosseum.

56 Vgl. Aug. 29.

57 Vgl. Cal. 33.

58 Vgl. Nero 20.
59 War von Nero in Griechenland im Sängerwettstreit besiegt worden, s. Cassius Dio 63, 20.
60 Eines der Hauptfeste des römischen Kalenders; vgl. Aug. Anm. 359.
61 Matronalia, Fest der verheirateten Frauen am 1. März.
62 Salzfischhändler, verachteter Beruf.
63 Caeris starb vor 75.
64 Die Aussprache von *au* als *o* galt als unfein, setzte sich aber immer mehr durch; *flaurus* erinnert an das griech. Wort für „wertlos, unangenehm".
65 Ilias 7, 213.
66 Der Urin diente als Grundstoff zum Gerben.
67 Urenkelin des Augustus; heiratete 48 den Lucius Vitellius, den Bruder des Kaisers.
68 Vologaesus, vgl. Anm. 33; Vespasian war kahlköpfig.
69 Etwa 11 km von Reate gelegen.
70 An Verschwörungen sind nur die des Aulus Caecina Alienus und die des Titus Clodius Epirus Marcellus aus dem Jahre 79 bekannt;, vgl. Titus 6; Cassius. Dio 66, 16.

TITUS

1 Titus wurde nicht 41 (Tod des Caligula), sondern 39 geboren.

2 Wir kennen ein Septizonium, das Septimius Severus auf dem Palatin errichten ließ.

3 Sohn des Claudius und der Messalina, geboren im Jahre 41, s. Claud. 27.

4 Vgl. dazu Plinius Naturgeschichte 35, 88; er weissagte die Zukunft anhand der Beschaffenheit und Form der Stirn und des Gesichts.

5 Vgl. Claud. Anm. 112.

6 Die Kurzschrift nannte man in Rom „Tironische Noten" nach Tiro, einem Freigelassener und Sekretär Ciceros; sie wurde von Maecenas und Seneca weiterentwickelt.

7 Entweder irgendwelcher Geschäfte wegen oder er war als Anwalt tätig.

8 Marcus Arrecinus Clemens war 41 Prätorianerpräfekt, sein gleichnamiger Sohn hatte die gleiche Stellung inne und war zweimal Konsul; vgl. Dom. 11.

9 Tochter der Antonia Furnilla und des Q. Marcius Barea Sura.

10 Iulia, zu ihr s. Dom. 22.

11 Nahm als Legat der *legio XV Apollinaris* an der Niederwerfung des jüdischen Aufstandes teil.

12 Die Erhebung Othos.

13 In Paphos auf Zypern stand ein großer Tempel der Aphrodite, da sie dort dem Meer entstiegen sein soll; heute Kuklia.

14 Sie war im Jahre 69 am gleichen Tag geboren, an dem Titus ein Jahr später Jerusalem eroberte.

15 Heute Reggio di Calabria an der Meerenge zwischen italienischem Festland und Sizilien.

16 Vgl. Claud. Anm. 89.

17 Aulus Caecina Alienus war einer der Feldherren des Vitellius, die in der Schlacht bei Bedriacum den Sieg über die Truppen Othos davontrugen; Suffektkonsul 69; dann Parteigänger Vespasians; 79 beteiligtE er sich jedoch an einer Verschwörung gegen Vespasian.

18 Iulia Berenice war die Tochter des jüdischen Königs Agrippa I., heiratete ihren Onkel Herodes und lebte nach dessen Tod mit ihrem Bruder Agrippa II.; sie stand auf der Seite Vespasians, kam 75 nach Rom und lebte einige Zeit mit Titus.

19 Vgl. dazu Vesp. Anm. 45; das Einweihungsfest dauert 100 Tage.

20 Vgl. Nero Anm. 102.

21 Verheerender Ausbruch vom 24. August 79, den Plinius d. J. (Briefe 6, 16; 20) beschreibt und bei dem dessen Onkel Plinius d. Ä. ums Leben kam; damals wurden Pompeji und Herculaneum zerstört.

22 Vgl. Claud. Anm. 78.

23 Domitian intrigierte seit dem Tod des Vespasian gegen Titus, s. Dom. 2.

24 Am 13. September 81; die Todesursache ist nicht sicher, evtl. eine fiebrige Erkrankung (Malaria), allerdings hatte möglicherweise auch sein Bruder Domitian die Hand im Spiel.

25 Vgl. Dom. 3.

DOMITIAN

1 Der König Servius Tullius teilte Rom in vier *regiones* ein; Neueinteilung durch Augustus in 14 Stadtviertel, die namenlos durchgezählt wurden, später trugen sie dann volkstümliche Namen; wir kennen die topographische Zuordnung durch eine Beschreibung aus konstantinischer Zeit; das Granatapfel-Viertel lag in der Nähe der heutigen Via della Quattro Fontane.

2 Dorthin hatten sich die Anhänger Vespasians unter Führung seines Bruders Flavius Sabinus (vgl. Vesp. 1), des Stadtpräfekten, zurückgezogen, s. Vit. 15.

3 Priester des ägyptischen Kultes der „Himmelskönigin“, s. Otho Anm. 30.

4 Ihm wurde – was bisher noch nie vorgekommen war – als Stadtprätor die Amtsgewalt eines Konsul übertragen, weil sein Vater und sein Bruder in Ägypten bzw. in Palästina waren.

5 Tochter des Domitius Corbulo (berühmter General unter Claudius und Nero, vgl. Nero Anm. 59, 143).

6 Lucius Aelius Plautius Lamia Aelianus, im Jahre 80 Suffektkonsul, wurde von Domitian ermordet, vgl. Dom. 10.

7 Dazu Tacitus, Historien 4, 68 und 85f.

8 Gemeinsamer Triumph im Juni des Jahres 71; vgl. Vesp. 8; Titus 6.

9 Vgl. Nero Anm. 204.

10 Verband von Stämmen, die in der Steppe zwischen Aralsee und Don sowie vom Kaukasus bis zum Ural lebten, erste Erwähnung der A. Mitte des 1. Jhd.; ausführlich bei Josephus, 18, 4, 6 und Jüdischer Krieg 7, 7, 4.

11 Vgl. Titus 9.

12 Q. Vivius Crispus aus Vercellae, mehrmals Suffektkonsul, als Opportunist verschrien.

13 Domitia Longina, brachte im Jahre 73 einen Sohn zur Welt, dessen Name nicht bekannt ist, er starb vor 83; der Text ist hier nicht ganz sicher.

14 Aus Ägypten; beliebt in den römischen Damensalons; hatte großen Einfluß bei Hof (Iuvenal 7, 96ff.); Domitian ließ ihn auf offener Straße umbringen.

15 Marcus Iunius Mettius Rufus, als Präfekt von Ägypten mehrmals in den Jahren 89–95 erwähnt.

16 Wahrscheinlich im Bereich des *ager vaticanus*.

17 Im Jahre 88, unter Nichtachtung der von Claudius erst 47 n. Chr. abgehaltenen Spiele; s. Claud. 21.

18 Priester für die vergöttlichten Kaiser Vespasian und Titus.

19 Am 11. Dezember; sehr altes, bis ins 7. Jhd. v. Chr. zurückgehendes Fest.

20 Das Dach des Kapitols wurde mit vergoldeten Ziegeln gedeckt.

21 *Stadion*: vgl. Nero Anm. 200; *Odaion*: ein aus Griechenland übernommener überdeckter Saalbau für musikalische Aufführungen; *Naumachie*: vgl. Nero Anm. 102.

22 Vgl. Vit. Anm. 60; vielleicht von den Cheruskern um Hilfe gebeten, marschierte Domitian 83 mit dem verstärkten obergermanischen Heer über die Wetterau in das Gebiet der Chatten; nach einem Sieg nahm er noch 83 den Titel „Germanicus" an.

23 Von Frühjahr bis Herbst 92, Sicherung der Provinz Pannonien.

24 Im Winter 85/86 waren die Daker unerwartet unterhalb Diurpaneus über die Donau gedrungen; das Heer des Statthalters von Moesien, C. Oppius Sabinus, wurde geschlagen; Domitian begann einen Feldzug, blieb jedoch selbst im Hauptquartier in Naissus; das Frontkommando übernahm Cornelius Fuscus, der war zuerst siegreich, drang aber dann 87 in Dakien ein und wurde vernichtend geschlagen; darauf erneuter Zug gegen die Daker im Jahre 88, Befehlshaber war Tettius Iulianus; Dakien wurde daraufhin abhängiger Klientelstaat.

25 Ende 88 in Mainz (durch die 14. und 21. Legion, wahrscheinlich mit Hilfe der Chatten); der Aufstand konnte vom Statthalter der

Provinz Germania Inferior, A. Lappius Maximus Norbanus, Anfang Januar 89 niedergeschlagen werden.

26 Vgl. Cal. Anm. 206.

27 Domitian, der eine autoritäre Regierung führte, versuchte den Einfluß des Senats und der Senatoren stark zurückzudrängen; deswegen öffnete er auch für Ritter und Freigelassene den Zugang zu bisher nur den Senatoren offenstehenden Posten.

28 Vgl. Dom. Anm. 25.

29 Er übernahm das Amt des Zensors seit seiner Rückkehr vom Rhein im Jahre 85 auf Dauer (*censor perpetuus*).

30 Ein bereits um 50 v. Chr. bezeugtes Gesetz, das sich gegen perverse Sexualpraktiken richtete.

31 Vgl. Nero Anm. 106.

32 Georgica 2, 537.

33 Vgl. Vesp. Anm. 51.

34 Vgl. Anm. 14.

35 Vgl. Cal. Anm. 205.

36 Gaius Vettulenus Civica Cerealis war im Jahre 86 kaiserlicher Legat in Moesien; er wurde 88 hingerichtet.

37 Wahrscheinlich der Sohn des von Nero getöteten Konsuls, s. Nero 37.

38 Manius Acilius Glabrio war 91 mit Trajan Konsul.

39 L. Aelius Plautius Lamia, 88 Suffektkonsul.

40 Vgl. Otho Anm. 26.

41 Jüngster Bruder Hannibals.

42 Quintus Iunius Arulenus Rusticus, Schüler des Stoikers Thrasea Paetus, wurde 93 hingerichtet.

43 Vgl. Vesp. Anm. 50.

44 Im Jahre 93 n. Chr.

45 Erste Gattin des Paris.

46 Sohn des älteren Bruders des Vespasian, war mit Domitian im Jahre 82 Konsul.

47 Ein entfernter Verwandter Vespasians, Suffektkonsul im Jahre 73, wurde ca. 92/93 hingerichtet.

48 Zu Tode peitschen.

49 Vgl. Kap. 7.

50 In den jüdischen Gemeinden wurde von jedem erwachsenen Mitglied jährlich eine Abgabe von einem halben Sekel (Goldmünze) verlangt. Dieser Betrag war urspr. zur Mehrung des Tempelschatzes in Jerusalem bestimmt gewesen. Nach der Zerstörung des Tempels im Jahre 70 wurde diese Abgabe nun von den Römern für Iupiter Capitolinus gefordert und mußte dem Kaiser ausgehändigt werden.

51 Homer, Ilias 2, 204.

52 Domitian nahm diesen Titel nach seinem Triumph über die Daker im Jahre 86 an.

53 Nach dem Sieg über die Chatten.

54 Vgl. Vitellius 14.

55 Diese Art von Stein war unter Nero in Kappadokien gefunden worden, vgl. Plinius, Naturgeschichte 36, 163.

56 Vgl. Nero 49.

57 Sohn von Vespasians älterem Bruder Flavius Sabinus, war gegenüber politischen Angelegenheiten völlig gleichgültig.

58 Vgl. Vespasian 5.

59 In Praeneste lag eines der bedeutendsten Fortuna-Heiligtümer, das mit einem Losorakel verbunden war, vgl. Tib. 63.

60 Überliefert ist eigentlich *tubures*, eine Art Äpfel, (vgl. Plinius, Naturgeschichte 15, 46; nicht *tubera*, „Trüffel«.

61 Der Mann hieß Larginus Proclus, seine Strafe wurde zunächst ausgesetzt, nach dem Tode Domitians wurde er von Nerva mit 400000 Sesterzen belohnt.

62 Ein Freigelassener der Domitilla; wurde von den Prätorianern, die den Tod des Domitians rächten, umgebracht.

63 Flavia Domitilla, Enkelin Vespasians und Nichte Domitians, war vielleicht Christin und wurde deswegen verbannt.

64 Einerseits Hausgötter, die mit dem Ahnenkult zusammenhängen, andererseits Schutzgötter bestimmter Örtlichkeiten.

65 Verlief von Rom über die Albanerberge nach Ferentinum, vereinigte sich in Casilium in Kampanien mit der Via Appia.

66 Vgl. Kap. 22; Tochter des Titus und dessen zweite Frau Marcia Furnilla (Titus 4).

67 Homer, Ilias 21, 108.

68 Brand in Rom zur Zeit des Titus, vgl. Titus 8.

69 Die Bibliothek Alexandrias war die bedeutendste der antiken Welt. Als 47 v.Chr. Caesar in der Stadt kämpfte, brannte sie völlig ab und es wurden ca. 400000 Buchrollen vernichtet; Antonius stattete die Bibliothek neu aus, sie wurde im Jahre 389 unter Theodosius geplündert; vgl. Cal. Anm. 194.

70 Hier ist vielleicht L. Pomponius Mettius Pomposianus (Kap. 10) oder Mettius Rufus (Kap. 4) gemeint.

71 Benannt nach dem Obstzüchter Gaius Matius einem Freund Caesars (Caes. 52).

72 Iulia, vgl. Kap. 18, Anm. 66.

73 Domitia Longina, war maßgeblich an der Verschwörung beteiligt, der Domitian zum Opfer fiel.

PHILOLOGEN UND RHETOREN

1 Im lat. Text steht hier „*grammatica*"; Sueton gebraucht diesen Ausdruck in der Bedeutung, die mit der des heutigen Begriffes „Philologie" ziemlich identisch ist; es ist darunter die Wissenschaft der allseitigen, sachlichen, linguistisch-rhetorischen und auch stilistischen Schriftstellerinterpretationen zu verstehen; vgl. auch Anm. 22.

2 Die Bewegung ging von Unteritalien (Magna Graecia) aus.

3 Livius Andronicus war griechischer Abkunft, evtl. aus Tarent, lebte in der 2. Hälfte des 3. Jhd. v. Chr.; sein Werk bestand u. a. aus Dramen und einer Übersetzung der Odyssee; er setzte sich als erster von der griechischen Literatur ab; Archeget der lateinischen Literatur.

4 Q. Ennius, 239 v. Chr. in Rudiae in Kalabrien geboren, aus vornehmer Familie, kam 204 v. Chr. nach Rom, führte dort als erster die Satire als einen Typus „niederer" lit. Produktion mit wechselnd scherzhaftem, gelehrtem und philosophischem Charakter ein; umfangreiche literarische Produktion; Neuerungen in der Metrik: Hexameter, elegisches Distichon; tiefgreifender Einfluß auf das Werk des Lukrez und Cicero; starb 169 v. Chr.

5 Ca. 180–145 v. Chr.; Haupt der stoisch-pergamenischen Schule; Gegner des Aristarchus.

6 Leiter der Bibliothek in Alexandria, lebte etwa von 217–145 v. Chr., Beschäftigung mit Homer; Lehrer von Ptolemaeus VII.; als Verfechter der Analogie in der Sprachtheorie bekämpfte er Krates von Mallos.

7 Attalus II. Philadelphos, König von Pergamon 159–138; treuer Anhänger Roms, Förderer der Kunst (Fertigstellung des Pergamon-Altares).

8 Die Zeitangabe ist hier nicht ganz stimmig, da der 3. punische Krieg zwar im Jahre 149 v. Chr. begann, Attalus II. seit 159 v. Chr. auf dem Thron war, Q. Ennius jedoch bereits 169 v. Chr. starb.

9 Er lebte um die Mitte des 2. Jhd. v. Chr., bearbeitete auch den Ennius.

10 Cn. Naevius, stammte aus Kampanien, geb. ca. 265 v. Chr., nahm am 1. punischen Krieg teil; schrieb v. a. Komödien, aber auch Tragödien; die epische Form, die durch die Odyssee-Übersetzung des Livius A. in die römische Literatur eingeführt worden war, wird in seinem bellum Punicum auf die nationale Geschichte übertragen; etwa 60 Fragmente erhalten.

11 Zu Ennius s. Anm. 4; zu seinen Annalen s. Aug. Anm. 30.

12 C. Lucilius geb. wahrscheinlich 180 v. Chr., stammte aus Suessa Aurunca; er gehörte zur gesellschaftlichen Oberschicht und war Freund des Scipio Aemilianus; „Vater" der Satire (Horaz, Satiren 1, 10, 48; 2, 1, 62), gest. 103 in Neapel.

13 Vgl. Kap. 15.

14 Q. Vargunteius, Laelius Archelaus und Vettius Philocomus werden sonst nirgends erwähnt.

15 L. Aelius Stilo, geb. um 150 v. Chr. in Lanuvium (Stadt am Südhang der Albaner Berge), war Lehrer des Varro und Cicero und Stoiker.

16 Clodius verfaßte ein Verzeichnis der Komödien des Plautus; nach seinem Tode schenkte sein Halbbruder Papirius Paetus seine hinterlassenen Papiere und Bücher dem Cicero.

17 Q. Caecilius Metellus Numidicus, Konsul 109 v. Chr., 108–107 v. Chr. Prokonsul von Africa, war Feldherr im Krieg gegen Jugurtha, 106 Triumph, ging 100 v. Chr. freiwillig ins Exil in Rhodos, 71 erneuter Triumph zusammen mit Pompeius nach Krieg in Spanien, starb 64/63 v. Chr..

18 Plinius d. Ä., Naturgeschichte 7, 128 schildert diese Geschichte.

19 Heute Huesca in Spanien.

20 Damit ist wohl die Provinz Gallia Narbonensis gemeint, die seit Augustus eine senatorische Provinz war.

21 Ehemalige griechische Sklaven.

22 *Grammaticus* und *litteratus* sind eigentlich identische Begriffe; beides kommt dem nahe, was man heute unter einem „Philologen" versteht; s. Anm. 1.

23 N. stammte aus dem transpadanischen Gallien, starb unter Augustus, er war in Rom sehr angesehen und mit Catull, Atticus und Cicero befreundet, wichtige Werke: Chronik (Abriß der Weltgeschichte seit mythischer Zeit unter Berücksichtigung der Kulturgeschichte), Exempla (Anekdoten- und Kuriositätensammlung), bes. bedeutend waren seine Biographien berühmter Männer; daraus dürfte auch das Zitat stammen.

24 Marcus Valerius Corvinus, geb. um 64 v. Chr., kämpfte bei Philippi auf der Seite des Brutus, ging dann zu Augustus über, wurde im Jahre 26 v. Chr. erster Stadtpräfekt von Rom, beantragte im Senat für Augustus den Titel *pater patriae*, starb 13 n. Chr., Verfasser einer Schrift mit dem Titel „Denkwürdigkeiten".

25 Vgl. Kap. 9.

26 L. Ticidas, röm. Ritter; gehörte zum Kreis der Neoteriker, einer „jungröm. Dichterschule", deren wichtigster Vertreter Catull war; Hauptmotive sind Leidenschaft und Freundschaft.

27 Vgl. Kap. 11.

28 *Grammaticus* = Philologe, Gelehrter; *grammatista* = Elementarlehrer, Halbgebildeter; *litteratus* = Philologe, Wissenschaftler; *litterator* = Elementarlehrer, Halbgebildeter.

29 Vgl. Kap. 9.

30 Lebte wahrscheinlich vor Catull.

31 Von sienen Werken der Opillus sind durch Varro nur grammatische Fragmente überliefert.

32 Philosophische Schule, gegr. von Epikur, 342/41 v. Chr. in Samos geboren, wirkte er seit 306 v. Chr. in Athen; er starb 271/70 v. Chr.; Seine Lehre bestand in der Suche eines Weges zur persönlichen Glückseligkeit; er führte ein unpolit. Leben; die Lehre gewann v. a. in der ersten Hälfte des 1. Jhd. v. Chr. einen wachsenden Einfluß auf das röm. Geistesleben.

33 Publius Rutilius Rufus, Stoiker, als Militärtribun 133 v. Chr. vor Numantia, wurde 92 v. Chr. verbannt (durch Intrigen der Steuerpächter in Asia).

34 Antike Hafenstadt am Izmir Körfezi.
35 Eine Gedichtform, bei der die ersten Buchstaben der Verse von oben nach unten gelesen einen Namen ergeben.
36 Das aus dem Griechischen stammende Wort *pinax* bedeutet urspr. ein auf eine hölzerne Tafel gemaltes Bild.
37 Er lebte 114–64 v. Chr.
38 „Lederarm"; 2. Jhd. v. Chr., alexandrinischer Mythograph.
39 Im Jahre 66 v. Chr., damals war Cicero 40 Jahre alt.
40 Vgl. Kap. 10.
41 Kyme, älteste griech. Kolonie in Italien; nördlich des Cap Miseno.
42 Vgl. Anm. 11.
43 114 v. Chr. – ca. 14 v. Chr.; Lehrer des Horaz.
44 In seiner Verbitterung griff er auch den Redner Galba an (Macrobius, Satiren 2, 6, 4).
45 Horaz, Briefe, 2, 1, 70.
46 Zeitgenosse des Horaz; wurde materiell von Maecenas unterstützt, schrieb Epigramme, erotische Elegien, ein Epos und Fabeln.
47 Nicht sicher, wer hier gemeint; vielleicht Lucius (oder Acilius) Terentius Varro Murena, der Schwager d. Maecenas, der eine Verschwörung gegen Augustus anzettelte; 22 v. Chr. wurde er hingerichtet; evtl. handelt es sich aber auch um den bei Cic.-fam. 13, 22, 1; 16, 12, 6 erwähnten A. T. Varro Murena.
48 M. Furius Bibaculus aus Cremona, geb. ca. 103 v. Chr., Verfasser von Spottgedichten in der Art des Catull.
49 Samnitische Stadt am Zusammenfluß von Calore und Sabato, Verkehrsknotenpunkt.
50 L. Ateius Praetextatus Philologus, kam wahrscheinlich im Jahre 86 nach der Einnahme Athens nach Rom, evtl. Freigelassener des M. Ateius, er ist bis 29 v. Chr. nachweisbar, angesehener Lehrer und Schriftsteller.
51 Suffektkonsul 5 n. Chr., galt als bedeutender Rechtsgelehrter v. a. auf dem Gebiet des Pontifikal- und Sakralrechts.
52 Vgl. Claud. Anm. 129.
53 Berühmter römischer Historiker 86–35 v. Chr., Werke: Die

Catilinarische Verschwörung, Der Jugurthinische Krieg, Historien.

54 Appius Claudius und Publius Clodius Pulcher; Clodius kämpfte unter Lucullus gegen Mithridates, vgl. Aug. 62.

55 Lebte von ca. 284–202 v. Chr., Bibliothekar und Prinzenerzieher in Alexandria, Polyhistor, schrieb über Geographie, Astronomie, Mathematik, Literaturgeschichte, Grammatik, Philosophie.

56 Geb. um 95 v. Chr. in Norditalien, Lehrer und Freund der Neoteriker (Anm. 28), hatte entscheidenden Anteil an der Übertragung der Poesie und Poetik des Kallimachos nach Rom.

57 Vgl. Odyssee 12, 39ff., 158ff.; in ihrer Sangeskunst und Allwissenheit scheint eine Angleichung an die Musen vorzuliegen, über ihre Gestalt erfahren wir nichts bei Homer; seit dem 8. Jhd. werden sie als Vögel mit Menschenköpfen dargestellt, erhalten allmählich auch Arme und Brüste.

58 Vgl. Anm. 26.

59 Gaius Helvius Cinna, Freund des Dichters Catull.

60 Nahe des heutigen Frascati in den Albaner Bergen; hier lagen einige Villen.

61 Beide Organe galten in der Antike als Sitz der Lebenskraft, des Geistes, aber auch der Gefühle; Bibaculus spielt hier auf Krates von Mallos (s. Anm. 5) und seinen Schüler Zenodotus von Mallos an.

62 138–78 v. Chr.; vgl. Caes. Anm. 5.

63 Vgl. Plinius d. Ä., Naturgeschichte 35, 199.

64 Führer der Verschwörung gegen Caesar, vgl. Caesar 82.

65 Stammte von der Insel Kos.

66 C. Memmius L. f., ca. 98–46 v. Chr., zuerst Anhänger der Senatspartei, dann Caesars; Bewerbung 53 v. Chr. um das Konsulat, jedoch 52 v. Chr. wegen *ambitus* verurteilt (in diese Zeit fällt auch die geschilderte Episode), Exil in Athen, starb wahrscheinlich auch dort.

67 Cicero, fam. 9, 10,1.

68 Vgl. Anm. 6.

69 Cicero, Briefe an Atticums 12, 28, 2.

70 Geb. zwischen 100 v. Chr. und 95 n. Chr. in Suessa Aurunca; er übersetzte auf Veranlassung des Pompeius den schriftlichen Nachlaß des Mithridates über Arzneimittel und Gegengifte, wurde richtungsweisend für die naturgeschichtliche Literatur der Römer, s. Plinius d. Ä., Naturgeschichte 25, 5; 25, 7.

71 Caecilia Attica, geb. 51 v. Chr., verheiratet mit Marcus Vipsanius Agrippa; Mutter der Vipsania Agrippa (Gemahlin des Tiberius, Mutter des Drusus).

72 C. Cometius Gallus, geb. 70/69 v. Chr., Freund Vergils und Augustus', einer der Heerführer gegen Antonius im alexandrinischen Krieg, im Jahre 26 v. Chr. angeklagt und verurteilt; Selbstmord; gehörte zu den bedeutendsten Dichtern römischer Liebeselegien.

73 Vgl. Anm. 46.

74 Wichtigstes Werk: „Die Bedeutung der Worte"; wurde zum Teil von Festus exzerpiert.

75 Man glaubte eine Zeitlang, das Haus d. Catilina unter dem *lararium* des Flavierpalastes auf dem Palatin entdeckt zu haben; das erwies sich jedoch als falsch; bisher nicht gefunden.

76 Heute Palestrina, latinische Stadt.

77 Halbrunde, meist von einem Säulengang begleitete Nische (Exedra).

78 Diese *Fasti Praenestini* sind noch fragmentarisch erhalten, sie wurden als Baumaterial für die frühchristliche Basilika des Hl. Agapitus verschleppt.

79 Tarent, eine der bedeutendsten Hafenstädte an der kalabrischen Westküste.

80 G. Helvius Cinna (vgl. Anm. 59) schrieb ein Kleinepos „Smyrna" voller hintergründiger Gelehrsamkeit, das unbedingt eines Kommentares bedurfte.

81 Sohn des Marcus Antonius und der Fulvia, wurde von Octavia erzogen, im Jahre 21 v. Chr. von Augustus mit seiner Nichte Claudia Marcella vermählt, 2 v. Chr. zum Tode verurteilt.

82 Römischer Philosoph der Zeit des Augustus, gründete eine an pythagoräischen Grundsätzen orientierte, philosophische Schule, der es v. a. auf eine ausgeglichene Lebensführung ankam.

83 Verfasser eines Vergil-Kommentars sowie eines Werkes über die Landwirtschaft.
84 47 v. Chr.
85 Suffektkonsul 4 n. Chr., sein Geschichtswerk „Rerum Romanarum Libri" ist bis auf wenige Fragmente verloren.
86 Er schrieb unter Tiberius über Etymologie und Orthographie.
87 Heute Spoleto, umbrische Stadt.
88 Vgl. Aug. Anm. 336.
89 Vgl. Aug. 29.
90 Diese Stücke (von *trabea* = Ehrenkleid der Ritter) spielten im Milieu des Ritterstandes.
91 Einer der bekanntesten Prozeßredner der augusteischen Zeit, wegen seiner oppositionellen Gesinnung durch Senatsurteil nach Kreta relegiert, unter Tiberius mit Vermögenseinziehung bestraft.
92 Gaius Asinius Gallus, 9 v. Chr. Konsul, Sohn von G. Asinius Pollio.
93 Heute Vicenza in Oberitalien.
94 Römischer Staatsbeamter und Polyhistor 116–27 v. Chr.
95 Vergil, Eklogen 3, 50 führt einen Palaemon als Schiedsrichter im Sängerwettstreit ein.
96 Hafenstadt im nördlichen Phönikien.
97 Mit dem Einströmen griechischer Bildung fand seit dem 2. Jhd. v. Chr. auch die Rhetorik Eingang in die römische Geisteswelt, ohne jedoch in den folgenden Jahrhunderten eine schöpferische Weiterentwicklung zu erfahren.
98 Die beiden Verordnungen sind bei Gellius 15, 11 noch erhalten.
99 161 v. Chr.
100 Dieser hatte 167 v. Chr. gegen die Pläne des Prätors M. Iuventius Thalna, den Rhodiern den Krieg zu erklären, Einspruch erhoben.
101 Cn. Domitius Ahenobarbus und L. Licinius Crassus hatten das Zensoren-Amt im Jahre 92 v. Chr. inne. Es kam zu einer Auseinandersetzung zwischen beiden; Crassus, einer der bedeutendsten Redner seiner Zeit, hielt eine berühmte Rede gegen Ahenobarbus. Er zeichnete sich durch die Lebendigkeit und Ein-

fachheit seiner Reden aus; das Edikt war aus politischen Gründen u.a. gegen L. Plotius Gallus (s. Kap. 26) gerichtet, der ein Freund des Marius und der Popularen war, während Crassus den Optimaten angehörte.

102 66 v.Chr.

103 A. Hirtius war zusammen mit C. Vibius Pansa im Jahre 43 v.Chr. Konsul.

104 Auseinandersetzung Caesars mit Pompeius bzw. dessen Anhängern in den Jahren 49–45 v.Chr.

105 Gaius Scribonius Curio, Quästor des Jahres 54 v.Chr.war seit 50 v.Chr. kompromißloser Anhänger Caesars; er kämpfte in Afrika und wurde von Iuba getötet.

106 Während M. Antonius D. Brutus im Jahre 43 in Mutina belagerte, wurde der Konsul Hirtius getötet.

107 Die K. ist ein erdichteter und als Thema in der Rhetorenschule gestellter Rechtsfall.

108 Vgl. Cal.Anm. 203.

109 Heute Brindisi, Hafenstadt in Kalabrien, Todesort von Vergil.

110 *Bulla*: diskus-, herz- oder halbmondförmige Amulettkapsel aus Metall oder Leder, die zusammen mit der *toga praetexta* als Zeichen eines freigeborenen römischen Knaben gilt; (vgl. Caes. Anm. 320).

111 Vgl. Anm. 101.

112 Gnaeus Pompeius Strabo, starb 87 v.Chr.

113 Vgl. Anm. 23.

114 Heute Nocera, bedeutendste Stadt Kampaniens, Verkehrsknotenpunkt.

115 Fluß in Kampanien, der bei Pompeji mündet.

116 Das Horn ist ein Symbol der Kraft und Stärke; als übernat. Zeichen ist es ein Relikt des antiken Stierkultes.

117 Heute Novara, Stadt zwischen Mailand und Vercelli.

118 Vermutlich L. Munatius Plancus, Konsul 42 v.Chr., vgl. Aug. Anm. 28.

119 Zu L. Calpurnius Piso Frugi Pontifex vgl. Tib. Anm. 215.

120 Es handelt sich hier um die ehemalige Provinz Gallia Cisalpina (nördl. Oberitalien), deren Provinzialcharakter 41. v.Chr. auf-

gehoben worden war, nachdem sie bereits 49 v. Chr. durch die lex Roscia das römische Bürgerrecht erhalten hatte.

VERGIL

1 Vergilius Maro und Magia Polla.
2 Im Jahre 70 v.Chr.
3 Dieses Dorf ist nicht genau zu lokalisieren.
4 Vgl. Begriffserklärung s. v. Toga.
5 T. Lucretius Carus starb demnach am 15. Oktober 55 v.Chr., geboren wurde er zwischen 98 und 94 v.Chr.; sein Werk „Über die Natur der Dinge" ist eine Darstellung der epikureischen Physik; Diese aufklärerische Lehrdichtung kämpft gegen Aberglaube und Religionsmißbrauch seiner Zeit.
6 Zehn Hirtenlieder (Vorbild: Hirtendichtung des Theokrit); entstanden in den Jahren 42–39 v.Chr.; es wird ein poetischer, realitätsüberhobener Raum der Seele konstruiert, in dem der Dichter von einer reinen Welt des Friedens, der Liebe und des Gesanges träumen kann.
7 Vgl. dazu Phil. u. Rhet. Anm. 52.
8 Wahrscheinlich Gattin des L. Varius Rufus (s. Anm. 10).
9 Q. Asconius Pedianus, geboren wahrscheinlich 9 v.Chr. in Padua, gestorben 76 n.Chr.; er gab einen Kommentar zu Ciceros Reden heraus, von dem fünf Teile erhalten sind.
10 L. Varius Rufus; ca. 70–15 v.Chr.; Freund Vergils; er gehörte zum Kreis um Maecenas.
11 Dorthin ging Vergil zum Studium der Philosophie im Kreis des Epikureers Siro.
12 Vgl. dazu Phil. u. Rhet. Anm. 88.
13 Bucolica, Ekloge 5, 20.
14 C. Maecenas Melissus, Grammatiker aus Spoleto (vgl. Philologen 21, Anm. 87).

15 Zwei Verszeilen, bestehend aus einem Hexameter und einem Pentameter.

16 Catalepton = „Kleinigkeiten“; Priapea = witzige erotische Gedichte; Epigramme = Kurzgedichte; Ciris = (griech.) Seevogelart; Culex = „die Mücke“. Die Zuschreibung dieser Werke an Vergil ist problematisch.

17 Eine dichterische Auseinandersetzung mit dem Vulkanismus und den Mythen um den Vulkan Ätna.

18 Wahrscheinlich identisch mit P. Alfenius Varus, Suffektkonsul 39 v. Chr.; Jurist; er verfaßte 40 Bücher Digesten.

19 C. Cornelius Gallus, geboren 79/69 v. Chr. in Forum Iulii, dem heutigen Fréjus; 42 v. Chr. als *triumvir agris dividundis* zur Landzuweisung nach Oberitalien geschickt; 30 v. Chr. einer der Heerführer gegen Antonius; im Jahre 26 v. Chr. wurde er angeklagt und tötete sich selbst; bedeutender Dichter von Liebeselegien.

20 Doppelschlacht im Jahre 42 v. Chr.; Cassius und Brutus werden von Antonius geschlagen.

21 Antonius, Lepidus und Octavianus (Augustus) schließen im Jahre 43 v. Chr. bei Bologna einen Dreibund und werden durch die lex Titia für fünf Jahre zu *tresviri rei publicae constituendae* (zur Wiederherstellung des Staates) bestellt.

22 Dichtung vom Landbau; anhand der Landwirtschaft wird eine Sinndeutung des Lebens gegeben; entstanden in den Jahren 37/36 v. Chr.; orientiert an der frühgriechischen Dichtung (Hesiod).

23 Vgl. Phil. u. Rhet. Anm. 88.

24 Dieses Werk entstand in den Jahren 29–19 v. Chr.; als römisches Nationalepos gibt es ein Sinnbild für die historische Mission Roms an. Die Aeneas-Sage wird als Symbol für großes geschichtliches Handeln benützt; die Zeitgeschichte wird vom Mythos her betrachtet; Buch 1–6 stellt die römische Odyssee, Buch 7–12 die römische Ilias dar.

25 Oskische Stadt; der Aufenthalt des Augustus im Sommer 29 v. Chr. ist keineswegs gesichert.

26 Vgl. Nero Anm. 36.

27 Dichter der frühen Kaiserzeit, er stand zuerst in Gunst bei Tiberius, fiel allerdings dann in Ungnade; die zitierte Aussage von Seneca ist nicht erhalten.

28 Propertius 2, 34, 65; im Jahre 26 v. Chr.; Sextus Propertius, geboren etwa 47 v. Chr. in Assisi, gestorben vor 2 v. Chr.; verfaßte leidenschaftliche Liebesdichtung.

29 27–25 v. Chr.; Feldzug gegen die Kantabrer und Asturer im Nordwesten der iberischen Halbinsel; Augustus erreichte keine endgültige Befriedung.

30 Im Jahre 23 v. Chr.

31 Vgl. Aug. Anm. 312.

32 Aeneis 6, 884; nach Servius Aen. 6, 861 brachen Augustus und Octavia in Tränen aus und wollten Schweigen gebieten; Vergil bekam für den Vortrag einen Silberklumpen.

33 Aen. 6, 164/65: „Aeolus' Sohn Misen, der unvergleichlich die Männer mit dem Schall der Trompete berief und entflammte zum Kampfe", (Übersetzung von E. Staiger).

34 Im Jahre 19 v. Chr.

35 Von 22–19 v. Chr. hielt sich Augustus im Osten des Reiches auf, um die dortigen Verhältnisse in Ordnung zu bringen; sein größter – unblutig errungener – Erfolg war die Rückgabe der im Jahre 53 v. Chr. in der Schlacht von Carrhae verlorenen römischen Feldzeichen durch den Partherkönig Phraates, der die Freundschaft der Römer erbat.

36 Einzige Stadt auf der Landbrücke zwischen Mittelgriechenland und der Peloponnes; von Sulla als Stützpunkt bei der Belagerung Athens benützt.

37 21. September 19 v. Chr.

38 Eine der drei unteritalischen Sirenen; dichterischer Name Neapels.

39 Das Grabepigramm war noch Ende des 1. Jhd. zu lesen.

40 Vgl. Anm. 10.

41 Er stammte aus der Gallia Cisalpina, wahrscheinlich schon Jugendfreund Vergils.

42 Unter diesem Namen sind dürftige Inhaltsangaben der Bücher der Aeneis in Form von Hexametern überliefert.

43 Aen. 3, 340: „Den, als Troia bereits... (Übersetzung E. Staiger).

44 Römischer Grammatiker der zweiten Hälfte des 1. Jhd. n. Chr.; er befaßte sich mit Fragen der Formenlehre und Orthographie.

45 Name eines Hirten in Vergils Hirtengedichten; poetischer Name für Vergil selbst (Propertius 2, 34, 72).
46 Name eines Hirten aus den „Bucolica"; ebenfalls poetische Bezeichnung für Vergil.
47 Name eines Ziegenhirten in Vergil, Bucolica, Ekloge 3, 2.
48 Georgica 1, 299: „pflüge nackt, säe nackt".
49 „… und du wirst durch eine Erkältung Fieber bekommen".
50 „Aeneas-Plage".
51 Vgl. dazu Aug. Anm. 68.
52 Vgl. Anm. 9.

HORAZ

1 Sohn eines Freigelassenen und einer Freien, geb. am 8. Dezember 65 v. Chr., gest. 27. November 8 v. Chr.

2 Heute Venosa, urspr. samnitische Siedlung im lukanisch-apulischen Grenzgebiet, lag an der Via Appia.

3 42 v. Chr., Entscheidung zwischen Brutus und Octavian (Augustus) zugunsten des letzteren.

4 Zu Maecenas s. Phil. und Rhet. Anm. 88; Horaz wurde durch die Vermittlung von Vergil und Varius im Jahre 38 v. Chr. dem Maecenas vorgestellt; um das Jahr 33 v. Chr. erhielt er von ihm ein Gut in den Sabiner-Bergen am Digentia-Bach geschenkt, s. Horaz, Briefe 1, 16.

5 Anläßlich der Säkularfeier im Jahre 17 v. Chr. wurde sein Säkulargedicht von je 27 Knaben und Mädchen auf dem Kapitol und dem Palatin gesungen. Es behandelte die physischen und politischen Grundlagen des Staates.

6 Nach dem siegreichen Abschluß des Alpenfeldzuges im Jahre 15 v. Chr.

7 Dieses entstand im Jahre 13 v. Chr. und umfaßte 15 Oden, hier in der Bedeutung „lyrisches Gedicht in einer Sammlung"; vgl. Horaz, Briefe 2, 1, 1–4.

9 Horaz, Briefe 1, 4, 15f.; 1, 20, 24.

10 Vgl. Anm. 4.

11 heute Tivoli, in den Sabinerbergen.

12 Vgl. Anm. 1.

TERENZ

1 Historiker, 52 v. Chr. – 19 v. Chr., seine Schriften sind nicht erhalten.

2 2. punischer Krieg 218–201 v. Chr.; 3. punischer Krieg 149–146 v. Chr.; man nimmt an, daß Terentius um 185 v. Chr. geboren wurde.

3 Einheimische, nordafrikanische Berberstämme.

4 146 v. Chr.; Ende des 3. punischen Krieges.

5 Publius Cornelius Scipio Aemilianus Africanus, Sohn des Aemilius Paulus, geb. 185 v. Chr., eroberte 146 v. Chr. Karthago, nahm 133 v. Chr. Numantia ein; er starb 129 v. Chr.

6 Freund Scipios, Volkstribun 151 v. Chr., Prätor 145 v. Chr., Konsul 140 v. Chr.

7 Porcius Licinus, 2. Hälfte des 2. Jhd. v. Chr., Gegner des Terenz.

8 Lucius Furius Philus, Konsul 136 v. Chr.

9 Heute Albano.

10 Vgl. Anm. 8.

11 Caecilius Statius, Komödiendichter, starb um 166 v. Chr.; die vorliegende Notiz ist wahrscheinlich legendär.

12 Aufführung der 6 Stücke zu folgenden Zeiten: 166 v. Chr. „Andira" (Mädchen aus Andros), an den Spielen zu Ehren der Magna Mater (Ludi Megalenses). 163 v. Chr. „Heautontimorumenos" (Selbstquäler), bei den Spielen zu Ehren der Magna Mater; 161 v. Chr. „Eunuchus", an den Spielen zu Ehren der Magna Mater; 161 v. Chr. „Phormio" an den Ludi Romani zu Ehren Iupiters; 160 v. Chr. „Adelphi" (Zwillinge) bei den Begräbnisspielen für Aemilius Paulus; 160 v. Chr. „Hecyra" (Schwiegermutter) wahrscheinlich bei den Ludi Romani, wahrscheinlich vorher zwei

durchgefallene Aufführungen bei den Ludi Megalenses 165 v. Chr. und den Begräbnisspielen für Aemilius Paulus.

13 Volcatius Sedigitus, Schriftsteller, um 100 v. Chr.

14 *Didaskalia*, enthielten Aufführungstermin, die Namen der spielgebenden Magistrate, des Schauspielleiters und des Dichters.

15 Hier ist M. Terentius Varro gemeint, röm. Staatsbeamter, Polyhistor und Gelehrter, 116 v. Chr.–27 v. Chr.; aus seinem umfangreichen Werk (weit über 500 Bücher) diente die (verlorene) Schrift „de poetis" wohl als Hauptquelle für Suetons Lebensbeschreibungen berühmter Dichter.

16 Griechischer Komödiendichter, um 300 v. Chr.; Terenz benützte dessen Stücke als Vorlage.

17 63 v. Chr. Volkstribun, 58 v. Chr. Stadtprätor; Lukrez widmet ihm sein Werk „de rerum naturae" und Rhet., s. Phil. u. Rhet. Anm. 66.

18 1. März, *Matronalia*, vgl. dazu Vesp. Anm. 61.

19 169 v. Chr. Stadtprätor; während seines Konsulates im Jahre 166 v. Chr. kämpfte er gegen die Ligurer und andere Alpenstämme.

20 Konsul 183 v. Chr.; Pontifex 180 v. Chr.; wohl 167 v. Chr. als Gesandter nach Makedonien geschickt, um die Verhältnisse zu ordnen.

21 M. Popilius Laenas, Konsul 173 v. Chr., 159 v. Chr. Zensor.

22 Kaum bekannt, vielleicht identisch mit dem bei Varro 1.1.6, 36.89 genannten Grammatiker.

23 159 v. Chr.

24 Lucius Afranius, um 130 v. Chr., erfolgreicher Togatendichter.

25 Die *Compitalia* waren ein uraltes bäuerliches Winterfest (Ende Dezember/Anfang Januar), ein Laren-Fest an den Wegekreuzungen; hier: Titel einer römischen Komödie.

26 Cn. Naevius: bekannter Dramatiker und Epiker des 3. Jhd. v. Chr.; er verfaßte v. a. Komödien;
Plautus: römischer Komödiendichter, ca. 250–184 v. Chr.; von seinem umfangreichen Werk sind 21 Komödien erhalten;
Caecilius: vgl. Anm. 11;
Licinius Imbrex: Komödiendichter, um 150 v. Chr.
Atilius (oder Acilius): Verfasser von Komödien und Übersetzer der „Elektra" des Sophokles.

27 Dieses Werk ist sonst nicht erwähnt.

28 Auch dieses Werk ist nur hier erwähnt; weitere antike Urteile über Terenz finden sich bei Cicero, Briefe an Atticus 7, 3, 10, Varro, Menippeae 399 (Bücheler), Horaz, Briefe 2, 1, 59, Quintilian 10, 1, 99, Gellius, Attische Nächte 6, 14, 6.

LUKAN

1 Geb. 39 n. Chr.; Sohn des Annaeus Mela, Neffe des Seneca; Stoiker; starb am 30. April 65.
2 Heute Cordoba, Spanien.
3 Vgl. Nero 21; die Wettkämpfe fanden im Jahre 60 n. Chr. statt.
4 Dieses Hauptwerk „Pharsakia" ist erhalten.
5 Die „Mücke", ein Kleinepos, das unter Vergils Namen überliefert ist.
6 Noch vor dem vorgeschriebenen Alter von 25 Jahren.
7 Vgl. Nero Anm. 142.

ERLÄUTERUNGEN VON FACHAUSDRÜCKEN

Ädil

römischer Beamter; ursprünglich führten die Ädile die Aufsicht über die Tempel. Zu den beiden plebeischen Ädilen traten 366 v. Chr. zwei kurulische, die sowohl der Plebs als auch dem Patriziat angehören konnten. Der Ädil zählte in der römischen Ämterhierarchie zu den niedrigen Magistraten. Das auf ein Jahr befristete Amt schloß sich in der Regel an die Quästur an. Die Ädile erfüllten eine Reihe von Verwaltungsaufgaben in Rom und besaßen eine beschränkte Gerichtsbarkeit. Sie hatten Aufsichtsbefugnisse über den Straßen- und Marktverkehr, die Bäder und die Bordelle, waren ferner bei Beerdigungen für die Aufrechterhaltung von Ruhe und Ordnung verantwortlich. In ihren Zuständigkeitsbereich fiel die Wasserversorgung und der Brandschutz der Hauptstadt. Sie trugen auch Sorge für die öffentlichen Spiele, sowohl was die Finanzierung als auch die Überwachung angeht. Zu ihren wichtigsten Aufgaben gehörte jedoch die Versorgung Roms mit Lebensmitteln, insbesondere mit Getreide. Diese und die meisten ihrer anderen Funktionen wurden aber unter Augustus eigenen kaiserlichen Beamten übertragen, so daß sich der Kompetenzbereich der Ädile im wesentlichen nur noch auf marktpolizeiliche Aufgaben beschränkte. Ein den stadtrömischen Ädilen ähnliches Amt gab es in vielen Stadt- und Landgemeinden.

Ala

Bezeichnung für eine römische Kavallerieeinheit der römischen Hilfstruppen; es gab Einheiten zu 500 *(quingenariae)* und 1000 *(milliariae)* Mann, die von einem römischen Präfekten kommandiert wurden.

Ärarium
die Staatskasse des römischen Volkes im Tempel des Saturn. Die Finanzreserven bestanden aus Gold, Silber, Kupfer, sowie anderen Wertgegenständen. Auch die staatlichen Urkunden wurden im Ärarium verwaltet. Neben dem Ärarium gab es in der römischen Kaiserzeit noch den Fiskus als kaiserliches Sondervermögen; schließlich ging das Ärarium ganz im Fiskus auf.

Auspizien
göttliche Zeichen, die durch die Auguren aus dem Flug von Vögeln, ihres Fressens oder Geschreis bzw. aus den Eingeweiden von Tieren gedeutet wurden. Das Einholen der Auspizien war Sache des Magistrats. Feldherrn und Statthalter hatten in Rom vor ihrer Abreise die Auspizien zu befragen. Im Prinzipat fiel diese Aufgabe in der Regel dem Kaiser als dem Oberbefehlshaber der römischen Armee zu.

Diktator
außerordentlicher Magistrat, der bei einem Staatsnotstand auf Vorschlag des Senats für höchstens sechs Monate ernannt wurde. Er hatte während seiner Amtszeit unumschränkte Gewalt und konnte nicht zur Rechenschaft gezogen werden. Im Wesen grundverschieden sind die späteren Diktaturen von Sulla und Caesar, denen das Amt als Grundlage für ihre Alleinherrschaft diente.

Forum
wörtl. Marktplatz; das Forum Romanum in der Talsenke zwischen Kapitol, Palatin und Esquilin war der Mittelpunkt der Stadt, an dem die wichtigsten öffentlichen und sakralen Gebäude lagen. Von den verschiedensten Kaisern wurden Änderungen und Erweiterungen vorgenommen.

Freie Künste (artes liberales)
Wissenschaften, denen sich ein Freigeborener widmen sollte; dazu gehörten Grammatik, Rhetorik, Dialektik, Arithmetrik, Geometrie, Astronomie, Musiktheorie.

Imperator
ursprünglich Ehrentitel für einen Feldherr nach einer siegreichen

Schlacht. In der späten Republik führten die Feldherrn den Imperatorentitel als Zeichen ihrer absoluten Macht. Seit Caesar übernahmen diese Bezeichnung alle Kaiser und begründeten dadurch ihr Recht auf den Oberbefehl über das Heer.

Kapitol
kleinster der sieben Hügel Roms am Tiber zwischen Marsfeld und Velabrum gelegen. Er hatte zwei Kuppen; auf der nördl. befand sich die *arx* (Burg) und der Tempel der Iuno Moneta, auf der südl. der Tempel des Iupiter Capitolinus; hier lag das eigentliche religiöse Zentrum Roms.

Kitharoede
Sänger, der sein Lied mit einer Kithara (griech. Saiteninstrument) begleitete. Er war mit einem langen bis auf den Boden reichenden Gewand bekleidet und trug einen Kranz auf seinem Haupt.

Kohorte
Eine römische > Legion gliederte sich in zehn Kohorten (taktische Einheiten) zu je 600 Mann Sollstärke. Kohorten wurden auch die Infanterieverbände der römischen Hilfstruppen genannt. Es gab Einheiten zu 500 *(quingenariae)* und 1000 *(milliariae)* Mann, die von einem römischen Präfekten kommendiert wurden; zum persönlichen Schutz des Kaisers dienten neun Prätorianerkohorten unter der Leitung von zwei Gardepräfekten *(praefecti praetorio)*.

Konsular
gewesener > Konsul

Konsul
Amtsbezeichnung der zwei höchsten römischen Magistrate der Republik; sie wurden für ein Jahr von der Volksversammlung gewählt; zu ihren wichtigsten Aufgaben gehörte die Einberufung von Senat und Volksversammlung, wo sie den Vorsitz führten und für die Ausführung der Beschlüsse sorgten. In Kriegszeiten hatten sie den Oberbefehl über das römische Heer inne. Mit der Einrichtung des

Prinzipats wurde den Konsuln ein Großteil ihrer Aufgaben entzogen; das Amt selbst war nun weniger bedeutend, aber Voraussetzung für eine Qualifikation im kaiserlichen Verwaltungsdienst. Um den Bedarf an konsularischen Beamten decken zu können, ernannte man neben den beiden ordentlichen Konsuln eines Jahres weitere, sog. Suffektkonsuln.

Kurie
1. älteste Einteilungsform der römischen Bürgerschaft. Es gab insgesamt 30 Kurien.
2. das Sitzungslokal des Senats am Forum.

Lagerpräfekt
Kommandant eines Lagers mit einer oder mehreren Legionen; der Lagerpräfekt war für den Dienstbetrieb, die Anlage und Instandhaltung des Lagers zuständig; ferner unterstanden ihm die Arsenale, der Nachschub und das Sanitätswesen; das Amt wurde von einem ritterlichen Offizier bekleidet; gelegentlich konnte sich jedoch auch ein einfacher Soldat als Krönung seiner Karriere bis zum Lagerpräfekten hochdienen.

Latium
mittelital. Landschaft; Siedlungsgebiet der Latiner, in dem auch Rom liegt; erstreckt sich von der Tibermündung im N bis nach Sinuessa im S.

Legat
1. Abgesandter Roms zu fremden Staaten.
2. Hilfsbeamter der Feldherrn und Statthalter. Seit Augustus ließen sich die Kaiser in den Provinzen, wo sie oberster Statthalter waren, (als Inhaber des *imperium proconsulare*) durch Legaten vertreten. In den Provinzen mit zwei und mehr Legionen waren die Legaten in der Regel Konsulare (ehem. Konsuln), in denen mit nur einer Legion Prätorier (ehem. Prätoren).

Legion
Truppenverband mit einer Sollstärke von 6000 Mann, in dem aus-

schließlich römische Staatsbürger dienten. Seit der Heeresreform des Marius gliederte sich die Legion in 10 > Kohorten zu 600 Mann, die Kohorte in 3 Manipel zu 200 Mann, der Manipel in 2 Zenturien zu 100 Mann. Die taktische Einheit war die Kohorte; zu jeder Legion gehörten ferner 300 Mann Kavallerie.

Liktoren
Die Liktoren trugen den römischen Beamten in der Öffentlichkeit Rutenbündel *(fasces)* als Insignien der Macht voran. Die Zahl der Liktoren schwankte nach dem Rang der Magistrate (Diktator 24, Konsul 12, Prätor 2 in der Stadt, 12 in den Provinzen, Kaiser 12, seit Domitian 24). Die Liktoren wurden auch zu niedrigen Amtspflichten herangezogen.

Marsfeld
Ebene nördl. des Kapitols zwischen dem Tiberbogen und der Via Flaminia; sie diente als Exerzier- und Versammlungsplatz. Eine Bebauung größeren Stils setzte erst gegen Ende der Republik ein.

Militärtribun
Stabsoffizier; eine Legion hatte 6 Militärtribunen; einer gehörte dem Senatorenstand *(tribunus laticlavus)*, die anderen dem Ritterstand *(tribuni angusticlavi)* an. Ihre Aufgaben waren in erster Linie administrativer Art. Im Kampf konnten sie verschiedene taktische Kommandos erhalten.

Orchestra
der Raum unmittelbar vor der Bühne, wo die Senatoren ihre Sitzbänke hatten.

pater patriae
Mit diesem Ehrentitel (Vater des Vaterlandes) wurden ursprünglich die Retter des römischen Volkes aus Kriegsnot geehrt. Augustus wurde dieser Ehrenname 2 v. Chr. durch Senat, Ritter und Volk verliehen. Die folgenden Herrscher nahmen den Titel meist bereits bei Regierungsantritt an.

Patron
wörtl. Schutzherr; in der römischen Frühzeit verstand man unter dem Patronatsverhältnis eines Großbauern zu seinen Schutzbefohlenen *(clientes)* die Beziehungen eines Herrn zu seinen Untergebenen. Daraus erwuchs im Laufe der Zeit ein Vertrauensverhältnis, das dem Patron den Schutz seines Klienten vor Gericht zur Pflicht machte. Provinzen und Gemeinden hatten einflußreiche Römer bzw. ganze Geschlechter als Patrone, die ihre politischen und gerichtlichen Interessen in der Hauptstadt nachhaltig vertraten und sie finanziell unterstützten.

Prätor
In der Frühzeit vor Einführung des Konsulats standen zwei für ein Jahr gewählte Prätoren an der Spitze des römischen Staates. In der Folgezeit waren die Prätoren für die Gerichtsbarkeit zuständig, der Stadtprätor *(praetor urbanus)* für Prozesse zwischen Römern, der Fremdenprätor *(praetor peregrinus)* für Prozesse zwischen den in Rom sich aufhaltenden Fremden oder zwischen Römern und Fremden. Auch waren Prätoren zur Zeit der Republik als Statthalter in den Provinzen eingesetzt und die Zahl der Prätorenstellen schrittweise erhöht worden. Mit der Einrichtung des Prinzipats verlor das Amt des Prätors an Bedeutung, wurde aber zu einer Voraussetzung für die Qualifikation im höheren kaiserlichen Verwaltungsdienst; die Zahl der Prätoren schwankte zwischen 10 und 18.

Prätorianer
s. Kohorte

Primuspilus
s. Zenturio

Prokonsul
ursprünglich Bezeichnung für einen ehemaligen Konsul, dessen Amtsgewalt durch Senats- oder Volksbeschluß nach Ablauf seiner Dienstzeit aufgrund besonderer politischer Umstände, etwa bei militärischen Unternehmungen, verlängert wurde. Seit Sulla bekamen

frühere Konsuln als Prokonsuln einen Statthalterposten in den Provinzen zugeteilt. In der Kaiserzeit führten die Statthalter der senatorischen Provinzen generell den Titel Prokonsul, auch wenn sie vorher nur die Prätur bekleidet hatten.

Prokuratoren
Bezeichnung für Vertrauensmänner, die auf Weisung ihres Herrn Geschäfte erledigten. In der Kaiserzeit beauftragte Augustus seine Prokuratoren auch mit staatlichen Aufgaben. Daraus entwickelte sich im Laufe der Zeit ein eigener Beamtenstand von Prokuratoren, die dem Ritterstand angehörten. Aus ihren Amtstiteln geht hervor, für welche Bereiche sie jeweils zuständig waren. So gab es z.B. Prokuratoren für die Bauten, Spiele, die Wasserversorgung und die kaiserliche Korrespondenz, sowie in der Steuer- und Domänenverwaltung; auch kleinere Provinzen, in denen keine Legionen stationiert waren, standen unter der Leitung von Prokuratoren.

Proprätor
„ehemaliger Prätor"; eine Reihe von kaiserlichen Provinzen wurde von früheren Prätoren verwaltet; sie führten den Titel *„legatus augusti pro praetore"*.

proscaenium
die Vorderbühne; der Platz vor dem Bühnenaufbau, wo die Schauspieler auftraten.

Proskriptionen
von lat. *proscribere* „aufschreiben", „ächten"; die Namen der Geächteten, die man für vogelfrei erklärte, wurden auf eine Liste gesetzt, ihr Vermögen eingezogen und versteigert; mancher (z.B. Crassus) hat sich bei den Proskiptionen ungeheuer bereichert; am bekanntesten sind die Prosriptionen Sullas 82–79 v. Chr. und die der Triumvirn 43 v. Chr.

Quästor
unterste Stufe der römsichen Magistrate, mit der ein Senatorensohn

im Alter von 28 Jahren seine politische Laufbahn begann; ursprünglich waren sie Untersuchungsrichter, später wurden sie zu verschiedenen Aufgaben im Finanzbereich herangezogen.

Rekuperatoren
Gerichtshof von mindestens drei Mitgliedern, der in Zivilsachen tätig war.

Sabiner
ein von den Umbrern abstammendes Volk Mittelitaliens; Hauptorte Cures, Nursia (Norica) und Reate (Rieti); 290 v. Chr. von Rom unterworfen.

Senat
Körperschaft, die ursprünglich aus den Häuptern der patrizischen Geschlechter bestand. Später wurden die Senatoren von den Konsuln bzw. Zensoren und schließlich vom Kaiser berufen; ehemalige Magistrate hatten Anspruch auf einen Sitz im Senat. In der Republik spielte der Senat eine wichtige Rolle beim Entwurf von Gesetzesvorschlägen, bei Kriegserklärungen und Friedensschlüssen, Empfang und Absenden von Gesandtschaften, Einrichtung von Provinzen, Aufstellen und Ausrüsten des Heeres, Bewilligung von Triumphen und bei der Verwaltung des >Ärariums. In der Kaiserzeit wurde die Bedeutung des Senats eingeschränkt. Für die wichtigsten kaiserlichen Beamtenstellen durften jedoch nur Senatoren herangezogen werden.

Stadtpräfekt
ein konsularischer Beamter, von Augustus eingeführt; er vertrat den Kaiser in Rom, besonders was die Gerichtsbarkeit anging. Als Vorsteher der Polizei war er für die innere Sicherheit verantwortlich.

Stadtprätor
s. Prätor

Suffektkonsul
s. Konsul

Toga
Obergewand des freien römischen Bürgers; es bestand aus einem ovalen Wolltuch mit einer Länge von ca. 3 m. Beim Drapieren des Tuches blieb die rechte Schulter frei. Knaben trugen die *toga praetexta* (T. mit Purpurstreifen). Mit dem Anlegen der *toga virilis* wurde der junge Römer zu einem vollwertigen römischen Staatsbürger; dies geschah im Rahmen einer religiösen Feier jeweils am 17. März eines Jahres zwischen dem 13. und 17. Lebensjahr.

tribunizische Gewalt
s. Volkstribun

Tribus
Gliederungsprinzip der römischen Bürgerschaft. Das römische Bürgerland war in Bezirke *(tribus)* aufgeteilt; 241 v. Chr. gab es 35 Tribus, davon 4 Stadttribus. In der Folgezeit wurden keine neuen Tribus mehr geschaffen, sondern die Neubürger auf die bestehenden Tribus verteilt. In den Tributskomitien (Volksversammlung) erfolgte die Wahl tribusweise, unabhängig von der Stärke der jeweils anwesenden Tribus.

Triumph
höchste Ehrung für einen siegreichen Feldherrn, die vom Senat beschlossen werden konnte. Der ursprünglich religiöse Charakter einer Dankesfeier wurde im Laufe der Zeit durch die festliche Ehrung des Siegers immer mehr überlagert. Die Triumphzug begann am Marsfeld und endete am Kapitol. Am Anfang des Zuges wurden die Beute und die Gefangenen vorgeführt; es folgte der Triumphator im Wagen mit Purpurgewand und Lorbeerkranz; den Schluß des Zuges bildete das Heer. In der Kaiserzeit hatte allein der Kaiser als oberster Kriegsherr Anspruch auf einen Triumph.

Tunika
römisches Kleidungsstück für beide Geschlechter; eine Art Wollhemd, das bis zu den Knien reichte.

Volkstribun
ursprünglich Beamter der Plebs zum Schutze der Plebeier vor Über-

griffen der Patrizier; sie hatten ein Einspruchsrecht gegen alle Handlungen der Beamten, auch gegen die Konsuln und den Senat; sie konnten die Volksversammlung einberufen und Beschlüsse herbeiführen lassen; sie selbst galten während ihrer Amtszeit als unverletzlich (sakrosankt). Wegen dieser Machtfülle nahmen im Prinzipat die Kaiser bei Regierungsantritt die Amtsgewalt der Tribunen *(tribunicia potestas)* für sich in Anspruch. Auf ihr beruhte im wesentlichen die kaiserliche Macht.

Zensor
Zur Zeit der Republik wurden alle fünf Jahre zwei Zensoren gewählt; zu ihren Aufgaben gehörte die Festlegung der Bürgerverzeichnisse, um alle Bürger in den Steuer- und Aushebungslisten erfassen zu können, ferner die Verteilung der Bürger auf die einzelnen Stände; sie hatten das Recht, Leute aufgrund ihres Lebenswandels aus ihrem Stand auszustoßen und bestimmten, wer Mitglied des Senats wurde; in ihren Kompetenzbereich fiel auch die Sorge um die öffentlichen Ausgaben für Tempel und Straßen. In der Kaiserzeit gab es keine Zensoren mehr, sondern der Kaiser nahm die Befugnisse des Zensors wahr.

Zentumvirialgericht
Sondergerichtshof, insbes. für Eigentums- und Erbschaftsprozesse von höherem Streitwert. In der Republik wurde die Richterliste durch eine *lectio* wahrscheinlich des Prätors, (3 Bürger aus jeder der 35 Tribus) erstellt; in der Kaiserzeit wurden die Richter ausgelost.

Zenturio
Die 10 > Kohorten einer römischen > Legion gliederten sich in je sechs Zenturien von 100 Mann (Sollstärke), denen ein Zenturio vorstand. Der ranghöchste Zenturio an der Spitze der ersten Zenturie der ersten Kohorte wurde *primus pilus* genannt. Als Zeichen ihrer Disziplinargewalt trugen die Zenturionen einen Rebstock und einen quergestellten Helmbusch. Die Zenturionen waren das Bindeglied zwischen den Offizieren und der Mannschaft.

STAMMBÄUME

Julier und angeheiratete Familien

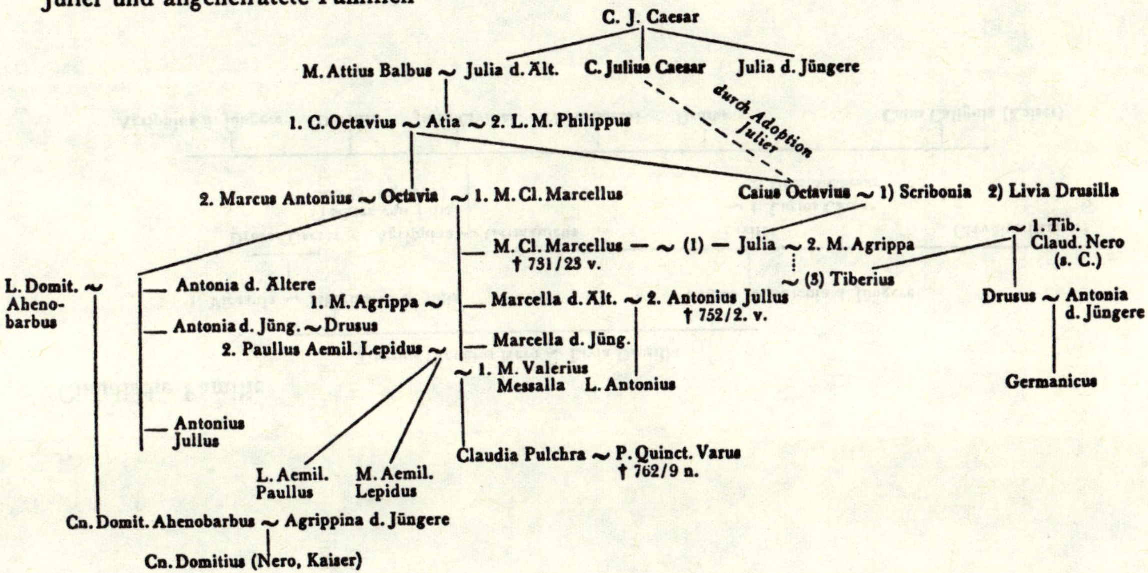

Claudische Familie

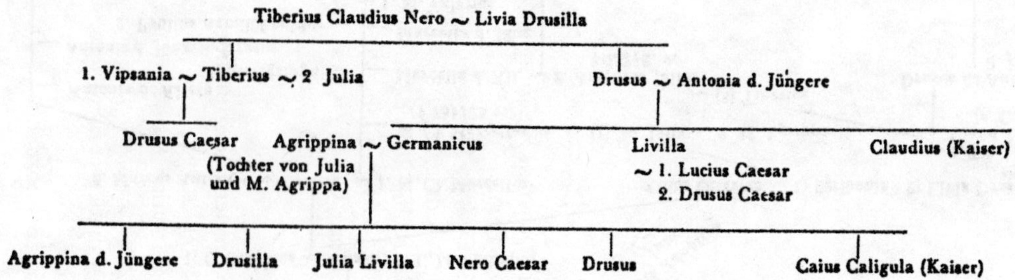

AUSGEWÄHLTE LITERATUR

1. *Textausgaben*

a) *Gesamtwerk*

C. Suetoni Tranquilli quae supersunt omnia, hg. C. L. Roth, Leipzig 1858.

b) *Kaiserbiographien*

C. Suetoni Tranquilli De vita Caesarum libri VIII, hg. L. Preud' Homme, Groningen 1906.

C. Suetoni Tranquilli De vita Caesarum libri VIII, hg. M. Ihm, Leipzig 1907; editio minor 1908.

Suetonius, hg. J. C. Rolfe 2 Bde., London-Cambridge Mass. 1913–1914 (The Loeb Classical Library).

Suétone, Vies des Douze Césars, hg. H. Ailloud, 3 Bde, Paris 1931–1932.

c) *übrige Schriften*

C. Suetoni Tranquilli praeter Caesarum libros reliquae, hg. A. Reifferscheid, Leipzig 1860.

C. Suetonius, De grammaticis et rhetoribus, hg. R. P. Robinson, Paris 1925.

C. Suetonius, De grammaticis et rhetoribus, hg. G. Brugnoli, Leipzig 21963.

Suetonio, Grammatici e retori, hg. F. Della Corte, Turin 1968 (3. überarb. Aufl.)

C. Suetonius, De poetis, hg. A. Rostagni, Turin 1964.

Suétone, Περὶ βλασφημιῶν. Περὶ παιδιῶν. Des termes injurieux. Des jeux grecs (byzantinische Exzerpte) hg. J. Taillardat, Paris 1967.

c) *Index*

A. A. Howard-C. N. Jackson, Index verborum C. Suetoni Tranquilli stilique eius proprietatum nonnullarum, Cambridge Mass. 1922 (Nachdruck Hildesheim 1963).

2. *Kommentare zu den Kaiserbiographien*

a) *übergreifende Kommentare*

Sueton. Gesamtkommentar von D. C. W. Baumgarten-Crusius, 3 Bde. Leipzig 1816/18.

Suetonius: Divus Iulius and Divus Augustus edited by J. H. Westcott and E. M. Rankin, Boston 1918.

Suetonius: Tiberius, Caligula, Claudius, Nero, edited by I. B. Pike, Boston 1903.

C. Suetoni Tranquilli De vita Caesarum libri VII–VIII: Lives of Galba, Otho, Vitellius, Vespasian, Titus, Domitian, with introduction, translation and commentary by G. W. Mooney, London 1930.

b) *Kommentare zu einzelnen Viten*

C. Suetoni Tranquilli Divus Iulius, edited with introduction and commentary by H. E. Butler-M. Cary, Oxford 1927.

C. Suetonii Tranquilli Divus Augustus, edited with historical introduction, commentary appendices and indices by E. S. Shuckburg, Cambridge 1896.

C. Suetonius Tranquillus: Divi Augusti Vita, edited with introduction, analysis of the text, notes, appendices and index by M. Adams, London 1939.

C. Suetoni Tranquilli Divus Augustus, testo, introduzione e appendice a cura di M. A. Levi, Florenz 1951, [2]1958.

C. Suetoni Tranquilli Divus Augustus, edited with introduction and commentary by J. M. Carter, Bristol 1982.

C. Suetoni Tranquilli Vita Tiberii: Pars prior (Kap. 1–23) von J. H. Slater, Amsterdam 1906.

C. Suetonii Tranquilli Vita Tiberii, Chapters I–XXIII with parallel passages and a historical commentary by M. Johnstone Du Four, Diss. Philadelphia 1941.

C. Suetoni Tranquilli Vita Tiberii c. 24–c. 40, kommentiert von J. R. Rietra, Amsterdam 1928 (mit Du Four in einem Band, New York 1979).

C. Suetonius Tranquillus, Vita Tiberii, Kommentar von W. Vogt, Diss. Würzburg 1975.

C. Suetoni Tranquilli Vita C. Caligulae Caesaris, Chapters 1–21, a commentary by J. A. Maurer, Diss. Philadelphia 1949.

C. Suetoni Tranquilli Vita Divi Claudii, commentario instruxit H. Smilda, Groningen 1896.

C. Suetoni Tranquilli Divus Nero, edited with introduction and commentary by B. H. Warmington, Bristol 1977.

Suetonius' Life of Nero, an historical commentary by K. R. Bradley, Brüssel 1978.

C. Suetonii Tranquilli Vitae Galbae, Othonis, Vitelli, von C. Hofstee, Groningen 1896.

C. Suetonio Tranquillo, Vite di Galba, Othone, Vitellio con commento di P. Venini, Turin 1977.

C. Suetoni Tranquilli Divus Vespasianus, with an introduction and commentary by A. W. Braithwaite, Oxford 1927.

Suetonii Tranquilli Divus Titus, edited by H. Price, Menasha 1919.

C. Suetonius Tranquillus, Divus Titus, Kommentar von H. Martinet, Königstein i. T. 1981.

A Historical Commentary on Suetonius' „Life of Titus" M. E. McGuire, Ann Arbor 1978.

C. Suetonii Tranquilli Vita Domitiani, von J. Janssen, Groningen 1919.

C. Suetonii Tranquilli Vita Domitiani, edited by R. F. Gerhart, Philadelphia 1922.

Domiziano, saggio storico con traduzione e commento della „vita" di Suetonio, P. E. Arias, Catania 1945.

3. *Allgemeine Literatur zu Sueton*

G. Alföldy, Marcius Turbo, Septicius Clarus, Sueton und die Historia Augusta, Zeitschrift für Papyrologie und Epigraphik 36, 1979, 233–253.

–,– Römisches Staats- und Gesellschaftsdenken bei Sueton, Ancient Society 11–12, 1980–1981, 349–385.

B. Baldwin, Suetonius, Amsterdam 1983.

–,– Suetonius: birth, disgrace and death, Acta Classica 18, 1975, 61–70.

R. Baumann, The résumé of legislation in Suetonius, Zeitschrift für Rechtsgeschichte 99, 1982, 81–127.

C. Baurain, Suétone et l'inscription d'Hippone, Les Études Classiques 44, 1976, 124–144.

J. F. Berthet, La culture homérique des Césars d'après Suétone, Revue des Études Latines 56, 1978, 324–334.

G. W. Bowersock, Suetonius and Traian, in: Hommages à Marcel Renard. Collection Latomus 101, Brüssel 1969, 119–125.

K. R. Bradley, The significance of the spectacula in Suetonius' Caesares, Rivista storica dell'Antichità 11, 1981, 129–137.

K. Bringmann, Zur Tiberiusbiographie Suetons, Rheinisches Museum 114, 1971, 268–285.

G. Brugnoli, Studi Suetoniani, Lecce, Milella 1968.

C. Brutscher, Analysen zu Suetons Divus Iulius und der Parallelüberlieferung, Bern-Stuttgart 1958.

E. Cizek, Structure du De grammaticis et rhetoribus, Revue des Études Latines 52, 1974, 303–317.

–,– Structures et idéologie dans „Les Vies des Douze Césars" de Suétone, Bukarest 1977.

F. Della Corte, Suetonio eques Romanus, Florenz ^{1}1958, ^{2}1967.

W. Dennison, The epigraphic sources of Suetonius, American Journal of Archaeology ^{2}1898, 26–70.

H. Drexler, Suetons Divus Iulius und die Parallelüberlieferung, Klio 51, 1969, 223–266.

S. Doepp, Zum Aufbau der Tiberius-Vita Suetons, Hermes 100, 1972, 444–460.

J. Ektor, L'impassibilité et l'objectivité de Suétone, Les Études Classiques 48, 1980, 317–326.

D. Flach, Zum Quellenwert der Kaiserbiographien Suetons, Gymnasium 79, 1972, 273–289.

–,– Einführung in die römische Geschichtsschreibung, Darmstadt 1985, 174–190.

J. W. Freund, De Suetonii Tranquilli usu atque genere dicendi, Breslau 1901.

H. Fugier, Recherches sur l'expression du sacré dans la langue latine, Paris 1963.

G. Funaioli, I Caesari di Suetonio, in: Raccolta di scritti in onore di F. Ramorino, Mailand 1927, Nachdruck in Studi di letteratura antica II, 2, Bologna 1947, 147–179.

–,– RE VI A (1931) s.v. Suetonius Sp. 593–641.

P. A. Gallivan, Suetonius and chronology in the „De Vita Neronis", Historia 23, 1974, 297–318.

J. Gascou, Suètone et l'ordre équestre, Revue des Études Latines 54, 1976, 257–277.

–,– Suétone Historien, Rom 1984.

F. Gottanka, Suetons Verhältnis zu der Denkschrift des Augustus, Diss. München, Ansbach 1904.

H. R. Graf, Kaiser Vespasian. Untersuchungen zu Suetons Vita Divi Vespasiani, Stuttgart 1937.

H. Gugel, Studien zur biographischen Technik Suetons, Wien-Köln-Graz 1977.

E. Hänisch, Die Caesar-Biographie Suetons, Diss. Münster 1937.

R. Hanslik, Die Augustusvita Suetons, Wiener Studien 67, 1954, 99–144.

E. Kalinka, Die von Sueton berichteten Schmähungen auf Oktavian, in: Sitzungsberichte der Akademie der Wissenschaften in Wien 197, 1922, 39–48.

U. Lambrecht, Herrscherbild und Prinzipatsidee in Suetons Kaiserbiographien. Untersuchungen zur Caesar- und Augustus-Vita, Bonn 1984.

F. Leo, Die griechisch-römische Biographie nach ihrer litterarischen Form, Leipzig 1901.

G. Lewis, Suetonius' Caesares and their literary antecedents, in: Aufstieg und Niedergang der römischen Welt II, 33 (Hg. H. Temporini), Berlin (voraussichtlich 1987).

G. Luck, Über Suetons Divus Titus, Rheinisches Museum 107, 1964, 63–75.

A. Macé, Essai sur Suétone, Paris 1900.

W. C. McDermott, Suetonius and Cicero, Gymnasium 87, 1980, 485–495.

E. Malcovati, Augusto fonte di Suetonio in: Festschrift R. Hanslik, Wiener Studien, Beih. 8, 1977, 187–195.

B. Mouchová, Adoption und Testament in Suetons Kaiserbiographien. Ein Beitrag zur Erkenntnis des Wortschatzes bei Sueton, Acta Universitatis Carolinae, Philosophica et Historica 5, 1966, 55–63.

–,– Studie zu Kaiserbiographien Suetons, Prag 1968.

H. Mueller, Suetons Verhältnis zu der Denkschrift des Augustus, Würzburg 1914.

W. Mueller, Sueton und seine Zitierweise im Divus Iulius, Symbolae Osloenses 47, 1972, 95–108.

E. Paratore, Claude et Néron chez Suétone, Rivista di cultura classica e medioevale 1, 1959, 326–341.

L. Preud'Homme, Première étude sur l'histoire du texte de Suétone, De Vita Caesarum, in: Académie royale de Belgique. Bulletin de la classe des lettres et des sciences morales et politiques et de la classe des Beaux Arts 1902, 299–328.

–,– Deuxième étude sur l'histoire du texte de Suetone, ibid. 544–551.

–,– Troisième étude sur l'histoire du texte de Suétone, De Vita Caesarum. Classification des manuscrits, Brüssel 1904.

P. Ramondetti, La terminologia relativa alla procedura del senatum habere in Suetonio, Atti della Accademia delle Scienze di Torino, Classe di Scienze morali, storiche e filologiche 111, 1977, 135–158.

T. Reekmans, La politique économique et financière des autorités dans les Douze Césars de Suétone, in: Historiographia antiqua. Commentationes Lovanienses in honorem W. Peremans septuagenarii editae, Symbolae Ser. A VI, Löwen 1977, 265–314.

J. C. Rolfe, Suetonius and his biographies, Proceedings of the American Philosophical Society 52, 1913, 206–225.

R. R. Rosborough, An epigraphic commentary on Suetonius' life of Gaius Caligula, Philadelphia 1920.

P. Sage, Quelques aspects de l'expression narrative dans les XII Césars de Suétone, Revue belge de philologie 57, 1979, 18–50.

H. A. Sanders, Suetonius in the civil service under Hadrian, American Journal of Philology 65, 1944, 113–123.

F. Schauss, Annalistische Grundlagen der Vita Augusti Suetons, Heidelberg 1913.

W. Steidele, Sueton und die antike Biographie, München [1]1951, [2]1963.

D. R. Stuart, Epochs of Greek and Roman Biography, Berkeley 1928.

R. Syme, Biographers of the Caesars, Museum Helveticum 37, 1980, 104–128.

–,– The travels of Suetonius Tranquillus, Hermes 109, 1981, 105–117.

L. A. Thompson, The concept of purity of blood in Suetonius' life of Augustus, Museum Africum 7, 1981, 35–46.

C. S. Tomulescu, Les Douze Césars et le droit romain, Bolletino dell' Istituto di Diritto romano 80, 1977, 129–158.

G. B. Townend, Suetonius and his influence, in: T. A. Dorey, Latin Biography, London 1967, 79–111.

J. Wagner (Hg.), Antike Biographie, Darmstadt (voraussichtl. 1987).

A. Wallace-Hadrill, Suetonius. The Scholars and his Caesars, New Haven-London 1983.

W. Wittke, Das Tiberiusbild und seine Periodisierung in der Tiberiusvita Suetons, 2 Bde., Diss. Freiburg 1974.